Frederik Muller

Catalogus dissertationum et orationum juridicarum defensarum et habitarum

1600 usque ad 1866 in Academiis Neerlandiae, Germaniae et Sueciae, quae venales prostant

Frederik Muller

Catalogus dissertationum et orationum juridicarum defensarum et habitarum
1600 usque ad 1866 in Academiis Neerlandiae, Germaniae et Sueciae, quae venales prostant

ISBN/EAN: 9783742801050

Manufactured in Europe, USA, Canada, Australia, Japa

Cover: Foto ©Andreas Hilbeck / pixelio.de

Manufactured and distributed by brebook publishing software
(www.brebook.com)

Frederik Muller

Catalogus dissertationum et orationum juridicarum defensarum et habitarum

CATALOGUS

DISSERTATIONUM ET ORATIONUM

JURIDICARUM

DEFENSARUM ET HABITARUM AB A. 1600 USQUE AD 1866

in Academiis Neerlandiae, Germaniae et Sueciae,

QUAE VENALES PROSTANT

APUD

FREDERICUM MULLER,

Bibliopolam.

ACCEDUNT DUO **INDICES**

PRIOR **RERUM,** ALTERA **LOCORUM CORP. JURIS,** cet.

CURANTE

E. J. VAN LIER, J. U. D.

AMSTELODAMI,
FREDERICUS MULLER.
1867.

Constat flor. 2.—

CATALOGUS

DISSERTATIONUM JURIDICARUM.

---

1 Aa, C. M. A. S. v. d., De procuratoribus judicialibus. Leovard. 1854. 8°. —.60
2 —— C. P. E. Robidé v. d., Positiones philosoph.-jurid. L. B. 1811. 8°. —.30
3 —— J. W. S. v. d., De origine et natura patriae potestatis Rom. L. B. 1857. 4°. —.40
4 —— P. J. B. v. d., Observatt. quaed. de poena infamiae. L. B. 1789. 4°. —.75
5 Aansorgh, J. M. J., De aequitate legislatoris et judicis. Traj. 1802. 4°. —.50
6 Aasdwegh, J. J. A. v. d., De legibus frumentariis, imprimis respectu agriculturae, consideratis. L. B. 1841. 8°. —.70
7 Abbema, B. E., De jure venationis et conciliis venaticis in Belgio. Traj. 1758. 4°. —.50
8 —— J. F., Ad tit. digg. de officio Proconsulis et legato. L. B. 1806. 156 pp. 4°. 1.90
9 Abbensteech, T. v., Ad leg. Corn. de sicariis. L. B. 1692. 4°. —.30
10 Abbteck, B., De orig. jur. Patrii. Traj. 1774. 4°. —.40
11 Abel, C., De tacito pacto fideicommissi remissorio ex divisione bonor. praesumpto. Tubing. 1691. 4°. —.40
12 Abeleven, A., De conscientia judicis in leg. applicatione. Traj. 1769. 4°. —.40
13 —— J., De servitutt. person. L. B. 1671. 4°. —.30
14 —— S. J. Theses quaed. jur. civ. controversae. Traj. 1768. 4°. —.30
15 Abresom, D. P. H., De jure hodierno quaest. L. B. 1842. 8°. —.30
16 —— H. W., De malo qd. innocentes sentiunt ex poenis delinquentium. Harderv. 1761. 4°. —.50
17 —— O. L. G. F., De usufructu. L. B. 1841. 4°. —.40
18 Ablaing v. Giessenburg, G. J. d', De jure civili militis. Traj. 1830. 8°. —.40
19 —— en Nieuwkerk, J. C. L. B. d', De viduis intra annum luctus nubentibus. Hard. 1762. 4°. —.30
20 Abo, E. R. N. d', De prohibitione inter vivos vel testam. dispos. in favore personarum, q. artt. 907 et 909 Cod. Civ. memorantur. Traj. 1820. 8°. —.50
21 Abbaech, F. J., Observatt. de jure tam Rom. tam Groning. circa sponsalia. Gron. 1806. 8°. 1.—
22 —— H. G., De revoc. legatis sec. art. 1046 sq. Cod. Civ. Gall. Gron. 1838. 8°. —.80
23 —— J. F., Ad Sctum Vellejanum. Traj. 1765. 4°. —.50
24 Achlum, T. v., De legitimatione. L. B. 1721. 4°. —.30
25 Acsenbusen, C. D., De ortu et mutationibus regnorum. Helmst. 1680. 4°. —.50
26 Acker, M. v. d., De jurejurando tamquam probandi modo. L. B. 1823. 4°. —.75
27 Ackersdijck, J., De utilitate quam studia imprimis histor. et polit. e peregrinationibus capiunt. L. B. 1825. 4°. —.80
28 —— N. S., De abortum procreantium poena. L. B. 1746. 4°. —.40
29 —— W. C., De utilit. et auctorit. poeseos et poetarum in jurisprudentia. Traj. 1779. 128 pp. 4°. 3.—
30 —— —— Ad leg. 3 dd. de officio praetorum. Traj. 1757. 4°. —.40

31 Acquet, H. d', De societate. L. B. 1718. 4°. —.50
32 Acronius, G., De homicidio voluntario. Traj. 1755. 4°. —.50
33 Adami, J. C. J., De collatione donationis. Duisb. 1731. 4°. —.60
34 Addinga, H., De mora. Gron. 1651. 4°. —.30
35 Abel, C. d', De transactionibus. L. B. 1688. 4°. —.30
36 Adenstedt, H. C. d', De testamento nuncupativo. Jen. 1737. 4°. —.60
37 Adler, F. G., De usu action. de recepto. Lips. 1775. 4°. —.30
38 Admiraal, N., De actione fam. ercisc. L. B. 1694. 4°. —.30
39 Adolph, J. H., De iure observantiae ac commendiniis in causis public. ac privat. Giss. 1743. 4°. —.50
40 Adricuem, H. v., De poena perduellionis veroque sensu leg. 5 cod. ad leg. Jul. maj. L. B. 1784. 4°. —.75
41 —— H. A. v., De evictionis praest. oblig. L. B. 1834. 4°. 1.—
42 —— T. A. v., Ad fragm. Pauli ex libro IV. quaest. q. exstat in l. 58 § 1 DD. mand. v. c. L. B. 1756. 4°. —.60
43 Adsertio libertatis academicae. Giess. 1609. 4°. 1.50
44 Aduard, E. J. L. v., De causis praescriptionum interrumpentibus. Amst. 1845. 8°. —.40
45 Aescrardt, J. C., De nova causa. Jen. 1681. 4°. 1.—
46 Afzelius, A. E., Theoriae possessionis ex jure civ. Romq. sciagraphica adumbratio. Aboae. 1818. Pars. I. 4°. —.30
47 Agander, J., De nobilitate demortuis collata. Aboae. 1781. 4°. —.40
48 Agricola, T., Jus Augusti in Italiam. Lips. 1608. 4°. —.40
49 —— — De solutione conjecturata. Tubing. 1609. 4°. 1.—
50 Ahasverus, J. A., De M. Cocceio Nerva, Romanor. imperatore qua de eius institutis constitutionibusq. egregiis agitur. Gott. 1762. 4°. 1.—
51 Ahlström, J. W., De formis imperii simplicibus earumq. in remp. effectu. Upsal. 1782. 8°. —.30
52 Aken, H. v., De assecuratione contra incendium. L. B. 1853. 8°. —.50
53 —— M. v., De eo qd. interest sec. jur. hod. princ. L. B. 1828. 4°. —.50
54 —— W. A. v., De divortio ejusque effectibus. L. B. 1819. 4°. 1.—
55 Akeren, J. v., De furtis. L. B. 1701. 4°. —.50
56 Akerlaken, A. v., De diligentia boni patrisfam. jure Neerl. L. B. 1845. 8°. —.50
57 —— C. C. v., Ad § 28 Inst. de rerum divis. Harder. 1765. 4°. —.30
58 —— D. v., De pactis licitis et illicitis in Cod. Civ. obviis. L. B. 1838. 8°. —.70
59 —— M. v., De pecunia constituta. L. B. 1716. 4°. —.55
60 Akerman, W., De dominio rerum, in bello captarum. Aboae. 1795. 8°. —.30
61 Akersloot, D., Ad leg. 8 cod. de judiciis. L. B. 1718. 4°. —.40
62 —— J., De condict. indebiti. L. B. 1701. 4°. —.30
63 —— P. H., Quaestiones nonnullae juris civ. Rom. L. B. 1792. 4°. —.30
64 —— Jr., J., De beneficio competentiae. Traj. 1773. 4°. —.50
65 Alard, N. J., De legit. bon. communione inter conjuges. L. B. 1830. 4°. —.80
66 Albarda, B., De bon. parte, quae liberis ex parentum et parentib. ex liberor. hereditate debetur. Gron. 1819. 8°. 1.—
67 —— C., De privilegio venditoris rei immobilis sec. princ. jur. hod. Gron. 1825. 8°. 1.—
68 Alberda, G., De temp. ac modo, quo Groninga et Omlandia in Societat. foed. Traj. vener., et in unam civitat. coaluerunt. Gron. 1755. 4°. 1.—
69 —— S. L., Ad leg. Jul. de adulteriis coercendis. Traj. 1763. 4°. —.60
70 —— v. E., O. B., Ad loc. cod. Poen. de dementia et vi majori. Gron. 1836. 8°. —.70
71 —— v. M., U. A., De divortiis, praes. de eo qd. fit ob malitiosam desertionem. L. B. 1827. 8°. —.40
72 Albers, J., Ad lib. 3 pr. § 1, 2, 3, 4 dd. de bon. eorum qui ante sententiam mortem sibi consciverunt. L. B. 1757. 4°. —.60
73 Albertsoma, P., De moderamine inculp. tutelae. L. B. 1716. 4°. —.30
74 Albinus, J. G., De iure miserabilium. Lips. 1650. 4°. —.80
75 Albrecht, J. H., De iure vestiario. Francf. 1683. 8°. —.70
76 —— J. L., De mero imperio. Lips. 1751. 4°. —.40
77 Aldenburgh, E. v., Notabil. quid. pignoris effectus. L. B. 1746. 4°. —.30
78 Alderwerelt, J. C. v., De laesion. et oblig. ad satisfactionem inde oriunda. Traj. 1784. 4°. —.50
79 —— — — — De damno infecto. L. B. 1751. 4°. —.30
80 —— — — — De servitutibus realibus. L. B. 1809. 8°. —.60

81 ALDERWERELT, B. v., Ad leg. unic. Cod. quando imperator inter pupil. vel viduam, vel miserabiles personas cognoscat. L. B. 1775. 4°. —.70
82 —— — — De mutuo. L. B. 1752. 4°. —.40
83 —— a STRUCTUS, A. L. a, Ad l. 23 dd. de ritu nuptiarum. Traj. 1761. 4°. —.50
84 ALEMA, J. a, De poenis capitalibus. Franeq. 1778. 4°. —.50
85 ALENSOON, J., De deposito. L. B. 1765. 4°. —.30
86 ALERS, H., De regali viarum publicarum jure. Francf. 1670. 4°. —.30
87 —— — De jure offerendi. Helmst. 1707. 4°. —.30
88 ALEWIJN, D., De jure rer. naufragarum, impr. sec. leges Belg. hodiern. Amstel. 1824. 8°. 1.30
89 —— F., De privilegio fori viduabus pupillis competente. Traj. 1757. 4°. —.50
90 —— G., Controversiae nonnullae juridicae. Traj. 1766. 4°. —.30
91 —— — Circa jus aggerum. Traj. 1789. 4°. —.30
92 —— S. G., De novatione. Traj. 1835. 4°. —.70
93 —— J., De laude concordiae. Amstelod. 1781. 4°. —.30
94 —— — De limit. summi imperii a natura praefinitis. Traj. 1778. 4°. —.70
95 —— — Ad leg. 41 DD. de pignerat. actione. L. B. 1737. 4°. —.40
96 —— J. J. T., De necessitudine inter tres in civitate divitiarum fontes, agriculturam, mercium fabricat. et mercaturam. Traj. 1828. 8°. —.60
97 —— L. J., De jure accrescendi. Jen. 1670. 4°. —.60
98 —— M., Controvers. nonnul. juridic. varii argumenti. Traj. 1769. 4°. —.30
99 —— T., De heredibus instituendis. L. B. 1707. 4°. —.30
100 —— Z. H., Variae jur. civ. controversiae. Traj. 1759. 4°. —.30
101 —— — — Theses, fusius explicatae. Traj. 1761. 4°. —.40
102 ALIK, J. J., De tutore subrogato, jur. Neerl. novo, cum iure Franc. comparato. L. B. 1837. 8°. —.70
103 ALLENS, J. W. D', De poena talionis. L. B. 1746. 4°. —.30
104 ALLGULEN, J., De existentia jur. naturalis. L. Goth. 1763. 4°. —.60
105 ALMARAS, A. E. D', De lege 36 § 4 DD. de acq. v. amitt. hered. Harderv. 1763. 4°. —.30
106 ALMOREN, N., De indispensabilitate jur. nat. Ups. 1707. 4°. 1.—
107 ALMQUIST, H., De differentia leg. naturalis et moralis. L. Goth. 1762. 4°. —.60
108 —— J., De aequalitate hominum naturali. L. Goth. 1760. 40 pp. 4°. —.60
109 ALNER, M. N., De jurib. personarum absolutis in rep. conservandis. Upsal. 1782. 4°. —.30
110 ALNOOR, J., De princip. justi quae conveniunt jus nat. et civ. L. B. 1756. 4°. —.40
111 ALPHEN, A. v., De successione ab intestato ante Nov. 118. L. B. 1752. 4°. —.40
112 —— — — De postulando. L. B. 1720. 4°. —.30
113 —— C. v., De jure jurando. Traj. 1762. 4°. —.50
114 —— D. v., De hereditatis petitione. L. B. 1675. 4°. —.40
115 —— — — Ad Sctum Macedonianum. L. B. 1703. 4°. —.40
116 —— — — De servis iisque pro derelicto habitis. L. B. 1783. 4°. —.70
117 —— D. P. T. v., De patronorum in libertos jure. L. B. 1740. 4°. —.70
118 —— G. v., De fidejussoribus et mandatoribus. L. B. 1720. 4°. —.30
119 —— H. v., De eo, quod justum est circa tori et mensae separation. Traj. 1767. 4°. —.60
120 —— — — Spicilegia de Javoleno Prisco JCt. Traj. 1768. 4°. 1.—
121 —— H. — Quaest. jur. Gron. 1825. 8°. —.70
122 —— J. v., De collationibus. L. B. 1668. 4°. —.30
123 —— I. J. v., De jure fideicommissorum. L. B. 1758. 4°. —.70
124 —— J. v., De consuetudine. L. B. 1767. 4°. —.30
125 ALPHEN, J. v., De rebus pro derelicto habitis. Traj. 1733. 4°. 1.—
126 —— J. D. F. v., De causis obligationum. L. B. 1675. 4°. —.40
127 —— J. T. W. v., De differentia inter aedil. pleb. et curul. Rom. Traj. 1769. 4°. —.70
128 —— — — — — Selecta qd. jur. publ. et priv. L. B. 1792. 4°. 1.—
129 —— N. v., Ad Ulpiani fragm. ex libro 2 de off. consulis. L. B. 1741. 4°. 1.—
130 —— R. M. C. v., De portione reservata ex juris hod. princ. L. B. 1833. 4°. 1.—
131 —— Jr., D. v., Ad Q. C. Scaevolae fragm. ex libro IX DD. l. 66. pr. § 1 de don. inter vir. et uxor. L. B. 1735. 153 pp. 4°. 1.50
132 —— — — — Ad S. Pauli fragm. ex libr. 2 ad edict. aed. cur.; l. 74 dd. de verb. sign. L. B. 1784. 42 pp. 4°. —.60

133 ALFHERTS, A., Ad l. 21 dd. de furtis. Harderv. 1769. 4°. —.40
134 ALSCHE, F. G., De fidejussoribus. L. B. 1791. 4°. —.50
135 ALTORFDIUS, J., De asylis. Gron. 1701. 4°. —.30
136 ALTENA, G. D. v., Ad leg. 8 cod. de novat. et delegat. L. B. 1783. 4°. —.30
137 ALTHIN, C. P., De successione in bona demortui. Lundae. 1795. 4°. —.40
138 ALTHUSIUS, J., Ad leg. 207 de regulis juris. Traj. 1693. 16 pp. 4°. —.30
139 ALTHUYSEN, W. M., De convenientia jur. civ. Rom. cum jur. nat. in materia de bon. fid. pos. fruct. circa percept. L. B. 1765. 4°. —.50
140 ALTING, M. H., De querela inofficiosi. Franequer. 1760. 4°. —.30
141 ALVAREZ, F., Theses jur. nat. et civ. Traj. 1763. 4°. —.30
142 ALVERDES, J. H., De controvers. fori miscellaneis. Halae Magdeb. 1708. 4°. —.60
143 AMALRY, J. P., De renunciatione Scti Vellejani et authenticae, *si qua mulier*. L. B. 1778. 4°. —.50
144 —— J. S., De concessa jurium naturalis et Romani in culpa praestanda. L. B 1775. 4°. —.60
145 AMELANDT, H. v., De sponsionibus. L. B. 1678. 8°. —.80
146 AMLING, L., Theoremata juris. Jen. 1603. 4°. —.80
147 AMERONGEN, A. O. J. T. v., Ad loc. cod. civ., de iis qui pactionem facere possunt. Traj. 1827. 8°. —.60
148 AMERSFOORDT, J. P., De cura magistratus circa institut. public. L. B. 1841. 8°. —.40
149 AMESHOFF, H., De societate commanditaria. Amstel. 1840. 8°. —.70
150 AMMON, E. J., De legato delinquente. Harderov. 1755. 4°. —.40
151 AMSINCK, P., De leg. in corpore jur. Justinianei interpretatione. Traj. 1743. 4°. —.40
152 AMSINGH, J., De contractu et actione aestimatoria. Gron. 1786. 4°. —.40
153 —— W., De assassinio. Gron. 1769. 4°. —.60
154 —— — De ambitu. Gron. 1779. 4°. —.80
155 AMTA, J., De querela inofficiosi testamenti. L. B. 1746. 4°. —.30
156 AMYA, J., De matrimonio. Harderov. 1741. 4°. —.40
157 ANCKELMANN, D., Triga casuum ex regulis jurispr. examinator. ac decisor. Hel. 1693. 4°. —.30
158 ANDEL, A. v., De jure arabinos eligendi, a Diderico Monjovio anno 1348 civ. Brielanis concesso. L. B. 1766. 4°. —.70
159 —— J. v., Quaestion. qd. L. B. 1649. 8°. —.50
160 —— P. v., Over inbreng naar de Ned. wetgeving. L. B. 1868. 8°. —.60
161 ANDORF, J. C., De jure mulierum, quib. expressa hypotheca a marito constit. est. Erford. 1767. 4°. —.50
162 ANDREAE, A. J., De autocheiria. Gron. 1807. 8°. —.50
163 —— G., De privil. hypoth. et decennali inscriptionum renovatione; ad art. 2154 Cod. Civ. Gron. 1821. 8°. —.90
164 —— J. H. BEUCKER, De origine iuris municipalis. Traj. 1840. 510 pp. 8°. 1.50
165 —— P. D., De usu practico actionum b. f. et stricti iuris. Hal. 1730. 4°. 1.50
166 ANDERSON, A. A., De cura prodigorum sec. cod. Franc. et nov. cod. Neerl. L. B. 1837. 8°. —.60
167 ANGELBEEK, C. v., Ad Nov. 97 c. 4. Traj. 1777. 4°. —.70
168 ANSCHÜTZ, C. A., De exceptione dominii. Lips. 1696. 4°. —.30
169 ANTONII, G., De repressaliis. Giess. 1619. 4°. —.40
170 ANTZEN, C. D., De testamento, per agnat. sui heredis rupto sed jure principis restituto. Ling. 1634. 4°. —.40
171 APELDOORN, J., De benef. ordinis fidejuss. compet. Harder. 1756. 4°. —.30
172 APELHOLM, G., De consensu interpretando. Lond. G. 1748. 4°. —.30
173 APOLLONIUS, C., De fidejussoribus. Traj. 1658. 4°. —.30
174 APPELGREN, H., De poena homicidii capitali. Lond. G. 1749. 4°. —.60
175 APPELIUS, J. H., De statutis Zelandiae anni 1495. L. B. 1786. 4°. 2.—
176 —— L. E., De pacto retrovenditionis sec. jus civ. Rom. et hodiern. L. B. 1824. 8°. —.50
177 APPELMAN, J. L., De heredit. petitione. L. B. 1752. 4°. —.30
178 APPELTERN, A. G., De differentiis jur. Rom., antiq. Hollandici et hodierni in portione de qua conj. binubus dispon. potest in favor. conjug. sec. L. B. 1819. 4°. 1.—
179 APPIUS, J., De voluntate et consensu. Gron. 1785. 4°. —.40
180 —— T. B., De convicio adv. bon. mor. facto. Gron. 1758. 21 pp. 4°. —.30

181 ARCKENBERG, H. A., De summa appellabili. Hal. 1710. 4°. —,60
182 ARCKENHOLTZ, A. E., De libertate civili. Aboae. 1778. 4°. —,30
183 ARCO, P. C. D', Formula Brandeburgici ducatus. Hal. 1706. 4°. 1.20
184 ARDESCH, E. G., De jure defensionis consulto legitime temperando. L. B. 1776. 4°. —,60
185 ARDINOIS, F., De interdictis. L. B. 1683. 4°. —,30
186 —— J., De arbitris compromissariis. L. B. 1717. 4°. —,30
187 ARENSDORFF, M. J. v., De fideicommisso sub clausula quidquid superfuerit. Lips. 4°. —,50
188 ARIEN, B. C. D', Observ. practicae. Lips. 4°. —,30
189 ARIENS, A. G. C., De nuptiis, q. per procuratorem contrahuntur. Traj. 1841. 8°. —,40
190 ARMAND, D., De in jus vocando et potissim. de jure Brabantis concesso de non evocando ex aurea bulla Caroli IV imperatoris. L. B. 1739. 4°. —,30
191 ARNAUD, G. D', De jur. servorum apud Rom. Francq. 1734. 4°. 1.—
192 ARNBERG, A. H., De poenis capitalibus. Ups. 1791. 4°. —,30
193 ARNOLD, A. A., De declinanda recognitione document. propter deficient. caus. debendi in processu execut. Lips. 1721. 4°. —,30
194 ARNSTIUS, J. G., Evictio immobilis. Lips. 1693. 4°. —,30
195 ARNTZ, T. S. W., Eenige opmerkingen over het Romeinsche regt. Traj. 1868. 8°. —,30
196 ARNTZENIUS, H., De cultus humani progressione in iure popul. civ. perspicua. Traj. 1821. 8°. —,60
197 —— H. J., Ad L 2 DD. de in jus voc. Francq. 1755. 4°. —,70
198 —— — — De praec. jurispr. calamitatibus. Zutph. 1763. 4°. —,60
199 —— — — De anno 1572, quibusdam Divinae potentiae indiciis insigni, in condenda Belgar. republica. Zutph. 1772. 4°. 1.—
200 —— — — De leg. quibusd. regiis. Gron. 1774. 4°. 1.—
201 —— — — De origine et progressu jur. civ. Belgici. Gen. 1787. 8°. —,80
202 —— — — De optima jur. Rom. antecessoris forma in G. Noodt spectata. Traj. 1788. 4°. 1.—
203 —— — — De eo quod ex vetustatis usurpat. in quibusd. Belg. leg. usuque forensi nimium esse videatur. Traj. 1791. 4°. 1.50
204 —— H. O., Observ. quaedam jur. civ. Traj. 1774. 4°. —,40
205 —— J., De nuptiis inter fratrem et sororem. Traj. 1726. 4°. —,90
206 —— J. O., De meritis Gelrorum in jurispr. Harderv. 1802. 4°. —,90
207 —— O., De milliario aureo. Traj. 1728. 4°. —,40
208 —— P. N., De Masurio Sabino. Traj. 1768. 4°. —,70
209 —— — — De ratione ac vi juris uxoris communionem legalem secutae. Traj. 1826. 8°. 1.—
210 —— R. H., An et quousque propria confessio doli, praeter facti confessionem, necessaria sit in causis criminalib. Amst. 1798. 8°. —,40
211 —— — — De mandato. Harlem. 1830. 8°. —,30
212 ARREST, A. D', Varia jur. capita. Traj. 1774. 4°. —,70
213 ARRIENS, N., De jure constituto sub statu democratico. L. B. 1783. 4°. —,30
214 ARTOIS, B. J., De jud. relig. officio in disceptand. caus. civil. L. B. 1768. 4°. —,70
215 ASCH v. WIJCK, H. A. M. v., De delictis extra regni territor. admissis. Traj. 1839. 8°. 1.25
216 —— — —— — — — — De origine et progressu dominii. Traj. 1793. 4°. —,60
217 —— — —— L. H. v., De jure et modo, quo in urbe Rheno-Traj. ante annum 1708 eligebantur ii, quibus in regenda civitate partes erant. Traj. 1839. 128 pp. 8°. 1.—
218 ASCHEN, G. G. A., De praesumtione qualitatis feudalis comitatuum. Francf. 1709. 4°. —,70
219 —— H. v., De assecuratione. Francf. 1693. 4°. —,50
220 ASHER, G. M., De fontibus jur. Rom. historicarum fasc. I. Heid. 1855. 8°. 1.—
221 ASMA, T., De divortio Henrici VIII cum Catharina Arragonica. L. B. 1787. 4°. 1.50
222 ASPEREN, P. J. DE HOSTZELANS, De jure venationis. L. B. 1678. 4°. —,30
223 ASPING, J. L., Historia juris Scandinavici. Lund. 1819. 4°. —,60
224 ASSCHENBERG, N., De locatione conductione. L. B. 1763. 4°. —,40
225 ASSEN, C. J. v., Quaest. jurid. Francq. 1810. 8°. —,30

226 Assen, C. J. v., De immoderata libertatis cupiditate. L. B. 1831. 8°. —.30

227 —— — — — De immoderata libertatis cupiditate, Europae calamitatum effectrice. L. B. 1831. 4°. —.60

228 Assenburgh, A., De actione vi bonorum raptorum. L. B. 1747. 4°. —.50

229 Assendelft, A. v., De patria potestate. L. B. 1713. 4°. —.30

230 —— — — De sponsalibus. L. B. 1749. 4°. —.30

231 —— A. A. D. v., Binae quaestiones juris. L. B. 1785. 4°. —.40

232 —— D. v., De inoff. testamento. L. B. 1721. 4°. —.30

233 —— G. v., Ad L. 46 dd. de pactis. L. B. 1716. 4°. —.30

234 —— — — De nuptiis. L. B. 1721. 4°. —.40

235 —— J. v., De mortis causa donat. L. B., A. Elzev. 1682. 4°. —.80

236 —— — — De L. 2 Cod. de rescindenda venditione. L. B. 1716. 4°. —.80

237 —— — — De deposito. L. B. 1732. 4°. —.30

238 —— — — De obligationibus ex consensu. L. B. 1745. 4°. —.40

239 —— — — De eo qd. justum est circa reparat. damni injuria. L. B 1746. 4°. —.40

240 —— — — De locatione conductione. L. B. 1744. 4°. —.40

241 —— P. v., De commodato. L. B. 1710. 4°. —.30

242 —— S. M. D. v., De subrogatione sec. cod. civ. Traj. 1827. 8°. —.50

243 —— W. v., De adulteriis coercendis. L. B. 1727. 4°. —.40

244 Asser, C., De jure qd. est civi gentis in bello mediae, cui pro pecunia trajectitia navis est hypothecae obligata in ipsam navim, quae ab hoste capiatur. L. B. 1799. 4°. 2.—

245 —— C. D., Distinctionis, inter modos toll. oblig. ipso jure et per modum exceptionis, e jure Romano origo et varii effectus. Traj. 1832. 8°. —.90

246 —— — — Quid juris sit, circa pecuniam, quae provisionis nomine, cambialis debiti solutioni destinata sit. Amstel. 1834. 8°. —.70

247 —— E. J., De exercitione navium, et exercitoria societate. Amstel. 1832. 8°. —.50

248 —— L., De matrimonio, sec. novum cod. belg. L. B. 1823. 4°. 1.50

249 —— — Idem liber. forma 8°. —.70

250 —— T. M. C., Het bestuur der buitenlandsche betrekkingen volgens het Nederlandsche staatsregt. Amst. 1860. 8°. 1.10

251 Assonville, N. d', De jure constituto sub statu democratico. Harder. 1727. 4°. —.30

252 —— N. M. d', De testamentis. L. B. 1749. 4°. —.30

253 Aubigny, H. d', De nuptiis. Traj. 1715. 4°. —.30

254 Aubert, A. V. F. J., De voluntatis in crimin. delictisque puniendis habenda ratione. Leodi. 1823. 4°. —.80

255 Aukema, H., De patria potestate. L. B. 1723. 4°. —.30

256 Aur, J. W., De jure monetarum. Basileae. 1617. 4°. 1.20

257 Austen, J. E., De jure succedendi ab intestato. Traj. 1776. 4°. 1.—

258 Avellan, J. H., Idea statisticea. Aboae. 1810. 4°. —.30

259 —— — — Till en Grundteckning af läran om den absoluta friheten. Abo. 1827. 8°. —.40

260 Avemann, G. H., De provasallo. Lips. 1688. 4°. —.40

261 —— H. L., De libertate suffragior. in collegiis publicis. Hal. 1738. 4°. 1.—

262 Avenhorn, C., Soluto matrim. quemadmodum dos petatur. Traj. 1716. 4°. —.30

263 —— P., De auctoritate tutorum. L. B. 1741. 4°. —.40

264 Aylva, H. W. v., De servitute poenae. Franeq. 1770 4°. —.60

265 —— U. v., De l. scripturas C. qui pot. in pign. habent. Gron. 1832. 4°. —.30

266 Ayrer, G. H., De jure connubiorum apud Rom. Gott. 1736. 4°. 1.30

267 —— — — De fidejussore milite. Gott. 1749. 4°. —.40

268 —— — — De recursu ad comitia. Gott. 1743. 4°. —.60

269 —— — — De falcidia in concursu creditorum. Gott. 1744. 4°. —.30

270 Aysma, H. L. L. v., De appellationibus. Traj. 1766. 4°. —.40

271 Baar, A. J. H. v., De interdictis. L. B. 1830. 8°. —.80

272 Baars, C., De fidejussoribus. L. B. 1707. 4°. —.80

273 Baart, C., De fideicommissis. 1747. 4°. —.60

274 Baart v. Sminia, H., De pactis. Gron. 1821. 8°. —.40

275 Baartmans, J. C., De injuriis. Traj. 1770. 4°. —.30

276 Bachhausen, H. L. W., De indole bonae fidei in praescriptionibus. Hal. Magdeburg. 1764. 4°. —.70

277 Bachmannus, R., De infamia. Gron. 1636. 4°. —.80
278 Bacx, A. de, Ad l. 2 cod. de aedificiis privatis. L. B. 1731. 4°. —.30
279 —— A. G. de, Varia de jure praecedentiae ex jure gent. publ. Belgii et jure civili. L. B. 1765. 4°. —.80
280 —— J. de, In quibus caus. pignus vel hypotheca tacite contrahitur. L. B. 1724. 4°. —.70
281 —— S. de, De publiciana in rem actione. L. B. 1719. 4°. —.30
282 Backer, A., De rer. judicatarum auctoritate. L. B. 1810. 4°. —.40
283 —— — De varia ratione, qua in praecipuis Germaniae civitatibus, populi eliguntur mandatarii. Amstel. 1843. 300 pp. 8°. 1.40
284 —— C., De principiis jur. nat. gen. et civ. L. B. 1714. 4°. —.60
285 —— — De hominis statu naturali, origine civium, eorumque salute. L. B. 1718. 4°. —.30
286 —— — De antiquae nobilitatis superior. et inferior. differentia in Belgio. L. B. 1785. 4°. 1.—
287 —— — De instrumentis eorumque vi ac potestate. H. 1788. 4°. —.70
288 —— — De periculo, qd. assecuratoris est. Gron. 1821. 8°. 1.80
289 —— C. H., De poena mulctae pecuniariae. Amstel. 1849. 8°. —.70
290 —— G., De tortura. Harder. 1736. 4°. —.30
291 —— G. C., De venditore praestando id qd. interest, non liberando. L. B. 1761. 4°. —.40
292 —— — — De ratione, qua Romae illud, quod post legem Calp. dictum est repetundarum crimen, antiquitus fuit vindicatum. Amstel. 1843. 8°. —.40
293 —— H., Ad l. 8 cod. de rev. donat. L. B. 1752. 4°. —.40
294 —— J. E., An servitutes pignori vel hypot. dari possint. Marb. Cat. 1798. 4°. —.70
295 —— J. H., Ad fragm. Callistrati ex lib. 1 de cognitionibus, l. 19 DD. de officio praesidis. L. B. 1749. 4°. —.30
296 —— L., De officio judicis. Fran. 1688. 4°. —.80
297 —— M., Aliq. observ. antiq. jurid. L. B. 1807. 4°. 1.—
298 —— — Idem liber. forma 8°. —.60
299 —— P., De duob. praecip. furti requisitis. L. B. 1792. 4°. —.40
300 —— R., De commodato. Traj. 1719. 4°. —.30
301 —— W., De hered. fideicomm. et ad Sctum Trebellianum. L. B. 1701. 4°. —.40
302 —— — De his qui notantur infamia. L. B. 1725. 4°. —.80
303 —— W. J., De interdictis. L. B. 1767. 4°. —.40
304 —— — — De testam. ordin. ex jure Rom. et hodierno. Amstel. 1819. 8°. —.50
305 —— J. G. d., Quaest. qd. de jure Neerlando. L. B. 1841. 8°. —.30
306 Bachaus, J. D., De poenitentia in contractu innominato hodie locum non invenienta. Jen. 1733. 4°. —.40
307 Backmann, J., Dubia felicitatis civilis indicia. Ups. 1783. 4°. —.80
308 Backmeister, G. A., De jur. foeminarum illustr. in Germania. Helmstad. 4°. —.50
309 —— J., De liberis expositiliis. Helmstad. 1677. 4°. —.70
310 Backus, N., De exercitoria actione. L. B. 1762. 4°. —.60
311 Bacot, G. J. G., Ad prima maximeque universalia quaedam iuris naturae principia, ex vitiosa nimis Ulpiani definitione haud rite deducenda. Gron. 1797. 8°. —.40
312 Bacquere, N. d., De testamentis. L. B. 1710. 4°. —.80
313 Badenius, B. M., De occasione legitimationis quae sit per subs. matr. Ling. 1729. 4°. —.40
314 —— G. P., De actione injuriae. Ling. 1748. 4°. —.50
315 Baeck, N. H. A., De jure vicarii gener. episcopi eiusq. tribunali. Hard. 1754. 4°. —.30
316 Baelde, P., De beneficio inventarii. L. B. 1733. 4°. —.40
317 —— R., De judicior. civil. forma, ordine et processu. L. B. 1765. 4°. 1.—
318 Baen, P., De procuratoribus. Harderv. 1675. 4°. —.30
319 Baermann, G. B., De imputatione culpae circa contractus. Lips. 1735. 4°. —.60
320 Baert, J., De inoff. testamento. L. B. 1703. 4°. —.30
321 —— J. F. H., Adam Smith en zijn onderzoek naar den rijkdom der volken. L. B. 1858. 230 pp. 8°. 1.50

822 Baes, C., De negotiis gestis. L. B. 1708. 4°. —.40
823 Bagelaar, J. O., De rescripto moratorio. Traj. 1762. 4°. —.40
824 Baillet, J., Ad tit. 16 lib. 49 DD. de re militari. L. B. 1719. 4°. —.40
825 Bake, J. W., De lege Rhodia de jactu. Traj. 1743. 4°. —.60
826 —— R. G. J. C., De deliberationibus, super provinc. Belgicar. Hispaniae sive libertate, sive partitione, a Johanne de Witt cum Francis habitis. L. B. 1834. 8°. 1.25
827 Bake, W. A. v. d. Wall, Over de ontzetting van ambtenaren. Traj. 1849. 8°. —.40
828 Bakker, A. C. H., De obligationibus dividuis et individuis. L. B. 1822. 4°. 1.20
829 —— P., De rescriptis Imp. P. Helvii Pertinacis. L. B. 1759. 4°. —.60
830 Balde, J., De advocatis. L. B. 1731. 4°. —.40
831 —— Y. K., De parricidio. Traj. 1730. 4°. —.30
832 Balzer, J. H., De juribus ex mutatione domicilii maximo intuitu conjugum resultantibus. Rostoc. 1755. 4°. 1.—
833 Balouerie, D., De evictione. L. B. 1753. 4°. —.30
834 Balser, J. C., De responsis prudentum, ad § VIII Inst. de jur. nat. gent. et civ. Giess. 1742. 4°. —.60
835 —— — — De causa et origine distinctionis sponsalium de praesente et de futuro. Giess. 1746. 4°. —.50
836 Bamberk v. Steyen, Q. v., De cessione bon. L. B. 1760. 4°. —.60
837 Bammelrot, P. L. E., De furto rei minimae. Duisb. 1747. 4°. —.70
838 Banchem, A. H. E. v., De locat. conduct. L. B. 1766. 4°. —.40
839 —— B. v., De emptione et venditione. L. B. 1691. 4°. —.30
840 —— C. v., De testamentis. L. B. 1705. 4°. —.80
841 —— N. v., De fructibus b. f. perceptis. L. B. 1680. 4°. —.80
842 —— — — De judiciis. L. B. 1740. 4°. —.40
843 Banck, C. F., De ergastulis eorumq. jure. Erf. 1734. 4°. —.40
844 —— J. C., Quaest. de jure hod. L. B. 1856. 8°. —.80
845 Bane, G. v. d., De transactionibus. Traj. 1839. 8°. —.40
846 Bannier, G. N., Explic. leg. 85 dd. de reg. juris. Gron. 1804. 8°. —.30
847 —— J., De furibus balneariis. L. B. 1735. 4°. —.30
848 Barbeyrac, J., De magistratu forte peccante, e pulpitis sacris non traducendo. Amstel. 1721. 4°. —.70
849 Barchius, L., De bello ejusq. clarigatione. Holm. 1748. 4°. —.40
850 Barckhausen, F., De immediatorum imperii protestantium foro in causis matrimonialibus. Altd. 1680. 4°. 1.—
851 Bardelnbecker, J. W., De hereditatibus q. ab intestato deferantur. Duisb. 1731. 4°. —.30
852 Bardt, F. W., De statutis juri communi contrariis. Harder. 1752. 4°. —.30
853 Barels, H. M., De lege Rhodia de jactu. L. B. 1756. 4°. 1.50
854 Barfoth, M., De imperio maritali. Lond. G. 1762. 4°. —.40
855 Barnaart, W. P., De sortis usu et abusu. Traj. 1774. 4°. 1.—
856 Barneveld, T. C. v., De servitutibus personalibus. Traj. 1824. 8°. —.30
857 Barnevelt, P. C. v., De abolitionibus criminum. Traj. 1759. 4°. 1.—
858 Baron, G., De jure domesticorum. Francf. 1683. 4°. —.60
859 Bartels, P., De transactionibus. Franeq. 1689. 4°. —.40
860 Bartels, H. J., De criminibus extraordinariis. Traj. 1726. 4°. —.60
861 Barthmann, C., Theses jurid. ad l. 13 Cod. de usufr. et habitatione. Argent. 1698. 4°. —.60
862 Barthold, J. G., De metu reverentiali. Gedani. 1707. 4°. —.90
863 Bartoldi, J., De jure et officio eorum, qui neutras in bello partes tenent. Traj. 1764. 102 pp. 4°. 1.50
864 Bas, F. d., De mod. qb. testamenta infirmantur. L. B. 1782. 4°. —.40
865 —— J. d., De vi religionis in jus Rom. civ. a. a. Constantini Magni tempora. Hag. 1831. 192 pp. 8°. 1.50
866 Bassecour, J. de la, De mora. L. B. 1726. 4°. —.60
867 —— J. G. de la, Ad l. 3 § 2 DD. de act. empti et venditi. L. B. 1759. 4°. —.60
868 —— T. de la, De modis manumittendi servos solemnibus. L. B. 1758. 4°. —.60
869 Bassecour Caan, J. J. de la, De locatione cond. fundorum. L. B. 1851. 112 pp. 8°. 1.—

370 Basmés, J., De solutionibus et liberationibus. L. B. 1701. 4°. —.80
371 Basel, A. G. S. v., De emptione venditione. L. B. 1746. 4°. —.50
372 —— L. S. v., De causis excusandi tutores. Traj. 1778. 4°. —.60
373 Basselius, S., De transmissione hereditatis. Franeq. 1771. 4°. 1.10
374 Bastyns, J. P. X., De praescriptionibus. Antv. 1823. 4°. —.40
375 Bastiaansen, C. A., De lege Pompeia de parricidiis. L. B. 1740. 4°. —.40
376 Bastide, A., De substitutione Justin. Traj. 1737. 4°. —.40
377 Bastineller, G. C., De successione conjugum in jure Rom. et Saxon. Vitemberg. 1732. 4°. —.60
378 —— — — De testamento extra locum judicii condito Jure Saxon. elector. Vittemb. 1763. 4°. —.30
379 Batenburg, J. H. v. B., De imperii formis. Harder. 1809. 4°. 1.—
380 —— — — — — Idem liber. forma 8°. —.80
381 Batta, J. J., De transactionibus. L. B. 1821. 4°. —.60
382 —— M. H., De munere ministerii publici. L. B. 1843. 8°. —.30
383 Baud, G. A., De munere et officiis burgimagistrorum. L. B. 1841. 8°. —.60
384 Baudius, L., Justitiam emptionis aleae, ex l. 8 DD. de contr. emt. Altd. 1685. 4°. —.50
385 Bauer, H. G., De jure consuetodinario universali Germaniae medii aevi in specialis Saxonico et Suevico. Lips. 1756. 4°. 1.—
386 —— J. G., Jura viduarum clericorum et professorum. Altdorf. 1719. 4°. 1.—
387 —— — — De matrimoniis Germanorum. Lips. 1750. 4°. —.80
388 Baumann, J. F. A., De successione in bona mobilia Schriftsassii, sec. statuta domicilii. Lips. 1795. 4°. —.30
389 —— J. M. W., Quatenus vidua, ex statut. loc. in Elector. Saxon. succedens marito, ad collat. bon. fit obstricta. Lips. 1792. 4°. —.30
390 —— V., De oblig. her. ex cambio defuncti debitoris. Traj. 1752. 4°. 1.—
391 Baumeister, G., De transmissionibus her. edit. non acquisitae. Tubing. 1648. 4°. —.60
392 Baumgart, J. B., De secularisatione. Helmst. 1683. 4°. —.60
393 —— H., De gradibus in conjugio contrahendo jure prohibitis. Ups. 1702. 8°. —.60
394 Baumhauer, G. T., De lege 8 cod. si certum petatur. L. B. 1811. 116 pp. 8°. 1.—
395 —— M. M. v., De morte voluntaria. Traj. 1843. 268 pp. 8°. 2.—
396 Baurmeister, W. A., De actione pauliana. Gron. 1758. 4°. —.50
397 Bawstetter, A. F. v., De usufructu. Hard. 1755. 4°. —.80
398 Bayen, A. v., De collatione. Traj. 1749. 4°. —.40
399 Bazin, J. C., De inventione thesauri. L. H. 1746. 4°. —.60
400 Beaufort, B. L. de, Ad l. 197 de divers. regul. jur. L. B. 1729. 4°. —.40
401 —— H. de, De collatione bonorum. L. B. 1707. 4°. —.30
402 —— J. F. de, De his qui pretii particip. causa sese venumdari patiuntur. Franeq. 1789. 4°. —.80
403 —— J. F. de, Ad art. 543 cod. civ. Traj. 1821. 8°. —.80
404 —— J. M. de, De judice. L. B. 1747. 4°. —.40
405 —— L. F. de, Ad l. advocati 14 cod. de advocatis diversorum judiciorum. Traj. 1695. 4°. —.60
406 —— P. de, De donationibus. Traj. 1737. 4°. —.30
407 —— — — De obligatione resarciendi damnum ab aliis datum. Traj. 1829. 8°. —.70
408 —— P. J. H., De exheredatione, querelae secura. L. B. 1781. 4°. —.40
409 Beaujon, J. H., De variis modis, qbs. variis temporib. jus civit. Rom. acquiri potuerit. L. B. 1845. 8°. —.60
410 —— J. J., De possessione (*saisine*) executoris testamentarii. L. B. 1848. 8°. —.40
411 Beaumont, J. C. v., De tortura. L. B. 1741. 4°. —.40
412 —— E. G. v., De eo, qd. est justum circa pacta tam publ. quam priv. Traj. 1771. 4°. 1.—
413 —— P. Q. v., Ad cap. 1 leg. Aquiliae. L. B. 1698. 4°. —.30
414 —— Q. v., De mod. qb. testamenta infirmantur ipso jure. L. B. 1726. 4°. —.80
415 —— S. v., Ad legem Falcidiam. L. B. 1703. 4°. —.80
416 Beauval, P. B. d., Varia circa mort. c. donationem. L. B. 1719. 4°. —.40
417 Bebinck, J., Theses jurid. Gron. 1779. 4°. —.30
418 Bechmann, J. V., De jure cancellarum. Vitemb. 1737. 4°. —.50

419 Becht, H. F., De expressa honoris, in sententia judicis, reservatione. Tubing. 1691. 4°. —.50
420 —— J. G., De securitate et salvo conductu, eiusque variis speciebus. Basileae. 1612. 120 pp. 4°. 1.50
421 Bectus, A. M., Animadvers. qd. ad locum codicis civ. de necessitudine inter parentes et liberos ex justis nuptiis non quaesitos. Traj. 1825. 8°. —.30
422 —— H., De rerum divisione. L. B. 1759. 4°. —.50
423 —— H. D. B. Quaest. aliq. ex capite de pactis et exposit. legis 40 dd. de reb. credit. L. B. 1816. 4°. —.50
424 —— J. A., De eo, qd. justum est circa successionem pactitiam. L. B. 1782. 4°. —.50
425 Beck, F. G., De muliere contra Sctm. Vellejanum et auth. *si qua mulier*, obligata. Erf. 1730. 4°. —.40
426 —— J. L. G., De vera furti consummati notione. Lips. 1809. 4°. —.60
427 Becker, A., De Landsassiis itemque Schriftsassiis et Amtsassiis. Vitemb. 1664. 4°. —.60
428 —— F., De accessione naturali. Traj. 1683. 4°. —.80
429 —— G., De reconventione. Wittenb. 1665. 4°. —.50
430 —— H. G., De actione in factum. Lips. 1675. 4°. —.40
431 —— J. A., De lite hereditatis cum possessore. Vittemb. 1727. 4°. —.50
432 —— J. G., De consensu tacito. Helmst. 1711. 4°. —.50
433 —— P. R. D., De adoha. Francf. 1669. 4°. —.50
434 Beckhaus, G., De querela inoffic. testam. et his quibus ea datur. Ling. 1732. 4°. —.40
435 Beckman, J. Ph., De connubiis praestantium cum Cathol. sec. leg. Germ. L. B. 1777. 4°. —.50
436 —— M. W., De absentibus. Amstel. 1819. 2 pts. 96 et 93 pp. 8°. 1.20
437 Beckmann, J. P., De proëdria legum Justin. prae jure patrio antiquo in foris Germaniae. Lips. 1739. 4°. —.70
438 Becon, F. à, De heredibus instituendis. Traj. 1660. 4°. —.30
439 Beeckerts à Thienen, G., Ex variis juris materiis quaestiones. L. B. 1706. 4°. —.30
440 Beeckman, A., De jurejurando. L. B. 1700. 4°. —.30
441 Beelaerts, A. C., Theses q. controv. L. B. 1787. 4°. —.30
442 —— G., De officio judicis. L. B. 1738. 4°. —.30
443 —— P., De justitia et jure. L. B. 1702. 4°. —.50
444 —— P. M., De seditionibus. L. B. 1749. 4°. —.40
445 Beelaerts v. Blokland, F. G. A., Historia ordin. gener. Belgii sub Carolo V. L. B. 1836. 136 pp. 8°. 1.—
446 —— — —— G., De actione funeraria. L. B. 1764. 4°. —.40
447 —— — —— — Ad privilegium Ioannis Bavari, Hansae Teutonicae indultum. Traj. 1794. 4°. 1.50
448 —— — —— P., De nuptiis. L. B. 1763. 4°. 1.—
449 —— — —— P. A., De interdictis relegatis et deportatis. L. B. 1774. 4°. —.40
450 Beelaerts v. E., A. C. A., De collatione bonorum. Traj. 1834. 8°. —.60
451 Beelaerts, F., De neg. bon. fd. ob interven. dolum vel metum ipso jure nullis. L. B. 1762. 4°. —.50
452 —— G., De differentiis juris civilis inter constitutum, fidejussionem et expromissionem. Traj. 1744. 4°. —.60
453 —— J., De statu servorum praesertim in col. Batav. Indicis. L. B. 1775. 4°. —.90
454 —— W. C., De testamentis. Traj. 1750. 4°. —.80
455 Beels, C. D., De scriptura privata. L. B. 1823. 152 pp. 4°. 1.50
456 —— — — Idem liber. 152 pp. forma 8°. —.80
457 —— F. L., De nuptiis sec. cod. leg. civ. Traj. 1828. 8°. —.30
458 —— J. T., De mutuo. L. B. 1783. 4°. —.30
459 —— L., De foro domicilii. L. B. 1785. 4°. —.60
460 —— T. N. H., Ad cod. jur. merc. Neerl. l. I tit. V sect. I de commissionariis. L. B. 1848. 8°. —.50
461 Beem, B. A. v., De manumissionibus in sacrosanct. ecclesiis. Traj. 1756. 4°. 1.—
462 —— T., De usucap. et l. t. praescriptionibus. L. B. 1710. 4°. —.30
463 Beening, H. C., De societate. Traj. 1765. 4°. —.30
464 Beek, G. D., De inoff. testamento. Traj. 1682. 4°. —.30
465 —— G. F. D., De juribus domesticorum. Tubing. 1685. 4°. —.40

466 Beek, P. v. d., De solutionibus. L. B. 1787. 4°. —.50
467 —— P. L. v. d., De jure aggratiandi. L. B. 1791. 4°. —.60
468 Beerenstein, M. C. v., De consensu parent. in nuptiis liberorum. Traj. 1717. 4°. —.50
469 Beernaert, A., De fide instrumenti publici. Gandae. 1823. 4°. —.50
470 Beest, U. W. v. V. v., De obligatione naturali ejusq. effectu ex jure hodierno. Traj. 1834. 8°. —.30
471 Beets, R. C., De dolo malo. L. B. 1835. 8°. —.40
472 Begeman, P. L., De inoff. donationibus. L. B. 1810. 8°. —.30
473 Begue, L. F. L., De benef. discussionis fidej. concesso. Gand. 1823. 4°. —.30
474 Behagnel, A., De jure sequestrationis. Traj. 1720. 4°. —.40
475 —— J. W., An et quatenus asyla in rep. Christiana sint toleranda. Traj. 1748. 4°. —.60
476 Behamb, J. F., Das Ross-Tauscher-Recht u. das Ross-Ausleiber-Recht. Francf. & Lips. 1707. 4°. 1.—
477 Behme, A., De partu humano legitimo et illegitimo. Vitemb. 1669. 4°. —.60
478 Behr, C. F., De restitutione in integrum. Lips. 1781. 4°. —.30
479 —— G. H. R., De pollicitatione reip. facta. Lipsiae. 1841. 4°. —.40
480 Behren, J., De optimo republica. Helmst. 1652. 4°. —.70
481 Behrens, C. E., De moderno usu constitutionis pacis public. in supremis dicasteriis ex genuinis fontibus dilucidata. Giess. 1750. 4°. —.90
482 —— R. A., De charta bianca. Giess. 1785. 4°. —.50
483 Behrnauer, C. G., De luitione fundi sub basis venditi. Lips. 1780. 4°. —.40
484 Beier, A., De clientela debitorum occ. l. 5 cod. de novat. Jen. 1708. 4°. —.50
485 —— — Ad l. per hanc divinam 4 c. de temporib. et reparationib. appellation. Jen. 1702. 4°. —.30
486 Beyer, A., De officinis et tabernis opificum. Jenae. 1692. 180 pp. 4°. 1.50
487 Beivanghius, G., De praecipuis difficultatibus et controversiis in materia tutelarum et curatorum. Gron. 1680. 4°. —.30
488 Beke, J., De supplicio infanticidarum. Gand. 1823. 4°. —.40
489 Bekking, H. S., De leg. censoriis. Harder. 1753. 4°. —.40
490 Bel, P., De curatione eorum, qui ultro sibi curatorem petunt. Amstel. 1811. 8°. —.30
491 Belinfante, G., De leer der keuze bij legaten en verbindtenissen. 's Grav. 1859. 8°. —.70
492 Bell, C. v., De usu regulae Catonianae. L. B. 1846. 8°. —.50
493 Belle, J. v., De procuratoribus eorumque mandatis. L. B. 1709. 4°. —.30
494 Bellinchave, G. M. du Tour v., De libertate et servitute. Gron. 1827. 128 pp. 8°. —.50
495 Benjamins, Mod. B., Iets over eenige punten het bedendaagsch regt betreffende. Amst. 1862. 8°. —.60
496 Belon, J. H., De servitiis feudalibus. Jen. 1725. 4°. —.50
497 Bemmel, G. v., De legitim. nupt. requisitis. Traj. 1767. 4°. —.40
498 Bempden, G. v. d., De inoff. testamento. L. B. 1720. 4°. —.30
499 Bendleben, H., De momento. Brem. 1715. 4°. —.70
500 Benkendorff, C. H. v., De motu proprio principis. Francf. 1690. 4°. —.60
501 Bennelle, J. C., Qua Monarchomachi et Machiavellus in concordiam adducuntur. Lips. 1775. 4°. 1.—
502 Benneman, J. C., Gründe womit sich C. Thomasius vertheidigen gesucht gegen den Autor des tractats: Gedanken über die Thomasische dissertation. Leips. 1725. 4°. —.70
503 Benningenbroek, P., De tutelis. L. B. 1698. 4°. —.50
504 Bensechus, R. J., De iis, qbs. permissum est facere testamentum. Traj. 1699. 4°. —.50
505 Bentheim, B. A., De non movendis, sed distinguendis terminis iuris. Gron. 1684. 4°. —.30
506 —— D. M. A., De pactis tacitis. Hammon. 1726. 4°. —.40
507 —— F. J. v., De societate. Gron. 1698. 4°. —.40
508 —— J. F., De iure inhumaniori. Halae. 1696. 4°. —.40
509 Benthem, A. A., De processu et ordine judiciorum. Traj. 1668. 4°. —.50
510 —— C. G. v., De actione judicati. L. B. 1714. 4°. —.40
511 Benthorn, A. F. v. d. D. v., De foederibus Batavorum belgicis. L. B. 1791. 4°. —.70

512 Benthorn, G. H. v. d. D. v., De praesumtionibus, sec. tit. IV lib. IV cod. civ. Neerl. L. B. 1840. 140 pp. 8°. 1.—
513 Bentinck, D. H., Ad loc. cod. civ. de adscendentium jure revocandi bona donata descendentibus, s. prole demortuis. Traj. 1827. 8°. —.40
514 —— F. F., De domus amoenitate. L. B. 1830. 4°. —.50
515 Benz, J. A., De remissione venditionis gradiosae. Wittenb. 1734. 4°. —.60
516 Benzon, N., De represaliis. L. B. 1669. 4°. —.60
517 Beraber, S., De commodato filii. Jen. 1710. 4°. —.60
518 Berchem, M. V., De justis nuptiis. L. B. 1727. 4°. —.30
519 Berchum, J. I. A. v., De in integrum restitutione. Harderv. 1788. 4°. —.30
520 Berchuys, A. v., De legatis eorumque charactere repraesentat. Gron. 1766. 4°. 1.—
521 —— — — De laribus, q. in omni societate valeat. Gron. 1820. 8°. —.70
522 —— A. J. v., De nuptiis. L. B. 1718. 4°. —.40
523 —— C. A., De acceptilatione. Gron. 1751. 4°. 1.—
524 Berck, P., De patria potestate. L. B. 1699. 4°. —.30
525 —— — De patria potestate. L. B. 1719. 4°. —.50
526 Berckel, E. v., De excusat. tutorum vel curatorum. L. B. 1706. 4°. —.30
527 —— E. F. v., De morali civilis corporis gubernatione. Traj. 1748. 106 pp. 4°. 1.50
528 —— W. W. v., De legibus. L. B. 1789. 4°. 1.—
529 Berckelman, C. J., De talione. Franef. 1660. 4°. —.30
530 Bercken, J. H. O., De inofficioso testamento. Duisb. 1766. 4°. —.40
531 Berendrecht, C. v., De mutuo. L. B. 1602. 4°. —.40
532 —— N. v., De procuratoribus L. B. 1720. 4°. —.30
533 Berends, B., Ad a. 2089 cod. civ. Gron. 1818. 8°. —.30
534 Berenhorn, H., Ad l. 40 DD. de legatis I. L. B. 1719. 4°. —.30
535 Berens, F., De exhaeredatione absque elogio. Brem. 1714. 4°. —.60
536 Berkenstein, C. v., De legitimatione. L. B. 1761. 4°. —.40
537 —— C. P. v., De pigneraticia actione vel contra. L. B. 1723. 4°. —.40
538 Berkestein, C. J. v., De jurisdictione cum civ. tum crim. scabin. Sylvaducensium. Sylv. duc. 1815. 108 pp. 8°. —.70
539 Berkwout, J. F., Ad l. 9. cod. unde vi. Franeq. 1744. 4°. —.60
540 Berg, F. E., De Icto e sententia Ciceronis. Amst. 1822. 8°. —.50
541 —— — — De foederibus patrocinii. Amstel. 1824. 264 pp. 8°. 1.50
542 —— G. E. J., De vectigalium ac tributor. in Hollandia historia temp. reip. Amstel. 1834. 140 pp. 8°. —.90
543 —— O. W. J., De foro militum privilegiato, praec. in delicto com. Traj. 1772. 4°. —.40
544 —— J. v., Miscellaneae jur. controversi quaestiones. Jen. 1617. 4°. —.30
545 —— G. v. d., De remediis juris quae usufructuario ad jus suum persequ. competunt. L. B. 1767. 4°. —.40
546 —— J. v. d., De legitima tutela. L. B. 1764. 4°. —.30
547 —— W. v. d., De natura et indole obligationis. Traj. 1755. 4°. —.50
548 Bergbom, C. O., Om rusto-persedle underrisningen for Salo Herad uti Uleåborgs län. Abo. 1820. 4°. —.30
549 Bergen, A. v., De officiis tutorum, ex juris hod. principiis. L. B. 1828. 4°. 1.—
550 —— — — Idem liber, forma 8°. —.70
551 —— F. v., An deceat ipsum principem jus dicere? Traj. 1690. 4°. —.30
552 —— L. v., De jure hypothecae. L. B. 1761. 4°. —.50
553 —— J. v. d., De Scto. Macedoniano. L. B. 1731. 4°. —.40
554 —— N. v. d., De dominio. L. B. 1697. 4°. —.30
555 Bergen, C., Ad leg. 56 DD. de reg. juris. Traj. 1719. 4°. —.30
556 —— C. A. F., De iis qui apud Rom. cum mero imperio erant. Lips. 1828. 4°. —.50
557 Bergfalk, P. E., Om Svenska jordens Beskattning till och med borjan af 17 de Arhundradet. Ups. 1832. 4°. 1.—
558 —— — — Om förevarelöse personers behandling. Ups. 1833. 4°. 1.—
559 —— — — Om Svenska städernas förfaltung. 1838. 124 pp. 8°. 1.20
560 Berger, A. v. d., De jure jurando. L. B. 1745. 4°. —.40
561 —— A. H. v. d., De venatione. Traj. 1793. 4°. —.40
562 —— C. J. P. v. d., De emancipatione. L. B. 1843. 8°. —.30
563 —— G. O. C. v. d., De simila Rom. patrum in liberos potestate. L. B. 1823. 4°. 1.—

564 Bergh, H. F. v. d., De testam. holographo. Dordr. 1858. 8°. —.50
565 —— J. v. d., Ad l. Rhodiam de jactu. L. B. 1858. 4°. —.40
566 —— — — — Ad fragm. Pauli ex lib. ejus 3 quaest. q. e. in l. 61 DD. de pign. act. L. B. 1830. 8°. —.60
567 —— J. L. v. d., De modis acquirendi juris gentium. Traj. 1727. 4°. —.60
568 —— L. v. d., De usucapione et praescriptione. Traj. 1756. 4°. —.80
569 —— L. F. C. v. d., De perjurio ejusque poena. Traj. 1830. 8°. —.60
570 —— M. v. d., Ad legem tertiam DD. in qbs. causis pignus vel hypotheca tacite contrahitur. Traj. 1764. 8°. —.40
571 —— P. v. d., De principiis et finib. juris. Harder. 1760. 4°. —.80
572 —— P. T. C. v. d., De authentica leg. interpretatione. Amstel. 1846. 8°. —.60
573 Berghman, L. A. H., De pariete communi. Gand. 1828. 4°. —.50
574 Bergholt, H. A., De obligat. et actionib. Traj. 1655. 4°. —.30
575 Berghuis, A. H., De culpa. Gron. 1754. 4°. —.70
576 —— J., De rationibus tutelae reddendis sec. jus hodiern. Gron. 1837. 8°. —.40
577 Bergman, C. A., De spoliis opimis. Lund. 1820. 4°. —.40
578 —— F., De fundamento obligat. pactorum perfectae. Aboa. 1798. 4°. —.40
579 —— J., De prodigis. L. B. 1735. 4°. —.40
580 Bergner, B., De favore juris. Jen. 1668. 4°. —.50
581 —— — De administratione rerum ad civitatem pertinentium. Jen. 1679. 4°. —.40
582 —— C. A., Capita quaed. judicii provocatorii. Vitemberg. 1724. 4°. —.30
583 Bergsma, C., De matrimonio ejusque solvendi ratione per divortium, ex jur. hod. Traj. 1823. 132 pp. 8°. 1.—
584 —— E. H., De hodierna et antiqua Frisiorum regiminis forma. Franeq. 1774. 116 pp. 4°. 1.50
585 Bergson, S. J. G., De exercitoria actione. Traj. 1839. 8°. —.40
586 Berkel, H. v., De favore bon. fidei in praecipuis qbsd. casibus. L. B. 1808. 140 pp. 8°. 1.—
587 —— H. A. A. v., De sortibus. L. B. 1831. 4°. 1.20
588 Berkhout, E. A., De creditor. privilegiator. jure in pactione cum obaerato debitore a legislatore non satis curato. 8°. —.70
589 —— P. H., De legibus annalibus. L. B. 1849. 8°. —.40
590 —— C. Teding v., De tutelis. L. B. 1787. 4°. —.30
591 —— J. —— — De contractu pignoris. L. B. 1788. 4°. —.30
592 —— — —— — De notis qb. naturale ac civile justi et honesti discrimen dignoscitur. L. B. 1778. 4°. —.50
593 —— — —— — Animadv. ex jure civ. depromt. L. B. 1790. 4°. —.40
594 —— J. C. —— — De culpa lata in delictis punienda. L. B. 1806. 4°. —.60
595 —— J. J. —— — De mutata a Guilielmo IV regiminis forma in reip. foeder. Belgii provinciis post rer. convers. anni 1747. Amst. 1830. 8°. —.70
596 —— J. P. —— — Quaed. quaest. jur. L. B. 1838. 8°. —.80
597 —— P. —— — De foro competenti. L. B. 1783. 4°. —.30
598 —— — —— — De oblig. venditoris ratione evictionis, sec. jur. hod. principia. L. B. 1824. 4°. 1.—
599 — — —— — Idem liber. forma 8°. —.70
600 —— P. J. —— — De jure legatorum. L. B. 1776. 4°. —.70
601 —— — — —— — An et quatenus a jure naturali jus positivum recedere juste possit. Amst. 1834. 124 pp. 8°. —.80
602 —— W. H. —— — De jure viae publicae. L. B. 1767. 4°. —.60
603 Berlage, N. G., De commissionariorum privilegiis jure nostro. Amstel. 1845. 8°. —.80
604 Berlekom, J. J. B. v., De obl. fidejussoria sec. princ. jur. hod. L. B. 1820. 20 pp. 4°. 1.90
605 Berling, F. J., De deposito. Lund. 1829. 4°. —.50
606 Bernagie, S., De fidejussoribus. L. B. 1705. 4°. —.30
607 Bernard, D., De compensationibus. L. B. 1708. 4°. —.30
608 Bernegger, C., Magiam a Constantino in l. 4 cod. de malef. et mathem. reprobatam et approbatam. Altd. 1675. 4°. —.40
609 —— J. E., De alimentis eorumq. computatione in detrahenda quarta Falcidia, occ. l. 68 DD. ad l. Falc. Altd. 1710. 4°. —.80
610 Bernhard, M., De tortura ex foris christianorum proscribenda. Hal. 1705. 4°. —.70
611 Berning, S. E., De potestate maritali. Helmst. 1675. 4°. 1.80

612 Berrangé, D. F., Qdm. juris natur. et publ. observationes. L. B. 1802. 4°. —,60
613 Bert, J. H., De solutionibus. L. B. 1702. 4°. —,80
614 —— P. J., De societate. Harder. 1756. 4°. —,30
615 Bertling, A., Ad l. 20 cod. de neg. gestis. Gron. 1770. 4°. —,30
616 Besier, A. A. A., De iuris placeti historia in Belgio. Traj. 1848. 200 pp. 8°. 1.40
617 —— A. D., De ratihabitione. L. B. 1778. 4°. —,60
618 —— — — De juste abdicato Philippo II, praesertim ob violata privilegia. L. B. 1780. 4°. —,80
619 —— B. H., De usu et abusu jur civ. Rom. terris Transisalanicis. L. B. 1751. 4°. —,30
620 —— G. J. B., De legum fundamentalium indole et ambitu. Traj. 1849. 184 pp. 8°. 1.10
621 —— P. F., De F. Anthiano Icto. ejusq. q. in DD. exstant fragmenta. L. B. 1803. 8°. —,40
622 Besier, N. J., De iis, qui testam. tutores dari possunt. Traj. 1782. 4°. —,30
623 Bessel, C. H., De origine successionis testamentariae. 1703. 4°. —,70
624 Besser, C. C., Exercitatio juris Saxonici electoralis. Lips. 1726. 4°. —,50
625 Best, G., Qd. conject. ex jure civili. Traj. 1704. 4°. —,60
626 Beth, H., Quaest. jurid. L. B. 1632. 8°. —,30
627 Bethke, N., De anomia ante legem. Lond. G. 1776. 4°. —,30
628 Bethoncourt, H. J. d., De regressu ad bona, ob illustrib. praecip. filiabus renunciata. Tubing. 1711. 4°. —,80
629 Betouw, A. I. d., De succedendi ratione circa bona patrimonial. in imperio Noviomagensi recepta. Traj. 1777. 4°. —,60
630 Betouw, G. C. in de, De ord. proced. coram Neomagensium trib. L. B. 1786. 4°. 1.10
631 —— J. in de, Ad leg. Rhodiam, de jactu. L. B. 1763. 4°. —,90
632 Beuchel, C. S., De expens. concursus reliquisque damnis creditori a fide jussore indefinite obligato refundendis. Erford. 1770. 4°. —,40
633 Beuchelius, F. F., De remedio l. 2 c. de resc. vendit. in loc. cond. Lips. 1749. 4°. —,30
634 Beudt, J., Num civis innocens juste dedi possit hosti potentiori. L. B. 1741. 4°. —,80
635 Beukelaar, J., De deposito. L. B. 1731. 4°. —,80
636 Beukelaar, D., De curatoribus. Traj. 1739. 4°. —,80
637 Beuken, J. v., De crimine majestatis. Franeq. 1720. 4°. 1,80
638 Beumer, J. A., De partu legitimo ratione temporis. Harder. 1768. 4°. —,30
639 Beunden, M. C. v., Ad fragm. legis Rhodiae de jactu. L. B. 1770. 4°. 1.20
640 Beurmosius, J. F., De appellatione, et speciatim, ea, q. fit ex revisorio. Traj. 1713. 4°. —,30
641 Beusechem, L. v., De judicis, in infligendis poenis officio. Traj. 1772. 4°. —,60
642 Beusekom, W. J. v., De personatione, ex princ. Cod. civ. Gallici. L. B. 1836. 8°. —,50
643 Beutel, T., De jure circa somnum et somnia. Lips. 1687. 4°. 1.20
644 Beveren, W. A. v., Ad leg. Corneliam de falsis. Traj. 1769. 4°. —,60
645 Beveren, G. v. Z. v., De veteranis. Traj. 1787. 4°. —,40
646 Bevervoorde, A. V. v., De foederibus et sponsionibus. L. B. 1778. 4°. —,60
647 Bevelinckc, H. v. d. D. v., De leg. Cornelia de falsis. L. B. 1710. 4°. —,40
648 Beyens, G. T., De mandato. L. B. 1745. 4°. —,40
649 Beyer, J. F., De restitutione gratiae. Traj. 1763. 4°. —,40
650 Beyer, A. F., Controversiae ad libr. XXX—XXXVI DD. Halae. 1694. 4°. —,30
651 —— — — Ad lib. 12 dd. Hal. 1694. 4°. —,30
652 —— G., De crimine bigamiae. Lips. 1685. 4°. —,70
653 —— — De dote a plebe tumultuante direpta Liciniae restituenda. Lips. 1692. 4°. —,70
654 —— J. C., De repudiatione heredit. Lips. 1724. °. —,60
655 —— J. d., De adjunctoribus. L. B. 1655. 4°. —,30
656 —— — — De tribus iuris praeceptis. Traj. 1724. 4°. —,40
657 —— — — Quaest. jurid. Traj. 1646. 8°. —,80
658 —— J. S. d., De poenaia lustrica. Vitemberg. 1725. 4°. —,40
659 —— L. d., De jure aquatico Gelrorum. Traj. 1751. 4°. 1.40
660 Beyerman, H., Theses juridicae. L. B. 1611. 8°. —,30
661 Beyfanck, G., De obligationibus in genere. Gron. 1627. 4°. —,30

662 Beyma, C. L. v., De lege Scribonia servitutum usucapionem prohibente. Gron. 1832. 220 pp. 8°. 1.60
663 —— J. M. v., Historia Curiae Frisiacae ab eius ortu u. a. sec. 16 exitum. L. B. 1835. 8°. —.80
664 —— P. J. v., De vergoeding van schade ontstaande uit het niet rigtig overkomen van telegrammen. L. B. 1862. 8°. —.60
665 Beyma tot Kingma, C. L., De legatario particulari jur. hod. praes. de art. 874 et 1020 C. C. Gron. 1833. 8°. —.60
666 —— — —— S. O. H. A. v., Histor. ordin. Frisiae a Carolo V u. a. ejurat. Philip. II 1515—1581. L. B. 1835. 116 pp. 8°. 1.—
667 Beyts, F., Orationes duae. Bruxellis 1813. 4°. —.40
668 Bezoldus, E. C., Utrum sententia judicis injusta debitori per illam absoluta plenam praestare valeat liberationem. Erford. 1718. 4°. —.30
669 Biben, J. G., De legali pupillor. et eorum q. bonis interd. est, hypotheca. L. B. 1819. 164 pp. 8°. 1.—
670 Biccius, C., De confinatione, ad l. 9 DD. de interd. et relegat. Lips. 1672. 4°. —.30
671 Bichon, A. A., De mun. probandi in causa indeb., sive soluti, sive promissi. L. B. 1775. 8°. —.60
672 —— — — De praescr. jur. quae collegio, *het Hoogheemraadschap*, in Hollandia competunt. L. B. 1776. 4°. —.70
673 —— C. J., De mercatura imprimis Batavorum. L. B. 1766. 4°. 1.50
674 —— J., De privilegiis creditorum. L. B. 1737. 4°. —.40
675 —— J. A., De medicin. liter. et legum doctoribus, eorumque privilegiis et salariis. L. B. 1764. 140 pp. 4°. 1.40
676 —— J. A. M., De dolo in delictis. Traj. 1830. 8°. —.60
677 —— J. B., De origine juris in personas. L. B. 1773. 4°. 1.20
678 Bichon Visch, W. A., De jure divort. et noxiis effectib. ex nimia eorum licentia oriundis. Traj. 1803. 128 pp. 4°. 2.—
679 Bichon v. IJsselmonde, M., Ad Gaii Comm. IV locum de legisactionibus. Traj. 1840. 8°. —.90
680 Bicker, H., Ad l. rem majoris 8 Cod. de rescind. venditione. L. B. 1703. 4°. —.40
681 —— — De quatuor contractibus, qui re perficiuntur. L. B. 1708. 4°. —.30
682 Bicker, J. B., De igne. Traj. 1766. 4°. —.30
683 Bidloo, G., De officio tutoris. L. B. 1696. 4°. —.40
684 Biel, J. N., De modo venandi. Vitemb. 1734. 4°. —.60
685 Biener, C. G., De statu et postliminio captivorum in bello solemni imperii cum gente extranea. Lips. 1795. 4°. —.50
686 —— — — De constituto debiti alieni et actione constitutoria causa enucleatos, ad cap. 1 nov. IV illustrandam. Lips. 1825. 4°. —.30
687 —— F. A., Historia authentic. codici R. P. et institutionib. Iust. insertarum. Lips. 1807. 4°. 1.—
688 Bierbaum, J. B., De recursu ad comitia imperii Germanici. L. B. 1758. 4°. —.60
689 Bikeboom, G. J., An donatio a coelibe facta, ob supervenientiam liberorum, revocari possit. l. 8 cod. de rev. donat. Harder. 1757. 4°. —.80
690 Birchenius, T., Salus reip. suprema lex. Ups. 1718. 8°. —.40
691 Birken, J. J. W. v. d., Iets over de wet op de patenten. Amst. 1859. 8°. —.30
692 Bildebeck, C., De publ. judiciis. Lips. 1676. 4°. —.30
693 Bilt, S. V. v. d., De matre tutrice. Traj. 1838. 8°. —.80
694 —— G. v. d., Ad Sctum Vellejanum. L. B. 1741. 4°. —.40
695 —— J. C. H. v. d., De usufructu sec. cod. civ. Neerl. Traj. 1840. 8°. —.60
696 —— L. M., L. D. v. d., De limitata tutorum in vendendis rebus pupillorum potestate. L. B. 1827. 8°. —.40
697 Biman, Q., De suspectis tutoribus et curatoribus. L. B. 1758. 4°. —.50
698 Bindeman, L., De incendio doloso et culposo. Jen. 1659. 4°. —.40
699 Bindervoet, M. C., Quaest. jur. Gron. 1840. 8°. —.80
700 Binoke, D., De rationib. reddendis a magistr. in reb. pecun. et poenal. Amst. 1856. 8°. —.50
701 —— M., De Asylorum origine, usu et abusu. L. B. 1828. 4°. —.80
702 —— — Idem liber. forma 8°. —.50
703 Binkes, A. R., De arbitris compromissariis. Fran. 1770. 4°. —.60
704 —— F., Quaenam fuit Sen. Rom. auctoritas. Franeq. 4°. —.80
705 —— — De agriculturae prae mercatura apud Rom. favore, tum in aliis, tum maxime quoque in legum monumentis perspicuo. L. B. 1819. 128 pp. 8°. 1.—
706 —— — Idem liber. forma 4°. 1.60

707 Binkes, R., De auctoritate, jurib. et obligationibus cognator. collateral. e jure Neerl. coll. cum jure Francico. L. B. 1839. 8°. —.70
708 Binkhorst, F., De in diem addictione. L. B. 1763. 4°. —.40
709 —— G., De operis novi nunciatione. L. B. 1781. 4°. —.60
710 —— P., De mora. L. B. 1763. 4°. —.50
711 —— — De jure rerum, naufragio in litus ejectarum, aut in mari repertarum. L. B. 1829. 8°. —.80
712 Birckenstock, J. C., De obligationib. et actionib. Erf. 1785. 4°. —.70
713 Birckholtz, J. G. de, De armis illicitis. Franef. 1698. 4°. —.70
714 Birnbaum, J. M. F., De peculiare nost. aet. jus crim. reformandi studio. Cum annott. Lov. 1825. 114 pp. 4°. —.70
715 Bisdom, A. C. W., De publico ministerio apud trib. primae et sec. jurisdictionis in civil. L. B. 1836. 136 pp. 8°. 1.—
716 —— C. J., De servitute moderata, ab aequitate naturali haud prorsus aliena. L. B. 1750. 4°. —.40
717 —— C. J. J. W., De transmissione hereditatis praes. jur. Holl. L. B. 1802. 4°. —.70
718 —— D. A., De rei debitae oblatione ac consignatione tanq. modo tollendae obligationis. Traj. 1835. 8°. —.80
719 —— D. R. W., An et quatenus peritis in sua arte sit credendum. L. B. 1761. 4°. —.30
720 —— — — — De legitimatione ejusq. effectibus, sec. jus Rom. Gron. 1832. 8°. —.80
721 —— G. J., Ad leg. 9 C. de transactionibus. L. B. 1790. 4°. —.30
722 —— H. G. W., De imperii facultate, dominii privatorum auferendi ob causam utilitatis publicae, ex principiis iur. hod. Hag. 1832. 8°. —.80
723 —— J., De correis debendi ex delicto. Traj. 1718. 4°. —.40
724 —— J. v. L., De modis acq. rer. dom. beneficio fluminis. L. B. 1830. 8°. —.80
725 —— O. B., De actione civili, q. ex damno injuriae dato nascitur. Schoonhov. 1838. 8°. —.60
726 Bishop, E., De foemin. conditione penes veteres Rom. et sec. jus Rom. L. B. 1831. 8°. —.50
727 Bismarck, H. C. a, De scripturae necessitate. Lips. 1726. 4°. —.70
728 —— L. a, De literis informatoriis. Franef. 1680. 4°. —.50
729 Bisschopinck, J. A., De exceptionibus qualificatis. Harder. 1754. 4°. —.80
730 Blaau, G., De legatis. L. B. 1678. 4°. —.80
731 Blaaubeen, M. P., De nuptiis. L. B. 1822. 123 pp. 4°. 1.40
732 —— — — Idem liber. 140 pp. forma 8°. —.90
733 Blaauw, G. C., Exempla qd. variorum argumentorum, qbs. in interpretandis legib. Icti uti solent. Amstel. 1846. 8°. —.30
734 Blabu, G., De pactis. L. B. 1653. 4°. —.30
735 Blaeuhulk, G., De furtis. L. B. 1718. 4°. —.40
736 Blaeuw, N., De acceptilatione. L. B. 1675. 4°. —.30
737 Blancken, H., De jure fisci. Traj. 1696. 4°. —.40
738 Blanken, W. B., De amicitia et inimicitia. Harder. 1761. 4°. —.30
739 Blankenhagen, H., De jure legitimandi. L. B. 1754. 4°. —.60
740 Blankert, G. J., De excusation. tut. vel cur. L. B. 1755. 4°. —.50
741 Blankon, G. v., De absentibus. L. B. 1817. 4°. —.50
742 —— J. P. v., De affinitate. Sylv. Duc. 1834. 139 pp. 8°. 1.—
743 Blasphil, J. M., De praerogativa. Franef. 1684. 4°. —.90
744 Blauw, J., Quaed. jur. civ. controv. L. B. 1776. 4°. —.40
745 Blechen, G. A. v., De contrahendis et proband. sponsalibus, occ. §§ Demnechst et Hinfurter ordinationis matrimon. civil. Osnabrugensis a. 1648. Harder. 1750. 4°. —.30
746 —— J. G. v., Theses inaug. Hard. 1880. 4°. —.80
747 —— J. W., Different. jur. Rom. et German. in successione conjugum et dissortium liberorum. Hal. 1739. 4°. —.80
748 —— W. F. a, De separatione. L. B. 1711. 4°. —.70
749 Bleiswijk, A. v., Ad l. 6 cod. de lege Julia repetund. L. B. 1718. 4°. —.60
750 —— D. v., De fidejussoribus. L. B. 1731. 4°. —.80
751 —— H. A. v., An pacta contractib. stricti iur. adjecta, insint iis ex parte actoris. L. B. 1827. 4°. —.80
752 —— — — — Idem liber. forma 8°. —.80
753 —— J. v., De jure accrescendi. L. B. 1705. 4°. —.60

754 Bleiswijck, P. v., De emtione vend. L. B. 1705. 4°. —.30
755 — — — De actione doli non concedenda si alia actio detur. L. B. 1746. 4°. —.40
756 — R. v., De usucapionibus. L. B. 1712. 4°. —.40
757 Bleiswyk, J. A., De tutela testamentaria. L. B. 1710. 4°. —.30
758 — — M. A., Ad leg. 1 DD. de legibus. Traj. 1703. 4°. —.30
759 Blessendorff, G. L., De hospitatore. Francf. 1656. 4°. —.50
760 Bleyswyk, A. v., De arresto. L. B. 1731. 29 pp. 4°. —.40
761 — — — — De jurejurando. L. B. 1756. 4°. —.40
762 — H. A. v., De testibus. L. B. 1760. 4°. —.40
763 — J. v., De poena temere litigantium. L. B. 1761. 4°. —.40
764 — P. v., De rebus usucapi prohibitis. L. B. 1764. 4°. —.40
765 Block, F. J., Ratihabitionem patris, nuptias absque ejus consensu initas, retro validas efficere. Harder. 1753. 4°. —.30
766 — V., De petitione hereditatis. L. B. 1678. 4°. —.30
767 Blocq v. H. v. S., D. D., Observatt. nonnul. de jure hod. Gron. 1825. 8°. —.80
768 Blocquau, J., De contractu societatis. L. B. 1724. 4°. —.30
769 Blocquery, C. J. de, De foro competente. L. B. 1778. 4°. —.70
770 Bloemaert, P. G. C. H., De venditione rei alienae jure hod. L. B. 1841. 8°. —.80
771 Bloembergen, A., Over papier van toonder. L. B. 1861. 8°. 1.—
772 Bloemersma, U. H. v. A. v., Quaestiones juris. Traj. 1828. 8°. —.40
773 Blom, A., De accessione naturali. L. B. 1759. 4°. —.40
774 — B., De potestat. Ordinum Holland. sub comitibus posteriorib. L. B. 1775. 4°. —.30
775 — F. G., Ad M. T. Ciceronis de quaest. judiciorum. L. B. 1771. 4°. 1.80
776 — G., De jurejurando. L. B. 1700. 4°. —.30
777 — L. J., Utrum profluxio sanguinis ex cadavere occisi coram personis suspectis praebeat indicium sufficiens ad torturam. L. B. 1786. 4°. —.30
778 — T. F., De personis sanctis. Traj. 1742. 4°. —.70
779 Blom, A. M., De simplici s. summaria ratione procedendi in caus. civilib. Gorinch. 1844. 8°. —.40
780 — C., De medico juridico. Traj. 1709. 4°. —.40
781 — C. de, De abortu. L. B. 1834. 4°. —.80
782 — G. T., De delictis, quae cum mala superstitione et fanat. impulsione conjung. Traj. 1806. 4°. —.30
783 — — — Idem liber. forma 8°. —.40
784 — J., De secundis nuptiis. L. B. 1769. 4°. 1.—
785 Blommestein, D. L. v., De lib. her. inst. et fideic. univers. gravatis. L. B. 1778. 4°. —.60
786 Blondeel, P. P., De secund. nuptiis. L. B. 1735. 4°. —.70
787 — V. J., De legibus. Traj. 1746. 4°. —.60
788 — Idem liber. forma 8°. —.40
789 Blootebeuach, D. R., De praejudiciis. Traj. 1704. 4°. —.30
790 — J. A., De sicariis, ad leg. Corn. Traj. 1656. 4°. —.30
791 Blume, H. A., Algemeene beschouwingen naar aanleiding van art. 105, 106, 107 en 109 van het Regl. op het beleid der regeer. van Nederl. Indië. L. B. 1857. 200 pag. 8°. 1.10
792 Blumenthal, W. G. J. L. B. de, De beneficio excussionis, hypothecar. possessoribus competente. Erf. 1734. 4°. —.40
793 Blussé, A., De administr. possession. Batav. in India Orient. ex legib. fundam. anni 1798, 1801, 1805 et 1806. Dordr. 1838. 8°. —.80
794 — F. F., Over de verbetering en aanvulling der registers van den Burg. stand. Dordr. 1862. 8°. —.90
795 — P., Histor. nov. leg. de mercatu commercio externo et navigatione ab anno 1823 in M. Britannia latarum. Dordr. 1835. 8°. 1.10
796 — — Over de ambtsverrigtingen den burgemeester alleen opgedragen. Dordr. 1862. 8°. —.90
797 — P. L. F., De causis circumscriptas, jure patrio antiq. et novo, libertatis de bonis testandi. Dordr. 1842. 8°. —.90
798 Blydenburgh, G. G., De privilegiis aetatis. Traj. 1765. 4°. —.40
799 Blydensteyn, B. G., De conventionum interpretatione sec. jur. Rom. principia. L. B. 1833. 8°. —.60

800 Boas, D. S., De mutua inter hist. patr. et jus patr. necessitudine. L. B. 1809. 4°. —.60
801 —— E., De consensu in nuptiis sec. jus hod. Amstel. 1836. 8°. —.50
802 Bochoven, F., De censoribus P. R. L. B. 1697. 4°. —.90
803 —— F. C., De abigeis. Traj. 1727. 4°. —.30
804 —— T. J. v., De probationibus. Traj. 1732. 4°. —.50
805 Bock, C., De calendario. Altd. 1674. 4°. —.70
806 —— S. D., De effectu fidejussionis rite interpositae. L. B. 1759. 4°. —.40
807 Boeckhausen, C., De manu propria. Altd. 1682. 4°. —.90
808 Boekholt, T. v., De testamentis ordinandis. L. B. 1698. 4°. —.80
809 Boddaert, C. v. D. H., De leg. Rom. sumptuariis. Traj. 1746. 4°. —.60
810 —— C. J. — — —— De tutela materna. Traj. 1776. 4°. —.60
811 —— J. P., Ad tit. DD. de his q. pro non scriptis habentur. Mediob. 1834. 8°. —.40
812 —— P., De quer. inoff. testam. L. B. 1713. 4°. —.30
813 —— P. J., De contract. vi ac metu initis. Traj. 1774. 4°. —.60
814 —— R. J., De requis. justar. nuptiarum. L. B. 1809. 8°. —.40
815 Boddens, T. A., De consensu parentum in nuptiis liberorum. Traj. 1744. 4°. —.60
816 Boddien, F. v., De nobilitate. L. B. 1828. 4°. 1.—
817 —— — — Idem liber. forma 8°. —.90
818 Bode, M., De Scto. Macedoniano. Franeq. 1700. 4°. —.60
819 Bodel, D. J., De iis quae quasi esse dicuntur. L. B. 1782. 4°. —.60
820 —— J., Usus Scti. Macedon. hodiernum. L. B. 1793. 4°. —.60
— Bodel Nyenhuis, vide: Nyenhuis.
821 Boden, H. D., De errore communi circa venditiones q. in scriptis conficiuntur. Hal. 1730. 4°. —.30
822 —— — — De usu et abusu torturae. Hal. 1735. 4°. —.60
823 —— — — De eo qd. justum est circa testimonia historia. Hal. Salicae. 1750. 4°. —.40
824 Bodinghoven, S. A. v., De singularibus circa pecuniam signatam. Harder. 1744. 4°. —.30
825 Bodt, A., Ad l. 7 pr. DD. de dolo malo. L. B. 1758. 4°. —.60
826 Boekholt, J. H., De iure non scripto. Harder. 1740. 4°. —.80
827 Boeckellen, M. v., De prodigiis eorumq. cura. Helmst. 1678. 4°. —.70
828 Boeckholt, A. v., Ad l. Jul. de adulteriis. L. B. 1681. 4°. —.50
829 Bokkelen, S., De poenis. Argent. 1679. 4°. —.40
830 Boehm, J. C., De iudice extra acta aliquid adserente. Hal. 1740. 4°. —.70
831 Boehmer, G. L., De provocationibus jur. Germanici. Hal. 1738. 102 pp. 4°. 1.30
832 —— — — De via et ratione ad solidam iuris protestantium ecclesiastici prudentiam perveniendi. Gott. 1740. 4°. —.50
833 —— — — Ad auream bullam Caroli IV. Gott. 1741. 4°. —.30
834 —— — — De jure promotorum adspirandi ad beneficia ecclesiastica. Gott. 1754. 4°. —.60
835 —— — — De fulb. jurisdictionis imperialis quoad in causis ecclesiast. competit. Gott. 1755. 4°. —.60
836 —— J. F., De precario. Helmst. 1729. 4°. —.80
837 —— J. S. F., De praejudicio iuris Germ. in caus. privatis. Gott. 1750. 4°. —.30
838 Boekell, G. C., De jure nat. gent. et civ. Helmst. 1674. 4°. —.50
839 Boel, T., De differ. inter mutuum et depositum. Amstel. 1699. —.40
840 —— — Ad l. 27 DD. de mort. caus. donat. L. B. 1701. 4°. —.30
841 Boelens, C. H. S. v., De lege Laetoria et const. Divi Marci de cura minorum. Gron. 1828. 8°. —.90
842 Boellaard, P., De compensationibus. Traj. 1740. 4°. —.40
843 Boendermaker, J., De jurejurando. L. B. 1732. 4°. —.30
844 —— — De nat. et iud. delicti civilis. Traj. 1765. 4°. —.50
845 Boer, W. G., De dominio gentium aquatico. Traj. 1845. 8°. —.75
846 Boerner, J. G., Utrum in alienat. bon. pup. vel min. necessaria est subhastatio. Vitemb. 1704. 4°. —.40
847 Boers, C., De procuratoribus. Harder. 1751. 4°. —.60
848 —— F. G., De antropologia Ictorum. Rom. L. B. 1766. 4°. —.90
849 —— G. S., De voluntaria heredis institutione. L. B. 1724. 4°. —.40
850 —— P., De secretariis. Traj. 1755. 4°. —.30
851 —— S., Ad Paul. lib. sing. de off. praefect. vigilum. Harder. 173. 4°. —.60

852 Boethius, D., Quaestiones e jure naturae. Ups. 1805. 4°. —.70
853 —— J. E., De potestate parentum. Ups. 1808. 4°. —.30
854 —— — — De tutela. Ups. 1814. 4°. —.30
855 —— — — Om Gestgifveri och Skjutsinrättningen i Sverige. Ups. 1815. 4°. —.50
856 —— — — De crimine falsi. Ups. 1819. 4°. —.30
857 —— — — De conatu delinquendi. Ups. 1829. 4°. —.30
858 Boettcher, J. M., Causae, q. maritum ab usufructu bonorum uxoris excludunt. Erf. 1785. 4°. —.30
859 Boetzelaer, C. G. J. v., Interpr. ambiguae orationis in conventione aut testamento obviae. Traj. 1822. 8°. —.90
860 —— G. G. v., De incerto morientium ordine. Traj. 1826. 8°. —.90
861 —— T. N. v., De rescindenda haereditatis divisione. Hag. 1834. 8°. —.50
862 Boey, A., De mandato. L. B. 1749. 4°. —.40
863 —— C., Ad legem Rhodiam de jactu. L. B. 1707. 4°. —.40
864 —— W. C., De jure circa res naufragas. L. B. 1761. Cum append. 4°. —.90
865 Boeye, J., De lege Rhodia de jactu. L. B. 1744. 4°. —.30
866 —— J. F. S., De divisione hominum ratione civitatis Belg. L. B. 1839. 4°. —.70
867 —— J. S., Explic. legis 22 cod. de administr. tutor. v. curator., et pecunia pupill. foenoranda vel deponenda. L. B. 1839. 8°. —.50
868 —— L. G. A. S., Quaest. qd. L. B. 1844. 8°. —.30
869 —— M. J. S., Requisita q. concurrere debent ut poena mortis furi infligatur. L. B. 1837. 8°. —.40
870 —— S. S., De conjug. in bona dotalia juribus. L. B. 1828. 8°. —.60
871 —— J. Schuur., Num legibus injustis populus obtemperare teneatur, ac, si non teneatur, num summis imperantib. resistere ei liceat. L. B. 1808. 4°. 1.—
872 Bogaard, J. J., Ad leg. 29 DD. de usufructu. Traj. 1763. 4°. —.50
873 —— — — De lege Aquilia. L. B. 1762. 4°. —.50
874 Bogaers, D. J. F., De usu litterarum cambialium. L. B. 1833. 8°. —.70
875 —— F., Miscellanea qd. juris capita. Traj. 1765. 4°. —.40
876 Bogaert, J., De traditione. L. B. 1837. 4°. —.30
877 —— J. A., De jure fisci. Harder. 1761. 4°. —.60
878 Bogel, C. N., Ad l. 31 DD. depositi. Traj. 1765. 4°. —.40
879 —— F. N., De probabili portionis legitimae apud Rom. causa et origine. Traj. 1828. 8°. —.40
880 —— J. A. N., De orig. usu atque auctor. J. R. in Belgio. Franeq. 1760. 4°. —.50
881 Bohle, G. C., De continentia causarum. Vitemb. 1703. 4°. —.40
882 Böhtlingck, F., De nonnullis peregrinorum jurib. q. praecipue ad jus civ. pertinent. Arnh. 1838. 8°. —.30
883 Bois, A. A. du, De emphyteusi. L. B. 1734. 4°. —.50
884 —— F. D. du, De fidejussoribus. L. B. 1753. 4°. —.40
885 —— G. C. du, De legibus. L. B. 1764. 4°. 1.20
886 —— P. C. du, De jurejurando actus invalidos non confirmante. L. B. 1792. 4°. —.60
887 Boissevain, J. H. G., De foenore et usuris. L. B. 1840. 8°. —.40
888 Boitte, J. C., De jure detractionis et emigrationis. L. B. 1676. 4°. —.60
889 Boivie, P. G., De publica institutione et educatione puerorum. Ups. 1812. 4°. —.40
890 Boje, P., Ad lib. 47 DD. Halae. 1694. 4°. —.80
891 —— — De inutilibus pactorum juris Rom. divisionibus in foris German. Hal. 1724. 4°. —.70
892 Bok, G., De testamentor. q. jure fiant communi, formis externis. Amstel. 1835. 148 pp. 8°. 1.—
893 Bol, D. B., De consensu parentum ad nuptias liberorum sec. princ. jur. antiq. Holland. L. B. 1832. 8°. —.30
894 Bolding, A. v. D., Ad l. 270 cod. Hol. crim. Traj. 1810. 4°. —.50
895 Bolhuis, A. E. v., De l. vitiis possessionum cod. de acq. vel amitt. poss. Gron. 1831. 4°. —.30
896 —— H. v., Coll. jur. Rom. et Neerl. Holl. in loco de servitutibus realibus. Gron. 1810. 8°. —.50
897 Bols, H. L., De lege Rhodia de jactu. Hard. 1754. 4°. —.80
898 Bolles, J., De judicii petitorii ac possessorii differentia. Giess. 1714. 4°. —.40

899 Bollman, F. C., De aedificio praedii nobili. Jen. 1724. 4°. —.60
900 Bolsker, M., De origine civitatis morali. Lond. Got. 1768. 4°. —.40
901 Bolmstedt, J., De jure gentium humana. Lond. G. 1767. 4°. —.40
902 Bols, H., De beneficiis, quae fidejuss. in jure competunt. Harder. 1771. 4°. —.80
903 —— L., De rerum permutatione. L. B. 1737. 4°. —.80
904 Bolten, A. de W. v., De jure accrescendi. L. B. 1729. 4°. —.60
905 —— J. v., De actionum cessione. Franeq. 1703. 4°. —.60
906 Boltz, C., De republica creaturarum. Regiomonti. 1707. 4°. —.40
907 Bomme, H. de Haes, De condictione furtiva. L. B. 1758. 4°. —.60
908 Bommel, A. v., De mandato. Traj. 1741. 4°. —.60
909 —— B. v., Ad frag. leg. XII de lessu funebri. Traj. 1777. 4°. —.40
910 —— C. J. v., De divortio ex mutuo consensu. Traj. 1821. 8°. —.60
911 —— L. C. v., De cogitatione et conatu in poenalibus. L. B. 1776. 4°. —.60
912 Bondam, P., Animadv. critic. ad loca qd. juris civ. depravata. Franeq. 1746. 4°. 1.50
913 —— — Pro Graecis jur. R. interpretibus. Hard. 1768. 4°. —.60
914 —— — De subsid. ad solidam jur. Belg. cognitionem necessariis. Traj. 1773. 4°. —.80
915 —— — De jurispr. Belgica. Traj. 1778. 8°. —.90
916 —— — De foedere Trajectino. Traj. 1779. 124 pp. fol. 1.50
917 —— — Idem liber. 189 pp. forma 4°. 1.50
918 —— R., De provocationibus plerarumq. urbium Gelricarum ad tribunal Zutphaniense. Traj. 1778. 4°. —.90
919 Bonde, C. H. L. B. de, De libero commercio nationum belli haud sociarum. Lips. 1802. 4°. —.70
920 Bondt, E. C., De electionibus per suffragia. L. B. 1794. 8°. .50
921 —— J., De nuptiis. Harderv. 1716. 4°. —.30
922 —— — De poena damni ex falso, in litt. cambial. commisso. L. B. 1768. 4°. —.60
923 —— N., De polygamia. Traj. 1756. 4°. —.60
924 Bonebacker, J., De lege Aquilia. L. B. 1779. 4°. —.40
925 Bongart, K. N., De jure aggerum et cataract. Traj. 1741. 4°. —.60
926 Bongaerdts, B., De ritu nuptiarum. L. B. 1689. 4°. —.30
927 Bonifius, C. H., De genuina unionis prolium indole extra casum legis, et observantiae specialis. Lips. 1726. 4°. —.40
928 Bonitz, C. H., De purgatione contumaciae in processu, praec. electorali Saxonico hodierno conscripta. Hal. 1733. 4°. —.80
929 Bonninghausen v. H., L. E. F. J. v., Ad leg. diei x Maji 1837 de bancaruptorum delictis et poenis. L. B. 1851. 8°. —.90
930 Bons, F. D. d., De licito in jure civili sed non honesto. L. B. 1788. 4°. —.90
931 Bonte, M., Ad l. 1, 2, 3 cod. tit. ne uxor pro marito, vel maritus pro uxore, vel mater pro filio conveniatur. L. B. 1783. 4°. —.60
932 Bonthuis, D., De genuina usus natura, ejusq. ab ususfructus differentia, sec. jus Rom. Gron. 1839. 8°. —.40
933 Bonvoust, D. M. de, De obligatione naturali erga patriam. Traj. 1763. 4°. —.60
934 Boogaert, A., De fidejussoribus. Hard. 1700. 4°. —.80
935 —— F. G., De empt.-vend. L. B. 1770. 4°. —.60
936 —— G., De injuria verbali. Harder. 1692. 4°. —.30
937 —— N. M., De majestate et jure magistrat. Belgio. Traj. 1768. 4°. —.80
938 —— P., De usu et habitatione ex princip. jur. Franc. civ. et jur. Neerl. L. B. 1838. 8°. —.80
939 —— P. W. v. d., De Scto. Vellejano. L. B. 1787. 4°. —.60
940 —— S., De lege Atinia rerum furtiv. usucapionem prohibente. L. B. 1748. 4°. —.40
941 Booquet, J., De servitutib. realibus. L. B. 1748. 4°. —.40
942 Boogmaker, J., De munere et privilegiis advocatorum. Traj. 1756. 4°. —.40
943 Boom, A. B., De reb. usucapi prohibitis. L. B. 1741. 4°. —.50
944 Boomhouwer, J., De transactionibus. L. B. 1707. 4°. —.70
945 Boon, P., De actis per ebrietatem. L. B. 1748. 4°. —.70
946 —— Mesch, Q. C. v. d., De officio judicis. L. B. 1779. 4°. —.90
947 Boonacker, G., De nonnullis cod. civ. Neerl. capit. ex jur. disciplina vel maxime illustrandis. Amstel. 1844. 8°. 1.10

948 Boonzajer, C., De crimine polygamiae. Franeq. 1776. 4°. —.60

949 Boot, C. H. B., De jure postliminii. L. B. 1834. 4°. —.70

950 —— — — — De actionum natura et objecto. L. B. 1835. 8°. —.90

951 —— H., De rapina. L. B. 1730. 4°. —.40

952 —— N., De lege Falcidia. L. B. 1789. 4°. —.50

953 —— P., De privilegiis eorumque usu et abusu. Traj. 1788. 4°. —.60

954 —— R., De autocheiria. L. B. 1750. 4°. —.70

955 Boota, J. P., Over Art. 184 Wtb. v. Burg. Regtsv. L. B. 1861. 8°. —.90

956 Boot, F., De reconventione. L. B. 1811. 8°. —.40

957 Bor, H. G., De fidejussoribus. Traj. 1777. 4°. —.80

958 Borch, A. F. R. C. v. d., Ad art. 1 tit. 13 statuti. comitat. Zutphaniensis. Traj. 1766. 4°. —.70

959 —— R. v. d., De jure pauperum. Traj. 1762. 4°. —.80

960 —— G. F. A. v. d., De decimis novalium, imprimis ratione habita diplomatis, h. n. inediti, quo Reinald. II Gelriae et Zutphaniae Comes, quasd. decimas novales a°. 1333 decano et capitulo Embricensi donavit. Traj. 1827. 8°. —.60

961 Borchmann, C. v., De evictione. Traj. 1778. 4°. 1.—

962 Borchers, C. H. F. C., De quarta legitima. Hard. 1753. 4°. —.30

963 Borch, C. F. de, De probatione illationis dotis. Hal. 1711. 4°. —.60

964 —— G. H., De obligatione feudi consensu munita. Francf. 1690. 4°. 1.—

965 Borckeloo, J. G. à, Conjecturae ad quaed. capita juris. Harder. 1744. 4°. —.30

966 Border, A. J. T. de, Ad jur. locum de cessione bonorum. L. B. 1828. 144 pp. 8°. 1.—

967 —— P. de, De aestim. delictorum jur. R. recepta. L. B. 1803. 4°. —.70

968 —— T. C. de, Ad l. 2 C. quorum appellationes non recipiuntur. L. B. 1795. 4°. —.70

969 Borrel, G., De veterum Ictorum honestatis studio. L. B. 1823. 4°. —.80

970 —— J., De confusione, tollend. oblig. modo. L. B. 1782. 4°. —.40

971 —— R., De success. ab intest. sec. jur. hodierni principia. L. B. 1825. 4°. —.50

972 Bone, A. E. v. d., De lege Rhodia de jactu. Traj. 1768. 4°. —.40

973 Borgeest, J., De testamentis eorumque solemnitatibus. L. B. 1727. 4°. —.80

974 Borgesius, H., De sanctitate moeniorum, ad leg. ult. DD. de rerum divisione. 4°. —.40

975 Born, G. C., De jure fortunae. Traj. 1758. 4°. —.60

976 —— J., De jure in re actiones reales producente. Lips. 1704. 4°. —.40

977 —— P., Ad l. 18 c. de transactionibus. L. B. 1739. 4°. —.80

978 Bornet, E. J. H., De summi imperii civ. origine et natura, deque variis ejusdem formis, praes. de monarchia. L. B. 1809. 152 pp. 8°. 1.40

979 Borry, A., De successionibus ab intestato. Gand. 1818. 4°. —.80

980 Borsch, J. B., Moenia juribus munita occ. leg. ult. DD. de rer. div. 4°. —.60

981 Bömell, A., De ambitu officiorum. Lond. Goth. 1741. 4°. —.80

982 Borssele v. d. H., A. J. v., De jure impuberum. Franeq. 1687. 4°. —.50

983 Borsset, J., De probatione quae fit per libr. mercatorios. Traj. 1777. 4°. —.40

984 Bos, G., De nuptiis. L. B. 1750. 4°. —.80

985 —— — De juramento judicum sibi non liquere. Traj. 1769. 4°. —.40

986 Bosch, A., De convincendi modis atque causis. Leid. 1623. 4°. —.70

987 —— A. de, De poena capitali haud necessaria. Gand. 1821. 4°. —.30

988 —— E. v. d., De sanctitate legatorum ex jure Rom. L. B. 1832. 8°. —.40

989 —— H., De nuptiis. L. B. 1725. 4°. —.30

990 —— H. v. d., De inoff. testamento. L. B. 1721. 4°. —.30

991 —— H. T., De dissonis judicum sententiis. L. B. 1761. 4°. 1.—

992 —— J. B., De unius quartae detractione, filio universali fideicommisso gravato concessa. L. B. 1758. 4°. —.50

993 —— J. W., De quaestionibus. L. B. 1716. 4°. —.40

994 —— J. v. d., De societate. L. B. 1719. 4°. —.80

995 —— J. H. v. d., Ad artt. 67—69 cod. merc. Gron. 1827. 8°. —.40

996 —— P. W. v. d., De emphyteusi. Gron. 1827. 8°. —.50

997 —— M., De patria potestate. Traj. 1765. 4°. —.40

998 —— N., Laus jurisprudentiae. Traj. 1689. 4°. —.30

999 —— L. B. v. d., De probationibus. L. B. 1829. 8°. —.80

1000 Bosch, W. D., Over de bevoorregte schulden, welke volgens art. 750 W. v. K. op de aldaar bedoelde schepen en vaartuigen rusten. 's Hert. 1861. 148 pp. 8°. 1.50

1001 Bosch Kemper, H. D., De indole jur. crimin. apud Rom. L. B. 1830. 248 pp. 8°. 1.50

1002 Bosch Reitz, G. J. A., De quaestione, an non usu tollatur legum vis. Amstel. 1850. 8°. —.60

1003 Bosch v. Drakestein, F. L. H. J., De causis, poenam mitigantibus, vel tollentibus. Traj. 1822. 8°. —.70

1004 —— — —— G., De donationibus inter conjuges. Traj. 1823. 8°. —.50

1005 —— — —— P. J., De consilio nautico. Amstel. 1848. 8°. —.80

1006 Bose, E. G., De jure animalium naturali. Lips. 1744. 4°. —.30

1007 Bosius, J. J., De laicis, sacerdotibus iustitiae. Lips. 1739. 4°. —.30

1008 Bosscha, H., De mercatura. Amstel. 1806. 4°. —.50

1009 —— — De institutionis procurationis ex antiquissimo jure publico in patria nostra. Amstel. 1848. 160 pp. 8°. 1.50

1010 Boschaert, A., De jure dolium. Traj. 1669. 4°. —.30

1011 —— C., An ex jurejur. nova oriatur obligatio. L. B. 1742. 4°. —.50

1012 —— C. J., De evictione. L. B. 1754. 4°. —.40

1013 —— H. J., De societate. Traj. 1749. 4°. —.30

1014 —— J., De quasi pupillari substitutione. L. B. 1710. 4°. —.30

1015 —— J. W., De testam. tutela. Traj. 1722. 4°. —.30

1016 Bosscher, B. D., De cura politica, cui subjiciuntur damnati, poenam passi. Amst. 1848. 8°. —.40

1017 Bosse, C. J. C. S., De mandato. Hag. 1834. 8°. —.70

1018 —— P. P. v., De regiminis municipalis origine progressu et praes. conditione. Amstel. 1834. 120 pp. 8°. 1.—

1019 Bosseck, B. G., De donationibus q. f. inter conjuges honoris causa ad l. 42 DD. de donat. inter vir. et ux. Lips. 1703. 4°. —.80

1020 Bostel, A. v., De legato ad pias causas. L. B. 1698. 4°. 1.50

1021 Bostell, L. A. v., De usu hodierno patriae potestatis Rom. in foris Germ. Lips. 1782. 4°. 1.10

1022 Bosvelt, P., De jure accrescendi inter legatarios. L. B. 1748. 4°. —.60

1023 Bot, J. B., De consilio familiae. L. B. 1832. 8°. —.70

1024 Böttcher, J. H., Casuum aliquot juris selectiorum resolutiones. Helmst. 1718. 4°. —.50

1025 Botticher, J. G., De resignat. judic. fundorum. Vitemb. 1760. 4°. —.50

1026 Bottschalck, D., De proportione furti ac compendii rapto lucro. Francf. 1697. 4°. —.40

1027 Böttr, J. P., De vera pietate iuridica. Hel. 1717. 4°. 1.—

1028 Boudaen, G. J., De conjectura pietatis. Traj. 1739. 4°. —.40

1029 —— G. P., Ad authent. Sacramenta puberum Cod. si advers. vendit. Traj. 1724. 4°. —.40

1030 —— J., De titulis honorum. Traj. 1757. 4°. —.40

1031 Bouman, H., Instituta academica, quae septimo decimo seculo fuerunt in patria, cum iis, q. nunc ibidem sunt, breviter comparantur. Traj. 1845. 8°. —.60

1032 Bouricius v. Slooterdyk, J. F., De necessitatis jure. Gron. 1821. 8°. —.30

1033 Bourcourd, G., De patria potestate. L. B. 1743. 4°. —.40

1034 Bouricius, G. J., De evocation. jure civ. et Galrorum moribus prohibitis. L. B. 1766. 4°. —.30

1035 —— J. A., De coercitione vis privatae. L. B. 1767. 4°. —.30

1036 —— R. J., De successionibus ab intestato. L. B. 1778. 4°. —.90

1037 Bourouill, F. H. d'Aulnis de, De lotis Rom. jur. civ. conditorib. ad §§ 5 et 13 leg. 3 DD. de origine iuris. Gron. 1829. 8°. —.50

1038 —— F. J. —— — De rationibus tutelae reddendis. Gron. 1830. 8°. —.40

1039 —— J. C. F. —— — De testamento publico iur. hod. Gron. 1838. 8°. —.50

1040 Bousquet, J., De thesaurorum jure. L. B. 1859. 8°. —.40

1041 Bout, A., Ad selecta capita jur. Rom. L. B. 1747. 4°. —.40

1042 Bouwens, R., De litiscontestatione. Traj. 1717. 4°. —.30

1043 —— R. L., An et quatenus expediat ultima supplicia publice irrogari. Traj. 1774. 4°. —.40

1044 Bouwensch, W. A., De concursu actionum, pars altera. Traj. 1696. 4°. —.50

1045 Bouwer, A., Ad l. 4 § 29 DD. de usuc. et usurp. L. B. 1715. 4°. —,50
1046 —— H. F., De mandato. L. B. 1799. 4°. —,30
1047 —— K. A., De homicidio. Hard. 1758. 4°. —,80
1048 Bouwmeester, J. v. d. P., De mod. qb. servitutes amittuntur. L. B. 1778. 4°. —,40
1049 Bovallius, R. M., De forma regiminis Sueciae anno 1634 confirmata. Ups. 1842. 4°. —,50
1050 Bowier, D., De rescind. venditione ob laes. enorm. Traj. 1824. 8°. —,80
1051 —— M., De eo qd. justum est circa poenam aut deditionem eorum, qui alibi deliquerunt. Traj. 1773. 4°. —,80
1052 Boxman, A., De legibus Rom. sumtuariis. L. B. 1816. 4°. 1.—
1053 Boxström, J., De obligatione civis ad capessendam remp. Aboae. 1788. 4°. —,50
1054 Boyer, L. J. D., Ad necessitatem judiciorum, et qd. instam in pluralitate paralilate suffragiorum seu calcula Minervae. L. B. 1784. 4°. —,70
1055 Boymans, J. B., De dominio rerum incorporalium. Gron. 1760. 4°. —,60
1056 Braam, J. N., De legum nostrar. civ. cum legib. peregrinis conflictu. Gron. 1821. 144 pp. 8°. 1.10
1057 Braamcamp, G. C., Ad leg. Rhodiam de jactu. L. B. 1771. 4°. —,90
1058 Braams, C. R. F., Pater est, qm. nuptiae demonstrant. Hag. 1831. 4°. —,60
1059 Braats, H., De officio judicis. L. B. 1720. 4°. —,30
1060 —— J. A., De reivindicatione. L. B. 1752. 4°. —,40
1061 Brabers, C. M., De doli effectu in conventione. Traj. 1823. 8°. —,70
1062 Brachman, C., De transactionibus. L. B. 1701. 4°. —,50
1063 Braet, O., De quatuor quasi delicti speciebus. L. B. 1761. 4°. —,30
1064 Brakel, C. A. v., De hereditate vendita. L. B. 1752. 4°. —,40
1065 —— P. v., De restitutione in integr. ob factum ipsius minoris cessante. Harder. 1768. 4°. —,50
1066 —— P. H. v., Qd. de privilegiis, quae XXV annis minoribus competunt. L. B. 1761. 4°. —,60
1067 —— W. E. v., Ad tit. 2 Lib. XIV DD. de lege Rhodia de jactu. L. B. 1776. 4°. —,80
1068 Brakell, G. J. v., De cremodicio. Traj. 1841. 8°. —,30
1069 —— L. de Vaynes v., Naturae judicio contraria refellitur opinio, proditam Rom. moribus, legibus fuisse tutelam, q. tutorum, non eorum causa, qui tutela indigent, constituta fuerit. Gron. 188 pp. 1839. 8°. 1.—
1070 Brakonier, A. C., De milite desertore. Traj. 1741. 4°. —,40
1071 Brand, C. P., De emphyteusi ex jure Rom. et patrio. L. B. 1782. 4°. —,80
1072 —— C. J., De jure coloniarum. L. B. 1820. 176 pp. 8°. 1.50
1073 —— J., De imperio mariti in uxorem. L. B. 1810. 4°. —,70
1074 —— — Idem liber. forma 8°. —,50
1075 —— J. H., De Sctis. et const. Hadriani, sec. eum ordinem, quo apud Gaium laudantur. L. B. 1845. 8°. —,70
1076 Brande, J. P. v. d., De feriis. L. B. 1727. 4°. —,40
1077 —— — — — — De testamentis. L. B. 1766. 4°. —,40
1078 —— P. v. d., De injuriis. L. B. 1697. 4°. —,40
1079 Brandeler, A. v. d., De arbitrio judicis in poenis irrogandis. Dordr. 1843. 8°. —,30
1080 —— F. v. d., De excusationibus tutorum vel curatorum. Traj. 1728. 4°. —,40
1081 —— J. v. d., Positiones juridicae. L. B. 1776. 4°. —,30
1082 —— J. J. v. d., De orig. fatis et officiis tutorum. L. B. 1814. 4°. 1.20
1083 —— J. J. E. v. d., De emancipatione et de venia aetatis. L. B. 1835. 8°. —,70
1084 —— P. v. d., Themata qd. controv. jur. nat., civ. priv. atq. publ. L. B. 1790. 4°. —,30
1085 —— — — — De locat. conduct. famulorum. Dordr. 1839. 8°. —,60
1086 Brandenstein, W. E. v., De testamentis et ultimis voluntatib. Basil. 1616. 4°. 1.—
1087 Brandes, J. M., De contractibus innominatis. Jen. 1735. 4°. —,60
1088 Brandis, C. Brender a, De juris et facti ignorantia. L. B. 1752. 4°. —,50
1089 —— — —— — De excusationibus a tutela. L. B. 1776. 4°. —,40
1090 Brandt, G., De reb. sacr. sanct. relig. L. B. 1710. 4°. —,30
1091 —— R. E., De convent. annuis in urbe Arelatense habendis. Lips. 1848. 4°. —,50

1092 Brandts, J. P., De exigua usu juris Rom. in foris Germaniae circa materiam jurisdictionis. Duisb. 1724. 4°. —.70
1093 Brandwyck v. Blockland, P., De reivindicatione. Harder. 1686. 4°. —.30
1094 Brandwyck, G. v., Ad legem 9 DD. de lege Rhodia de jactu. L. B. 1698. 4°. —.50
1095 Brandwyk, G. v., De lucro. L. B. 1725. 4°. —.60
1096 —— — — De transactionibus. L. B. 1750. 4°. —.30
1097 —— G. J. N. v., Ad leg. un. Cod. de mutat. nominis. L. B. 1766. 4°. —.40
1098 —— — — — — Ad rescript. Dioclet. et Maximiani, q. e. in l. unic. cod. de mutat. nominis. L. B. 1766. 4°. —.50
1099 Brantingh, J., De obligatione ad homagium. Lund. Got. 1745. 4°. —.60
1100 Brants, J., De liberis naturalibus et adoptivis. L. B. 1785. 4°. —.40
1101 Brantsen, D. G. G. J. H., De adoptione. L. B. 1823. 4°. —.80
1102 —— D. W., Ad l. 29 DD. de reg. jur. L. B. 1762. 4°. —.80
1103 —— D. W. A., De eo qd. justum est in dubio. L. B. 1768. 4°. 1.—
1104 —— E. J., De varia Culparum praestatione, in contract. et quasi contr. L. B. 1777. 4°. —.80
1105 —— G., De mutuis inter diversas atque vicin. gentes officiorum humanit. atque comitat. praestation. L. B. 1755. 4°. —.60
1106 —— H., De utili ac legitimo torturae usu in deteg. crim. L. B. 1762. 4°. —.70
1107 —— H. G., De remissione ac mitigatione poenarum. L. B. 1724. 4°. —.70
1108 —— — — De jure arbitrorum praecip. in Geldria. L. B. 1794. 4°. —.80
1109 —— J., De crimine majestatis. L. B. 1720. 4°. —.60
1110 —— — Quousque bonum commune commodis privatis in civitate sit anteferendum. L. B. 1770. 4°. —.90
1111 —— J. P. J. T., De summo imperante in causis civilibus apud judicem a se constitutos litigante. L. B. 1825. 128 pp. 4°. 1.50
1112 —— — — — — Idem liber. 128 pp. forma 8°. 1.—
1113 —— W. R., De fam. ercisc. judicio. L. B. 1720. 4°. —.60
1114 Brantsma, G. S., De lucro et damno, qd. inter conjuges, jure Frisico, commune est. L. B. 1805. 8°. —.80
1115 —— P., De jure sum. imperantium et civium sing. per solam usus intermissionem non pereunte. L. B. 1775. 4°. 1.—
1116 Braakker, A., De portione legitima. L. B. 1741. 4°. —.50
1117 Brasser, J. J., Ad leg. 6 Cod. de sec. nuptiis. L. B. 1757. 4°. 1.20
1118 Brauer, M., De electione actionis utilioris eiusq. iure. Tub. 1787. 4°. 1.—
1119 Bratt, A., De cura veterum legislat. augendi frequentiam populi. Ups. 1789. 4°. —.30
1120 —— G., De systemate Sueciae politico proxime post pacem Westphalicam. Ups. 1793. 4°. —.30
1121 Braun, A. F., De mutuo. Vitemb. 1684. 4°. —.30
1122 Braune, F. G., De tortura valetudinariorum. Hal. 1729. 4°. —.60
1123 Braunius, J. C., De apostolis. Lips. 1724. 4°. —.40
1124 Brauw, A. de, De usufructu. Traj. 1718. 4°. —.30
1125 —— G. M. de, De obligati. conditionalibus. Hag. 1834. 8°. —.60
1126 —— H. A. de, De locatione conductione. L. B. 1711. 4°. —.30
1127 —— J. de, De nuptiis. L. B. 1699. 4°. —.30
1128 —— O. G. S. de, De jure victoris in personam et bona hostis, sec. princip. jur. gent. natur. et Europaei s. practici. L. B. 1830. 128 pp. 8°. 1.—
1129 Breda, F. v., De eo quod justum in foro criminali. L. B. 1776. 4°. —.60
1130 —— J. L. v., Ad l. Pompejam de parricidiis. L. B. 1765. 4°. —.60
1131 —— R. G. L. v., Ad l. 7 C. de paganis sacrif. et templis. Traj. 1784. 4°. —.50
1132 —— R. L. a, De heredit. aditione. L. B. 1708. 4°. —.30
1133 Bredehoff, A. v., De poenis. Traj. 1692. 4°. —.40
1134 Bredehoff a P., F. de, De jure venationis. L. B. 1724. 4°. —.60
1135 Bredero, J., De usu et auctoritate juris R. in foris Hollandicis. L. B. 1794. 4°. —.60
1136 Bree, C. N. P. v., De portione legitima. L. B. 1753. 4°. —.40
1137 Brehm, C. A., De citatione Edictali in causis absentium et de successione in eorum bona, ex institutis jur. patrii. Lips. 1810. 4°. —.30
1138 —— — — De indiciis auctoris criminis venefici, ad interpret. art. 37 c. c. c. Lips. 1826. 4°. —.30
1139 Breide, N., De juris et facti ignorantia. Traj. 1700. 4°. —.40
1140 Breiger, H. A., De credentiae revelatione. Franf. 1690. 4°. —.70

1141 Brederode, G., De restitutione min. Traj. 1682. 4°. —,30
1142 —— J., De jure interpretandi leges. Traj. 1688. 4°. —,30
1143 Breen, J. G., Dolum bonum advocati. Jen. 1679. 4°. —,40
1144 —— — — De jure et erroribus circa divortia. Hal. 1719. 4°. —,40
1145 Brencman, H., Lex Romula. Colemb. 1726. fol. 1,—
1146 Brendel, J. F., De jure columbarum. Jen. 1657. 4°. —,40
1147 Brenkman, H., De leg. inscriptionibus. L. B. 1705. 4°. —,40
1148 Brenner, P. L., Actio utilis de recepto. Tubing. 1706. 4°. —,60
1149 Brenneysen, C. H., De regali jure vectigalium. Traj. 1769. 4°. —,30
1150 —— E. R., De jure principis circa adiaphora. Hal. 1695. 4°. —,90
1151 —— — — De iosi. pastorum J. R. divisionibus in ter. Germaniae. Halae. 1696. 4°. —,70
1152 Brescius, C. C., De litis judicialis initio. Wittenb. 1778. 4°. —,30
1153 Breton, A. L., De variis legibus, juribus et constitutionibus sub impp. L. B. 1728. 4°. —,60
1154 Bretonne, A. L. D., De l. 8 cod. revocandis donationib. non extendenda. L. B. 1776. 4°. —,40
1155 Breugel, C. v., De tortura. Traj. 1771. 4°. —,90
1156 —— D. L. v., De tempore partus humani legitimo. L. B. 1788. 4°. —,60
1157 —— J. A., De repressaliis. L. B. 1728. 4°. —,40
1158 —— J. F. v., Ad l. 8 cod. de judiciis. L. B. 1691. 4°. —,30
1159 —— — — — De probationibus. L. B. 1728. 4°. —,30
1160 —— J. W. F. J. D. P. v., Ad art. 209 cod. quaest. crimin. Gron. 1843. 8°. —,30
1161 Breugel v. Bronckhorst, J. H. v., De lege Fabri de plagiariis. L. B. 1762. 4°. —,40
1162 Breukelerwaart, J. H. D., De asylis. L. B. 1760. 4°. —,60
1163 Breur, J., Ad Sctum Julianum. L. B. 1784. 4°. —,60
1164 Brien, L. J., De obligationibus dividuis. Gand. 1822. 4°. —,50
1165 Brienen, R. v., De juramenti comitibus. Harder. 1728. 4°. —,30
1166 Brill, P. A. d'Antillacy, De transactionibus sec. princ. jur. hod. L. B. 1828. 4°. —,40
1167 —— — — —— Idem liber. forma 8°. —,30
1168 Brillenburg, G. C., De jurisprud. M. P. Catonis censorii ejusve filii. L. B. 1826. 8°. —,30
1169 —— J. m., De collegio augurum Sobiolandiae. L. B. 1830. 4°. 1,—
1170 Brinck, H. F. v., De non praesumta domicilii mutatione. Lips. 1786. 4°. —,60
1171 —— J. L., De revocanda heredit. in usum creditorum repudiata ad l. 6 §§ 2, 4 DD. q. in fraud. cred. Harder. 1754. 4°. —,60
1172 Brincke, F. C. E., De cessione bon. et privileg. creditorum. Harder. 1759. 4°. —,
1173 —— M. H. F. E., De reconventione. Harder. 1750. 4°. —,30
1174 Brinemann, J., De notariis et eorum officio. Altdorf. 1715. 4°. 1,—
1175 Bring, E. S., Codex juris Vestrogothici ex vetusto bibliothecae regiae Holmiensis manuscripto, transcriptus. Lund. 1812. 174 pp. 4°. 5,—
1176 —— — — De judicio homicidii, sec. jura sulogothica vetusta. Lund. 1820. 4°. 1,—
1177 —— — — Vera juris naturae hodiernai aestimatio. Lund. 1826. 4°. —,80
1178 —— — — In politicam illustr. Montesquieu theoriam. Lund. 1826. 4°. —,60
1179 —— — — De forma civitatis Suecanae. L. G. 1829. 4°. 1,—
1180 —— — — Jemforelse emellan Statsförfattningens utveckling hos Romarne och hos de Germaniska, i synnerhet de Scandinaviska folken. Lund. 1835. 4°. 1,—
1181 —— — — Om Personlighets principens utveckling hos de Germaniska nationerna. Lund. 1846. 8°. 2,25
1182 —— S., De abusu jur. Rom. in jurispr. patria. L. G. (1730?) 4°. 1,—
1183 —— — De dubio litis eventu. L. G. 1732. 4°. 1,25
1184 —— — In mem. David Ehrens träle. L. G. 1769. 4°. 1,25
1185 Brink, A. v., Explicatio duarum legum. Traj. 1770. 4°. —,30
1186 —— B. v., De hasta praecipua apud Rom. signo, impr. justi dominii. Gron. 1839. 120 pp. 8°. 1,—
1187 —— H. W. v., De constituta pecunia. Traj. 1766. 4°. —,80
1188 —— J. v., De legibus Juliis judiciariis. Franeq. 1711. 4°. —,60
1189 —— S. H. v., De adsessoribus. Traj. 1757. 4°. —,60

1190 Brieman, J., De temperamento circa captivos. Ups. 1716. 8°. —.40

1191 Brik v. und z. Jonteel, C. H., De sponsione Romanorum. Lips. 1684. 4°. —.70

1192 Brock, J. D. a, De socio criminis. Francf. 1701. 4°. —.60

1193 Broeck, A. W., De quaestionibus. L. B. 1712. 4°. —.80

1194 —— C. v. d., De quatuor quartis. L. B. 1701. 4°. —.40

1195 —— H. A. v. A. v. d., De commodato. L. B. 1786. 4°. —.60

1196 —— J. v. d., De removend. justitiae administrand. impedimentis. L. B. 1758. 4°. —.60

1197 —— J. C. v. d., De constitutionibus principum. L. B. 1754. 4°. —.60

1198 —— M. v. d., De activa testamenti factione. Duisb. 1768. 4°. —.30

1199 —— P. v. d., De peculio adventitio. L. B. 1783. 4°. —.38

1200 Broeck, P. v., De successione ab intestato. L. B. 1730. 4°. —.30

1201 Broecke, P. v. d., De crimine partus abacti. Gand. 1830. 164 pp. 8°. 1.25

1202 Broek, A. v., De officio judicis generatim spectato. L. B. 1793. 4°. —.60

1203 —— J., De officio atq. administratione tutorum. L. B. 1748. 4°. —.30

1204 —— G. v. d., De potestate mariti in uxorem, ex princ. jur. nat. et cod. civ. Traj. 1828. 8°. 1.—

1205 Broekhoff v. J., C. J., De fatis jurispr. R. n. s. tempus Justin. Gron. 1794. 4°. —.50

1206 Broekes, P. A., Q. rerum civ. apud Rom. mutatio sub Augusto eoq. principe facta adumbratur. Traj. 1833. 8°. —.30

1207 Brohmann, C., De usu et differentiis hodierna pactorum et stipulationum. Francf. 1692. 4°. —.30

1208 Broeke, G., De herede ultra vires hereditar. leg. nat. non obligato. Traj. 1787. 4°. —.30

1209 —— H., De condictione indebiti. Vitemb. 1728. 4°. —.70

1210 —— J., De actore circa negat. action. ab onere prob. immuni. Traj. 1787. 4°. —.30

1211 Bronckhorst, A. v., De differentiis q. occurrunt inter usumfructum, usum et habitationem. Traj. 1750. 4°. —.40

1212 —— C. B. v., Quaest. jur. civ. quaestiones. Traj. 1781. 4°. —.50

1213 —— J. v., De donationibus inter conjuges. Traj. 1744. 4°. —.50

1214 Brongers, H. H., De matrimonio. Gron. 1803. 8°. —.30

1215 —— P., De testamenti revocatione sec. jus hod. Gron. 1833. 8°. —.30

1216 Bronkhorst, N. a, De poenis capitalibus. Traj. 1704. 4°. —.30

1217 —— N. A. v., De benef. inventarii. Traj. 1781. 4°. —.40

1218 Brüning, J. H., De judice suspecto. 1705. 4°. 1.20

1219 Broome, J. P., De cessione bonorum. L. B. 1788. 4°. —.40

1220 Broome, G., De vi atque ambitu donationis in lege Saxonum. Lund. 1851. 8°. —.60

1221 Broquet, E., Quinam fuit apud Rom. in crim. public. procedendi modus. 1821. 4°. —.70

1222 —— — De secund. nuptiis. Gand. 1823. 4°. —.40

1223 Brösicke, M. A., De dementia et melancholia. Franef. 1688. 4°. —.40

1224 Brouck, M. v. d., De rest. in integrum. L. B. 1676. 4°. —.30

1225 Broucke, M. v. d., De injuriis. Traj. 1707. 4°. —.30

1226 Brouckere, H. d., De crimine infanticidii. Leodiens. 4°. 1.—

1227 Brouerius, M., De nuptiar. jure. 1702. 4°. —.50

1228 Brouwer, D. J., De privilegiis funerum. Traj. 1767. 4°. —.30

1229 —— D. H. J., De iis, quae inter delicta vulgo referri solent. in cod. leg. crim. Holland. praeter. militantur. Traj. 1809. 4°. —.50

1230 —— J. H., De querela inoff. testamenti. Traj. 1772. 4°. —.30

1231 Brouwer, De litter. camb. acceptatione. Gron. 1804. 182 pp. 8°. 1.—

1232 —— A. G., De conatu criminis. L. B. 1826. 4°. —.30

1233 —— A. H. v. Limburg, Utrum ad heredes etiam pertineat domicilii electi vis. Amstel. 1850. 8°. —.30

1234 —— B., De executoribus testamenti. L. B. 1827. 8°. —.30

1235 —— B. d., De usufructu. L. B. 1699. 4°. —.30

1236 —— C., De legatis. L. B. 1763. 4°. —.70

1237 —— D. J. de Vos, De mutuo. L. B. 1830. 4°. —.30

1238 —— E., De lege Aquilia. L. B. 1736. 4°. —.30

1239 —— H. J., De tribus juris praeceptis. Harder. 1727. 4°. —.30

1240 —— J., De jure thesauri. Harder. 1702. 4°. —.30

1241 —— J., Ad l. 2 c. de pignoribus et hypothecis. L. B. 1729. 4°. —.40

1242 Brouwer, P. A. S. v. Limburg, De actionum concursu mat. sec. Savignii sententiam. Gron. 1830. 144 pp. 8°. 1.—

1243 —— S. G., De servitute prospectus. Traj. 1766. 4°. —.40

1244 —— S. Q., De fidejuss. in duriorem causam acceplo ad L. 8 § 7 DD. de fidej. et mandat. Harder. 1764. 4°. —.80

1245 —— W. W., Doctrinae jur., quo Rom., impuberib. aut inconsultae aetat. adolescentum, propiocre studuerunt, vis et natura, maxime in ineunda obligatione, et ratione jurium, quae iis in judicio competent, admoto lumine historiae rite declarentur. L. B. 204 pp. 8°. 1.50

1246 —— — — De jure occupandi. L. B. 1682. 8°. —.50

1247 Brouwers, H. J., Over den staatsregterlijken toestand van Limburg in betrekking tot de Duitsche bond. L. B. 1857. 184 pp. 8°. 1.50

1248 Broyel, A. v., De eo qd. justum est circa simulationem. Harder. 1708. 4°. —.50

1249 Bruchausen, J. N., De papill. substit. Harder. 1752. 4°. —.30

1250 Bruckner, G. H., De tacito pignore locatoris in rebus conductoris illatis. occ. l. 5 cod. locati. Jen. 1704. 4°. —.30

1251 —— — — Christianis non esse licitum jurare, nisi in casu necessitatis. Jen. 1719. 4°. —.30

1252 —— — — De jure primi licitatoris. Jen. 1724. 4°. —.30

1253 Brueys, B. D., Reivindicatio. L. B. 1703. 4°. —.50

1254 —— J. R., De usu, quem, in reg. civ. action. habere possunt poenae opinionis seu infamantes. Traj. 1801. 4°. —.50

1255 —— — — Jurisprud. Romana. Davent. 1808. 4°. —.60

1256 —— J. R. D., De maximo felicitatis incremento, quod Belgici cives a novo legum codice jure sperare possint. Traj. 1816. 8°. —.30

1257 —— — — — De occ. polit. si prudenter colatur, optimo prosperitatis civium ac civitatis praesidio. Traj. 1827. 8°. —.40

1258 Bruge, G. J., De condict. causa data causa non secuta. L. B. 1827. 176 pp. 4°. 1.25

1259 Brugger, L., De verb. obligatione. L. B. 1626. 4°. —.30

1260 Bruggen, C. T. v. d., De fide scripturae tam public. quam privatae in probanda obligatione. Traj. 1836. 8°. —.60

1261 —— J. G. v. d., De rebus religiosis. L. B. 1752. 4°. —.30

1262 —— J. J. L. v. d., De statu liberis. L. B. 1826. 4°. —.1

1263 Brugma, D., De jure eminenti imperant. competenti. Gron. 1768. 4°. —.40

1264 —— J., Ad loc. cod. Nap. de potestate et tutela parentum: artt. 203, 371—387, 389—396. Gron. 1821. 8°. —.30

1265 Brugman, J., Theses selectae. Hard. 1758. 4°. —.30

1266 Brugmans, A., De morte civili. L. B. 1824. 262 pp. 4°. 3.50

1267 —— — Idem liber. 264 pp. forma 8°. 2.—

1268 —— C. P. L., De obligatione naturali in jure Rom. et hodierno. Amstel. 1834. 8°. —.40

1269 —— J. J., De perduellionis ac majestatis crimine apud Rom. Amstel. 1835. 8°. —.50

1270 —— P. A., De collat. legum, ejusque usu in earum interpretatione. Gron. 1792. 4°. —.60

1271 Bruhn, F., De accumulationibus. Altd. 1680. 4°. —.70

1272 Bruin, J. J. D., De hereditatis petitione. Harder. 1750. 4°. —.30

1273 Bruine, A. D., De commorientibus. Harder. 1802. 4°. —.30

1274 —— A. H. D., De contractu assecurationis adversus incendium. L. B. 1839. 8°. —.50

1275 —— J. C. D., De jure deliberandi et benefic. inventarii. L. B. 1765. 4°. —.50

1276 Bruinier, J. H., De poen. calumniat. in jud. publ. Traj. 1776. 4°. —.40

1277 —— Q., De differentia inter poenam furti diurni et nocturni. Traj. 1744. 4°. —.50

1278 Bruinis, B. B., De servitutib. praed. rust. L. B. 1760. 4°. —.50

1279 —— G. A., De testamento militari. Harder. 1756. 4°. —.40

1280 Bruinsteens, A. v., De defensione cui quantum vis licita, just. tamen cancellis constringenda. Traj. 1760. 4°. —.30

1281 —— J., De libertate commerciorum. Gron. 1770. 4°. —.60

1282 Brun, T. W., De emphyteusi. Traj. 1724. 4°. —.30

1283 Brunck, G., De testamento inofficioso. Argent. 1707. 4°. —.40

1284 BRUNCKMAN, C., Stadens Afstånd ifrån HVarandra utrakendt. Ups. 1758. 4°. —.50
1285 BRUNENS, J., De furtis. L. B. 1720. 4°. —.40
1286 BRUNINGS, J. F. J., Ad art. 1098 cod. civ. Traj. 1838. 8°. —.50
1287 BRUNNEMAN, J., De dardanariis — Korn Jäden — ad l. 6 DD. de extraord. criminib. Vitemb. 1741. 104 pp. 4°. 1.50
1288 —— P. H., De clausula codicillari. Francf. 1691. 4°. —.40
1289 —— S. D., Ad libr. 43, 44 DD. Halae. 1694. 4°. —.50
1290 —— — — Ad libr. 19, 20 DD. Halae. 1694. 4°. —.50
1291 BRUNNER, A. B., De acq. et retinenda possess. Lips. 1690. 4°. —.50
1292 —— — — De probatione feudali. Francf. 1696. —.50
1293 —— J. S., De receptis. Jen. 1679. 4°. —.50
1294 BRUNSVELT, J., De manumissione quae fit in ecclesiis. Lieg. 1720. 4°. —.40
1295 BRUYN, A. J. D., De delinquente ad mortem damnato. L. B. 1760. 4°. —.50
1296 —— A. v. D. HOOLCK D., De jure feminarum. L. B. 1752. 4°. —.50
1297 —— D. D., De sponsionibus. Traj. 1774. 4°. —.40
1298 —— G. D., De sponsalibus. L. B. 1745. 4°. —.60
1299 —— G. J. D., De evictionibus et duplae stipulationibus. L. B. 1799. 4°. —.40
1300 —— G. W. A OOSTRUM, DE, De crimine autophoniae. L. B. 1766. 4°. 1.25
1301 —— H. D., Ad leg. 80 DD. de reg. juris. L. B. 1722. 4°. —.50
1302 —— J. C. D., De eo, cui moderamine inculpatae tutelae incumbat probatio. L. B. 1790. 4°. —.50
1303 —— J. H. D., De jure in captivos. L. B. 1768. 4°. —.50
1304 —— J. L. D., De potestate patris, injuste exher. liberos, vel praeteraundi, et de Roman. remedio querela inof. test. parent. et liber. concessa. Harder. 1761. 4°. —.50
1305 —— J. J. L. D., De jure initii. Traj. 1771. 4°. —.50
1306 —— J. P. N. D., Quaest. jurid. sylloge. L. B. 1818. 144 pp. 4°. 2.—
1307 —— J. W. D., Ad tit. DD. Si ager. vectigal i. e. emphyteut. petatur. L. B. 1786. 4°. —.90
1308 —— P. D., De fugitivis. L. B. 1767. 4°. —.40
1309 —— P. F. D., De sponsalibus. L. B. 1761. 4°. —.50
1310 BRUYNEN, L. W., De captatoriis institutionibus. L. B. 1823. 8°. —.50
1311 —— — — Idem liber, forma 8°. —.40
1312 BRUYNINCKX, F., Ad l. Corneliam de sicariis et veneficis. L. B. 1712. 4°. —.50
1313 BRUYN KOPS, J. L. D., De origine ac juribus prist. concilii urbani in civitatib. qbsd. patriae nostrae. 224 pp. 4°. 2.—
1314 BRUYNS, T., De tutelis. Traj. 1695. 4°. —.30
1315 BRUYNVIS, B., Difficillima quaeque ex universo tutelarum tractatu desumpta. L. B. 1656. 4°. —.30
1316 BUCAILLE, N., Pro dolo causam dante et incidente. L. B. 1777. 4°. —.40
1317 BUCH, H. W., Usus practicus capitis diminutionis mediae. Rintel. 1763. 4°. —.60
1318 BUCHER, J. A., De eo qd. justum est circa testamentum principis imperii ecclesiastici. Gott. 1741. 4°. —.60
1319 —— J. P., De poena talionis. Harder. 1768. 4°. —.50
1320 —— P., De actione hypothecaria. Traj. 1698. 4°. —.60
1321 BUCHHOLTZ, J. C., De limitibus action. Paul. seu revocatoriae. Harder. 1750. 4°. —.60
1322 BUCHIUS, C., De feminarum sequestro. Francf. 1704. 4°. —.60
1323 BUCHWOLDT, D. A., De tutelis. Basil. 1618. 4°. —.50
1324 BUCKEN, J., De restitutionibus in integrum et minoribus 25 annis. Duisb. 1722. 4°. —.30
1325 BÜCKING, G. A., De solario ex superficie praestando. Jen. 1718. 4°. —.50
1326 BUCKY, J. C., De pactis successoriis. Lips. 1730. 4°. 1.—
1327 BUDAEUS, C. G., De processu appellatorio in foris Marchionatus Lusatiae superioris usitato. Vitemb. 1731. 4°. —.60
1328 BUDDE, H. C., De loc. cond. fundorum. Daventr. 1834. 8°. —.60
1329 BUDDINGH, S. A., De orig. et nat. contract. feudalis. L. B. 1754. 4°. 1.—
1330 BUDER, C. G., De legationibus obedientiae Romam missis. Jen. 1737. 120 pp. 4°. 1.50
1331 —— — — Investigatio verae significationis formulae investiturarum feudalium: mit Hand und Munde. Jen. 1740. 4°. —.50
1332 BURREN, J. v., De procurator. eorumque mandatis. L. B. 1707. 4°. —.50

1333 Buchstede, A. v., De pignoribus et hypothecis. L. B. 1700. 4°. —.30
1334 Buhe, F., De pignoribus. Harder. 1751. 4°. —.30
1335 Buhl, J. E., An is, q. jure praelationis, qd. ad sortem in concursu creditorum est munitus, eodem quoad ad usuras quoque gaudeat. Jen. 1730. 186 pp. 4°. 1.75
1336 Buisson, A. de, Ad rescriptum Just. in lege 11 Cod. qui testam. facere possunt. L. B. 1720. 4°. —.50
1337 —— J. B. de, De impensis in fundum alienum factis. L. B. 1751. 4°. —.40
1338 Buldeken, H. J. P. v., De legatis. L. B. 1773. 4°. 1.10
1339 Bullick, A., De testamentis. L. B. 1703. 4°. —.30
1340 Buma, W. G., De jure gratiae. Gron. 1823. 186 pp. 8°. 1.—
1341 Bunau, G. a, De jure singulorum. Vitemb. 1728. 4°. —.90
1342 —— — — Corollar. jur. crimin. undevicesimum. Lips. 4°. —.40
1343 Bünemann, A. R. J., De sententiis ex periculo recitandis, in tit. 43 lib. 7 Cod. Hal. 1756. 4°. —.40
1344 —— — — — De sponsae partu spurio. Gott. 1753. 4°. —.40
1345 Buning, A. H. W., De Sectis Rom. Gron. 1828. 8°. —.50
1346 —— J., De fideicommisso universali. Gron. 1768. 4°. —.40
1347 Bunting, J., De jure fisci. Argent. 1650. 4°. 1.10
1348 Burch, A. v. d., De judiciis. Traj. 1682. 4°. —.50
1349 —— — — — De usucapione. L. B. 1701. 4°. —.30
1350 —— C. v. d., De exheredatione et praeteritione liberorum. L. B. 1750. 4°. —.40
1351 —— F. v. d., Ad leg. 53 Cod. de decurionibus et filiis eorum. L. B. 1740. 4°. —.40
1352 —— J. v. d., De pactis. L. B. 1697. 4°. —.30
1353 —— — — — De fidejussoribus. L. B. 1717. 4°. —.40
1354 —— J. A. v. d., De Scto Macedoniano. L. B. 1723. 4°. —.30
1355 —— J. L. v. d., De rescripto moratorio. L. B. 1773. 4°. —.60
1356 —— R. v. d., De injuria. Traj. 1706. 4°. —.30
1357 —— W. v. d., De tripode invento a piscatoribus Milesiis. Harder. 1727. 4°. —.30
1358 —— de Spieringshoek, F. v. d., De servitutib. praedior. rusticor. L. B. 1746. 4°. —.30
1359 Burchardus, J., De infamia. Kilon. 1707. 4°. —.40
1360 Burcht v. Lichtenberch, J. v. d., Ad leg. 7 DD. Mandati. L. B. 1755. 4°. —.30
1361 Burcklin, J. F., De jurisprudentia certo methodo tractanda. Gies. 1742. 4°. —.30
1362 Burman, D., Nobil. aliq. juri. controver. L. B. 1709. 4°. —.30
1363 —— H. J., Ad tit. sex. sept. et oct. libri primi nov. cod. regni Belgici. L. B. 1824. 160 pp. 4°. 1.25
1364 —— A. H. v., De dominio eminenti. L. B. 1755. 4°. —.60
1365 —— F. C. v., De protopraxia. Traj. 1710. 4°. —.40
1366 —— — — — De facto illicito nautae, quatenus nocet dominis mercium. Brem. 1717. 4°. —.30
1367 —— H. A. C. C. v., De Cn. Pompejo magno et de legibus ab eo latis. L. B. 1823. 128 pp. 8°. 1.—
1368 —— J. v., De transmissione actorum judicialium. L. B. 1728. 4°. —.40
1369 —— — — De vario conjugiorum jure. L. B. 1770. 4°. —.70
1370 —— P. v., De poenis. L. B. 1762. 4°. —.40
1371 Burenskiold, N., De praerogativis recomp. ex situ. L. G. 1715. 4°. 1.—
1372 Burger, G. C., De thesauris. L. B. 1847. 8°. —.30
1373 —— H. J., De successu in bonis liberor. natur. agnitor., sec. art. 916 Cod. civ. L. B. 1847. 8°. —.60
1374 —— J. C., De spurio herede instituto querelam inoff. testam. fratri excluso non procreante. Vitemb. 1733. 4°. —.50
1375 Burgerhoudt, A. G., De servitutibus natur. et legal. L. B. 1828. 104 pp. 4°. 1.50
1376 —— J., Notab. jur. Rom. et Holl. different. respectu sponsaliorum. L. B. 1791. 4°. —.50
1377 Burgermeister, G. F., Legitimatio per rescriptum principis Justiniano imper. tanquam auctori atque inventori. Tubing. 1723. 4°. —.60
1378 Bärensohn, P., De praescriptione annali juris Lubecensis. Hal. 1734. 4°. —.60

1379 Burgh, A. H. v. d., De jure donatorum in linea adscendenti succedendi in res donatas descendentibus. L. B. 1823. 160 pp. 8°. 1.25
1380 —— C. v. d., Ad leg. 3 Cod. de praescriptione. L. B. 1681. 4°. —.30
1381 —— — — — De furtis. L. B. 1697. 4°. —.30
1382 —— C. A. v. d., De societate. L. B. 1740. 4°. —.50
1383 —— D. G. v. d., De jurejurando extrajudiciali. Traj. 1777. 4°. —.90
1384 —— E. W. v. d., De arbitris compromissariis. Traj. 1752. 4°. —.30
1385 —— H. v. d., De reb. min. sine decreto non alienandis. Traj. 1790. 4°. —.70
1386 —— J. v. d., De commodato. L. B. 1663. 4°. —.30
1387 —— J. A. v. d., De donationibus. L. B. 1824. 125 pp. 4°. 1.60
1388 —— — — — — De jure creditorum exercendi jura et actiones reorum debit. L. B. 1826. 116 pp. 8°. 1.50
1389 —— M. D. v. d., De fundam. oblig. mor. L. B. 1791. 4°. —.40
1390 —— N. C. v. d., De procuratoribus. L. B. 1714. 4°. —.30
1391 Burghout, G., De testam. solemni. Traj. 1700. 4°. —.40
1392 Burlage, J. H., De proxenetis, praes. Amstelod. Traj. 1888. 8°. —.50
1393 Burlett, C. F. de, Benthami de stili doctrina dejudicatio. Amstel. 1839. 4°. 1.50
1394 —— — — — Idem liber. forma 8°. —.80
1395 Burman, C., De injuriis praetextatis illata. Traj. 1770. 4°. —.60
1396 —— S. F., De leg. Rom. Traj. 1770. 4°. —.80
1397 Burmania, F. H. v., De legum maxima doctrinali nec non pastorum foederumq. interpretatione. Franeq. 1763. 4°. —.80
1398 Burmanneus, J., De beneficio competentiae. Traj. 1739. 4°. —.80
1399 —— P., Ad L. Juliam de vicesima hereditatum. Traj. 1687. 4°. —.30
1400 —— — De jure aureorum annulorum. Traj. 1734. 4°. —.60
1401 —— — In mem. J. P. d'Orville. Amst. 1751. 4°. 1.—
1402 Burrand, J. F., De oblig. ex consilio. Traj. 1734. 4°. —.40
1403 —— — — De traditionibus. Traj. 1734. 4°. —.50
1404 Busch, B. v. d., De culpa seu delicto sine poena. Brem. 1723. 4°. —.70
1405 —— — — — De jure alimentorum. L. B. 1729. 4°. —.50
1406 —— F. J., De compensationibus. Hard. 1758. 4°. —.30
1407 —— H. v. d., De retentione pignoris ob aliud debitum chirographarium. Brem. 1730. 4°. —.70
1408 —— — — — De fidejussore in majorem summam quae debetur adhibito. Helmst. 1784. 4°. —.60
1409 —— J. E., De politia. Helmst. 1680. 4°. —.30
1410 Buse, L. H., Libr. II, tit. 2, sect. 2 priores Cod. civ. Belg. L. B. 1842. 8°. —.40
1411 Busoers, P. J. E., De instrum. q. ad delicta probanda scribuntur ab iis, quibus hoc negotium, propter munus publicum quo funguntur, lege datum est et commissum. Traj. 1829. 166 pp. 8°. 1.25
1412 Busius, A., De her. inst. L. B. 1682. 4°. —.40
1413 Busmann, A. E. A., De furti domestici poena in terra Brunsvicensi. Gott. 1788. 4°. 1.25
1414 —— C. H., De societate delinquendi s. conjuratione. Gron. 1824. 8°. —.70
1415 —— C. S., De falso. Gron. 1821. 8°. —.30
1416 Busscher, C. E. de, De collationibus sec. jus hodiern. Gand. 1820. 4°. —.30
1417 Busse, J. J., De suggestionibus earumq. jure. Francf. 1691. 4°. —.70
1418 Bussemaker, P., De corruptela. L. B. 1684. 8°. —.60
1419 Bussius, A. G., De conservatione rerump. Brem. 1671. 4°. —.70
1420 Buterius, C., De usufructu. L. B. 1710. 4°. —.80
1421 Buteux, P., De emphyteusi. L. B. 1752. 4°. —.30
1422 Butner, C., De querela non-numeratae pecuniae contra apocham movenda. Lips. 1684. 4°. —.50
1423 —— J. B., Fiducia magistratus. Wittebg. 1705. 4°. —.60
1424 Buttner, D., De assignationibus. Traj. 1799. 4°. —.80
1425 Büttner, C. L., Jura feudis vicina. Hal. 1708. 4°. —.90
1426 Buttingha, P. J. v., De actione Pauliana. L. B. 1791. 4°. —.80
1427 Buxtorff, G., In 17 priora aureae Caroli IV bullae capita. Basil. 1612. 4°. 1.60
1428 Buys, L. A. P. F., Possitne actio civilis de damno resarciendo coram judice poenali sec. art. 231 Cod. de meth. proc. in c. cr. institui advers. mulierem, marito auctoritatem suam non interponente. Amst. 1851. 8°. —.30

1429 Buys, A., De transactionibus. L. B. 1719. 4°. —.40
1430 —— B. W., De usucapionibus et l. temporis praescriptionibus. L. B. 1736. 4°. —.60
1431 —— G., De divortiorum causis. L. B. 1811. 4°. —.30
1432 —— H. J., De testamento parentum inter liberos. Traj. 1724. 4°. —.40
1433 —— J. T., De jure cogitata communicandi ex jur. com. prim. regendo. Amst. 1850. 112 pp. 8°. —.90
1434 —— P. A., De patria potestate. Traj. 1802. 4°. 1.—
1435 —— P. H. M., De juris benef. in gratiam debitorum introductio. L. B. 1789. 4°. 1.—
1436 —— W., De jure dotium. L. B. 1719. 4°. —.30
1437 Buysing, G. J. Storm, De interventione cambiali. L. B. 1836. 8°. —.50
1438 Buyskes, A. A., Over de weeskamer en het collegie van boedelmeesteren te Batavia. L. B. 1851. 144 pp. 8°. 1.10
1439 —— G., De rebus minorum alienandis. L. B. 1728. 4°. —.30
1440 —— J., De collatione bonorum. L. B. 1690. —.30
1441 —— — De jure monetae. L. B. 1753. 4°. —.30
1442 —— P., De crim. flagellatae annonae. L. B. 1818. 4°. —.60
1443 —— — Idem liber. forma 8°. —.40
1444 Buyttenhem, J. v., De legitimatione; ad § 13 Inst. de nuptiis. L. B. 1709. 4°. —.60
1445 —— J. D. v., De gabella emigrationis, q. j. pat. vocatur, *Exu-geld*. Traj. 1757. 4°. —.40
1446 Byderwant, F. H., De obligat. minoris curatorem non habentis. Harder. 1763. 4°. —.30
1447 Bye, A. de, De divortiis et repudiis. L. B. 1720. 4°. —.30
1448 —— A. v. d. Dous de, Over overeenkomsten gesloten door middel van brieven, boden, openbare aankondigingen of telegrammen. L. B. 1860. 8°. —.90
1449 —— P. J. v. d. Dous de, Hist. judicii jurati. L. B. 1831. 182 pp. 8°. 1.—
1450 —— B. T. de, De lata culpa in delictis punienda. L. B. 1780. 4°. —.60
1451 —— C. F. de, De jurisdictione et imperio. 4°. —.40
1452 —— G. de, De possessione acq. retin. amit. L. B. 1709. —.30
1453 —— J. G. T. de, De iis quae imputantur vel non imputantur in quart. Falcidiam. L. B. 1786. 4°. —.70
1454 —— J. G. T. de, De dominio navium maritimar. peculiari. Traj. 1837. 8°. —.60
1455 —— J. T. de, De querela non numer. pec. Hard. 1756. 4°. —.30
1456 —— — — — Ad l. 207 de reg. juris, cuj. verba sunt: res judicata pro veritate accipitur. L. B. 1764. 4°. —.60
1457 —— M. J. de, De publicanis et vectigalib. et commissis. L. B. 1745. 4°. —.40
1458 —— N. de, De injuriis. L. B. 1716. 4°. —.40
1459 —— P. de, De nuptiis. L. B. 1708. 4°. —.30
1460 —— P. J. de, De delicto calumniae in pub. jud. L. B. 1790. 190 pp. 4°. 2.50
1461 —— P. J. v. d. Dous de, De jud. jurato. L. B. 1831. 188 pp. 4°. 1.75
1462 —— R. de, De commodato. L. B. 1745. 4°. —.40
1463 Bykhoft, J. F. v., De liberis et postumis praeteritis. L. B. 1759. 4°. —.70
1464 Byland-Halt, J. C. b. C. b., De patria Justiniani. Duisburg. 1708. 4°. —.70
1465 Bylandt, E. J. A. v., De imp. forma sub comitibus Hollandiae. L. B. 1820. 212 pp. 4°. 3.—
1466 —— — — — — Idem liber. 212 pp. forma 8°. 1.75
1467 Bylant, L. v., De donatione, ob supervenientes, a quovis non revocanda, ad l. 8 cod. de rev. don. Traj. 1786. 4°. —.40
1468 —— L. H. A. v., De rebus innoxiae utilitatis. L. B. 1771. 4°. —.40
1469 Byleveld, A. v. Eyk, Ad art. 127 cod. de re judic. in caus. civil. L. B. 1842. 8°. —.30
1470 —— C., De inoff. donationibus. L. B. 1774. 4°. —.60
1471 —— — De interpretatione juris ad leges crim. applicat. L. B. 1776. 4°. 1.25
1472 —— C. G., De pactis illicitis in cod. civ. Neerl. obviis. L. B. 1844. 8°. —.60
1473 —— F. P., De comite Leycestrio. L. B. 1819. 128 pp. 4°. 1.75
1474 —— — — De comite Leycestrio qudm. confoederatis Belgii regionibus praefecto. L. B. 1819. 128 pp. 8°. 1.—
1475 —— J., De specie jur. priv. quaed. in dote conspicitur. L. B. 1780. 4°. —.40
1476 —— J. C., De fide instr. publ. q. ad delicta probanda scribuntur. Amstel. 1842. 8°. —.40

1477 BIJLEVELD, J. D., De emphyteusi. L. B. 1789. 4°. —.80
1478 —— J. F., Theses varii argum. L. B. 1816. 4°. —.40
1479 BYNCKERSHOEK, C. v., De jure occid. et exponend. liberos. L. B. 1743. 4°. 1.80
1480 BYNCKERSHOECK, C. v., Pro eunomia Rom. sexta. ad lib. 3 DD. Franeq. 1693. 4°. —.70
1481 BYSTERBOS, G. v. B., De probat. per testes in causis civilibus. Campis. 1840. 4°. —.60
1482 —— J. C., De ordinib. Transisalaniae. Schoonh. 1839. 8°. —.40
1483 CAAN, H. A., De rerum nostrarum defensione violenta. L. B. 1776. 4°. —.50
1484 —— M. J., De emtionis vend. natura. Traj. 1841. 8°. —.40
1485 —— J. J. D. L. BASSECOUR, De loc. cond. fundorum. L. B. 1831. 8°. —.90
1486 CABELIOU, E., De usucapione. Traj. 1687. 4°. —.80
1487 CADUKE, J. S., De jure in vitam sui ipsius. Lund. 1802. 4°. —.80
1488 CAEN, A., De usucapione. Traj. 1718. 4°. —.80
1489 CAESKOPER, B., E IV libris Institutionum. L. B. 1711. 4°. —.80
1490 CAGIAS, A., De his, qui testamenta facere possunt. L. B. 1674. 4°. —.80
1491 CALBIUS, J. A., De privilegiis advocatorum. Francf. 1691. 4°. —.60
1492 CALDENBACH, C., De separatione liberorum familias ab oeconomia paterna. Tub. 1689. 4°. —.70
1493 CALKOEN, A., Ad leg. Corneliam de Sicariis. L. B. 1749. 4°. —.80
1494 —— C., De appellationibus. L. B. 1716. 4°. —.50
1495 —— H., De jure sequelae. L. B. 1765. 4°. —.80
1496 —— J., De jure et privilegiis viduarum. Gron. 1781. 4°. —.40
1497 —— N., De religione judicis. Traj. 1774. 4°. —.90
1498 —— P., De inofficioso testamento. L. B. 1698. 4°. —.30
1499 —— W. P. A., De crimine falsi, in specie de falsa moneta. L. B. 1829. 8°. —.80
1500 —— A. J. v. BEEK, De jur. publ. sacri in Hollandia desumt. ex hist. introd. leg. eccles. anno 1619. Traj. 1830. 164 pp. 8°. 1.—
1501 —— O. J. v. BEEK, De cautione fructuaria. Traj. 1831. 8°. —.80
1502 CALLENFELS, J. M., De violata mortuorum existimatione. Gand. 1830. 4°. —.70
1503 —— M. L. v. STEIN, De patria potestate in liberos et quando hi sui efficiuntur. Traj. 1779. 4°. —.80
1504 CALMANNUS, P. G., De interdict. quorum bonor. et actione ex lege ult. cod. de edicto d. Adriani. Vitemb. 1731. 4°. —.40
1505 CALMETTE, C. F. BOSO D. L., De duellis. L. B. 1730. 4°. —.80
1506 —— J. L. —— — — De alimentis. L. B. 1754. 4°. —.80
1507 CALOU, J. E., De causis summariis. Viteb. 1747. 4°. —.60
1508 CAMMAN, J., de fidejussoribus. L. B. 1694. 4°. —.80
1509 —— — De variis heredibus. L. B. 1702. 4°. —.80
1510 —— — De deprehensis in crimini flagranti. Traj. 1761. 4°. —.50
1511 CAMMELING, C. F., De vi et effectu necessitatis in jure. L. B. 1779. 4°. —.80
1512 —— D. J. CANTER, De potest. gubernatoris generalis res et territoria Societat. Bat. in India orientali dirigentis. L. B. 1778. 4°. —.50
1513 CAMP, H. v., De hereditatis petione. L. B. 4°. —.40
1514 CAMPEN, C. v., De sponsalibus et matrimonio. L. B. 1697. 4°. —.50
1515 —— C. T. v., De fidejussore in dubiorem causam adhibito; ad l. 8, § 7 DD. de fidej. et mandat. L. B. 1760. 4°. —.60
1516 —— D. v., De fidejussoribus. L. B. 1719. 4°. —.40
1517 —— J. v., De mandato. L. B. 1699. 4°. —.80
1518 —— P. J. v., De tutelis. L. B. 1694. 4°. —.80
1519 CAMPER, J., De matris in liberos potestate. L. B. 1760. 4°. —.50
1520 CAMPHUYZEN, A., De pactis dotalibus. Franeq. 1705. 4°. —.80
1521 —— — De puriori latinitate in omni studiorum genere servanda. L. B. 1765. 4°. —.50
1522 CAMPOREN, J. v., De communionis legalis divisione. Gand. 1823. 4°. —.70
1523 CAMBIUS, J., Quaed. juris quaestiones. L. B. 1778. 4°. —.80
1524 —— W., De cautione fructuaria. L. B. 1765. 4°. —.80
1525 CAMERIAN, H., De lude et sponsione. L. B. 1840. 8°. —.80
1526 —— B. S., De machinarum in civitate utilitate. Leod. 1824. 4°. —.60
1527 CAMPENGUTTER, H., De difficior. quibusd. legibus. L. B. 1744. 4°. —.80
1528 —— — Ad leg. Numae Pompilii. L. B. 1748. 4°. —.90
1529 —— — De veteri lege Romana. Franeq. 1753. 4°. —.80

1531 Cannegieter, J., Ad diffic. quaest. juris capita. Franeq. 1754. 4°. —.50
1532 —— — De Rom. Ictorum excellentia et sanctitate. Gron. 1770. 4°. —.50
1533 —— — De veteri lege Rom. cujus meminit Nonius. Franeq. 1758. 4°. 1.—
1534 —— — De praestatione doli, culpae, diligentiae, et casuum fortuitorum; sive de lege 23 de regulis juris. Gron. 1834. 4°. —.50
1535 —— J. S., De jure occidendi hostem in bello. L. B. 1770. 4°. —.50
1536 —— T., De lege Aquilia. Gron. 1821. 8°. —.40
1537 Canneman, G. A., De furto nocturno. Gron. 1825. 168 pp. 8°. 1.25
1538 Canisius, J., Ex tit. de adulteriis. Traj. 1697. 4°. —.30
1539 Capelle, Z. D. v. d., De tortura reorum. L. B. 1723. 4°. —.40
1540 Capelle, J. J. V. a, De legibus. L. B. 1714. 4°. —.70
1541 Capellen, A. v. d., De jure venationis. Franeq. 1685. 4°. —.30
1542 —— A. H. v. d., De jure transeundi et transvehendi res per territ. flum. et maria aliena. L. B. 1758. 4°. —.50
1543 —— F. B. v. d., De jure belligerant. in pacatos. L. B. 1759. 4°. —.50
1544 —— G. T. v. d., De auctor. et imperatorum Germaniae jure in Episcopos et Trajectinos imprimis. Traj. 1758. 4°. 1.—
1545 Cappel, J., De venditione ad credentiam, cum propediem decocturo praecipue inita. Tubing. 1713. 4°. 1.—
1546 Cappron, P., De locatione et conductione. Harderv. 1678. 4°. —.30
1547 Cardanus, B. F., De legato optionis. Harder. 1753. 4°. —.40
1548 —— H., De negot. gestis. L. B. 1710. 4°. —.30
1549 —— N., De institutis juris publici et privati inter Batavos. L. B. 1819. 128 pp. 4°. 1.50
1550 —— — Idem liber, forma 8°. 1.—
1551 Carlander, O., De necessitate ex lege. L. G. 1703. 8°. —.30
1552 Carnatz, J. F., De portione conjugum statutaria Lubecensi. Gryphisw. 1738. 4°. —.30
1553 Carp, J. H., De religionis et poenarum nexu, in legib. et morib. gentium conspicua. Amstel. 1697. 8°. —.70
1554 —— H., Tres disquisit. ex jure natur. civ. et crim. L. B. 1798. 4°. —.60
1555 Carpentier, A. H. D., De successione intestati. Traj. 1694. 4°. —.60
1556 —— H. J. D., De delictis advers. civitatis securitat. extern. commissis, ad art. 75—85 C. P. L. B. 1830. 8°. —.60
1557 Carper, G. H., De legit. tutela. Traj. 1744. 4°. —.40
1558 Carpzov, A. B., De revocandis his, quae in fraudem credit. alienantur. Lips. 1678. 4°. —.30
1559 Carrach, J. T., De sorite falaci et de sensu leg. 177 de verb. signif. juncta lege 64 de reg. juris. Hal. 1737. 4°. —.30
1560 —— — — De brocardico: illiquidi cum liquido nulla est compensatio, ad leg. ult. § 1 Cod. de compens. Hal. 1738. 4°. —.40
1561 Carré, J. A. J., De testibus. L. B. 1792. 4°. —.50
1562 Carstens, G. H., De jurisconsultis circa decisionem casuum, in materia successionis ab intestato errantibus. Rostoc. 1724. 4°. —.60
1563 Cashenbroot, G. H., De [illegible] marina. L. B. 1696. 4°. —.40
1564 —— — — De accessione naturali. L. B. 1696. 4°. —.30
1565 Caspart, J. C., Difficilem per quaestiones s. torturam ad veritatem perveniendi viam. Erf. 1734. 4°. —.40
1566 —— J. W., De ususfructus statutarii materni eidemque combinatae administrationis adjunctis, et effectibus lucrosis. Tubing. 1704. 4°. —.50
1567 Casse, G. C., De patria potestate. L. B. 1761. 4°. —.50
1568 —— H., De jure succedendi ab intestato. L. B. 1761. 4°. —.50
1569 —— P. A. G., De fidejussoribus. L. B. 1798. 4°. —.30
1570 Castell, J. P. G. v., Quaest. jur. civ. Traj. 1833. 8°. —.70
1571 Castelleyn, J. A., De transactionibus. L. B. 1714. 4°. —.30
1572 Cate, C. G. J. ten, Quaed. de fidejussoribus selecta. Harderv. 1774. 4°. —.30
1573 Cattenburch, D. L. v., De modis adquirendi dominii jure civili. L. B. 1759. 4°. —.50
1574 —— G. H. v., De transactionibus. L. B. 1706. 4°. —.30
1575 —— G. J. v., De rerum divisione. L. B. 1758. 4°. —.30
1576 —— J. C. v., Ad select. qd. materias et quaestiones ex jurispr. polemica depromptas. L. B. 1750. 4°. —.70
1577 —— O. A., De neg. gestis. L. B. 1707. 4°. —.30
1578 —— W. H., Jus gentium diversum a jure naturae. L. B. 1751. 4°. —.30

1579 CATTENBURGH, J. A. A, Ad l. 2, § 1 Cod. de haereticis. L. B. 1787. 4°. —.70
1580 CATTENBURCH, A. v. W., Historia jur. feudalis Hollandici. L. B. 1829. 4°. 1.25
1581 CAU, A., De his, qui facere possunt testamentum. L. B. 1717. 4°. —.80
1582 —— C., Ex libro 1 DD. tituliq. Cod. et instit. correspondent. Traj. 1688. 4°. —.80
1583 —— J., De usufructu. L. B. 1708. 4°. —.80
1584 —— — De quaest. sive de tortura reorum. L. B. 1786. 4°. —.80
1585 —— — Ad leg. 8 Cod. de revoc. donationibus. Traj. 1697. 4°. —.80
1586 —— J. A., De nuptiis. L. B. 1710. 4°. —.80
1587 —— J. J., De decimis. L. B. 1771. 4°. —.60
1588 —— J. M., De his, qui sibi necem consciverunt eorumque poenis. Traj. 1774. 4°. —.60
1589 —— P., De mandato. L. B. 1707. 4°. —.80
1590 CAUNITZ, J. C., De compensatione expensarum inter litigantes. Hal. 1740. 4°. —.80
1591 CAVELIER, A. LE, De deposito. L. B. 1760. 4°. —.50
1592 CAVALLIN, S., De dominio eminente. L. G. 1748. 4°. —.40
1593 CASIUS, J. H. C., De judice delegato ad quaest. criminales. Traj. 1849. 8°. —.60
1594 CEDERLOF, P., Vid kongl. lag-comitens förslag till almän Criminal-lag. Lund. 1835. 8°. —.60
1595 CEDERSCHIOLD, FR., De juris civ. in ordinem qu. systematis dicunt cogendi ratione. Lund. 1826. 4°. 1.—
1596 —— — De statu naturali instaurando. Lund. 1828. 4°. —.60
1597 CELLIUS, J. F., Lineae jur. socialis primarii. Traj. 1767. 4°. —.60
1598 CERTON, F. L., De patria potestate sec. novi cod. Belg. principia. L. B. 1826. 8°. —.70
1599 —— H. A., De jure repraesentationis sec. princ. jur. hod. L. B. 1828. 4°. —.70
1600 —— — — Idem liber. forma 8°. —.40
1601 CEVAT, W. A., De privilegiis aegrotorum. L. B. 1780. 4°. —.70
1602 CHABOT, J. J. M. T., Het disconto. L. B. 1863. 8°. 1.25
1603 CHAIS, J. A., Ad l. 15 DD. de tutelis. L. B. 1755. 4°. —.40
1604 CHALMERS, J. M., De legatis. Traj. 1742. 4°. —.60
1605 CHANCOURT, J. G. D., De dominio eminente. L. B. 1728. 4°. —.60
1606 CHANPLEURY, J. N., Ad l. 48 de reg. jur. L. B. 1701. 4°. —.50
1607 CHANGUION, P., De verberatis parentibus. L. B. 1762. 4°. —.40
1608 —— — De eo quod jur. Rom. sancitum est. L. B. 1752. 4°. —.50
1609 —— — De emptione venditione. L. B. 1720. 4°. —.40
1610 —— P. J., De consulibus in rep. Batava. L. B. 1786. 4°. —.90
1611 CHARISIUS, C. E., De libris juris communis. Chilon. 1690. 4°. —.50
1612 CHASTELAIN, L., De non humanda muliere praegnante. Harder. 1787. 4°. —.50
1613 CHASTELEIN, C. P., De fide inter hostes. L. B. 1769. 4°. —.90
1614 CHATVELT, F., De evictionibus. Traj. 1696. 4°. —.80
1615 CHAUFEPIÉ, O. A. D., De servitute in coloniis Americ. tollenda. Amst. 1799. 8°. —.90
1616 —— G. J. J. D., An judici sit inquirendum in causas separationis thori ac mensae, mutuo conjugum consensu petitae. Amstel. 1851. 8°. —.80
1617 CHAVONNES, M. C. PASQUES D., De emtione venditione. L. B. 1749. 4°. —.80
1618 —— P. W. PASQUES D., De donationibus. L. B. 1755. 4°. —.50
1619 CHEMET, J. A., De jurib. q. parentib. competunt circa bona liber. minor. Hag. & Amst. 1859. 8°. —.60
1620 CHEVALLIER, R. A., De vexation. quas Christiani, sub quib. imperat. perpessi fuere ex l. Julia majestatis maxime derivandis. Gron. 1775. 4°. 1.50
1621 CHILECK, J. S., De mutuo filiifam. jussu Scti Macedoniani invalido. Lips. 1728. 4°. —.80
1622 CHIMAER, D. N. v. OUDENDORP, De emptione venditione. L. B. 1778. 4°. —.70
1623 CHION, P. W., De crimine ἀυτοχειρίας. L. B. 1780. 4°. —.50
1624 CHLADENIUS, E. M., De gentilitate s. juribus gentilitiis veterum Romanorum. Vitemb. 1738. 4°. —.80
1625 —— — — Ad l. 25 DD. de pignor. actione. Vitemb. 1745. 4°. —.40
1626 —— M. J. G., De successione anomala in feudis. Vitemb. 1725. 4°. —.50
1627 CHRISTEN, J., Oratio. Harderv. 1649. fol. —.40
1628 CHRISTIUS, J. F., Historia legis Scatiniae. Hal. 1728. 4°. —.40
1629 CHRONANDER, G., Utilitates, q. ex commerciis et coloniis in calidiorib. mundi partibus patriae affluerunt. Aboae. 1757. 4°. —.40

1630 Cinobbe-Houck, J. v., De litterarum comparatione. L. B. 1681. 4°. —,40
1631 —— —— N. v., De acquir, retinenda et amittenda possessione. L. B. 1693.
4°. —,30
1632 Cittaes, A. v., De injuriis. L. B. 1784. 4°. —,30
1633 —— — — De ritu nuptiarum. L. B. 1727. 4°. —,30
1634 —— — — De firmamentis foederum. L. B. 1769. 4°. —,40
1635 —— A. W. v., De jure postliminii. L. B. 1768. 4°. —,50
1636 —— C. v., De codicillis. L. B. 1787. 4°. —,30
1637 —— — — De Senatus leg. Corneliae. L. B. 1760. 4°. —,50
1638 —— C. J. v., De jure fructuarii. Traj. 1774. 4°. —,50
1639 —— G. v., Ad H. Grotii Introd. in jurispr. Holl. lib. 3 part. 4 de transactionibus. L. B. 1762. 4°. —,70
1640 —— — — De beneficiis fidejussorum. L. B. 1707. 4°. —,30
1641 —— — — De abolitionibus. L. B. 1770. 4°. —,40
1642 —— J. v., De publicis judiciis. L. B. 1728. 4°. —,40
1643 —— W. v., De injusto, rupto, irrito facto testam. L. B. 1764. 4°. —,40
1644 —— W. A. v., De testamentis. L. B. 1760. 4°. —,40
1645 —— C. Kien v., De jurisconsulto interprete. L. B. 1753. 4°. —,40
1646 —— J. —— — Ad locum van *Slingelandt* Staatkundige geschriften, T. 1, p. 80 de jure comitum Holl. in magistratus. L. B. 1792. 4°. 1,—
1647 —— W. A. —— — Ad J. Capitolini M. Antonini philosophi caput X. L. B. 1776. 4°. —,70
1648 Clarenbeek, R. P. Vroelin a, De religione et anxia judicum cura circa existimationem et vitam reorum. Franeq. 1757. 4°. 1,—
1649 —— N. —— — Ad l. Juliam repetundarum. L. B. 1716. 4°. —,60
1650 —— P. H. J. —— — De jurib. summi imper. in societ. ecclesiast. Franeq. 1828. 8°. 1,—
1651 Clarus, J. G., De justo perduellium supplicio indicta causa. Vitemb. 1735.
4°. —,30
1652 Clant, A. A. J., De modo procedendi ratione probationibus in caus. civ. Hag. 1832. 8°. —,30
1653 —— C., De auctoribus. L. B. 1688. 4°. —,30
1654 —— — De dotis origine, forma, effectu. L. B. 1731. 4°. —,40
1655 Clapper, L. H. d., De praefecto militari delinquente. Traj. 1736. 4°. —,30
1656 Claymanius, C., De persecutione ac remissione delinquentium. Jen. 1671.
4°. —,70
1657 Clasing, G. A., Theses inaug. Harder. 1763. 4°. —,30
1658 Clausewitz, J. H. d., De origine juris et beneficii emigrandi. Kilise. 1782.
4°. 1,—
1659 Claux, J. d., De oblig. pupillorum et minorum. L. B. 1728. 4°. —,40
1660 Cleef, G. C. Schouten v., De militari testamento. L. B. 1769. 4°. —,50
1661 Clement, J. G. v., De jure accrescendi. Traj. 1774. 4°. —,60
1662 —— J. S. v., De natura et indole locationis et conductionis. Traj. 1707.
4°. —,40
1663 —— N. C. v., De eo quod exsequiarum ratione in jure obtinet. Traj. 1776.
226 pp. 4°. 8,—
1664 Clement, J. A., Ad l. 6 DD. de usuris. L. B. 1758. 4°. —,40
1665 Clemm, S. G., De reductione ad arbitrium boni viri. Jenae. 1691. 4°. —,30
1666 Clercq, C. d., De transfugis reddendis. L. B. 1832. 4°. —,70
1667 —— J. d., De mutuo. L. B. 1700. 4°. —,30
1668 —— C. L., De transfugis reddendis. L. B. 1823. 8°. —,40
1669 —— C. v. d. Lee d., De posterioris testam. variis effectibus. L. B. 1835.
8°. —,70
1670 —— J. — — —— — De art. 1302, 1303 B. Wb. L. B. 1862. 8°. —,50
1671 Cleroq, J. M. L. H., De defectione s. contumacia in caus. civ. Traj. 1857.
8°. —,40
1672 Clermont, G. A. J. d., Ad edict. Aedil., quod est in DD. libr. 21, tit. 1.
Rotter. 1840. 8°. —,70
1673 Clerq, A. d., De jure accrescendi. L. B. 1709. 4°. —,30
1674 Cleveringa, A. M., De legitimatione ejusque effectibus sec. jus civ. hod. et futur. Belgic. Gron. 1825. 8°. —,60
1675 —— M. E., Quaest. jur. Gron. 1841. 8°. —,30
1676 Cleyenberghe e. B., J. A. W. d., De jure retractus. L. B. 1774. 4°. —,70
1677 Clieves, D. W. d., De culpa ejusque variis gradu. Traj. 1764. 4°. —,40

1678 Clifford, G., De nuptiis. L. B. 1706. 4°. —.40
1679 —— — De foedere Hollandorum et Zelandorum facto a 1576. L. B. 1790. 4°. —.50
1680 —— — Ad leg. 7 pr. in qbs. causis pign. vel hyp. tac. contrahitur. L. B. 1763. 4°. —.40
1681 —— G. G., Ad jurispr. veteris ante Justin. fragm. q. supers. ex Ioti Galli instit. libris. L. B. 1823. 200 pp. 8°. 1.50
1682 —— G. P., De ratihabitione. L. B. 1764. 4°. —.60
1683 —— H. M. C., Quaed. de munere judicum pacificatorum. L. B. 1830. 4°. —.50
1684 —— — — — Idem liber, forma 8°. —.60
1685 —— J., An Caesar jure caesus fuerit. L. B. 1789. 4°. —.70
1686 Clignett, J. A., De damnis per leges exutiens juri Rom. illatis. L. B. 1760. 4°. 1.—
1687 Clodius, C. A. H., Oratio memoriae Ernestiae sacra. Lips. 1817. 4°. —.30
1688 Cloon, T. v., De rebus corpor. et incorporalibus. L. B. 1707. 4°. —.30
1689 Clotterbooke, C., De compensationibus. L. B. 1760. 4°. —.50
1690 —— J. J., De inscriptionibus legum. L. B. 1766. 4°. —.50
1691 Cloux, A. D., De divortio. L. B. 1768. 4°. —.50
1692 —— — — De officio judicis in causis crimin. Traj. 1775. 4°. —.50
1693 Cluvener, B., De jure aggratiandi principis evangelici in causis homicidii. Hal. 1714. 4°. —.70
1694 Cluten, J., Fasciculus paradoxorum historico-politicor. ex Joannis Bodini Andegavensis libris de rep. collectus. Basil. 1618. 4°. —.30
1695 Cluysenaer, J. D., Theses jur. civ. Traj. 1765. 4°. —.30
1696 Cluver, B., De emtione et venditione. L. B. 1763. 4°. —.70
1697 Cosmoyer, J., De homicidio simplici. L. B. 1683. 4°. —.30
1698 —— M., De usufructu. Traj. 1698. 4°. —.50
1699 Cocceji, H., De culpa. Heidelb. 1677. 4°. 1.—
1700 —— — De doli, culpae et negligentiae praestationibus in quolibet negotio. Heidelb. 1678. 124 pp. 4°. 2.—
1701 —— — Utrum armis magis an magis legibus vel respubl. in genere defendi possit, vel in specie Romana defensa fuerit. Francf. 1693. 4°. —.50
1702 —— — De lege Salica. Heidelb. 1670. 4°. —.70
1703 —— — De progressu juris Europaei, ab ultima hominum feritate, a. e. eam, quae unica ab orbe condito edita est, jurisprudentiam. Francf. 1690. 4°. —.30
1704 —— J. G., De testamentis principum. Francf. 1690. 4°. —.60
1705 —— S., De princ. jur. nat. unico vero et adaequato. Francf. 1702. 4°. 1.—
1706 —— — Resolutionem dubiorum circa hypothesin nostram de principio juris naturae. Francf. 1705. 4°. 1.25
1707 Coch, G., Positiones ex jure civili. L. B. 1678. 4°. —.30
1708 —— J., Ad legem Rhodiam de jactu. Ling. 1754. 4°. —.40
1709 Cock, A., De variis titulis ad transferendum per usucapionem rerum dominium idoneis. Davent. 1773. 4°. —.50
1710 —— — De fidejussoribus. Traj. 1778. 4°. —.50
1711 —— C., De jure postliminii. L. B. 1778. 4°. —.50
1712 —— H., De jure gent. Europaeo. L. B. 1828. 4°. —.40
1713 —— — De philos. jurisprud. studio. Dav. 1824. 8°. —.60
1714 —— — Quaedam prox. hisce annis, tam super origine, quam super utilitate judicii juratorum s. jurati multum fuit disceptatum. Traj. 1831. 4°. 1.—
1715 —— — De fine poenis proposito. Gron. 1819. 4°. —.60
1716 —— — De argumento ab analogia ejusque a legis interpretat. differentia. Davent. 1821. 4°. 1.25
1717 —— — De alea. Traj. 1819. 4°. —.50
1718 —— — De jur. publ. univ. studio, ad civitat. pacem otiumque fructuosissimo. L. B. 1826. 4°. —.30
1719 —— J., De mandato. L. B. 1707. 4°. —.30
1720 —— — De modis acquirendi jure gentium. L. B. 1667. 4°. —.40
1721 —— J. A., Explicatio l. 20 cod. de pactis. Traj. 1718. 4°. —.30
1722 Cocq, F. L., De honore ac privilegiis equum. Traj. 1735. 4°. —.50
1723 —— P., Ad Ulp. in l. 23 DD. de reg. jur. L. B. 1702. 4°. —.30
1724 —— S., De poena ob delicti facilitatem augenda. Franeq. 1778. 4°. —.40
1725 —— G. S. d'Engl, De tutelis. L. B. 1750. 4°. —.50
1726 Codde, C. J. v. A., De contractu medici cum aegroto. Traj. 1766. 4°. —.40
1727 —— P. v. d., De usucapione pro herede. L. B. 1690. 4°. —.30

1728 Coel, P., De procuratoribus. L. B. 1717. 4°. —.40

1729 —— — De donationibus inter vivos. L. B. 1750. 4°. —.60

1730 Coenen, A., De jurejurando. L. B. 1694. 4°. —.30

1731 —— — De anatocismo. Traj. 1741. 4°. —.60

1732 —— N., De divortiis. Traj. 1701. 4°. —.70

1733 —— v. 's Gr., A., De querela falsi. Traj. 1836. 8°. —.70

1734 Cohrman, H., De furto. Hard. 1762. 4°. —.60

1735 Couwenhoven, B. A. v., Utrum servitus personarum in Belgio fuerit in usu. L. B. 1792. 4°. —.50

1736 —— P. H. v., Utrum poenae capitales abolendae sint, nec ne. L. B. 1789. 4°. —.40

1737 Cohen, S. J., Over de wraking van regters in strafzaken. Traj. 1839. 8°. 1.—

1738 Colenbrander, G. J., De pactis. L. B. 1810. 8°. —.90

1739 Collot, H. S., Om stats-inkomsterna. Lund. 1816. 8°. —.60

1740 Colliner, L. H., An in rep. bene ordinata mortis poena admittenda sit. Lund. 1824. 136 pp. 4°. 1.50

1741 Collard, J., De moderamine inculpat. tutelae. L. B. 1759. 4°. —.40

1742 —— G., De praeteritione et exheredatione liberorum. L. B. 1708. 4°. —.30

1743 —— G. A., Ad legem Aquiliam. L. B. 1785. 4°. —.40

1744 Collen, B. v., De tutelis. L. B. 1701. 4°. —.30

1745 —— F. v., De vero usufructu. L. B. 1701. 4°. —.30

1746 —— — — De nundinis. L. B. 1768. 4°. —.60

1747 —— J. v., De homicidio in ebrietate commisso. L. B. 1777. 4°. —.60

1748 Collenbach, F. B., De unione prolium. Duisb. 1727. 4°. —.60

1749 Colliander, A., In mem. David. Ehrenstrale. Lund. 1770. 4°. —.50

1750 —— P. P., De servitute legali. L. G. 1764. 4°. —.60

1751 —— — — De origine dominii. L. G. 1763. 4°. —.70

1752 —— S., De jure principum belligerant. merces et navigia neutralium et pacatarum gentium intercipiendi. Ups. 1767. 4°. —.60

1753 Collin, M. E., De officiis, q. collidi dicuntur. L. G. 1808. 4°. 1.—

1754 —— S., De jure principis in suae ditionis monasteria. Aboae. 1769. 4°. —.40

1755 Colling, L. J., De jure sigillorum. L. G. 1755. 176 pp. 4°. 2.—

1756 —— — — Ad tit. Säteris-Rusthall. L. G. 1774. 4°. 1.—

1757 Comans, M. G. Hartman, De jure fructuum. L. B. 1773. 4°. —.60

1758 Comman, B., De societate. Traj. 1776. 4°. —.60

1759 Commelin, A., De societate. L. B. 1713. 4°. —.30

1760 —— J., Quaest. juris. L. B. 1801. 4°. —.50

1761 —— — De interrogatione judiciali (*interrogatoire sur faits et articles*). Amst. 1833. 8°. —.60

1762 Coninck, A., De mutuo. L. B. 1676. 4°. —.30

1763 —— — De rerum divisione. L. B. 1676. 4°. —.30

1764 —— — De substitutionibus. L. B. 1705. 4°. —.50

1765 —— D., De praeceptis juris. L. B. 1784. 4°. —.30

1766 Coninck, J. D., De jurisdictione. Traj. 1698. 4°. —.40

1767 —— J. S. v. Vareseghe D., De oblig. ex conventione. coll. c. Pothieri operes *traité des obligations*. L. B. 1837. 140 pp. 8°. 1.—

1768 Conincx, J. B. L., De causis testamentariis. Duisb. 1782. 4°. —.50

1769 Conrad, J. G., Casus bini partus dubii. Jen. 1711. 4°. —.50

1770 Conradi, C. A., De remedio leg. ult. cod. de fideicommissis. Vitemb. 1745. 4°. —.60

1771 —— C. G., De cessione bonorum famam non suggillante. Erf. 1729. 4°. —.40

1772 —— F. C., De donationibus inter conjuges Saxonicos. Lips. 1723. 4°. —.40

1773 —— — — Actorem qui fundi petitionem habet satisdare cogendum. Erford. 1725. 4°. —.70

1774 —— — — De Gail libris rerum quotid. Vitemb. 1728. 4°. —.60

1775 Conradus, J. L., De jur. et aequitat. inter se consensu. Lips. 8°. —.30

1776 Conraets, J. H., De furtis eorum poenis. Traj. 1770. 4°. —.30

1777 Consbruch, H., Assertio juris Moguntini in coronandis regibus. Roman. Hal. 1724. 4°. —.40

1778 —— W. J., De tacita prohibitione usufructus paterni. Hal. 1714. 4°. —.70

1779 Constançon, J. G. H., De eo qd. justum dicitur. Traj. 1775. 4°. —.40

1780 Convent, G., De delinquentium traditione in Belgio permissa. Gand. 1828. 4°. —.40

1781 Contzenberg, C. A., De adoptionibus. Franeq. 1728. 132 pp. 4°. 1.30

1782 Cool, J. W., De jure peregrinatum. Franeq. 1754. 4°. —.80
1783 Coolhaart, A. M., De fideijussoribus. L. B. 1711. 4°. —.60
1784 Coolwyk, A. D. L. v., De his qui partubus vel liberos ceciderant. L. B. 1754. 4°. —.60
1785 —— J. D. L. v., De nuptiis thiorum. Traj. 1782. 4°. —.60
1786 Coop a Groen, J. E., De portione legitima. L. B. 1745. 4°. —.40
1787 Coopman, J. H., Judicium ejusq. person. princip. et minus princip. Harder. 1760. 4°. —.80
1788 Coopmans, R., De veneficiis. Franeq. 1778. 4°. —.70
1789 Cooreman, B. L., Ad loc. Ilegoale Grotii de jure belli et pacis. lib. 3, c. 20, § 43, n. 6. Harder. 1765. 4°. —.40
1790 Coops, A. G. S. v., De repudiatione testium in caus. civ. Traj. 1838. 8°. —.40
1791 —— L. F. G. v., De jure publico privat. pactis non mutando. Traj. 1834. 8°. —.60
1792 Copes, C., De traditionibus. L. B. 1680. 4°. —.40
1793 —— W. H., De transactionibus. Traj. 1697. 4°. —.80
1794 Coppello, B. v. d., De appellationibus. L. B. 1766. 4°. —.80
1795 —— P. v. d., De negotior. gestione. L. B. 1761. 4°. —.80
1796 —— S. v. d., De conjugio in statu naturali. L. B. 1743. 4°. —.40
1797 Cornmiier, C. E., De nuptiis, quibus consensus contrahentium defuit. L. B. 1825. 4°. —.80
1798 Cordes, A., Tempora legalia ex statutis Hamburgens. praecipua ac singularia. Altorf. 1726. 4°. —.70
1799 —— J., Ad leg. Rhodiam de jactu. L. B. 1791. 4°. —.40
1800 —— J. H., De jure episcopali. Harder. 1732. 4°. —.30
1801 Cornelis, C., De obligationibus in solidum. L. B. 1848. 8°. —.60
1802 Cornelissen, J., De iis, q. mente non sunt compotes sec. cod. civ. Traj. 1830. 8°. —.40
1803 Corner, J., Quaestiones variae. Jen. 1656. 4°. —.80
1804 Cortebrant, J. F., De errore justa in integrum restitutionis causa. L. B. 1747. 4°. —.60
1805 Corthum, L., De libera facultate in eligendo vitae genere liberis permittenda. Vitemb. 1716. 4°. —.50
1806 Cosman, A. C., De delictis extra civitatis fines commissis. Amstel. 1829. 4°. 1.25
1807 —— — — De origine et fontibus legum XII tabularum. Amst. 1829. 8°. —.70
1808 —— — — Qua ratione fiat, ut sec. nat. jus ex pacto, nulla acced. praestat., jus et obligatio perfecta oriantur. Traj. 1829. 8°. —.80
1809 Cosmel, P., De dominis, subditos suos in judicio non convenientibus. Hal. 1738. 4°. —.80
1810 Cosson, J. J., De lege Falcidia. L. B. 1708. 4°. —.80
1811 Cost, W. H., De religione sepulcrorum eorumq. violatione. L. B. 1766. 4°. —.60
1812 Costa, A. da, De pace Ryswicensi. Amst. 1852. 8°. 1.—
1813 —— I. da, De condictionibus. L. B. 1818. 4°. 1.25
1814 —— — — Idem liber. forma 8°. —.80
1815 Coster, G., Ad legem hac edictali. L. B. 1794. 4°. —.70
1816 —— — De fideicommissis. L. B. 1676. 4°. —.80
1817 —— J. T., De differentiis heredum variisq. eorum beneficiis. L. B. 1782. 4°. —.80
1818 —— W., De instrumentis. Traj. 1782. 8°. —.80
1819 Costerus, G., Ad l. hac edict. 6 Cod. de sec. nupt. L. B. 1794. 8°. —.40
1820 Cotius, E., De nundinationibus. Traj. 1760. 4°. —.70
1821 Cotta, C. W., De voto informativo. Jen. 1710. 4°. —.40
1822 Cotta, D. D., De legitimatione ad causam. Hal. 1719. 4°. —.70
1823 Coulemans, H. J., De raptu. L. B. 1768. 4°. —.80
1824 Couper, J., De civium erga patriam officiis. L. B. 1779. 4°. —.80
1825 Couperus, J. R., De conditione servor. apud Rom. Amst. 1837. 8°. —.50
1826 Court, A. D., De speciebus et affectibus minimae capitis deminutionis jure ante-Justin. L. B. 1745. 4°. —.40
1827 —— A. A. D., De nundinis. L. B. 1853. 140 pp. 8°. 1.—
1828 —— H. F. D., De poena carceris. L. B. 1839. 164 pp. 8°. 1.25
1829 —— J. D. L., De pecunia constituta. L. B. 1675. 4°. —.80
1830 —— P. D. L., Ad nov. 118 de successione quae ab intestato defertur. L. B. 1720. 4°. —.80

1831 Court, P. D. L., De l. Mensia. L. B. 1767. 4°. —.40
1832 —— P. M. D. L., De ultim. voluntatib. Traj. 1840. 8°. —.40
1833 Courtonne, J., De lege Aquilia. Harder. 1728. 4°. —.80
1834 —— P. P. D., Theses inaug. Traj. 1783. 4°. —.80
1835 Couturier, J., De jure accrescendi. Lugd. 1825. 4°. —.60
1836 Couturier, J. B. D. L., De privilegiariis tutelam. Noviom. 1825. 8°. —.40
1837 Couwenhoven, J. v., De querela inofficiosi. L. B. 1850. 4°. —.30
1838 Cox, J., De jurispr. symbolica. Traj. 1724. 4°. —.40
1839 —— — De jurejurando judicum et advocatorum. Traj. 1726. 4°. —.40
1840 —— L., De jurisdictione municipali. Traj. 1753. 4°. —.30
1841 Coymans, J., Ad leg. Aquiliam. L. B. 1708. 4°. —.30
1842 —— — Ad leg. 5 DD. de senatoribus. L. B. 1728. 4°. —.40
1843 Craayeth, D. D. Kerte, De jure societatis. L. B. 1745. 4°. —.60
1844 Craeyvanger, G., De jure codicillorum. Traj. 1782. 4°. —.30
1845 —— W., De oratione. Traj. 1759. 4°. —.80
1846 Craffe, F. A. J., Ad leg. 18 Cod. de transactionib. Duisb. 1748. 4°. —.80
1847 Craght, J. v. D., De interdictis s. extraor. actionib. q. pro his competunt, in genere. L. B. 1724. 4°. —.60
1848 —— M. v. D., De advocatis, eorumque officio dignitate ac privilegiis. L. B. 1752. 4°. —.70
1849 Cramer, A. A. P., De ususfr. natura. Davent. 1840. 8°. —.40
1850 —— A. H., De beneficiis fidejussori competentibus. Davent. 1838. 4°. —.60
1851 —— — — De eo qd. obtineat in transactionibus. Traj. 1776. 4°. —.70
1852 —— B., Num potentia vicinae gentis nimium crescens, sit justa eam debellandi causa. L. B. 1781. 4°. —.50
1853 —— — De emt. vendit. rei alienae. Traj. 1831. 8°. —.40
1854 —— B. G., De commodis paupertatis. Basil. 1671. 4°. —.40
1855 —— G. J. C. P., De auctoritate cognatorum in causis pupillaribus ex j. patr. antiq. Dav. 1839. 8°. —.50
1856 —— H., De fidejussoribus. L. B. 1713. 4°. —.40
1857 —— H. K., De origine et progressu feudorum. L. B. 1777. 4°. —.40
1858 —— J., De assistentia in civilibus. Francf. 1836. 4°. —.70
1859 —— J. F., De causis consistorialibus, an et quatenus ad excelsissimum judicium imperiale aulicum spectent. Jen. 1787. 4°. —.40
1860 —— J. G., De conjungendo juris et antiquitatum Germanicarum studio. Lips. 1729. 4°. —.70
1861 —— — — An advocati in rebus publ. sint tolerandi? Lips. 1729. 4°. —.44
1862 —— W. Z., Ad leg. 29 Cod. de pactis. Lips. 1720. 4°. —.70
1863 Crane, J. D. de, De fictionibus juris. Traj. 1766. 4°. —.40
1864 —— J. M. de, De jure parentum in liberos. L. B. 1732 4°. —.60
1865 —— W. C. de, De divortiis. Traj. 1767. 4°. —.80
1866 Crawold, G. F., An in Saxonia successores feudales se invita vidua a praestatione dotalitii liberari possint. Vitemb. 1796. 4°. —.80
1867 Creeman, W., De rebus mobil. et immob. Gron. 1765. 4°. —.70
1868 Crap, H. L. v. D., De liberor. natorum exheredatione. L. B. 1778. 4°. —.60
1869 —— W., De auctoritate tutorum vel curatorum. L. B. 1705. 4°. —.80
1870 —— W. N., De contrah. empt. vendit. Harder. 1725. 4°. —.80
1871 Cras, H. C., De dicto Ciceronis: *non opinione sed natura constitutum jus esse*. Amstel. 1790. 4°. —.80
1872 —— — — Jurisprud. Ciceroniana. L. B. 1769. 4°. —.70
1873 —— — — De prudentia civili in promovenda mercatura. Amst. 1771. 4°. —.80
1874 —— — — Perfecti jurisc. *forma* in Hugone Grotio spectata. Amst. 1775. 4°. —.90
1875 —— — — De hominum aequalit. ac juribus officiisque. Harl. et Amst. 1794. 132 pp. 8°. 1.—
1876 —— — — De principiis doctrinae morum. Harlem. 1794. 128 pp. 1.—
1877 —— — — In mem. D. A. Walraven. Amst. 1804. 8°. —.40
1878 —— — — Laudat. H. Grotii. Amst. 1796. 8°. —.70
1879 —— — — Elog. J. Meermanni. Amst. 1817. 128 pp. 8°. 1.20
1880 —— J., De auctor. tutorum et consensu curatorum. L. B. 1788. 4°. —.40
1881 Crassier, W. L. D. J. B. de, De confectione cod. Theod. Leod. 1825. 4°. —.50
1882 Crauset, J. J. de, De legatis ex testamento destituto, cui clausula codicillaris adjecta est, praestandis. Herborn. 1759. 4°. —.80
1883 Crellius, J. E. F., De probatione causae mealis. Vitemb. 1787. 4°. —.50

1884 Cramer, B. H., De eo qd. interest. Harder. 1769. 4°. —.50
1885 —— C. J., Ad Pauli sentent. Harder. 1773. 4°. —.30
1886 —— J. H., De cursu publico. Amstel. 1857. 192 pp. 8°. 1.40
1887 —— R., De judiciis. Traj. 1698. 4°. —.30
1888 —— T. H., De praecipuis difficultatibus contractuum societatis et mandati. Gron. 1636. 4°. —.30
1889 Cremers, F. J. J., De emtione venditione. Gron. 1602. 8°. —.30
1890 —— G. C. J. J., De fraude, q. poenam meretur. Gron. 1842. 8°. —.30
1891 —— G. J., Lex. I Cod. de his qui veniam aetatis impetraverunt. Gron. 1808. 8°. —.30
1892 —— J. F. N., Ad loc. jur. Rom. de revocat. donation. inter vivos propter liberos supervenientes. Gron. 1817. 8°. —.40
1893 —— J. J., De modis qbs. solvitur societas. Gron. 1760. 4°. —.40
1894 —— W., De compensationibus. Gron. 1706. 4°. —.40
1895 Crieger, O. T., Ad doctrinam de usucapionibus et praescriptionibus. Vitemb. 1736. 4°. —.30
1896 Criten, J. P., De rescriptis moratoriis. Lug. 1728. 4°. —.50
1897 —— — — De enormi laesione. Gron. 1730. 4°. —.30
1898 Croese, J. D., De oblig. conjugum ex statuaria bonor. conjunctione. Traj. 1788. 4°. —.50
1899 Croiset, G. T. B., De interpretatione leg. doctrinali. L. B. 1807. —.50
1900 Crombrugghe, R. d., De pactis moratoriis. Gand. 1830. 8°. —.60
1901 Crommelin, B. M. A., De remedio contra laesionem ex divisionibus enatam. Traj. 1763. 4°. —.50
1902 —— J., De lege Aquilia. L. B. 1762. 4°. —.50
1903 —— P. S., De forma legg. ferendar. earumq. summa utilitate in societate civili. Traj. 1786. 4°. —.40
1904 —— R., De aditione hereditatis sub. beneficio inventarii ejusq. effectib. ratione heredis. Traj. 1836. 8°. —.60
1905 —— A. H. v. Wickevoort, De jure principis in minuendis vel remittendis delictorum poenis. L. B. 1822. 110 pp. 4°. 1.40
1906 —— H. S. — —— De imperii civilis partium distributione. L. B. 1829. 4°. —.70
1907 —— J. P. A. — —— De jure accessionis. L. B. 1822. 8°. —.50
1908 —— J. P. — —— De summo imperio, sociis trajectinis in sua provincia competente. L. B. 1782. 4°. —.60
1909 —— J. de Waal, De rescissione testamenti per querelam. L. B. 1645. 4°. —.50
1910 Cronander, S., De jure nondum natorum. L. G. 1748. 4°. —.40
1911 Croockewit, A. E., Art. 23 der wet tot regeling der zamenstelling en bevoegdheid van den raad van state. Amst. 1863. 8°. —.30
1912 —— H., De monopoliis. Amst. 1835. 8°. —.70
1913 Croockesius, E. G. S., Ad tit. 16 juris statuarii Zutphaniensis. Hard. 1768. 4°. —.30
1914 Croonenberg, G., De jur. nat. constantia. L. B. 1721. 4°. —.30
1915 Croonwyck, H., Ex universo jure quaestiones. L. B. 1754. 4°. —.50
1916 Crucius, O., De officio quaestorum. L. B. 1727. 4°. —.50
1917 —— D., De jure clientelae. L. B. 1704. 4°. —.30
1918 —— J. C., De servitutibus. L. B. 1761. 4°. —.50
1919 —— W., De procuratoribus. Traj. 1704. 4°. —.30
1920 Crucke, V., De oligarchia. Helmst. 1642. 4°. —.40
1921 Cruremaacius, G., De advocatis. Heidelb. 1665. 4°. —.40
1922 Crusius, J. A., De jure praecipuo stantii Rom. imp. electorum nec non serenissimae domus Neoburgicae. Mind. 1677. 4°. —.50
1923 Crusius, A., De arbitrio boni viri. Heidelb. 1677. 4°. —.30
1924 Cruyskercken, A. v., De possessione. L. B. 1679. 4°. —.30
1925 Cruyssz, J. v. d., De privilegiis. L. B. 1724. 4°. —.40
1926 Cryns, G., De augenda vel minuenda possessione. L. B. 1690. 4°. —.50
1927 Cudde, N., De furtis. L. B. 1692. 4°. —.50
1928 Cuiper, W., Ad leg. 7 DD. de dolo malo. L. B. 1708. 4°. —.50
1929 Culeman, E., De judiciis possessoriis. Francf. 1671. 4°. 1.30
1930 Cumanus, A., De usufructu. L. B. 1733. 4°. —.30
1931 —— P., De indebiti condictione. L. B. 1785. 4°. —.40
1932 —— — De fidejussoribus. L. B. 1678. 4°. —.30
1933 Cuneus, G., De origine et jure imperii. L. B. 1703. 4°. —.30

1934 Cunus, S., De investitura feudi novi. Basil. 1615. 4°. —.50
1935 Cuperus, A. J., De natura possessionis. L. B. 1769. 120 pp. 4°. 1.50
1936 Cupper, S., De incendio casuali. Francf. 1667. 4°. —.50
1937 Curtius, B. D., Variae quaestiones. L. B. 1767. 4°. —.60
1938 —— — — De societatibus. L. B. 1825. 8°. —.50
1939 —— P. J., Ad l. 1 DD. de lege Falcidia. Traj. 1781. 4°. —.50
1940 —— W., De actione praescriptis verbis. L. B. 1743. 4°. —.60
1941 Cuvier, J. C., De testimonio testamentario legatariis permisso. Tub. 1688. 4°. —.50
1942 Cuyck, B. v., De mora. L. B. 1720. 4°. —.60
1943 —— J. v., De mora. Traj. 1696. 4°. —.30
1944 Cuylemburgh, A. v., De pignorib. et hypot. Traj. 1676. 4°. —.50
1945 Cuylenborch, J. G. v., De invectis et illatis. Traj. 1773. 4°. —.60
1946 Cuypers, J. H., De tribunitia potestate. L. B. 1798. 4°. 1.25
1947 —— — — Idem liber, forma 8°. —.90
1948 D., C. B., Ob und unter welchem Grunde denen Gesandten u. s. w. das freye Exercitium ihrer hoben Herren Religion in ihren Hausern freystehe. Tentob. 1708. 4°. —.50
1949 Daall, J. A., De probatione testib. et fide instrumentor. Traj. 1658. 4°. —.60
1950 Dabel, J. G., Notarius peccans in instrumento publico conficiendo. Lips. 1740. 4°. —.40
1951 Dahlveld, A. v., De mort. caus. capionibus. Harderv. 1758. 4°. —.30
1952 Daems, O. W. D., De actionib., q. ex delicto nascuntur. Traj. 1834. 8°. —.30
1953 Daey, A., Ad fragm. Papiniani ex lib. 11 responsorum. L. B. 1786. 4°. —.50
1954 —— D. C., De divisione laboris. L. B. 1820. 4°. —.80
1955 —— H. A., De testam. caeci, sec. l. 8 cod. q. test. fac. pos. v. n. L. B. 1740. 4°. —.50
1956 —— M., De societate. L. B. 1699. 4°. —.50
1957 —— M. A., De oblig. ad alimenta liberis et invicem parentibus praestanda. Traj. 1782. 4°. —.50
1958 Dahlberg, O., De moralitate votorum. L. G. 1748. 4°. —.40
1959 Dahlbom, A. G., De religione reip. noxia. L. G. 1748. 4°. —.50
1960 Dahlström, G. R., De jure sportularum. L. G. 1754. 4°. —.40
1961 Dalander, P., De discrimine legis natur. et civilis. Lund. 1812. 4°. —.50
1962 Dale, G. C. V. v. d., Quid sit traditio? Lovan. 4°. —.90
1963 Dalen, P. G., Quaest. jurid. L. B. 1820. 4°. —.50
1964 —— C. F. a, De rebus quae recte legari possunt. L. B. 1708. 4°. —.80
1965 —— H. v., De capitis diminutione. L. B. 1733. 4°. —.60
1966 Dallens, E. W., De mora. L. B. 1746. 4°. —.40
1967 Daly, B. J. J. E., De contractib. sec. ord. Instit. coll. cum Gaii comm. L. B. 1823. 8°. —.50
1968 Dam, A. v., Ad leg. 2 cod. de his, qui veniam aetatis impetrarunt. L. B. 1765. 4°. —.30
1969 —— C. A. v., De legali bon. communione. Bred. 1839. 8°. —.50
1970 —— F. N. v., Ad art. 2 cod. civ. Belg. Amst. 1830. 4°. —.60
1971 —— — — — Idem liber, forma 8°. —.40
1972 —— G. v., De tutela, imprimis testamentaria. Traj. 1777. 4°. 1.25
1973 —— — — De successione irregulari, secund. jur. hod. principia. L. B. 1830. 4°. —.50
1974 —— — — Idem liber, forma 8°. —.40
1975 —— H. H. v., De cessione actionum. Traj. 1772. 4°. —.40
1976 —— J. H. v., De querela inoff. test. L. B. 1714. 4°. —.50
1977 —— — — — De jure pignoris vel hypothecae tacitae. Traj. 1744. 4°. —.50
1978 —— L. L. v., De commodato. L. B. 1709. 4°. —.80
1979 —— P. J. W. A. v., De jure. Gron. 1779. 4°. —.80
1980 —— Y. v., De civ. juris defens. consuli temperamento. L. B. 1791. 4°. —.60
1981 —— — — An liceat subditis resistere suis propriis imperantibus. L. B. 1740. 4°. —.80
1982 —— Y. D. v., De mandato. L. B. 1824. 4°. —.90
1983 —— — — — Idem liber, forma 8°. —.60
1984 Damen, P., De emolumento querelae inofficiosi testamenti. L. B. 1775. 4°. —.80
1985 Damme, A. J., De quaestionibus. L. B. 1749. 4°. —.80
1986 —— R. M., Ad l. 9 cod. de rescind. vendit. L. B. 1748. 4°. —.50

1987 DAMM, C., De dubiis primogeniturae jure. Gustraviae. 1705. 4°. —.70
1988 DAMME, D. v., De injuriis. L. B. 1765. 4°. —.60
1989 —— — — Wittichius redevoering over de pruikingen. L. B. 1756. 4°. —.60
1990 —— J. H. v., De salvo conductu. L. B. 1768. 4°. —.60
1991 DANCKAERTS, C. J., Ad rescripta imp. P. H. Pertinacis. L. B. 1785. 4°. —.70
1992 —— H. S., De remediis ad legitimam consequendam comparatis. Traj. 1766. 4°. —.60
1993 —— J., Ad l. 13 pr. DD. de liberis et postumis hered. instit. L. B. 1731. 4°. —.50
1994 —— V., De tutelis. L. B. 1699. 4°. —.30
1995 DANCKELMAN, F. L. B. D., De rebus atque incrementis Prussorum. L. B. 1708. 4°. —.40
1996 —— O. H. D., De imperio in pares. Francf. 1697. 4°. —.40
1997 —— P. S. D., De jure belli in amicos. Francf. 1697. 4°. —.30
1998 —— W. F. D., De jure praeliorum cultu. Francf. 1708. 4°. —.70
1999 DANIELS, C., De patria potestate. L. B. 1766. 4°. —.40
2000 —— D. POLAK, Ad Pauli libr. 3 decret. L. B. 1846. 8°. 1.25
2001 DANN, J. J., De charactere et circumspectione medici ad curandam taediositatem processuum adhibendi. Hal. Magd. 1717. 4°. —.60
2002 DANNEAUER, J. C., De carcere obaeratorum. Jen. 1714. 4°. —.30
2003 DAPPER, J., De actionibus tutelae, directa et contraria. Traj. 1744. 4°. —.40
2004 DARIES, J. G., De tutela partitia, tam in jure Rom. quam Germanico fundata, ejusq. in foris nostris usu. Jen. 1789. 4°. —.60
2005 DASSEVAEL, J. F., De reb. dubiis. Traj. 1821. 8°. —.60
2006 DATHE, C. T., De cessione hypothecae feudalis absque domini dir. consensu jure Saxon. invalida. Lips. 1767. 4°. —.40
2007 —— G. A., De probatione dominii praesert. in Saxonia elector. haud difficili. Erf. 1726. 4°. —.60
2008 DATT, J. C., De suprema voluntate, unica testi concredita. Tubing. 1700. 4°. —.70
2009 DAVERVELDT, H. A., De conditione feminarum. Traj. 1745. 4°. —.60
2010 DAUNIS, F. E. G., Ad l. 22 cod. de poenis. Traj. 1728. 4°. —.40
2011 DECAE, J., De jur. civil. ademptione edicta sententia. Gand. 1819. 4°. —.60
2012 DECKER, C. G., De jure accrescendi. L. B. 1777. 4°. —.40
2013 —— G. S., Syncategorematis quasi usum juridicum. Altd. 1675. 4°. —.70
2014 —— J. B., De eo qd. justum circa aedes exstatas. Jen. 1699. 4°. —.60
2015 —— V. M., Positiones juris. Traj. 1775. 4°. —.30
2016 DEDEKIND, J. O., De antapocha. Vitemb. 1764. 4°. —.60
2017 —— J. L. J., De jure Weichbildico Saxonico. Helmst. 1799. 4°. —.60
2018 —— J. M., Semidecas casuum controversorum. Erford. 1691. 4°. —.40
2019 DEDEL, C., De auctoritate praestanda a venditore rei vitiosae. Traj. 1827. 8°. —.30
2020 —— G., Ciceronis doctrina in jure. Gron. 1824. 4°. —.50
2021 —— — De codicillis. L. B. 1826. 112 pp. 4°. 1.25
2022 —— — Idem liber. 120 pp. forma 8°. 1.—
2023 —— — De ordinibus generalibus. Belgii. L. B. 1823. 212 pp. 4°. 2.—
2024 —— — Idem liber. 216 pp. forma 8°. 1.75
2025 —— J. H., De codicillis. L. B. 1723. 4°. —.30
2026 —— S., De vi privata. L. B. 1731. 4°. —.40
2027 —— W. G., De possessione specialius juris in re falso adscripta. L. B. 1742. 4°. —.40
2028 DEDEM, C. G. v., De legatariorum jurib. et oblig. L. B. 1834. 8°. —.40
2029 —— W. J. v., Ad jur. Trans. lib. 2, tit. 8 *van heimelyke voorwaarden*, enz. Gron. 1797. 8°. —.50
2030 —— W. E. v., Iets over de intrekking der recepissen uitgegeven krachtens de publicatie van den Gouv.-Gen. in Ned. Indië van 4 Febr. 1846 (St.bl. nº. 3). Haarl. 1861. 8°. —.30
2031 DEHNE, A. F., De repudiat. hereditatis a debitore in fraudem credit. facta jure Lubecensi invalida. Harder. 1763. 4°. —.60
2032 DEIMAN, A. J., De mitigatione poenarum. L. B. 1798. 150 pp. 4°. 1.50
2033 DEINSE, A. F. v., De cautione fructuaria. L. B. 1758. 4°. —.40
2034 —— A. J. v., De ludis et sponsionibus. L. B. 1839. 8°. —.30
2035 —— A. P. v., De poena talionis. L. B. 1822. 4°. —.60
2036 —— F. v., De donat. inter virum et uxorem. L. B. 1817. 4°. 1.—

2037 Deinse, J. J. v., De cura Rom. erga posthumos et nascituros. L. B. 1811. 4°. —.60
2038 — — — — Idem liber. forma. 8°. —.40
2039 Dejenström, J., De notitia legum natural. innata. L. G. 1744. 4°. —.40
2040 Dekker, A., Quaest. varii arg. Traj. 1820. 8°. —.50
2041 — P., De crimine veneficii. Traj. 1856. 8°. —.70
2042 Delatre, A., De adoptione. Gand. 1818. 4°. —.40
2043 Delbaere, J. L., De bonis publicis eorumq. administratione. L. B. 1824. 8°. —.60
2044 Delbeek, H., Juris naturalis affectiones. Traj. 1766. 4°. —.70
2045 — J. C., De nuptiis. Traj. 1829. 8°. —.40
2046 Delden, H. R. v., Over de erfelijkheid der regenten op Java. L. B. 1862. 8°.
2047 — J. v., De privilegiis, q. rerum inventoribus conceduntur. Davent. 1845. 132 pp. 8°. 1.—
2048 Delebecque, A. J., De rer. immob. alienationum publicitate. Leod. 1823. 4°. 1.10
2049 Delen, J. S. D., De jure repraesentationis. Harder. 1732. 4°. —.50
2050 Dellafaille, A., Ad leg. Aquiliam. Traj. 1698. 4°. —.30
2051 Dellden, C. O., Vid förslaget till Allmän civil lag. Ups. 1829. 8°. —.40
2052 — — — I Allmän och Economisk lagfarenhet. Ups. 1835. 8°. —.30
2053 — — — Juris in patria executivi lineamenta. Ups. 1838. 8°. —.40
2054 — — — De homicidio et vulneratione q. culpa committuntur. Ups. 1842. 4°. —.50
2055 — — — De divisione jurium ex jure patrio et Romano. Ups. 1824. 4°. —.50
2056 — — — Om folk-rättens princip. Ups. 1843. 8°. —.40
2057 Delprat, G., De praesumptionibus. L. B. 4°. 1.—
2058 Delwarde, L. J., Quid est exceptio rei venditae et traditae? Lovan. 1823. 4°. —.50
2059 — — — De formis rerum publice gerendarum. Lovan. 264 pp. 4°. 2.50
2060 Demetrius, A., De obligat. pupillorum ac minorum. Traj. 1703. 4°. —.40
2061 Demets, J. P., De cadaveribus punitorum. Traj. 1702. 4°. —.40
2062 Denica, F. C., Ad l. Juliam et Papiam. L. B. 1738. 4°. —.50
2063 — — — Ad Sexti Pomponii fragment. ex libro 22 ad Q. Mucium; q. e. in l. 45 DD. de usuris. L. B. 1736. 4°. —.50
2064 Denie, A., Ad fragmt. legis Plautiae Papiriae. L. B. 1775. 4°. —.60
2065 Dentzsen, D., De paroemia jur. hod., mobilia non habent sequelam, indeque oriunda Rom. et Holland. jur. diversitate. L. B. 1799. 160 pp. 8°. 1.25
2066 — P. J., De condictione indebiti. L. B. 1833. 8°. —.60
2067 Denzel, C. T., Lex 38 pr. DD. de condictione indebiti. Tubing. 1738. 4°. —.50
2068 Depatin, C., De publiciana in rem actione. Gand. 1818. 4°. —.40
2069 Depauw, N., De necessitate superiorum ordinum concilii. Gand. 1823. 4°. —.30
2070 Derramoutius, J., De heredibus instituendis. L. B. 1674. 4°. —.40
2071 Derfan, G. P., De juris victoris in personas et in bona devictorum. L. B. 1768. 4°. —.70
2072 Detharding, G. W., De necessaria vulnerum inspectione in crimine homicidii commisso. Rost. 1725. 4°. 1.10
2073 Detmar, J. A., Ad lib. IV et VI DD. Halae. 1694. 4°. —.30
2074 — — — Ad lib. II DD. Halae. 1694. 4°. —.30
2075 Deutel, J., De furtis. L. B. 1716. 4°. —.50
2076 Deuts, D., De judicibus et praesertim de cambiis in Belgio a primis inde temporib. L. B. 1762. 112 pp. 4°. 1.50
2077 — J., De fideicommissis hereditatibus. L. B. 1717. 4°. —.30
2078 — — Ad explicat. nonnullarum legum. L. B. 1765. 4°. —.40
2079 Deventer, J. S. v., De fidejussione. Gron. 1827. 8°. —.30
2080 Deynoot, A. Gevers, De officio summi imperantis. L. B. 1763. 4°. —.50
2081 — D. R. — De summi imper. belg. cura ad promov. agriculturam. L. B. 1830. 152 pp. 4°. 1.50
2082 — J. G. A. — De mercatura in patria nostra ab a. 1813—1830. L. B. 1839. 8°. —.90
2083 Dibbets, L. J., De jure militum. Traj. 1743. 4°. —.50
2084 — P., Ad leg. Aquiliam. L. B. 1691. 4°. —.30
2085 Diehl, P. C., De citatione edictali. Giessae. 1774. 4°. —.30
2086 Diemen, G. M. J. v., De communione bon. inter conjuges, ubi adsunt liberi prioris thori. Traj. 1830. 8°. —.70

2087 Diemer, A. L., De usu et auctor. jur. Rom. in Anglia. Lips. 1817. 8°. —.80
2088 Diemont, C., Quaest. varii arg. L. B. 1819. 8°. —.40
2089 —— — Over art. 1683 B. Wb. L. B. 1860. 8°. —.40
2090 Diephuis, G., De matrimonio. Gron. 1840. 8°. 1.—
2091 Dieryckere, J. A., De contractu mandati. Gand. 1821. 4°. —.70
2092 Dierkens, G., De benef. competentiae. Traj. 1813. 4°. —.80
2093 —— J., De ludis gymnasticis Scto permissis. L. B. 1743. 4°. —.50
2094 —— N., De prodigis. Traj. 1789. 4°. —.80
2095 —— W. C., De honesti, socialitatis et imperii civilis fontibus. L. B. 1771. 4° —.70
2096 Diesquens, J., De quer. inoff. testamenti. Traj. 1788. 4°. —.30
2097 Diest, J., De in integrum restitutione minorum. L. B. 1716. 4°. —.30
2098 —— T., De testamentis ordinandis. L. B. 1698. 4°. —.30
2099 —— v. Mellisant, L. E., De fideicommissis. L. B. 1776. 4°. —.50
2100 Dieskau, J. O. a, De summa potestate. Heidelb. 1674. 4°. —.80
2101 Diest, F. G. J., De comitiitibus palatii. Traj. 1734. 4°. —.60
2102 Dieter, R., De summa summi imperii potestate, quam majestatem appellamus. Bal. 1607. 4°. —.50
2103 Dietz, S. H., De poenis temerarii litigii. Traj. 1759. 4°. —.80
2104 Dieu, D. de, De jurejurando. L. B. 1720. 4°. —.80
2105 —— H. A. de, Positiones juridicae. L. B. 1697. 4°. —.80
2106 —— J. de, De vulgari substitutione. L. B. 1769. 4°. —.70
2107 —— L. D. de, De honore matrimonii. Traj. 1768. 4°. —.70
2108 Diez, D. G., De proventibus partium metallicarum. Lips. 1729. 4°. —.30
2109 —— — — De jure senioratus metallici. Erford. 1727. 4°. —.80
2110 —— — — De probatione desertionis metallifodinarum. Lips. 1727. 4°. —.30
2111 Differentiae juris civilis et canonici. Hal. 1712. 4°. —.70
2112 —— juris veteris novissimi et praxeos ad ordinem novellarum. Hal. 1712. 4°. —.70
2113 Diggelen, H. P. G. v., De inventario. L. B. 1840. 8°. —.40
2114 Dillen, J. A., Observatt. jur. Gron. 1812. 8°. —.30
2115 Dimant, W. A., De constituta pecunia. L. B. 1720. 4°. —.30
2116 Dingemans, D. A., De condictione indebiti. L. B. 1704. 4°. —.40
2117 Dinther, J. v. d. H. v., De mandato. L. B. 1709. 4°. —.30
2118 Dircks, J., De transmissione hereditatis. L. B. 1689. 4°. —.30
2119 Dirksen, H. E., Thesauri latinitatis fontium jur. civ. Rom. specimen. Lips. 1834. 8°. —.50
2120 Dirks, D., De sponsalibus. L. B. 1740. 4°. —.60
2121 Dischreid, H. C. T., De successione ab intestato. L. B. 1810. 172. pp. 8°. 1.25
2122 Dishoeck, A. E. v., De hereditatis petitione. L. B. 1840. 8°. —.40
2123 —— J. v., Spicilegium ad Plauti rud. L. B. 1776. 4°. —.60
2124 —— v. Domburg, A. E. v., Ad Plauti rudent. L. B. 1776. 4°. —.60
2125 Dittmar, G. A. H., De nom. aetat. stud. ac script. Gaii Icti. Rom. Lips. 1820. 148 pp. 4°. 1.25
2126 Dobbelaer, M., De liberationibus. Dordrecl. 1833. 192 pp. 4°. 1.50
2127 —— P. G., De variis curatorum speciebus. Harder. 1755. 4°. —.30
2128 Doeff, J. G. A., Theses jurd. Traj. 1859. 8°. —.80
2129 Doelen, A. C. L. v., De venditione. Traj. 1814. 4°. —.40
2130 —— J. v., De delatione criminum. Traj. 1774. 4°. —.80
2131 Doelman, W., De abigeis. Traj. 1765. 4°. —.30
2132 Doen, A. v. d., De remediis bellorum calamitt. avertendi. Traj. 1783. 4°. —.60
2133 —— — — — De appellationibus. Traj. 1782. 4°. —.40
2134 —— A. J. v. d., De differ. notab. morum atque jur. civ. in patria potestate conspicuis. L. B. 1777. 4°. —.50
2135 —— A. P. v. d., De aequitate. L. B. 1720. 4°. —.80
2136 —— B. v. d., De testam. ordinandis. Traj. 1789. 4°. —.30
2137 —— C. v. d., Quo loco in foro judiciisque habenda sint vulnera, quae a medicis dicuntur non absolute lethalia. L. B. 1787. 4°. —.60
2138 —— J. v. d., De libertate civili. Traj. 1783. 4°. —.50
2139 —— — — — Ad leg. 15 DD. de conditionibus institutionum. L. B. 1717.
2140 —— — — — De vinculo, qd. olim inter dioecesin Traject. et regn. Francic. ac deinceps imperium Rom. Germanicum intercessit. Traj. 1775. 4°. 1.25
2141 —— J. H. v. d., De emtione spei. Traj. 1788. 4°. —.40

2142 Does, J. H. v. d., De consulari potestate. L. B. 1696. 4°. —.40
2143 ——— — — — — Ad l. 27 cod. de evictionibus. L. B. 1748. 4°. —.40
2144 ——— M. P. J. S. v. d., De pluribus ab eodem commissis criminib., impr. vero de crimine qd. repetitum dicitur. Traj. 1826. 158 pp. 8°. 1.25
2145 ——— T. v. d., Ad l. legis Juliae 4 cod. qui bonis cedere possunt. Traj. 1675. 4°. —.30
2146 ——— W. v. d., De Scto Macedoniano. Traj. 1729. 4°. —.40
2147 ——— W. J. v. d., De agris desertis. Traj. 1765. 4°. —.30
2148 ——— S. J. Doys v. d., De successione ab intestato. L. B. 1758. 4°. —.30
2149 ——— G. Schuil v. d., L. 2 c. de his quibus ut indignis. L. B. 1790. 4°. —.50
2150 ——— s. Bye, A. v. d., Over overeenkomsten gesloten door middel van brieven, boden, openbare aankondigingen of telegrammen. L. B. 1860. 8°. 1.—
2151 Dossburg, T. L., De modis acquirendi per fiamma. Traj. 1744. 4°. —.30
2152 Dosveren, C. E. v., De quer. inoff. testamenti. L. B. 1791. 4°. 1.—
2153 Dohauzer, J. H., Jurisdictionem territorialem statuum imperii sublimem. Jen. 1672. 4°. 1.25
2154 Doignon, P. A. J., De redituum redemtione. Traj. 1697. 4°. —.40
2155 Dolse, J. F., De exceptionibus. Lips. 1776. 4°. —.50
2156 Doll v. Ourve, D., De in jus vocando. Traj. 1748. 4°. —.60
2157 Dominicus, C., De testibus. L. B. 1786. 4°. —.30
2158 ——— D. E., De jure accrescendi, ad leg. 10 DD. de usufructu accrescendo. L. B. 1817. 4°. —.90
2159 ——— — — Idem liber. forma. 8°. —.60
2160 ——— J., De moderamine inculpatae tutelae. L. B. 1723. 4°. —.30
2161 ——— — De tortura reorum. Traj. 1744. 4°. —.70
2162 ——— M. P., De pignore et antichresi. L. B. 1826. 4°. 1.—
2163 ——— N. la Graaff, De compensationibus. L. B. 1823. 4°. —.90
2164 ——— — — ——— Idem liber. forma 8°. —.60
2165 Domis, C., De probationibus per testes. Traj. 1779. 4°. —.30
2166 Dommer, G. M., Ad l. 14 DD. de reg. jur. Traj. 1716. 4°. —.30
2167 Dompierre de Jonquières, P. P. H. n., De usucapionibus et praescriptionibus. L. B. 1765. 4°. —.60
2168 Dompselaer, W. v., De lege regia. Gron. 1829. 4°. —.30
2169 Donauer, B., Ad leg. unic. Cod. de famosis libellis. Altd. 1687. 4°. —.60
2170 ——— W. C., De pacto hereditatis conservativo. Jen. 1680. 4°. —.30
2171 Doncan, J., De autocheiria. L. B. 1712. 4°. —.40
2172 Doncker, G. H., De donationibus. L. B. 1712. 4°. —.30
2173 Dondorff, C., De termino peremtorio solutionis et protestationis cambiorum. Lips. 1710. 4°. —.90
2174 Donker Curtius, B., De societatibus. L. B. 1826. 4°. —.80
2175 ——— ——— — Idem liber. forma. 8°. —.60
2176 ——— ——— — De laesione enormi. L. B. 1836. 8°. —.50
2177 ——— ——— F. C., De navium exercitoribus. L. B. 1826. 8°. —.90
2178 ——— ——— G. B., De jure litonum in Tubantia (*hofhoorig recht in Twenthe*). Hag. 1831. 8°. —.80
2179 ——— ——— J. H., De jure repraesent. sec. pr. cod. civ. Arnh. 1835. 8°. —.30
2180 Donnersmack, A. H., De conventione morganatica. Jen. 1757. 4°. —.40
2181 Doom, D., De retractu gentilicio. L. B. 1758. 4°. —.60
2182 ——— S., De privilegiis. L. B. 1729. 4°. —.40
2183 Dooren, A. v., Nonnull. aphorism. politici. Traj. 1781. 4°. —.60
2184 ——— A. G. v., De patre ad consensum nuptiarum coacto. Traj. 1765. 4°. —.40
2185 ——— G. F. v., De cura civitatis erga pauperes. L. B. 1842. 8°. —.60
2186 ——— H. J. v., De jure commercii Rom. ejusq. effectibus in jure civili. L. B. 1807. 8°. —.60
2187 ——— C. G. d. Balbian v., De testamento publico. Gron. 1884. 184 pp. 8°. 1.—
2188 Doornscboon, J., De moderam. inculp. tutelae. L. B. 1700. 4°. —.30
2189 Doorants, J., De magno Mariae privilegio. L. B. 1792. 164 pp. 4°. 2.—
2190 ——— M., De editione actionum. L. B. 1745. 4°. —.30
2191 Doorninck, D. J. v., De adsessoribus. L. B. 1761. 4°. —.30
2192 ——— — — — De loc. cond. fundorum. L. B. 1834. 8°. —.60
2193 ——— J. v., Hist. instit. cancellarii et consiliarior., in Transisalaniam a Carolo V et Philippo II introducti. Davent. 1836. 8°. —.40
2194 ——— M. v., De adsessoribus. L. B. 1762. 4°. —.40

2195 Doorslag, A. v. d., De injuriis. Traj. 1780. 4°. —.30
2196 Dopff, A. J. W. H. d., De capitulationibus. L. B. 1787. 4°. —.60
2197 Dorfmüller, A. B., De commun. bonorum inter conjuges in Westphalia. Duisburg. 1765. 4°. —.50
2198 Doercken, J., De metallis eorumque fodinis. Jen. 1771. 4°. —.80
2199 Dorhout, B., De diversa testamenti Rom. et hod. indole. Gron. 1820. 8°. —.30
2200 —— L., De provocatione ad popul. Rom. max. sub regibus. Gron. 1827. 8°. —.40
2201 Dorn, J. L., De jurejurando in litem pretii affectionis figmento liberato. Altdorf. 1780. 4°. —.70
2202 Dornbläth, M., De poenalem judicis sententia gratiosa. Vitemb. 1693. 4°. —.70
2203 Dornseiffen, G., De jure feminarum apud Rom. tm. antiq. qm. novam. Traj. 1818. 8°. —.60
2204 Dorp, A. v., Ad loca quaedam juris. Franeq. 1760. 4°. —.40
2205 —— H. v., De legit. portione sec. jus hod. Traj. 1820. 8°. —.40
2206 —— C. v., De compensationibus. L. B. 1696. 4°. —.30
2207 —— J. v., De jure patrio. L. B. 1748. 4°. —.40
2208 —— P. v., De re judicata, et effectu sententiarum. L. B. 1723. 4°. —.60
2209 —— S. v., De compensationibus. L. B. 1682. 4°. —.30
2210 Dörrien, J. F., Centuria differentiarum juris veteris et novissimi. Francf. 1653. 4°. —.40
2211 Dorster, C. G. O. v., De cambio proprio (*orderbriefje*). Amstel. 1829. 8°. —.70
2212 Dorth, J. A. v., De statu hominum. L. B. 1760. 4°. —.30
2213 —— v. M., G. H. G. L. v., De obligat. liberor. erga parentes. L. B. 1837. 8°. —.40
2214 Dosterp, D. d. L., De effectu metus in promissis, tum jure naturae, tum legibus Rom. civilibus. L. B. 1771. 4°. —.70
2215 Douw, J., De Justiniano. Franeq. 1729. 4°. 1.25
2216 —— — De nuptiis. L. B. 1683. 4°. —.30
2217 —— J. B., De Scto. Macedoniano. L. B. 1760. 4°. —.40
2218 Dozy, G. H., De emtione-venditione sec. jus Rom. et Gallicum. L. B. 1818. 4°. —.40
2219 —— J. L., Quaest. jur. civ. capita. L. B. 1789. 4°. —.40
2220 Drabbe, A. G., De furto domestico. L. B. 1838. 8°. —.30
2221 —— A. J. A., De testimonio minorum XXV annis. L. B. 1811. 8°. —.30
2222 —— E., De die certo et incerto in ultimis voluntatib. et contractibus. Franeq. 1759. 4°. —.40
2223 —— G. J., Quaest. jur. L. B. 1845. 8°. —.60
2224 —— H. T., Quaest. ex tit. 2, lib. 1 cod. civ. Neerl. L. B. 1842. 8°. —.60
2225 —— N., Ad L. 14 cod. de fideicommissis. L. B. 1784. 4°. —.40
2226 Drachstett, C. F. A. v., De consilio familiae. L. B. 1827. 4°. 1.—
2227 Dragon, N. E., Ad L. 23 C. de administr. tutor. vel curat. Traj. 1721. 4°. —.40
2228 Drake, A., De aurea bulla. Ups. 1707. 8°. —.40
2229 Draper, H. J., De varia populor. distinctione apud veteres, ad leg. VII DD. de captivis. Gron. 1806. 8°. —.80
2230 Dreher, G. P., Jure azilum. Altd. 1675. 4°. —.80
2231 —— — — De comparatione literarum. Altd. 1676. 4°. —.40
2232 Dreux, F., De dolo et dutium jure. Fran. 1771. 4°. —.60
2233 Dreves, H. H., De mundo muliebri. Traj. 1738. 4°. —.40
2234 Drews, E. J. D., De restituta judiciorum forma in testium examine. Gron. 1812. 8°. —.40
2235 —— W. D., De emphyteusi. Gron. 1755. 4°. —.90
2236 Dreysig, J. F., De recto dilationum usu. Hal. Sal. 1730. 4°. —.70
2237 Drieling, F. H. A., Theses qd. jur. civ. Traj. 1774. 4°. —.30
2238 —— F. H. C., De conditione obaerati debitoris in patria nostra. Hag. 1839. 112 pp. 8°. 1.—
2239 —— J. A., De eo, qd. valeant natura et vis coeli ad indolem populor, temperand. criminumque poenas definienda. Traj. 1803. 4°. —.50
2240 —— W. E. B., De limitibus imperii civilis. Traj. 1781. 4°. —.60
2241 Driessen, A., De collatione pecuniae, quam pater, seu fidejussor, pro filio solvit. Gron. 1753. 4°. —.30

2242 Drimmen, A., De dominio s. jure possessorio in fructus, b. f. perceptos, non temporali. Gron. 1805. 8°. —,50
2243 —— — De legum impr. Rom. studio. Daventr. 1776. 4°. —,50
2244 —— A. P., De retractu praecip. fori Groningo-Omlandici. Gron. 1772. 4°. —,60
2245 —— J. C., De vera culpae, in negotiorum contractu praestandae, natura et divisione. Gron. 1808. 8°. —,40
2246 —— P., De donatione proprio, tam Rom. tam Omland. Gron. 1807. 8°. —,40
2247 —— R. E., Origo et caus. privileg. q. liberis utriusq. sexus competunt in success. parentum ad c. 49 l. 3 jur. Omland. Gron. 1782. 4°. —,60
2248 Drissel, J. D., De calculo delictorum subjectivo et objectivo j. patr. et Rom. coll. Ups. 1818. 4°. —,30
2249 —— — — De natura et indole cod. Fridericiani. Ups. 1818. 4°. —,30
2250 —— — — De crimine effractionis furandi causa perpetrato ad § 8, cap. 40 MB. Ups. 1816. 4°. —,30
2251 Drooghooge, W. H., Ad. part. 2, tit. 6 statut. Transisalanicorum. Traj. 1777. 4°. —,40
2252 Droulenvaux, M., Ad l. Juliam majestatis. L. B. 1745. 4°. —,30
2253 Drossaerd, C., De re monetali, impr. de legibus et delictis monetalib. horumq. poenis. Traj. 1823. 188 pp. 8°. 1,60
2254 Druivenstein, F. C., Ad selecta quaedam capita juris controversi. L. B. 1750. 4°. —,40
2255 Druman, J. C., De jure summi imperantis circa sacra. L. B. 1764. 4°. —,30
2256 Drutty, J., De legitimatione. L. B. 1716. 4°. —,40
2257 Druyvesteyn, P., Ad leg. 8 Cod. de judiciis. L. B. 1696. 4°. —,40
2258 —— P. D. C., De transactionibus. L. B. 1778. 4°. —,50
2259 —— J., De contractu emphyteutico. L. B. 1696. 4°. —,40
2260 Dryfhout, A. G., De advocatis. L. B. 1768. 124 pp. 4°. 1,50
2261 —— P., De fidejussoribus. Traj. 1698. 4°. —,30
2262 —— — De homicidiis, veneficis et mathematicis. L. B. 1760. 4°. —,70
2263 Dubosch, J., De juris naturae principio. L. G. 1741. 4°. —,30
2264 —— N. J., De haeresi politica. Lugd. 1757. 4°. —,40
2265 Duiking, H., Ad leg. Juliam majestatis. L. B. 1733. 4°. —,40
2266 Duikcant, A., De alimentis. L. B. 1708. 4°. —,30
2267 —— C., Ad l. 5 Cod. de legibus. L. B. 1757. 4°. —,60
2268 —— G., De crimine ambitus. Traj. 1710. 4°. —,40
2269 Dukes, C. A., De resciss. emtion. vendit. ob vilius pretium, ex hist. jur. illustrata. Amst. 1823. 8°. —,70
2270 —— P. G., De caede violenti stupratoris pudicitiae tuendae, omnino licita. Traj. 1773. 4°. —,30
2271 Dull, C. G., De conjugum jurib. obligationibusq. quatenus ad ips. personas referantur. Gron. 1840. 8°. —,60
2272 —— E., De jure ex leg. diversitate, qd. bonor. et lucri et damni communionem inter conjuges attinet, oriundo. Gron. 1808. 8°. —,60
2273 Dullert, G. H., De officii et juris notionibus recte inter se distinguendis. Harder. 1810. 8°. —,60
2274 —— — — De pollicitationibus. L. B. 1810. 8°. —,50
2275 Dumbar, D., De pactor. antenupt. mutatione, impr. ex jure transisalanico. Gron. 1807. 8°. —,70
2276 —— G., Theses circa nuptias. Traj. 1764. 4°. —,30
2277 —— G. J., De jure puniendi in statu naturali non obtinente. L. B. 1779. 4°. —,50
2278 —— H. W., De alearils. Traj. 1743. 4°. —,60
2279 Duncan, J., Alimentis, quae liberis sunt praestanda. L. B. 1775. 4°. —,60
2280 Dungelen, A. v., De obligatione heredis ex delictis defuncti. Altd. 1701. 4°. —,40
2281 Dungen, E. J. v. d., De wederkeerige invloed tusschen burg. en strafregt met betrekking tot het eerste boek van het burg. Wb. aangetoond. L. B. 1862. 8°. —,60
2282 —— F. W. v. d., Onderling verband tusschen sommige bep. van burg. en strafregt, inzonderheid ten opzigte van verbindtenissen en overeenkomsten. L. B. 1862. 8°. —,90
2283 Dunkel, E. A., De minoribus curatore destitutis sec. jus German. nulliter contrahentibus. Harder. 1734. 4°. —,30

2284 Duit, G., De jure relaxandi a juramentis. L. B. 1719. 4°. —.50
2285 Duntze, E., De pecunia pupillari recte collocanda. Traj. 1697. 4°. —.60
2286 Dupon, R. H., De leg. Rhodia de jactu. L. B. 1753. 4°. —.50
2287 Dupont, E., De praescriptionibus. Leod. 1823. 4°. —.30
2288 Duquesne, J. P., De peritis in arte. L. B. 1825. 4°. 1.20
2289 Duren, E. A. v., De evictione et duplae stipulatione. L. B. 1784. 4°. —.50
2290 —— J. D. v., Theses qd. jur. civ. Traj. 1769. 4°. —.30
2291 —— L. v., De legatis. Duisb. 1745. 4°. —.30
2292 Dürrius, F. G., De personis qbs. benefic. competentiae denegandum. Vitemb. 1753. 4°. —.30
2293 Düsing, D., De vero rerum pretio. Francf. 1701. 4°. —.50
2294 Dussen, A. v. d., De poenis. L. B. 1704. 4°. —.30
2295 —— F. E. v. d., De traditione ficta. Traj. 1744. 4°. —.40
2296 —— H. v. d., De eo qd. justum est circa usuras. L. B. 1778. 4°. —.60
2297 —— J. v. d., Ad diplomata quaedam Batava adhuc anecdota. Traj. 1785. 4°. 1.—
2298 —— — — — De jure venaticis. L. B. 1702. 4°. —.50
2299 —— — — — De singul. veterum Ictorum in excolendis studiis industria. Zutph. 1775. 4°. —.60
2300 —— — — — De judice. L. B. 1730. 4°. —.40
2301 —— — — — De quer. inoff. testam. L. B. 1719. 4°. —.30
2302 —— — — — De nuptiis. Traj. 1698. 4°. —.30
2303 —— J. A. v. d., De servitutibus urbanis. L. B. 1700. 4°. —.50
2304 —— J. B. v. d., De duplici actionum fonte. Traj. 1765. 4°. —.30
2305 —— J. J. C. v. d., De testamentis ordinandis. Traj. 1728. 4°. —.40
2306 —— N. v. d., De petitione hereditatis. L. B. 1786. 4°. —.30
2307 —— — — — De secundo legis Aquiliae capite. L. B. 1788. 4°. —.50
2308 Duvay, B., Ad selecta capita jur. Rom. Hard. 1744. 4°. —.40
2309 —— — De furto rei minimae. L. B. 1750. 4°. —.40
2310 —— H., De ritu nuptiarum. L. B. 1757. 4°. —.50
2311 Duurkoop, H. J. De jure deliberandi, et de benef. inventarii heredi competente. Traj. 1778. 4°. —.70
2312 Duval, D., De lege Falcidia. L. B. 1711. 4°. —.40
2313 —— J. J. T., De vera mente foederis Trajectini. L. B. 1789. 4°. 1.—
2314 —— S., De mora. L. B. 1757. 4°. —.50
2315 Düvel, C. G., De concursu plurium jurisdictionum in eodem loco. Heid. 1720. 4°. —.30
2316 Duvelaar, A., De servis atque addictis. Harder. 1740. 4°. —.60
2317 Duvell, C. G., De jure alluvionum in imperio. Heidelb. 1707. 4°. —.40
2318 Duyn, F. M. v. d., De negot. gestis. Hag. 1832. 8°. —.40
2319 Duyvenede, A. H., De codicillis. L. B. 1768. 4°. —.40
2320 —— A. P., Tres jur. civ. quaestiones. L. B. 1764. 4°. —.60
2321 —— C., De legitimatione. Franeq. 1718. 4°. —.40
2322 —— J., De adoptionibus. L. B. 1710. 4°. —.40
2323 —— J. J., De judicis officio. L. B. 1762. 4°. —.40
2324 Duyvis, J. S., Over den invloed van de verandering van de waarde van het geld op geldschulden. L. B. 1861. 8°. —.70
2325 Dyck, W. B. v., De tutelis. L. B. 1697. 4°. —.30
2326 Dyckhoff, P. E., De replicationibus. Harder. 1754. 4°. —.30
2327 Dyckmeester, F., De traditione rei immobilis, princ. jur. Belg. L. B. 1838. 4°. —.50
2328 —— H. J., Homicidium non praesumitur dolo commissum. L. B. 1798. 4°. —.60
2329 Dyk, H. N., Over pacht en pachtstelsels. Amst. 1852. 8°. —.50
2330 —— H. A. v., De collegiis architthalassicis. Traj. 1845. 144 pp. 8°. 1.25
2331 —— J. v., De quaestionibus. L. B. 1677. 4°. —.30
2332 —— J. A. v., Theses qd. varii arg. L. B. 1816. 4°. —.30
2333 —— L. C. D. v., De inquisitione in delictis. Traj. 1847. 204 pp. 8°. 2.25
2334 Dykers, G. F., De conventione cum creditorib., quam jure nostro moratores qui foro cesserunt ineunt. (*accoord*). Amst. 1848. 8°. —.50
2335 Dykmeester, H., De consuetudine. Traj. 1762. 4°. —.30
2336 —— H. J., Over den uitersten wil bij openbare akte. Tiel. 1859. 8°. —.50
2337 Dyksloot, J. J. v., De in integrum restitutionibus. L. B. 1761. 4°. —.30

2338 Ebberhard, J. H., Variae observat. jur. Blathel. 1698. 4°. —.40
2339 Ebert, J. C., Privilegium pecuniae ad certum usum creditae ex animo dantis aestimandum, ad leg. 7 DD. de exercit. actione. Vitemb. 1786. 4°. —.30
2340 Ebner, F. G., De titulis imperatoris, ejusq. insignibus. Lips. 1756. 4°. —.50
2341 Echten, P. A. v. H. v., De testamenti factione activa, sec jus hod. Gron. 1829. 8°. —.70
2342 Eck, C. v., De morte. L. B. 1680. 4°. —.30
2343 —— — — De septem damnatis legibus Pandect., seu, crucibus Ictorum. L. B. 1682. 4°. —.40
2344 —— D. v., Quaest. ex libr. I Cod. civ. Neerl. L. B. 1841. 8°. —.50
2345 —— H. M. v., De oblig. q. quasi ex contr. nascuntur ex juris Rom. et hod. princ. Davent. 1833. 8°. —.60
2346 —— J. v., De coalitione diversar. Germanicae regionum. Marb. 1714. 4°. —.40
2347 —— J. N. v., Id, qd. jus est circa omissam criminis prohibitionem. L. B. 1778. 4°. —.60
2348 —— L. v., De bona fide et dolo malo. Franeq. 1688. 4°. —.40
2349 —— — — De vadimonio deserto et eremodicio contracto. Traj. 1701. 4°. —.60
2350 —— L. E. v., De judicis arbitrio in poenis indig. legg. circumscripto. L. B. 1776. 4°. 1.—
2351 —— L. J. A. v., Quaestion. Jurid. L. B. 1816. 4°. —.50
2352 —— M. v., De arbitris compromissariis. Traj. 1694. 4°. —.30
2353 Eckebrecht, P., De die critico vulnerum ac percussionum lethalium. Helmst. 1679. 4°. —.60
2354 Eckelboom, G. Timmer, De morum in leges Rom. efficacia. Amst. 1836. 152 pp. 8°. 1.—
2355 Eckerbom, C., De principum juribus peregrinantium. Ups. 1756. 4°. —.30
2356 Eckhardi, J. F., Quaestion. controvers. Jen. 1638. 4°. —.50
2357 Eckhardt, B., De sponsalibus solennibus. Francf. 1686. 4°. —.30
2358 Economu, G. D., De confessione criminis. Heidelb. 1858. 8°. —.40
2359 Edelinck, J., De acquir. rerum dominio. Gron. 1765. 4°. —.50
2360 Edenburgh, A. v., Ad leg. 142 DD. de reg. juris. L. B. 1688. 4°. —.30
2361 Edenus, C., De feminarum in feudis successione. Giessen. 1612. 4°. —.50
2362 Edmond, J. C., Ad Authent. contra qui propriam scripturam, Cod. de non numerata pecunia. L. B. 1754. 4°. —.50
2363 Eegers, J. v., De juris regula: *non bis in idem*. Amstel. 1850. 8°. —.60
2364 Eeesteen, N. J. v., Ad tit. DD. ad leg. Corneliam de sicariis et veneficis. L. B. 1824. 4°. 1.25
2365 —— — — — Idem liber. forma 8°. —.80
2366 —— P. v., De tortura. L. B. 1706. 4°. —.40
2367 Eekhout, C. W., De consuetudine. L. B. 1729. 4°. —.40
2368 —— E. J., De testam. posteriore, ad l. 2 DD. de injusto, rupto, irrito facto testam. Traj. 1766. 4°. —.60
2369 —— — — De matrim. dissolutione sec. Cod. civ. Bat., comp. cum Cod. civ. Gallico. Gron. 1839. 8°. —.80
2370 —— G. W., Ad leg. 20 DD. de reg. juris. Gron. 1809. 8°. —.80
2371 —— W. A., De jure foederum. L. B. 1746. 4°. —.30
2372 —— — — De public. in rem actione. L. B. 1716. —.40
2373 Eekma, J., De injuriis, praes. de liter. poenis. Gron. 1809. 8°. 1.—
2374 Eekman, H., De legum sanctionibus. Traj. 1778. 4°. —.50
2375 Eelko, P., De in jus vocatione. L. B. 1701. 4°. —.40
2376 —— H. P., De nuptiis. L. B. 1729. 4°. —.40
2377 Eelde, C. M. v., De lis, q. olim in jure apud praetorem agebantur. Traj. 1749. 4°. 1.25
2378 Eelking, J., De Belgis sec. XII in Germaniam advenis. Goetting. 1770. 200 pp. 4°. 1.75
2379 —— M. M., Quod sec. legg. civ. justum est circa decorum. Traj. ad Viadrum. 1745. 4°. 1.10
2380 Eem, P. B. v. d., De usucapionibus. Traj. 1665. 4°. —.30
2381 Eerde, R. v., De jurib. liberor. illegitim. ex jur. Rom. et cod. civ. praeceptis. Gron. 1820. 8°. —.80
2382 —— J. R. v., De Europa imperiorum jure temperatorum altrice. Gron. 1834. 4°. —.40
2383 —— — — — Idem liber. 1835. forma 8°. —.70

2384 Eerens, G. F. C. D., Ad art. 447 et 448 cod. de meth. proc. in caus. civ. L. B. 1855. 8°. —.80
2385 Eggeraser, J. M., De reductione monetae ad justum pretium. Hal. 1737. 8°. —.60
2386 Egmond, P. v., De fidejussoribus. Traj. 1689. 4°. —.30
2387 Eggeberg, J. H., De separatione bonorum in creditorum concursu, ad quinquennium non restricta. Rost. 1784. 4°. —.50
2388 Egges, J. H., Ad Hugonis Grotii Intr. ad jurispr. Holl. lib. I, part. 13. L. B. 1839. 8°. —.60
2389 —— N., De causa siderata. Duisb. 1725. 4°. —.30
2390 Ehrenberg, G. G., De aequali parentem auxilio. Lips. 1783. 4°. —.40
2391 Ehrenfried, C., De conscientiae foro. Francf. 1683. 180 pp. 4°. 2.—
2392 Eichard, J. C., De aequitate et usu practico legis ult. cod. de fideicommissis. Lips. 1727. 4°. —.30
2393 Eichhoff, F. A., De juribus viduae civicae in feudis praesertim Saxonicis. 1795. 4°. —.40
2394 Eickholtz, J. H., De judicis officio. L. B. 1731. 4°. —.50
2395 Eik, J. v., De algemeene beginselen van het internationaal politieregt. Amst. 1860. 164 pp. 8°. 1.40
2396 Eilers, J. C., De praerogativa dierum et mensium in devolvendis hereditatibus. Hal. 1729. 4°. —.60
2397 Eilhardt, J. C., De usu et abusu supplicationum et rescriptorum lite pendente. Hal. 1734. 4°. —.50
2398 Einert, C., De Papirio. Lips. 1799. 4°. —.70
2399 —— — De indossamento in blanco scripto. Lips. 1826. 4°. —.30
2400 —— N., De testamento tempore pestis condito. Lips. 1680. 4°. —.30
2401 —— — Jure secundi. Lips. 1681. 4°. —.50
2402 Eisenhart, J., Auctoritas ususque juris Justinianei in Germaniae privatarum publicarumq. causarum judiciis. Helmst. 1673. 4°. 1.—
2403 —— — Processus instantiae restitutionis in integrum adversus querumvis judicum sententias et decreta. Helmst. 1674. 4°. 1.—
2404 Eisenhardt, J., De theoria ac protheoria jurisprudentiae ad praxim necessaria. Helmst. 1677. 4°. 1.—
2405 —— — De jure diplomatum. Hal. 1736. 4°. 1.—
2406 Eisleb, C. A., De impositione silentii. Hal. 1711. 4°. —.70
2407 Ekboahl, P., De defensione famae. L. G. 1756. 4°. —.40
2408 —— — De dolo bono. L. G. 1754. 4°. —.60
2409 Ekeland, C. E., De concursu ad delictum. Aboae. 1824. 4°. —.90
2410 Ekenstein, O. R. A. v., De dementia et vi majori. Gron. 1886. 8°. —.30
2411 —— W. A. v., De favore nondum natorum in jure. Gron. 1818. 8°. —.30
2412 Ekeman, N., De origine civitatum. Lund. 1722. 8°. —.70
2413 Ekmark, P., Jus directionis ab imperio diversum. L. G. 1748. 4°. —.60
2414 Elama, V., Ad leg. 69 DD. pro socio. Gron. 1706. 4°. —.30
2415 Elered, M. F., De rasura. Francf. 1691. 4°. —.40
2416 Elers, A., De condictionis sine causa fundamento et usu. Kiliae. 1726. 4°. —.80
2417 Elias, D. G., De privilegiis. L. B. 1778. 4°. —.60
2418 —— G., De bonis vacantibus. L. B. 1674. 4°. —.30
2419 —— J. v. O., De finibus mandati non egrediendis. Harder. 1758. 4°. —.30
2420 —— N. W., De jur. et oblig. cum tutoris tum minorum, ex cod. leg. civ. Traj. 1828. 8°. —.40
2421 —— P., De moderamine inculp. tutelae. L. B. 1711. 4°. —.40
2422 —— — An pacta metu extorta valeant. L. B. 1777. 4°. —.60
2423 —— — De separatione bonorum. L. B. 1827. 4°. —.30
2424 —— P. W., De jure parent. in liber. nuptias. L. B. 1779. 4°. —.40
2425 Elix, Ad caput I legis fundamentalis. Traj. 1820. 116 pp. 8°. —.90
2426 Ellinghuysen, F., De jurejurando. L. B. 1706. 4°. —.40
2427 Ellingshausen, J. C., Privilegium dotis in concursu creditorum. Wittenb. 1687. 4°. —.50
2428 Elmenhorst, F., De suppressione rerum ad inventarium heredis pertinentium. Lips. 1687. 4°. —.50
2429 Elout, C. T., De testamento duorum una tabula condito. L. B. 1788. 4°. —.60
2430 —— J. N. J., De interpretatione in jure criminali. L. B. 1823. 166 pp. 4°. 1.75
2431 —— — — — Idem liber. 168 pp. forma 8°. 1.50

2432 Elout, P. J., Ad M. T. Ciceronis orationem pro L. C. Balbo. L. B. 1828. 120 pp. 4°. 1.50
2433 —— — — Idem liber. 116 pp. forma 8°. 1.—
2434 Elsbroek, J. v., De inventario sec. cod. civ. Franc. L. B. 1838. 8°. —.60
2435 —— J. N. v., Ad loc. jur. Neerl. qui est de peregrinis. Hag. 1843. 8°. —.50
2436 Elsnerus, A. G., De adoptionibus. Traj. 1765. 4°. —.30
2437 Elte, H. J. v., De oblig. civitatis et contractu mutui. Jen. 1668. 4°. —.60
2438 Eltzman, C. J. K., De divisione maleficiorum in crimina delicta et leviora peccata. Traj. 1840. 176 pp. 8°. 1.25
2439 Elvershlot, J. T. A., De emtione et venditione. Harder. 1760. 4°. —.30
2440 Elverich, H. A., De adulterata moneta. Duisb. 1684. 4°. —.30
2441 Elzevier, A., De lege Falcidia. L. B. 1679. 4°. —.30
2442 Emants, G. B., De restitutione in integrum. L. B. 1843. 8°. —.70
2443 —— J., De jurejurando. L. B. 1699. 4°. —.40
2444 —— — De summis veterum censu et non censu. Traj. 1754. 4°. —.40
2445 —— — De societate. Traj. 1738. 4°. —.70
2446 Emden, A. J. v., De onschendbaarheid van de leden der volksvertegenwoordiging. Amst. 1857. 8°. —.50
2447 —— E. L. v., Quaestiones jurid. L. B. 1849. 8°. —.80
2448 Emme, G. R., De obligationibus et actionibus. Lips. 1731. 4°. —.90
2449 Emmen, A. B., Ad art. 291 Cod. Poen. L. B. 1839. 8°. —.40
2450 —— N., L. 5 cod. ad l. Juliam majestatis. L. B. 1747. 4°. —.70
2451 —— W. R., De privilegiis, mas. iis, quibus universa debitoris mobilia afficiuntur, sec. jus hod. Gron. 1832. 8°. —.50
2452 Emmert, C. U., De quarta divi Pii. Duisb. 1743. 4°. —.90
2453 Emminghaus, T. G. G., De praecipuis feminarum in Germania juribus. Jen. 1777. 176 pp. 4°. 1.75
2454 Emmrich, J. A., De locutionis Voti damnatum esse vera notione. Jen. 1759. 4°. —.30
2455 Enberg, L. M., In jus naturae prolegomena. Ups. 1812. 4°. —.30
2456 Encke, J. G. A., De XIII Justin. edictis. Edictum octavum. Lips. 1816. 4°. —.50
2457 Ende, L. N. v., De fatalium rigore iniquo poenisq. contumaciae temperandis. Hal. 1737. 340 pp. 4°. 3.—
2458 —— W. G. v. d., De injuriis. L. B. 1779. 4°. —.40
2459 Enerotн, L. G., De moralitate affectuum. L. G. 1748. 4°. —.30
2460 Engau, J. H., De cura absentium. Jena. 1753. 4°. —.30
2461 Engberts, G., De jure aviali litonico in Tubantia. L. B. 1818. 4°. 1.—
2462 —— — Idem liber. forma 8°. —.80
2463 Engel, M. A., De tortura ex foris Christianorum non proscribenda. Jen. 1747. 4°. —.40
2464 —— — — De syndicatu. Lips. 1747. 4°. —.40
2465 Engelberts, H., De successione in regnum ex lege imperii nostra. L. B. 1845. 8°. —.40
2466 Engelberts, G. W., De vetitis affinium nuptiis. Traj. 1730. 4°. —.60
2467 —— — — De ration. rerum quae a majoribus tradita sunt. Harder. 1784. 4°. —.70
2468 Engelbrecht, A., De successione in electoratibus ex jure primogeniturae. Halae. 1614. 116 pp. 4°. 1.25
2469 —— C., De lege 1 ad leg. corn. de sicariis et veneficis. Francf. 1700. 4°. —.60
2470 —— J. B., De inspectione cadaveris occisi a solis medicis peracta vitiosa nec sufficiente ad poenam ordinariam irrogandam. Francf. 1753. 4°. —.40
2471 Engelbrechten, G. D. C. v., De gravamine communi S. R. J. statuum. Francf. 1751. 4°. —.60
2472 —— J. F. v., De adsignationibus. Francf. 1703. 4°. —.40
2473 Engelbregt, C. A., De legib. agrariis ante Gracchos. L. B. 1842. 120 pp. 8°. 1.—
2474 Engelbronn, H. E. W., De effectibus irae. Harder. 1702. 4°. —.30
2475 Engelbronner, C. C. E. d', De dominio agrorum inundatorum. Amst. 1839. 144 pp. 8°. 1.25
2476 —— E. C. d', Cicero de legibus. Amstel. 1802. 4°. 1.25
2477 —— — — — De condictione indebiti. Brux. 1813. 4°. —.30
2478 —— — — — Donations faites par contrat de mariage aux époux. Brux. 1813. 4°. —.30

2479 Engelbronner, J. C. d', Ad l. 21 pr. DD. de furtis. Harder. 1800. 4°. 1.—
2480 Engelen, A., De impensis a bon. et mal. fid. possessore factis. Traj. 1734. 4°. —.60
2481 —— — De rebus collationi bonorum exemtis. L. B. 1721. 4°. —.40
2482 —— G. R., De propositionibus Gullielmi IV. Traj. 1840. 8°. —.70
2483 —— H., De favore reorum in causis crimin. L. B. 1778. 4°. —.70
2484 —— — De praescriptione criminum. Traj. 1737. 4°. —.30
2485 —— J., De beneficio competentiae. L. B. 1721. 4°. —.30
2486 —— J. H., De testimonio in propria causa. Traj. 1788. 4°. —.40
2487 —— J. H. v., De lis, q. procuratorio nomine mercaturam faciunt. (*commissionairs*). Gron. 1828. 8°. —.60
2488 —— W., De ratihabitione. Traj. 1738. 4°. —.50
2489 —— — Paroemiae quaedam juris Belgici. Traj. 1777. 4°. —.40
2490 —— W. E., De occupatione bellica. L. B. 1767. 4°. —.40
2491 Engelenberg, J. R. A., De leer der negotiorum gestio in het Rom. regt. Traj. 1859. 140 pp. 8°. 1.25
2492 Engelenburg, F. T. Vr., Roiling in haar betrekking tot koop en verkoop econom. jurid. beschouwd. L. B. 1860. 8°. —.50
2493 Engelhard, J. A., De persona legislatoris morali. Gron. 1781. 4°. 1.—
2494 Engelken, C. H., De eminentioribus ducatus ducumque Lotharingiae praerogativis. Francf. 1732. 4°. —.50
2495 Engelkens, H., De moralitate divortii. Gron. 1779. 4°. 1.—
2496 —— H. J., De imputatione ad poenam, propter aetatis defectum vel plane vel partim cessante. Gron. 1834. 8°. —.40
2497 Engels, P. H., De causis conversionis rerum Angliae regnante Car. I. L. B. 1836. 8°. —.60
2498 Engelsen, J., De jure dotium. L. B. 1690. 4°. —.30
2499 Engstrand, N., De legg. poen. indefinitis. Lund. 1849. 8°. 1.—
2500 Ens, G., De officio judicis. L. B. 1703. 4°. —.30
2501 Enschedé, A. J., De Proculo Icto. L. B 1852. 196 pp. 8°. 1.75
2502 —— J., De crimine desertionis ejusque poenis sec. Cod. poen. mil. Neerl. L. B. 1837. 8°. —.60
2503 —— J. J., De Tito Aristone. L. B. 1829. 260 pp. 4°. 2.25
2504 Enschut, C. A. v., De utilitate disciplinae jur. nat. nostra impr. aetate. Harder. 1807. 4°. —.70
2505 —— — — — De natura imperii civ. *formae constitutionalis*. Traj. 1831. 8°. —.40
2506 —— J. F. v., De jure accrescendi. Traj. 1831. 8°. —.40
2507 Enslin, J. C., De competentia fori ratione contractus. Tubing. 1686. 4°. —.70
2508 Entink, G. A., De inventario, ejusq. requisitis atque effectibus. —.40
2509 Entrup, J. H., De testamento militari. Traj. 1695. 4°. —.60
2510 —— — — Praecip. civitat. gentium maximae atq. jur. eorund. voluntarii seu positivi inde derivandi fundamenta. Gron. 1765. 4°. 1.—
2511 —— W., De jure succedendi in bona defunct. ex eorund. expressa vel praesumta volunt. derivando. Gron. 1762. 4°. 1.—
2512 Enum, J. L. v. Ewyck v. d., De variis testamentorum generibus. Traj. 1730. 4°. —.60
2513 Epie, D. R. l', De usuris. L. B. 1755. 4°. —.70
2514 Eppin, J. J., Quaestion. Justinian. Argentorati. 1661. 4°. —.40
2515 Erbeveld, P., De navigatione. Traj. 1745. 4°. —.60
2516 Erbevelt, J., Theses jurid. Harder. 1776. 4°. —.30
2517 Erckelens, J. v., De praemiis ob indicata Bacchanalia P. Aeb. et Feceniae Hispal. concessis ex Scto. qd. e. apud Livium XXXIX, cap. 19. Harder. 1763. 4°. —.40
2518 —— R., De lege Aquilia. Traj. 1690. 4°. —.40
2519 Erffurth, J. F., Fori observationes. Vitemb. 1728. 4°. —.30
2520 Erhard, C. D., De justa rerum ablatarum in jud. furti aestimatione. Lips. 1810. 4°. —.30
2521 —— J. A., De auxilio potentiorum. Jen. 1684. 4°. 1.25
2522 Erhardt, J. E., De repressaliis. Giess. 1618. 4°. —.30
2523 Erichson, A., De libertate naturali. Lund. 1804. 4°. —.30
2524 Erkenswyk, W. H., De justa interpret. leg. civ. Drenthiae doctrinali. Gron. 1761. 4°. —.60
2525 Ermerins, F., De vi legum retrograda. L. B. 1775. 4°. —.60

2526 Eemkeles, J. J., De jure deliberandi. L. B. 1627. 4°. 1.—
2527 —— — — Idem liber. forma 8°. —.60
2528 Ernest, P., De parcimonia veterum. Ups. 1703. 8°. —.60
2529 Ernst, A., De salvo jure principis. Francf. 1600. 4°. —.60
2530 —— A. N. J., De juris canonis diversisque jurisprud. partibus. Leod. 1822. 4°. —.30
2531 —— J., De administratione justitiae. Francf. 1609. 4°. 1.—
2532 —— J. C., De eo, qd. justum est circa incendia. Erf. 1731. 4°. —.40
2533 —— J. C., De relaxatione carceratorum. Jen. 1714. 4°. —.60
2534 —— J. G. J., Oratio de jure civili. 1820. 4°. —.40
2535 —— V. F., An jus Rom. jus positivum civile in specie in Germania esse possit. Hal. 1731. 4°. —.40
2536 Esch, A. v., De contractu nautico. L. B. 1817. 4°. 1.—
2537 —— — — Idem liber. forma 8°. —.30
2538 —— G. v. d., De testamentis ordinandis. L. B. 1732. 4°. —.40
2539 —— — — — De modis constituendi patriam potestatem. L. B. 1732. 4°. —.40
2540 —— J. v. d., De rei furt. et vi possessae prohibita usucapione. L. B. 1738. 4°. —.40
2541 Escher, F., Juris controv. Vitemb. 1794. 4°. —.30
2542 Escury, H. C. d', De tacitis pactis. Traj. 1763. 4°. —.60
2543 —— — — — — De jurejurando. Gron. 1794. 216 pp. 8°. 1.50
2544 Espaul, A. G. d. l', De differentiis notabiliorib. juris Rom. atque Hollandici. L. B. 1790. 4°. —.40
2545 Esselinck, A., De justitia et jure. L. B. 1783. 4°. —.40
2546 Essen, F. v., De cautelis seu strategematibus juris. Gryphisw. 1708. 4°. —.60
2547 Essenius, L., Ad l. 2 Cod. de duob. reis stipul. et promittendi. Harder. 1760. 4°. —.40
2548 —— S., De privilegiis in genere praesertim de iis quae ad acad. spectant Gelro-Zutphanicam. Hard. 1777. 4°. —.70
2549 Estrawrols, H., Ad leg. 2 Cod. de reb. creditis. Gron. 1830. 4°. —.80
2550 Estor, J. G., De jure exclusivae, quo Caesar Augustus uti potest quum patres purpurati in creando pontifice sunt occupati. Jen. 1740. 4°. —.60
2551 —— — — De jure poscendi litteras quas vocant credentiales a legatis. Jen. 1740. 4°. —.30
2552 —— — — De altitudine aedium Romanar., deque civium multitudine, ad illustrandam servitutem altius tollendi et altius non tollendi. Lips. 1736. 4°. —.60
2553 —— — — De jure primi fori. Jen. 1741. 4°. —.70
2554 Etten, J. P. v., De conditione feminorum jur. ant. sal. et hod. Amst. 1844. 116 pp. 8°. —.80
2555 Eykes, J., De jure successionis in bona eorum qui diaconi aluerunt. Gron. 1768. 4°. —.70
2556 —— W. S., De matribus q. prolem suam interfecerant. Traj. 1807. 4°. 1.—
2557 —— — — Idem liber. forma 8°. —.60
2558 Everadyck, A. v., Ad Sctm. Trebellianum. L. B. 1709. 4°. —.40
2559 —— C. v., De jure usufructu. L. B. 1701. 4°. —.40
2560 —— — De locat. conductione. Traj. 1675. 4°. —.30
2561 —— G. v., Ad l. 6 DD. de transactionibus. L. B. 1732. 4°. —.60
2562 —— H. C. J. a, De successione scabinica et academica. L. B. 1747. 4°. —.30
2563 —— M., De emptione venditione. L. B. 1709. 4°. —.30
2564 —— M. D. v., Ad leg. Corneliam de sicariis et veneficis. L. B. 1703. 4°. —.70
2565 Evert, J. J., De sacrilegio politico, ad leg. 3 Cod. de crim. sacril. Traj. 1736. 4°. —.30
2566 Everts, G., De bonis, q. tam active, q. passive legali inter conjuges bon. commun. comprehenduntur. L. B. 1834. 156 pp. 8°. 1.25
2567 —— J. E. J., Tria exempla inserend., tollend. et transponend. negationis in codice pandect. Florentino. Harder. 1795. 4°. —.80
2568 —— G., De divortii genere, quod fit mutuo conjugum consensu. Gron. 1825. 4°. 1.25
2569 —— P. P., De pactis vi et metu extortis. Harder. 1806. 8°. —.40
2570 Evertsen, C., Jur. quaestiones. Traj. 1773. 4°. —.60
2571 —— C. U., Ad l. 2 DD. de exceptionib. L. B. 1789. 4°. —.30
2572 Evertsz, U. A., De morte civili pars altera. Gron. 1828. 8°. —.90

2373 Everts, U. A., De morte civili, pars prima. Gron. 1822. 128 pp. 8°. 1.—
2374 —— — — De Homeri auctor. apud Ictos Rom. Leov. 1819. 8°. —.80
2375 Everwyn, D., De fidejussoribus. L. B. 1709. 4°. —.30
2376 —— P., De deposito ordinario. L. B. 1701. 4°. —.30
2377 Evrard, J. F., De alienatione rei alienae. Leod. 1823. 4°. —.50
2378 Ewald, C. S., De anticipatione usurarum. Lips. 1734. 4°. —.50
2379 Ewyck, A. v., De oblig. et act. hereditariis ex delictis defuncti. Traj. 1694. 4°. —.40
2380 —— J. H. v., De actione funeraria. Traj. 1792. 4°. —.60
2381 —— J. H. F. v., De primordiis concilii status a Carolo V ordinati. Traj. 1845. 8°. —.80
2382 —— tot den Engh, J. L. v., De variis testamentorum generibus. Traj. 1780. 4°. —.50
2383 Exnis, J. A., Capita qdm. jur. controversi. L. B. 1781. 4°. —.60
2384 Exsius, J. H., Observationes forenses. Vitemb. 1701. 8°. —.70
2385 Eyben, H. D., De quer. inof. testam. L. B. 1720. 4°. —.30
2386 Eybergen, A. H. v., De quaestionibus. L. B. 1712. 4°. —.30
2387 Eyck, F. N. M. v. Z., De contract. et oblig. impr. sec. art. 1233 Cod. Traj. 1830. 8°. —.60
2388 —— H. v., De poenarum communicatione. L. B. 1784. 4°. —.60
2389 — — — — De carcerum effractoribus. L. B. 1765. 4°. —.40
2390 —— V. v., De usucap. et l. t. praescrip. L. B. 1729. 4°. —.40
2391 Eyk, A. D. v. D., De consensu parentum in nuptiis liberorum. L. B. 1765. 4°. —.60
2392 —— J. A. v., De P. A. Varo. L. B. 1831. 8°. —.90
2393 —— P. v., Theses jur. misc. Traj. 1780. 4°. —.30
2394 —— P. G. Q. S. v., De judicio juratorum. L. B. 1821. 4°. —.90
2395 —— — — — — — — Idem liber. forma 8°. —.60
2396 Eylers, H., De transactionibus. Gron. 1757. 4°. —.40
2397 —— J. H., De traditione symbolica. Vitemb. 1727. 4°. —.60
2398 Eylkens, J., De inoff. testam. Traj. 1770. 4°. —.30
2399 Eys, I. H. v., De vindicta privata. Amst. 1848. 8°. —.60
2400 Eysinga, B. P. v., Observat. de nonn. jur. Rom. et Frisiorum antiq. locis. Gron. 1807. 8°. —.60
2401 —— J. F. v., De secund. nuptiis. Gron. 1817. 8°. —.40
2402 —— S. H. B. v., Transactio de delictis ex jure Rom. et Frisior. antiq. Gron. 1804. 8°. —.30
2403 Faas, N., De usuris. Traj. 1736. 4°. —.40
2404 Faber, H. A., De praecipuo conjugum. Argentorati. 1670. 4°. —.60
2405 —— J. B., De consecutione thori ad obtinendam successionem conjugum j. Sax. el. necessaria. Lips. 1726. 4°. —.60
2406 —— — — De eo qd. justum est circa fabros ferrarios. Lips. 1727. 4°. —.60
2407 —— J. G. A., Ad lib. 2, tit. 2 Cod. civ. Belg. L. B. 1846. 8°. —.40
2408 Fabius, A. C., De eo qd. justum est circa conjugium invitis parentibus contractum. Harderov. 1763. 4°. —.40
2409 —— A. N., De exstinguendis et adimendis legatis. Harder. 1768. 4°. —.40
2410 —— C. J., Ad l. 8, § 18 de act. empti et venditi. L. B. 1788. 4°. —.40
2411 —— G. J., De autocheiria. Amst. 1833. 8°. —.60
2412 Fabricius, D., De donationibus. L. B. 1708. 4°. —.30
2413 —— J., Ad l. 112 DD. de reg. juris. L. B. 1711. 4°. —.30
2414 —— — De rep. Romana. L. B. 1709. 4°. —.30
2415 —— — De coloribus juris. L. B. 1711. 4°. —.60
2416 —— — De sectis veterum Ictorum. L. B. 1711. 4°. —.40
2417 Fabritius, J. F. D., De origine legum earumq. progressu. L. B. 1767. 4°. —.40
2418 —— J. P. D., De vera atque genuina indole testamentorum. Duisb. 1724. 4°. —.40
2419 Fagel, F., De guarantia foederum. L. B. 1769. 4°. —.60
2420 —— — De stipulatione. Traj. 1680. 4°. —.60
2421 —— H., De origine et usu juris Rom. in Hollandia. Traj. 1727. 4°. —.60
2422 —— — Idem liber. Hag. 1779. 8°. —.40
2423 —— — De foederum sanctitate. L. B. 1783. 4°. 1.25
2424 —— — De ritu nuptiarum. Traj. 1690. 4°. —.30
2425 Fahlcrantz, G., De genio diverso principum Graeciae legislatorum. Ups. 1830. 4°. —.30

2626 Fahlstedt, P., De necessitate concordiae in societatibus simplicibus. Ups. 1745. 4°. —.40
2627 Faider, F. C. H. F., De leg. 2 cod. Poen. seu de conatu delinquendi. Traj. 1825. 8°. —.70
2628 Failly, J. d. l., De occupatione rerum nullius. Traj. 1778. 4°. —.60
2629 Falck, A. R., De matrimonio ex sent. celebb. Kant et Fichte. Amstel. 1779. 8°. —.80
2630 — G. C., Ad § 28 Inst. de actionibus. Traj. 1768. 4°. —.80
2631 — — — De servo, libertate donato, si Europae solum attigit. Amst. 1834. 8°. —.60
2632 — J. D., De rescindenda venditione. Traj. 1746. 4°. —.40
2633 — J. G., De delictis maritimis eorumq. poenis. Traj. 1756. 4°. —.60
2634 — J. M., De concordatis nationis Germanicae. Altd. 1680. 4°. 1.10
2635 — J. H., Privilegia capitali Londensis. Lond. 1828. 4°. —.40
2636 — L. C., De modis manumittendi solennibus. Traj. 1776. 4°. —.60
2637 — O. W. F., De restit. ex ignor. et errore jur. contracta. Traj. 1768. 4°. —.60
2638 Falckner, F. M., De eo, qd. justum est circa rusticos in materia feudali. Francf. 1693. 4°. —.80
2639 — — — De sententiis in appellabilibus. Altdorff. 1709. 4°. —.50
2640 — J. F., De interruptione praescriptionum. Francf. 1666. 4°. —.50
2641 Famars, N. F. d., De compensationibus. L. B. 1702. 4°. —.60
2642 Faneuil, J. B., De adoptione. L. B. 1694. 4°. —.80
2643 Farchman, H. W., De cod. jur. civ. articulis 1167—1179. Goringh. 1855. 8°. —.50
2644 Fannius, P., De thesauro. L. B. 1674. 4°. —.80
2645 — — Ad paragraphum 25 et 3 qui sequuntur Inst. de rer. div. et seq. ips. dom. L. B. 1674. 4°. —.80
2646 Fabour, P. H. G. l., De favore juris. Traj. 1768. 4°. —.50
2647 Farjon, J. L., Ad fragm. Pauli ex libro IV quaestionum. L. B. 1766. 4°. —.70
2648 Fabert, C. Z., De corpore delicti. L. B. 1638. 8°. —.80
2649 — J. P., De jurejurando sec. cod. civ. L. B. 1832. 8°. —.60
2650 Farwick, B. J. F., De retractu consanguinitatis. Harder. 1756. 4°. —.80
2651 Faulius, B., De jure. Helmst. 1637. 4°. —.60
2652 Fauquemberghe, J. G. d., De rebus divini juris. L. B. 1747. 4°. —.40
2653 Faure, A., De emphyteusi ex jure Rom. et de titulis agros possidendi in promontorio Bonae Spei. L. B. 1819. 4°. 1.—
2654 — — Idem liber. forma 8°. —.70
2655 — A. C. M., De obligationibus, quae quasi ex delicto nascuntur. L. B. 1822. 4°. —.90
2656 — J. A., De evictionibus. Harder. 1758. 4°. —.70
2657 — R. T. H. P. L. A. v. Bonneval, Ad tit. 7 lib. 4 cod. civ. Gron. 1846. 8°. —.80
2658 Fare, A., De obligatione naturali. L. G. 1745. 4°. —.50
2659 — J., De aequilibrio amoris proprii et alieni. L. G. 1748. 4°. —.40
2660 — — De communione primaeva per casum necessitate reviviscente. L. G. 1751. 4°. —.60
2661 — V., Privilegia capitali Londensis. Lond. 1802. 4°. —.40
2662 Fay, W. a, De solutionibus. L. B. 1713. 4°. —.60
2663 Fecht, A. M., De favore matrimonii in mitigandis poenis. Gustravius. 1705. 4°. —.60
2664 Feen, A. N. R. v. d., De societatis exercitoriae actore. Amst. 1840. 8°. —.80
2665 Feger, A., Ad authent. ex complexu cod. de incestuosis et inutilibus nuptiis. L. B. 1754. 4°. —.80
2666 Fegraeus-Tierna, A., De jure primogeniti. Ups. 1702. 8°. —.40
2667 Fehse, C., De jure civilitatis. Vitemb. 1681. 4°. —.40
2668 Feind, L., De juribus feminarum. Jen. 1670. 4°. —.70
2669 Feiss, J. F., De art. 170 legis de imperio. Gron. 1838. 8°. —.80
2670 Feith, F., De fideicom. residui. Gron. 1835. 8°. 1.—
2671 — F. G., De domicilio. Traj. 1778. 4°. —.60
2672 — H. O., De gildis Groninganis. Gron. 1833. 332 pp. 8°. 2.25
2673 — — — De tyrannide. Gron. 1800. 8°. —.70
2674 — R., De jure litoris, praes. patrio. Gron. 1850. 108 pp. 8°. 1.50
2675 — — De querela inoffic. testamenti. L. B. 1770. 4°. —.60

2676 Fellner, J. C., Positiones ex jure universo. Harder. 1763. 4°. —.80
2677 Felo, G., De carcere ad custodiam. Francf. 1691. 4°. —.70
2678 Feltovius, G., Different. juris civilis et canonici. Francf. 1683. 4°. —.60
2679 Feith, G. G. v. d., Ad definit. justitiae Ulpiani, in l. 20 pr. DD. de just. et jure. Gron. 1806. 8°. —.80
2680 —— L. O. W. v. d., Ad lib. 3, art. 55 et 56 jur. agrarii Drenthini. Gron. 1806. 8°. —.70
2681 Ferber, M. T., De stipulatione tertio facta. Lips. 1688. 4°. —.70
2682 Fery, A. E., De tributis materiarum vendibilium. Leovard. 1836. 8°. —.70
2683 Fenike, A. J., De variis modis acquir. per occupationem jure Anglico comp. c. j. Rom. L. B. 1840. 8°. —.60
2684 —— R., De public. in rem actione. L. B. 1846. 8°. —.80
2685 Feschius, R., De foederibus. Basil. 1620. 4°. 1.10
2686 Festingh, J., De artificiis advocatorum. Hal. 1738. 4°. —.40
2687 Fetter, G. G., De querela inoffic. testamenti fratribus et sororibus contra spurios non competente. Lips. 1772. 4°. —.40
2688 Fevas, A. L., Ad leg. Corneliam de sicariis. L. B. 1690. 4°. —.60
2689 Feyfer, J. D., De legibus divinis et humanis. Traj. 1755. 4°. —.60
2690 Fickelscherer, C., Quaest. jur. civ. can. et saxon. Wittenb. 1655. 4°. —.80
2691 Fickler, J., Lex 7 cod. unde vi. Tubing. 1582. 4°. —.60
2692 Fiess, M. G. J., De servitute luminum. Leodii. 1824. 4°. —.40
2693 Fievez, F. C., De princ. jur. alteri stipulari nemo potest. Hag. 1856. 8°. —.50
2694 Filz, P. T., De Scto. Vellejano. L. B. 1830. 8°. —.40
2695 Finck, J. E., Usus divortiorum ex divino et humano hocque civili aeque ac Canonico jure. Altd. 1686. 4°. —.90
2696 Fineman, C. O., De institutione populari. Ups. 1828. 4°. —.50
2697 Finsinger, J. B., De compromisso. Lips. 1684. 4°. —.60
2698 Finsler, J. G., De oblig. uxoris circa solv. mariti debita sec. jus Germ. medii aevi. Gotting. 1822. 8°. —.80
2699 Fink, P. A., De herede fiduciario absente. Jen. 1708. 4°. —.60
2700 Fischer, C., De censu constitutivo. Lips. 1704. 4°. —.40
2701 —— H. A., De firmitate et infirmitate rei judicatae. Harder. 1757. 4°. —.80
2702 Fischern, J. J. H., De jure thesaurorum l. unic. c. de thesauris. Marb. Catt. 1665. 4°. —.80
2703 Fleck, J. C., De textu novellarum originario conjecturae. Lips. 1738. 4°. —.40
2704 Fleischbein, H. G. P., De dispositione per relationem ad schedulam. 1690. 4°. —.60
2705 Fleischer, C. F., De debito speciei moto ante traditionem consensu creditorum practice praestando. Lips. 1758. 4°. —.40
2706 Fleischhauer, J. L., De jurisdictione voluntaria. Lips. 1719. 4°. —.30
2707 Flender, J. S., De jure servitutem imponendi fundo fructuario. Ling. 1710. 4°. —.80
2708 Florckens, J. E., De origine bonorum mensae episcopalis. Francf. 1754. 4°. 1.10
2709 Flooren, De compensatione ex principiis cod. civ. L. B. 1830. 4°. —.60
2710 Florey, C. T., De vera et genuina indole legis 23 Cod. mandati vulgo Anastasianae dictae. Duisb. 1724. 4°. —.60
2711 Florin, F. E., De jure aedificandi antiquo coetuum rusticorum in Suecia. Helsing. 1848. 8°. —.60
2712 —— — — Försök till framställning af läran om Quarnar med fästadt afseende å 1734 års Lag. Helsingf. 1848. 8°. —.60
2713 Flüchting, J. B., De antichresi. Harder. 1735. 4°. —.40
2714 Flugger, L., De injuriis. Groning. 1666. 4°. —.80
2715 Flygare, J. A., De imperiis subordinatis. Upsal. 1762. 4°. —.30
2716 Fock, C., De polizza adsecuratoria q. Amstel. in cons. marit. adhiberi solet, ad cod. merc. normam. exacta. Traj. 1852. 8°. —.60
2717 —— F. B., Ad tit. DD. ad leg. Juliam de vi priv. Flensing. 1831. 8°. —.40
2718 Focke, H. C., De pretio in emt. vend. Traj. 1827. 8°. —.60
2719 Fockema, D., De poenis earumq. diversitate ratione imputationis. Gron. 1798. 8°. —.80
2720 —— J., De iterato crimine seu delicto, tam e j. poen. Gall. tum in universo. Gron. 1831. 8°. —.60
2721 —— N., De poenis capitalibus simplic. Gron. 1807. 8°. 1.—
2722 Fockema, J. T., De testamento militari. Gron. 1762. 4°. —.50

2723 Fockema, J. H. Yssel, De actione fam. erciscundae. L. B. 1771. 4°. —.50
2724 —— J. J., De iure prodigorum. Traj. 1787. 4°. —.50
2725 Fokker, G. A., De futura potest. judic. ordinal. ex leg. 18 Apr. 1827 et 18 Apr. 1835. L. B. 1836. 152 pp. 8°. 1.25
2726 Folckers, L. J. E. n., De commissis. Heidelb. 1686. 4°. —.40
2727 Folef v. J. u. K., F., De prov. Groning. regiminis forma antiq. et nova. L. B. 1828. 140 pp. 4°. 1.50
2728 —— — — — — — Idem liber, forma 8°. 1.25
2729 Folkersma, U., Quaestion. jurid. Groning. 1823. 8°. —.40
2730 Follpricus, G. G., De natura privilegiorum tam gratiosorum quam conventionalium. Jen. 1738. 4°. —.50
2731 Fons, D., De societate. L. B. 1704. 4°. —.30
2732 Fontaine, J., De legato, legationumque jure. L. B. 1703. 4°. —.50
2733 Fontein, J. A., De legatis ex princ. j. h. Gron. 1842. 8°. —.40
2734 Forbes, W. M., De judice ejusq. officio apud Rom. Traj. 1835. 8°. —.30
2735 Forcade, P., De advocatis eorumque salario. L. B. 1733. 4°. —.60
2736 Forckenbeck, H. F., De litis contestatione litigantem non constituente in mala fide. Harder. 1759. 4°. —.30
2737 Forest, C. v., De patria potestate. L. B. 1778. 4°. —.30
2738 —— — — Ad l. 31, § 1 DD. de acq. rer. dominio. Traj. 1725. 4°. —.30
2739 —— — — De individuis qui succedunt jur. Gal. cum jur. Rom. et nov. Belg. comp. L. B. 1838. 8°. —.30
2740 —— — — De testamento militari. L. B. 1731. 4°. —.40
2741 —— J. v., Observationes miscell. juridic. L. B. 1739. 4°. —.30
2742 —— N. v., De usufructu. L. B. 1703. 4°. —.30
2743 —— T. v., De jurejurando litis decisorio. Franeq. 1697. 4°. —.50
2744 —— v. Heinsh, G. J. P. v., De emtione et vendit. Traj. 1822. 8°. —.40
2745 Forgelius, C. D., Ad § 11 Inst. de legatis. Stokh. 1727. 8°. —.30
2746 —— L., De foedaris lege commissoria. L. G. 1749. 4°. —.50
2747 Forell, J. M. v., De subtilitatibus quibusd., vulgo perperam damnatis in materia, de servitutibus. Traj. 1727. 4°. —.50
2748 Forsborgh, A. Westerwyk, De donationibus. L. B. 1737. 4°. —.40
2749 Forssell, Om Agoskilnader. Ups. 1851. 8°. —.60
2750 Forsten, J. B., De bonis naufragorum. Gron. 1776. 4°. —.40
2751 —— P., De jur. succed. qd. Oldambtini *vesour* vocant. Gron. 1766. 4°. —.50
2752 —— Z. L., Ad leg. 24 DD. de inoffic. testamento. Franeq. 1708. 4°. —.40
2753 Fortuyne, A., De rebus creditis, si certum petatur, et de condict. ex mutuo. L. B. 1728. 4°. —.50
2754 Fortmeyer, G. J., De similitudine injuriae et absurditatis. L. G. 1744. 4°. —.30
2755 Fortreuy, D. A., Possessionum materiae. Gron. 1629. 4°. —.50
2756 Fougberg, A., De aequis civium juribus in Suecia per Christianismum restitutis. Ups. 1792. 4°. —.30
2757 Fougt, J., De fide publica. Ups. 1746. 4°. —.40
2758 Fournier, N. E., De jure protimeseos. L. B. 1719. 4°. —.50
2759 Fraenckel, F. V., De perjuro judiciale juramentum non deferendo. Vitemb. 1737. 4°. —.30
2760 Franck, J. C., De jure adimplementi literarum cambialium honor. caus. Halae. 1718. 4°. 1.25
2761 Francke, C. E., De obligatione accessoria, principali quoad effectus civiles exemta, nunquam valida. Viteb. 1786. 4°. —.40
2762 —— D. B., De non alienando extra familiam. Altd. 1676. 4°. —.70
2763 Francken, A., Leg. 5 en 7 pr. § 1, 2, 4, 6, 8 DD. de pactis. L. B. 1754. 4°. —.30
2764 —— G., De pactis dotalibus. L. B. 1687. 4°. —.40
2765 —— H., De pupillis. L. B. 1697. 4°. —.40
2766 —— W., De jure pauperum. L. B. 1845. 8°. sec. cod. de re jud. in caus. civ. lib. III, tit. 6, sec. 10. —.60
2767 Francis, E. A. Intveld, De potestate gubernatoris-generalis Indiae Orientalis. Traj. 1844. 8°. —.60
2768 Franckius, A. G., Quatenus acquisitio possit omitti. Viteb. 1776. 4°. —.40
2769 François, C. J., De legibus Rom. ad publ. instit. pertinentibus. L. B. 1834. 8°. —.30
2770 Franke, S. P., Quaestiones varii argum. Traj. 1768. 4°. —.60

2771 FRANZEN, F. M., De disciplinis jurium et officiorum. Abos. 1810. 4°. —.60
2772 FRASER, J. G., Quatenus in crimin. imputat. aetatis delinq. habenda sit ratio. Amstel. 1844. 8°. —.60
2773 —— T., De stipulatione Aquiliana. L. B. 1825. 4°. —.40
2774 FRAYSS, C. L., De jure territorii. L. B. 1778. 4°. —.40
2775 FREDEAN, D., De jure personarum. Helmst. 1653. 4°. 1.—
2776 FREDERUS, N., De jurejurando. L. B. 1675. 4°. —.30
2777 FREIESLEBEN, C. G., De emancipatione Romana et Germanica. Jen. 1742. 4°. 1.—
2778 FREMERY, J. T. B. D., De testamentis. L. B. 1783. 4°. —.40
2779 FREISLEBEN, C. F., De jurejurando, in specie de juramentis minorum et impuberum. Vitemb. 1729. 4°. —.40
2780 FREITAG, S. R., De protopraxia s. praerogative et praelatione creditorum. Gron. 1633. 4°. —.30
2781 FRENKAUX, A. P., De actionibus ex delictis in heredes non dandis. L. B. 1776. 4°. —.90
2782 —— — — De juribus quaesitis subditis a summo principe non auferendis. L. B. 1777. 4°. 1.—
2783 —— P. J., De actione rerum amotarum. L. B. 1726. 4°. —.40.
2784 FREMERY, J. G. F. DE, De vi jur. publ. patrii ant. et intermedii in leg. de imperio a°. 1815. Gron. 1840. 193 pp. 8°. 2.—
2785 —— J. P. DE, Ad quaedam Nepotis loca in vita Attici. L. B. 1823. 4°. —.70
2786 —— — — — Obs. jur. ad. qud. Nepotis loca in vita Attici. L. B. 1823. 8°. —.50
2787 —— J. W. DE, Posit. jurid. L. B. 1803. 8°. —.50
2788 —— N. D. W. P. DE, De defectione praever. nastr. a Philippo II. Gron. 1839. 152 pp. 8°. 1.75
2789 —— P. J. DE, De ration. veterum Ictorum. L. B. 1801. 4°. 1.40
2790 —— S. DE, De crimine stellionatus. L. B. 1727. 4°. —.60
2791 FREMLING, A., De cauta in mendicos beneficentia. Abos. 1795. 4°. —.30
2792 FRENEAU, J. J. A. D., De eo quod justum tam in emptione simulata ad velandas usurarias pravitates, quam in pacto antichretico ad lucrandos fructus. Duisb. 1748. 4°. —.90
2793 FRENTZEL, S. F., De cadaveribus humanis ad praesentiam occisoris cruentatis. Francf. 1753. 4°. —.50
2794 FRENZEL, J. A., De successionibus juris in marchionato Lusatiae superioris. Erf. 1734. 4°. —.50
2795 FRETS, F., De lege Licinia agraria. L. B. 1801. 4°. 1.—
2796 FREUDENBURG, C. D., de juribus nobilitatis Germanicae. Giss. 1748. 4°. —.60
2797 FREY, D., De ordine causarum in judicio tractandarum. Giss. 1695. 4°. —.50
2798 FREYBERG, C. G., De concubitu intra tempus luctus. Lips. 1719. 4°. —.50
2799 —— F. D., De substitutionis directae argumentis in formula dubia. Hal. 1781. 4°. —.50
2800 —— G. E., De usuris. Vitemb. 1711. 4°. —.50
2801 —— G. L., Jurisprud. Romanae ab R. Vultejo editae specimen. Giss. 1699. 4°. —.50
2802 —— J. G., De aedibus exustis. Vitemb. 1781. 4°. —.50
2803 FREYENBERG, H., De jure gemellorum. Jen. 1708. 4°. —.50
2804 FREYENHAGEN, A. P., De jure Ilagestolziatus praes. in ducatu Guelpherbytano. Helmst. 1727. 164 pp. 4°. 1.50
2805 FREYHOFF, J. M., De querela inofficiosi. Duisb. 1745. 4°. —.40
2806 FRICCIUS, J., De edictali creditorum citatione vulgo proclamate sec. jura Slesvicensia ac Holsatica. Kil. 1729. 4°. —.90
2807 FRICKE, A. P., De aratrorum sanctitate. Helmst. 1760. 4°. —.50
2808 —— C. U. T., De reprobatione per delationem jurisjurandi illicita. Hal. 1737. 4°. —.50
2809 —— F. O., De jure creditorum facta de hereditate transactione. Jen. 1740. 4°. —.60
2810 FRIDACH, C. G. v., De jure liber. exheredandi. Traj. 1821. 8°. —.70
2811 FRIDAGH, G. L. G. v., De arrestis. L. B. 1776. 4°. —.70
2812 FRIDERICI, C. G. E., Curator sexus num extraneo mandare possit, ut, se absente, auctoritatem praestet mulieri civile negotium gerenti. Lips. 1818. 4°. —.70
2813 —— G. M., De remissione debiti ejusq. effectu. Vitemb. 1755. 4°. —.50
2814 —— J. H. D., De effectib. juxtar. nuptiar. Davent. 1830. 120 pp. 8°. —.90

2815 Friedel, R. C., De nuda proprietate. Hal. 1778. 4°. —.60

2816 Fries, B. F., De jure naturali, gentium et civ. ex mente Ciceronis. Lund. 1820. 4°. —.70

2817 —— F., De libertate sentiendi jurisperitorum veterum Rom. hodiernorumq. 4°. —.40

2818 Friesen, B., De perjurii natura. Jen. 1703. 4°. —.60

2819 —— J. B., Jurare non esse peccatum. Jen. 1703. 4°. —.60

2820 Frieswyk, G. H., Quo potissimum nomine salutandus sit tutor filio emancipato datus. Traj. 1777. 4°. —.30

2821 Frima, De actionum arbitr. in jur. Rom. natura et usu. Gron. 1845. 168 pp. 8°. 1.25

2822 —— J., Effectus impetrati inventarii beneficii. Gron. 1808. 8°. —.50

2823 Frisch, C. F., De supplenda parte legitima. Lips. 1771. 4°. —.40

2824 Frisen, O. H. v., Jus principis extra territorium. Vitemb. 1738. 122 pp. 4°. 1.25

2825 Fritius, J. C., De renuntiationibus. Argentorati. 1700. 4°. —.30

2826 Fritsch, A., De jure accidentalium. Jen. 1674. 4°. —.50

2827 —— — De jure plantandi. Jen. 1681. 4°. —.40

2828 —— — De jure hospitalitatis, et de unione et incorporatione bonorum cum primis provinciarum. Jen. 1711. 4°. —.60

2829 —— — De jure hortorum, convenatione et compascuis. Lips. 1741. 4°. 1.—

2830 —— — De dioecesis comitum imperii. Jen. 1690. 4°. —.50

2831 —— C. L., De jure circa pharmacopolia civitatum. Hal. 1721. 4°. —.90

2832 Fritz, D., De potestate patria. Tubing. 1776. 4°. —.30

2833 Frimache, G. S., De poena temere litigantium. Vitamb. 1705. 4°. —.60

2834 Fröllich, P. A., De appellationibus. Bas. 1620. 4°. —.50

2835 Froman, N. A., De jure retractus gentilitio. Ups. 1844. 8°. —.70

2836 Frommann, J. C., De norma judicis arbitrii, in eidem a jure relictis. Tub. 1687. 4°. 1.70

2837 Frondin, E., De aequilibrio statuum Europae. Ups. 1720. 8°. —.90

2838 Frogn, G., De foliis ad usuarium haud pertinentibus, ad l. 12 § 1 DD. de usu et habitatione. Gron. 1753. 4°. —.40

2839 Fruin, Mr. J. A., Over het nut der geschiedkundige beoefening van het Fransche regt voor de wetenschappelijke verklaring onzer burgelijke wetgeving. Rotterd. 1860. 8°. —.80

2840 Frullauff, J. F., De variis causarum figuris, ad leg. 1 princ. DD. de oblig. et action. Jen. 1701. 4°. —.60

2841 Frückweiler, P. R., De bonis vacantibus. Francf. 1683. 4°. —.60

2842 Fruytier, L., De fidejussoribus. Gron. 1753. 4°. —.40

2843 Frylinck, W. F., De leer der deelbaarheid (van zaken en regten). 's Hert. 1864. 8°. —.50

2844 Fuhrmann, C. H., De tolerantiae religiosae effectibus civilibus. Hal. 1716. 4°. 1.25

2845 Funcke, C. B., De constitutionibus principum. Erf. 1708. 4°. —.70

2846 Fürer, J. C., Annus decretorius 1624 in instrumentis Pacis Caesareo-Suecici Articulo V. Altd. 1705. 4°. 1.—

2847 Fürstenau, J. A., De summis in imperio Romano Germanico personis, earumq. officiis et juribus. Rinth. 1702. 4°. —.40

2848 Fyck, D., De iis, quae justa sunt circa nuptias. L. B. 1774. 4°. —.50

2849 —— H., De testamentis ordinandis. L. B. 1713. 4°. —.30

2850 Gabry, B. J., De officio tutorum. Traj. 1738. 4°. —.60

2851 —— P., De causis excusandi tut. v. cur. Traj. 1740. 4°. —.60

2852 Gadendam, J. G., De rationibus legum imperii qbs. in exculiendis religionis controversiis docendi dicendique formula praescripta est. Francf. 1744. 4°. —.50

2853 Gael, G. H., De jure aggratiandi. L. B. 1769. 4°. —.40

2854 —— J., Ad l. Pompejam de parricidiis. L. B. 1739. 4°. —.70

2855 —— — De piscationis jure. L. B. 1765. 4°. —.60

2856 Gaertner, C. G., Possessio territoriorum. Lips. 1724. 4°. —.60

2857 —— J. A., De necessitate consensus vasali in expectantiam feudi a domino concedendam. Lips. 1717. 4°. —.60

2858 —— J. W., De libro metallico autographo. Vitemb. 1719. 4°. 1.25

2859 Galey, A. de, Ad l. 33 DD. locati conducti. L. B. 1751. 4°. —.50

2860 Gaiffier, D. L. F. L. J. G. de, De initiis et incrementis jur. crim. in Belgio. L. B. 1820. 144 pp. 4°. 1.50

2861 —— — — — — — — — Idem liber. 1810. 148 pp. 8°. 1.25

2862 Galen, A. v., De mod. acq. et amitt. servitutum. Traj. 1827. 8°. —.60
2863 —— A. A. v., De cessione bonorum. L. B. 1784. 4°. —.80
2864 —— J. v., Collat. jur. Rom. et statut. Ticlensium in materia successionum. Traj. 1759. 4°. —.60
2865 —— J. H. v., De expropriatione utilitatis publicae causa. Hag. 1839. 8°. —.60
2866 Gales, G. J., De jurejurando inconsulto. L. B. 1789. 4°. —.60
2867 —— H. A., De executoribus ultimarum voluntatum. L. B. 1803. 4°. —.50
2868 Gallas, J. A., De justa occupatione loci in pos. territ. siti, quem hostis certo occupaturus est. L. B. 1778. 4°. —.50
2869 Gallé, F. J., Ad l. 48 DD. famil. ercisc. L. B. 1757. 4°. —.80
2870 —— — — De jure accrescendi. L. B. 1757. 4°. 1.—
2871 —— P., Ad leg. 21 DD. de donationibus. L. B. 1757. 4°. —.80
2872 Gandlaskeyden, A. A., De poena crgastoli. Gron. 1806. 192 pp. 8°. 1.25
2873 —— J. P. M., De jurib. patriae potestatis atque tutela. L. B. 1811. 186 pp. 8°. 1.25
2874 —— J. M., De loc. cond. operarum. L. B. 1844. 8°. —.40
2875 Garr, C. E. a, De officio eorum qui recipiunt legatos. L. B. 1719. 4°. —.70
2876 Gartz, P., De pactis. Gron. 1835. 4°. —.80
2877 Gasinert, G. C. F., De vi ratihabitionis paternae in nuptiis liberorum. Gron. 1812. 8°. —.80
2878 Gasser, S. P., De jure ceremoniali circa legatos. Hal. 1739. 4°. —.60
2879 —— — — De coelibatu poenae nomine imposito. Hal. 1708. 4°. —.40
2880 —— — — De beatitudine juridica. Hal. 1740. 4°. —.60
2881 Gaudichius, C. F., De sepiduae in foro electorali Saxonico. Lips. 1787. 4°. —.80
2882 Gaudlitz, H. L., De voluminibus et saccis pecunia impletis. Lips. 1834. 4°. —.70
2883 Gauer, B., De retractuum jure in genere. Bas. 1690. 4°. 1.—
2884 Gauer, S. L. P., De efficacia statuti personalis extra territorium. Francof. 1766. 4°. —.40
2885 Gavanon, L. S., Ad l. 80 DD. de pacto donationis. Traj. 1783. 4°. —.40
2886 Gavere, P. D., Ad nov. 117. Gron. 1790. 4°. —.80
2887 —— P. L. D., An injuria, volenti facta, poenis sit coërcenda. Gron. 1825. 4°. —.60
2888 Gaymans, A., De nuptiis sine parentum consensu non perficiendis. L. B. 1749. 4°. —.80
2889 —— A. A., De divisa administratione tutorum. Traj. 1780. 4°. —.60
2890 —— D., De Scto. Dasumiano. Traj. 1783. 4°. —.50
2891 —— H. H., Juris quaedam positiones. Traj. 1777. 4°. —.40
2892 —— J., De condictione indebiti. L. B. 1744. 4°. —.80
2893 —— J. J. C., Les 3 pr. et 14 DD. de transactionibus. L. B. 1814. 4°. —.30
2894 Gebauer, G. C., De regio apud Germanos nomine, ad Taciti German. cap. 7. Gott. 1753. 4°. —.80
2895 —— — — De legibus. Gott. 1737. 4°. —.30
2896 —— — — Oratio. Gott. 1734. 4°. —.80
2897 —— — — Solemnia inauguralia B. Bremeri. Gott. 1741. 4°. —.40
2898 —— — — De alea et fide, ad Taciti de morib. Germ. c. 24. Gott. 1741. 4°. —.40
2899 —— — — De poena violati matrimonii, ad Taciti de morib. Germ. c. 19. Gott. 1743. 4°. —.30
2900 —— — — De supplicio adulterarum, ad Taciti de morib. Germ. c. 19. Gott. 1743. 4°. —.30
2901 —— — — De jurisdictione sec. doctrinam Romanorum in Germania usu. Lips. 1733. 4°. 1.10
2902 —— — — De 400 annorum usu ob quem Ill. Dn. A. Ludewig clericos in feuda succedere non posse. Gott. 1735. 4°. —.00
2903 —— — — De laudibus advocatorum de legitimo honoris et virtutis connubio. Gott. 1730. 4°. —.40
2904 —— — — De justitia et jure. Gott. 1737. 4°. —.60
2905 —— — — De eo, qd. in jure dici potest vacuum. Lips. 1725. 4°. —.40
2906 Gebhard, J. G., De revisoriis judiciis cum in genere tum in specie statuum imperii. Heidelb. 1657. 4°. —.30
2907 Gebhardt, A., De actione quasi Serviana. Lips. 1682. 4°. —.80
2908 Gebult, J. C., De injuriis. Erf. 1701. 4°. —.70

2909 Geelvinck, L., Ad leg. 1 pr. DD. de testamentis militis. L. B. 1758. 4°. —.70
2910 —— — De factionibus e civitatibus proscribendis. Traj. 1776. 4°. —.60
2911 Geene, A., De suspectis tutoribus vel curatoribus. L. B. 1754. 4°. —.40
2912 —— C., De querela inof. test. L. B. 1762. 4°. —.50
2913 —— L., De consensu parentum in nuptiis liberorum. L. B. 1774. 4°. —.60
2914 —— M., De differ. jur. Rom. et Holland. in cura pupillorum. Traj. 1810. 4°. —.70
2915 Geer, L. d., Ad edict. praet. quod extat in l. 1 § 1 DD. de dolo malo. L. B. 1798. 4°. —.70
2916 Geer, G. C. A. de, De causis, ex qbs testamentum impugnari possit. Traj. 1833. 186 pp. 8°. 1.25
2917 —— L. d., Ex qbs. causis patri acquirat filiusfamilias. L. B. 1698. 4°. .40
2918 —— B. J. Lintelo de, Novellae 118, ex jure pristino, explicatio. Traj. 1841. 4°. 1,10
2919 Geersema, J., De periculo in mora. Burgo-Steinf. 1715. 4°. —.40
2920 Geertsema, C. C., De injuriis. Gron. 1809. 8°. —.70
2921 —— J., De Phaetonte. Burgo-Steinf. 1716. 4°. —.80
2922 Geesteranus, C. G. v. d. S., Ad art. cod. poen. Gall. 169—172. Hag. 1838. 8°. —.40
2923 —— R., In contemptores justi injustique regularum. Delphis. 1760. 4°. —.30
2924 Gefaken, J. G., De exceptione veritatis convicii. Amstel. 1832. 8°. —.50
2925 Gehren, J. G. v., De repetitione dotis. L. B. 1758. 4°. —.40
2926 Geier, A. C., De judicio morum. Francf. 1679. 4°. —.50
2927 —— C. F., De actione debitorum apud Rom. interpretationi Bynkershoekianae opposita. Lips. 1741. 4°. —.70
2928 Geiger, J. C., De jure thesaurorum. Argent. 1701. 4°. —.40
2929 Geilenkirchen, A., De praecipuis remediis, qbs. lites ac controversiae ex praescripto juris dirimuntur. Bas. 1605. 4°. —.50
2930 Geisler, W. R., Num Landsassiatus plenos privilegio fori, quo legati gaudent, deroget? Lips. 1680. 4°. 1.—
2931 Gelder, J. E. v., De jure accrescendi inter verbis conjunctos. Traj. 1689. 4°. —.80
2932 —— — — — De electione rei conventi ex enormi laesione. Francf. 1669. 4°. —.30
2933 —— de Neufville, D. M. v., De mercatura et navigatione gentium in bello mediarum. Amst. 1834. 8°. —.70
2934 Gelderman, A., De contributionibus. Traj. 1765. 4°. 1.—
2935 —— — De origine promulgationum matrimonii contrahendi, earumq. usu in codice juris civ. hod. Gron. 1832. 8°. —.70
2936 —— E., Ad tit. 3, libri I. Institut. impr. ad ejus tit. princ. Gron. 1808. 8°. —.40
2937 —— J., De antiqua in jus vocatione. Harderv. 1778. 4°. 1.25
2938 Gelff, J. B., De actionibus in rem scriptis earumq. genuino conceptu. Hal. 1738. 4°. —.60
2939 Gellius, J. C., De venia aetatis sec. jus Rom. leges Germ. hodiernas. [illegible] 1729. 4°. —.[illegible]
2940 Gelre, J. H. v., De differentiis inter substitutiones. Traj. 1724. 4°. —.[illegible]
2941 —— P. P. v., De utilitate navigationis. L. B. 1758. 4°. —.60
2942 Gendt, G. v., Ad l. Juliam de residuis. Gron. 1740. 4°. —.30
2943 —— W. G. J. v., De aequalitate in contractibus praecavt. onerosis inter paciscentes observanda. L. B. 1762. 4°. 1.25
2944 Gennep, A. v., Ad l. 32 DD. de donat. inter virum et uxorem. L. B. 1780. 4°. —.70
2945 —— — — — De infanticidio. L. B. 1814. 4°. —.30
2946 Gent, P. v., De usufructu. L. B. 1681. 4°. —.30
2947 Gentu, A. F., De ecclesia Romana seaeque comprimis pontificis, morte augustiss. Romanor. imperatoris Caroli VI, summo advocato orbata. Tub. 4°. 1,25
2948 George, A. H. A. J. d. St., De juris feudalis origine Asiatica. L. B. 1832. 8°. —.40
2949 Georgius, C. F., De vario gentium genio, respectu libertatis. Ups. 1771. 4°. —.70
2950 —— J. M., De extraordin. collectis a princip. ultra reditus ordinarios imponendis. Heidelb. 1679. 4°. —.60

2951 Geradon, J. B. F., De homicidio. Leod. 1823. 4°. —.50
2952 —— J. J., Quae differentia est inter colonias veterum et recent. popul. Leod. 1823. 4°. —.70
2953 Geraerts, J. L., De souvereine raad in het overkwartier van Gelderland te Ruremonde (1580—1794). L. B. 1860. 144 pp. 8°. 1.25
2954 Gerber, G., De jurejur. decisorio. L. B. 1826. 4°. —.90
2955 —— — Idem liber. forma 8°. —.60
2956 —— J. F., Utrum confessio mariti acceptae dotis efficiat ut vidua ad juramentum suppletor. sit admittenda? Lips. 1768. 4°. —.30
2957 Gerchen, P. H., De legitime per quam separantur liberi. Helmst. 1711. 4°. —.80
2958 —— P. O., De privilegiis recte conferendis et revocandis. Helmst. 1669. 4°. 1.—
2959 Gerdes, M. C., De jure familiaritatis. Francf. 1688. 4°. —.70
2960 Gerhard, E., Vindiciae distinctionis inter paragia et apanagia. Hal. 1709. 4°. 1.20
2961 —— — De regula juris Germanici: *Kauf geht vor Miethe*. Jen. 1741. 4°. —.70
2962 —— J. A., De supremis curiis, s. parlementis Galliae et Angliae. Jen. 1667. 4°. —.40
2963 —— J. C., De ordine opponendarum e reis exceptionum. Jen. 1719. 4°. —.50
2964 —— J. F., De executione in effigie. Jen. 1675. 4°. —.50
2965 Gericke, H., De juris civiel praecognitis, de ejus scientia et de ejus praxi vel processu. Francf. 1686. 4°. 1.—
2966 —— J. L. H. A., De jure interventionis ante rerum conversionem in Gallia usurpato. L. B. 1834. 156 pp. 8°. 1.25
2967 Gerlachius, J. S., De senatu civil. de judice ac syndico. Witteb. 1661. 4°. —.30
2968 Gerlac, J. L., De auctoritate tutorum et consensu curatorum. Harder. 1758. 4°. —.40
2969 Gerlings, C., De operis novi nunciatione. L. B. 1720. 4°. —.40
2970 —— — De deposito voluntario. Traj. 1817. 8°. —.40
2971 —— — De substitutione vulgari. L. B. 1759. 4°. —.50
2972 —— — De communione bonorum inter conjuges ad acquaestus limitata. Traj. 1840. 8°. —.60
2973 —— J., Quaest. jur. Rom. L. B. 1794. 4°. —.40
2974 —— — De hereditate vendita. Traj. 1827. 8°. —.40
2975 —— P., De testamentis. L. B. 1716. 4°. —.30
2976 Gerninghausen, A. H., De violenta defensione in statu civili. Jen. 1740. 4°. —.70
2977 Gernler, J. J., Quaestiones juris civ. canonici et feudalis. Bas. 1620. 4°. —.50
2978 Gerreving, J. v., De legibus. L. B. 1735. 4°. —.60
2979 Gerrits, L. A. N., An jure nostro donat. factae sub specie alior. contractuum valeant, quamvis solemnitate in donat. requisitae non sint adhibitae. Amst. 1854. 8°. —.50
2980 Gerroltsma, S., De remissione poenae ex gratia. Franeq. 1773. 4°. —.70
2981 Gersdorff, G. E. v., De quota litis. Traj. 1698. 4°. —.60
2982 —— J. G. v., De legationum jure. L. B. 1730. 4°. —.40
2983 Gerstaecker, C. F. G., Quantum intersit civitatis, ut commentariorum public., actorumq. forens. structura atq. forma idonea sit, et a vitiis salutis vacua. Lips. 1834. 4°. —.30
2984 Gertsen, E. G. P., De jure possessionis. Hag. 1830. 8°. —.60
2985 Gerwen, H. A., Themata nonnulla controversa. L. B. 1680. 4°. —.30
2986 —— S. v., De poenis. L. B. 1719. 4°. —.30
2987 Gesz, J. C., De perfidis administratoribus. Hal. 1693. 4°. —.60
2988 Geuder, C. G., De contrario ad eundelam. Vitemb. 1747. 4°. —.60
2989 —— a. Heroldsberg, F. P., De feudis faldensibus. Francf. 1685. 4°. —.40
2990 Geuns, J. M. v., An populi erroribus et superstitioni leges accommodare liceat. Traj. 1795. 4°. 1.—
2991 —— M. v., De civium valetudine reip. rectoribus maxime commendanda. Harder. 1791. 132 pp. 4°. 1.50
2992 —— — — De providentia politica uno maximo adversae civium valetudinis praesidio. Traj. 1791. 11 pp. 4°. 1.30
2993 —— S. J. M. v., De infamia. Traj. 1823. 132 pp. 8°. 1.25
2994 Geusau, G. A. A. v., De falso nummario. Hag. 1832. 8°. —.30

2995 Geuns, P. G. C. v., De falso inscriptura publ. Hag. 1833. 8°. —.50
2996 —— W. A. A. L. v., De l. Rhodia de jactu. Traj. 1808. 4°. —.60
2997 Gevaerts, P., De judicio hereditatis petitionis. L. B. 1783. 4°. —.50
2998 Gevers, A., Quaest. qd. jurid. L. B. 1784. 4°. —.60
2999 —— D. T., De servilis conditionis hominibus artes, litteras et scientias Romae colentibus. L. B. 1816. 152 pp. 8°. 1.25
3000 —— H., De sociis delinquentium. L. B. 1824. 4°. 1.—
3001 —— — Idem liber, forma 8°. —.70
3002 —— — Theses jurid. L. B. 1786. 4°. —.30
3003 —— P., De jure eorum, qui inaequali foedere juncti sunt. L. B. 1761. 4°. 1.—
3004 —— Deynoot, A. A., De contractu chartae partitae. L. B. 1816. 8°. —.50
3005 —— —— D. R., De summi imperantis Belgici cura ad promovendam agriculturam. L. B. 1830. 152 pp. 8°. 1.—
3006 —— —— W. T., De magno s. halecum piscatu belgico (*haringvisscherij*). L. B. 1829. 116 pp. 4°. 2.40
3007 —— —— — — Idem liber, forma 8°. 1.50
3008 Ghert, P. C. J. v., De necessitate poenae capitalis. Hag. 1836. 8°. —.70
3009 —— P. G. v., De jure naturae. L. B. 1808. 8°. —.50
3010 Ghesel, J. v., De assecuratione. L. B. 1727. 4°. —.60
3011 Gheyn, E. F. J. v. d., Quaestiones miscel. Traj. 1807. 8°. —.20
3012 Ghilissen, J. v. d., De jure sepulturae. L. B. 1706. 4°. —.40
3013 Ghys, J., De venia aetatis. Harderv. 1656. 4°. —.30
3014 —— N., De rei uxoriae, privilegio dotis et ejus repetitione. L. B. 1693. 4°. —.30
3015 —— P., De testibus in testam. necessariis. L. B. 1701. 4°. —.30
3016 Ghysen, N., De injuriis et famosis libellis. Traj. 1698. 8°. —.40
3017 Gibbons, J. F., De pupillari substitutione. L. B. 1724. 4°. —.40
3018 Giese, A., De legibus. Helmst. 1643. 4°. —.50
3019 Giessenburg, V. M. d'A. v., De iis, q. cod. civ. circa famulos et ancillas, singularia sunt sancita. Traj. 1834. 8°. —.40
3020 Giffen, H. v., De beneficiis juris, qbs. duriori jure utentibus fuit subventum. Gron. 1819. 8°. —.30
3021 Giech, J. v., De negotiis gestis. Hag. 1851. 8°. —.40
3022 Gilbertus, C. F., De jure pannoniae ad emendam eruditae. Vitemb. 1741. 4°. —.40
3023 Gildehausen, C. G., De successione foeminarum in feudis. L. B. 1714. 4°. —.30
3024 Gildemeester, D., De legibus qbsd. ac instit. qbsd. nov. suam civit. ordinavit Romulus. Traj. 1775. 4°. —.40
3025 —— H., De regalibus. Amstel. 1780. 4°. —.90
3026 —— J., Ad l. 9, § 3 DD. usufructuarius quemadmod. caveat. Traj. 1775. 4°. —.40
3027 Gilles, J., De furtis. Traj. 1718. 4°. —.40
3028 —— P. A., Ad l. 58 DD. de usufructu et quemadmod. quis utatur fruatur. L. B. 1729. 4°. —.30
3029 —— S., De ineunda rei debitae aestimatione. L. B. 1727. 4°. —.60
3030 Gillon, G. L., De societate. L. B. 1710. 4°. —.30
3031 Gillot, J. E., De principio socialitatis. Traj. 1770. 4°. —.60
3032 Gils, C. W. v., De interrogationibus in jure faciendis. Traj. 1775. 4°. —.50
3033 —— G. v., De nuptiis. L. B. 1745. 4°. —.30
3034 Gistadius, J., De certitudine politica. L. B. 1748. 4°. —.40
3035 Glafey, A. F., De jure praecedentiae foeminarum. Hal. 1740. 4°. —.60
3036 Glandorff, J. T. F., Ad qsdm. §§ cap. IV ordin. jur. Colonarii Osnabrugensis, de successione hominum propriorum. Hard. 1781. 4°. —.30
3037 —— R. J., De l. 6 Cod. de ingen. manum. Heidel. 1660. 4°. —.30
3038 Glabbeek, P. v., De exceptionibus, praescriptionibus et praejudiciis. L. B. 1710. 4°. —.30
3039 Glashorst, D. F., De fide ex princip. jur. hod. libris mercatoriis tribuenda. Traj. 1832. 8°. —.30
3040 —— J. G. L., Quaest. jur. hod. Traj. 1830. 8°. —.40
3041 Gleichman, A., De compensationibus. L. B. 1835. 8°. —.40
3042 Glimpfer, C. P., De restitutione rei furtivae. —.60
3043 Glinstra, V. A., De legitimatione per. subseq. matr. Franeq. 1758. 4°. —.50
3044 Glockius, J. H., De beneficio competentiae nobilibus non competente. Erf. 1733. 4°. —.40
3045 Globius, J. C., De mala fide superveniente. Jen. 1714. 4°. —.30
3046 Gloxinus, H., De factoribus. Gies. 1687. 4°. —.60

8047 Gobius, H. A., De testam. tutela. Traj. 1765. 4°. —.40
8048 —— J. F., De mora. Traj. 1755. 4°. —.60
8049 —— — — Ad l. 19 DD. de inoff. test. Traj. 1761. 4°. —.70
8050 —— J. S., De foro person. miserab. privilegiato. Traj. 1789. 4°. —.80
8051 Gockinga, C. H., De mitigatione poenarum. Gron. 1768. 4°. —.40
8052 —— — — De poena stigmatis. Gron. 1828. 4°. 1.—
8053 —— — — De doctrinae jur. crim. incrementis, inde a sec. XVIII media jam parte elapso. Gron. 1826. 8°. 1.—
8054 —— H., Ad tit. DD., arborum furtim caesarum. L. B. 1834. 8°. —.80
8055 —— J., De praejudicio, quod judicium crim. quo absolv. reus, quoniam factum non fuit probatum, aut ipse ejus actor non fuit, facit judicio civili. Gron. 1836. 8°. —.80
8056 —— J., De caede infantis recens nati. Gron. 1815. 8°. —.60
8057 —— J., Observat. ex jure civili. Gron. 1801. 8°. —.80
8058 —— H. De ratione, qua, ex jur. Rom. et Groninq. principiis, ab ultimo voluntate testator. expressis verbis recedat. Gron. 1808. 200 pp. 8°. 1.25
8059 —— H. H., De impulsivae facti oliani. Gron. 1739. 4°. —.90
8060 —— S., De venia aetatis, ejusque effectu, apud Rom. et in patria nostra. Gron. 1775. 4°. —.60
8061 —— — De assecurationis contr. Gron. 1764. 4°. —.60
8062 —— — Posit. ex codice poen. Gallo ad usum Belgarum. Gron. 1810. 8°. —.80
8063 —— — De tutela aetate minorum. Traj. 1828. 8°. —.40
8064 —— — De legitimatione per rescript. prin. sec. jur. hod. Gron. 1848. 8°. —.40
8065 —— W., De rescindenda heredit. divisione. Gron. 1837. 8°. —.80
8066 Godefroi, M. H., De iis delictis, quae non nisi ad laesorum querelam vindicantur. Amstel. 1837. 240 pp. 8°. 1.50
8067 Godelevæus, F., Juris civ. canon. et feud. controversiae. Bas. 1615. 4°. —.60
8068 Godin, C., De legitimatione. Traj. 1733. 4°. —.80
8069 —— — De mandato. Traj. 1743. 4°. —.80
8070 —— J., De secundis nuptiis. Traj. 1687. 4°. —.30
8071 —— J. C., De indole summi imperii et jur. civ. posit. affection. Traj. 1778. 4°. —.80
8072 —— J. F., De jure vicinorum confiniumque. Traj. 1758. 4°. —.40
8073 Goebel, J. W., De emendando et abbreviando processu. Helmst. 1782. 4°. —.60
8074 Goecke, J. C., De primipilatu (von Commissariat). Jen. 1736. 4°. —.80
8075 Goedaeus, H. F., Cens. aequipollentium. Rintel. 1721. 4°. 1.10
8076 Goedeus, J. A. W., De imaginaria aequitate probationis pro evitando perjurio. Hal. 1734. 4°. —.60
8077 Goedkoop, W., De jurejur. decisorio. L. B. 1833. 8°. —.70
8078 Goens, C. J. v., De probationibus. L. B. 1784. 4°. —.70
8079 —— D. v., De monopoliis. Traj. 1743. 4°. —.90
8080 —— J. Q. v., Miscellan. jur. argum. Traj. 1775. 4°. —.40
8081 —— P. M. v., De T. Flavio Domitiano. L. B. 1820. 4°. 1.10
8082 —— — — — Idem liber. forma 8°. —.70
8083 —— R. G. v., De donation. propter nuptias. Traj. 1734. 4°. —.40
8084 —— R. J. Q. v., De commodis et difficultat. juris studiosi obviis. Traj. 1777. 4°. —.40
8085 —— V. v., De juramento calumniae. L. B. 1699. 4°. —.80
8086 —— V. M. v., De principe quatenus legibus teneatur. Delph. 1728. 4°. —.80
8087 Goerner, G., De vera et genuino indole obligationum in genere. Erf. 1728. 4°. —.40
8088 Goes, D., De testamentis. Traj. 1690. 4°. —.80
8089 —— A. v. d., De mutuo. L. B. 1738. 4°. —.40
8090 —— — — — De test. inoff. L. B. 1732. 4°. —.40
8091 —— C. v. d., De hereditate vacanti. Traj. 1836. 8°. —.60
8092 —— E. J. v. d., De cura. L. B. 1835. 8°. —.40
8093 —— F. v. d., Thes. jur. inaug. Traj. 1776. 4°. —.80
8094 —— O. A. v. d., De testam. eorumque solemnitatibus. L. B. 1717. 4°. —.80
8095 —— H. v. d., De patria potestate. L. B. 1751. 4°. —.40
8096 —— H. C. v. d., L. 46 DD. de pactis et l. 9 pr. de reb. dubiis. Hag. 1830. 8°. —.80

8097 Goes, H. M. v. d., De eo qd. justum est circa actum ebrii illicitum. L. B. 1792. 4°. —.50
8098 —— P. v. d., De patria potest. L. B. 1702. 4°. —.30
8099 —— W. v. d., De bonis vacantibus. L. B. 1833. 8°. —.40
8100 —— D. A. Merkman v. d., De pactis successoriis. L. B. 1796. 4°. 1.10
8101 —— J. Schroen v. d., De donationibus. L. B. 1747. 4°. —.60
8102 Goethals, C., De legatis. Gand. 1818. 4°. —.40
8103 —— F., De ususfr. paterno seu legali. Gand. 1822. 4°. —.30
8104 Goethe, Qd. jtum. est circa spiritus familiares feminarum h. e. poltern. L. B. 1839. 8°. 1.—
8105 Goethem, P. C. v., De suo herede. L. B. 1786. 4°. —.40
8106 Goetzee, J. E., De emptione venditione. L. B. 1790. 4°. 1.—
8107 Goeverneur, J. J., De action. empti venditi. L. B. 1755. 4°. —.60
8108 Goeze, J. F., De usu forensi libri 14 DD. Hal. 1703. 4°. —.50
8109 Goicken, H. J., De forma seu modo contrah. nuptias. Traj. 1718. 4°. —.30
8110 Goll v. Franckenstein, G. J. A., Quaest. qud. Amst. 1862. 8°. —.40
8111 Gollstein, J. B., De juramento in rem, lex 1 § 3 DD. quar. rer. actio non datur. Hal. 1706. 4°. —.50
8112 Golstein, P. H. B. v., De juris success. parentes inter et liberos legitimos. Traj. 1825. 8°. —.50
8113 Golts, P. T., De arbitro familiae erciscundae. Traj. 1736. 4°. —.30
8114 Goltstein, E. J. B. v., De ratione succedendi inter person. illustres habenda. Traj. 1780. 4°. —.60
8115 Gon, J. F. v. d., De imputatione in foro civili. Traj. 1769. 4°. —.50
8116 Gonne, J. G., De commento speculi Suevici nec non juris Suevici. Erl. 1738. 4°. —.30
8117 Goodricke, H., De jure puniendi. Gron. 1760. 4°. 1.25
8118 Goor, C. E. v., De traject. pec. contr. apud Rom. s. ad. tit. DD. et cod. de foenore nautico. L. B. 1841. 8°. —.70
8119 Gordon, A., De potestate Guilielmi I Holland. sub Philip. II gubernatoris cum ordinaria tum extraord. L. B. 1835. 160 pp. 8°. 1.25
8120 —— F. G., De instrumentis. Harder. 1790. 4°. —.40
8121 —— J., De stellionatu. L. B. 1763. 4°. —.40
8122 —— M., Ad l. 4 DD. qbs. ad libertatem proclamare non licet. L. B. 1756. 4°. —.70
8123 Goris, A., De rescripto moratorio. Harderv. 1759. 4°. —.50
8124 Gorkum, F. G. v., In tit. 10, lib. 8 cod. civ. de corporibus moralibus. L. B. 1819. 4°. —.60
8125 Goslinga, C., De legatis. L. B. 1823. 4°. 1.25
8126 —— — Idem liber, forma 8°. —.80
8127 Gosseli, C., De obligat. collisione. Traj. 1718. 4°. —.80
8128 Gostory, J. v., De renuntiationibus. L. B. 1668. 4°. —.80
8129 Gottfried, J. H., De action. ex delicto ad heredes transitoriis. Traj. 1718. 4°. —.40
8130 Göthenstierna, P. D., De probatione praescriptionis immemorialis. L. G. 1751. 4°. —.40
8131 Gotter, F., De pluralitate et paritate votorum. Jen. 1664. 4°. —.30
8132 Gottschalck, A. G., De peculio quasi castrensi studiosorum. Lips. 1726. 4°. —.80
8133 Gottschalck, J. F., De utili rei pecuniae dotali comparatae vindicatione. Jen. 1668. 4°. —.60
8134 Goudoever, A. v., De nefanda libidine. Traj. 1781. 4°. —.80
8135 —— — — Quaest. varii argumenti. Traj. 1808. 8°. —.30
8136 —— G. v., De divortio. Traj. 1689. 8°. —.90
8137 —— J. v., De objecto fidejussionis. Traj. 1783. 4°. —.40
8138 Goudsmit, J. E., De notis Pauli et Ulpiani ad Papinianum. L. B. 1842. 120 pp. 8°. 1.80
8139 Gouverneur, J. G. A., De modis quibus matrim. dissolvitur jure Neerl. L. B. 1840. 8°. —.80
8140 Graaf, H. G. de, Adnot. in cod. merc. Belg. libr. I, tit. 3, sect. 4. L. B. 1847. 8°. —.60
8141 —— J. B. de, De jure divortiorum. L. B. 1765. 4°. —.60
8142 Graaff, A. v. d., De jure terrar. illar. incult. quae e communibus markten dictis possidentur. L. B. 1824. 4°. 1.25

3143 Graaff, A. S. v. de, De prudent. civili quae in ordinand. tribut. prov. Holl. cernitur. L. B. 1785. 4°. 1.20
3144 —— H. C. v. d., De condict. sine causa. Harder. 1767. 4°. —.30
3145 —— J. d., De testibus. L. B. 1725. 4°. 1.—
3146 —— R. J. M. d., De potest. legisl. collegiorum curatorum qbs. cura agrorum et aquarum demandata est. Hag. 1850. 8°. —.60
3147 —— S. v. d., De officiis imperantium. Traj. 1799. 4°. 1.25
3148 —— W. A. v. d., De obligatione venditoris ex jure cod. civ. Gall. ad rem a vitiis immunem praestandam. L. B. 1825. 4°. —.70
3149 —— A. de la Font de, De sponsalibus. L. B. 1750. 4°. 1.—
3150 Graafland, A., Ad leg. 27 cod. de inoffic. testamento. L. B. 1751. 4°. —.40
3151 —— C., Ad leg. 101 DD. de verb. oblig. L. B. 1739. 4°. —.80
3152 —— — De praeventione atque natu inde praescript. fori. Gron. 1768. 4°. —.60
3153 —— — De his, qui dotem dare tenentur. L. B. 1765. 4°. —.40
3154 —— — De annona. Traj. 1765. 4°. —.40
3155 —— E., Ad leg. 47 DD. loc. cond. L. B. 1786. 4°. —.30
3156 —— G., Observatt. miscel. Traj. 1794. 4°. —.70
3157 —— H. C. H., De solutionibus. L. B. 1819. 4°. 1.—
3158 —— H. J. D., De mandato sec. J. Rom. Traj. 1829. 8°. —.60
3159 —— J., De Scto Macedoniano. L. B. 1746. 4°. —.50
3160 —— — Ad S. Juliani frgmtm. quod exstat in lege 33 DD. de condictione indebiti. L. B. 1755. 4°. —.40
3161 —— — De mandato. L. B. 1759. 4°. —.30
3162 —— J. P., De nonnullis juris civ. capitibus. L. B. 1777. 4°. —.30
3163 —— P., De solemnitatib. in jus vocationis. L. B. 1778. 4°. —.30
3164 —— F. F. Hooft, De usufructu. L. B. 1819. 4°. 1.25
3165 —— H. —— De orig. et jur. sagittariorum in patria nostra. Harder. 1787. 4°. —.60
3166 Graafweg, J. 's, De emphyteusi. L. B. 1757. 4°. —.40
3167 Graat, C. d., De legatis. L. B. 1751. 4°. —.40
3168 Grabener, G. C., De ratificatione confessionis per tormenta extortae. Lips. 1759. 4°. —.30
3169 Graas, C. G., De repudiatione hereditatis referendae, ac spec. Saxonicae. Erford. 1727. 4°. —.70
3170 Graeia, B. H., De hypotheca legali minoris et interdicti in bonis tutoris. Gand. 1828. 4°. —.60
3171 Graefe, C. G., Observatt. forenses. Vitemb. 1733. 4°. —.60
3172 —— M. V., Differ. juris Rom. et Germ. in Hagestolziata, exule in Germania, Latii parte legis Juliae et Pap. Poppaeae. Hal. 1727. 4°. 1.—
3173 Graeff, G. d., De auctoritate tutorum. L. B. 1763. 4°. —.30
3174 —— — — De fideicommisso familiae. L. B. 1758. 4°. —.70
3175 Graeuwen, E. de Lange 's, Ad tit. Cod. de transactionibus. L. B. 1825. 4°. —.60
3176 Graevius, T. G., De jure praediatorio. Traj. 1688. 4°. —.30
3177 Graf, J. F. F., De jure protimeseos, sive retractus territorialis perpetui. Giess. 1738. 4°. —.40
3178 Graff, F. H., De missilibus. Lips. 1784. 4°. —.30
3179 Graft, J. v. d., De wetgeving op de tienden. Middelb. 1856. 118 pp. 8°. —.90
3180 Gram, J., Nonnull. circa commercia castelae. L. G. 1762. 4°. —.30
3181 Grandgagnage, J., Jura liberorum illegitimorum. Leod. 4°. 1.25
3182 Grandt, C. d., De ineunda aestimatione rei mutuo datae, ad l. 22 DD. de reb. cred. L. B. 1762. 4°. —.40
3183 Grantz, F. E., De tacita renunciatione juris ex lapsu fatalium quaesiti. Erf. 1725. 4°. —.40
3184 Graffe, N. L., De negotiis gestis. Traj. 1698. 4°. —.30
3185 Graswinckel, D., De transactione. L. B. 1783. 4°. —.30
3186 —— J. W., De successione pactitia. L. B. 1776. 4°. —.60
3187 —— M., De jurejurando. L. B. 1748. 4°. —.50
3188 Gratama, H., De Hugonis Grotii memoria. Gron. 1820. 8°. —.60
3189 —— J. A. W., De eo, qd. juris est circa immobilia, aetate majores inter et minores communia, q. divisionem non recipiunt, sec. art. 451, 465, 1118 et 1119 Cod. civ. pat. Assen. 1841. 8°. —.60

3190 Gratama, L. O., De universali bonorum inter conjug. communione in plerisque patriae nostrae tractib. olim vigente, nunc lege dd. 16 Junii 1832 in Cod. civ. futuro denuo restituta. Gron. 1835. 8°. 1.—
3191 —— M. S., M. T. Ciceronis philosophiae de jure, civitate et imperio principia. Gron. 1827. 160 pp. 8°. 1.25
3192 —— S., De honesta aemulatione inter homines excitanda, ad commune humanitatis civitatisque bonum. — T. v. Swinderen, De Platone optimo in legg. condendis principiis magistro. Gron. 1807. 4°. 1.—
3193 —— — De sera nec multum provecta Quiritium humanitate, in legum monumentis perspicua. Harderv. 1798. 4°. 1.—
3194 —— — De jure et injuria. Gron. 1808. 168 pp. 8°. 1.40
3195 —— — De Hermodoro Ephesio vero XII tab. auctore. Gron. 1817. 4°. —.40
3196 —— — Inquisitio in causas malorum quae jurisprudentia naturalis ejusque doctr. fuerunt perpessi. Gron. et Amstel. 1806. 108 pp. 4°. 1.25
3197 —— — Cum homines tum etiam populos ad justitiam esse natos. Gron. 1801. 4°. —.80
3198 —— — Over het staatswezen, den acad. regtsleeraar en de regtsgeleerde verdiensten van den overl. Hoogleeraar A. J. Duymaer v. Twist. Gron. 1821. 4°. —.30
3199 Grave, J. L. A. de, De suffragiorum. Gron. 1828. 160 pp. 8°. 1.40
3200 Gravenhorst, J. B., De jurejur. qd. pars parti in judicio defert. Traj. 1824. 8°. —.40
3201 Gravenweert, J. v. 's, De morte civili. Traj. 1810. 4°. —.40
3202 Graver, T., De mari natura libero, pactis clauso. Traj. 1728. 4°. —.60
3203 Gravesande, C. 's, De moderamine inculpatae tutelae. —.40
3204 —— — — De mandato. L. B. 1692. 4°. —.80
3205 —— E. H. 's, De publ. judiciis. L. B. 1707. 4°. —.80
3206 —— M. 's, De servit. rusticis. L. B. 1700. 4°. —.80
3207 —— — — De jure hominis in semetipsum. L. B. 1769. 4°. —.60
3208 —— J. Storm v. 's, De parricidis. L. B. 1684. 4°. —.30
3209 Gravius, D., De fidejussoribus. L. B. 1689. 4°. —.80
3210 —— J., De eo, quod justum circa civem. Tubing. 1693. 4°. —.90
3211 Greeff, G. de, De mandato. L. B. 1707. 4°. —.80
3212 Greenwich, A. T. S., De oblig. Domini jurisdict. ad praestand. facta actuarii. —.30
3213 Greeve, L. G., De crimine partus abacti. Traj. 1845. 8°. —.80
3214 Gregory, J. L. G., Nonnulla jur. hod. loca explic. Traj. 1839. 8°. —.70
3215 Greiff, J. E., De pactis futur. sponsaliorum. Halae. 1723. 4°. —.60
3216 Grell, C. A., De remissione tormentorum in actu confessionis. Helmst. 1728. 4°. —.70
3217 Gretschel, C. C. C., Ad edict. Athalarici. Lips. 1828. 4°. —.80
3218 Greve, A. de, De usufructu. Harder. 1676. 4°. —.30
3219 —— F. de, De testam. holograph. historia. L. B. 1825. 4°. 1.25
3220 —— — — De Germano jur. Rom. studio. Gron. 1830. 4°. —.40
3221 —— — — De J. D. Meyero Icto, de patria deq. jurispr. et nomothetica praeclare merito. Amstel. 1839. 8°. —.60
3222 Greve, W., De fidejussoribus. L. B. 1707. 4°. —.30
3223 Grevelink, P. W. A., De summi imperantis cura q. dicitur indirecta, in industria promovenda. L. B. 1832. 272 pp. 8°. 2.—
3224 Greven, A. S., De sponsalibus et de nuptiis. L. B. 1729. 4°. 1.10
3225 —— E., De infirmatione testamentorum. L. B. 1705. 4°. —.40
3226 —— H. J., De jure regio legibus solvendi. L. B. 1839. 8°. —.80
3227 —— J., De officio praefecti urbis. Davent. 1758. 4°. —.70
3228 —— W. A., De justitia et jure. L. B. 1729. 4°. —.70
3229 Grevenswert, B. C. S. v., De separatione bonorum e jure Franc. uxorum ratione, indemnitatis remedio. L. B. 1829. 8°. —.60
3230 Grez, J. L. de, Ad art. 885 Cod. civ. Belg. L. B. 1842. 8°. —.30
3231 —— J. M. H. J. de, Het regt van gratie volgens ons tegenw. staatsregt. L. B. 1860. 8°. —.40
3232 Gribner, M. H., De argum. qui pro hypothesis tacitis afferuntur. Lips. 1732. 4°. —.30
3233 —— — — et J. Küstner, Periculum rei commodatae. Lips. 1709. 4°. —.40
3234 Griethuysen, J. H. v., De advocato fisci. Harder. 1749. 4°. —.60
3235 Griffioen, H., De repraesaliis. L. B. 1775. 4°. —.80

3236 GRIMBERG, J. G., De obligatione devovendi se pro patria. L. B. 1756. 4°. —.70
3237 GRINWIS, J. AD., De qualitatibus tertiam. Traj. 1776. 4°. —.60
3238 —— J. AD., De ususfructu. L. B. 1768. 4°. —.40
3239 GRIZELIUS, A. A., De privilegiis creditorum. Lips. 1710. 8°. —.60
3240 GROE, G. H. v. D., De advocatis. Traj. 1726. 4°. —.30
3241 GROEN, J., Varia cautionum in jure receptarum genera. Traj. 1770. 4°. 1.—
3242 —— v. PRINSTERER, G., De jur. Just. praestantia ex rationib. ejus manifesta. L. B. 1828. 4°. 1.50
3243 —— — —— Idem liber. forma 8°. 1.—
3244 GROENENDYCK, A. v., De concursu et cumulatione actionum ad l. 53 princ. DD. de oblig. et act. L. B. 1714. 4°. —.40
3245 —— C. R. v., De negotiis bon. fidei ob interveniantem metum, vel dolum ipso jure nullis. L. B. 1761. —.60
3246 —— P. v., De societate. L. B. 1678. 4°. —.30
3247 —— R. v., De pignoribus et hypothecis. L. B. 1688. 4°. —.30
3248 GROENEVELT, A., De litium occupand. et contrabend. studio in legg. Rom. conspicuo. L. B. 1777. 4°. —.30
3249 —— C. v., De transactionibus. L. B. 1736. 4°. —.30
3250 —— C. J. v., De lege Falcidia. L. B. 1785. 4°. —.60
3251 —— F. D. v., De injuriis. L. B. 1710. 4°. —.40
3252 —— J. v., De jure extranei. L. B. 1712. 4°. —.40
3253 —— T. v., De transactionibus. L. B. 1695. 4°. —.30
3254 GROENEWEGEN, J. v., Ad leg. 5 Cod. de rei vindicatione. L. B. 1761. 4°. —.50
3255 —— M. G. v., De jure evictionum. L. B. 1774. 4°. —.50
3256 —— S. v., De probationibus. L. B. 1738. 4°. —.40
3257 GROENHOUT, T., De verborum obligationibus. L. B. 1700. 4°. —.60
3258 GROENINX, A., De salario advocatorum. Traj. 1795. 4°. —.60
3259 —— v. ZOELEN, O. P., De privilegiis. L. B. 1787. 4°. 1.10
3260 GROENSTEYN, D. D., De mod. obs. testam. infirmandor. L. B. 1674. 4°. —.30
3261 GROETTNER, F., De reservato. Vitemb. 1727. 4°. —.50
3262 GROFEN, T. B., De statu reip. moto et corrupto. Helmst. 1683. 4°. 1.—
3263 GROHMANN, C. F., De judicio fam. ercisc. Lips. 1726. 4°. —.40
3264 —— J. C. A., De generationis atque temperamentorum legibus. Viteb. 1792. 4°. —.40
3265 GROIN, J. H. v., De aestimatione rei a judice ineunda. L. B. 1750. 4°. —.60
3266 —— M. C. J., Verum indolem privilegii militibus concessi circa substitutiones. Harderv. 1704. 4°. —.30
3267 GRONDAM, G. v. D., De reconventione. Traj. 1777. 4°. 1.—
3268 —— J. v. D., De indole ususfr. cum potestate alienandi. Traj. 1808. 4°. 1.—
3269 —— — — — Idem liber. forma 8°. —.60
3270 —— J. R. v. D., De secundo juris praecepto. Traj. 1775. 4°. —.40
3271 GRÖNING, A., De judice delegato. Traj. 1766. 4°. 1.—
3272 GRONOVIUS, J., De lege regia. L. B. 1712. 8°. —.30
3273 —— JA., Ad 4 fragm. quae ex Aelii Marciani prim. regull. libr. in DD. supersunt. L. B. 1759. 4°. 1.—
3274 —— — De duobus in Dayvenvoordenses praetorium receptis lapidibus. L. B. 1708. 4°. 1.60
3275 —— JO., De orig. nobilitatis Europeae. L. B. 1789. 4°. 1.—
3276 —— L. T., Modi acquir. dominii jure gentium. L. B. 1731. 4°. —.50
3277 GROOS, N. S., De fam. erciscunda. L. B. 1841. 8°. —.30
3278 GROOT, J., De solutionibus. L. B. 1703. 4°. —.30
3279 —— — De legatis. Traj. 1708. 4°. —.50
3280 —— — De mandato. L. B. 1712. 4°. —.40
3281 —— N., De dote. Traj. 1763. 4°. —.30
3282 —— A. K. DE, Over de vaderlijke magt naar het Oud-Ned. regt. Schied. 1837. 148 pp. 8°. 1.25
3283 —— D. DE, De cessione bonorum. Traj. 1766. 4°. —.22
3284 —— — — De circumscripta probatione per testes. Amstel. 1862. 8°. —.60
3285 —— J. DE, De diff. action. bon. fid. et stricti juris. Traj. 1746. 4°. 1.—
3286 —— A. v. H. D., Duae quaest. de jure Rom. L. B. 1839. 8°. —.30
3287 GROOT, H. CORNETS DE, De legato legationumque jure. L. B. 1731. 4°. —.60
3288 —— J. C. DE, De jure caecorum. L. B. 1768. 4°. —.60
3289 —— P. CORNETS DE, De personis judicii principalibus. L. B. 1760. 4°. —.40

3290 Grootenray, H. W. v., De foederibus et sponsalibus. L. B. 1754. 4°. —.80
3291 —— P. J. v., De sententiis. L. B. 1755. 4°. —.60
3292 —— P. J. H. v., De bonis praecipuis (*Voordeelgoederen*), q. in IV praefecturis superiorib. tetrarchiae Noviomagens. et ipsa urbe Noviomago obtinent. L. B. 1776. 4°. 1.—
3293 Groschupff, F. A., De exheredatione conjugum. Erf. 1720. 4°. —.50
3294 Grossgebauer, J. S., De repraesentatione pecuniaria. Jen. 1694. 4°. —.30
3295 Groschupf, De oppigneratione feudorum. Lips. 1744. 4°. —.40
3296 Groß, C., De stylo curiae. Francf. 1670. 4°. —.70
3297 Grosskreutz, J. A., De origine querelae inoff., occ. leg. 2 DD. de inoff. test. Hal. 1789. 4°. —.40
3298 Grote, O., De natura fine et principiis jurispr. Helmst. 1676. 4°. —.50
3299 —— J. O., De sponsalibus. Hal. 1712. 4°. —.70
3300 —— O., Legislator Germanicus. Argent. 1659. 4°. —.60
3301 Grothe, J. F. T., De contractu stricti juris. Traj. 1775. 4°. —.60
3302 —— W. E., De annuis et menstruis legatis et fidcic. Traj. 1772. 4°. —.80
3303 Grotius, H., De tortura, s. de quaestione per tormenta. Traj. 1680. 4°. —.80
3304 —— J., De acquirendo rerum dominio. L. B. 1688. 4°. —.40
3305 Grovestins, J. F. S. v., De autocheiria. Fran. 1767. 4°. —.50
3306 Grube, G. C., De usore nob. Pratenica. Francq. 1713. 4°. —.60
3307 Gruiter, P. d., De jure emphyteutico. Traj. 1690. 4°. —.80
3308 Gruiwardus, H., De test. inter liberos. L. B. 1642. 4°. —.30
3309 Grumbrecht, O. A., De jure mercaturae; ex princ. leg. 4 Cod. de commerc. et mercator. Hal. 1726. 4°. —.40
3310 Grunder, J. F., De libellis alternativis. Hal. 1788. 4°. —.70
3311 Grupen, C. W., De virgine pro vidua ducenda. Lemv. 1716. 4°. 1.—
3312 —— —— De donationibus ante nuptias; ac osculo virginitas debilitur. Hal. 1717. 4°. 1.—
3313 Grupp, J. C., De lubrico aetatis. Francf. 1707. 4°. —.60
3314 Grutter, P., De fidejussoribus. L. B. 1691. 4°. —.40
3315 —— R., De usuris. Gron. 1635. 4°. —.80
3316 Gruyter, G. d., De jurisdictione. Traj. 1694. 4°. —.80
3317 Gryp, P. C. E. Sr., Over de wraking van den regter. L. B. 1838. 294 pp. 8°. 1.50
3318 Gryphiander, J. v., De legit. tutela. Traj. 1721. 4°. —.30
3319 Gude, C., De electione et successione regia. Brem. 1664. 4°. —.40
3320 Gudan, D. M., De judiciis. Erf. 1703. 4°. —.50
3321 Guenther, C. F., De expeditoribus mercium. Lips. 1808. 4°. —.70
3322 —— —— Ad tit. 40, § 3 leg. judic. recognitae. Lips. 1830. 4°. —.30
3323 Guepin, P. J., De legato rerum, q. sunt extra commercium. L. B. 1775. 4°. —.80
3324 —— —— De delictis culpa commissis. L. B. 1776. 4°. 1.—
3325 Guichart, F. J., De herede causam successionis omittente vel immutante. Gron. 1778. 4°. —.60
3326 Guichenit, G. S., De eo, quod sub comitibus in Hollandia juris fuit in privilegiis sub- et ob-reptive obtentis. L. B. 1759. 4°. —.90
3327 —— M. A. M. 's Grav., De parte bonorum de quo in favorem conjugis disponere licitum est. L. B. 1838. 8°. —.40
3328 Guhling, J. G., De actionibus mixtis et non mixtis. Vitemb. 1787. 4°. —.50
3329 Gülcher, C. F., De nomine, quo societ. mercat. insigniuntur, quod vulgo *firma*, sive socialis ratio appellatur. Amstel. 1831. 8°. —.50
3330 Guldemont, A. P. W., De agger. et aquar. curat. collegio, atque de historia tractus *de Krimpenerwaard*. L. B. 1837. 8°. —.60
3331 Guldenstedden, J. S., De osculo sponsalitio. Traj. 1758. 4°. —.60
3332 Guldenwagen, D., De modis, qbs. test. infirmantur. Fran. 1718. 4°. —.30
3333 Gulich, P. A., De variis creditorum c. praestationes aliq. debita hominum propriorum juribus sec. jura Osnabrugensia. Herder. 1738. 4°. —.90
3334 Gulielmi, M., De juribus, qbs. renuntiare licet, vel non. Gron. 1684. 4°. —.30
3335 Gullander, A. P., De jure necessitatis in innocentem. Lund. 1799. 4°. —.30
3336 Gummerus, J. N., De necessaria munerum distinctione in republica. Abo. 1769. 4°. —.30
3337 Gumprecht, J. C., De tutore interimistico. Altdorf. 1682. 4°. —.50
3338 Gundelach, A., Vindiciae juris maiorum. Marb. Cattorum. 1633. 4°. —.30
3339 Gundling, N. H., De emptione uxorum dote et Morgengabe. Lips. 1731, 160 pp. 4°. 1.75

3340 Gundlingius, N. H., De statu naturali Hobbesii in corpore juris civilis defenso et defendendo. Hal. 1735. 4°. —.60
3341 —— — — De C. Trebatio Testa Icto ab injuriis veterum atque recentiorum scriptorum liberato. Lips. 1730. 4°. 1.25
3342 —— N. H. G., De transactione testamenti tabulis non inspectis. Hal. 1735. 4°. —.70
3343 Gunsberg, J. M., De donationibus. Hard. 1750. 4°. —.30
3344 Gunst, L. A., De transactionibus. Amstel. 1676. 4°. —.80
3345 Günther, C. F., Num ex jure Saxonico hypotheca in mola navali constitui possit? Lips. 1831. 4°. —.30
3346 —— — — De caus. ac. rationib. dominii privati aquar. profluent. Lips. 1829. 4°. —.30
3347 —— J. C., De vita ante acta. Francf. 1690. 4°. —.50
3348 —— J. E., Dubia juridica. Erf. 1700. 4°. —.40
3349 —— J. H., De citationibus potissima capita et cautelae. Erf. 1731. 4°. —.80
3450 —— — — De jure aquarum metallic. singulari. Erf. 1730. 4°. —.40
3351 —— — — De prosopolepsia in jure licita. Lips. 1728. 4°. —.70
3352 Gunzel, A., De majestate Rom. imperatoris. Vitemb. 1733. 4°. —.40
3353 Gupner, J. B., De jure thalami. Jen. 1703. 4°. —.70
3354 Gutbierus, C. C., De sententia ipso jure nulla. Erf. 1738. 4°. —.50
3355 Gyllenberg, H. A., De jurisconsulto. L. G. 1732. 4°. 1.50
3356 —— — — De praesagiis politicis. Ups. 1731. 4°. 1.25
3357 Gyselaar, C. de, De indole grad. tacit. pignorum. L. B. 1774. 4°. 1.25
3358 —— F. de, De libertate preli. L. B. 1818. 200 pp. 8°. 1.50
3359 —— L. J. de, De impensarum abusu fructuario factarum repetitione. Amst. 1818. 8°. —.90
3360 —— N. de, De operis novi nuntiatione. L. B. 1703. 4°. —.30
3361 —— — — De foro mercatorum (beurs). L. B. 1839. 8°. —.40
3362 —— P. G. de, De proxenetarum monopolio. Amst. 1855. 8°. —.50
3363 Gyselaer, N., De venatione. L. B. 1734. 4°. —.40
3364 H., C. D., De eo, qd. justum in jure Danico. Othenia Fionias. 1743. 4°. 1.25
3365 Haack, L., De except. non num. pec. Traj. 1720. 4°. —.80
3366 —— S., De traditionibus. L. B. 1092. 4°. —.40
3367 —— — De fidejussoribus. L. B. 1683. 4°. —.80
3368 Haag, P. P., De dominiis rerum. Ups. 1706. 8°. —.40
3369 Haar, B. v. d., De portione legitima. Har. 1845. 8°. —.70
3370 Haarman, J. H., De adulteriis. L. B. 1707. 4°. —.90
3371 Haan, C. d., Quaest. varii argum. L. B. 1820. 4°. 1.10
3372 —— L. d., De jurejurando. L. B. 1738. 4°. —.50
3373 Haanselbergen, S. H. W. E. v., De nuptiis. Traj. 1793. 4°. —.40
3374 Haantjes, M., De onmiddelijke regtsgevolgen van het faillissement. L. B. 1856. 8°. —.70
3375 Haar, H. v., De staat en het individu. Amstel. 1863. 8°. —.70
3376 —— C. B. v. d., De servitt. urban. praediorum. Traj. 1723. 4°. —.30
3377 Haaren, G. v., De inspiciendo ventre, custodiendo partu, ventris nomine in possessionem missione, et curatore ejus. 4°. —.30
3378 Haarlem, G., De collatione bonorum. L. B. 1739. 4°. —.60
3379 Haarsma, H. A., De emtione venditioneq. sec. jus Rom. ac Cod. Nap. L. B. 1811. 8°. —.30
3380 Haarman, H. J., De Rom. et hod. in jus vocatione. Harderv. 1782. 4°. —.70
3381 Haart, P. d., De injuriis. Traj. 1722. 4°. —.40
3382 Haas, G. d., De commodato. L. B. 1709. 4°. —.30
3383 Haastert, C. J. v., Litis contestatio esse contractus. Amstel. 1848. 8°. —.70
3384 Haber, F. W., De fideicommisso et quatenus res eodem affectae alienari possint. Erf. 1734. 4°. —.50
3385 Haccius, F. G., De sponsionibus. Ling. 1737. 4°. —.60
3386 Hachenberger, J. C., De liber. et militum ob def. cons. parent. et chiliarchae nuptiarum nullitate. Vitemb. 1723. 4°. —.40
3387 Hacke, C. H., De jure retentionis ex diversa etiam causa competente. Hal. 1737. 4°. —.40
3388 —— H. C., De separatione patrimoniorum in concursu. Lips. 1733. 4°. —.50
3389 Haeberlin, C. F., Saxon. et Suev. jus criminale. Lips. 1838. 8°. —.70
3390 —— F. D., De statuta Susatiensia Latina seculo XII in literis redacta. Helmst. 1748. 4°. —.50

3391 Haeberlin, G. H., De usufructu statutario materno. Tub. 1704. 4°. —,60
3392 —— H. J., De usufructus statutarii materni effectibus onerosis. Tub. 1704. 4°. —,60
3393 Haeften, C. v., Ad l. 6 DD. de servitutib. Traj. 1755. 4°. —,40
3394 —— J. v., De consensu nuptiali. Traj. 1764. 4°. —,70
3395 —— — — De vagabundis. Traj. 1776. 4°. —,90
3396 —— — — Ad L 16 DD. de condit. institutionum. Traj. 1771. 4°. —,40
3397 —— J. D. v., De spoorwegwetgeving in Nederland. L. B. 1868. 316 pp. 8°. 2,—
3398 —— D. Dudey v., De legato rei alienae. L. B. 1766. 4°. —,60
3399 Haeggquist, E., De formula *Dei gratia* princip. titulis adjici solita. Aboa. 1789. 4°. —,30
3400 Haesboroth, N., De obligatione ex judicio erroneo. Lund. 1794. 4°. —,30
3401 Haensel, J. C., Justinianus in definiendo jure naturali et distinguendis juribus summus artifex. Vitenb. 1738. 4°. —,60
3402 Haenel, G. F., De testam. milit. Lips. 1815. 4°. Dissert. I. —,60
3403 —— — — De testam. milit. Lips. 1816. 4°. Dissert. II. —,60
3404 —— — — De acquir. rer. dominio. Lips. 1817. 4°. 1,10
3405 Haer, B. v. d., De jurejurando. Traj. 1802. 4°. 1,25
3406 —— — — — De deposito. L. B. 1720. 4°. —,80
3407 —— B. H. v. d., De jure praecedentiae inter gentes. Gron. 1838. 168 pp. 8°. 1,25
3408 —— C. v. d., Ad l. Corn. de sicariis. L. B. 1709. 4°. —,80
3409 —— D. v. d., Ad § 20 Inst. de actionibus, q. e. de actionibus mixtis. L. B. 1710. 4°. —,40
3410 —— D. B. v. d., De pupillari substitutione. L. B. 1775. 4°. —,40
3411 —— H. v. d., De carcer. eorumque effractoribus. Fran. 1772. 4°. —,60
3412 —— N. v. d., Ad l. 11 pr. DD. de poenis. Traj. 1710. 4°. —,80
3413 Haersma, H. H. v., De origine et progressu successionis ex testam. apud Frisios. Gron. 1783. 4°. —,60
3414 —— H. L. v., De lege commissoria et utroque jure retractus. Gron. 1746. 4°. —,80
3415 —— J. B. v., Depositum irregulare. Gron. 1759. 4°. —,80
3416 —— v. Sm., D. D. B. v., Observati. nonnul. de jure hod. Gron. 1825. 8°. —,80
3417 Haersolte, N. S. C. v., Theses jur. publ. Hard. 1763. 4°. —,30
3418 Haerten, J. B. R. A., Ad var. artic. nostror. codicum. Traj. 1838. 8°. —,30
3419 Haerter, J. F. J., De jure emigrandi et transmigrandi subditorum. Erl. 1700. 4°. —,70
3420 Haesebroeck, J., De societate. L. B. 1762. 4°. —,70
3421 —— — An dentur actiones mixtae, in rem et in personam, et quaenam illae sint? L. B. 1716. 4°. —,80
3422 —— J. L., Ad l. 14 DD. de tutelis. Traj. 1781. 4°. —,50
3423 —— P., De favore reorum in causis civilibus et criminalibus. L. B. 1770. 4°. —,60
3424 Hafner, C., De mercatura. Bas. 1607. 4°. —,50
3425 Haganaeus, J. d. W., De cadaveribus punitorum. Traj. 1708. 4°. 1,10
3426 Hage, J., De praevaricatione. L. B. 1734. 4°. —,80
3427 —— T. F., De suffragiis, seu calculo Minervae. L. B. 1765. 4°. —,60
3428 Hagedoorn, H., De donationibus. L. B. 1706. 4°. —,50
3429 —— — De modis solvendi patriam potestatem. L. B. 1784. 4°. —,30
3430 —— J., De consuetudine. L. B. 1738. 4°. —,40
3431 —— J. W., De natura et indole Servitutum praediorum. Traj. 1707. 4°. —,30
3432 —— R., Theses quaed. jur. Rom. Traj. 1770. 4°. —,30
3433 Hageman, E., Jura, quae pendente bello hosti in hostem competunt. L. B. 1773. 4°. —,60
3434 —— G. C., De carbonlano edicto, de testamentis privileg. jure Napol. L. B. 1811. 8°. —,40
3435 —— H. C., Ad lib. I DD. Halae. 1694. 4°. —,80
3436 —— N., Animadv. ad V. J. Blondeel. Ictum. Hagae. 1745. 4°. —,80
3437 Hagemann, H. C., Ad lib. XXIII, XXIV, XXV DD. Halae. 1694. 4°. —,30
3438 Hagemeister, J. A., De dominio ex contractu doloso non translato. Hal. 1786. 4°. —,60
3439 Hagen, C. v. d., De jurejurando. L. B. 1687. 4°. —,30

3440 Hagen, J. v. d., De testibus ab inimic. suspectis. Traj. 1754. 4°. —.30
3441 —— P. v. d., De societate. Traj. 1754. 4°. —.40
3442 Hagens, J. J. G. v., De usufructu. Duisb. 1733. 4°. —.30
3443 Hagerman, C., De multitudine incolarum fundamento felicitatis civilis. L. G. 1751. 4°. —.50
3444 Hagober, C. J., De institutione accusatorum publicorum. Ups. 1819. 4°. —.30
3445 Hagra, J., De transactionibus. L. B. 1676. 4°. —.30
3446 Hagnavlbus, B., De jure creditorum, facta cessione, adversus tertium competente. Jen. 1741. 4°. —.70
3447 Hagoort, A., De auctorit. tut. et cur. Traj. 1756. 4°. —.60
3448 Hake, C., Univ. jus. Germ. et Saxon. Lips. 1704. 4°. 1.35
3449 —— J., De jure absentiae. Helmst. 1617. 4°. 1.50
3450 —— J. D., De notione et executione austregarum. Francf. 1699. 4°. —.50
3451 Haksteen, J., De officio procuratorum aut postulatorum. Traj. 1766. 4°. —.40
3452 Halden, C. J., Historia Icti decus et praesidium. Lund. 1800. 4°. —.60
3453 Halffwassenaar, J. A. v., De emphyteusi. L. B. 1769. 4°. —.60
3454 Hall, A. M. C. v., De Heineccii meritis in restitut. leg. Pap. Pop. L. B. 1829. 8°. —.70
3455 —— — — — — De codic. civ. Franc. placitis, q. ex legislat. intermedia desumta sunt. Amstel. 1830. 8°. —.30
3456 —— F. A. v., De dolo. Amstel. 1812. 8°. —.70
3457 —— J. v., De meritis Belgarum in excol. hist. juris Rom. studio. Amstel. 1824. 4°. —.70
3458 —— — — De origine et progressu quaest. per tormenta, de pondere confessionis et condemnatione ex sola rei convictione. Traj. 1828. 125 pp. 8°. —.90
3459 —— — — De tuenda et colenda jurisprudentia. Amstel. 1843. 8°. —.30
3460 —— M. C. v., De continentia causarum. L. H. 1787. 4°. —.30
3461 Haller, L. P., De auctione Romana. Traj. 1728. 4°. —.40
3462 Haller v. Hallerstein, P. J., De patriciis. Goett. 1684. 4°. 1.25
3463 Hallingo, A., De mandato. L. H. 1706. 4°. —.40
3464 —— J., De boni civis officio. Dordr. 1723. 4°. —.30
3465 —— J. H., De officio judicis. L. B. 1726. 4°. —.60
3466 Hallman, L. J., Legem naturalem esse indispensabilem. Aboa. 1769. 4°. —.40
3467 Hallquist, P. E., De collisione inter leges et mores. Aboa. 1774. 4°. —.30
3468 Hallungius, G. G., De probationibus. L. B. 1739. 4°. —.50
3469 —— J. M., Ad L. 82 Dig. de fideicommissis. L. B. 1729. 4°. —.60
3470 Halm, J. v., De tutelis. L. B. 1707. 4°. —.30
3471 Halsema, T. F. J. a, De probationibus. Gron. 1756. 4°. —.40
3472 Halteren, H. B. v., De modo in poenis irrogandis servando. L. B. 1752. 4°. —.60
3473 —— J. B. v., De arbitris compromissariis. L. B. 1754. 4°. —.60
3474 —— J. J. v., De collegio qd. in Rhenolandia viarum et agg. suprem. cur. gerit. L. B. 1828. 4°. 1.50
3475 —— — — — Idem liber, forma 8°. —.80
3476 Ham, F., De jure postliminii. L. B. 1708. 4°. —.30
3477 Hamberg, E., De jure gentium circa pestem. Aboa. 1781. 4°. —.30
3478 Hambraeus, L., De privatione juris hereditatis. Ups. 1818. 4°. —.30
3479 Hamel, A. L. v., De jure, quod principi competit circa sacra. L. B. 1776. 4°. —.40
3480 —— F., De pactis. Traj. 1685. 4°. —.30
3481 —— H. J. A. v., De successione conjugis superstitis. L. B. 1830. 8°. —.40
3482 —— N. v., De remissione poenarum. Hard. 1764. 4°. —.40
3483 —— O. T., De benedictione sacerdotali in nuptiis. Franeq. 1762. 4°. —.60
3484 Hamelsveld, P. v., De exceptionibus. Amst. 1824. 148 pp. 8°. 1.—
3485 —— W. Y. v., De praescriptione criminum. L. B. 1793. 8°. —.30
3486 Hamer, J. d., Ad Sctm. Trebell. L. B. 1715. 4°. —.40
3487 —— O. de Wit, De judice cantonali. L. B. 1835. 8°. —.90
3488 —— J. G. — — Ad leg. 14 Cod. de fideicommissis. L. B. 1791. 4°. —.30
3489 Hamerster, H. U., De Select. jur. crim. quaest. Franeq. 1739. 4°. —.30
3490 Hamilton, J. J., De non rescindendo contractu conductionis ob metum spectrorum. Hal. 1731. 4°. —.60
3491 —— — — De deditione personarum noxiarum. Hal. 1741. 4°. —.60
3492 Hamm, J. W. a, De remissione mercedis q. f. ob sterilitatem aliasq. calamitates ex contractu locationis conductionis. M. C. 1719. 4°. 1.—

3493 Hamman, G. F., Nullum crimen usurarum in pacto antichretico esse tolerandum. Lips. 1745. 4°. —.40
3494 Hammarin, J. J., De feudis ducalibus principibus in Sueogothia olim concessis. Ups. 1783. 4°. —.30
3495 Hammer, A. L., De natura et interpretatione sponsionum. Lips. 1704. 4°. —.50
3496 Hamminck, L., De origine dominii. Gron. 1753. 4°. —.60
3497 Hanau, S. D., De servitutum oppignoratione. Lug. 1743. 4°. —.50
3498 Hanckel, C. A., De divortiis jure natur. nequaquam prohibitis. Gotting. 1749. 4°. —.40
3499 Hanedorn, A., De M. Tul. Ciceronis oratione pro Q. Roscio Comoedo. L. B. 1844. 8°. —.70
3500 —— C., Ad Ulp. in l. 83 DD. de reg. jur. Hard. 1759. 4°. —.80
3501 Hanekuyk, J. W., De lucri et damni communione, q. ex juris Frisici principiis inter conjuges locum habeat. Gron. 1806. 8°. —.70
3502 Hanewald, J. J., De jure creditorum in bona [illegible] et quae circa eos reperiuntur. Hal. 1789. 4°. —.50
3503 Hanff, F., De rationariis praefecturarum. Francf. 128 pp. 1681. 4°. 1.50
3504 Hanffman, A., De re monetaria. Bas. 1616. 4°. —.60
3505 Hanisch, E., De natura et usu divisionis rerum in res divini et humani juris. Vitemb. 1789. 4°. 1.—
3506 Hanlo, A. Z., De privil. arb. cogendi mercat. ut merc. vendend. gratia forum suum adeunt. 1628. L. B. 180 pp. 4°. 1.60
3507 —— —— Idem liber. forma 8°. 1.10
3508 —— —— De nominum obligatione. Amstel. 1826. 8°. —.80
3509 Hannemann, C. F., De pactis. Kiloni. 1703. 4°. —.40
3510 Hanno, H. A. v. T., De potestatis judiciariae limit. L. B. 1827. 4°. —.90
3511 Hannesen, J. A., De statu civitatis ejusque juribus. Gott. 1723. 4°. —.60
3512 Hanselaar, P., De nasciluris seu nondum natis an non hi recte dicantur homines. L. B. 1758. 4°. —.50
3513 Hantelmann, J. C., De eo, qd. justum circa restit. rer. furtiv. Jen. 1726. 4°. —.50
3514 Harbert, F. L., De emtione venditione. Hard. 1756. 4°. —.80
3515 Hardt, J. H. v. d., De manumissionibus in ecclesia itemque de Franconiae ducatu πάρεργον. Jen. 1712. 4°. —.50
3516 Hare, A. P., De jure impetus c. homicidium. L. B. 1730. 4°. —.60
3517 Harencarspel, G. G. v., Ad art. 6 leg. contin. praec. gener. legislationis. L. B. 1855. 8°. —.60
3518 —— R. S. v., De propria reip. Rom. conditione in tribuu. plebis institutione observanda. Traj. 1816. 8°. —.90
3519 —— —— —— De oblig. in solidum et individuis, earumq. differentia. Traj. 1820. 8°. —.50
3520 Haringma v. Slooten, D. J. A. v., De judicis pacis, praeside consilii famil. Gron. 1830. 8°. —.70
3521 —— —— P. A. V. v., Observatt. varii argum. Gron. 1837. 8°. —.40
3522 Harkenroth, H. P., De assecuratione et bodomeria. Traj. 1756. 4°. —.50
3523 Harlessen, A. L. v., De jure colonario, sive coloniae non perpetuae sed simplicis. Jen. 1666. 4°. —.90
3524 Harmes, J., An fraudes apud temperantes locum habeant? Brem. 1652. 4°. —.60
3525 Harmsen, J. P., De reditibus perpetuis, q. v. dicuntur census constitutivi et reservati. Amstel. 1830. 8°. —.40
3526 Harn, G. J. v., De delictis, quae in deum committi vulgo dicuntur. Harder. 1806. 4°. —.90
3527 —— J. v., De codicillis. Traj. 1761. 4°. —.60
3528 Harpprecht, C. F., De recte praeparando et conformando studio juris ad usum scholarum illustrium. Tub. 1730. 4°. 1.—
3529 —— F. C., De adcitatione tertii ad litem. Tub. 1759. 4°. —.70
3530 —— J., De electione certae personae industriae. Tub. 1718. 4°. 1.—
3531 —— v. Harpprechtstein, S., Decretum divi Marci. Kiliae. 1728. 4°. 2.—
3532 Harscamp, R. J. v., De tigno juncto. Traj. 1730. 4°. —.80
3533 —— E. v., De reivindicatione. Traj. 1697. 4°. —.80
3534 —— —— De dominio dotis, ad l. 30 Cod. de jure dot. Traj. 1738. 4°. —.40
3535 Hartingh, N., De diversis aetatis gradibus. L. B. 1764. 4°. —.50
3536 —— —— De judice ex imprudentia obligato. L. B. 1772. 4°. —.50
3537 Hartius, O. C., De publiciana in rem actione. Gron. 1745. 4°. —.40

3538 HARTMAN, A., Praesumptionem aequalitatis in judiciis divisoriis et actione negatoria. Vitemb. 1735. 4°. —.50
3539 —— A. C., Primae lineae juris maritimi. Traj. 1839. 4°. —.60
3540 —— C. A., Ad nonnulla tum jur. civ. tum antiq. jur. Holl. capita. L. B. 1768. 4°. —.50
3541 —— C. M. A., De revocatione donationis inter vivos. L. B. 1859. 8°. —.60
3542 —— G. J., De jure hereditatis privatae in republica peruncessario. Abos. 1798. 4°. —.60
3543 —— J. B., De jure filii posthumi testam. matris in puerperio morientis praeteriti. Harder. 1781. 4°. —.80
3544 —— J. M., De judice. L. B. 1617. 4°. 1.10
3545 —— M. A., De excusationib. tutorum sec. jur. hod. princip. L. B. 1828. 8°. —.60
3546 —— N., De querela inoff. testamenti. L. B. 1719. 4°. —.50
3547 —— N. G., De geminationibus. L. B. 1768. 4°. —.50
3548 HARTMANN A E., E., An si certa usur. quantitas per transact. remissa, resid. vero usur. sorti antiq. distinct. term. solvend. jungatur, a tempore morae de tota quantit. usurae a debitore peti possint? Lips. 1716. 4°. —.50
3549 —— J. F., De jure conjugis nuptias iterantis in bonis propriis et a priori conjuge quaesitis. Hal. 1720. 4°. —.50
3550 HARTOG, J. H., De origine, caus. atque progres. societ. civ. Traj. 1805. 4°. —.70
3551 —— P., De sectione debitorum. Hard. 1756. 4°. —.80
3552 —— L. DE, Ad reg. nemo sibi possessionis causam mutare potest. L. B. 1859. 8°. 1.—
3553 HARTOGH, H. A., De jure naturae. Gron. 1836. 4°. —.60
3554 —— J. L. DE, De testibus. L. B. 1781. 4°. —.80
3555 HARTOGHVELD, M. v., De causis patriae potestatis. Traj. 1696. 4°. —.80
3556 HARTSEN, C., De natura literarum cambial. Amst. 1854. 8°. —.40
3557 HARTSINCK, C. G., De jure codicillorum. L. B. 1709. 4°. —.60
3558 —— J. C., Jur. controv. L. B. 1709. 4°. —.80
3559 —— J. C. C. F., De poenis vel aug. vel minuend. Traj. 1777. 4°. —.70
3560 HARTUNG, J. C., De cautione usufructuaria. Hal. 1737. 4°. —.60
3561 —— J. G., De origine dominii. Vitemb. 1709. 4°. —.60
3562 HARTZ, J. P., De fam. ercisc. judicio. L. B. 1757. 4°. —.60
3563 HARZ, C. G., De reb. manc. et nec mancipi. Lips. 1807. 4°. —.50
3564 HASE, C., De rerum divisione et adquirendo ips. dominio. Bielef. 1667. 4°. —.80
3565 —— J. H., De pecunia stat. tempor. solvenda. Jen. 1681. 4°. —.80
3566 —— A. D., De licita juramenti judicialis contra matrimonium delatione, sec. cap. ult. X de Transact. Traj. 1743. 4°. —.60
3567 HASEBORG, M. J. v., De heredib. tutor. et curat. Gron. 1833. 8°. —.50
3568 HASPER, C. G., An juramentum reo de stupro delatum acceptatum et adjudicatum, a consistorio in suppletorium mutari possit, si actrix ante ejus praestationem stuprum semiplene probet? Lips. 1746. 4°. —.40
3569 HASSELAAR, C. P., De alimentis ex pietate ac jur. necessitate praestand. L. B. 1762. 4°. —.60
3570 —— D. W., De modo quaestiones de conjugio ex ipsa ejus definitione dirimendi. L. B. 1776. 4°. —.50
3571 —— G., De injuriis. L. B. 1748. 8°. —.50
3572 —— G. A., De oblig. q. quasi ex contractu nascuntur. L. B. 1719. 4°. —.40
3573 —— G. N. P., De juribus quibusdam singularibus Academiae Lugd.-Bat. L. B. 1776. 4°. —.80
3574 —— H. N., Posit. jur. Traj. 1773. 4°. —.30
3575 —— v. EMMENES, P. C., Ad l. 8 princ. DD. de transactionibus. L. B. 1759 4°. —.60
3576 HASSELBERG, B., De malo mendicitatis in civitate. Ups. 1716. 8°. —.60
3577 HASSELT, B. v., Observat. jur. Harder. 1766. 4°. —.80
3578 —— — — Ad art. 295—298 Cod. Poen. Gron. 1839. 8°. —.60
3579 —— C. C. v., De usufructu. L. B. 1760. 4°. —.60
3580 —— G. v., De carnifice. Traj. 1773. 4°. —.80
3581 —— — — De potest. legisl. principi olim Gelriae propria. Traj. 1803. 4°. 1.25
3582 —— — — Leg. 43 DD. de legatis III. L. B. 1758. 4°. —.40

3583 HASSELT, G. H. v., De obsequiis parent. et patron. praestandis. L. B. 1754. 4°. —.60
3584 —— G. J. v., De actibus status civilis. Traj. 1840. 8°. —.60
3585 —— J. v., De test. milit. L. B. 1750. 4°. —.50
3586 —— J. A. v., De pactis nudis adjectis. L. B. 1754. 4°. —.60
3587 —— J. C. v., De sanctitate murorum et portarum. Traj. 1729. 4°. —.30
3588 —— — — — De precariis. Traj. 1771. 4°. 1.—
3589 —— — — De extrema necessitate. L. B. 1729. 4°. —.80
3590 —— — — De jure crim. militari. L. B. 1830. 8°. —.60
3591 —— — — — De malitiosa desertione. L. B. 1840. 8°. —.40
3592 —— J. F. B. v., Quaest. ex jure civ. Francico. Traj. 1834. 8°. —.40
3593 —— J. F. L. v., De legitimationibus. Gron. 1824. 228 pp. 8°. 1.75
3594 —— J. H. v., De thesauris. Franeq. 1762. 4°. —.80
3595 —— J. J. v., De muliere praegn. mortua, anteq. partus ei exscindatur, non sepelienda. Amstel. 1766. 4°. Cum diss. Z. HUBER de lege nostra regia. 162 pp. 2.—
3596 —— J. O. v., Leg. 6 DD. de transactionibus. Traj. 1731. 4°. —.40
3597 —— N. v., De artic. 9 leg. q. generalia legislationis Neerl. praecepta continet. Gron. 1842. 8°. —.30
3598 —— W. J. C. v., De actione exercitoria. L. B. 1820. 4°. —.80
3599 —— — — — — Idem liber. forma 8°. —.60
3600 —— J. C. COPES v., De usu atque auctorit. jur. civ. Rom. in Gelria. Traj. 1760. 4°. —.40
3601 —— — — —— — De usu et auctor. jur. civ. Rom. in Gelria. Editio altera aucta. Arnhem. 1768. 4°. —.60
3602 —— — — —— — De jurisdictione criminali in Gelria. Arnh. 1768. 148 pp. 4°. 1.75
3603 HASZERTS, P., De synchronismo. Jen. 1703. 4°. —.60
3604 HAST, J. W., De unione prolium. Giss. 1711. 4°. —.50
3605 HATTINGER, H., Conatuum connexitatem et cohaerentiam. Bas. 1619. 4°. —.60
3606 HATTUM, B. J. v., De exceptionibus dilatoriis. Traj. 1741. 4°. —.40
3607 HAUBOLD, C. G., Leg. judic. utriusque quae saxonia regia utitur origg. Lips. 1809. 4°. —.40
3608 —— — — De obligat. cautio et solutionib. in prim. de stipulat. Aquiliana. Lips. 1817. 4°. —.40
3609 HAUCKOLDT, H., De remedio appellationis. Lips. 1704. 4°. —.40
3610 HAUSCHILD, J. F., De fructib. a mala fide possessore restituendis eorumq. usuris. Erlang. 1764. 4°. —.40
3611 J. L., —— De libert. naturali in caus. rusticorum. Adjuncta *nova basis* seu struct. jur. nat. fundamentalis. Dresd. 1738. 184 pp. 4°. 2.—
3612 HAUSMANN, L., De dominio. Rost. 1784. 4°. —.50
3613 HAUSDORFF, V. TRAUGOTT, De possessione ab onere probationis non relevante. Erf. 1727. 4°. —.50
3614 HAUSSWEDEL, J. F., De jure tertii. Francf. 1673. 4°. —.60
3615 HAUSWOLFF, J. C., De imperio mariti in uxorem. Jen. 1689. 4°. —.60
3616 HAVART, J. B., De tutela test. Traj. 1792. 4°. —.60
3617 HAVERKAMP, A., Ad Constantin. Harmenopul. promtuar. lib. 2, tit. 4, § 34, l. 13 pr. DD. de serv. pr. rust. l. 28 DD. de serv. praed. urb. L. B. 1783. 4°. —.40
3618 —— S. A., De origine dominii. Gron. 1766. 4°. —.50
3619 HAVIUS, W., De usufructu. L. B. 1701. 4°. —.30
3620 HAYSENS, H., De derelicto in specie de navi, in mari glaciali naufragio rupta, rectoribus abdicata et ab alio inventa. Franeq. 1747. 4°. —.50
3621 —— M., De jure matris. Gron. 1717. 4°. —.80
3622 HAYUNGA, H. R., De prohibitione fideicommissi. Gron. 1812. 8°. —.60
3623 HAZE BONNE, W. A. DE, Quaest. jur. L. B. 1766. 4°. —.80
3624 HEBERL, C. S., De libert. natur. Jen. 1752. 4°. —.70
3625 HEBZEUS, G. M., De contract. innomin. Witteb. 1674. 4°. —.60
3626 HECHT, H. A., De statu liberorum sui juris factorum per separationem vel nuptias. Hal. 1721. 4°. —.60
3627 HECK, D. A., De benef. quae fidejussor. competunt. L. B. 1741. 4°. —.40
3628 HECKANHOEK, A., Selecta qdm. in jure publico et civili observata. L. B. 1746. 4°. —.80
3629 HECKER, L. V., De commorientibus. Harderv. 1730. 4°. —.30

3630 Hedenberg, M., De voluntaria abdicatione regiae potestatis. Ups. 1718. 8°. —.70

3631 Hedler, C., De eo quod jur. est in donat. bon. immob. jure Saxonico. Vitemb. 1732. 4°. —.50

3632 —— J. C., Quod justum est circa praedia deserta in Saxonia. Wittemb. 1734. 4°. —.50

3633 Heeckeren, A. J. H. C. C. v., De deposito. L. B. 1793. 4°. —.40

3634 —— A. R. v., Amoenitates qd. juris publ. Gelrici. Harder. 1765. 4°. —.80

3635 —— E. L. v., De condit. liber. illegitim. Harder. 4°. 1.10

3636 —— F. J. v., De actione praetoria. L. B. 1715. 4°. —.40

3637 —— v. Kell, O. v., De jure quod Gelriae Trajecti et Transisal. regiones, postquam a°. 1672 ab hoste fuerant occupatae in antiquum foedus recipi debuissent. Traj. 1839. 8°. —.80

3638 —— —— J. D. C. v., De praestanda evictione rei venditae. L. B. 1831. 4°. —.40

3639 —— v. Brandenburg, W. L. v., De communione bonorum legali inter conjuges. Traj. 1837. 8°. —.40

3640 Heel, J. v., De repraesaliis. L. B. 1760. 4°. Cum append. docum. ined. 1.40

3641 Heemskerck, C. v., De testamentis. L. B. 1735. 4°. —.30

3642 —— —— De jure civium. L. B. 1747. 4°. —.40

3643 —— D. v., De fide instrumentorum. L. B. 1712. 4°. —.80

3644 —— J. H. v., De donationibus. L. B. 1710. 4°. —.40

3645 —— L. v., De rescind. venditione. L. B. 1713. 4°. —.30

3646 —— W. v., De jure praelationis creditorum. L. B. 1712. 4°. —.40

3647 Heemskerk, H. H., Ad fragm. Pomponii in lege 10 DD. de liberis et posth. heredib. instituendis vel exheredandis. L. B. 1801. 8°. —.60

3648 —— J., De Montesquivio. Pars prior. Amstel. 1839. 196 pp. 8°. 1.25

3649 Heemstra, A. T. R. S. v., M. P. Catonis vita. L. B. 1825. 4°. —.70

3650 —— —— Idem liber. forma 8°. —.50

3651 —— B. Th. v., Compar. jurisprudentiae et doctrinae de moribus. Gron. 1835. 148 pp. 8°. 1.10

3652 —— F. J. J. v., De obed. officiis praesidis tribunalis prim. instantiae. L. B. 1835. 8°. —.40

3653 —— S. v., De alimentis praestandis. Gron. 1830. 138 pp. 8°. 1.—

3654 Heerman, G., De judice in propria causa. L. B. 1739. 4°. —.50

3655 —— H. P., De precariis comitum (vulgo *de grafelyke Beden*) et antiqua nobilitate Hollandicae ab illis immunitate. L. B. 1781. 166 pp. 4°. 2.—

3656 Hesbuinck, G. H., Ad fragm. Pauli ex lib. 2 quaest. quod ext. in l. 89 DD. com. divid. L. B. 1802. 4°. —.40

3657 Heerkens, J. N. J., De ordinibus provincialibus. Gron. 1838. 8°. —.90

3658 Hees, A. H. v., De iis, quae antiq. apud Rom. inter litigatores ante litem cont. fiebant. L. B. 1747. 4°. 1.25

3659 —— C. v., De rer. permutatione. Traj. 1764. 4°. —.40

3660 —— D. v., De foeder. mercaturae gratia factis. L. B. 1768. 4°. —.60

3661 —— H. v., De substitutionibus. L. B. 1705. 4°. —.50

3662 —— —— De emtione-venditione. Traj. 1737. 4°. —.40

3663 —— —— De singulari legis Falcidiae computatione in legatis alimentorum, et ususfructus. L. B. 1740. 4°. —.70

3664 —— H. R. v., De burgimagistris praesertim ratione habita senatus municipalis. Amst. 1855. 8°. —.40

3665 —— I. J. v., De effectu vis et metus in promiss. et convention. L. B. 1753. 4°. —.60

3666 —— J. v., De testamentis. Traj. 1774. 4°. —.60

3667 —— J. J. v., De nobilib. ac urbium delegatis, sub comitum Hollandiae regimine ordines constituentibus. Traj. 1829. 224 pp. 8°. 1.50

3668 —— P. M. G., De juris absoluti usu, ex aequitate moderando. Traj. 1854. 144 pp. 8°. 1.10

3669 Heespen, A. T. Ad lib. VII et IIX DD. Hal. 1694. 4°. —.60

3670 —— G. F., Ad lib. XLI et XLII DD. Halae. 1694. 4°. —.30

3671 Hessel, G. C., De officio subditi. Traj. 1757. 4°. —.60

3672 Hegardt, P., De obligatione civium ad alendam principis familiam cum per provincias proficiscitur. L. G. 1763. 4°. —.50

3673 Heide, Z. D., De artifice ad mortem condemnato favore populi non liberando, ad l. 31 DD. de poenis. Franeq. 1742. 4°. —.50

3674 Heidemann, B., de processu austregarum. Francf. 1668. 4°. —.40
3675 Heiden, L. v., De varia majestatis significatione cum olim apud Rom. tum deinde apud recentiores populos. —.70
3676 Heider, M. P., De quinquennio studii juris. Lips. 1747. 4°. —.70
3677 Heidfeld, J. V., Difficil. quod jur. capit. L. B. 1772. 4°. —.50
3678 Heil, C. J., De benef. compet. civitat. non competente. Vitemb. 1708. 4°. —.50
3679 Heilbron, C., De natura obligationis, quae quasi ex contractu oritur. Amstel. 1828. 8°. —.40
3680 —— J., De redemtione alienarum litium et constitutione Anastasiana, sec. placita juris Rom. Amstel. 1838. 8°. —.80
3681 Heilman, B., Leg. 23 de reg. juris. Harder. 1741. 4°. —.60
3682 Heim, A. v. d., De injustitie populorum per fanatism successum punita. L. B. 1775. 4°. —.60
3683 —— — — — De obligatione expromisso silentio. L. B. 1776. 4°. —.60
3684 —— A. J. v. d., De Antonio Heinsio consiliario. L. B. 1834. 8°. 1.50
3685 —— G. J. H. v. d., De operorum cura publica. L. B. 1784. 4°. —.70
3686 —— J. v. d., Ad leg. 33 DD. de loc. cond. L. B. 1746. 4°. —.40
3687 —— J. A. v. d., Leg. 5 Cod. de contr. et committ. stipulatione — de emancipatione sec. Cod. Nap. L. B. 1813. 4°. —.60
3688 —— J. D. v. d., De aquae superfluae in Flandria emissione, ejusque inter Neerlandiam et Belgium ordinatione per conventionem ad diem 20 Maji 1843 Gandavi factam. L. B. 1844. 136 pp. 8°. 1.—
3689 —— J. H. v. d., De J. Gothofredi meritis in restit. XII tab. leg. L. B. 1823. 4°. —.70
3690 —— P. v. d., Ad leg. 19 DD. de offic. praesidis. L. B. 1772. 4°. —.70
3691 Heimburg, J. C., De anticategoria vulgo recriminatione in processu accusatorio ex Rom. jure spectata. Jen. 1737. 4°. —.60
3692 —— — — De fisco res debitorum fiscalium jure creditoris distrahente. Jen. 1738. 4°. —.30
3693 —— — — De appellatione ad judicem superiorem, de cujus jure nondum constat. Jen. 1741. 4°. —.30
3694 Hein, B. M. Vl., Over voorregten gevestigd op zekere bepaalde goederen van den schuldenaar (art. 1185 B. W.) L. B. 1861. 196 pp. 8°. 1.90
3695 —— G. H., Ad leg. 1 Cod. sine cens. et reliq. Ling. 1719. 4°. —.50
3696 —— — — Ad leg. 17, § 1 DD. depositi. Ling. 1720. 4°. —.70
3697 —— — — De jure imperatoris circa electionem pontificis Rom. Traj. 1721. 4°. —.50
3698 Heineccius, C. G. J. G. F., Ad edictum aedilitium. Halae. 1733. 108 pp. 4°. 1.25
3699 —— J. G., De jurisprudentia veterum Romanorum formularia. Franeq. 1734. 4°. —.50
3700 —— — — De origine atque indole jurisdictionis patrimonialis. Hal. 1716. 4°. —.60
3701 —— — — De P. Juventio Celso. Francf. 1727. 4°. —.40
3702 —— — — De C. Aquillio Gallo. Francf. 1731. 4°. —.50
3703 —— — — De Salvio Juliano. Hal. Sal. 1733. 4°. —.40
3704 —— — — De jure principis circa civium studia. Hal. 1738. 4°. —.70
3705 Heinitz, C. G., De expensis criminal. Viteb. 1765. 4°. —.40
3706 Heinricius, A., An felicitas reip. ex multitudine civium praecipue sit aestimanda. Aboa. 1765. 4°. —.60
3707 Heins, B., De perjurii poena. Erf. 1738. 4°. —.40
3708 Heintz, G., De solutione pupillis ac minorib. et ab iis tuto facienda. Lips. 1704. 4°. —.50
3709 Heising, G., De privatis legat. sacris. Halae. 1718. 4°. —.90
3710 Heisler, P. J., De pupillariter substituto heredes legitimos, praes. matrem pupilli excludente. —.70
3711 Heldevier, J. W., De principe Rom. legg. civilibus alligato. Harder. 1762. 4°. —.30
3712 Heldewier, J. A. W., De jure sepulturae. L. B. 1743. 4°. —.60
3713 —— P. J., De contractu societatis. L. B. 1826. 4°. —.50
3714 Hellén, L. G., Medeltidens feodalsystem med särskilt fästadt afseende på dess inflytelse uti Sverige. Stokh. 1851. 4°. —.50
3715 Hellbach, J. C., De poenis remittendis et minuendis. Amst. 1703. 4°. —.50

3716 Hellebaut, F., De emtione-venditione. Gand. 1818. 4°. —.30
3717 Helleday, J., De idea boni politici. Ups. 1735. 4°. —.60
3718 Hellius, P., De occupatione. Franeq. 1688. 4°. —.40
3719 Hellwick, H. C., De jure vicario. L. B. 1699. 4°. —.30
3720 Helmans, D. H., Ad leg. 54 DD. Scitum Trebellianum. L. B. 1758. 4°. —.60
3721 —— T., De sic dicta action. emptionis et vendit. hodierna. L. B. 1782. 4°. —.40
3722 Helmfeld, G., De occupatione. L. B. 1669. 4°. —.50
3723 Helmich, W. H., De emphyteusi. Gron. 1803. 8°. —.50
3724 —— W. J., De convenientia et discrep. judicis et arbitri. Harderv. 1768. 4°. —.40
3725 Helmolt, J., De jure coelibatus. Traj. 1770. 4°. —.60
3726 Helmont, D. A. Camerling, De laboris divisione. Traj. 1840. 8°. —.70
3727 Heloma, M. v., An liberi naturales legitime agniti jus habeant ad legitim. q. dicit., portionem, nullis donationib., sive inter vivos, s. testamento factas sibi, minuendam aut prorsus adimendam. Gron. 1830. 8°. —.50
3728 —— N. v., Ad art. 1020 Cod. civ. Gron. 1820. 8°. —.30
3729 Helsdingen, A. v., De cautione Muciana. L. B. 1732. 4°. —.40
3730 —— —— Select. jur. civ. themata. Hard. 1789. 4°. —.30
3731 Helvetius, G. V., De emancipationibus. L. B. 1728. 4°. —.40
3732 —— J. A., De regno Romae. Traj. 1755. 4°. 1.20
3733 Hemert, D. A. J. v., De in factum actione de recepto. Traj. 1838. 8°. —.50
3734 —— F. J. v., De modis, qbs. sententia arbitrorum infirmatur. L. B. 1847. 8°. —.70
3735 —— J. H. v., De jurejurando. L. B. 1749. 4°. —.70
3736 —— J. J. v., Ad l. 15 §§ 4, 5 DD. de usufruct. et quemadmd. quis utat. fruat. Traj. 1753. 4°. —.40
3737 —— J. M. v., De testam. milit. Traj. 1717. 4°. —.30
3738 —— W. F. v., De nobilitate Transisalanica. L. B. 1776. 4°. —.70
3739 Hemessen, T. v., Ad l. 16 DD. qui potior. in pign. Traj. 1783. 4°. —.40
3740 Hemmy, G., De testimon. Aethiopum Chinens. aliorumque pagan. in India Orientali. L. B. 1770. 4°. 1.—
3741 Hempel, J., De recognitione documentorum. Lips. 1720. 4°. —.70
3742 Hemsterhuis, F. T., De legg. civil. Gron. 1758. 4°. —.40
3743 Hendrickx, J. H., De jure donatariorum in concursu creditorum. Duisb. 1743. 4°. —.60
3744 Hendriksen, H. W. Both, De manumissionum licentia imperante Augusto restricta. L. B. 1759. 4°. —.50
3745 —— J. —— De jure et mensur. inflig. poenae capit. Traj. 1769. 4°. —.80
3746 —— W. J. —— De accusat. publicis. Traj. 1801. 4°. —.60
3747 Henel, C., De polypragmosyne. Francf. 1672. 4°. —.60
3748 Hengel, J. v., De tribus Majoriani novellis. L. B. 1833. —.60
3749 Hengelaar, A. J. v., De conventionib. earumq. requisitis et affectib. Traj. 1839. 8°. —.70
3750 —— M. J., De alimentis, cum liberis tum parentibus, praestandis. Traj. 1832. 8°. —.40
3751 Hengevelt, S., De occupatione. L. B. 1772. 4°. —.50
3752 Henghel, C. v. d., De appellationibus. Traj. 1696. 4°. —.30
3753 —— D. v. d., De tutore dativo. Traj. 1722. 4°. —.30
3754 Hengst, C. J. W. N. v., Over het eigendomsregt der gemeenten. Traj. 1853. 8°. —.70
3755 —— C. M. v., De qbsd. jur. Rom. et Belg. differentiis ratione portionis legitimae. Traj. 1794. 4°. —.60
3756 —— H. J. v., De fidejussione pro criminis reo. Traj. 1760. 4°. Cum MS. —.70
3757 —— H. W. v., De origine et jurib. dominii hujusq. acq. modis, q. originarii vulgo dicuntur, impr. sec. naturae jus. Traj. 1826. 8°. —.70
3758 —— J. B., De advocatis. L. B. 1839. 8°. —.60
3759 —— J. H. C. v., De rer. singul. dominio sec. cod. leg. civ. Traj. 1827. 8°. —.40
3760 Henne, E. C., De natalium restitutione, seu legitimatione, liberorum illegitimorum. Erf. 1730. 4°. —.30
3761 Hennebo, J., De societate. L. B. 1750. 4°. —.40
3762 Hennequin, C. V., De origine et natura principatus urbis Trajecti ad Mosam. Lovan. 1829. 8°. —.70

8763 Hennig, F. R., De poena bigamiae. Lips. 1771. 4°. —.80
8764 Henny, G. J. B., De bekentenis volgens de Nederlandsche wetgeving. Zutph. 1857. 8°. —.40
8765 Henrici, J. H., De refutatione feudorum imperii. Giss. 1711. 4°. —.80
8766 Henriquez, S. C., An qui j. publ. Neerlandus sit, necessario etiam in jure privato Neerl. locum obtineat. —.40
8767 Henry, C., De thori et bonor. separatione. Gand. 1820. 4°. —.60
8768 —— C. A. G. d', De regni defensione. Gand. 1822. 4°. —.30
8769 Hensbroeck, P., De testamentis. L. B. 1698. 4°. —.80
8770 Hensen, A. J., De actionib. in rem et person. et in specie de actionib. in rem civil. Harder. 1752. 4°. —.80
8771 Hensing, E. L., De fontibus juris Romani. Giss. 1742. 4°. —.30
8772 Hentschius, G. F., De jure vespillonum. Francf. 1691. 4°. —.70
8773 Herbert, E. J. M., De servis. L. B. 1774. 4°. —.60
8774 —— H. N., De servis. Harder. 1764. 4°. —.40
8775 Herbst, J. C., De abusu, qui circa praestat. rustic. plerumque occurrere solent. Lips. 1731. 4°. —.30
8776 Herckenrath, G. L., De vera codic. merc. indole, s. comment. ad cod. mercat. Neerl. art. 1. L. B. 1854. 124 pp. 8°. —.90
8777 Herff, M., De verborum obligationibus. Bas. 1617. 4°. —.80
8778 Hering, M. B., De orthodoxia jurisconsultorum. Rost. 1729. 4°. 1.—
8779 Herll, F. M., Selectae juris controv. quaestiones. Duisb. 1720. 4°. —.40
8780 Hermann, B. C., De polygamia simultanea illegitima. Hal. 1748. 4°. —.50
8781 —— J. H., De thesauro arte magica invento. Jen. 1719. 4°. —.40
8782 —— T., De natura sponsaliorum et divisione. Hal. 1728. 4°. —.70
8783 Hermansson, J., De legatis. Ups. 1736. 4°. —.30
8784 Herminghausen, A. P., Ad l. Corneliam de sicariis et incendiariis. L. B. 1713. 4°. —.50
8785 Herold, J. B., De austregis. Heidelb. 1704. 4°. —.50
8786 Heron, R., De tutore anecloglsto. L. B. 1782. 4°. —.50
8787 Herpfer, C. F., De periculo venditoris. Francf. 1710. 4°. —.30
8788 Herrius, G. C., De valore possessorii summarissimi. Lips. 1751. 4°. —.70
8789 Herrmann, J. F., De jur. et oblig. vidui Saxonici, qui test. uxoris fideicom. gravatus est. Lips. 1793. 4°. —.50
8790 Herrwig, C., De copia instrumentorum vidimata. Lips. 1686. 4°. —.40
8791 Herskin, J. v., De patr. potest. L. B. 1697. 4°. —.30
8792 —— — — De procuratoribus. L. B. 1725. 4°. —.60
8793 Hert, G. C., Posit. qd. jur. Giessae. 1713. 4°. —.30
8794 Hertel, J. F., De rabulistica cathedrali. Jen. 1782. 4°. —.80
8795 —— — — Imperator sol pontificis et episcoporum ex codice et novellis Justin. coruscans. Jen. 1786. 4°. —.30
8796 —— — — De studii legalis modo et more variante. Jen. 1786. 4°. —.30
8797 —— — — De fabris fortunae. Jen. 1742. 4°. —.60
8798 Hertoghe, G. d., De privilegio praescriptionis centum annorum ecclesiae Rom. non competente. Jen. 1720. 4°. —.60
8799 —— — — Tribonianus circa legem Laetoriam non errans. Jen. 1760. 4°. —.60
8800 Hertzman, J. A., De variis legatorum classibus sec. jus gent. nostri temp. Ups. 1757. 4°. —.60
8801 Hertzveld, L., De actione civ. juncta causae poenali. —.60
8802 Herwaarden, S. v., De inoff. test. L. B. 1711. 4°. —.40
8803 Herweyer, G. A., De usufructu. Traj. 1748. 4°. —.30
8804 Hesselle, J. J. P. v., De excusationib. tutorum et curatorum. Traj. 1822. 8°. —.30
8805 Herzog, J. E., De tutoribus et curatoribus. Vitemb. 1738. 4°. —.60
8806 Hesrumius, H. J., De successione collateralium. Traj. 1755. 4°. —.40
8807 Heshuysen, G., An is qui gas dolo malo contrectat furtum faciat. Traj. 1852. 8°. —.40
8808 —— J., De societate. L. B. 1707. 4°. —.40
8809 Hesse, E. H., De pactorit. mariti, uxori, cum in plurimis vitae civilis negotiis, tum imprim. in mercatura facienda, necessaria. Gron. 1841. 8°. —.30
8810 —— H., De statu liberor., q. sunt prognati ex conjunctione sponsi et sponsae, cui non accessit testatio s. hierologia, etc. Gron. 1830. 8°. —.30
8811 Hesselink, D., De dominio ejusq. acquirendi modis per occupationem et accessionem. Gron. 1821. 8°. —.40

8812 Hesselink, P., Ad l. 9 DD. de extraord. crim. L. B. 1758. 4°. —.40
8813 Hettema, M., De ususfructu legali parentum in bonis liberorum. Gron. 1817. 8°. —.80
8814 Heüslin, G., De re judicata. Argentorat. 1662. 4°. —.40
8815 Heuchelin, F. C., De pretio affectionis et amoenitatis. Heidel. 1660. 4°. —.80
8816 Heuckelom, W. v., De acquir. v. amitt. possessione. L. B. 1685. 4°. —.80
8817 Heughebaert, C., De substitutionibus hod. legg. prohib. Gand. 1822. 4°. —.40
8818 Heukelom, C. v., De assecuratione super vita. Amst. 1844. 8°. —.40
8819 —— F. v., De aerario Romano, L. B. 1821. 124 pp. 8°. —.90
8820 —— W. v., De alleen-regtsprekende regter. Amster. 1859. 144 pp. 8°. 1.10
8821 Heulle, P. L., De rebus nullius. L. B. 1697. 4°. —.80
8822 Heurkum, H. F. D. l', De rei vindicatione. L. B. 1778. 4°. —.60
8823 Heurlin, J. E., De virtutis influxu in rempublicam. Lund. 1760. 4°. 1.—
8824 —— S., Casseganes historia om de Arbetande och de Borgerliga Classerna. Lund. 1839. 8°. —.80
8825 Heurn, J. v., De regalibus in Belgio, praes. in agro Sylvaeducensi usitatis. Traj. 1778. 120 pp. 4°. 1.50
8826 —— J. H. v., De venia aetatis. Traj. 1728. 4°. —.40
8827 —— W. C. v., De jure matrimoniali sec. veteres consuetudines Sylvaeducenses. Sylvad. 1825. 8°. —.70
8828 Heusde, A. C. v., De lege Poetelia Papiria. Traj. 1841. 186 pp. 8°. 1.10
8829 —— P. G. v., De antiq. civit. origine. 1817. 4°. 1.20
8830 Heusden, A. v., De exercitoria actione. L. B. 1760. 4°. —.40
8831 —— H. A. v., De orig. majest. aut meri imperii. Traj. 1793. 4°. —.70
8832 —— J. v., De quaestionibus. L. B. 1756. 4°. —.70
8833 Heusner, J. G., De jure glandis legendae. Jen. 1786. 4°. —.60
8834 Heuvel, A. v. d., De concubinatu. L. B. 1721. 4°. —.80
8835 —— H. H. v. d., De principiis jur. naturae. Traj. 1752. 4°. 1.25
8836 —— J. v. d., De contrahenda emptione et venditione. L. B. 1691. 4°. —.30
8837 Heuven, E. v., De quarta Falcid. legitim. et Pegasiana s. Trebellian. L. B. 1719. 4°. —.80
8838 —— P. v., De retractu gentilitio. L. B. 1720. 4°. —.40
8839 —— R. v., De societate. L. B. 1685. 4°. —.30
8840 Heyblom, P. J., Miscl. quaed. jur. capita. Traj. 1762. 4°. —.40
8841 Heycop, H., De sententiis. Traj. 1698. 4°. —.40
8842 Heydanus, G., Ad art. 208 § 2 leg. fund. qui est de re militari. Amstel. 1842. 8°. —.30
8843 —— J., De fide exemplorum ex instrumentis originalibus descriptorum. Traj. 1837. 8°. —.60
8844 —— J. G., De hereditatis divisione ab adscendentibus inter descendentes facta. Traj. 1837. 8°. —.40
8845 —— P., De interusurio. Traj. 1778. 4°. —.50
8846 —— — De promulgationibus futuri matrimonii. Traj. 1836. 8°. —.40
8847 Heydeman, G. B., Ad noviss. leg., q. jurisdictio jud. canton. in foro poss. latius extensa. Amstel. 1855. 8°. —.30
8848 Heydendaal, J., De emendatione et interpr. legum. Traj. 1784. 4°. —.60
8849 Heydenryck, C. J. A., De civitatis nostrae erga juventutis institutionem officiis sec. art. 194 leg. fund. Amst. 1855. 8°. —.60
8850 Heylidy, C. J., De vroegere en hedendaagsche strafregtspleging in Suriname. Traj. 1857. 132 pp. 8°. 1.10
8851 —— H., De vi probationis, quam habet confessio criminis rei. Traj. 1828. 8°. —.60
8852 Heyliger, V. A., De restit. major. 25 annis. L. B. 1790. 4°. —.60
8853 Heymans, H., De concursu et privilegiis creditorum. Traj. 1696. 4°. —.30
8854 Heyn, C. G., De jure praedicatorio. Lips. 1759. 4°. —.60
8855 —— J. D., De periculo et commodo rei vendit. sec. jus Rom. L. B. 1824. 4°. —.50
8856 Heyningen, P. G. v., De nuptiis. L. B. 1701. 4°. —.30
8857 Heyst, F. M. de Vries v., Explic. leg. 20 DD. de negotiis gestis. De adoptione et tutela officiosa, sec. Cod. Nap. L. B. 1812. 4°. —.40
8858 Hibelet, J., Quod posit. juris. L. B. 1708. 4°. —.30
8859 Hiddema v. K., H. A., De regula: res inter alios acta aliis non nocet. L. B. 1785. 4°. —.50

3860 Hiddingh, C., De iis, q. requiruntur in teste testam. ad art. 991 C. C. B. Amst. 1840. 8°. —.70
3861 —— G., De necessariis transactionum requisitis. Gron. 1831. 8°. —.50
3862 Hiddinga, H., De vi leg. novae in ultimas voluntates, ante conditas post eam mortis confirmatas. Traj. 1816. 8°. —.70
3863 Hiele, J., De legibus imperfectis. L. G. 1733. 4°. —.60
3864 Hilmoder, P., De obligatione ad poenam civilem. L. G. 1745. 4°. —.50
3865 Hieronymus, J. H., De supremo jure dispensandi circa conjugium cum defuncti fratris uxore. Helmst. 1750. 4°. —.70
3866 Hildebrand, G. F., De herede infami. Lips. 1745. 4°. —.60
3867 —— J. De solutione triennali ad leg. 3 Cod. de apochis public. Erf. 1737. 4°. —.80
3868 Hilger, M. T., De jure. L. B. 1741. 4°. —.50
3869 Hiller, J. M., De resignatione supremae voluntatis. Tub. 1704. 4°. —.50
3870 —— J. W., Cap. 7 Aureae Bullae de successione electorum. Basiliae. 1615. 4°. —.40
3871 Hillinger, V., De successione ab intestato civ. et feud. Bas. 1607. 4°. —.40
3872 Hiltebrandt, A., Lex 7 Cod. unde vi. Bas. 1615. 4°. —.30
3873 Hinloopen, J. v. G., De jure aggratiandi. L. B. 1779. 4°. —.40
3874 Hinlopen, J., De fiction. jur. Rom. Traj. 1760. 4°. —.60
3875 —— — De successione irregulari, praesert. liberor. natural. ex cod. civ. Traj. 1824. 8°. —.40
3876 —— J. A. E., Quaest. ex cod. civ. Franc. Traj. 1833. 8°. —.40
3877 —— J. J., De his, qbs. ob ingenii imbecillitatem dementiam et furorem bonis interdictum est. Traj. 1832. 8°. —.80
3878 —— J. J., Convenientia et discrepantia conventionum jure Rom. et hodierno. Traj. 1831. 8°. —.60
3879 —— N., De emtione vend. Harder. 1678. 4°. —.30
3880 Hinojosa, A. B. B. d., De lege XII. L. B. 1694. 4°. —.50
3881 Hiomelman, J., De testibus. Lips. 1708. 112 pp. 8°. 1.25
3882 Hochepied, J. A. de, Observatt. jur. L. B. 1807. 8°. —.60
3883 —— J. B. de, De mandato. L. B. 1709. 4°. —.40
3884 Hochwandt, W. H., De publicanis, vectigalib. et commissis. Duisb. 1684. 4°. —.40
3885 Hockauffius, A., De servitute praecip. regionum Germaniae. Lips. 1757. 4°. —.60
3886 Höckert, C., Ofver Anmarkningar vid diss. forslag till Allmän Criminal-leg. Lund. 1835. 8° —.80
3887 Hoddenpyl, A. G., De productis nulla materia constantibus. L. B. 1839. 8°. —.80
3888 Hoeckster, D. G., De valore eorum, q. metus causa gesta sunt. Traj. 1739. 4°. —.60
3889 Hoeck, J., De filio fideic. gravato, duas quartas non deducente. Traj. 1786. 4°.
3890 —— J. J., Pos. contr. Giessae. 1707. 4°. —.50
3891 Hoecke, A. W. v., De jure consuetudinario. Hard. 1758. 4°. —.30
3892 —— M. v., De trans. copiarum milit. per territoria Belgica. L. B. 1790. 4°. —.40
3893 Hoeckelom, J. A. v., De dolo bono, ad leg. 1, § 3 DD. de dolo malo. Duisb. 1720. 4°. —.60
3894 Hoeckner, J. F., De literarum cambialium indossamento. Lips. 1721. 4°. —.70
3895 —— — — De jure mariti in uxoris bona moto concursu. Lips. 1723. 4°. —.30
3896 —— — — De laudemio in bonis censiticiis. Lips. 1741. 4°. —.80
3897 Hoeclum, E. H. v., De milit. testam. Harder. 1754. 4°. —.30
3898 Hoefer, D., De leg. 8 Cod. de revocanda donat. Vitemb. 1724. 116 pp. 4°. 1.25
3899 Hoefft, G. J., De virgine stuprata a stupratore non dotanda. Giss. 1719. 4°. —.60
3900 Hoefhamer, G. A., De successione regulari. Traj. 1826. 8°. —.40
3901 Hoefman, D. v. N., Ad leg. 24 Cod. fam. ercisc. L. B. 1803. 4°. 1.—
3902 Hoekman, J. S., De leg. 6, § 2 DD. de tutelis. Harderv. 1763. 4°. —.30
3903 Hoelltich, J. A., De pace domestica. Jen. 1740. 4°. —.50
3904 Hoen, G. 't, De privil. et jur. mulierum specialibus. L. B. 1776. 4°. —.50
3905 —— G. M. 't, De eo quod justm. est circa probationem. L. B. 1773. 4°. —.60
3906 —— P. A. 't, De interrog. reorum per tormenta. L. B. 1776. 4°. —.60
3907 Hoerbeck, J., De praescriptione. Lund. 1809. 4°. —.50

3908 HOESEN, L. K. v., De fin. leg. hum. Traj. 1765. 4°. —.50
3909 HOET, G. J. v., De tabulis status civ. sec art. 13 Cod. civ. N. Amst. 1849. 8°. —.30
3910 HOEVE, A. G., De falso, ad art. C. P. 132—165. Gron. 1819. 8°. —.60
3911 —— A. W., De tempore partus legitimi. Gron. 1778. 4°. —.40
3912 HOEVEL, J. P., De forma jurisdictionis. Altorf. 1737. 4°. —.60
3913 HOEUFFT, H., De jure et officio quiescendi in bello. L. B. 1768. 4°. —.80
3914 —— — Praescriptionem non esse juris natur. sed eam jure civili recte esse introductam. Amstel. 1836. 8°. —.40
3915 —— J., De satisdatione. Traj. 1777. 4°. —.70
3916 —— J. D., Spicilegii stricturae quaedam tertii juris objecti. L. B. 1778. 4°. —.80
3917 —— v. BOTTINGEN, J. D., De compensationibus. L. B. 1707. 4°. —.40
3918 —— G. P. v., De emptione et vend. L. B. 1706. 4°. —.80
3919 —— J. H., De imperio eminenti. L. B. 1777. 4°. 1.—
3920 —— J. P., Strictur. qdm. tertii juris objecti. L. B. 1778. 4°. —.40
3921 —— L., De legitimatione per rescriptum princ. e. jure Saec. L. B. 1778. 4°. —.50
3922 —— — De mandato. L. B. 1716. 4°. —.80
3923 HOEVE, A. v. D., De concubinis. Harder. 1676. 4°. —.80
3924 HOEVEL, O. P., De secunda heredis institutione. Traj. 1720. 4°. —.50
3925 HÖEVELL v. NYENHUIS, R. A. v., De antichresi. Traj. 1835. 8°. —.40
3926 HOEVEN, E. v. D., De judicantis judicis officio. L. B. 1728. 4°. —.50
3927 —— J. A. v. D., De eo quod interest. Traj. 1755. 4°. —.90
3928 —— N. v. D., De tutelis. L. B. 1719. 4°. —.60
3929 —— T. v. D., Ad leg. 2, § 14 DD. de origine juris. L. B. 1738. 4°. —.80
3930 —— J. v., Paradoxa qdm. juridica. Traj. 1755. 4°. —.50
3931 —— H. A. DES AMORIE v. D., De privilegiis, jure Neerl. creditorib. nonnullis in universas res debitoris competentibus. Amstel. 1850. 8°. —.50
3932 —— M. — —— — — De furtis ex jure XII tab. Amstel. 1843. 8°. —.60
3933 HOEY, A. v., De in litem jurando. L. B. 1793. 4°. —.50
3934 —— J. J. v., Explic. artt. 1009 et 1020 Cod. civ. Traj. 1825. 8°. —.30
3935 —— J. S. v., Jur. nat. capita. L. B. 1770. 4°. —.70
3936 HOFF, B. J., De pactis illicitis. Harder. 1751. 4°. —.40
3937 HOFF, D. D. v. D., De just. liber. exheredandi causis. L. B. 1777. 4°. —.80
3938 —— H. A., De necessitate. Harder. 1765. 4°. —.40
3939 —— L. v., De modis tollendarum obligationum, Gron. Gron. 1835. 4°. —.30
3940 HOFFLAUS, A., De legatis. L. B. 1678. 4°. —.30
3941 HOFFMAN, H. M., De gentium pactionibus et foederibus ex historia illustratis. Traj. 1824. 172 pp. 8°. 1.25
3942 —— N. J. A. C., Ad fragmt. Venuleji ex libr. ejus VII stipulationum q. e. in leg. 7 DD. familiae erciscundae. L. B. 1801. 8°. —.40
3943 HOFFMANN, B. M., De usu practico utilis remedii servi corrupti. Erf. 1735. 4°. —.50
3944 —— C. F., De summorum imperii tribunalium concurrente jurisdictione ejusque conflictu in caus. antiquioribus ex ipsorum tribunalium origine dejudicando. Goett. 1760. 4°. —.80
3945 —— C. G., De mandato praesumto ex lege descendente. Erf. 1716. 4°. —.50
3946 —— — — Ad constit. Joachimi I de successionibus. Francf. 1735. 4°. —.30
3947 —— — — De sponsalibus et matrimoniis. Francf. 1723. 4°. —.80
3948 —— — — De commodit. compascuorum per revocat. anim. Erf. 1725. 4°. —.40
3949 —— — — De bonor. universitate. Vitemb. 1740. 4°. —.50
3950 —— C. P., De die et nocte nuptiali. Lips. 1743. 4°. 1.10
3951 —— E., De internecione furis. Altd. 1674. 4°. —.30
3952 —— J. A., De emeritis. Jen. 1686. 115 pp. 4°. 1.40
3953 —— J. D., De transmissione hereditatis, a persona extranea, infanti delatae ad leg. 18 Cod. de jure deliber. Tub. 1689. 4°. —.50
3954 —— J. F., De testamento per procuratorem judici oblato. Lips. 1788. 4°. —.80
3955 —— — — De eo, quod sub conditione libertati matrimonii contraria relinquitur. L. B. 1770. 4°. —.30
3956 —— J. G., De juribus emigrantium propter religionem. Vitemb. 1783. 4°. —.50
3957 —— — — De adulteriis coercendis. Francof. 1733. 220 pp. 4°. 2.50

3958 Hoffmann, M. C., De testamento peregre facto. Lips. 1735. 4°. —.50
3959 —— S. G., De matrimonio instaurato et conscientiae. Vitemb. 1760. 4°. —.50
3960 —— S. J., De potestate parentum German. et Rom. Giess. 1743. 4°. —.50
3961 Hofland, C. v., De success. ab intestato. L. B. 1702. 4°. —.30
3962 Hofmann, A. F., De jurium et obligationum collisione. Hal. 1728. 4°. —.50
3963 —— A. G., De perpetuit. debit. pensionariorum. Halae. 1706. 4°. —.60
3964 Hofmeyer, J. H., De corruptionis crimine. L. B. 1854. 8°. —.40
3965 Hofmeyr, J. H., De offic. tutor. et curat. L. B. 1822. 152 pp. 4°. 1.75
3966 —— — — Idem liber. 148 pp. 8°. 1.10
3967 Hofstede, C. W. E., Notiones juris in re et juris ad rem ad principia sua revocantur. Gron. 1835. 8°. —.30
3968 —— W. H., De regiminis in Drenthina regione forma. Gron. 1821. 128 pp. 8°. 1.—
3969 Hogendorp, D. v., De Gulielmi I principis Arausiae, juribus in summum imper. in comitatu Hollandiae. L. B. 1822. 250 pp. 4°. 4.—
3970 —— — — Idem liber. 260 pp. 8°. 2.60
3971 —— D. C. A. v., De interrogationibus in foro faciendis. Traj. 1837. 8°. —.30
3972 —— F. v., De flumine Scaldi clauso. L. B. 1827. 282 pp. 4°. 3.—
3973 —— — — Idem liber. 280 pp. 8°. 2.80
3974 —— G. v., Ad legem Pomp. de parricidiis. L. B. 1747. 4°. —.30
3975 —— — — De poen. cap. L. B. 1787. 4°. —.60
3976 —— G. A. v., Ad tit. introductionis gener. et ad tit. 3 priores libr. I novi Cod. Belg. L. B. 1827. 8°. —.90
3977 —— G. C. v., De aequabili descript. subsidiorum inter gentes foederatas. L. B. 1786. 4°. —.70
3978 —— J. C. P. v., De requesto (q. d.) civili. Schoonhov. 1839. 8°. —.30
3979 Hogerwaard, A. F., De eo, qd. justum circa legata. L. B. 1747. 4°. —.50
3980 —— C. G., De actione exercitoria. L. B. 1755. 4°. —.40
3981 —— G. J. P. p. L., De tutela eorum, qbs. propter mentis infirmitatem, dementiam aut furorem bonis interdicitur. Gron. 1834. 120 pp. 8°. —.90
3982 Hoogeboom, G. J., Select. theses jurid. Harder. 1750. 4°. —.30
3983 Hordahl, H. J., De guarantia factorum foederumque religionis ergo percussorum. Hal. 1756. 4°. —.60
3984 Hoheisel, D. F., De incestu. Hal. 1723. 4°. —.40
3985 —— — — De tutore in locum testamentarii defuncti a magistratu dando. Hal. 1738. 4°. —.40
3986 Höijer, J. O., De institutione Atheniens. civili. Ups. 1808. 4°. —.40
3987 Holdt, F. A., De substitutionibus. Argent. 1709. 4°. —.40
3988 Holland, T. A., Ad l. 3 pr. DD. de usuris. L. B. 1793. 4°. —.60
3989 Hollander, A. G., De notionibus libertatis et legis. Ups. 1846. 4°. —.40
3990 Hollebeek, C., De justis licentiae poëticae terminis. Amstel. 1758. 4°. —.80
3991 Holler, J., De ratihabitione. Traj. 1698. 4°. —.40
3992 Hollwede, J. E. v., Disp. jur. anti-Velleiana. Giess. 1610. 4°. —.40
3993 Holmbergson, J., De connubiis inter cognatos aut affines prohibitis. Lund. 1813. 4°. —.70
3994 —— — De jure in re per contract. adquirendo. Ups. 1806. 4°. —.60
3995 Holmblad, S., De praemio virtutis naturali. L. G. 1750. 4°. —.50
3996 Holmer, C. F., Om pauperismen, dess orsaker och botemedel. Lund. 1847. 8°. —.40
3997 Holmstedt, J. G., De officiis ergā se ipsum hypotheticis. L. G. 1756. 4°. —.50
3998 —— — — De pacto erratis. Lund. 1755. 4°. —.50
3999 Holst, J. J. v., De privilegiis creditorum. L. B. 1829. 8°. —.50
4000 —— J. V., De correis eorumque mutua actione. Hal. 1731. 4°. —.50
4001 Holt, J., De injuriis. L. B. 1728. 4°. —.40
4002 Holthe v. E., A. G. v., De superiore procerum in regno Belg. consilio cum similibus consiliorum vicinarum gentium institutis comparato. Gron. 1838. 8°. —.90
4003 —— — — H. G. v., De auctoritate mariti, uxori in plurimis vitae civilis negotiis necessaria. Gron. 1834. 8°. —.60
4004 —— — — P. A. v., De testam. factione activa. Gron. 1829. 8°. —.50
4005 Holtheuysen, J. A., De nautico foenore. L. B. 1755. 4°. —.60
4006 Holtius, A. C., De consilio sapientis et de transmiss. actorum. 1830. 4°. —.60

4007 Holtius, A. C., De jur. Rom. studio. Lov. 1823. 4°. —,60
4008 — — — Idem liber. forma 8°. —,40
4009 — — — De jure praetorio. Gron. 1821. 4°. —,40
4010 — — — Idem liber. forma 8°. —,40
4011 — G., De imperio mero. L. B. 1742. 4°. —,40
4012 Holtzborn, A. B., De Scto. Macedoniano. Erf. 1713. 4°. —,40
4013 Holtze, G. G. D., De natura poenarum. Traj. 1754. 128 pp. 4°. 1.50
4014 Höltzl v. Sternstein, J. F. F., De matrimonio ad morganaticam. Vitemb. 1735. 4°. —,60
4015 Holtzman, J. J., De emancipatione jure Rom. e. h. Traj. 1826. 8°. —,60
4016 Homan, H., Ad art. 750 Cod. civ. Gron. 1818. 8°. —,80
4017 — H. J., De privilegiar. creditor. L. B. 1741. 4°. —,80
4018 — L., De rei, in j. nostro, notione, rerumq. distinctione. Gron. 1842. 8°. —,80
4019 Homberg, R. C. H., De abusu mandatorum s. clausula. Francf. 1700. 4°. —,40
4020 Homberg z. Bach, A. L., De legg. Serv. Tullii. Marb. Cattor. 1741. 4°. —,30
4021 — — — H. C., De convalescentia vitiosae alienationis. Marb. 1745. 4°. —,70
4022 Homfeld, S. A., Juris contr. Jen. 1710. 4°. —,60
4023 Homilius, G. B., De muliere domina. Lips. 1723. 4°. —,40
4024 Homma, P., De usufructu. L. B. 1683. 4°. —,50
4025 Hommel, B. G., De differentia exigua inter testamentum militare et pagani in bostico conditum. Lips. 1727. 4°. —,50
4026 — C. F., De interrogationibus in jure faciendis. Lips. 1750. 4°. —,40
4027 — F. A., Culpandusne sit praetor Rom. quod veris rationibus dissimulatis, fictionibus aliisque coloribus usus sit in corrigendo jure antiquo? Lips. 1734. 4°. —,30
4028 — R., De remotione Consiliariorum imperii Aulicorum. Lips. 1791. 4°. —,70
4029 Homoet, A., De foro competenti. L. B. 1729. 4°. —,40
4030 Homnion, J. A., De injusto J. Caesaris obitu. Harder. 1738. 4°. —,30
4031 — W. v., Dicta semel sententia an ea a quo mutari possit. L. B. 1790. 4°. —,50
4032 Honcamp, F. W., De pactis et transactionibus nec non de errore calculi. Duisb. 1721. 4°. —,80
4033 Honert, C. v. d., De off. judicis. L. B. 1710. 4°. —,40
4034 — C. A. v. d., De in jus vocando. Traj. 1780. 4°. —,50
4035 — H. v. d., De arbitris compromissariis. L. B. 1744. 4°. —,40
4036 — J. v. d., De transactionibus. L. B. 1729. 4°. —,40
4037 — — — — De usucapionibus. L. B. 1706. 4°. —,50
4038 — J. C. M. v. d., De privilegio fisci in bona debitorum. Amstel. 1835. 8°. —,40
4039 Honoré, S. Y. l', De fine poenarum. L. B. 1777. 4°. —,60
4040 Honthum, M. A., Universa jurispr. Harder. 1755. 4°. —,30
4041 Hooft, J. o. d., De damno injuria dato. Traj. 1817. 8°. —,90
4042 — L. P. o. d., De iis, q. propter oblig. secreta non detegendi, in causis poenalib. a testimonio perhibendo excusantur. L. B. 1847. 8°. —,60
4043 Hooft, D., De jure ac officio arbitrorum. Traj. 1768. 4°. —,50
4044 — — An Brutus Caesarem jure occiderit. Amstel. 1774. 4°. 1.—
4045 — — Miscel. qd. jur. observat. L. B. 1775. 4°. —,40
4046 — G., De testamentis ordinandis. L. B. 1706. 4°. —,30
4047 — — De patria potestate. L. B. 1765. 4°. —,40
4048 — — De negot. gestione. L. B. 1792. 4°. —,70
4049 — G. C., De poenar. orig. et distributione. L. B. 1763. 4°. —,30
4050 — — — De reditibus annuis haud conferendis. Traj. 1839. 8°. —,70
4051 — G. P., De re venatica. L. B. 1748. 4°. —,60
4052 — J., De orig. testam. factionis. L. B. 1768. 4°. —,40
4053 — N., De criminali judicio. Traj. 1796. 4°. —,60
4054 — H. G. 't, Theses jurid. L. B. 1809. 4°. —,30
4055 Hooo, H. C. J., De venatione et jure venationis in provinciis nostri regni septentrion. L. B. 1828. 4°. 2.—
4056 — — — — Idem liber. forma 8°. 1.—
4057 — H. P., Ad pr. L. 58 DD. de usufr. et quemadm. quis utat. L. B. 1790. 4°. —,40

4058 Hoog, H. P., De wetgevende magt van de Provinciale Staten. L. B. 1856. 8°. 1.10
4059 —— M., Posit. jur. Traj. 1773. 4°. —.40
4060 —— P. G. J., De requisitis testamenti sollen. L. B. 1810. 8°. —.80
4061 —— P. H., De urbe Briela agroque Voornano. L. B. 1786. 4°. —.60
4062 —— T., Ad l. 69 § 1 et 77. DD. de jure dot. L. B. 1740. 4°. —.40
4063 Hoogendyk, M. v. Rossum, De essentialibus contractuum requisitis. L. B. 1830. 8°. —.60
4064 Hoogenhouck, A., De legatis. L. B. 1763. 4°. —.30
4065 Hoogeveen, A. v., Ad l. Juliam. de adulteriis et stupris. L. B. 1780. 4°. —.40
4066 —— G. v., De stipulationibus. L. B. 1750. 4°. —.50
4067 —— G. A. v., De parricidiis. L. B. 1715. 4°. —.40
4068 —— J., Legationum origo et sanctimonia. L. B. 1763. 4°. —.90
4069 —— T. v., De emtione et venditione. L. B. 1671. 4°. —.80
4070 Hooghe, A. J. v. Borssele v. d., De lege talionis. Franeq. 1788. 4°. —.50
4071 Hoogheveen, T. A., De pign. et hypothecis. L. B. 1673. 4°. —.30
4072 Hooghtwoudt, J., De conjugio. Traj. 1702. 4°. —.40
4073 Hooglandt, E. A., Quaest. varii argument. Amstel. 18—. 8°. —.30
4074 Hoogstraaten, C. A. v., De servitutibus praediorum rusticorum. L. B. 1718. 4°. —.70
4075 —— F. v., De abdicatione. L. B. 1757. 4°. —.60
4076 —— J. G. v., De obligationibus q. quasi ex contractu nascuntur. L. B. 1828. 4°. 1.25
4077 —— — — — Idem liber. forma 8°. —.80
4078 —— J. W. v., De differ. jus inter antiq. novum et hodiernum circa actionis editionem, litis contestationem et libelli emendationem atq. mutationem. Traj. 1746. 4°. 1.—
4079 —— P. v., De bon. publicatione. Traj. 1787. 4°. —.60
4080 —— P. F. v., De actione civili ex delicto oriundo. Hag. 1835. 8°. —.40
4081 Hoogvliet, N., Over de openbare wetgevinge als zynde gewoonlijk het kenmerk van den geopenbaarden Godsdienst. L. B. 1777. 8°. —.40
4082 Hoogwerff, H. v., De variis j. R. partibus, etiam redundantibus. Traj. 1760. 4°. —.60
4083 Hoolwerff, J. v., De emphyteusi. Harder. 1761. 4°. —.80
4084 Hoop, A. v. d., De iis, qui antiq. apud Rom. de crim. judicarunt. L. B. 1723. 4°. 1.—
4085 —— C. v. d., De usu juris natur. in judiciis. Traj. 1773. 4°. —.90
4086 —— D. v. d., De rapina. Gron. 1830. 8°. —.30
4087 —— G. v. d., De testim. mulierum. Traj. 1745. 4°. —.80
4088 —— H. v. d., Ad leg. Rhodiam de jactu. L. B. 1711. 4°. —.40
4089 —— J. C. v. d., De necessario Rom. jur. in Hollandia studio. L. B. 1763. 4°. —.90
4090 —— — — — — Idem liber. 172 pp. 8°. 1.80
4091 —— J. N. v. d., De jure peregrinorum. L. B. 1759. 4°. —.60
4092 —— E. J. Thomassen à Thuessink v. d., Gulielmi III agendi ratio in rerum Angliae mutatione. Gron. 1834. 8°. —.90
4093 Hoorneman, J., De poena temere litigantium. L. B. 1724. 4°. —.40
4094 —— L., De jure deliberandi. L. B. 1731. 4°. —.50
4095 —— L. J., De effectu ingratitudinis in jure. L. B. 1790. 4°. —.60
4096 —— — — De vario rerum jure. Traj. 1765. 4°. —.40
4097 —— W. N., De rebus divin. jur. Traj. 1765. 4°. —.40
4098 Hoorn, C. v., De jure deliberandi et beneficio inventarii. L. B. 1694. 4°. —.30
4099 —— G. J. v., De evict. et duplae stipul. L. B. 1744. 4°. —.30
4100 —— H. v., De furtis. L. B. 1703. 4°. —.40
4101 —— H. D. v., De divisione juris. Harder. 1756. 4°. —.80
4102 —— J. C. v., De jure praelationis inter creditores. L. B. 1769. 4°. —.40
4103 —— N. C. v., De pacto nudo actionem non producente. L. B. 1742. 4°. —.40
4104 —— N. F., Theses inaug. Traj. 1778. 4°. —.30
4105 —— N. H. v., De moderatione inculpatae tutelae. Traj. 1379. 4°. —.40
4106 —— N. J. v., De jure retractus, sec. consuetud. Vlissinganas. Traj. 1787. 4°. —.50
4107 —— P. v., De milite Rom. L. B. 1728. 4°. —.50

4108 HOORN, P. v., De tutela legitima. L. B. 1749. 4°. —.40
4109 —— P. T. v., Ad artt. 291—294 Cod. Poen. L. B. 1837. 8°. —.60
4110 —— T. v., De navigatione et mercatura in mari Nigro. Amst. 1834. 8°. —.60
4111 HOORNBEECK, J., De officio judicis in causis civ. L. B. 1676. 4°. —.40
4112 HOP, C., De acq. rer. dom. jure gentium. L. B. 1705. 4°. —.80
4113 —— — De compensationibus. L. B. 1718. 4°. —.30
4114 —— H., Ad J. Pauli responsum q. e. in l. 14 DD. de dolo malo et metus exceptione. L. B. 1746. 4°. —.40
4115 —— J., De judicibus a praet. et provinc. rector. ad caus. privat. dijudic. dari solitis. —.90
4116 —— — Ad leg. 74, § 1 DD. ad sctm. Trebellianum. L. B. 1748. 4°. —.40
4117 —— — De jure avorum. Francf. 1677. 184 pp. 4°. Cum indice rerum. 3.—
4118 —— — De fide habita. Francf. 1690. 4°. —.60
4119 HOPFNER, J. M., De jure literatorum contra vicinos strepiferos, aliosque studia impedientes. Altd. 1680. 4°. —.70
4120 HOPMAN, J. R., De jurisdictione militari in praes. Belgicis. L. B. 1774. 4°. —.40
4121 HOPPE, J. J., Ad leg. Pompejam de parricidiis. Erf. 1735. 4°. —.50
4122 HOPPENBROUWER, A., De auctoritate tutorum. L. B. 1601. 4°. —.80
4123 —— D. G., De poenarum exasperatione. L. B. 1770. 4°. —.70
4124 HOPPENSTOCK, C. F., De crimine stellionatus. Tub. 1718. 4°. 1.10
4125 HOPPENSTEYN, A., De quaest. per tormenta. L. B. 1703. 4°. —.30
4126 HOPSINCK, J. G., De in jus vocando. L. B. 1722. 4°. —.40
4127 HORBAG, M. J. v., De religiosis et sumtibus funerum. L. B. 1767. 4°. —.60
4128 HORLACHER, A. G. B., De reb. collationi non obnoxiis. Alt. 1785. 4°. —.30
4129 HORN, C. A., De jure dotis dominio recte accensendo. Lips. 1777. 4°. —.30
4130 —— C. H., De facto judicis de facto. Francf. 1690. 104 pp. 4°. 1.50
4131 —— — — De jure proedriae seu praecedentiae. Vitemb. 1706. 4°. 1.25
4132 —— W. J., De rei vindicatione. Traj. 1779. 4°. —.70
4133 —— — — Idem liber, forma 8°. —.40
4134 HORNBORG, J., Praecip. caus. collisionis legum civil. Aboa. 1785. 4°. —.40
4135 HORNICK, J. d'., De postliminio in pace et amnestia. Francf. 1691. 4°. 1.—
4136 HERNIK, P. S., De act. fam. erciscundae. Erf. 1739. 4°. —.60
4137 HORST, G. J. F. v., De usu practico legum abrogatarum. Gron. 1824. 8°. —.40
4138 —— C. F. J. F. H. v. v., Ad tit. DD. furti, adversus nautas, caupones, stabularios. L. B. 1834. 8°. —.40
4139 —— H. G. v. W. v. D., De juribus summi imper. circa sacra. L. B. 1829. 4°. 1.—
4140 —— — — — — — — Idem liber, forma 8°. —.60
4141 —— J. A., De minorennitate. L. B. 1773. 4°. —.60
4142 —— L. v. D., De injuriis. L. B. 1710. 4°. —.30
4143 —— L. W. v. D., De rei vindicatione et publiciana in rem actione. L. B. 1784. 4°. —.60
4144 —— M. B. J. v. D., De fundamento juris in re. Harder. 1755. 4°. —.30
4145 HORSTENIUS, J., Ad l. un. Cod. ex delict. defunctorum in quantum heredes teneantur. Harder. 1763. 4°. —.30
4146 HOSER, S., De satisfactione stupratae. Tub. 1685. 4°. —.90
4147 HOTZE, D., De fundamento reipubl. Rom.-Germanicae. Rinth. 1698. 4°. —.40
4148 HOUCK, A. J., De elocatione et conductione vectigalium. Traj. 1771. 4°. —.80
4149 —— — — De industria technica ope technicarum scholar. in patria nostra promovenda. Davent. 1838. 8°. —.90
4150 —— F. G., De appellat. in causis civilib. L. B. 1825. 108 pp. 4°. 1.50
4151 —— — — Idem liber, 1828. forma 8°. 1.—
4152 —— — — De officio praefecti vigilum circa incendia, ad leg. 1, § 3 de off. pr. vig. Traj. 1733. 4°. —.50
4153 —— — — De proprio obligationum jure, ex variis camerarum figuris. Traj. 1748. 4°. —.60
4154 —— — — De rationibus veterum jctorum falso suspectis. Traj. 1784. 4°. —.60
4155 —— H., De collegiis opificum et mercat. in patria nostra. Dav. 1846. 8°. —.90
4156 HOUT, W. E. v. D., De natura tributorum. Amst. 1854. 8°. —.40
4157 HOUTZ, J. v. D., De officio curatoris in administrand. bonis minorum. Traj. 1780. 4°. —.60

4158 Houten, B. A. v., De judicibus Hollandis certa privatas judicandi causas norma nunq. destitutis, neque ea superioribus. L. B. 1793. 4°. —,90
4159 —— — — — Idem liber. forma 8°. —,60
4160 —— — — — Over de pligt der regters in Holl. en West-Friesl. om alleen naar den inhoud der wetten vonnis te vellen. Amst. 1794. 8°. —,60
4161 Houthoff, G. v. d. Loot, De jure codicillorum. L. B. 1782. 4°. —,60
4162 Houtingh, W., De societate. L. B. 1720. 4°. —,30
4163 Houttuyn, A., De rei vindicatione. L. B. 1683. 4°. —,40
4164 —— C., De re judicata, et de effectu sententiarum, et de interlocutionib. L. B. 1717. 4°. —,80
4165 —— C. J. v., De lege Aquilia. L. B. 1712. 4°. —,80
4166 Houwaert, J., De legatis. Traj. 1688. 4°. —,80
4167 Houwse, W. H. M., De executionibus tutelae. L. B. 1830. 4°. —,90
4168 —— — — — Idem liber. forma 8°. —,50
4169 Hove, C. M. v., Ad leg. 18 Cod. de transactionibus. L. B. 1748. 4°. —,60
4170 —— H. H. v., Ad l. Aquiliam, seu de damno injuria dato. L. B. 1758. 4°. —,80
4171 —— M. v., De Sclo. Macedoniano. L. B. 1698. 4°. —,80
4172 —— N. v., De infamia. L. B. 1790. 4°. —,40
4173 —— — — Ad l. ult. DD. de evictionibus. L. B. 1714. 4°. —,40
4174 Hövell v. W. e. W., M. P. A. v., De compensationibus. L. B. 1837. 8°. —,50
4175 Hoven, S. v., Positiones jurid. Traj. 1773. 4°. —,40
4176 Hoven, F. A., De venatione. Harder. 1760. 4°. —,40
4177 Hovingh, F., Num et quatenus prudentiae conveniat civili, in remp. Groning. jus recipere peregrinum, praec. Rom. Gron. 1765. 148 pp. 8°. 1.10
4178 Hovius, F., De collateralium successione in lineas sec. politic. constitut. anni 1580. L. B. 1775. 4°. —,60
4179 —— — De poena conatus. Amstel. 1774. 4°. —,90
4180 —— J. F. H., De requisitis justae defensionis sec. princ. cod. poen. Amst. 1830. 4°. —,70
4181 Hovy, A. J., De beginselen van het internationaal wisselregt. Beverw. 1858. 280 pp. 8°. 4.—
4182 —— G. G., De dominii aequis. ex jure nat. L. B. 1828. 4°. —,80
4183 —— — — Idem liber. forma 8°. —,50
4184 Hoya, M. C. d., De eo, quod justum est circa expensarum compensationem. Harder. 1754. 4°. —,30
4185 Hoyer, C. T., De mutuo sec. juris Rom. et hod. principia. L. B. 1824. 4°. 1.—
4186 —— — — Idem liber. forma 8°. —,70
4187 —— G., Ad leg. 6 Cod. de sec. nuptiis. L. B. 1730. 4°. —,70
4188 —— J. E., De civitatis ex mutuo obligatione, ad l. 27 DD. de reb. cred. Jen. 1677. 4°. 1.—
4189 —— P. J., De prodigis. L. B. 1836. 8°. —,50
4190 —— v. Br., P., Qdm. de privilegiis, quae 25 annis minoribus competunt. L. B. 1761. 4°. —,50
4191 Hoynck, F. C., De servitutibus rusticis. Hard. 1756. 4°. —,40
4192 —— v. Papendrecht, C. P., De foro competenti. L. B. 1750. 4°. —,60
4193 —— — —— P. C., De inclusione animalis sec. stat. foedar. Belgii. L. B. 1817. 4°. —,70
4194 —— — —— — — Idem liber. formae 8°. —,40
4195 Hoytema, D. v., De spisibus jur. bon. fidei non congruentibus. Traj. 1772. 4°. —,40
4196 —— G. J. v., De limitata vindicatione. Traj. 1830. 8°. 1.—
4197 Hübener, J. E., De jurib. primatus Germaniae. Hal. Vened. 1707. 4°. —,60
4198 Hubans, A. G. P., De nuptiis. Traj. 1782. 4°. —,80
4199 Huber, De feminar. condit. sec. vet. jur. Frisiae. Traj. 1830. 8°. —,60
4200 —— H. U., De jure codicillorum. Gron. 1753. 4°. —,40
4201 —— U. H. W., De condemnatione ad bestias. Gron. 1819. 8°. —,80
4202 —— U. J., De actionibus in jure Rom. Franeq. 1775. 4°. —,90
4203 —— Z., Oratio funebris. Franeq. 1700. 4°. —,80
4204 —— A. C. d. H., De praecipuis criminum excusandorum causis. Gron. 1796. 8°. —,90
4205 Hubert, R., Juris controv. ad institut. Justin. Burgo-Steinfurti. 1720. 4°. —,70

4206 Hubert, G., De usufructu. Harder. 1763. 4°. —.40
4207 —— H., De argentariis veterum. Traj. 1740. 4°. 1.10
4208 —— H. E., Ad leg. 5, §§ 1, 6 Cod. ad leg. Juliam maj. L. B. 1738. 4°. —.60
4209 —— H. W., De successione matris in bona liberorum, qbs. tutorem non petiit. Gron. 1772. 4°. —.70
4210 —— J. E., De detract. duplic. quartae, ad part. II, tit. IV, art. 13 jur. munic. Transisalani. Traj. 1793. 4°. —.70
4211 —— M., De jurejurando. L. B. 1748. 4°. —.50
4212 —— P., De docta in jure civili ignorantia. Traj. 1750. 4°. —.50
4213 Hübner, A. C., De rubriciis. Altd. 1678. 4°. —.40
4214 Hubrecht, J., De acquirendo rerum dominio. L. B. 1738. 4°. —.40
4215 —— — De anatocismo. L. B. 1707. 4°. —.30
4216 —— J. A. v. L., Theses juridic. L. B. 1791. 4°. —.50
4217 —— J. J., De publ. judiciis. L. B. 1764. 4°. —.50
4218 —— P. C., De judiciis. L. B. 1827. 4°. —.90
4219 —— — — Idem liber, forma 8°. —.60
4220 —— P. P., De jure qd. dicitur commentitio apud Rom. L. B. 1850. 8°. —.70
4221 Hünschmannus, J. J., De pertinentiis a praediis sine oneribus separatis. Lips. 1727. 4°. —.40
4222 Hudig, H., Ad l. 32 DD. de injuriis. Traj. 1765. 4°. —.60
4223 Huet, P., De legibus. Traj. 1767. 4°. —.70
4224 Huguenpoth v. d. Blerenclauw, J. B. v., De fidejussoribus qui lege requiruntur. L. B. 1830. 8°. —.60
4225 Hugo, L., De statu regionum Germaniae, et regimine principum summae imperii reipubl. Aemulo. Lips. 1661. 160 pp. 4°. 2.—
4226 Huguetan, P., De nobilit. morali et civili. Traj. 1743. 4°. —.60
4227 Hugius, M., De jure success. tam ex testam. qm. ab intestato. Franek. 1623. 4°. —.30
4228 Huichelbos, J., De societate. L. B. 1732. 4°. —.40
4229 Huidekoper v. Maarseveen, J., De histor. et theoria mandati in regiminis forma repraesentativa. Traj. 1847. 8°. —.50
4230 Huidekoper, A. G., De jure accrescendi ex leg. Rom. Traj. 1819. 8°. —.90
4231 Huigh, C., Illus. qd. ex materia testamentorum. L. B. 1664. 4°. —.30
4232 Huisinga, J., De dominio ultra possessionem durante. Gron. 1753. 4°. —.60
4233 Huisinga, J., Quaest. jur. Gron. 1834. 8°. —.30
4234 Huldricus, C., An foedus Helveticum sit legitime factum? Tiguri. 1678. 4°. —.30
4235 Hulft, C., Ad l. 11 cod. q. test. fac. poss. v. n. L. B. 1737. 4°. —.60
4236 —— J., De furtis. L. B. 1703. 4°. —.40
4237 Hula, S. v., Ad l. 8, 9 et 10 de accusat. et inscript. L. B. 1729. 4°. —.70
4238 Hulschers, J., De executor. testamentariis. L. B. 1732. 4°. —.50
4239 Hulshoff, F., De appellandi facultate in caus. crimin. admittenda. Amst. 1846. 296 pp. 8°. 1.75
4240 Hulshoud, L. B., Ad Sctum Vellejanum. L. B. 1700. 4°. —.40
4241 Hulshout, G. S., Ad leg. 4 Cod. de peric. et comm. rei venditae. L. B. 1787. 4°. —.50
4242 —— J., De emtione venditione. L. B. 1673. 4°. —.30
4243 —— S., De emtione venditione. L. B. 1701. 4°. —.30
4244 Hulsken, G., Theses jur. civ. Harder. 1755. 4°. —.30
4245 —— J. T. H., De principio, e quo delicta agraria in cautionem securitatis publ. graviorib. coerceantur poenis, deque hujus principii ortu atque progressu. Gron. 1833. 124 pp. 8°. 1.—
4246 Hulst, D. v., De quaestionibus. Traj. 1762. 4°. —.30
4247 —— F. A. v., De utilit. in ethices praecep. et rer. publ. legg. constituend. observanda. Leod. 1822. 4°. —.60
4248 —— H. v., De novelibus. Traj. 1765. 4°. —.40
4249 —— H. A., De liberis praeteritis, testam. pro nullo declarato cum institutis aequal. succedentib. nec. legata ipsis relicta conferentibus. Harder. 1755. 4°. —.70
4250 —— H. J. v., De precibus imperatori offerendis. Traj. 1767. 4°. —.40
4251 Hultgren, O., De origine potestatis tribuniciae. Holm. 1851. 4°. —.30
4252 Hulthenius, H., De evictionibus. Gron. 1633. 4°. —.30
4253 Hultman, C. G., De principe tyranno, sive de justit. Ediet. Ordin. foeder. Belg. Philip II Hisp. reg. imperio summovent. L. B. 1778. 4°. 1.20

4254 HULTMAN, J. A., De servis binominibus, ad § 1 Inst. de eo, cui lib. causa bona adv. L. B. 1750. 4°. —,70
4255 HUMBLA, P., De causis divortii. Lund. 1845. 4°. —,60
4256 —— — De crimine falsi, impr. ad jus Suec. Lund. 1843. 4°. —,50
4257 HUMBLE, J., De dominio infantum. L. G. 1754. 4°. —,40
4258 HUMMELINK, D., De fidejussoribus. Harder. 1765. 4°. —,60
4259 HUNE, J. H. L., De cessione actionis, ejusque ab assignatione differentia. Harder. 1754. 4°. —,60
4260 HUNEKEN, H., De actionibus poenalib. in simplum. Traj. 1716. 4°. —,40
4261 HUNNIUS, H. U., De rerum aestimatione. Giessae. 1816. 108 pp. 4°. 1,25
4262 —— — Explicant. occasione § 20 J. de action. judicior. fam. ercisc. com. div. nec non fin. regund. Franeq. 1717. 4°. —,60
4263 HUNOLD, H. F., De translatione jurium defuncti in haeredem. Erf. 1721. 4°. —,50
4264 —— — — De juribus in Germania. Erf. 1721. 4°. —,30
4265 —— — — De magistratibus. Erf. 1721. 4°. —,30
4266 HUNTHUM, D. C., De rescript. princ. Rom. L. B. 1709. 4°. —,50
4267 HUPADEE, W., De privilegiis patris. Traj. 1707. 4°. —,60
4268 HURCK, F. A., De jure codicillorum. L. B. 1703. 4°. —,50
4269 —— H. P. v., Leg. 16 DD. de condict. c. d. c. n. e. Traj. 1783. 4°. —,80
4270 —— P. A., De test. inoff. L. B. 1707. 4°. —,50
4271 HUSSONOWSE, G., De jure personarum in statu naturali. Traj. 1724. 4°. —,40
4272 —— J., De legato liberationis. L. B. 1716. 4°. —,40
4273 —— J. S., De ver. honor. sensu, et ecclesiis, sing. ejus tuend. caus. suscepto et off. jud. in arc. damno qd. popul. inde inferiur. Traj. 1801. 4°. 1,—
4274 —— S., De fidejussoribus. L. B. 1702. 4°. —,30
4275 —— S. M., De jure aggratiandi. Traj. 1761. 4°. —,80
4276 —— A. G. SNOECK, De collatione bonorum. Schoonh. 1839. 8°. —,50
4277 —— G. A. —— De jure circa aggerum aquarumque curam in insula Walcheriae constituto. Traj. 1837. 260 pp. 8°. 1,75
4278 HUSSON, P. F., De sapientia et militia salute imperiorum. Hammon. 1727. 4°. —,70
4279 HUTCHINSON, B. G., De servitute. L. B. 1758. 4°. —,40
4280 HUTH, P. L., De his, q. notantur infamia. Altd. 1723. 4°. —,60
4281 HUTSPOT, D. J., De matre et avia tutrix. L. B. 1757. 4°. —,40
4282 HÜTTER, B. G., De famosis libellis. Vitemb. 1785. 4°. —,30
4283 HUYBERT, P. D., De fidec. heredit. a. ad Setm. Trebell. L. B. 1706. 4°. —,50
4284 HUYDECOPER, G., De accusationibus. Traj. 1763. 4°. —,40
4285 —— J., Statuta qd. Amstelodam. Traj. 1791. 4°. —,60
4286 —— J. E., De differentiis inter jus et aequitatem. Traj. 1756. 4°. —,40
4287 HUYGENS, C. N., Ad leg. 2 DD. de reg. jur. L. B. 1797. 4°. —,60
4288 —— G. A. S., De magistr. delictis qui potest, sua abusi sunt. L. B. 1828. 180 pp. 4°. 2,—
4289 —— — — — Idem liber. 180 pp. forma 8°. 1,50
4290 —— G. J., De excusatione criminum et delictorum. L. B. 1830. 8°. —,40
4291 —— G. M. J., De praescript. jur. crim. L. B. 1827. 8°. —,80
4292 —— H., De jurej. judiciali. L. B. 1777. 4°. 90,—
4293 —— J. A., De proc. crim. ordin. s. accusat., et extraordin. s. inquisit. apud Rom. L. B. 1793. 4°. —,70
4294 —— J. H. J., De emphyteusi. L. B. 1830. 4°. 1,10
4295 —— T., De deposito. Franeq. 1698. 4°. —,60
4296 —— A. v. d. G., Quod favore quod. constitut. qhed. camb. ad laesionem earum non est interpretandum q. a. in leg. 6 Cod. de legibus. L. B. 1831. 192 pp. 4°. 2,—
4297 HUYGHENS, E. R., De furtis. L. B. 1722. 4°. —,70
4298 —— H., De jurejurando judiciali. L. B. 1777. 4°. el,—
4299 —— J., De hereditatis petitione. L. B. 1744. 4°. —,50
4300 —— J. B., De hered. volent. instituendis. L. B. 1780. 4°. —,50
4301 —— v. OPVOORST, G., De inofficiosis donationibus. L. B. 1756. 4°. —,40
4302 HUYSDUYNEN, J. A. H. v., Ad l. Falcidiam. Traj. 1779. 4°. —,40
4303 HUYSER, H. C., De absentium juris differentiis inter cod. franc. et Neerl. nov. L. B. 1833. 8°. —,80
4304 HUYSINGA, H., De usuris. Traj. 1699. 4°. —,40
4305 —— J., De lege Rhodia de jactu. Gron. 1758. 4°. —,50

4306 HUTEMAN, G., De compensationibus. L. B. 1689. 4°. —.30
4307 —— J., De cornibus et cornutis. Groning. 1712. 4°. —.40
4308 HUTESEN, G., De procuratoribus. L. B. 1714. 4°. —.40
4309 —— G. J., Privil. qdm. partus et casus, in qbs. ille pro jam nato habetur. L. B. 1778. 4°. —.50
4310 —— J. H., De usucapionibus. L. B. 1715. 4°. —.40
4311 —— W. F., De emphyteusi. L. B. 1713. 4°. —.30
4312 —— v. CATTENDYKE, A. J. H., De jurejurando. L. B. 1788. 4°. —.40
4313 —— D. —— J. H., De oblig. access. fidejussionis. L. B. 1772. 4°. —.50
4314 HUYGHENS, B. A. v., De leg. 3 Cod. de resc. vend. ad transaction. producenda. Gron. 1808. 8°. —.30
4315 HYTTICH, C. F. L., De jurisd. feudalis in terr. Saxoniae elector. condit. hod. Lips. 1801. 4°. —.50
4316 ICONIUS, L. E., De feudata in territorio et plurium locorum concurrente potestate. Vitemb. 1739. 4°. 1.50
4317 IDDEKINGE, T. J., De origine forma et progressu testamentorum. Groning. 1785. 4°. —.40
4318 —— J. v., De insigni in poeta Ovidio Rom. juris peritia. Amst. 1811. 8°. —.30
4319 —— T. J. v., De usufructu parentum in bonis liberorum post factum divortium cessante. Gron. 1827. 8°. —.40
4320 IHERING, F. C. v., De adoptionibus. Harder. 1783. 4°. —.30
4321 —— — — — De protopraxia creditorum. L. B. 1720. 4°. —.30
4322 —— J. v., De infamia juris ejusq. effectibus. Franeq. 1773. 4°. —.50
4323 —— M. A. v., Qd. sit id, qd. magis in facto, qm. in jure consistit. Gron. 1811. 8°. —.60
4324 —— S. P. v., De jure praescriptionis inprimis in causis criminalib. Gron. 1808. 186 pp. 8°. 1.—
4325 IHLE, J., De usu exemplorum in politica. Lips. 1762. 4°. —.30
4326 IHRINGK, D. C., De perquisitione domestica. Marb. 1695. 4°. —.30
4327 ILKEN, A., De advocato fisci ejusq. officio. Marb. C. 1727. 4°. —.30
4328 IMMENS, A. T. v. B., Ad l. 3 § 1 DD. de pactis. L. B. 1749. 4°. —.30
4329 IMMERZEEL, C. H., De poena capitali. L. B. 1824. 4°. —.70
4330 —— H., De sponsalibus hodiernis. L. B. 1745. 4°. —.40
4331 INGELBRECHTS, J., De modis, qbs. dominium amittitur. Traj. 1738. 4°. —.40
4332 INGEN, H. P. M. C. v., De crimine piraticae. Comple. 1831. 8°. —.60
4333 —— J. J. v., De pactis et contract. imprimis de permutatione. Gron. 1808. 8°. —.40
4334 INTELMAN, B., De jure retentionis. Hal. Sal. 1751. 4°. —.60
4335 IPERMANS, H., De exheredatione liberorum. L. B. 1706. 4°. —.40
4336 IPPIUS, G. R., De delicto et poena noctambulonum, s. dormientium et somniantium. Gron. 1776. 4°. —.60
4337 JANISCH, G. W., Qd. invito altero facere licet in solutionibus. Lips. 1723. 4°. —.40
4338 ISRAEL, J. J., De justitia bellorum. Heidelb. 1675. 4°. —.60
4339 ISAAC, M., De testamento militari. L. B. 1678. 4°. —.60
4340 ITTERSUM, E. H. v., De arbitrio. Traj. 1830. 8°. —.60
4341 —— F. A. S. A. v., De fundamento juris puniendi atque legum poenalium fine et de quibdam poenis criminalib. qbs. hodie utimur. Traj. 1824. 164 pp. 8°. 1.25
4342 ITTIG, C. G., L. 6 pr. DD. quae in fraud. credit. Lips. 1709. 4°. —.30
4343 —— J. N., De juramento judiciali. Lips. 1704. 4°. —.40
4344 JACOB, E. H. 's, Ad art. 2 legis, q. gener. exhibet praecepta. Amstel. 1850. 8°. —.50
4345 —— F. B. 's, Ad frag. Terentii Clementis in lege 72 DD. de heredib. instituendi. L. B. 1798. 8°. —.40
4346 —— G. H. 's, De historia juris gratiae in Holl. i. a Carolo V. Amst. 1848. 8°. —.50
4347 —— M. H. 's, Ad tit. 22 cod. de ordine judic. crim. q. agit de probatione delictorum. Amst. 1840. 8°. —.60
4348 JACOBI, C. B., De curatore mulieris Saxonicae. Lips. 1688. 4°. —.70
4349 —— H., De crimine status suppressi. Amstel. 1839. 8°. —.90
4350 —— J. A., De esculentis et potulentis. Jen. 1701. 4°. —.70
4351 —— A. J. D., De bis q. testam. fac. poss. v. n. Traj. 1780. 4°. —.40

4352 JACOBI, C. D., De jurejurando. L. B. 1759. 4°. —.30
4353 —— W. F. D., Quamdiu jus puniendi universitatem duret. L. B. 1750. 4°. —.50
4354 JACOBS, J., De dispensationibus. Jen. 1674. 4°. —.30
4355 JACOBSON, A., De mitigandis poenis. L. B. 1785. 4°. —.50
4356 —— G. W., De veteranis. Traj. 1743. 4°. —.30
4357 —— H., De divortiis sec. jus nat. et Cod. Nap. Hol. Traj. 1810. 8°. —.50
4358 —— J., De locatione conductione. Davent. 1772. 4°. —.50
4359 —— — De jur. vitrici et noverc. in portione filiali ex l. 6 Cod. de sec. nuptiis. L. B. 1774. 4°. —.70
4360 JAEGER, B. C., De exspectantiis. Francf. 1691. 4°. 1.10
4361 —— H. G., De capit. quib. jur. Rom. select. jure Saxon. elector. abrogatis. Lips. 1721. 4°. —.40
4362 —— J., De vinculo jur. inter medicum et aegrotantem. Amstel. 1850. 8°. —.60
4363 —— J. F., De citatione judicis incompetentis. Francf. 1697. 4°. —.70
4364 —— — — De feudo hereditario mixto. Francf. 1701. 4°. —.40
4365 —— — — De infanticidio praesumto. Tubing. 1737. 4°. —.40
4366 —— J. W., De jurium hominib. connatorum justa defensione. L. B. 1770. 4°. —.30
4367 JAGERSMA, M., De jurejurando judiciali. L. B. 1697. 4°. —.30
4368 JAGOUT, C. J. D., De jure pignorandi. Francf. 1690. 4°. —.30
4369 JAGT, G. V. D., De Diocletiani const. quae jus person. spectant. L. B. 1839. 4°. 1.50
4370 —— —— Idem liber. forma 8°. 1.—
4371 —— M. G. V. D., De teste in testamento. Hag. 1838. 8°. —.70
4372 —— W. V. D., De noxalibus actionibus. L. B. 1801. 4°. —.40
4373 —— — — — Kan tiendregt naar het Nederl. burg. regt door verjaring worden verkregen? 's Grav. 1856. 8°. 1.25
4374 JALABERT, A. L. B., De acq. retin. vel amitt. possessione. Traj. 1773. 4°. —.40
4375 JALINK, J. H., De sponsalibus. Traj. 1708. 4°. —.30
4376 JANSEN, W. H., Over bankbreuk. L. B. 1862. 8°. —.90
4377 JANSONIUS, J., De praecipuis difficultatibus contractus mutui. Gron. 1683. 4°. —.30
4378 —— — De operis novi nunciatione. Gron. 1684. 4°. —.30
4379 —— J. J., De jurejurando. Gron. 1635. 4°. —.60
4380 —— M., Constit. imp. Feiderici q. ext. in l. 2 feud. tit. 53, indeque translata in Cod. Just. sub tit. si adv. vend. Traj. 1684. 4°. —.40
4381 JANTZON, G. J., De itinere, actu, via, praecipuis servitut. praedial. rustic. speciebus. L. B. 1758. 4°. —.30
4382 —— N. J., Ad loca qdm. juris civilis. L. B. 1745. 4°. —.40
4383 —— S. R., De pign. cap. fori Bredani, qm. *Beseting* vocant. L. B. 1787. 4°. —.30
4384 JANUS, C. F. J., An et quatenus certitudo corporis delicti in processu criminalis necessaria sit. Lips. 1787. 4°. —.50
4385 JASCHKY, J. V., Judic. in propria causa. Heidelb. 1683. 4°. —.30
4386 JASKY, A. K., De imperantibus. Dantisci. 1660. 4°. —.30
4387 JAUCHIUS, S. R., Ad § 2 J. de actionibus. Dresd. 1703. 4°. —.30
4388 JAVELIUS, J. F., De praecedentia juris. Francf. 1700. 4°. —.30
4389 JEARTE, H., De pacto creditoris pignus distrahi vetantis, ad l. 7 § 1 DD. de distr. pign. Gron. 1606. 8°. —.40
4390 JELLINGHAUSEN, D. H., De executione in cadavere delinquentis. Gustravias. 1706. 4°. —.60
4391 JEMGUMER, F. G. A., De fidejussore. Jen. 1762. 4°. —.50
4392 JENCKE, E., De venditione per aversionem. Argentor. 1665. 4°. —.30
4393 JENICHEN, G. A., De C. Afrania, ad leg. 1 § 5 de postuland. et Valerium Maximum lib. 8, cap. 3, § 2. Lips. 1734. 4°. —.30
4394 —— — — De necessario tutorum in sponsalibus minorum contrahendis consensu. Lips. 1750. 4°. —.30
4395 —— — — De Primo Javoleno Jcto. Lips. 4°. —.50
4396 —— — — De spur. advocatorum privilegiis. Lips. 1768. 4°. —.40
4397 JENNER, U. De acquisitione bellica. L. B. 1725. 4°. —.90
4398 JENS, H., De pacto obstagii. Traj. 1762. 4°. —.30
4399 —— J., De jure imperii et obedientiae. Roterod. 1719. 4°. —.40

4400 JENSIUS, P. L., De legatis. L. B. 1730. 4°. 1.25
4401 JENTSCHIUS, S., De jure avocandi vasallos exteris militantes. Vitemb. 1731. 4°. —.60
4402 JEUDE, G. F. C. v. LIDTH DE, De effectu emtionis venditionis rei alienae jure Franc. Tiel. 1828. 8°. —.30
4403 —— J. L. — —— — De domicilio. Traj. 1853. 8°. —.40
4404 JEUNE, L. S. LE, De jure summor. imperantium circa privilegia. L. B. 1769. 4°. —.60
4405 JOACHIM, G. A., De reconventione. Erf. 1726. 4°. —.40
4406 JOCKISCH, J. H., De testamento imperfecto perfectum infirmante. Erf. 1735. 4°. —.40
4407 JOECHER, C. H., De liberorum appellatione in linea collaterali nepotes non continente. Vitemb. 1729. 4°. —.50
4408 —— G. W., De personis rigori cambiali subjectis. Helmst. 1725. 4°. —.60
4409 JOHN, J. C., De conscientia partium in judicio. Francf. 1683. 4°. —.90
4410 JOHNSON, A., De possessione recuperanda. Hard. 1750. 4°. —.50
4411 JOLLE, D. H. LE, De wet van 9 Julij 1855 (Stbl. n°. 67) in verband met het Burg. Wetb. over afwezigheid. Amsterd. 1861. 136 pp. 8°. 1.—
4412 JOLLES, G. H. J., De absentibus in caus. crim. Amstel. 1844. 8°. —.60
4413 —— J. A., De varia libertatis sacrorum in patria nostra conditione, inde a Gulielmi Arausiaci morte u. a. magnum anni 1651 ordin. consessum. Amst. 1857. 8°. 1.—
4414 JONCKHEERE, J. DE, De publ. judiciis. L. B. 1827. 4°. —.50
4415 JONG, E. DE, De adimendis et transferendis legatis. Traj. 1720. 4°. —.50
4416 —— G. DE, De probationibus. L. B. 1783. 4°. —.60
4417 —— — — De pers. jus testandi n. habent. Traj. 1738. 4°. —.40
4418 —— J. O. DE, Grotianae doctrinae impr. de jure crim., in libr. de jure belli et pacis traditae, expositio. Sylv.duc. 1827. 192 pp. 8°. 1.40
4419 —— L. DE, De contrah. emtione et venditione. L. B. 1701. 4°. —.60
4420 JONGBLOET, C., De restit. in integrum. L. B. 1629. 4°. —.80
4421 —— E. F. v. B., De heredit. petitione. L. B. 1768. 4°. —.40
4422 JONGE, A. DE, De evictionibus. L. B. 1720. 4°. —.50
4423 —— C. DE, De venditore praecise ad rei traditionem non compellendo. L. B. 1740. 4°. —.40
4424 —— — — De patria potestate. L. B. 1760. 4°. —.60
4425 —— C. P. DE, De exercitoria actione. L. B. 1762. 4°. —.40
4426 —— D. DE, De fidejussoribus. L. B. 1725. 4°. —.30
4427 —— G., De compensationibus. L. B. 1754. 4°. —.40
4428 —— G. A. DE, Aliquot jur. contr. quaest. L. B. 1749. 4°. —.60
4429 —— G. A. C. DE, Hist. jur. mercatorii Belgii Septentr. a. a. annum 1811, quo jus franc. apud nos fuit introductum. L. B. 1842. 200 pp. 8°. 2.—
4430 —— J. DE, De pignore. L. B. 1697. 4°. —.50
4431 —— — — De inventario heredis. Harder. 1692. 4°. —.50
4432 —— J. A. DE, De codicillis. L. B. 1761. 4°. —.40
4433 —— J. C. DE, De jurejur. judicis. Traj. 1722. 4°. —.30
4434 —— — — — Diplom. qd. Hollandica et Zeelandica. L. B. 1616. 4°. 1.—
4435 —— — — — Idem liber. forma 8°. —.60
4436 —— M. DE, De contractu emphyteutico. Traj. 1690. 4°. —.40
4437 —— M. G. DE, De testam. nullo et rupto et de hujus doctrinae usu in foro. L. B. 1807. 120 pp. 8°. —.90
4438 —— M. J. DE, Diplomata qd. Zelandica. Traj. 1778. 4°. —.90
4439 —— M. W. C., Kunnen buitenlandsche naamlooze vennootschappen in Nederland in rechten optreden? L. B. 1862. 8°. —.60
4440 —— P. DE, De jure Albinagii. L. B. 1791. 4°. —.40
4441 —— Q. DE, De tutelis. L. B. 1688. 4°. —.50
4442 —— W. A. DE, De hered. petitione. L. B. 1781. 4°. —.60
4443 —— VAN ELLEMEET, G. C. M. DE, De minore aetate, noxiam et poenam vel tollente vel minuente. Traj. 1859. 132 pp. 8°. 1.—
4444 JONGEJAN, G., De emtione venditione sec. Cod. Nap. L. B. 1828. 4°. —.70
4445 JONGEMAATS, J., De donationibus. L. B. 1705. 4°. —.30
4446 JONGH, A. DE, De natura actionis de recepto. L. B. 1791. 4°. —.40
4447 —— B. DE, De jure venandi. L. B. 1749. 4°. —.30
4448 —— C. A. DE, De pactis sec. jur. praesertim naturalis, principia. Traj. 1825. 8°. —.60

4449 Jongh, C. J. de, De adeunda et repudianda hereditate. Traj. 1825. 8°. —.90

4450 —— E. T. de, De dignitate naturae ration. conspicua in facult. homini concessa, sibi creandi jura ex pactis. Gron. 1828. 132 pp. 8°. 1.—

4451 —— J. de, De injuriis. L. B. 1715. 4°. —.40

4452 Jongh, J. B. T. de, De matrimonio ejusque impedim. Leod. 1823. 124 pp. 4°. 1.70

4453 Jongkindt, A., De crimine stellionatus. L. B. 1828. 8°. —.90

4454 Jongkint, B., De clausula codicillari. L. B. 1747. 4°. —.50

4455 —— D. A., De reivindicatione. L. B. 1735. 4°. —.30

4456 Jongsma, G. H., An delinquendi conatus poena sit afficiendus, si delinquens, mutato consilio, sponte et ultro, nulla ratione cogente, a delicto consummando abstineat. Gron. 1828. 8°. —.80

4457 Jongstra, A. F., Praecip. argumenta, qbs. varias de fundamento civitatis et imperii civ. sententias defenderunt aut impugnarunt scriptores. Traj. 1838. 8°. —.90

4458 Jonquiere, J. F. de Dompierre de, De emphyteusi. L. B. 1814. 8°. —.50

4459 —— P. P. H. — —— — De usucap. et praescript. L. B. 1765. 4°. —.60

4460 Jonnis, L., De jure peculiorum. Hard. 1751. 4°. —.30

4461 Joostan, H. C., De regtsbetr. tusschen meester en dienstbode, vóór de uitvoering der heurovereenkomst. Amst. 1862. 8°. —.80

4462 Jöncke, J. J., De pulmone infantis natante vel submergente. Rost. 1763. 4°. —.60

4463 Jordan, A. C., De propr. legum poenalium interpret. principiis. Gotting. 1799. 4°. —.30

4464 Jordens, C. A., De praestatione culparum. Traj. 1768. 4°. —.50

4465 —— E. A., De jur. prov. Transisal. fontibus. Dav. 1842. 8°. —.90

4466 —— G., De emptione venditione. Hard. 1740. 4°. —.60

4467 —— — De legitimatione. Traj. 1743. 4°. 1.10

4468 —— — De indebito soluto. L. B. 1711. 4°. —.50

4469 —— G. D., Ad l. unic. Cod. de Nili aggeribus non rumpendis. L. B. 1756. 4°. —.60

4470 —— — — De differentiis actionum bon. fid., stricti jur., et arbitrariarum. Dav. 1758. 4°. —.70

4471 —— — — De triade politica. Davent. 1836. 128 pp. 8°. —.90

4472 —— G. B., De usufructu ex patria potest. Dav. 1837. 8°. —.60

4473 —— G. T., De modis qbs. jus patr. potest. solvitur. Traj. 1717. 4°. —.30

4474 —— H., De mandato. Traj. 1720. 4°. —.40

4475 —— H. G., De fine civitatis. Dav. 1830. 4°. 1.—

4476 —— — — Idem liber, forma 8°. —.70

4477 —— H. J., De moderamine inculpatae tutelae. L. B. 1789. 4°. —.70

4478 —— H. W., De pactis tacitis. Traj. 1760. 4°. —.50

4479 —— J., De lege Aquilia. Harder. 1710. 4°. —.30

4480 —— M. J., De dolo malo. L. B. 1749. 4°. —.40

4481 —— R., De legali seu tacito pignore. Harder. 1693. 4°. —.30

4482 —— — De separatione thori et mensae. Daventr. 1827. 190 pp. 4°. 2.25

4483 —— — Ad l. 27 pr. DD. de conditionib. institutionum et l. 81 pr. DD. de inoff. testam. L. B. 1758. 4°. —.70

4484 —— — De testamento condito ab eo, qui testamenti factionem non habet, nec non de testamento injusto. Daventr. 1759. 4°. 1.—

4485 —— W. H. Cost, De conditione resolutoria. L. B. 1822. 4°. 1.10

4486 —— — — —— Idem liber, forma 8°. —.30

4487 Josephi, A., De honesto. Traj. 1783. 4°. —.50

4488 Jouwer, A. E. d., De sponsalibus. Traj. 1782. 4°. —.40

4489 —— S. d., De fidejussoribus. Traj. 1747. 4°. —.50

4490 Juel, C. A., Observ. qdm. circa praeferenda codicem legum Suecicarum hodierni. Ups. 1841. 4°. —.30

4491 —— — — Om dans-arf. Ups. 1851. 8°. 1.—

4492 Julyan, H. A., De compensationibus. Harder. 1758. 4°. —.30

4493 Jullens, A., De partiaria hereditatis petitione. Gron. 1810. 8°. —.30

4494 Junberg, L., De jurejurando per falsos deos. Lund. G. 1745. 4°. —.30

4495 Juncker, C., De simulatione. Altd. 1700. 4°. 1.30

4496 —— L., De domicili origine. Jen. 1709. 4°. —.40

4497 Junod, H. A., De simulatione. Franef. 1698. 4°. —.60

4498 Jongmans, G., De favore salarii. Jen. 1681. 4°. —.40
4499 —— S. F., De finibus regundi circa caus. minut. in for. Sax. reg. Lips. 1814. 4°. —.30
4500 Junghanns, C. G., De infamia stupri abolenda. Vitemb. 1733. 4°. —.30
4501 Jungius, C. G., Actuarius peccans in citatione quoad causas civiles. Lips. 1738. 4°. —.40
4502 —— — — De legisactionum actuumq. legitimorum differentiae. Traj. 1754. 4°. —.30
4503 Junius, J. F., De vitiis poenarum venalium. Jen. 1740. 4°. —.30
4504 —— J. H., Observatt. legales. Lips. 1722. 4°. —.30
4505 —— L. F., De emancipatione. L. B. 1703. 4°. —.30
4506 Jure, de, Qd. competit societati privileg. foeder. Belgii ad navigation. et commercia Indiar. Orient. adv. incol. Belgii Hispan. hod. Austriaci. Amst. 1733. 4°. —.40
4507 Justus, A., Lex 9 Cod. de excep. et praescr. Halae. 1704. 4°. —.60
4508 Juta, C. M., Lex 4, § 1 DD. fam. ercisc. L. B. 1739. 4°. —.60
4509 —— O. M., Quaed. quaest. jur. L. B. 1757. 4°. —.40
4510 Juynboll, A. G., De injuriis. L. B. 1784. 4°. —.50
4511 —— G. J., De emphyteusi. L. B. 1791. 4°. —.70
4512 —— P. N., De quaest, sive tortura reorum. L. B. 1765. 4°. —.40
4513 Kaathoven, J. v., De homicid. sec. Cod. Poen. L. B. 1835. 8°. —.30
4514 Kaecke, G., De avaria. Traj. 1770. 4°. —.40
4515 Kaestner, A., De clausula: was Erd- Wand- Band- Mauer- Nieth- Nagel und Schraubenfeste ist. Lips. 1724. 4°. —.30
4516 —— — De operis rusticorum earumque per praescript. acquisitione. Lips. 1735. 4°. —.30
4517 —— — De contractu vitalitio. Lips. 1744. 4°. —.30
4518 —— — Jurament. in caus. matrimonial. recte, etiam negative deferri. Lips. 1727. 4°. —.30
4519 —— — De Pauli pediculis argenteis, occ. leg. 32 pr. de auro, argento etc. legato. Lips. 1730. 4°. —.90
4520 Kahl, L. M., De justis repraesaliarum limitibus tam a gentibus tam a statibus S. J. R. G. observandis. Gott. 1746. 4°. 1.25
4521 Kahrel, H. F., Systema juris veri nominis complectens primas lineas delineatum. Herborn. 1759. 4°. —.80
4522 —— — — Von der Beschaffenheit des Rechts in Teutschland und dessen Verbesserung. Herborn. 1750. 4°. —.80
4523 —— — — Gedanken über die Weltweisheit und Rechtsgelehrtheit. Marb. Herborn. 1763. 4°. 1.—
4524 Kaiser, C., De mora et ejus purgatione. Traj. 1728. 4°. —.40
4525 Kaldenbach, P. G., Ad glossas nomicas. Franeq. 1778. 4°. —.40
4526 Kaldewey, J. B., De citatione in genere ac in specie publica. Jen. 1676. 4°. —.70
4527 Kalff, J., De rei vindicatione in reb. merc. Traj. 1843. 8°. —.90
4528 Kallstenius, C. D., Om laga våra, täppning och Hägnad. Ups. 1818. 4°. —.30
4529 Kalt, G., De angustiis, sacratisque camerae imperialis jurisdictione. Giess. 1607. 4°. —.80
4530 —— — De potestate imperatoris legibus soluta. Giess. 1608. 4°. —.40
4531 Kalthagen, J. C., Coll. jur. civ. Rom. et statuar. Frankenhusani circa successionem conj. ab intestato. Halae. 1708. 4°. —.60
4532 Kampe, J. J. v., De reditu vitalitio. Altd. 1681. 4°. —.90
4533 Kannengiesser, J. D., Lex Julia miscella abrogata et denuo revocata. Brem. 1714. 4°. —.60
4534 Kanner, J., De munere consulum mercaturae gratia in exter. terris constitutorum. Amstel. 1626. 8°. —.80
4535 Kanter, N. H. de, De fidejussoribus. L. B. 1800. 4°. —.50
4536 —— P. de, De juribus peregrinorum in Belgio. L. B. 1828. 4°. 1.25
4537 —— — — Idem liber, forma 8°. —.80
4538 Kappeine, D. F., An et quaten. jus gent. a jure nat. differat? L. B. 1761. 4°. —.70
4539 Kappel, A., De arrestis. Helmst. 1673. 4°. —.90
4540 Kappeyne, H. P. v., De distributione et forma praediorum. L. B. 1854. 184 pp. 8°. 1.25

4541 Kabbeboom, P. P., De navium detentione, q. vulgo dicitur *embargo*. Amst. 1840. 8°. —.90
4542 —— — — Theses jur. Amst. 1838. 8°. —.50
4543 Kabbeboom, C., De adulteriis coercendis. L. B. 1786. 4°. —.70
4544 —— — De favore reorum. Franeq. 1759. 4°. —.70
4545 —— H., De fam. erciscundae judicio. L. B. 1728. 4°. —.70
4546 —— H. M., De legg. summa cum prudentia statuendis. L. B. 1707. 4°. —.90
4547 —— J., De jure summi imperant. circa sacra. L. B. 1756. 4°. —.80
4548 —— R., De compensationibus. L. B. 1720. 4°. —.40
4549 Kampelmeier, N., De astutiis spilonum, earumq. poena. Francf. et Lips. 1673. 4°. —.60
4550 Kappeyne, J. C. v. d., De culpae praestatione in contractibus. Hag. 1857. 8°. —.80
4551 —— — —— De ultim. voluntatib. rite interpretandis. L. B. 1801. 8°. —.90
4552 —— L. v. d., In qbs. casubus traditio non sit dominio transferendo necessaria. L. B. 1775. 4°. —.70
4553 —— P. L. v. d., Miscel. jurid. Traj. 1771. 4°. —.80
4554 —— — — — De poena deportationis. Hag. 1850. 8°. —.70
4555 Kasten, J. L., De stupro violento. Vitenb. 1786. 4°. —.50
4556 Katt, M. U., De judicio feudali. Francf. 1686. 4°. —.40
4557 Katte, J. D. d., De conventionibus usurariis. Hal. 1709. 4°. —.90
4558 Kaulfuss, C. G., Lex 46 DD. de acq. rer. dom. Lips. 1719. 4°. —.50
4559 Kayn, O. H. v., De bello. Jen. 1689. 4°. —.40
4560 Kayser, J. F., De obligatione et valore statuti illicita forensium, seu ordinationis eccles., q. Darmstadii prodiit anno 1718. Giess. 1746. 4°. —.60
4561 Kebbon, J., De conjugio comprivignorum. L. B. 1748. 4°. —.60
4562 Keck, A. F., De legitima constitutione syndicorum. Erf. 1780. 4°. —.40
4563 Kees, J. F., De eo, qd. justum est circa praestat. culpae. Lips. 1778. 4°. —.40
4564 —— — — Cuinam incumbat obligatio reficiendi muros coemeteriorum. Lips. 1806. 4°. —.80
4565 —— — — An et quatenus confessioni fictae in causis criminalibus superstrui possit sententia condemnatoria? Lips. 1818. 4°. —.80
4566 —— — — De tentatione contra sententiam qua probatio injungitur, non unquam admittenda. Lips. 1809. 4°. —.80
4567 —— — — Utrum partus adulterinus per subseq. matrimon. possit legitimari. Lips. 1810. 4°. —.80
4568 —— — — De possessorib. fundorum intra parochiae fines sitorum, qui alibi domicil. fovent, ab obligatione reficiendi aedif. ecclesiastica murosque coemeteriorum immunibus. Lips. 1807. 4°. —.80
4569 Keessel, D. G. v. d., An capita illa jur. Rom. quae in usu hodie non esse dicuntur, in acad. doceri expediat. Gron. 1762. 4°. 1.10
4570 —— — — — — De usucapione partus et foetus rei furtivae. L. B. 1761. 4°. 1.50
4571 —— — — — — De studio jur. civ. ad bonos mor. formand. et virtut. colend. optimo. L. B. 1790. 4°. —.60
4572 —— — — — — De legisl. Belgarum, in recipiendo jur. Rom. prudentia. L. B. 1770. 4°. —.80
4573 —— — — — — De aequitate judicant. optimo turbat. reip. remedio. L. B. 1788. 4°. —.80
4574 —— — — — — De amore patriae in juventute Belg. excitando. L. B. 1774. 4°. —.60
4575 [illegible], C., De poenis. 1718. 4°. —.70
4576 —— F. N., De locat. conduct. Traj. 1743. 4°. —.50
4577 —— G. C., De loc. conduct. operarum. Traj. 1744. 4°. —.80
4578 —— J., De origine quartae Trebellianicae. L. B. 1786. 4°. —.50
4579 —— N., De usucapionibus. L. B. 1698. 4°. —.80
4580 Keiman, C. F., Jura pupillorum. Jen. 1672. 4°. —.60
4581 Keizer, C., De consuetudine praec. ex jure Batavo. Gron. 1800. 8°. —.80
4582 —— J. H., De testamento parentum inter liberos. Gron. 1784. 4°. —.50
4583 —— J. P., De usufr. conditionis, in *certo loco habitandi*, testamento adscript., per legatar. implendae sqq. Gron. 1808. 8°. —.50
4584 —— J. W., Ad loc. Cod. civ. de instrum. authenticis lib. 3, tit. 3, C. 8, S. 1, § 1. Gron. 1833. 8°. —.80
4585 —— — — Ad leg. Anastasianam. Gron. 1762. 4°. —.60

4586 Keizer, S. H., De plebiscitorum origine et auctoritate. Gron. 1763. 4°. —.30
4587 Keldermann, C. G., De jure circa epistolas. Traj. 1759. 4°. —.50
4588 Kelpfken, A., De injuriis. L. B. 1708. 4°. —.30
4589 Keller, S. H., Casus dubii. Jen. 1693. 4°. —.30
4590 Kellner, E. H., De eo, qd. justum circa prata. Erf. 1719. 4°. —.30
4591 —— J. O., De originibus feudalibus. Hal. 1710. 112 pp. 4°. 1.25
4592 Kemler, S., Ad leg. 41 Cod. de transactionibus. Tubing. 1705. 4°. —.90
4593 Kemmerich, D. H., An jurisjurandi delatio contra matrimonium habeat locum? Jen. 1740. 4°. —.30
4594 —— — — De occupatione. Vitemb. 1724. 4°. —.30
4595 —— — — De jure aedificandi. Vitemb. 1724. 4°. —.30
4596 —— — — De origine contractuum nominatorum et innominatorum. Jen. 1733. 4°. —.30
4597 —— — — De jure principis circa dogmata fidei. Jen. 1730. 4°. —.70
4598 —— — — De jure foresti. Jen. 1736. 4°. —.70
4599 —— — — Von der Unverletzlichkeit der Gesandten. Christian-Erlang. 1710. 4°. —.60
4600 Kemp, A. H. v. de, Dotis origo apud Rom. ac jus, qd. eo nomine conjugib. et per mortem soluto matrimonio constitutum est. Traj. 1826. 8°. —.60
4601 —— — — — — De cap. 2 leg. Aquiliae seu ad loc. Gaji de adstipulatoribus. L. B. 1829. 4°. 1.25
4602 —— — — — — Idem liber, forma 8°. —.60
4603 —— C. M. v. de, De jur. Rom. princip. circa jura personarum et successionum ex XII tab. L. B. 1822. 8°. —.60
4604 —— D. C. v. de, Varii arg. quaestiones. L. B. 1815. 4°. —.70
4605 —— J. C. v. de, De eo, qui delinquentis est socius. L. B. 1790. 4°. 1.25
4606 Kempenaer, D. de, De emptione spei. L. B. 1758. 4°. —.60
4607 —— G. N. de, Quat. in imputandis actionibus et poenis infligendis, ratio haberi debeat liberae voluntatis vel diminutae, vel plane sublatae. L. B. 1829. 8°. —.60
4608 —— J. de, De sponsionibus. L. B. 1758. 4°. —.60
4609 —— J. J. de, De sanctione pragmatica imperat. Caroli V totius Belgii principis pro unione et successione indivisibili omnium ditionum Belgarum a°. 1549 d. 4 Nov. L. B. 1787. 110 pp. 4°. 1.60
4610 —— J. M. de, Quaest. juridic. L. B. 1816. 4°. —.70
4611 —— J. T. de, De eo, qd. moris et consuetudinis est in Belgio circa pacta inter futuros conjuges. L. B. 1772. 4°. —.60
4612 —— A. A. v. Andringa de, Van Avarye. Gron. 1796. 8°. —.60
4613 —— O. R. — —— — De ludo et sponsionibus sec. pr. jur. hod. L. B. 1824. 4°. —.80
4614 Kemper, D. T., De off. legislatoris circa torturam. L. B. 1788. 4°. —.70
4615 —— J. M., In memoriam H. C. Cras. Amstel. 1825. 4°. —.60
4616 —— — — De legibus popul. optimis incrementis vel decrem. humanitat. indiciis. Amstel. 1807. 4°. —.70
4617 —— — — De gravissim., quae ex praesenti public. rer. conditione Jctis praecip. nata sunt officiis. L. B. 1820. 4°. —.50
4618 —— — — De jure nat., immutabili et aeterno. Harder. 1799. 4°. —.60
4619 —— — — De prudentia civili in promovenda eruditione. Harderv. 1801. 4°. —.70
4620 —— — — De actis status civil. L. B. 1832. 8°. —.50
4621 —— — — Quod contra bon. mor. fiat, id jur. ratum esse non oportere. Amst. 1796. 8°. —.50
4622 —— L., De consensu parentum ad liberorum nuptias requisito. L. B. 1759. 4°. —.60
4623 —— H. de Bosch, De dominio ejusque acq. media. Groning. 1832. 180 pp. 4°. 3.—
4624 Kentzler, J., De silentio. Hamb. 1688. 4°. —.30
4625 Keppel, F. G. F. T. v. Pallant v., Posit. juridic. L. B. 1793. 4°. —.60
4626 Kerchem, F. v., De emptione vendit. L. B. 1706. 4°. —.30
4627 —— G. v., De quer. inoff. testam. L. B. 1717. 4°. —.30
4628 K[illegible], L., De testamentis ordinandis, impugnandis infirmandisque. Gron. 1836. 4°. —.60
4629 Kerckhoff, O. A. v., De notione societat. L. B. 1831. 4°. —.80
4630 Kerckhoven v. Groenendyck, M. G. v. de, De forma judicii publici de civitate. L. B. 1775. 4°. —.60

4631 Kerckraad, A. v., Ad l. Pompejam, de parricidiis. Traj. 1683. 4°. —.40
4632 —— — — De codicillis. Traj. 1686. 4°. —.30
4633 Kerr, D. v. d., De societate. L. B. 1679. 4°. —.30
4634 Kersman, G. J., Ad l. 8 Cod. ad Sctm. Vellejanum. L. B. 1790. 4°. —.70
4635 Kerswyk, B. P. v., De fruct. percept. ex re aliena. Traj. 1794. 4°. —.50
4636 Kerner, G., De deditione sub clausula clementiae et discretionis. Alt. 1721. 4°. —.50
4637 Kersseboom, A., De temerariis litigatoribus. Traj. 1700. 4°. —.60
4638 Kerssenbroch, J. A. d., De testamentis. Hard. 7187. 4°. —.30
4639 Kersteman, F. L., De exceptione metus injusti in statu natur. locum habente qdm. in thesi non vero in hypothesi. Hard. 1759. 4°. —.30
4640 Kerstiens, N. J., Lex fin. et authent. seq. Cod. de dote cauta non numerata. Duisb. 1722. 4°. —.30
4641 Kervel, A. v., De suspectis tutoribus. L. B. 1697. 4°. —.30
4642 —— A. J. v., De eo, qd. justum circa possessionem. L. B. 1748. 4°. —.30
4643 —— J. H. v., Ad tit. DD. de his q. effuderint vel dejecerint. Harder. 1788. 4°. —.60
4644 Keslerus, P. F., De fundam. benef. competent. fratrum.; ad l. 63 DD. pro socio. Vitemberg. 1750. 4°. —.40
4645 Kesseler, G. A., De pactis circa successiones tam principum quam privatorum. Traj. 1710. 4°. —.30
4646 Kessenich, J. A. H. Michiels v., De sociis in crimine. Leod. 1823. 4°. —.70
4647 Kessler, C. F., De navibus ob mercium illicitarum vecturam commissis. Hal. 1740. 4°. 1.—
4648 —— M. C., De mandato. L. B. 1776. 4°. —.30
4649 Kesteloot, P. W., De leg. sumtuariis. Traj. 1737. 4°. —.30
4650 Kestner, C. F., De officio actuarii. Jen. 1702. 4°. —.70
4651 Ketel, J., De temp. et praescript. ex eo ad menstruum spatium exclusive. L. B. 1729. 4°. —.40
4652 —— J. C. v., De quod. jur. capit. L. B. 1765. 4°. —.40
4653 Ketelaars, H. P., De relig. jurisjurandi et poena perjurii. —.50
4654 Kettelhodt, C. G. d., De principe in propria causa jus dicente. Jen. 1758. 4°. —.30
4655 Ketschau, J. C., De juris Saxon. provincialis compilatione. Jen. 1718. 4°. —.40
4656 Keuchenius, G. F., Ad selecta aliq. juris Rom. et hod. loca. L. B. 1819. 4°. —.70
4657 —— — — Idem liber. forma 8°. —.30
4658 —— L. G. C., De donationibus propter nuptias Romanis. Dordr. 1842. 8°. —.30
4659 Keuner, J. F., De apocha. Jen. 1698. 4°. —.40
4660 Keyser, A. de, De empt. et vendit. Traj. 1659. 4°. —.30
4661 —— C., De transactionibus. L. B. 1702. 4°. —.30
4662 —— J., De curatoribus. L. B. 1731. 4°. —.30
4663 Keyzer, S., De tutela sec. jur. Thalmudic. L. B. 1847. 8°. —.30
4664 Khol, C. F., De transactione super re judicata. Jen. 1723. 4°. —.40
4665 Kick, D., De empt. vendit. L. B. 1706. 4°. —.40
4666 Kieffer, G. H., De suprema voluntate fidei-commissi concredita. Tub. 1700. 4°. —.30
4667 Kien, C. J., De jure medicorum. Traj. 1757. 4°. —.30
4668 —— J., De judiciis, et foro competenti. Traj. 1687. 4°. —.30
4669 —— — De accessione. L. B. 1707. 4°. —.40
4670 —— J. L., Quod b. f. possessoris respectu obtineat, primo quoad sortem, sec. quoad fructus, tertio quoad impensas. Traj. 1771. 4°. —.30
4671 —— N., De mora. Traj. 1758. 4°. —.50
4672 —— — De remed. l. ult. Cod. de fideicommissis. Traj. 1728. 4°. —.50
4673 —— N. P. J., De vi legis novae in jura, q. conjuges ratione bonorum, habent. Traj. 1835. 8°. —.60
4674 Kienault, E. C., De foedere improprio. L. G. 1748. 4°. —.40
4675 —— J., De unitate majestatis in republica. L. G. 1745. 4°. —.50
4676 Kieling, J. C., Probat. filiationis. Jen. 1689. 4°. —.30
4677 Kiggelaar, F., De jure praetorio. Harder. 1758. 4°. —.30
4678 —— V., De injuriis coercendis. L. B. 1715. 4°. —.40

4679 Killer, H. G., De formis, debitrice ex pacto ad carcerem obligata. Lips. 1728. 4°. —.40
4680 Killman, J. N., De jure sponsorum. Jen. 1686. 4°. —.50
4681 Kindelius, C., Meditationes circa casus nonnullos in tit. de jure matrimonii. Ups. 1812. 4°. —.30
4682 Kinderen, T. H. de, De rer. judicatar. auctor. in caus. civil. L. B. 1847. 160 pp. 8°. 1.25
4683 Kindouis, O. H., Jur. observatt. Lips. 1812. 4°. —.50
4684 Kingma, C. L. v. B. t., De legatario particulari praes. de artt. 874 et 1020 Cod. Civ. Gron. 1833. 8°. —.70
4685 Kinréé, J., De emtione venditione. L. B. 1759. 4°. —.50
4686 Kinschot, C. de, De legatis. L. B. 1699. 4°. —.50
4687 — — — De sponsalibus. L. B. 1699. 4°. —.50
4688 — C. R. a, De raptu. L. B. 1724. 4°. —.40
4689 — J. A., De leg. Rom. amatuar. L. B. 1789. 4°. —.50
4690 — R. a, De donationibus. L. B. 1704. 4°. —.30
4691 Kirchheim, P. D. v., De ratiunibus et rationariis. Argentor. 1672. 4°. 1.40
4692 Kirchhering, W. v., De forma s. statu S. R. imperii. Jen. 1736. 4°. —.60
4693 Kirsten, C. H., De bona fide actoris litigantis in foro Saxonico elector. Helmst. 1727. 4°. —.60
4694 — J. D., Historia legatorum. Lips. 1781. 4°. —.70
4695 — J. E., De concubitu matrimonii perfectiode ante copulam sacerdotalem. Lips. 1747. 4°. —.90
4696 — — — De restricta liberor. disposit. in poenalis lustricis. Erford. 1736. 4°. —.30
4697 Kist, H. J., Over de verkindtenfessen die uit onregtmatige daad ontstaan, volgens art. 1401, 1402 Burg. Weth. L. B. 1861. 8°. —.70
4698 Kistemaker, L. P., De libris mercatoriis eorumq. vi probandi. Amst. 1854. 4°. —.40
4699 Kistmacher, G. R., De officio et praesidio provinciae. Erf. 1730. 4°. —.40
4700 Kivits, J. H., De metus. L. B. 1681. 4°. —.60
4701 Kjerulf, G., De matrimonio inter personas divers religionis. L. G. 1754. 4°. —.45
4702 Klad, J. G., De inoff. testam. Traj. 1773. 4°. —.60
4703 Klaver, J., De rebus a testatore in testamento alienari prohibitis. L. B. 1758. 4°. —.60
4704 Klaverweyden, J. L., De carcere in causis civilib. et de methodo procedendi. L. B. 1838. 8°. —.70
4705 Klein, H., De testamento per aes et libram. Amstel. 1850. 8°. —.40
4706 — J., De gemmis. Berol. 1706. 4°. —.30
4707 — — De probatione, quae fit per libros mercatorum. Gustr. 1705. 4°. 1.—
4708 — — De praerogativis principum S. R. J. Gustrav. 1705. 4°. 1.25
4709 — — De inhibitionibus judicialib. in causis appellationum. Gustr. 1705. 4°. —.80
4710 — — De mitigatione poenarum favore matrimonii contracti. Jen. 1748. 4°. —.70
4711 Kleintanvel, C. T., De stabulis, campanis tabernis et hospitiis mercenariis. Viteb. 1739. 4°. —.40
4712 Kleinen, H., De correis credendi et debendi. M. C. 1660. 4°. —.30
4713 Kleist, S. N. de, De fallacibus criminum indiciis. Franeq. 1691. 4°. —.60
4714 Klenck, G. L. v., Larvam detrahens Jctorum opinionibus invidiae plenis. Rint. 1728. 4°. —.70
4715 Klencke, F. L., Commentatio in Pandectas. Duisb. 1709. 4°. —.70
4716 Klerk, C., Illustr. quaestiones. Traj. 1657. 4°. —.30
4717 — D., De praecipuis inter avum et patrem differentiis, qutm. ad effectus patriae potestatis apud Rom. Harder. 1763. 4°. —.30
4718 — O., De pacto per metum injustum extorto. L. G. 1751. 4°. —.60
4719 — J., De M. T. Cicer. Oratione pro M. Coelio. L. B. 1825. 4°. 1.25
4720 — — Idem liber. forma 8°. —.90
4721 Klesch, C. D., De jure peregrinantium. Jen. 1680. 4°. —.70
4722 Klessen, J. B., De virginibus. Franeq. et Lips. 1740. 4°. —.30
4723 Kleyn, J. P., De divortio. Traj. 1762. 4°. —.60
4724 Klien, A., De pignore absque re judicata per executionem constituto. Lips. 1820. 4°. —.50

4725 Klimpel, C. H., De usu exceptionis non adimpleti contractus hodierno processu Saxonico, occas. § IV appendicis ord. proc. Sax. noviss. Lips. 1726. 4°. —.40
4726 Klinger, J., De dote. Altd. 1700. 4°. —.40
4727 Klinggraff, J., De veritate convicii, ad leg. 18 DD. de injuriis. Francf. 1712. 4°. —.40
4728 Klinkner, J. G., De pactis coheredum divisoriis. Erford. 1780. 4°. —.40
4729 Klingling, F. L., De benef. restitutionis contra rem judicat. quae fit brevi manu. Lips. 1756. 4°. —.50
4730 Klinkhamer, J., De ususfructu. L. B. 1698. 4°. —.30
4731 —— — De aestimatione. Traj. 1776. 114 pp. 4°. 1.40
4732 —— S. C., De donationibus ex fragm. vaticanis. Amst. 1826. 160 pp. 8°. 1.25
4733 —— — — De bello propter success. regni Hispanici gesto, pace Rheno-Traj. composito. Amstel. 1829. 216 pp. 8°. 1.75
4734 —— T. A., De negotiis simulatis. L. B. 1858. 8°. —.60
4735 Klocke, O., De contributionibus. Basiliae. 1608. 4°. —.70
4736 Kloeckhof, H., De casu fortuito. Duisburg. 1700. 4°. —.40
4737 —— — De arrhis sponsalitiis. Traj. 1725. 4°. —.40
4738 —— — De crimine stellionatus. Traj. 1723. 4°. —.40
4739 —— C. A., De necess. in legg. interpretand. aequitatis. L. B. 1764. 4°. —.50
4740 Klopman, G., Ad leg. 101 DD. de verb. oblig. Harder. 1770. 4°. —.50
4741 Kloppenburg, B. L., De judice ejusque officio. Harder. 1768. 4°. —.40
4742 Kloppers, A. de, De hypotheca publica. L. B. 1811. 8°. —.30
4743 —— J. de, De contraventionibus earumq. poenis. L. B. 1836. 8°. —.60
4744 Klotz, J. H., De juramento calumniae. Jen. 1731. 4°. —.90
4745 Kluge, F. L., Quousque adulterium per conjecturas probetur. Vitemb. 1735. 4°. —.30
4746 Klugkist, H., De variis duellorum limitibus. Traj. 1727. 4°. —.70
4747 —— — De sepultura. Duisb. 1736. 4°. —.30
4748 Kluit, A., De jure, quo Belgae legitim. suo principe ac domino Philippo imperium abrogaverint. L. B. 1779. 116 pp. 4°. 1.50
4749 —— C. A., De offic. tutorum s. jus Rom. et Cod. Nap. L. B. 1813. 4°. —.60
4750 —— H. P., De seditione professorum. L. B. 1829. 192 pp. 4°. 2.25
4751 —— — — Idem liber. forma 8°. 1.50
4752 —— H. S., Quaestiones jur. arg. L. B. 1818. 8°. —.30
4753 Kluppel, A., De nuptiis. L. B. 1715. 4°. —.30
4754 —— A. J., De violenta sua defensione. L. B. 1779. 4°. —.50
4755 —— — — De crimine stellionatus. L. B. 1807. 4°. —.70
4756 Kluver, H., De jure canum. Stadae. 1711. 4°. —.60
4757 Klynkens, J. A., De orig. et extens. potest. parentum. Traj. 1772. 4°. —.50
4758 Knabius, J. M., De conjunctione comitum Holsatiae cum ducatu Saxoniae. Lips. 1768. 4°. —.60
4759 Knape, G., De auctor. tutor. recte interponenda. Harder. 1750. 4°. —.40
4760 Knappert, A., Diversi argumenti positiones. L. B. 1816. 8°. —.30
4761 Knauth, C. F., De injuria conditionali. Jen. 1752. —.70
4762 —— J. F., Ad decision. electoral. Saxonic. 66. Witteb. 1683. 4°. —.40
4763 Knaver, J., De jure alienandi. Vitemb. 1740. 4°. —.70
4764 Knepfelhout, J., De violenta defensione alterius. Traj. 1769. 4°. —.30
4765 Knevoxl, C. F., De actione Pauliana. Giess. 1732. 4°. —.90
4766 Knieme, P., De revocatione codicillorum. Argent. 1670. 4°. —.40
4767 Kniphorst, G. E., De graphiario. L. B. 1838. 8°. —.40
4768 —— N., Casus qdm., ubi sponsi sponsaeque eodem, ac conjuges, aut diverso jure utuntur. Gron. 1758. 4°. —.50
4769 Kniphuisen, J. K. F. v. l. z., De peculiari permutat. indole quant. inprim. ad traditionem adtinet. Gron. 1798. 4°. —.50
4770 Knobelsdorff, F. W. A. v., Ordinum general. totius Belgii historia ab obitu Requesentii n. s. expugnat. Antwerpiam. 1576—1584. L. B. 1835. 8°. —.90
4771 Knoop, J., De concursu actionum. Traj. 1697. 4°. —.30
4772 —— N. A., De leg. natural. et civil. natura. Gron. 1780. 4°. —.30
4773 Knorr, J. U., Ad l. unic. Cod. de his qui ad statuas confugiunt. L. B. 1759. 4°. —.60
4774 —— J. S., Ad l. Cornel. de sicariis et veneficis. Gron. 1783. 4°. —.50
4775 Knorre, C. G., Quod quis. juris in alterum statuerit ut ipse eodem jur. utatur. Halae-Magd. 1726. 4°. —.30

4776 Knorre, O. F., De cautione damni infecti. Helmst. 1693. 4°. —.90
4777 Knottenbelt, J. H., De divortio. L. B. 1833. 8°. —.60
4778 Knupp, C. F. A., De natura atque indole locat. conduct. Harder. 1763. 4°. —.50
4779 —— G. Th. v., Ad loc. Cod. Civ. de regimine dotali. Gron. 1817. 8°. —.90
4780 Knypinga, F., Ad oration. d. Marci de transactione alimentorum. Gron. 1807. 8°. —.60
4781 Kober, C. C., De pecul. advent. regulari seu ordinario. Altd. 1706. 4°. —.60
4782 Köhneling, W. G., Thes. ex jur. civ. Traj. 1777. 4°. —.80
4783 Koch, C. L., De fatis studii juris privati ejusque culta ratione apud Germanos. Giess. 1740. 4°. —.80
4784 —— C. M., De praesumtione doli mali certis regulis subjecta. Harder. 1761. 4°. —.80
4785 —— G., Ad § 16 et 17 ord. proc. recogn. tit. 39. Lips. 1820. 4°. —.60
4786 —— G. A., De eo, qd. justum est in privilegiorum collisione. Vitemb. 1787. 4° —.50
4787 —— G. H., De cautione de non turbando. Erford. 1728. 4°. —.50
4788 —— G. T., Sponsam, sponso ad consummandam matrim. damnato, si id malitiose differat et moriatur pro justa uxore et participe portionis statutariae habendam esse. Lips. 1818. 4°. —.30
4789 —— H. A., Ad libr. 9, 10 et 11 DD. Halae. 1694. 4°. —.30
4790 —— J., Ad leg. 3 Cod. de episcop. Lips. 1700. 4°. —.60
4791 —— J. G., De inutili et superflua imitatione in foro. Wircen. 1789. 4°. —.30
4792 —— — — De advocatis, eorumque salario in propria causa a victis exigendo. Erf. 1787. 4°. —.40
4793 —— J. J., De observantia imperiali. Arg. 1685. 4°. —.60
4794 —— J. V. F., De executione in status et cives immediatos imperii. Bamb. 1755. 4°. 1.25
4795 Kock, A. A., De interpretandis privilegiis, ad leg. 3 DD. de constit. princip. Harder. 1752. 4°. —.40
4796 —— F. L. W. de, Quaestiones qdm. L. B. 1840. 8°. —.80
4797 —— J. de, De servitute. Traj. 1799. 4°. —.50
4798 —— M. de, De potestatis civ. episcoporum praecipue Traject. in regno Francor. initiis atque incrementis. Traj. 1858. 200 pp. 8°. 1.50
4799 —— Y. de, De reverentiae praestatione. L. B. 1762. 4°. —.60
4800 —— — — De offic. praetorum. Traj. 1766. 4°. —.50
4801 Kocq, H. C., De variis adoptionis ritibus apud divers. gentes. L. B. 1769. 4°. —.50
4802 Kock, P., De modo testandi. L. B. 1698. 4°. —.30
4803 Koebel, J. L., De moderatione statuum imperii matriculari. Altd. 1706. 4°. —.30
4804 Koecher, C. H. G., De probatione ad perpet. rei memoriam. Helmst. 1794. 4°. —.60
4805 Koehlau, C. F., De pacto hereditatis renunciativo, quaten. jur. Saxon. in fraudem cred. fieri possit? Vitemb. 1798. 4°. —.50
4806 Koehler, C., De alientatis. Halae. 1766. 4°. —.70
4807 —— F. G. C., Observat. practicae. Lips. 1780. 4°. —.80
4808 —— H., De jure diversarum reip. formarum. Jen. 1733. 4°. —.60
4809 Koen, G., Ad loca qdm. juris depravata. Franeq. 1736. 4°. —.70
4810 Koenen, D. A., De commissaris des Konings in de provincie, geschiedkundig ontwikkeld. Haarlem. 1862. 148 pp. 8°. 1.25
4811 —— H. J., De patria potestate et statu familiae. Amst. 1831. 166 pp. 8°. 1.25
4812 Koenig, C. F. G., De abigeatu et furto equorum. Gott. 1742. 116 pp. 4°. 1.40
4813 —— H. C., De hominum inter feras educatorum statu naturali solitario. Hanover. 1730. 4°. —.90
4814 —— J. C., De jure accrescendi in legatis. Altd. 1766. 4°. —.50
4815 —— — — De vidua defuncti mariti debita suscip. ne gaudeat benef. Sctl Vellej. et auth. si qua mulier? Erf. 1769. 4°. —.70
4816 —— P., Potiora fratrum jura. Francf. 1691. 4°. —.50
4817 Koenigsdorffer, A. F., De actione de recepto casum fortuitum non persequente. Vitemb. 1750. 4°. —.30
4818 Koepken, A., De consortio imperatoris et statuum imperii in potestate legislatoria et judiciaria. Hal. Sal. 1756. 106 pp. 4°. 1.25
4819 Koerteveld, J. v., De procuratoribus eorumq. officio. L. B. 1762. 4°. —.60
4820 Köhler, B., De hierophylacibus, s. templor. custodibus. Erf. 1666. 4°. —.50
4821 Kohlermann, I. J., De servorum conditione. Giss. 1743. 4°. —.30

4822 Köhn, J., De successionibus ab intestato et hereditatis divisione. Heidelb. 1708. 4°. —.50
4823 Könen, H., De jure neutralium s. mediorum in bello inter amicos. L. B. 1717. 4°. —.50
4824 —— — De majoris aetatis termino sec. jur. Rom. et statuar. Bremens. L. B. 1745. 4°. —.70
4825 Kok, B. J. de, De possessione et juribus ex possessione oriundis. L. B. 1835. 8°. —.50
4826 —— J., De injuriis et fam. libellis. L. B. 1768. 4°. —.50
4827 Kokelaar, J. H. de, De deposito. L. B. 1760. 4°. —.40
4828 —— P. de, De illustr. praetoriarum caution. speciob. L. B. 1718. 4°. —.50
4829 Kol, J. J., De civili aestimatione meritorum. Traj. 1785. 4°. —.50
4830 Kolbenach, J. H., De jurisdictione civitatum municip. Saxonicarum. Erf. 1784. 4°. —.50
4831 Kolff, G., Over de uitvoerders van uiterste willen. Tiel 1862. 152 pp. 8°. 1.25
4832 Komjaty, A. de, De venia discedendi e civitate a principe impetranda. Traj. 1789. 4°. 1.25
4833 Konradinck, E., De beneficio appellationis. M. C. 1641. 4°. —.70
4834 Konhard, J. G., Actt. occasione ludi compensantes vel non. Lips. 1712. 4°. —.50
4835 Könne, J. C., De venditione nummaria. Erf. 1729. 4°. —.50
4836 Königswaarter, L. J., Nullum delictum, nulla poena sine praevia lege poenali. Amstel. 1856. 164 pp. 8°. 1.25
4837 Koning, A. H., Ad leg. 7 Cod. de legibus. Gron. 1806. 8°. —.40
4838 —— J. C. de, Over de verbindtenis onder eene opschortende voorwaarde. L. B. 1856. 148 pp. 8°. 1.25
4839 Koninck, J. C., De mancipiorum turcic. manumiss. Baptismo implic. Lips. 1689. 4°. —.60
4840 Kontz, G. C. Harcke, De rescripto moratorio. L. B. 1790. 4°. —.50
4841 Kooi, H. v. d., An laesio, q. d. enormis, tanq. causa venditionis rescindendae, admitti possit in venditionib. q. ad contr. aleatorios sunt referenda. Gron. 1831. 8°. —.70
4842 Kool, J., Ad leg. Aterniam Tarpejam, de multis. Traj. 1698. 4°. —.80
4843 Koot, B., De delictis in civitate commissis, eorumq. imputatione. L. B. 1770. 4°. —.50
4844 Kop, C. v. d., Imperatoria majestas jure majestatis circa sacra exercenda. L. B. 1777. 4°. —.70
4845 —— H. C. v. d., De eo, quod justum est circa poenas. Harder. 1771. 4°. —.70
4846 Kopff, J. P., De jure poenitendi in contractibus. Francf. 1704. 4°. —.50
4847 Köppen, G., Controv. quaest. Basiliae. 1617. 4°. —.50
4848 Koppen, J. J. E., Ad § 2 Inst. de curatorib. Lips. 1786. 4°. —.50
4849 Kops, J. L. de Bruyn, De origine ac jurib. pristini concilii urbani. L. B. 1847. 224 pp. 8°. 2.25
4850 Korbmacher, G., De civilitate nociva. Vitemb. 1787. 124 pp. 4°. 1.50
4851 Kortenbosch, C. F. v., De fidejussoribus. L. B. 1707. 4°. —.40
4852 Kort, J. G., De moderno testamentorum abusu. Hal. 1704. 4°. —.50
4853 Kortsweg, A. J., De reditibus vitalitiis eorumq. valore. L. B. 1844. 8°. —.60
4854 Kost, W. v. d., De emptione venditione. L. B. 1679. 4°. —.50
4855 Kostke, T. W., De genuinis jurispr. forensis fontibus. Hammon. 1719. 4°. —.40
4856 Kothe, V. J., De legato rei propriae et alienae. Francf. 1701. 4°. —.40
4857 Kouw, G., De furtis. L. B. 1785. 4°. —.50
4858 —— J., Ad leg. 60 DD. de reg. jur. Traj. 1718. 4°. —.50
4859 Kraaijvanger, E., De locat. conduct. L. B. 1716. 4°. —.50
4860 —— N., Ad leg. Fabiam de plagiariis. L. B. 1744. 4°. —.50
4861 Kraffel, T. L., De rapto. Vitemb. 1789. 4°. —.40
4862 Kraz, J., De tutelis. Traj. 1765. 4°. —.50
4863 Kramer, B. G., De jure navium. Francf. 1688. 4°. —.90
4864 Kraff, C. F., De marito fundum dotalem alienante. Erf. 1738. 4°. —.40
4865 Kraus, J. G., De commissario. Vitemb. 1756. 4°. —.50
4866 —— — — De juramentorum usu. Vitemb. 1737. 4°. —.50
4867 —— — — De usucapione. Vitemb. 1733. 4°. —.50
4868 Krause, G. F., De vitiis libelli. Vitemb. 1720. 4°. —.50
4869 —— G. H., De remedio leg. 8 Cod. comm. utr. jud. Francof. 1697. 4°. —.40
4870 Krebs, C. L., De subhastationibus ex princ. jur. Saxon. Vitemb. 1796. 4°. —.50
4871 —— J. F., De jure alienandi Imperii. Lips. 1709. 104 pp. 4°. 1.25

4872 Krebs, J. S., De facto, seu quasi dominio. Jen. 1685. 4°. —.80
4873 —— J. T., De judicum Rom. decuriis. Lips. 1744. 4°. —.60
4874 Kreet, H. A., Omnium bon. inter conj. communio. L. B. 1701. 4°. —.60
4875 Kreke, B. v. d., De officio et jure parentum circa relig. liberorum. Traj. 1778. 4°. 1.25
4876 Kress, G. B., De eo, quod justum est circa molendina in provinc. Saxonicis. Lips. 1704. 4°. 1.25
4877 Kressen, J. F., De falso laudante ex dolo conveniendo. Lips. 1715. 4°. —.60
4878 —— J. P., De hagestolziatu. Lips. 1729. 4°. —.80
4879 Kress, C. G., Omne juramentum servandum esse, quod salva salute aeterna servari potest. Hal. 1740. 4°. —.50
4880 —— J. P., De crimine abortus. Hal. 1705. 4°. —.60
4881 Kretschmar v., W. a. A., L. A. E. v., Quaestiones quaed. L. B. 1843. 8°. —.80
4882 Kretschmar, P., De diebus criticis seu decretoriis. Gustr. 1706. 4°. —.50
4883 Kreuteler, W. J. W., De legibus gentis Bavaricae. Gies. 1742. 4°. —.80
4884 Krieken, Th. F. v., Ad leg. 7, § DD. qui potiores in pignore. Tiel. 1859. 8°. —.40
4885 Kritz, P. L., Quatenus rei furtiv. pretium a furo obaeratu ad effectum poenae mitigand. restitui possit? Lips. 1818. 4°. —.80
4886 Kroes, G. H., De curatela sec. Jus Neerl. Traj. 1840. 8°. —.80
4887 Krohn, J. A., De laesoria mulier. juris ignorantia. Gustr. 1705. 4°. —.60
4888 Krog, D., Discrimen leg. div. univers. natur. et positivae. Ups. 1706. 8°. —.40
4889 Kromayer, J. F., De divisione parentum inter liberos. Vitemb. 1710. 4°. —.60
4890 —— J. H., De crimine et poenis proprioidii. Jen. 1738. 4°. —.70
4891 Kronenberg, A. J., De loc. cond. famulorum antiq. jure patrio. Dav. 1841. 8°. —.50
4892 —— G. J., De causis mitigandi. Davent. 1840. 8°. —.70
4893 —— H. J., Interpretat. quaedam locorum ex jure Rom. et hodier. Arnh. 1826. 8°. —.40
4894 —— M. A., De damno et interesse in contract. Davent. 1838. 8°. —.90
4895 Kruger, J. C., De testam. femin. sec. jus Lubicense. Harder. 1761. 4°. —.50
4896 Kruidop, A. P., De jure conjugis superstitis succed. in bona conjugis defuncti. Gron. 1834. 8°. —.60
4897 —— E., De hereditate, sub beneficio inventarii adita, ab herede benef. deinceps non repudianda. Gron. 1819. 8°. —.60
4898 Krug, A. O., De natura dominii directi et utilis feudorum. Lips. 1823. 8°. —.40
4899 Krüger, C., De muribus eorumque damnis. Jen. 1676. 4°. —.90
4900 —— J., De compossessione. Francf. 1674. 4°. —.80
4901 —— J. G., De impuberis arrogatione. Harder. 1761. 4°. —.80
4902 —— S. H., De l. Falcidia. L. B. 1705. 4°. —.40
4903 Kruimel, D. H., De sponsionibus. L. B. 1751. 4°. —.70
4904 —— J. G., Over de delging van staatsschulden. L. B. 1856. 148 pp. 8°. 1.50
4905 Kruiminga, J. G. S., De mercatorum libris. Amst. 1846. 8°. —.80
4906 Krull, J. G., De extrema provocatione ad constantiss. atq. innocentissimum tribunal Jesu Christi in caus. civilib. atque criminalibus. Vitemb. 1750. 4°. —.60
4907 Kruseman, A., De fidejussione universali. Amst. 1850. 8°. —.70
4908 Kretzer, C., De Romana combustione vulpium ad illustrat. judicum XV relata. L. G. 1752. 4°. —.80
4909 Kruyff, J. de, De publicat. honor. jure Rom. et recent. L. B. 1810. 128 pp. 4°. 1.50
4910 —— —— —— Idem liber. 152 pp. 8°. 1.10
4911 —— P., De societate. L. B. 1838. 8°. —.90
4912 Kruythoff, E. T., Ad l. 14 Cod. de fidejuss. et mandat. L. B. 1793. 4°. —.70
4913 —— J. T., Ad art. 14 leg. generalis continentis praecepta. L. B. 1852. 160 pp. 8°. 1.25
4914 Kruyt, O. d., De cons. ben. et rescriptis moratar. L. B. 1693. 4°. —.80
4915 Kuchelbecker, J. B., De jure et modo cognoscendi de feudis imperii antique et hod. Traj. 1729. 4°. —.80
4916 Kuffeler, T. L., De furtis. L. B. 1708. 4°. —.80
4917 —— R. H. v., De quer. inoff. testamenti. L. B. 1778. 4°. —.70
4918 Kuhlewein, H. W., De impuberum tutelis. Erf. 1717. 4°. —.40
4919 Kuhn, C., Lex imperfecta. Jen. 1683. 4°. —.80
4920 —— C. M., De testamento parentum inter liberos coram duobus testibus condito, respectu extraneorum personar. invalido. Lips. 1724. 4°. —.60

4921 Kuhn, D., De contractibus mulierum. L. B. 1691. 4°. —.60
4922 —— J. C., De testamento surdi et muti natura talis valido. Lips. 1740. 4°. —.40
4923 —— L. R., Argumenta exhibentur, ad rejiciend. vel ad commendand. industriae et mercaturae libertatem vulgo allata. Amst. 1835. 8°. —.90
4924 Kuimmell, G. J., De benef. excuss. tert. hypothecae spec. possessori competente. Giess. 1771. 4°. —.80
4925 Kuile, E. v., De calumniatoribus. L. B. 1827. 124 pp. 4°. 1.60
4926 —— — — Idem liber, forma 8°. 1.—
4927 Kullberg, A., De prudentia legislatoria ex historia haurienda. L. 1789. 4°. —.60
4928 Kuleman, S., De quaestionibus politicis otiosis. Lund. 1758. 4°. —.70
4929 Kulpis, J. G., De circumventione in contractibus licita. Hal. 1792. 4°. —.80
4930 Kummel, J. C., De poena *trutto di corda* dicta. Lips. 1684. 4°. —.40
4931 Kunstius, F., De jure defensionis necessariae. L. B. 1785. 4°. —.70
4932 Kun, A. G. v. d., De delictis recidivis sec. princ. Cod. poen. Gall. Berg. 1820. 8°. —.60
4933 Kunderreich, E. L., De obligatione mulierum ex statuto Lubecensi. Altd. 1685. 4°. —.70
4934 Kunneman, J. C., De bon. fid. efficacitate in conv. nuptialib. s. de matrimonio putativo. Amstel. 1832. 8°. —.60
4935 Kunrat, J. S., De petitorio possessorio nond. finito in Saxonia elect. nostin. instituendo. Vitemb. 1727. 4°. —.80
4936 Kunhold, F. A., De vana possessione. Lips. 1718. 4°. —.40
4937 —— — — De eo qd. interest. Lips. 1753. 4°. —.80
4938 Kuntsch, G. H., Proprietatem rei donatae ad eum, qui quasi mutuam accepit transmitti. Vitemb. 1731. 4°. —.60
4939 Kunzel, J. H., Distinctio inter dotem et parapherna foris Germaniae. Lips. 1789. 4°. —.80
4940 Kupfer, Z. B., De l. commissoria, in pignore a Constant. reprobata, ad l. 3 Cod. de pact. pignoris. Traj. 1788. 4°. —.40
4941 Kupner, F., De fortalitiis. Francf. 1691. 4°. 1.—
4942 Kurella, J. H., De causa servitutum perpetua. Hal. 1788. 4°. —.70
4943 Kurmann, B., De eo qd. justum circa feras ex custodia dilapsas. Lips. 1704. 4°. —.80
4944 Küstner, C. G., De testib. injuratis. Lips. 1742. 4°. —.80
4945 Küster, C. G., De sociis jure Saxonico. Lips. 1779. 4°. —.80
4946 Kustner, G. W., De menstrua et annali praescriptione literarum cambialium. Lips. 1717. 4°. 1.—
4947 Kuvel, F., De venia aetat. impetranda. Traj. 1748. 4°. —.70
4948 Kuyl, J., De mandato. Traj. 1840. 8°. —.40
4949 Kuyper, J. P. F. J. de, Over het voortduren der gemeenschap na het overlijden van een der echtgenooten tusschen den langstlevenden en de minderjarige kinderen als strafbepaling. Amst. 1862. 8°. 1.10
4950 Kuyper, B. B. de, De jur. et fact. ignorantia. Traj. 1780. 4°. —.40
4951 —— H. de, De societate. L. B. 1700. 4°. —.40
4952 —— P. de, De injuriis. Traj. 1697. 4°. —.80
4953 Kurz, H., De inoff. testamento. L. B. 1718. 4°. —.40
4954 Kyber, J., De colono partiario. Altd. 1677. 4°. —.40
4955 —— J. C., De tutela corruptitia. Jen. 1742. 4°. —.30
4956 Kyllin, P., De bello pro aris. L. G. 1746. 4°. —.40
4957 Kymmell, H., Utrum agri turfosi elevatiores, separatim a fundo speciali (*hoogveen zonder ondergrond*) jure hod. reb. mob. an vero immob. sint annumerandi. Gron. 1825. 8°. —.40
4958 —— H. J., De servitutibus, praesert. de destinatione patrisfam. tanqu. earum constituendarum. —.80
4959 —— J., De cura prodigorum. Gron. 1825. 8°. —.80
4960 —— — L. 8 Cod. q. aet. vel profess. se excusant. Gron. 1807. 8°. —.80
4961 —— C. G. E., De jure [illegible] potentis qu. vulgo patetur. Gron. 1820. 8°. —.50
4962 —— J. T., De actis status civilis. Gron. 1841. 8°. —.80
4963 —— W., Ad art. 34, lib. 1 jur. prov. Drenthiaci. Gron. 1777. 4°. —.40
4964 L., G. J. v. d., Redevoering over pligten der overheden en onderdanen jegens malkanderen. Amsterd. 1757. 4°. —.30

4965 Laan, H. A., De testamentis feminarum. Traj. 1757. 4°. —.70
4966 —— A. v. d., De jure morientium. Gron. 1829. 8°. —.50
4967 Laar, B. v., De injuriis. Harder. 1764. 4°. —.30
4968 —— — — De Rom. ponderibus et mensuris. L. B. 1810. 152 pp. 4°. 1.50
4969 —— — — Idem liber. forma. 8°. 1.—
4970 Laat, H. J. de, De contractibus innominatis. Traj. 1757. 4°. —.40
4971 Labouchere, C. B., Hugon. Grotii intr. a. Jurispr. Holl. lib. II, part. 16 de iis q. ex testamento capere possunt. L. B. 1840. 8°. —.50
4972 Lach, W. A., De jurejur. promissorio et assertorio. Traj. 1744. 4°. —.60
4973 Lackorn, P., De protestationibus. L. B. 4°. —.40
4974 Lacombe, P. J. de, De pactis adjectis. Traj. 1696. 4°. —.40
4975 Laelius, D., De sententiis. Has. 1606. 4°. —.30
4976 Laer, D. v., Quaest. qdm. juris criminalis. Harder. 1772. 4°. —.30
4977 —— H. E. von, Vergelijking tusschen de wetsbepalingen omtrent het notarisambt volgens het Groot Placaat-boek met de Wet van 9 Julij 1842. Amst. 1856. 132 pp. 8°. 1.—
4978 —— J. W. v., Varia jur. Belg. antiq. capita. Harder. 1770. 4°. —.50
4979 —— H. J. von, Ad loc. Codicis Civil. de emtione venditione, atque speciat. ad art. 1523 Cod. Civ. L. B. 1828. 4°. 1.10
4980 —— — — — Idem liber. 8°. —.60
4981 Laet, U. de, De lucratis. Traj. 1654. 4°. —.50
4982 Laffray, G. B. v., De illustrium imperii personar. deductione ad domum.
4983 Lage, M. v. d., Thes. jurid. Witteb. 1650. 4°. —.30
4984 Lagemans, E. G., De A. Cascellio Jcto. L. B. 1823. 104 pp. 4°. 1.40
4985 Lagerblad, T., De quasi contractu. L. G. 1747. 4°. —.50
4986 Laguna, D. L. de Leao, An obligatio praestandi alimenta parentibus caeterisque adscendentibus egenis in solidum sit et individua. Amst. 1850. 8°. —.40
4987 —— J. L. — —— De tutela liberorum natur. Amst. 1854. 8°. —.60
4988 Lagus, F. W., De matrimoniis inter cognatos aut affines prohibitis. Helsingf. 1832. 4°. —.70
4989 —— R. E., De Hegeliana Philosophiam juris tractandi ratione. Helsingf. 1858. 4°. —.50
4990 —— W. C., De rei vindicatione. Helsingf. 1829. 4°. —.40
4991 —— W. G., Revision af Läran om prescription i Brottmål. Helsingf. 1853. 8°. —.50
4992 Lakeman, S., De dolo, culpa, et casu fortuito praestandis. L. B. 1709. 4°. —.40
4993 Lallerman, G., Vitia reip. platonicae praecipua. Ups. 1699. 8°. —.30
4994 Lam, G. 't, De conditione servorum. L. B. 1727. 4°. —.40
4995 —— P. C. 't, De postulando. Traj. 1752. 4°. —.40
4996 Lamaison, J. L. M. C., De successione ab intestato. L. B. 1859. 8°. —.30
4997 —— L. L. J. G., De crimine partus abacti. L. B. 1819. 4°. 1.—
4998 —— — — — — Idem liber, forma 8°. —.80
4999 Laman, P., De sequestratione. Gron. 1755. 4°. —.40
5000 Lambacher, P. J., De imp. Alberti I expeditione in Hollandiam, suscepta anno MCCC. Ratisb. 1758. 116 pp. 4°. 1.50
5001 Lamberon, H. H., Ad l. Corn. de sicariis. Traj. 1758. 4°. —.40
5002 —— L. J., De eo, quo nuptiae proxime perficiuntur. Traj. 1756. 4°. —.40
5003 Lambrechts, A. F., De testamento militari. L. B. 1744. 4°. —.40
5004 Lambrechtsen, A. P., De judiciis. L. B. 1749. 4°. —.50
5005 —— G. N., De contractu societatis. L. B. 1815. 4°. —.30
5006 —— N. C., Defens. civitat. Vlissinganae, anno MDLXXII, in libertat. se vindicantis. Traj. 1778. 4°. 1.10
5007 —— T. A., De societate mutua. L. B. 1849. 8°. —.30
5008 Lamfers, A., De advocatis. L. B. 1690. 4°. —.30
5009 —— P. W., De off. tut. et curat. Harder. 1784. 4°. —.30
5010 Lampe, J. F., De jure angustiae et august. domus Brunsvicensis in comitat. Peinensem. Helmst. 1780. 4°. 1.25
5011 Lampmann, J. G., De poena talionis in homicidio. Marb. 1784. 4°. —.60
5012 Lampsius, A. J. C., De conjectura pietatis juridicae. L. B. 1779. 4°. —.60
5013 —— J., De testamentis. Harder. 1699. 4°. —.30
5014 —— J. C., De fictionibus juris. L. B. 1788. 4°. —.50
5015 —— J. P. C., De divortio ob carc. alter. conjug. perpet. legitimo. L. B. 1794. 4°. —.40

5016 LAMSWEERDE, A. F. E. M. v., De beneficio inventarii, nec non iis qui inventarium conficere coguntur. L. B. 1826. 4°. 1.10
5017 — — — — — — Idem liber, forma 8°. —.60
5018 — A. T. H. G. v., De Nederl. Wet op de ontscheiding in betrekking tot die van andere Staten. L. B. 1858. 132 pp. 8°. 1.30
5019 — C. G. E. A. v., De testam. mystico seu clauso. L. B. 1826. 120 pp. 4°. 1.50
5020 — — — — — — Idem liber, forma 8°. 1.—
5021 — F. G. J. A. v., De requisitis justar. nuptiarum. L. B. 1821. 8°. 1.10
5022 — J. J. G. F. v., De seditione ac tumultu sec. princ. jur. Rom. L. B. 1820. 120 pp. 4°. 1.50
5023 — — — — — — Idem liber, forma 8°. 1.—
5024 LAMSWEERDE, A. a A. v., De pactis ex intervallo adjectis, contract. b. f. L. B. 1760. 4°. —.50
5025 — B. a D. DE, De factis in fraudem legum. Harder. 1751. 4°. —.30
5026 LANCKEREN, L. v., De Scto. Macedoniano. Franeq. 1687. 4°. —.30
5027 LANCKISCH, E. v., Ad l. 20 Cod. de nuptiis. Argent. 1663. 4°. —.40
5028 LAND, N. K. F., Over 't pand op inschulden. L. B. 1861. 8°. —.30
5029 LANDBERG, G., De occupatione bellica. L. G. 1750. 4°. —.50
5030 LANDE, J. F. v. D., De molendinis aquam in vicinis praediis derivantibus juste prohibendis. Gron. 1819. 8°. —.30
5031 LANDSCHAFFER, T. S., Beati possidentes. Jen. 1722. 4°. —.60
5032 LANDSCHOT, J. v., De stipulatione servorum. L. B. 1746. 4°. —.40
5033 LANEN, H. v. D., De appellationibus. L. B. 1718. 4°. —.30
5034 LANG, J. H., De executoribus testamentariis et jure patronatus. Francf. 1730. 4°. —.50
5035 LANGE, C., De hereditatibus, q. ab intestato nobis deferuntur. Gron. 1828. 4°. —.80
5036 — C. E., De commendatione. Lips. 1676. 4°. —.30
5037 — E. H., De rationibus in folle. Jen. 1713. 4°. —.60
5038 — G. C., Observatt. pract. Lips. 1778. 4°. —.30
5039 — H., Miscellaneae quaest. Gron. 1634. 4°. —.80
5040 — J. C., De facultate uxoris negotia civilia gerendi. Tiel. 1835. 8°. —.60
5041 — J. F., De ossibus mora crescentibus. Gott. 1744. 4°. —.60
5042 — J. G., De jure separ. allodio a feudo. Lips. 1740. 4°. —.70
5043 — J. H., De furorum furto. Hal. Sal. 1738. 4°. —.50
5044 — O. T., De termino Saxonico. Jen. 1700. 4°. —.40
5045 — B. DE, De executione rei judicatae. Harder. 1744. 4°. —.40
5046 — C. J. DE, Regalia comitibus Hollandiae et Zeelandiae in domin. public. competentia. L. B. 1776. 4°. 1.40
5047 — D. DE, De acquir. rer. dominio. L. B. 1694. 4°. —.70
5048 — F. DE, Ad leg. Juliam majestatis. L. B. 1706. 4°. —.30
5049 — J. G. DE, De act. empti et venditi. L. B. 1699. 4°. —.30
5050 — M. J. DE, De societate anonyma. Alcm. 1844. 8°. —.80
5051 — P. A. DE, De fragm. Alfeni Vari digest. a Paulo epitomator. Amst. 1835. 8°. 1.—
5052 LANGEN, F. F., De deposito. Harder. 1752. 4°. —.30
5053 LANGENMANTEL, J. D., De simulatione. Jen. 1705. 4°. —.40
5054 LANGGUTH, J. J., De legitima qualem. ipsi non possit et possit praejudicari. Wittem. 1721. 4°. —.40
5055 — J. L., De libertate sentiendi juris peritorum. Lips. 1735. 4°. —.90
5056 LANGIUS, J. G., De legibus naturalibus omnes non singulos, obligantibus. L. B. 1756. 4°. —.60
5057 LANGEVAGEN, G., De jure positivo universali. L. G. 1754. 4°. 1.—
5058 LANKEREN, R. H. v., Illustres qdm. controvers. juris. Traj. 1721. 4°. —.80
5059 LANKISCH, J. H. v., De jur. circa separationem singular. Wittemb. 1691. 4°. —.70
5060 LANSBERGE, J. G. v., De doli et culpae discrimine servato in codice poenali. L. B. 1854. 8°. —.70
5061 — J. L. v., De testam. parent. inter liberos. Traj. 1721. 4°. —.30
5062 LANSSCHOT, F. A. J. v., Stichtingen als rechtspersonen beschouwd. L. B. 1856. 152 pp. 8°. 1.25
5063 — J. A. v., De usufructu. L. B. 1747. 4°. —.40
5064 LANSMAN, A., Ad Sctm Vellejanum. L. B. 1718. 4°. —.30

5065 Lantheere, J. F., De auctor. mariti in personam uxoris. Gand. 1822. 4°. —.40
5066 Lantschot, J. v., De acquir. rer. dom. per occupationem. L. B. 1712. 4°. —.40
5067 Lantsheer, H. F., De contractu foenoris nautici (*contrat à la grosse*). Amstel. 1834. 8°. —.50
5068 —— J. F. Theses jurid. Traj. 1750. 4°. —.30
5069 —— M. F., De rebus a L. P. v. d. Spiegel in Zelandia gestis et scriptis. Traj. 1843. 192 pp. 8°. 1.50
5070 Lapen, J. D., Ad l. 7 pr. DD. de off. procons. et l. 12 § 12 DD. mandati, de commendatione. Traj. 1766. 4°. —.50
5071 Larsson, B., De contractibus eorumq. differentiis. Lund. 1804. 4°. —.40
5072 Lastdrager, J., De reb. nullius. Traj. 1698. 4°. —.30
5073 —— N., De nomothesia. Traj. 1680. 4°. —.40
5074 Latteur, H., De adjonsione. Gand. 1828. 4°. —.40
5075 Lau, J. G. le, De re pecuniaria imp. Rom. i. e. Aug. a. a. Court. magn. L. B. 1822. 132 pp. 4°. 1.60
5076 —— —— —— —— Idem liber. 128 pp. 8°. 1.10
5077 Lauhn, A., De civis sed. suas data opera incendentis impunitate. Lips. 1838. 4°. —.40
5078 Launitz, J. C., De compensatione expensarum inter litigantes. Hal. 1749. 4°. —.50
5079 Lauren, S., De jure principis circa concordiam spiritualem. L. G. 1745. 4°. —.50
5080 Laurenburgh, J., De ultima voluntate. L. B. 1683. 4°. —.30
5081 Laurentius, A., Equitum Saxonicorum jura singul. Vitemb. 1710. 4°. —.60
5082 —— F. G., De diffidationibus. Vitemb. 1758. 4°. —.50
5083 —— J., Ad Sctm Vellejanum. L. B. 1781. 4°. —.50
5084 —— J. A., De jur. praedior. nobil. impr. saxonic. Vitemb. 1739. 4°. 1.—
5085 —— J. C., De finibus bon. fid. in praescriptionibus. Francf. 1694. 4°. —.50
5086 Lauretta, J. P. G. M. de, De dolo et culpa. L. B. 1830. 4°. 1.—
5087 Lauriscus, S. F., De pagis Jctorum. Viteb. 1749. 4°. —.30
5088 Laurillard, J. J. M., Het devolutieregt in het hertogdom Brabant. L. B. 1856. 8°. 1.—
5089 Lauterbach, U. H., De reciproci inter conjuges, aut nondum, testamenti revocatione. Tub. 1712. 140 pp. 4°. 1.75
5090 Lautsch, T. L., De crimine residui. Vitemb. 1725. 4°. —.60
5091 Laver, W. J. de, De sponsalibus. L. B. 1752. 4°. —.50
5092 Lawick, G. v., De jurejurando. L. B. 1794. 4°. —.50
5093 Laxdehn, J. C., De eo, qd. justum est, circa matrimonium, in articulo mortis contractum. Regiom. 1747. 4°. —.60
5094 Laxner, B. C., De actionibus adjectitiarum qualitatum earumque usu hodierno. Jen. 1718. 4°. —.70
5095 Leander, J. L., De offic. humanitatis per casum necessitatis non mutabilibus. L. G. 1756. 4°. —.60
5096 —— J. P., De compensatione occulta. L. G. 1755. 4°. —.50
5097 Lebel, F., Causam indigentiae public. in non-notab. pecuniarum defectu. Aboae. 1771. 4°. —.60
5098 Lederode, P. J., De litter. cambial. indossamento. L. B. 1839. 8°. —.60
5099 Lee, F. v. de acq. rer. dom. Traj. 1656. 4°. —.30
5100 Leeden, B. v. d., De jure accrescendi inter legatarios verbis tantum conjunctis non obtinente. L. B. 1760. 4°. —.40
5101 Leeman, L. v. W., De rebus, q. communem usum recipiunt. Traj. 1782. 4°. —.70
5102 Leemans, A. de, De success. ab intest. sec. Cod. Civ. L. B. 1824. 4°. —.60
5103 —— C. A., De jurejurando voluntar. L. B. 1763. 4°. —.50
5104 —— J. A. A., De crimine incendii. L. B. 1840. 8°. —.40
5105 —— J. F., De infeiatione instrumentorum. L. B. 1790. 4°. —.60
5106 Leempoetten, P. G. v., De hospitalitate. Alemariae. 1739. 4°. —.30
5107 Leenaers, F. A., De testamentis q. jure quodam singulari conduntur. Lov. 183 . 8°. —.50
5108 —— J. F. A., De legum principio ac fonte. L. B. 1830. 4°. —.30
5109 Leeuw, B. de, De legibus et poenis. L. B. 1692. 4°. —.60
5110 —— C. M. v. d., Over de tucht op de koopvaardijschepen. L. B. 1857. 284 pp. 8°. 3.—

5111 Leeuw, D. C. de, De communione bonorum, ex leg. 6 Cod. de sec. nupt. Traj. 1767. 4°. —.80
5112 —— J. de, De appellationibus. Traj. 1854. 4°. —.30
5113 —— v. Coolwyk, A. de, Ad leg. un. Cod. de his, q. parentes vel liberos occiderunt. L. B. 1764. 4°. —.60
5114 —— — —— H. de, De vulnere lethali. L. B. 1766. 4°. —.40
5115 Leeuwen, B. v., De pactis adjectis. L. B. 1689. 4°. —.40
5116 —— C. H. v., De testam. et qdmd. fiant. L. B. 1718. 4°. —.30
5117 —— D. J. B. v., De pignore tac. in re mob. qm. immobili. Traj. 1827. 8°. —.60
5118 —— G. v., De formis rerumpubl. Traj. 1698. 4°. —.40
5119 —— — — De effectu juris dominii agrorum magis minusve circumscripti in populor. et patriam agriculturam. Traj. 1817. 136 pp. 8°. 1.10
5120 —— G. M. v., De rei vindicatione sec. Cod. merc. Neerl. L. B. 1841. 8°. —.30
5121 —— J. v., De commorientibus, ad leg. 9 DD. de reb. dub. Traj. 1739. 4°. —.40
5122 —— J. C. C. v., Ad loc. jur. hod. de iis, qbs. administratio bonorum adimitur, et quibus datur consiliarius judicialis. L. B. 1834. 8°. —.60
5123 —— J. D. v., De jur. studiosis. Traj. 1757—58. 2 pts. 4°. 1.—
5124 —— J. J. v., De damno, reo absoluto illato cum privatim tum publice resarciendo. Traj. 1843. 8°. —.40
5125 —— J. W. v., De eo, quod interest. L. B. 1706. 4°. —.80
5126 —— N. v., De fidejussoribus. L. B. 1689. 4°. —.30
5127 —— N. W. v., De suspect. tutoribus et curat. L. B. 1718. 4°. —.80
5128 —— P. v., De jure fideicommissorum. L. B. 1691. 4°. —.30
5129 —— A. Happesteyn v., De jurejurando. L. B. 1699. 4°. —.80
5130 —— F. A. v. Leyden v., De servitutibus personalibus. L. B. 1693. 4°. —.80
5131 Lefevere, F., De conatu delicti. Gand. 1820. 4°. —.60
5132 Lehman, B. S., De interpellatione tacita. Jen. 1686. 4°. —.40
5133 Lehmann, C., De usuris usurarum licitis. Erf. 1726. 4°. —.30
5134 —— C. G., Feuda Lusatiae superior. Budissae. 1764. 4°. —.80
5135 —— J. C., De bon. poss. unde vir et uxor. Lips. 1715. 4°. —.40
5136 —— J. W., De judice praedii cum inventario *und Beylass* sub hasta emptore. Erf. 1740. 4°. —.50
5137 Leidekker, T. G., De nuptiis. L. B. 1717. 4°. —.30
5138 Leidenfrost, F. W., Aerarium militare. Jen. 1776. 4°. 1.10
5139 Leisching, C. C., Observatt. pract. Lips. 1781. 4°. —.80
5140 Leiser, A., De interdictis. Vitemb. 1703. 4°. —.60
5141 Leistner, A., De benef., divisionis correis debendi non tributo. Lips. 1772. 4°.
5142 Lemter, G., De eo quod interest inter act. ipso jure null. et ope except. elidend. Lancorena. 1700. 4°. —.30
5143 Lelièvre, A. F. C., Quid est oblig. naturalis ex acnt. Rom. Lov. 1824. 4°. —.—
5144 —— X. C. E., De leg. XII patria. Lov. 1826. 370 pp. 4°. 4.—
5145 —— — — — De poenarum delictis adaequandarum ratione. Lov. 1828. 136 pp. 8°. 1.10
5146 —— — — — Qua vis et qua ratione ducti Galliae legislatores pervener. ad constit., ea quae cod. poen. quo adhuc utimur, art. 2 constit. reperiuntur? 492 pp. —.50
5147 Lelivelt, N. A., De oblig. et juribus ex matrimonio oriundis. Gron. 1763. 4°. —.50
5148 Lely, A. v. d., De partu legitimo. L. B. 1741. 4°. —.50
5149 —— J. v. d., De concubinis. L. B. 1758. 4°. —.80
5150 —— — — — De eo, qui justam circa blasphemiam. L. B. 1788. 4°. —.80
5151 —— — — — De homicidio. L. B. 1719. 4°. —.80
5152 —— W. v. d., De injuriis. L. B. 1720. 4°. —.40
5153 Lelyveld, B. P. v., De jure albinagii. Traj. 1767. 4°. —.80
5154 —— P. v., De inventis. Traj. 1762. 4°. —.60
5155 —— — — De infamia. Amst. 1835. 280 pp. 8°. 2.—
5156 —— P. J. v., De origine mancipes aliisq. huc spectantibus. Traj. 1770. 4°. —.40
5157 Lemker, A. F., De compensationibus. Harder. 1768. 4°. —.80
5158 —— F., De delictis, quae in Deum vel religionem dicuntur committi. Traj. 1802. 4°. —.70
5159 —— G. G., De pignoribus et hypothecis. L. B. 1778. 4°. —.70
5160 —— J., De successionibus ab intestato. L. B. 1710. 4°. —.40
5161 —— J. C., De usucapionibus. Traj. 1733. 4°. —.80

5162 Lemmers, J. J., De divers. bonor. statu et valore. Traj. 1776. 4°. —.50
5163 Lemmincx, J. C., De obligatione ex consilio. Duisb. 1686. 4°. —.40
5164 Lenaeus, J., Epicrisis in legem Solonis de officio civis in factionibus. Aboae 1771. 4°. —.30
5165 Lenonich, O., De origine et progressu poenae adulterarum apud Romanos. Hal. 1740. 4°. —.50
5166 Lennep, C. v., De tributis. L. B. 1772. 4°. —.60
5167 —— D. C. v., De eo, qd. melius causa gestum est. L. B. 1786. 4°. —.—
5168 —— D. J. v., Exercitationes juris. L. B. 1796. 4°. 1.10
5169 —— — — — De loco Ciceronis qui est de finib. bon. et mal. Amstel. 1793. 4°. 1.25
5170 —— — — — De variis variis temp. Areopagi potestate. Amst. 1834. 4°. —.50
5171 —— D. J. C. v., Ad legem de exigendis tributis directis lat. die 22 Maji 1845. Amstel. 1850. 8°. —.50
5172 —— G. v., Ad fragm. Scaevola in lege 70 DD. de proc. et defens. L. B. 1797. 8°. —.50
5173 —— — — De jure asyli. Amst. 1858. 8°. —.70
5174 —— H. A. v., De aditione vel repudiatione hereditatis. L. B. 1824. 8°. —.40
5175 —— H. J. v., De dominii ademtione, utilitatis public. causa. Amst. 1853. 8°. —.60
5176 —— H. S. v., De legib. et decretis qbs. viae regiae reguntur patria nostra. Amst. 1856. 132 pp. 8°. 1.—
5177 —— J. v., De Valentiniani constit. de mendicantibus validis. L. B. 1824. 112 pp. 4°. 1.50
5178 —— — — Idem liber. forma 8°. 1.—
5179 —— J. F. v., De partib. qs. reges habuerint et habeant etiam nunc in admin. justitia. Amstel. 1849. 168 pp. 8°. 1.50
5180 —— M. J. v., De diario nautico. Amst. 1858. 8°. 1.—
5181 —— W. W. v., De leer der opzeggingen en stilzwijgende wederinhuring van woningen en landerijen volgens ons B. W. Amst. 1857. 8°. —.90
5182 —— v. M., J. D. v., De moderamine inculp. tutelae. L. B. 1847. 8°. —.80
5183 Lenwich, J. A., De cumulatione possessorii et petitorii. Franef. 1761. 4°. —.50
5184 Lenor, M., De aedilitio edicto. L. B. 1698. 4°. —.40
5185 Lentze, F., De morbis ac mutationibus oligarchiarum, earumque remediis. Helmst. 1661. 4°. —.50
5186 Lentilius, W. L., De probatione ingratitudinis in benefactorem. Jen. 1740. 4°. —.60
5187 Lenting, D. J., Ad pr. leg. 23 DD. de acq. rer. dom. Harder. 1791. 4°. —.30
5188 Lentz, M., De forma consociationis ejus, q. q. civ. dicitur, deque proprie hujus consociationis fine. Gron. 1808. 8°. —.70
5189 Lenz, A. F., De modo vocandi in jus veteri et moderno. Witteb. 1677. 4°. —.40
5190 —— L., Ad leg. 19 Cod. de usuris. Witteb. 1675. 4°. —.40
5191 Leo, H. E., De paraphernalibus uxorum bonis. Vitemb. 1680. 4°. 1.—
5192 Leonhardt, H. C., De bona fide non permittente ut idem bis exigatur, occ. leg. 57 DD. de reg. jur. Lips. 1712. 4°. —.50
5193 Leoninus, J., De appellationibus. L. B. 1756. 4°. —.50
5194 Lepteken, R. de, De testam. privilegiatis. Traj. 1766. 4°. —.50
5195 Lepper, P., De oblig. patris ex delicto filii. Traj. 1699. 4°. —.50
5196 Leptius, F. C., De pecunia in casum, si causa ceciderint, ab adpellantibus, alioque remedio utentibus, deponenda. Hal. 1786. 4°. —.60
5197 Lesche, J., De onere legitimae. Lips. 1787. 4°. —.40
5198 Lessner, J. M., De congressibus et colloquiis principum. Argent. 1669. 4°. —.40
5199 Lespaul, P. de, De patria potestate. L. B. 1720. —.40
5200 Lespinasse, H. H. de, De jure concur. creditorum. L. B. 1678. 4°. —.30
5201 —— J. H. v. L. de, De jure fontium. Harder. 1763. 4°. —.50
5202 Lessing, C. T., An liberis statuta bonorum matern. existente concursu, in substantia patris cum hypot. tac. et jus praelationis competat. Lips. 1775. 4°. 30.—
5203 Lestevenon, D. G., De mutuo. L. B. 1745. 4°. —.30
5204 Levius, N., Thes. matrimonial. Gedani. 1717. 4°. —.70
5205 Leyte, J. A., De primaria divisione actionum, qd. aliae sunt in rem, aliae in personam jure Rom. accepta jure hod. servata. L. B. 1844. 8°. —.60

5206 Lette, N. J. C., De possessione. L. B. 1808. 4°. —,80
5207 —— — — — Idem liber. forma 8°. —,50
5208 Lettow, J. E. de, De curiositate legali proficua. Francf. ad Oder. 1709. 4°. —,70
5209 Leu de W., C. le, De officio praetoris. L. B. 1713. 4°. —,60
5210 Leube, T., Obsessio itineris. Jen. 1670. 4°. —,40
5211 Leucht, C. L., De mortificatione. Jen. 1678. 4°. 1.—
5212 Leuchte, J. F., De actione ad palinodiam. Lips. 1682. 4°. —,60
5213 Leunenschlos, J. P. v., De praescriptione immemoriali. Heid. 1706. 4°. —,60
5214 Leur, A. Q. E. v. d., De notario ei sec. jur. Gall. et sec. fut. J. Bel. L. B. 1827. 4°. 1.—
5215 Leusden, J. W., Ad leg. 88 DD. de reg. jur. Traj. 1729. 4°. —,30
5216 Leuven, A., De societate. L. B. 1716. 4°. —,40
5217 Leuw, D. de, Ad Sctm Macedon. Hard. 1758. 4°. —,30
5218 Lewe, E. J., De ingeniosa hominum in poenis crudelitate. Gron. 1804. 8°. —,70
5219 —— v. A., E. J., De jur. hod. prohibitione, qua ratione medicorum, chirurg. similiumq. statuit lex in art. 900 C. C. Gron. 1838. 8°. —,40
5220 —— — — — — De causis praescriptionem interrumpentibus. Amstel. 1845. 8°. —,40
5221 Ley, J. C. A., De successione ab intestato. Duisb. 1737. 4°. —,40
5222 Leydeckers, A. J., De poena deportationis. Harder. 1785. 4°. —,50
5223 Leyden, H. W. v., De coelibatu. L. B. 1766. 4°. —,60
5224 —— F. v., De fidejussoribus. L. B. 1747. 4°. —,50
5225 —— P. C. v., De furtis. L. B. 1737. 4°. —,60
5226 —— T. v., De officio judicis. L. B. 1711. 4°. —,50
5227 —— v. Westbarendrecht, F. v., Ad leg. 5 Cod. ad leg. Juliam majestatis. L. B. 1789. 4°. 1.—
5228 Leyendeckers, J., De imperio et obsequio. Traj. 1666. 4°. —,80
5229 Leyser, A., De logomachiis in jure. Vitemb. 1707. 4°. 1,25
5230 —— F. A., De compensatione. Hal. 1739. 4°. —,40
5231 Leyser, J. F., De injuriis obliquis. Vitemb. 1733. 4°. —,60
5232 —— P., De veterum Sctorum divisionibus non juridicis. Helmst. 1735. 4°. —,60
5233 Leyssius, F. A., De usucapionibus. L. B. 1738. 4°. —,50
5234 Lezaack, P. J., De lib. nat. legit. agnitioneque sec. prace. j. c. hod. Leod. 1825. 4°. —,40
5235 Lezwyn, P. C., Ad tit. 9, lib. 3 Cod. de re jud. in caus. civ. L. B. 1816. 8°. —,50
5236 Libbrecht, C., De portione legitima. 1819. 145 pp. 4°. 1.75
5237 Lichtenbergh, J. v. d. Burcht v., De lege 7 DD. mandati. L. B. 1758. 4°. —,50
5238 Lichtenvoort, W. C. S., De pactis emtioni vendit. adjectis. Gron. 1801. 8°. —,50
5239 —— W. H. F., De nuptiis prohibitis. Gron. 1779. 4°. —,50
5240 Lidbeck, E. G., De modo optimo tractando oeconomiam privatam in patria. L. U. 1760. 4°. —,40
5241 Lidth de Jeude, H. v., De privileg. fisci. Traj. 1699. 4°. —,30
5242 —— — —— T. v., De ususfructu. L. B. 1760. 4°. —,40
5243 —— — —— W. A. v., De occupat. rerum host. Traj. 1789. 4°. —,50
— —— — —— *vide*; Jeude, v. Lidth de.
5244 Liebenstein, J. F. Meller de, De cessionibus judicialibus et extrajudicialibus. Vitemb. 1789. 4°. —,60
5245 Liebenrath, J. G., De terminis in jure publico univers. ambiguis. L. G. 1766. 4°. —,40
5246 Lieberogen, D. v., De jurejurando judicum. L. B. 1674. 4°. —,80
5247 Liebich, H. A., Utrum tortura penitus abroganda, an tatm. limitanda videatur. Lips. 1772. 4°. —,40
5248 Liedts, C., Jur. nat. doctrina de pactis universe spectatis. Gand. 1822. 124 pp. 4°. 1.50
5249 —— C. A., De pacto antichretico. Gand. 1823. 4°. —,50
5250 Lier, J. v., De eo, qd. justum circa compensationem. L. B. 1748. 4°. —,60
5251 —— J. H. P. v., De jure venil. Gron. 1781. 4°. —,50
5252 —— S. J. v., De condit. resolutoria sec. cod. leg. civ. Traj. 1828. 8°. —,50
5253 Lieveld, C. v., De canonicatibus ultrajectinis. Traj. 1760. 4°. —,80
5254 Lieftazet, F., Ad leg. 1 DD. de custodia et exhibit. reorum. L. B. 1758. 4°. —,50
5255 —— P., Ad edict. aedilitium. L. B. 1784. 4°. —,50

5256 LIONER, F. G., Om folksouverainetetan. Ups. 1850. 4°. —.50
5257 LILJENROTH, P. J., Nyttan och nödvändigheten af en Enskilan vislnge-ö och brahegrenna inrättad Paquet-båt. Lund. 1764. 4°. —.50
5258 LILJENSTRAND, A., De collisione inter honestum et utilitatem publicam. Aboa. 1798. 4°. —.40
5259 —— A. W., Om Kanoniska Rättens inflytande pa sveriges lagstiftning. Hels. 1851. 104 pp. 8°. 1.25
5260 LILLE, G. DE, De imperio maritali. Franeq. 1773. 4°. —.70
5261 LIMBORCH, F. A, De jure sepulturae et sepulcrorum. L. B. 1701. 4°. —.50
5262 LIMBURG, T. v., De crimine majestatis. L. B. 1771. 4°. —.60
5263 —— STIRUM, D. A. v., De meerderjarigheid van der vermoedelijken erfgenaam der kroon. L. B. 1858. 8°. —.70
5264 —— —— F. A. v., De confiscatione bon. apud Rom. Traj. 1825. 8°. —.50
5265 —— —— F. A. G. v., Quaest. de jure hod. L. B. 1842. 8°. —.50
5266 —— —— T. M. v., De testibus in causis crim. Traj. 1825. 8°. —.70
5267 LIMES, F. C., Ad Sctm Tertullianum. L. B. 1776. 4°. —.60
5268 LIMEVILLE, J. B. DE, De vulg. substit. L. B. 1720. 4°. —.40
5269 LINAR, E. F. Gr. v., De jurejurando calumniae. Jen. 1729. 4°. —.70
5270 LINCK, H., De juribus finium. Lips. 1748. 4°. —.70
5271 —— — De jur. impuberum singul. Jen. 1667. 4°. —.70
5272 —— F. P., De fisco res debitorum fiscalium jure creditoris distrahente. Jen. 1758. 4°. —.70
5273 —— T. F., De comitiis electoralibus. Kilon. 1671. 4°. —.60
5274 LINCKER, H., De juris Justin. receptione atq. auctoritate in Germania. 2 partes. Altd. 1679, 1680. 4°. 1.—
5275 LINCKE, H., De exhederatione bona mente facta. Hal. Sal. 1787. 4°. —.60
5276 —— — De concordatis nationis Germ. Vitemb. 1749. 4°. 1.—
5277 LIND, J. J., Ad tit. DD. de alealoribus. L. B. 1816. 4°. —.60
5278 LINDBLAD, J. C., Om dråp och mord. Ups. 1832. 8°. —.80
5279 —— — — Om skyldigheten att bebygga, underhalla och hafda Bostallen samt andra hemman, som innehafvas under besittningsrätt. Ups. 1833. 8°. —.60
5280 —— — — Om skifte af Jord enligt sveriges gamla lagar. Ups. 1838. 4°. —.50
5281 —— — — I Svenska rättegångs Läran. Ups. 1838. 8°. —.50
5282 —— — — De probatione caus. judiciali in genere nec non de probatione causar. indirecta. Ups. 1843. 8°. 1.25
5283 LINDBLOM, A. E., In construction. civitatis, sec. praec. Fichtiana, observatt. Lund. 1831. 8°. —.50
5284 —— J. A., De fundamento socialitatis. Ups. 1781. 4°. —.30
5285 —— — — De initiis et progressu studii politici. Ups. 1782. 4°. —.40
5286 —— — — De abalienatione domaniorum. Ups. 1785. 4°. —.30
5287 LINDE, A. H., De proportionibus. Heidelb. 1671. 4°. —.70
5288 —— — — De computatione graduum cognationis. Heidelb. 1700. 4°. —.50
5289 —— C. B., De Zelotypia. Harderv. 1769. 4°. —.50
5290 —— J. C. v. D., De sanguinis turbatione, et reverentia maritali secundarum nuptiarum intra annum luctus impedimentis. Traj. 1764. 4°. —.50
5291 —— — — — — Suppliciis capitalis, utrum in civitatib. jure infligi queant. — Leges naturae morales ita comparatae videntur, ut non solum consilia et monita paterna contineant, sed et vel maxime summa auctoritas et vis obligandi iis sit tribuenda. L. B. 1793. 4°. —.50
5292 LINDEMAN S., De supplicio differendo ad l. 20 Cod. de poenis. Traj. 1757. 4°. —.40
5293 LINDEN, G. A. v., De duobus testamentis diversis temporibus, et sine D. et Con. signatis. Ling. 1722. 4°. —.40
5294 —— H. B. v. D., De commodato. L. B. 1725. 4°. —.50
5295 —— J. v. D., De jure viduarum. L. B. 1774. 4°. —.50
5296 —— — — — De his, quae a causarum patronis potissimum vel observanda vel vitanda sunt. Amstel. 1824. 8°. —.80
5297 —— J. G. v. D., De postulando. L. B. 1756. 4°. —.50
5298 —— A. H. v. D. MEY v. D., De privilegiis monetariorum Hollandiae. L. B. 1765. 4°. 1.25
5299 LINDENER, C. F., De remedio syndicatus adv. sententias camerae imperil. Gott. 1744. 4°. 1.25

6300 Lindenhorst, H. J. Sl. v., De jure c. res derelict. L. B. 1770. 4°. —.60
6301 Lindenholtz, A. S., De anomia jur. Rom. circa querelam non numeratae pecuniae, et de usu hujus querelae hodierno. 1715. 4°. —.30
6302 —— O. N., De capitulatione regni Germ. Kelonl. 1675. 4°. 1.—
6303 Lindheimer, J., De cessione legatorum. Francf. 1673. 4°. —.40
6304 —— — De rescindendis contractibus innominatis. Francf. 1680. 4°. —.70
6305 Lindheimer, G., De cautione de non offendendo. Basiliae. 1665. 4°. —.60
6306 Link, H. A., De peculio quasi castrensi. Franeq. 1730. 4°. —.60
6307 Linck, G. A., De jure dotium. L. B. 1720. 4°. —.30
6308 Linckh, H. U. A., De orig. et invent. pecuniae et numismatum. Jen. 1715. 4°. 1.10
6309 Linnell, T., De jure hominis in suam ipsius personam. Lugd. 1788. 8°. —.40
6310 Linschoten, A. J. Strick v., De remediis pacem in rep. conservanda. Traj. 1787. 4°. —.30
6311 —— J. P. —— — De vacatione et jure vacando. Traj. 1688. 8°. —.70
6312 Linstow, G., De successione in feudis. Giess. 1612. 4°. —.70
6313 Lipper, G. H., De condictione furtiva. Erf. 1729. 4°. —.40
6314 Lipman, S. P., De jure nuptiarum Rom. atque hodiern. L. B. 1862. 4°. —.30
6315 —— — — Idem liber, forma 8°. —.30
6316 Lippold, J. G., An detur praesumtio juris et de jure. Lips. 1775. 4°. —.30
6317 Lipolds, J. C., De perscrutatione domestica. Marlisb. 1673. 4°. —.30
6318 —— — — Von Kriege und Kriegs-Erwerb. Martisb. 1678. 4°. —.30
6319 Lipstorp, C. S., De furto tertio simplici, primo alteroq. non punito, nec Cerellino quidem jure capitali. L. B. 1726. 4°. —.60
6320 Lisman, J. A., De divortio mutuo conjugum consensu, in jure commun. Gall. et Neerl. constituendo. L. B. 1855. 8°. —.70
6321 —— J. H., De pignore ob chirographariam pecuniam retinendo, ex jure Rom. et nov. jure Holl. art. 1835. L. B. 1802. 8°. —.70
6322 —— J. H. C., Over caraktele op eigen verzoek. L. B. 1860. 8°. —.60
6323 —— M. H. A., De litteris cambialibus universe. L. B. 1839. 8°. —.60
6324 Lithuin, A. M., De jure majoris partis. L. G. 1757. 4°. —.30
6325 Livesaaver, S. Q., De termar. litigatoribus. Traj. 1776. 4°. —.40
6326 Lobbrecht, M. H. v., De custodia et exhibitione reorum. Traj. 1761. 4°. —.60
6327 Lobedantius, N., De jure stapulae. Traj. 1757. 4°. —.60
6328 Lobell, D. D., De advocato. L. B. 1700. 4°. —.40
6329 Lobenstein, D. J. R. v., De praesumt. circa commorientes e j. Rom. e Holl. L. B. 1827. 4°. —.30
6330 —— E. P. v., De transactionibus. Traj. 1791. 4°. —.40
6331 Locher, D. V. D., De tutelis. L. B. 1757. 4°. —.30
6332 —— J. D. D., De testamentis privilegiatis. L. B. 1755. 4°. —.30
6333 —— J. G. D., De abigeis eorumque poena jure Rom. et Holl. L. B. 1790. 4°. —.40
6334 Lochmann, G. F., De jurisdictione patrimoniali. Lips. 1766. 4°. —.35
6335 Locke, J. W. B., De vasallo, dominio directo in communione a pluribus possesso, vel aequaliter diviso, ratione petendae investiturae renovationis ad diversas curias feudales non distrahendo. Harder. 1756. 4°. —.50
6336 Lockhemm, E., L. ult. § 1 Cod. de servit. et aqua indeque desumpta jura ventorum. Altd. 1676. 4°. —.60
6337 Lockhorst v. Veijenhoven, D. v., De praescriptione. L. B. 1820. 4°. 1.10
6338 Lodewijs, A. F., De legatis. Traj. 1741. 4°. —.30
6339 Loe, H. J. v., De arbitris compromissariis. L. B. 1784. 4°. —.30
6340 Loebel, R. G., De causa sanctitatis conventionum jure rationis. Lips. 1791. 4°. —.30
6341 Loescherus, A. F., De jure competenti provocationum ex l. 5 Cod. de ingen. manum. et l. 28 DD. de fidejuss. Hal. 1751. 4°. —.30
6342 Loeff, M. S. v. D., De condictione indebiti L. B. 1765. 4°. —.30
6343 —— S. A. V. v. D., De anatocismo. L. B. 1787. 4°. —.30
6344 Loenen, H. C. v., De possessione. Traj. 1810. 4°. —.30
6345 —— J. v., De jure alimentorum. L. B. 1690. 4°. —.40
6346 —— J. E. v., De testium fide in inquisitione praevia criminali jurejurando firmanda. Traj. 1848. 8°. —.20
6347 —— N. v., De jurisdictione et imperio. L. B. 1704. 4°. —.30
6348 Loens, P., De abigeis. L. B. 1717. 4°. —.30

6349 LOESCHER, A. G., De contramandato. L. B. 1696. 4°. —.80
6350 —— J. A., De eo, qd. justam circa revocationem donationis. Erf. 1787. 4°. —.80
6351 LOEBER, T., De solemnibus juramentorum. Hal. 1703. 4°. —.90
6352 LOEWENSTERN, F. G. L. B., Juris communis et provincial. Marchico-Badensis differentiae. Tubing. 1691. 4°. —.40
6353 LOFFELT, J. M. LAMMERSCHMIDT v., De pignorib. seu hypothecis sec. j. Rom. L. B. 1832. 132 pp. 8°. 1.—
6354 LOFFLER, D., De lana et lanificio. Francf. 1689. 4°. 1.10
6355 LÖFMARK, J. W., De injurata testium mortuorum fide. Lund. 1791. 4°. —.40
6356 LOGRE, A. DE, De legatis. L. B. 1779. 4°. —.80
6357 LOGHEM, H. v., De doctrina acquisitionis sec. princ. jur. natur. Daventr. 1830. 8°. —.80
6358 LOHMAN, J. H., De diverso mandatorum genere, qbs. legati constituuntur. L. B. 1750. 4°. —.60
6359 —— L. B., De auctoritate tutorum. Gron. 1760. 4°. —.60
6360 —— — — De princip., quae tam Gallicus tum Belg. legislator secutus est in loco, qui est de jure hypothecae. Gron. 1830. 144 pp. 8°. 1.10
6361 —— R., De jure vectigalium. Gron. 1796. 4°. —.60
6362 —— S., De arbitrio judicis generatim, maxime sec. jus nostrum poenale hodiernum deq. art. 18 decreti regii d. d. XI Decemb. 1813. Gron. 1834. 148 pp. 8°. 1.25
6363 —— W. H., De pactis super. fut. success. inita. Gron. 1787. 4°. —.40
6364 —— W. O. G., De differentia contractuum bon. fid. et stricti jur. respectu doli. L. B. 1750. 4°. —.80
6365 —— M. A. D. S., De poena fustigationis. Gron. 1830. 8°. —.80
6366 —— W. H. D. S., De notione civitatis. Gron. 1827. 200 pp. 8°. 1.50
6367 LOHMEYER, J., Quaest. polit. Bitut. 1664. 4°. —.40
6368 LOHOFF, J., Casus, in qbs. possessor invitus possessionem amittit. L. B. 1790. 4°. —.60
6369 LÖHR, J. F. W., De actione utili de recepto. Tubing. 1707. 4°. —.80
6370 LOISEL, R. J., De parricidio. L. B. 1826. 4°. 1.—
6371 LOKE, J. J., De castellanis Zeelandiae. L. B. 1703. 4°. 1.25
6372 LOM, H. A. v., De causis testamentariis. Duisb. 1741. 4°. —.80
6373 —— F. P. v., De usucapione. Hard. 1756. 4°. —.40
6374 —— G. v., Quaest. jur. publ. et privati. Traj. 1758. 4°. —.40
6375 —— P. M. E. v., De nuptiis. Duisb. 1743. 4°. —.80
6376 —— T. J. A., De familia. L. B. 1785. 4°. —.60
6377 LOMAN, J. B., Principia qdm. oecon. polit. Amstel. 1846. 8°. —.70
6378 LOO, W. v., De postliminio. L. B. 1720. 4°. —.40
6379 —— G. L. S. v., De advocato Rom. L. B. 1820. 4°. —.60
6380 LOOFF, G. M., De obligatione a locatore rerum contracta, ad ipsas res locatas restringenda. Amstel. 1851. 8°. —.40
6381 LOON, A. v., De testibus eorumque praeferentia in concursu. 1741. 4°. —.70
6382 —— J. v., De arbitris compromissariis. L. B. 1680. 4°. —.80
6383 —— — — De collatione bonorum. L. B. 1723. 4°. —.40
6384 —— — — De natur. justitiae et utilitatis vinculi. L. B. 1773. 4°. —.80
6385 —— J. P. v., Coll. instit. Justin. cum Gaii institut. Veronae inventis, inde ab initio u. a. Gaii locum de manu. Gron. 1823. 188 pp. 8°. 1.25
6386 —— N. v., De modis qbs. test. infirmantur. L. B. 1723. 4°. —.80
6387 —— — — Ad successionem ab intestato. Franeq. 1770. 4°. —.60
6388 —— P. v., De quaestionibus. L. B. 1758. 4°. —.80
6389 LOOSEN, A. J. v., De jure accrescendi. L. B. 1746. 4°. —.40
6390 —— T. E. v., Ad leg. 69 DD. de legatis et fideicom. III. L. B. 1758. 4°. —.80
6391 LOPER, J. D., De fuga. Franef. 1706. 4°. —.70
6392 LOQUET, P., De homicidio. L. B. 1738. 4°. —.80
6393 LORENZ, C. G., De dictatoribus Lat. et municip. Grimmae. 1841. 4°. —.50
6394 LORMIER, F., De donationibus. L. B. 1711. 4°. —.80
6395 LÖRNWALL, S., De absurditate duellorum. L. G. 1745. 4°. —.40
6396 LOS, C. D., De praescriptione immemoriali. Vitemb. 1783. 4°. —.70
6397 —— J., De oppositione tertii (*la tierce opposition*). L. B. 1837. 8°. —.80
6398 LOSECAAT, J., De judiciis divisoriis. L. B. 1798. 4°. —.60
6399 —— P., De aestimatione rerum per judicem facienda. L. B. 1768. 4°. —.90
6400 LOSS, J. A. D., De quantitate dotalitii pr. in Saxonia. Lips. 1706. 4°. —.80

5401 Lotten, A., De mero imperio. Traj. 1711. 4°. —.40
5402 —— J. O., De Scto Macedoniano. Traj. 1777. 4°. —.50
5403 Lotz, L. G., De tutelis. Lov. 1825. 118 pp. 4°. 1.40
5404 Loticaius, C. C., De postulando. Traj. 1762. 4°. —.40
5405 Lotz, J. A., De thesauris. Lips. 1727. 4°. —.50
5406 —— — — De eo, qd. justum est c. thesauros. Lips. 1727. 4°. —.50
5407 Lotty, J. S., De nullitatibus sec. Cod. Civ. Gall. Dordr. 1839. 8°. 1.—
5408 Lotzbeccius, J. L., De gradu doctoris. Jen. 1667. 4°. —.60
5409 Lotze, T. M., De poenae aggravatione. Amstel. 1823. 8°. 1.10
5410 Loudon, F. A., Quaest. jurid. L. B. 1846. 8°. —.50
5411 Louwerse, P., Opmerkingen over de doorhalingen van hypothecaire inschrijvingen, volgens de Nederl. wetgeving. Amst. 1866. 4°. —.90
5412 Löven, C. F., Positiones theor.-pract. et canon.-civiles. Erf. 1719. 4. —.50
5413 Lowe, G. H., Theses jurid. Traj. 1864. 8°. —.30
5414 Lowenberg, B. A. L. D., Ad lib. 3 et 4 DD. Halae. 1694. 4°. —.30
5415 —— — — — — Ad lib. 26 et 27 DD. Halae. 1694. 4°. —.40
5416 Lübbecke, U. J., De regali postarum jure. Francf. 1708. 4°. —.60
5417 Lubbers, B. H., Quando excipiens confiteri censeatur. Harder. 1769. 4°. —.30
5418 Lubline, A. J., Observatt. jur. Rom. Amst. 1827. 8°. 1.10
5419 Luchtmans, S., Ad leg. Scribuniam de sublatis servit. usucapionibus. L. B. 1766. 4°. —.30
5420 Lucius, C. F., De censu germanico rurali et feudis rusticis in Saxonia. Vitemb. 1730. 8°. —.50
5421 Lüder, J., De citatione reali. Jen. 1677. 4°. —.60
5422 —— J. F., De lenocinio. Vitemb. 1737. 4°. —.30
5423 —— J. W., De conductione perpetuaria. Hal. Vened. 1709. 4°. 1.—
5424 Lüderitz, F. W. de, De legato sancto, non impuri. Francf. 1699. 4°. —.40
5425 Lüdersten, J., De variis modis coercendi calumniatores. Francf. 1728. 4°. —.40
5426 Ludewig, J. P. de, De Germaniae principe post-carolingico sub Conrado I. Orientalium Francorum rege. Hal. 1756. 4°. —.80
5427 Ludovicus, J. F., Hist. juris divini naturalis et positivi universalis. Hal. 1701. 4°. —.90
5428 —— — — De officio directorum et dominorum circulorum in executione sententiarum. Hal. 1755. 4°. —.60
5429 Lumbeck, J. J., De mete comparationis, ad C. Corn. Taciti annal. lib. I, cap. 76. Hal. 1701. 4°. —.70
5430 —— U. D., De curiositate. Francf. 1677. 4°. —.70
5431 Lunsen, J. H., Quaest. de cura. Traj. 1787. 4°. —.60
5432 Lubeck, A. M. v. Stipriaan, De sponsio. Cod. Civ. Neerl. anni 1830, libro I et Cod. Civ. Neerl. libro I inter se comparatis. L. B. 1851. 204 pp. 8°. 1.50
5433 Lunborg, B. H., De testam. privilegiatis. L. B. 1741. 4°. —.40
5434 —— — — De libertate. Gron. 1809. 200 pp. 8°. 1.40
5435 —— H. J., De jure postliminii. L. B. 1767. 4°. —.80
5436 Lüncker, J. P., De interverse possessione. Jenae. 1690. 4°. —.70
5437 Lundberg, G. F., De obligatione liberali. L. G. 1738. 4°. —.40
5438 Lundblad, S., De ortu atq. incrementis feudalismi. Ups. 1814. 4°. —.40
5439 Lundell, J., Om skatingar. Ups. 1841. 8°. 1.—
5440 —— — Om handtverksskran och Näringsfrihet. Lund. 1844. 8°. —.60
5441 —— — Om Svenska Allmogans dagsverksskyldighet. Lund. 1849. 8°. —.80
5442 Lünenberg, L. A., De fidejussoribus. Traj. 1656. 4°. —.80
5443 Lunte, E. F., De quaestione an species deroget generi? Hal. 1741. 4°. —.50
5444 —— M., De bene- et maledictione parentum. Tub. 1700. 4°. —.30
5445 —— — De fide juridica. Hal. 1723. 4°. 1.—
5446 Luther, C. F., De jur. revolutionis. Giess. 1772. 4°. —.60
5447 Luther, C. M., De sepultura et sepulcris, occ. leg. 13 Cod. de relig. Lips. 1708. 4°. —.50
5448 —— H. E., De coronatione imperatoria. L. B. 1724. —.60
5449 Lütkens, G. C., De diff. juris Rom. et Germ. circa pignora. Gott. 1742. 4°. —.40
5450 Lutken, G., De aequitate juris statuarii Hamburgici circa processum judiciarium. L. B. 1721. 4°. —.60
5451 Lutkenburg, J. v., De foro competenti. L. B. 1761. 4°. —.50
5452 Luttringshausen, C. C., De injuriis et famosis libellis. Duisb. 1672. 4°. —.50

5453 Lutben, A. F. X., De ordinum provinc. sec. leg. imperii jure provinciam gubernandi. Sylv. duc. 1841. 8°. —.50
5454 Luyken, D., De nuptiis. L. B. 1716. 4°. —.40
5455 —— — De iterum. ordin. L. B. 1736. 4°. —.60
5456 —— H. B., Ad Q. C. Scaevolae fragm. duo, q. exst. in leg. 3, pr. et leg. 14 DD. de transactionibus. L. B. 1766. 4°. —.50
5457 Luzac, C. G., Quaestiones jurid. L. B. 1846. 8°. —.70
5458 —— E., De modo extra ordinem procedendi in causis crimin. L. B. 1759. 4°. —.60
5459 —— E. J., De pensione propt. vim majorem diminuenda seu remittenda. L. B. 1781. 4°. —.50
5460 —— J., Ad loc. Cicer. in Orat. pro Murena. Capp. 11—13 pr. L. B. 1768. 120 pp. 1.50
5461 —— — De Socrate cive. L. B. 1796. 186 pp. 4°. 1.60
5462 —— — De diversa perjurii notione in recentiorib. popul. legib. complexa. L. B. 1855. 8°. —.90
5463 —— L. C., De Q. Hortensio oratore Ciceronis aemulo. L. B. 1810. 168 pp. 4°. 2.—
5464 —— P., De lege Rhodia de jactu. L. B. 1751. 4°. —.30
5465 —— S., Ad l. Juliam de fundo dotali. L. B. 1781. 4°. 1.—
5466 Lybecker, E., De meritis veterum legislator. Aboa. 1766. 4°. —.60
5467 Lycklama à Nyeholt, A. G., De locat. conduct. L. B. 1815. 4°. —.50
5468 —— — —— G. W. F., De mandato. L. B. 1834. 4°. 1.—
5469 —— — —— Idem liber, forma 8°. —.70
5470 Lyn, A. P. v. d., De fideicommissis. L. B. 1745. 4°. —.50
5471 —— J. v. d., De accessione natur. benef. fluminis facta, ad §§ 20, 21, 22, 23 Inst. de rer. div. L. B. 1718. 4°. —.30
5472 Lynar, W. A. c. de, De titulorum et commendarum convenientia. Francf. 1699. 4°. —.60
5473 Lyncker, N. C., De beneplacito. Jen. 1677. 4°. —.90
5474 —— — — De judicio statns. Hal. 1784. 4°. —.50
5475 Lynden, C. Th. v., An matrimonio ducis de Montpensier pax Rheno-Traject. violata dici possit. Traj. 1848. 8°. —.70
5476 —— F. A. A. C. v., De jure eminenti. Traj. 1822. 8°. —.50
5477 —— F. G. v., De judic. Gelricis antiq. et med. aevi. Traj. 1781. 4°. —.80
5478 —— — — — Interpret. jurisprud. Tullianae in topicis expositae. L. B. 1805. 176 pp. 8°. 1.50
5479 —— G. v., De origine dotis. Traj. 1828. 8°. —.70
5480 —— — — De praestando damno et interesse ex mora debitoris. Traj. 1829. 8° —.80
5481 —— H. G. J. v., De jure accresc. inter collegatarios. Traj. 1818. 8°. —.30
5482 —— J. C. C. H. v., De moderanda poena cujus inter maximum et minimum modum optionem judici concedit codex poen. Davent. 1828. 8°. —.50
5483 —— J. E. N. v., De pacti obstagialis volunt. indole, effectu et abrogatione, impr. in Gelria. Traj. 1785. 4°. —.70
5484 —— R. G. v., De causis frequentis allodiorum in feuda mutationis. L. B. 1831. 4°. —.60
5485 Lyndrajer, P., De executione sententiae peregrinae in causa civili latae. L. B. 1824. 112 pp. 4°. 1.40
5486 —— — Idem liber, forma 8°. 1.—
5487 Lynslager, H., De excusationib. tutorum et curatorum. Traj. 1698. 4°. —.30
5488 —— S., De prohibitis malis sacrificiis, ad leg. 13 DD. ad l. Corn. de sic. et venef. L. B. 1741. 4°. —.80
5489 Lyon, B., Ad loc. Hug. Grotii Intr. ad jurispr. Holl. lib. I, part. 6. —.70
5490 Lyonet, P., De justo quaestionis usu. L. B. 1781. 4°. —.50
5491 Lypharidt, O., De privatis delictis. Gron. 1685. 4°. —.80
5492 Lyphart, F. S. R. v., Ad verba art. 4 Cod. Civ. Gron. 1817. 8°. —.50
5493 Lyser, N., De jure Rhadamantheo. L. G. 1745. 4°. —.50
5494 Maanen, C. F. v., De ignorantiae et erroris natura, et effectibus; praecip. in contractibus et delictis. L. B. 1793. 4°. —.90
5495 —— — — — Idem liber, forma 8°. —.60
5496 —— — — — De lege regia. L. B. 1760. 4°. —.70
5497 —— G. A. G. v., De supremo Mechliniensi consilio. Traj. 1824. 132 pp. 8°. 1.10

5498 Maanen, J. v., De jure circa ebrietatem. L. B. 1760. 4°. —,60
5499 —— J. F. A. v., De connubiis principum stirpis Burgundicae ad conjungendas diversas Germaniae inferioris regiones. Traj. 1833. 8°. —,50
5500 —— J. M. v., De muliere in manu et in tutela sec. Gaji Verum. inst. privat. L. B. 1828. —,90
5501 —— L. J. v., De testibus. Hag. 1830. 8°. —,60
5502 Maarschalk, H. L., De domicilio. L. B. 1823. 8°. —,50
5503 Maas, A. J. C., De conditionibus, q. obligationem ex contractu suspendunt. Traj. 1828. 8°. —,50
5504 Maasdam, A., De portione legitima. L. B. 1781. 4°. —,50
5505 Maatsuyker, J., De emphyteusi. L. B. 1718. 4°. —,50
5506 Mabe, P., De procurat. judicialibus. Harlem. 1829. 4°. —,50
5507 —— — Idem liber, forma 8°. —,50
5508 Macaré, D., De usufructu legitimo. L. B. 1717. 4°. —,40
5509 —— J. W., De tutelis. L. B. 1727. 4°. —,40
5510 —— P. J., De Pauliana actione. L. B. 1754. 4°. —,50
5511 Machielsen, H., De obligationib., q. sec. Cod. Civ. Neerl. oriuntur ex factis illicitis. Traj. 1840. 8°. —,70
5512 Mackay, A., De triplici foedere anno 1668 inter reg. Angliae Sueciae et ordin. gener. foeder. Belgii icto. Traj. 1829. 152 pp. 8°. 1.25
5513 —— J. F. H. J. E., De aere alieno hereditario. Traj. 1839. 8°. —,90
5514 Maclaine, C. A., De causa ac ratione legum condendarum. L. B. 1778. 4°. —,50
5515 Macquet, J. J., Rustic. specialis jura. L. B. 1770. 4°. —,60
5516 Macrae, J. A., De injuriis. L. B. 1836. 8°. —,50
5517 Madihn, G. S., De imperii sacri statuum protestantium imp. Rom. germ. vera natura et indole. Hal. 1781. 4°. —,50
5518 Maars, J., De liber. hered. instit. vel exhered. L. B. 1706. 4°. —,60
5519 Maersche, C. a, De protopraxia s. praerogativa et concursu creditorum. L. B. 1674. 4°. —,50
5520 —— — — De privilegiis studiosorum. L. B. 1674. 4°. —,50
5521 Maerssche, P. v. d., L. fin. Cod. de Edicto D. Adriani toll. L. B. 1661. 4°. —,50
5522 Maestyens, J. W., De donationibus inter vivos propriis. L. B. 1750. 4°. —,50
5523 Maes, J. v. d., De rescindenda venditione. L. B. 1651. 4°. —,50
5524 —— N. v. d., De negotiorum gestione. L. B. 1690. 4°. —,50
5525 —— P. v. d., De procuratoribus, defensoribus et syndicis. L. B. 1695. 4°. —,50
5526 Maesen, F. A. v. d., De justa sui defensione cum caede aggress. injusti. Traj. 1807. 4°. —,60
5527 Maire, C., De emphyteusi. L. B. 1675. 4°. —,50
5528 —— G. E. le, De hereditatis divisione ab adscendentibus facta inter descendentes. Gron. 1836. 8°. —,50
5529 —— J. le, De inoff. testamento. Traj. 1689. 4°. —,50
5530 Majer, W. A., De vexationis odio in jure. Jen. 1720. 4°. —,70
5531 Makkers, A., Over de voogdij der regenten in de gestichten van weldadigheid. Amst. 1837. 8°. —,50
5532 Malapert, J. J. de, De usufructu. Traj. 1755. 4°. —,50
5533 —— P. de, De instauratione domus communis ruinosae, ad l. 4 Cod. de aedif. privatis. Traj. 1762. 4°. —,50
5534 Malen, M. v. d., De obligat. naturali. L. B. 1679. 4°. —,40
5535 Mallinckrodt, H., De taciturnitate juridica. Traj. 1718. 4°. —,50
5536 Malnoe, A. C. de, De senatorum eorumque liberorum nuptiis, ex cap. I leg. Jul. et Pap. pop. L. B. 1766. 4°. —,70
5537 —— J. B. de, De societate. L. B. 1724. 4°. —,40
5538 Man, C. de, De jure deliberandi et benef. inventarii. L. B. 1716. 4°. —,40
5539 —— C. W. de, De prudentia et religione summi imper. advers. delicta gladio puniendi. L. B. 1778. 4°. —,60
5540 —— E. de, De thesauro; ad l. 3 et 4 DD. de acq. vel amitt. possess. Traj. 1740. 4°. 1.10
5541 —— — — Jur. Rom. et Gelr. quant. ad testam. factionem attinet. Traj. 1782. 4°. —,50
5542 —— — — De donatione simplici Jure Rom. non conferenda. Traj. 1804. 4°. —,50

5543 Man E. de, De vindicta privata. L. B. 1845. 8°. —.40

5544 —— G. de, De l. 16 DD. ad l. Corn. de sicariis. L. B. 1719. 4°. —.80

5545 —— J. de, De indigentia hominis atque oblig. et jur. inde oriundis. Gron. 1770. 4°. —.60

5546 —— J. W. E. de, Ad tit. DD. de legg. sctis. et longa consuetudine. Traj. 1765. 4°. —.60

5547 Mandel, J. E. v. d., Ad tit. DD. ad leg. Fabiam de plagiariis. L. B. 1835. 8°. —.50

5548 Mandelslo, A. H. v., De successione nepotum. Francf. 1696. 4°. —.50

5549 Mandeer, J. v. d., De justi matrimonii conditionibus praecipue sec. Cod. Civ. Neerl. Traj. 1839. 8°. —.60

5550 Mandt, F. J., De judicis officio in crim. L. B. 1767. 4°. —.80

5551 Manecke, J. A. D., De chirographo post 80 annos adhuc valido. Jen. 1740. 4°. —.80

5552 Manicke, J. J., De tutelis. Argent. 1606. 4°. —.50

5553 Mann, F. C. L., De remedio nullitatis. Tub. 1798. 4°. —.40

5554 —— H. G. E., De orig. et auctor. jur. Saxon. in terris Anhaltinis. Lips. 1816. 4°. —.50

5555 Manneken, J. J., Ad l. un. DD. de remissionibus. Harder. 1755. 4°. —.40

5556 Mansveld, F. G. v., De aggravatione delictorum. Traj. 1756. 4°. —.40

5557 —— J. A. a, De indole et discrim. obligationum. Traj. 1774. 4°. —.60

5558 —— J. J. v., De variis aetatibus hominum. Traj. 1724. 4°. —.80

5559 Mansvelt, A. J. v., Positiones. Traj. 1770. 4°. —.60

5560 —— G. v., De reo excipiente. Traj. 1678. 4°. —.40

5561 Mantey, C. G., De laudemio. Lips. 1731. 4°. —.60

5562 Mantzel, C. A., Ad regulam: *frustra legem invocat, qui contra leges committit*, ad l. 37 DD. de minor. Rost. 1731. 4°. —.60

5563 —— C. A., Jus naturae. Rostoch. 1723. 4°. —.60

5564 March, E. U. W., De civitatensibus. Francf. 1686. 4°. —.60

5565 Marchall, S., De jure annatarum. Hal. Vened. 1707. 4°. 1.10

5566 Marchand, J. d. C., De moderamine inculpatae tutelae. L. B. 1761. 4°. —.80

5567 Marchdrenkher, J. W., De repressaliis. Altd. 1686. 4°. —.40

5568 Marche, A. C., De tutoribus ex lege Julia et Titia. Lips. 1736. 4°. —.90

5569 —— C. S., De non fori Scti. Macedoniani in Germania. Vitemb. 1715. 4°. —.60

5570 Marck, A. A. v. d., De eo, qd. justum est circa pauperiem ab animalibus factam. Lingae. 1781. 144 pp. 8°. 1.10

5571 —— —— —— —— —— De coetu civit. perfecto. Franeq. 1785. 4°. —.90

5572 —— F. A. v. d., De ordine universi seu prim. jur. nat. principio. Arnh. 1755. 4°. 1.—

5573 —— —— —— —— —— De finib. jurisprudentiae optimisque ad eos obtinend. mediis. Gron. 1758. 4°. 1.10

5574 —— —— —— —— —— De amore erga patriam. Daventr. 1783. 4°. —.90

5575 —— —— —— —— —— De libertate reip. Groningo-omlandicae interna. Gron. 1761. 8°. —.60

5576 —— —— —— —— —— De jure hominis naturae insito, singulis aequaliter tribuendo, perenni Rerumpubl. stabilimento. Gron. 1795. 8°. —.40

5577 —— —— —— —— —— Jus Rom. apud Gron. vim jur. communi. habere via possa. Gron. 1768. 8°. —.80

5578 —— —— —— —— —— De pomoeriis juris nat. proferend. Gron. 1796. 8°. —.30

5579 —— H. v. d., De tutelis. L. B. 1691. 4°. —.80

5580 —— H. H. v. d., Illustres quaest. juris. L. B. 1690. 4°. —.80

5581 —— J. v. d., De his qui testam. facere possunt. L. B. 1731. 4°. —.40

5582 —— J. F. a, De talione. L. B. 1710. 4°. —.80

5583 —— J. H., De legitimatione. L. B. 1757. 4°. —.50

5584 —— J. H. v. d., De injuriis. L. B. 1708. 4°. —.80

5585 Marckart, J. W., De jurisprudentia Belg. cum Rom. conjung. Traj. 1784. 4°. —.90

5586 —— —— —— De jur. ac oblig. gentium succurrendi in jure oppressis. Harder.

5587 Marcken, G. v., De servitutibus. L. B. 1693. 4°. —.80

5588 Marckmann, A., De jure retractus gentilitii seu consanguinitatis. Francf. 1656. 4°. —.40

5589 —— —— De jure necessariae defensionis. Francf. 1690. 4°. —.40

5590 Marcus, B. J. F., De litis contestatione. Amst. 1830. 8°. —.50

5591 Marcus, J. J., Ad Marcelli fragm. q. e. in l. 12 § 17 DD. mandati e. s. L. B. 1752. 4°. —.60
5592 —— J. P., Ad Sctm. Vellejanum. L. B. 1735. 4°. —.80
5593 —— M., De delictis impuberum, ad leg. 111 DD. de div. reg. jur. L. B. 1742. 4°. —.50
5594 —— P. J., De institoria actione. L. B. 1755. 4°. —.50
5595 Maren, H. v., De successione feudali. Giess. 1616. 4°. —.70
5596 Marez, L. T. d., De nuptiis. Traj. 1696. 4°. —.60
5597 Marggraff, W. F. E., De contractu nuptiali. L. B. 1827. 182 pp. 4°. 1.50
5598 —— — — — Idem liber. forma 8°. 1.10
5599 Marienburg, H. C., Quaest. aliquae juris controvers. Traj. 1708. 4°. —.80
5600 Marienburgh, W., De parricidio ejusque poena. L. B. 1704. 4°. —.80
5601 Marinissen, A. J., De delictis privatis ordinariis. L. B. 1749. 4°. —.40
5602 —— J., De societate. L. B. 1753. 4°. —.60
5603 Marits, J. E. B. L., De contractu depositi et sequestrationis. Dordr. 1839. 8°. —.50
5604 —— H. Verhoeff, De fidejussione. Dordr. 1839. 8°. —.80
5605 Mark, J. v. d., De legitimatione. L. B. 1717. 4°. —.80
5606 Marle, A. J. v., Observatt. ad jurisprud. spect. Gron. 1811. 8°. —.80
5607 —— H. v., Ad l. 11 DD. de neg. gestis. Traj. 1766. 4°. —.80
5608 —— C. W. v., An donatio inter conjuges, rei traditione non consummata, morte donantis confirmetur. Gron. 1826. 8°. —.80
5609 —— G. W. v., De eo, quod justum circa hereditates peregrinorum, earumque successiones. Gron. 1772. 4°. —.70
5610 —— H. E. v., De jure veteri suorum hered. ab intest. succedentium. L. B. 1774. 4°. —.50
5611 —— H. G. v., Ad l. 8 DD. de l. commissoria. L. B. 1790. 4°. —.50
5612 —— — — — De titulo authentico. Deventr. 1830. 128 pp. 4°. 1.50
5613 —— J. D. C. v., De benef. competentiae. Traj. 1768. 4°. —.70
5614 —— T. O. v., Ad part. II, tit. 2 statut. Transisalanic. Traj. 1762. 4°. —.80
5615 —— — — — De modo justitiae in civit. servandae. L. B. 1861. 4°. —.70
5616 —— — — — Idem liber. forma 8°. —.50
5617 Marquart, D., De emphyteusi. Giss. 1619. 4°. —.80
5618 Marselis, J. D. v. L. v., De moderamine inculp. tutelae. L. B. 1827. 8°. —.80
5619 —— M. v., Differ. qdm. juris Romani et Belgici ex lib. I Inst. desumpt. Harder. 1778. 4°. —.80
5620 Mars-Mann, J. A. S., De syndicis. Giss. 1706. 4°. —.80
5621 Martens, C., De succes. ab int. libertin. et ingenuor. et de collationibus, ad tit. 1 et sqq. u. a. tit. 21 Cod. lib. 6. Traj. 1659. 4°. —.80
5622 —— — De furtis. Traj. 1688. 4°. —.40
5623 —— C. C., Theses jurid. Traj. 1779. 4°. —.80
5624 —— D. J., De inoff. fratrum testamento, ad l. 27 Cod. de inoff. Traj. 1692. 4°. —.80
5625 —— — — De infamia. Traj. 1693. 4°. —.80
5626 —— — — De contr. delict. et poenis [illegible]. Traj. 1774. 4°. —.60
5627 —— G. P., De diversa juris Romani et codicis civ. doctrina, circa culpam conductoris ex incendio praesumendam. Traj. 1819. 8°. —.40
5628 —— J., De jure emphyteutico. Traj. 1659. 4°. —.80
5629 —— — De privileg. testamentis. Traj. 1695. 4°. —.40
5630 —— J. A., De calore iracundiae; ad l. 48 de reg. jur. Traj. 1773. 4°. —.40
5631 —— P. E., Quaestiones jur. civ. Traj. 1779. 4°. —.80
5632 —— P. F., An nov. 115 cap. 3 et 4 admittat interpretationem extensivam. Gron. 1808. 8°. —.80
5633 Martenez, P. A., De eo, qd. jstm. est circa lucrum cessans et damnum emergens. Harder. 1784. 4°. —.60
5634 Martheus, G., De crim. publ. L. B. 1698. 4°. —.80
5635 Martini, A., De fidejuss. L. B. 1752. 4°. —.40
5636 —— D., Si plus sit in veritate quam in opinione vel contra. Heidelb. 1707. 4°. —.30
5637 —— G. J. de, De heredit. plurib. communi. L. B. 1828. 132 pp. 4°. 1.50
5638 —— H. B., Quaest. jur. L. B. 1789. 4°. —.60
5639 —— J. C., De lege commissoria a jure reprobata. Jen. 1757. 4°. —.60
5640 —— J. E., De usu exiguo actionis ad palinodiam. Hal. 1709. 4°. —.50

5641 MASCLARY, J. T. DE, De jurejurando litis decisorio. L. B. 1747. 4°. —.30
5642 MASCOVIUS, G., De redhibitione equorum. Gott. 1738. 4°. —.30
5643 MASSAU, G. C. J. v., De transactionibus. L. B. 1775. 4°. —.60
5644 MASSÉ, P. C., De M. T. Ciceronis oratione in C. Corn. Verrem de jurisdictione Siciliensi. L. B. 1824. 139 pp. 4°. 1.60
5645 —— — — Idem liber. 128 pp. 8°. 1.—
5646 MASSIAH, S. R. ST. CL., Duae quaestiones. L. B. 1831. —.40
5647 MASSINO, J., De dominio litis. Traj. 1710. 4°. —.40
5648 MASSIS, A. J., De donationibus. L. B. 1754. 4°. —.50
5649 —— N., De usucapionibus. L. B. 1718 4°. —.40
5650 —— T. MULLER, De origine et primaevis functionibus burgimagistrorum in urbibus Holl. ac Zeland., impr. in urbe Briela. L. B. 1787. 4°. 1.25
5651 MASSON, P. v., De servitute conventionali sec. jur. hod. rationem. L. B. 1821. 148 pp. 4°. 1.75
5652 —— G. J. C. v., De Publiciana in rem actione. L. B. 1817. 4°. —.60
5653 MAST, H. v. D., Illustr. qd. quaest. L. B. 1677. 4°. —.30
5654 MASTRICHT, P. v., De antidoris. Franef. 1708. 4°. —.50
5655 MATEN, M., De moderamine inculpatae tutelae. Harder. 1685. 4°. —.30
5656 —— — Ad § 1 leg. 5 Cod. ad l. Juliam Majestatis. L. B. 1718. 4°. —.60
5657 MATHAM, T., De morte violenta. Traj. 1699. 4°. —.30
5658 MATHIASSEN, J. C., De poenis. L. B. 1719. 4°. —.30
5659 MATHOUSNÉ, S. H., De eo qd. justum vel injustum in statu sociali. Harder. 1768. 4°. —.40
5660 MATRIMONIIS, de — prohibitis, permissis, prohibendis, permittendis, et special. de connubio cum vidua patrui. Hal. 1750. 4°. —.30
5661 MATROOS, T. B., De crimine ambitus. L. B. 1717. 4°. —.60
5662 MATTHAEUS, A., Quaestiones aliq. L. B. 1693. 4°. —.30
5663 —— — De querela testam. inoffic. Traj. 1744. 128 pp. 4°. 1.50
5664 —— J., De civitate nova. Helmst. 1662. 4°. —.50
5665 MATTHELIUS, E. Jurandi formae in Suio-Gothia vulgares. Ups. 1746. 4°. —.40
5666 MATTHES, G., De conditione civili mulieris nuptae Neerl. L. B. 1839. 8°. —.50
5667 MATTHIESSEN, C. S., Ad art. 340 Cod. Nap. *la recherche de la paternité est interdite*. L. B. 1824. 4°. —.70
5668 —— — — Idem liber. forma 8°. —.50
5669 —— — — De liberis expositis. L. B. 1849. 8°. —.80
5670 MATTHISIUS, C., De patria potest. Traj. 1660. 4°. —.30
5671 MATTHYSSEN, J. D. T., Ad tit. cod. de naufragiis. L. B. 1835. 8°. —.40
5672 MAUBERNAULT, G. DE, De donationibus. L. B. 1707. 4°. —.40
5673 —— J. DE, De flagellationibus, s. cruciatib. ante capitalia supplicia apud veteres Graecos. Traj. 1745. 4°. (praefatio). —.30
5674 —— J. BOREEL DE, De officio praesidis provinciae. L. B. 1739. 4°. 1.—
5675 —— — —— — De Attiliano tutore et eo, q. L. Julia et Titia dabatur. L. B. 1764. 4°. —.50
5676 MAURICIUS, J. J., Ad leg. 144 DD. de reg. jur. L. B. 1711. 4°. —.60
5677 MAURICK, B., De quaest. s. torturis reorum. L. B. 1710. 4°. —.30
5678 MAURITIUS, A., De usucapionibus et usurpationibus. Francf. 1609. 4°. —.40
5679 MAURITZ, J., De calumniatoribus. L. B. 1752. 4°. —.50
5680 MAY, J. H. B., De querelarum nullitatis et inoff. testamenti differentiis et usu earundem practico. Gott. 1788. 4°. —.40
5681 MAYDELL, G. G. L. B. DE, De justis poenam mitigandi causis in criminibus. Hal. 1762. 4°. —.60
5682 MAYER, J. H., De jure circa actus imperfectos. Franef. 1699. 4°. —.60
5683 MEBIUS, D. S., Nonnulla de legatis. Franeq. 1769. 4°. —.40
5684 MEDENBLIK, A. H. J. R., Ad tit. DD. quarum rerum actio non datur. L. B. 1830. 8°. —.70
5685 MEDINO, V., De non gratificando. Franef. 1686. 4°. 1.—
5686 MEE, C. M. v. D., De ususfructu. L. B. 1790. 4°. —.40
5687 MEEGHEN, J. v., De procuratoribus. Traj. 1698. 4°. —.30
5688 MEEL, J. W. v., De Scto Macedoniano. L. B. 1694. 4°. —.30
5689 MEER, A. v. D., De actionibus in genere. L. B. 1678. 4°. —.40
5690 —— E. v. D., De lege Falcidia. L. B. 1715. 4°. —.40
5691 —— H. A. D. v. D., De objecto in conventionib. Hag. 1856. 8°. —.50
5692 —— J. v. D., De jure aucupii. L. B. 1684. 4°. —.30

5693 Meer, J. v. d., De querela inoff. test. L. B. 1718. 4°. —.30
5694 —— — — — De inofficioso testamento. L. B. 1734. 4°. —.50
5695 —— H. J. v. Setten v. d., De venditionis rescissione ex causa laesionis. Traj. 1833. 8°. —.40
5696 —— d. Walchenen, J. v. d., De novi operis nunciatione. L. B. 1754. 4°. —.50
5697 Meerdervoort, A. Pompe v., De testam. factione activa. L. B. 1701. 4°. —.40
5698 —— — —— — De antichresi praecipue tacita. L. B. 1775. 4°. —.60
5699 —— J. —— — Ad edictum de pactis q. e. in leg. 7, § 7 de pactis. L. B. 1785. 4°. —.50
5700 —— — —— — De quer. inoff. test. L. B. 1701. 4°. —.30
5701 —— J. P. —— — Utrum liberi positi in conditione sint quoque comprehensi in dispositione? L. B. 1791. 4°. —.50
5702 —— P. —— — De acq. hom. servitute. L. B. 1695. 4°. —.30
5703 Meerkerk, J. G. v. N. v., De natura ac vi argumenti a contrario sensu petiti. L. B. 1797. 8°. —.70
5704 —— J. E. v. N. v., De revocand. donationib. —.50
5705 —— N. H. v. N. v., De vectoribus. Traj. 1835. 8°. —.30
5706 Meerloo, J. A. v., De consuetudine. L. B. B. 1740. 4°. —.60
5707 Meerman, D., De usufructu. L. B. 1707. 4°. —.30
5708 —— G., De societate. L. B. 1672. 4°. —.60
5709 —— — De usufructu. L. B. 1671. 4°. —.30
5710 —— — De legitima. Traj. 1698. 4°. —.40
5711 —— — De rebus mancipi, et nec mancipi earumq. mancipatione. L. B. 1741. 192 pp. 4°. 2.25
5712 —— J., De autocheiria. L. B. 1707. 4°. —.30
5713 —— — De errore nominis, demonstrationis et causae in legatis. Traj. 1785. 4°. —.30
5714 —— J. L. B. de, De solutione vinculi, q. olim fuit int. S. R. imp. et foeder. Belgii resp. L. B. 1774. 128 pp. 4°. 1.50
5715 —— P., De locatione conductione. L. B. 1737. 4°. —.40
5716 —— — De tutela feminarum iisque ipsis tutricibus apud Rom. et Batavos. Harder. 1760. 4°. —.70
5717 Meerrsch, J. F. v. d., De justo prosopolepsiae in poenis infligendis moderamine. L. B. 1798. 8°. —.90
5718 Meerten, H. E. v., De jure liber. circa bona a praemort. parente ad superst. parent. devoluta. Traj. 1780. 4°. —.90
5719 Meertens, A. M., Quaest. qd. e jure Holl. antiquo. L. B. 1843. 8°. —.30
5720 —— H. G. F., De nuptiis j. Rom. prohibitis. Traj. 1811. 4°. —.40
5721 Meeswyk, L. P. v., De jurib. et officiis cauponum. 8°. —.30
5722 Mees, G., De revocatione testamentorum. Traj. 1826. 8°. —.70
5723 —— H., Ad princ. leg. 6 DD. de justitia et jure. Gron. 1816. 8°. —.30
5724 —— R. A., De mercatura. Traj. 1810. 4°. —.30
5725 —— — — Idem liber. forma 8°. —.50
5726 —— R. T., Ad qdm. mandata praesid. prov. Gron. 1810. 8°. —.30
5727 —— W. C., De vi mutatae monetae in solutionem pecuniae debitae. Rotr. 1838. 8°. —.80
5728 —— R. Dorhout, De efficacitate pacti conventi, quod per art. 1223, al. 2, Cod. Civ. inter debitorem et creditorem hypothecarum iniri solet. Traj. 1856. 8°. —.00
5729 Meester, G. de, De officio judicis. Harder. 1763. 4°. —.30
5730 —— G. A. de, De judiciis Gelriae temp. reip. provinc. unitarum. L. B. 1841. 8°. —.90
5731 Meeuwen, P. M. F. v., De vreemdelingenwet van 13 Aug. 1849. L. B. 1859. 160 pp. 8°. 1.75
5732 Meeuwsen, W., Ad leg. 2 Cod. de reb. cred. et jurej. Traj. 1727. 4°. —.30
5733 Megerle, F. A. e., De vera ac genuina jurisdictionis municipalis indole. Duisb. 1722. 4°. 1.—
5734 Mehl, J. C., Jur. contr. quaestiones. Erf. 1717. 4°. —.50
5735 Meier, H., De clausula *rebus sic stantibus*. Franeq. 1699. 4°. —.60
5736 —— J., Loca qdm. institutionum jur. civ. Basil. 1604. 4°. —.50
5737 —— J. E., De leg. commissoria vendit. adjecta. Erf. 1716. 4°. —.30
5738 —— T., De venditione facta ad corpus et ad mensuram. Jen. 1731. 4°. —.40
5739 Meiling, G. S., Ad loca qdm. jur. civ. Hard. 1737. 4°. —.40

5740 Meindeks, J. H., De requisitis statuum imperii Rom.-Germanici. Jen. 1677. 4°. —.60

5741 Meiner, B. T., De permissione mali. Vitemb. 1740. 4°. —.50

5742 Meinertzhagen, A., De eo, qd. justum circa circumventionem in pretio emptionis et venditionis. L. B. 1740. 4°. —.50

5743 —— — De patria potestate. Gott. 1738. 4°. —.40

5744 —— D. J., De rapta mulierum. L. B. 1729. 4°. —.70

5745 —— G. de, Quaest. jur. Traj. 1833. 8°. —.30

5746 —— J., De venia adversarium suum in sanguine corrumpenti adultero non negata. L. B. 1729. 4°. —.70

5747 Meinema, M., De executoribus testamentor. Gron. 1823. 8°. —.70

5748 —— S. A. Vening, Geschiedenis der staatsregterlijke bepalingen betrekkelijk de vervaardiging van wetten. Amst. 1856. 160 pp. 8°. 1.25

5749 Meister, J., De servitutibus praediorum. Gron. 1625. 4°. —.30

5750 Meisiomitus, G. S., De depositione pecuniae judiciali in processu cambiali obveniente cum solutione conjuncta. Helmst. 1726. 4°. —.70

5751 Meissner, C., Jura vicariorum Sacri Rom. imperii in aureo bullo non expressa. Lips. 1741. 4°. —.60

5752 Meissner, C. O., De eo, q. justum circa exhibitionem reorum jure impr. Lusatiae superioris. Lips. 1729. 4°. —.50

5753 —— M. F., De jure debitoris cui solutione interdict. ad compensat. provocantis. Lips. 1828. 4°. —.40

5754 Meister, C. F. G., De principio cognoscendi emblemata Triboniani. Gott. 1745. 4°. —.60

5755 Mejan, H. Verwey, De corpore delicti. Traj. 1789. 4°. —.90

5756 —— J. J. —— De juris aut. franc. in scriptum et non scriptum divisione, illiusq. divisione in possessione hereditaria (*le saisine*) vestigiis. Traj. 1828. 8°. —.90

5757 Melcon, J. H., De protestationibus. Lips. 1672. 4°. —.30

5758 Melleman, L. F. D. v., De fidejussoribus. L. B. 1776. 4°. —.50

5759 Mellema, S., Ad leg. 18 Cod. de transactionibus. Franeq. 1688. 4°. —.50

5760 Mellin, J. F., De bonitate legum relativa. Ups. 1790. 4°. —.30

5761 Melort, G. A., Ad querelam inoff. testam. ad leg. 19 DD. eod. L. B. 1816. 4°. —.90

5762 Melvill, A., De oblig. convent. ex silentio. L. B. 1772. 4°. —.60

5763 —— J., Quaed. de pactis. Hard. 1768. 4°. —.40

5764 Menalda, S., De emancipatione sec. jus patr. nov. Gron. 1833. 8°. —.90

5765 Mencke, F. O., De jure naturae hominis in solitudine viventis. Lips. 1734. 4°. —.30

5766 —— M. L., De pecunia hereditaria. Lips. 1682. 4°. —.60

5767 Mencken, G. L., De pactis. Vitemb. 1729. 4°. —.30

5768 —— — — De successione in feudis. Vitemb. 1737. 4°. —.30

5769 —— — — De testamentis. Vitemb. 1729. 4°. —.30

5770 —— — — Jus cerevisiarium civitatum Saxonicar. ad milliare omnino restrictum esse. Vitemb. 1738. 4°. —.30

5771 —— — — De novellarum glossatarum et non glossatarum auctoritate juris. Jen. 1741. 4°. —.60

5772 —— L., De tergo subsidiario. Vitemb. 1737. 4°. —.60

5773 —— L. L., De crimine perduellionis. Vitemb. 1737. 4°. —.30

5774 Mengering, A., Problem. qd. politica. Witteb. 1617. 4°. —.50

5775 Menkema, U. A. A. v., De divortiis, prae. de eo qd. fit ob malitiosam desertionem. L. B. 1827. 8°. —.40

5776 Menning, G. A., De societate. L. B. 1738. 4°. —.50

5777 Mensen, C. F., De aequali jure dominantis et servientis praedii, si pascua non sufficiant. Lips. 1758. 4°. —.30

5778 Menarzooen, J. P., De usuris. Erf. 1609. 4°. —.30

5779 Menso, J., De probatione, q. fit per instrumenta cum publica tum privata. Traj. 1825. 8°. —.90

5780 Mentsinoh, J., Ad L. 2 Cod. de his q. veniam aetatis impetraverunt. L. B. 1722. 4°. —.40

5781 Ment, C., De testam. ordin. L. B. 1707. 4°. —.30

5782 Menweeg, J. J. B., De vi publica et privata. Argent. 1706. 4°. —.40

5783 Meppel, N., De pactis. L. B. 1679. 4°. —.30

5784 —— — Ad l. 38 DD. de cond. indeb. L. B. 1680. 4°. —.30

5785 Merbitz, C. G., Utr. tutor ex debito pup. convent. id, qd. sibi debetur compensare queat. Lips. 1777. 4°. —.50
5786 Merckel, J. G., De stellionatu. Vitemb. 1788. 4°. —.30
5787 Merct, J. v. d., De statu hominum. L. B. 1703. 4°. —.40
5788 Merens, A., Duae jur. civ. quaestiones. L. B. 1751. 4°. —.50
5789 —— D., De praescriptionib. sec. juris hod. princ. L. B. 1824. 4°. 1.25
5790 —— T., De abigeis. L. B. 1751. 4°. —.50
5791 Merkelbach, C. M., Genuina fundamenta, qbs. jura majestat. impr. vero jus paciscendi et aggratiandi nitantur. Gron. 1767. 160 pp. 4°. 2.—
5792 —— — — Quaenam sit methodus tractandi jus naturae optima. Gron. 1764. 8°. —.50
5793 —— — — Num imper. Justinianus personam boni prudentisque legislatoris in omnib. sustinere queat? Gron. 1767. 4°. —.40
5794 Merkelius, G. N., De comparatione eruditionis veterum et recentiorum. Altorf. 1783. 4°. —.40
5795 Merken, F. C., De nuptiis. Harder. 1765. 4°. —.30
5796 —— T., De inoff. testamento. L. B 1716. 4°. —.30
5797 Merkus, P., De legatis poenae nomine relictis. L. B. 1808. 8°. —.60
5798 Mersch, A. P. v. d., De potestate mariti in uxorem ex moribus Germanor. et antiquo jure patrio illustrata. Amstel. 1845. 8°. —.60
5799 Mersen, J., De patria potestate. L. B. 1763. 4°. —.40
5800 Mertens, J. P., De famoso rescripto imperatorio; l. 2 Cod. de resciend. vend. Erf. 1711. 4°. —.40
5801 —— P., De privilegiis. Traj. 1697. 4°. —.30
5802 Mertz, D., De sumtibus studiorum. Francf. 1788. 4°. —.60
5803 Merwede, J. W. C. v. d., De bello auxiliari. Gron. 1771. 4°. —.50
5804 Messchert v. Vollenhoven, J., De exigua vi, qm. philosophia Graeca habuit in efformanda jurispr. Rom. Amst. 1834. 144 pp. 8°. 1.25
5805 Mesterecker, H. C., Ad c. 8 statut. munic. Zalt-bommeliensium. Harder. 1766. 4°. —.50
5806 Mettingh, D., De jure summ. imper. circa cultum religiosum. Gron. 1769. 4°. —.50
5807 Meuver, P. M., De connubiis militum Rom. Traj. 1745. 4°. —.40
5808 —— P. M., Ad l. 14 Cod. de advoc. divers. judic. Traj. 1746. 4°. —.70
5809 Metelercamp, E., Ad l. Corn. de Sicariis. Gron. 1779. 4°. —.60
5810 Metelerkamp, A. H., De jure codicillorum. Franeq. 1763. 4°. —.60
5811 —— — — De celeberrimae legis 5 Cod. de ingenuis manumissis intellectu vero et spurio. Franeq. 1764. 4°. —.50
5812 —— — — De donatione, impr. successionis, in contractu nupt. conjugib. et liberis nascit. constituta. Traj. 1829. 156 pp. 8°. 1.—
5813 —— J. J., De praescriptionibus, qbs. jure veteri ac novo gaudent ecclesiae sec. leg. 23 Cod. de SS. ecclesiis et novel. 9, 111, 131. L. B. 1769. 4°. —.40
5814 —— K., De poenis crim. ingeniis popul. accomod. L. B. 1792. 4°. —.50
5815 —— — De emt. ac vendit. Traj. 1739. 4°. —.50
5816 —— R. J. C., De compensatione. Traj. 1833. 8°. —.50
5817 Meyhorst, D. H., De jure ac privil. funerum ac funerantium. Traj. 1754. 4°. —.50
5818 —— E., De jure illegitim. liberorum. Traj. 1762. 4°. —.50
5819 —— P., De fruct. ex aliena re perceptis. Traj. 1779. 4°. —.40
5820 Meyman, J. P., De nonnul. locis in qbs. differat methodus procedendi in foro civili ex codice indo Neerl. a cod. nostro. Rotterd. 1855. 8°. —.50
5821 Meulen, A. C. v., De jurib. viduarum sec. jur. hod. princ. L. B. 1828. 8°. —.50
5822 —— J. v. d., De test. contra pietat. facto. L. B. 1761. 4°. —.50
5823 —— J. C. v. d., Ad l. 6 DD. de bonis damnat. Traj. 1788. 4°. —.60
5824 —— J. M. v. d., De oblig. hereditariis. L. B. 1787. 4°. —.60
5825 —— P. v. d., De cruciat. et poen. qbs. capital. crim. rei olim afficiebantur. Traj. 1752. 4°. 1.25
5826 —— W. G. d. K. v. d., De adoptione sec. cod. civ. Schoonh. 1837. 8°. —.70
5827 Meuller, H., De legibus obligationis dubiae. Sherac. 1754. 4°. —.40
5828 Meurs, A. G. v., De favore libertatis. L. B. 1783. 124 pp. 4°. 1.50
5829 —— B. J. v., De adulterio. L. B. 1779. 4°. —.50
5830 —— C. J. R., De quarta Trebellianica. Traj. 1773. 4°. —.50
5831 —— C. W. J., De valore hominis physico, morali et civili. Gron. 1778. 4°. 1.—

5832 Meuren, D. v., Ad Cod. d. re jud. in caus. civ. lib. III, tit. III qui est de cessione bonorum. L. B. 1844. 8°. —,60
5833 —— F. v., Ad l. 20 Cod. de pactis. Harder. 1750. 4°. —,40
5834 —— G. C., Lex 2 DD. de mortuo inferendo et l. 2 Cod. de resc. vendit. Hag. 1843. 8°. —,40
5835 —— H. G. v., De public. rescissoria, in l. 35 DD. de obl. et act. memorata. Harder. 1776. 4°. —,30
5836 —— N. S. v., De elem. Harder. 1801. 4°. 1.—
5837 —— P. v., De rer. permutatione. Traj. 1768. 4°. —,50
5838 Mey, F. de, De mutatione sententiae. L. B. 1748. 4°. —,50
5839 —— H. J. de, Quaestiones jurid. L. B. 1814. 4°. —,30
5840 —— J. G. de, De prohibito usu vestimentorum alterius sexus. L. B. 1768. 4°. —,30
5841 —— J. J. de, De tutelae actionibus. L. B. 1745. 4°. —,40
5842 —— H. v. d., De adoptione in specie sic dicta. L. B. 1766. 4°. —,60
5843 —— J. v. d., De collatione bonorum. L. B. 1719. 4°. —,60
5844 —— v. Streefkerk, J. G. de, De eo, qd. justum circa probationem per instrumenta. L. B. 1775. 4°. —,30
5845 Meyer, J., De ususfructu. L. B. 1698. 4°. —,60
5846 Meyer, A., De civitate. Brem. 1669. 4°. —,90
5847 —— A. D., De executoribus ultim. volunt. L. B. 1808. 4°. 1.—
5848 —— C., De simulatione. Brem. 1671. 4°. 1.10
5849 —— C. F., An et quatenus adfectus humani in foro considerentur. Hal. 1747. 4°. —,70
5850 —— D. J. C., De pactis. Traj. 1826. 8°. —,40
5851 —— F., De numero suffragiorum, et de calculo Minervae. Francf. 1708. 4°. —,60
5852 —— — De jure circa nomina. Brem. 1717. 4°. —,60
5853 —— G., De codicillis, et clausula codicillari. L. B. 1676. 4°. —,30
5854 —— G. F., De praescriptione reluitionis pignorum sec. analog. juris civilis. Vitemb. 1726. 4°. —,40
5855 —— H. H., De M. A. Commodo Antonino. Traj. 1753. 4°. —,70
5856 —— H. L., De jure pignorum et hypothecarum. Duisb. 1784. 4°. —,40
5857 —— J. D., De Thomae Payne doctrina: in jure publ. civitatum posteros ex majorum pactis conventis non obligari. Amstel. 1796. 8°. —,70
5858 —— J. E., De aestim. sentimat. et moderat. injuriarum. Halae. 1711. 4°. —,30
5859 —— S., Justum jur. can. judicium. Altd. 1679. 8°. —,90
5860 Meyerinck, W., De jure esse a tutela vel cura excusandi ob magistratum, et numerum liberorum. Lieg. 1706. 4°. —,40
5861 Meylink, A. A. J., De Cod. Civ. Franc. confectione et cum patria nostra communicatione. L. B. 1832. 124 pp. 8°. —,30
5862 Meynaert, J., Illustres qdm. quaestiones. L. B. 1697. 4°. —,30
5863 Meyners, D. V., De manumissionibus serv. apud Rom. L. B. 1732. 4°. —,30
5864 —— G. C., De nobilit. Belgica. Traj. 1782. 4°. —,40
5865 —— G. F., De donationibus. L. B. 1768. 4°. —,30
5866 —— — — De testam. privilegiatis. L. B. 1739. 4°. —,30
5867 —— N. A., De centumvir. judicio hereditat. L. B. 1778. 4°. —,60
5868 Meynhardt, O., De beneficiis fidejuss. Traj. 1767. 4°. —,60
5869 Meynsma, F. A., De actione ad exhibendum. L. B. 1746. 4°. —,40
5870 —— H. T. A., Ad l. 5 Cod. ad l. Juliam majestatis. L. B. 1775. 4°. —,30
5871 —— — — — De variis mulierum privilegiis. Amstel. 1774. 4°. —,60
5872 Michaelis, F. C., De jure accrescendi in legatis semper jure non decrescendi. Hal. 1759. 4°. —,30
5873 —— N., De beneficio dationis in solutum ad nov. IV, cap. 3. Francf. 1665. 4°. —,90
5874 —— T., De SS. Caesareae majestatis, camerae, statuum imperii et aliorum magistratuum jurisdictione. Bas. 1601. 4°. 1.10
5875 —— — De vario hominum statu. Coloniae. 1594. 4°. —,30
5876 Middelaar, A. H., De vicesima hereditatum. Traj. 1759. 4°. —,70
5877 Middelbeek, J., De furtis. L. B. 1758. 4°. —,40
5878 Middelburgh, O. W. J. B. v., An bon. fid. emtor cogatur, locatori reddere objecta ejus privilegii, tempore utili ab illo vindicata. Amst. 1851. 8°. —,50
5879 Middelhoeven, J. A. v., De compensationibus. L. B. 1598. 4°. —,30
5880 Middellant, H., De legatis. L. B. 1679. 4°. —,30

5881 Middelman, J., De supplic. praecipitationis ex alto, leg. 25, § 1 DD. de poenis. L. B. 1750. 4°. —.50
5882 Middelstum, E. L. v., Ad part I, § 47 leg. 2 DD. de origine juris. Gron. 1829. 8°. —.50
5883 Middendorf, H., C. sent. sylloge. Gron. 1801. 8°. —.30
5884 Midlum, C. v., De obligationibus accessoriis. L. B. 1731. 4°. —.40
5885 —— W. J. v., De contr. empt. vendit. L. B. 1698. 4°. —.60
5886 Mieden, A. v. d., De sponsalibus. L. B. 1724. 4°. —.60
5887 —— — — — Ad marmor vetus in quo de P. S. Quirino de censu Syriac. Traj. 1743. 4°. —.60
5888 —— C. W. v. d., De poena exilii. Traj. 1755. 4°. —.60
5889 —— O. v. d., De jure tutoris in emendis bonis pupilli. L. B. 1826. 4°. —.50
5890 —— — — — Idem liber. forma 8°. —.50
5891 —— U. G. G. v. d., De leg. orig. sub regibus et decemviris. Traj. 1756. 4°. —.70
5892 —— J. C. v. d., De litis contestatione. L. B. 1719. 4°. —.50
5893 Mieroop, J. H. D. S. v., Quaest. aliq. ex jure Rom. et hod. L. B. 1828. 8°. —.80
5894 —— I. N. J. v., De mandato. L. B. 1786. 4°. —.40
5895 Milan, J. d., De negotiis gestis. Harder. 1691. 4°. —.30
5896 Milders, A. S., De officio tutoris eorum, q. sunt aetate minores, ex J. Franc. et Belg. noviss. Traj. 1827. 8°. —.50
5897 Miles, M. H., De jure principis circa commerciorum libertatem tuendam. Hal. 1758. 4°. —.30
5898 Milet, H. J. J., De damno injuria dato. Harder. 1807. 8°. —.40
5899 —— J. H., De consensu parent. in liber. nuptiis interpon. L. B. 1763. 4°. 1.—
5900 Miller, J. J., De injuria magistratui illata. Tubing. 1707. 4°. —.30
5901 Milly, P. A. G. de, De debiti remissione. Traj. 1834. 8°. —.40
5902 Miltitz, N. G. a, De jure accrescendi. Bas. 1621. 4°. —.50
5903 Mimount, F., De pignor. et hypothecis. Gand. 1826. 232 pp. 4°. 2.—
5904 —— — Historia jur. Rom. de tutelis. Gron. 1825. 152 pp. 4°. 1.75
5905 Minnes, M., De successione ab intestato. L. B. 1697. 4°. —.40
5906 [illegible], G. v., De jure codicillorum. L. B. 1754. 4°. —.50
5907 —— — — De dominio lege restricto. Traj. 1717. 4°. —.30
5908 Mirandolle, C. J. F., De potestate judicum nostror. civ. in peregrinos jus dicendi. Harl. 1850. 8°. —.60
5909 Mirandolle, C., Quaest. duae e jure Neerl. Amst. 1849. 8°. —.40
5910 Mirell, L. J. J. de, De naufragio et de jure naufragiorum. L. B. 1790. 4°. —.60
5911 Mirus, C. M., De reservato rustico. Lips. 1828. 4°. —.70
5912 Mispelblom Beyer, H. D., De convenientia jur. civ. Rom. cum aequit. natur. L. B. 1741. 4°. —.50
5913 Mist, J. A. de, De imperii alienatione. L. B. 1768. 4°. —.50
5914 [illegible], C. G., Observatt. practic. Lips. 1779. 4°. —.50
5915 —— — — De praesumt. mutui ex solut. usur. petenda. Lips. 1776. 4°. —.30
5916 Mitthoffer, J. L. v., De jure praecedentiae. L. B. 1695. 4°. —.30
5917 Mitz, O. T., De praestatione casuum solitorum, insolitorum, et insolentissimorum, ad leg. 15, § 2 DD. locati. Duisb. 1720. 4°. —.60
5918 Mobachius, V., De dominica potestate. L. B. 1720. 4°. —.40
5919 Moberg, O., De fore imperii civilis ex legum ratione et administratione derivando. Ups. 1782. 4°. —.40
5920 Mockhel, F. R., De praemiis. Tubing. 1820. 4°. 1.20
5921 Modderman, A., De pauperibus. Gron. 1817. 164 pp. 8°. 1.75
5922 —— A. E. J., De hervorming onzer strafwetgeving. Wet v. 29 Juni 1854 (Stbl. 102). 's Grav. 1863. 108 pp. 8°. 2.—
5923 —— H. J. H., Quaest. e pacto, contract. in jur. Rom. Gron. 1817. 4°. 1.—
5924 —— — — — De substitutionibus fideicommissariis. Gron. 1819. 124 pp. 8°. 1.—
5925 —— S. M. S., De litter. camb. endossam. Gron. 1844. 144 pp. 8°. 1.10
5926 Modera, J. A., Posit. jurid. L. B. 1790. 4°. —.30
5927 Moebius, J. A., Fori aliqt. observatt. Vitemb. 1728. 4°. —.80
5928 Moeller, M., De feudis pomeranicis. Francf. 1690. 4°. 1.25
5929 Moens, A., Thes. jurid. L. B. 1812. 8°. —.30
5930 —— J. A., De repressaliis in bello illicitis. L. B. 1788. 4°. —.50

5931 MOENS, M. J., De munere pensionarior. civit. praec. Zelandicarum. L. B. 1789. 116 pp. 4°. 1.40
5932 MOER, C. v. D., De praescript. in causis crimin. L. B. 1762. 4°. —.30
5933 MOERNER, A. G., De cancellariis. Ups. 1790. 4°. —.30
5934 MOERSEL, F. v. D., De negot. gest. L. B. 1718. 4°. —.50
5935 MOERKERBROECK, A. H. O. A, De mandato. Traj. 1718. 4°. —.30
5936 MOGGRE, E., De instrumentis eorumq. fide. L. B. 1706. 4°. —.30
5937 MOL, G., De legatis. L. B. 1763. 4°. —.50
5938 —— J., De pactis antenuptialibus. L. B. 1716. 4°. —.50
5939 MOLEWATER, J., De postliminio. Traj. 1768. 4°. —.50
5940 MOLENGRAAFF JUTN, C., Ad Ulp. fragm. ex lib. 19 ad Edict. leg. 4 § 1 DD. fam. ercisc. L. B. 1788. 4°. —.30
5941 MOLINAEUS, H. L., De orig. et fatis jur. Rom. Gron. 1784. 4°. —.90
5942 MOLITOR, A. M. J., Hist. senatus Rom. Lov. 1823. 268 pp. 4°. 3.—
5943 MOLKENBOER, J. H., De rescindenda transactione. Traj. 1834. 162 pp. 8°. 1.—
5944 MOLL, H., De sponsionibus. L. B. 1684. 4°. —.30
5945 —— P. L., De Nederl. en Belg. wetg. betr. 't accoord onderling vergeleken. L. B. 1856. 8°. 1.—
5946 MOLLENBEC, A. L., Satura paradoxorum. Giess. 1716. 4°. —.90
5947 MÖLLER, A. Fl. DE, De successione creditorum. Jen. 1731. 4°. —.50
5948 —— C., De calumnia. Francf. 1686. 128 pp. 4°. 1.50
5949 MOLLERUS, A. N., Selecta qd. Traj. 1763. 4°. —.70
5950 —— C. A., Quaest. ex ethica gentium. Traj. 1806. 4°. —.30
5951 —— H., De eo, qd. justum est circa varias homin. aetates. Traj. 1782. 4°. 1.—
5952 —— — De contractu inscriptis celebrato ad leg. 17 Cod. de fide instrum. Traj. 1780. 4°. —.50
5953 —— J. C., De tutore subrogato. Traj. 1835. 8°. —.50
5954 —— J. H., De speculatoribus. Traj. 1771. 108 pp. 8°. 1.25
5955 —— J. R., De crimine falsi. Traj. 1728. 4°. —.40
5956 MOLSTER, J. A., De solidaria, in reb., merc., obligatione. Amst. 1848. 8°. —.50
5957 MOLTZER, J. F. C., De causis a reo allegandis, quae doli praesumtionem elidunt. L. B. 1810. 160 pp. 8°. 1.25
5958 MONCHEUR, F. D. S., De his q. in jure sunt inutilia. Traj. 1829. 164 pp. 8°. 1.25
5959 MONCHY, J. DE, De suspectis tutoribus. Traj. 1716. 4°. —.30
5960 MONHEMIUS, S., De rescript. moratar. Traj. 1770. 4°. —.60
5961 MANSSON, E. F., De jure necessitatis in innocentes nullo. L. G. 1751. 4°. —.50
5962 MONTANUS, J. C., De foenore nautico. Traj. 1743. 4°. —.60
5963 MONTAUBAN, N., De quaestionibus. L. B. 1712. 4°. —.50
5964 —— W., De sepulcbrorum violatione. Traj. 1749. 4°. —.50
5965 MONTELIUS, J. J., De foedere justitiae et clementiae. Ups. 1715. 8°. —.60
5966 MOOR, G. DE, De jure retractus s. protimeseos. Traj. 1740. 4°. —.30
5967 MOORE, W. C. J. v. D., Hist. overzicht der wetgeving op de mijnen in de versch. staten van Europa. L. B. 1861. 128 pp. 8°. 1.40
5968 MOORENVLIEDT, G., De liberorum exheredatione et praeteritione. L. B. 1743. 4°. —.40
5969 MOORMAN, J., De periculo et commodo rei venditae. L. B. 1717. 4°. —.30
5970 MOORREES, C. G., De sociis delicti. Traj. 1824. 8°. —.50
5971 —— F. H., De jure suffrag. in judiciis nec non de calculo Minervae. Gron. 1778. 4°. —.60
5972 —— J., De processu inquisitorio in caus. crimin. Traj. 1767. 4°. —.50
5973 —— — De consilituta pecunia. Gron. 1741. 4°. —.60
5974 —— J. G. G., Num quis, ex sua civitate in alienam demigr. et post. revera vel quocunque modo captus, recte tanq. perduellis puniatur. Gron. 1773. 4°. —.60
5975 —— J. P. G., De jurib. secund. nuptiarum. Davent. 1838. 8°. —.70
5976 MOORS, J. J., De differentiis Falcidiae et Trebellianicae. Giess. 1688. 4°. —.30
5977 —— W. C. L., De testam. per matrim. vel nullo vel rupto ad reform. Francofurtanam. Giess. 1782. 4°. —.60
5978 MORDER, J., De conjugio illicito. Hal. 1715. 4°. —.40
5979 MORELL, J. G., De jure statutario illustris reip. Augustanae. Altd. 1748. 4°. 1.25
5980 MORIAN, A. S., De prudentia circa leges oeconomicas. L. G. 1752. 4°. —.70
5981 MORILTON, P., De jure princip. revelation. non agnoscentis circa sacra. Traj. 1737. 4°. —.40

5982 Morin, J. J. S., De actore forum rei non semper sequente. L. B. 1789. 4°. —.60

5983 Morin, P., De heredibus instituendis. L. B. 1707. 4°. —.80

5984 Morrien, J. G. de, De feudis Clivensium vel Zutphaniensium more concessis. Francf. a. Oder. 1682. 4°. —.70

5985 —— J. H., De juramentis. Harder. 1750. 4°. —.60

5986 Moser, J. J., De gravaminibus religionis provisorie ad statum pacis Badensis reducendis. Jen. 1741. 4°. —.80

5987 Mosig, S. G., Observ. sing. Lips. 1778. 4°. —.30

5988 Mossel, J., De induciis. L. B. 1760. 4°. —.80

5989 Motz, J. C., De emendatione juris Rom. in quibusdam causis succumbentium. Jen. 1729. 4°. —.60

5990 Motschmann, G. T., De cess. bon. liberis a parent. adhuc vivis facta. Jen. 1760. 4°. —.80

5991 Mottier, C. v. Eslach l., De modo acq. dom. usucapione. L. B. 1768. 4°. —.70

5992 Motz, J. E., De damno invito ex ignorantia. Jen. 1674. 4°. —.70

5993 Moulin, H. B. d., Ad fragm. Caji in leg. 6 DD. de transactionibus. Traj. 1802. 4°. —.60

5994 Mourier, P., Ad leg. 2 Cod. de her. vel act. vend. L. B. 1786. 4°. —.60

5995 Mourik, M. C. v., De adopt. sec. princ. jur. hod. L. B. 1826. 4°. —.70

5996 Movius, F., De medicis. Francf. 1686. 4°. —.50

5997 Muelen, A. B. v. d., Ad leg. 2 Cod. de exactoribus tributorum. Traj. 1737. 4°. —.40

5998 —— B. J. C. v. d., De abigeatu. Traj. 1769. 4°. —.60

5999 —— C. E. v. d., De edicto praetoris tit. dig. nautae, caupones, stabularii, ut recepta restituant. Traj. Traj. 1777. 4°. —.60

6000 —— J. C. v. d., Ad leg. 35, § 5 DD. de poenis. Traj. 1758. 4°. —.80

6001 —— — — — — De communione bon. inter conjuges ad aequestus limitata. Schoonh. 1838. 8°. —.60

6002 —— J. J. v. d., Misc. qd. jur. observ. Harder. 1810. 4°. —.80

6003 —— — — — — De debitis civitatum. Traj. 1762. 4°. —.60

6004 —— P. J. v. d., De usucapione. Traj. 1764. 4°. —.70

6005 —— S. v. d., De clausula reservatoria testam. adjici solita. Traj. 1777. 4°. —.40

6006 Mues, B. W., De jure non scripto irrationali. Duisb. 1788. 4°. —.40

6007 Mühlen, W. E., De polygamia successiva. L. B. 1698. 4°. —.40

6008 Muhlfort, C. H., De fidejuss. solvere. Jen. 1680. 4°. —.30

6009 Muhlbeck, J. C., De gloria ingenii. L. G. 1730. 4°. —.40

6010 Muiderman, J. H., De testam. orig. et progressu. Harder. 1749. 4°. —.40

6011 Muilman, W. F. M., Num separatio thori et mensae tollat commun. bon. inter conjuges. Amstel. 1797. 8°. —.60

6012 Muinck, M. de, De obligatione, imprim. morali. Groen. 1821. 8°. —.80

6013 Mul, T., De publicanis et vectigal. L. B. 1733. 4°. —.50

6014 Mulder, D. J. M. P., De clausula adjecta emptioni vend. q. d. pactum de retrovendendo. L. B. 1848. 8°. —.60

6015 —— G., De crimine aggeris rupti sec. leg. popul. Europ. Amst. 1848. 8°. —.40

6016 —— J., De placitis jur. hod. circa rescript. moratoriam ex ant. jure maxime explicandis. L. B. 1848. 8°. —.40

6017 Mulerius, S., Ad leg. Falcidiam. Traj. 1696. 4°. —.30

6018 Muley, J. H., Minima non curat praetor. Hard. 1760. 4°. —.50

6019 Mülheim, F. W. de, De charactere statuum imperii. Francf. 1709. 4°. —.60

6020 Mulier, D., De jure homini in animantia bruta competente. Traj. 1776. 4°. —.40

6021 —— G., De mercibus illicitis in commissum cadentibus. Traj. 1759. 4°. —.70

6022 —— J. H., De domicilio. L. B. 1637. 8°. —.50

6023 —— T., De executorib. testament. L. B. 1840. 8°. —.60

6024 Mull, M., De lege commissoria. L. B. 1676. 4°. —.30

6025 Muller, A., De rei vindicatione. L. B. 1711. 4° —.40

6026 Müller, B. J., De civilis et crimin. causae praejudicio sec. artt. 1955, 1956 Cod. Civ. Camp. 1842. 8°. —.70

6027 —— D. L., De potestate statuum imperii circa dignitates. Francf. 1698. 4°. —.70

6028 Muller, F., De concurrentium actionum natura et effectu. Francf. 1686. 4°. —.60

6029 Muller, F. G., De legum grad. Justinian. non usu in Germ. foris ex earundem ration. ne qdqm probando praemissum. Jen. 1726. 4°. —.50

6030 Muller, F. H., De ambitu. Traj. 1765. 4°. —.40

6031 —— F. S., De jure tertii. Jen. 1697. 4°. —.50

6032 Muller, G. H., De Justo Lipsio. Jen. 1689. 4°. —.40

6033 —— — — De antiq. orient. Frisiae dynastis eorumq. jurib. L. B. 1730. 140 pp. 4°. 1.75

6034 —— J., De transactionum stabilitate et instabilitate. Jen. 1710. 4°. —.90

6035 —— J. G., Quaest controv. ex jur. civ. et feudal. Jen. 1614. 4°. —.50

6036 —— — — De foro milit. in Saxonia. Lips. 1769. 4°. —.40

6037 —— J. J., De catastris. Erf. 1708. 108 pp. 4°. 1.20

6038 —— J. P., Actae processuales. Lips. 1665. 4°. —.50

6039 —— M., De expositione infantium. Jen. 1727. 4°. —.50

6040 —— M. C., De jure facinorosos sequela praefectoria persequendi. Lips. 1792. 4°. —.70

6041 —— O. J., De mitigatione poenarum. Gron. 1812. 8°. —.50

6042 —— P. S., De injuriantibus. Erf. 1697. 4°. —.50

6043 —— R. Y., De jure personar. ad justas nuptias contrah. sec. jus hod. Gron. 1842. 8°. —.50

6044 Müllert, P., Utrum cognitio rerum ecclesiasticarum semper sit penes jura territorii habentem. Francf. 1663. 4. —.60

6045 Munchhausen, H. de, De restringenda libertate matrimonii ineundi. Hal. 1700. 4°. —.40

6046 Munck, A. de, De jure cambii. L. B. 1751. 4°. 1.25

6047 —— J. K. de, De condictione furtiva. L. B. 1779. 4°. —.40

6048 Muncke, G. A., De actionibus exceptionibusq. possessori petitorive hereditatis. Heidelb. 1823. 4°. —.60

6049 Munder, B. S., De executione sententiae pendente appellat. licita. Altorf. 1730. 4°. —.50

6050 Munnicks, J., De prohibita alienatione. Traj. 1718. 4°. —.50

6051 —— R., De intercession. mulierum. Traj. 1716. 4°. —.30

6052 Munniks, B., De clausula codicillari. Gron. 1806. 8°. —.40

6053 —— C. L. V., De exceptionib. jur. civ. Gall. non extendendis ad jus poen. Gron. 1835. 8°. —.70

6054 Munster, O., De iis, q. prae se ferunt justantique tantam. Rom. scriptores, veter. pop. sal armorum justitia et sanctitate. Dordr. 1716. 4°. —.60

6055 Muntendam, N. T., De divisione ob eo cui accedituar facta. L. B. 1807. 8°. —.60

6056 Munter, A., De consuetudine a. jure Rom. non scripto. L. B. 1737. 4°. —.40

6057 —— B., De juramento impr. meta extorto. Jen. 1755. 4°. —.50

6058 —— G., De mora. L. B. 1767. 4°. —.70

6059 —— J. A., De parentum poenis in liberos non extendendis. L. B. 1779. 4°. —.60

6060 —— W., De mandato. L. B. 1703. 4°. —.50

6061 Munthe, J. J., De titulo imperatoris a Carolo Magno acquisito et ejus juribus. Lund. 1779. 4°. —.40

6062 Muntinghe, S., De conditionibus. Gron. 1762. 4°. —.40

6063 Muntz, A. W., De indigenatu. Francf. 1684. 4°. —.50

6064 —— C., Difficult. et controversiae contr. emtionis venditionis. Gron. 1680. 4°. —.50

6065 —— — De metu. L. B. 1786. 4°. —.60

6066 —— J. C. W. de, De Soto. Vallejano et utrum mulieres beneficio hujus generalim possint renuntiare. Traj. 1769. 4°. —.50

6067 —— R., Ad leg. 19 DD. de ritu nupt. L. B. 1756. 4°. —.50

6068 —— W. J. P. d., De querela non numeratae pecuniae. Traj. 1759. 4°. —.40

6069 Murat, J. F., De legg. sumtuariis. L. B. 1765. 4°. —.60

6070 Murr, C. G. de, De comitiis Friderici II. Norib. 1760. 4°. —.40

6071 —— W. H., De contumacia non respondentis. Halae. 1725. 4°. —.60

6072 Musculus, B., De confraternitate s. pacto successorio illustrium personarum. Bas. 1608. 4°. —.40

6073 Musletier, G., De litter. oblig. L. B. 1787. 4°. —.40

6074 Musquetier, J. A., De consensu parentum in nuptias liberor. L. B. 1820. 8°. —.60

6075 —— J. D. De stellionatus crimine. L. B. 1847. 8°. —.40

6076 Musschenbroek, J. G. v., De lege commissoria in pignore. L. B. 1768 4°. 1.—
6077 —— P. v., Diplom. qd. Trajectina anud. edicta. Traj. 1788. 4°. —.80
6078 —— S. C. v., Ad l. 1 DD. de quaestion. Traj. 1766. 4°. —.80
6079 —— S. C. J. G. v., De quaestione, num in venditione rerum immobilium, majoribus et minoribus aetatis competentium, auctoritate judicis opus est. L. B. 1852. 8°. —.80
6080 Muttich, G., De exceptionibus paratam executionem impedientibus. Francf. 1668. 4°. —.80
6081 Muyden, A. v., Ad l. 12 DD. de reg. juris. Traj. 1716. 4°. —.30
6082 —— A. J. v., Ad l. ult. Cod. de jure Dominii impetrando. L. B. 1764 4°. —.80
6083 —— J. v., Ad leg. Jul. et Papiam. Traj. 1696. 4°. —.80
6084 —— J. A. v., De legibus. L. B. 1776. 4°. —.70
6085 —— J. C. v., De transactionibus. Traj. 1766. 4°. —.80
6086 —— J. E., Remedium legis 2 Cod. de rescind. vend. non pertinere ad subhastationem publicam. Traj. 1760. 4°. —.80
6087 —— S. C. v., De potest. judic. in irrogandis poenis. Traj. 1778. 4°. —.70
6088 Muykens, A., De codicillis. Traj. 1719. 4°. —.80
6089 Muys, G., De sententia. Traj. 1698. 4°. —.40
6090 —— J., De fidejussoribus. L. B. 1696. 4°. —.80
6091 Muyssaert, A., De vario dominii effectu. Traj. 1768. 4°. —.80
6092 Mye, A. v. d., De statu hominum s. jure personarum. L. B. 1704. 4°. —.80
6093 Myler, E. G., De salvo conductu. Vitemb. 1740. 4°. —.60
6094 Mylius, B., De naufragio et naufragorum jure. Traj. 1763. 4°. —.40
6095 —— C. O., Juris controv. theor. pract. decas. Lips. 1699. 4°. —.80
6096 —— — — De jure septidui process. Saxonici. Halae. 1708. 4°. —.70
6097 —— G. H., De condictione, ex l. 4 Cod. fin. reg. Lips. 1707. 4°. 1.—
6098 —— — — Select. fori conclusiones. Lips. 1708. 4°. —.60
6099 —— — — An §§ 16 et 17, tit. 39 ordin. process. Pr. etiam ad voluntariam subhastationem extendenda sint. Lips. 1722. 4°. —.80
6100 —— J. G., Ad l. 3 DD. de jurisdictione. L. B. 1727. 4°. —.40
6101 —— J. H., Vindiciarum Theophili specimen ad prooem. l. I, tit. 1 et partem tit. 2. Lips. 1731. 4°. —.80
6102 —— — — Annus juridicus ejusq. effect. general. Lips. 1683. 4°. —.60
6103 —— J. L., De remissione delicti per transactionibus, sec. leg. 18 Cod. de transact. Jen. 1706. 4°. —.40
6104 Mynssen, G. J. A., An jure hod. Europ. conductori rei immobilis, jus in re localis collatum videatur. Amst. 1849. 8°. —.40
6105 —— J., Ad l. 26 DD. de fidejuss. et mandatoribus. L. B. 1761. 4°. —.80
6106 [illegible], H. S., De duellis. L. B. 1786. 4°. 1.25
6107 Naamen, J. H. v., De confessione partis in judicio facta. Traj. 1825. 8°. —.60
6108 —— — — — Ad tit. cod. civ. de administrat. tutelae et rationib. reddendis. Amstel. 1822. 8°. —.70
6109 Nacke, C. A. M., De clementia et gratia principis. Hard. 1755. 4°. —.80
6110 —— J. H. A., De sumtibus studiorum. Harder. 1782. 4°. —.80
6111 —— T. B., De temeris callybisticis vulgo von Wechsel-Briefen. Lips. 1688. 1.40
6112 Nahranus, T., De fidejussoribus. L. B. 1671. 4°. —.80
6113 [illegible], D. B. v., Quaest. jur. civ. Traj. 1828. 8°. —.80
6114 —— E. F. v., De procuratore extrajudiciali. L. B. 1788. 4°. —.40
6115 Naevius, J. C., De parricidio et infanticidio. Hal. 1751. 4°. —.60
6116 Nagell, C. A. J. B. v., De flagranti delicto. Gron. 1828. 8°. —.80
6117 Nagtglas, H., De obligat. q. ex convent. oriuntur. Traj. 1828. 8°. —.70
6118 Nahuys, H. G., De effectu pactionum et transactionum in jure criminali. Harder. 1808. 8°. —.60
6119 Nahuys, J. J., De donationibus, eam generatim tum de iis q. fiunt inter vivos. Traj. 1824. 8°. —.80
6120 —— P. C., De prima jur. praecepto. Traj. 1788. 4°. —.40
6121 —— — — De differentiis codicis civ. Franc. et novi Belg. in acquirenda civitate. Traj. 1827. 8°. —.40
6122 —— R. H., De jure circa emphyteusin. Traj. 1768. 4°. —.70
6123 Nairac, C. A., De consilio familiae ex Cod. Nap. Arnhem. 1828. 8°. —.40
6124 —— G. J. J., De jurejurando. L. B. 1808. 122 pp. 8°. 1.—

6125 Nap, C. M., De praemii ac meriti notionibus et de imperantis jure praemia conferendi. Gron. 1831. 140 pp. 8°. 1.—
6126 Nathes, A. v. d. Goes v., De mandato. L. B. 1701. 4°. —.80
6127 Naumann, C., De delictis publicis. Lund. 1845. 4°. 1.25
6128 Nauta, C. F. F. R. v., De delictis adversus peregrinos, maxime advers. milites hostiles. Gron. 1825. 8°. —.80
6129 —— D. J., De modis constituendi et finiendi usumfructum. Gron. 1751. 4°. —.50
6130 —— — — De emtione ejusque requisitis. Gron. 1752. 4°. —.60
6131 —— H. J., De rebus nullius. Gron. 1761. 4°. —.30
6132 Nathaus, L. C. a. r. t. c. a., De rei nunquam possessae per action. public. vindicatione. Hal. 1777. 4°. —.70
6133 Nazius, E., De conscientia advocati. Francf. 1688. —.30
6134 Neander, C. F., De inquisitione in autorem rixae, si de occisore non constat. Francf. 1701. 4°. —.50
6135 Neerzen, J., De liter. oblig. Traj. 1737. 4°. —.50
6136 Neekenhausen, C. F., De juramento in litem, de leg. 4 DD. de in litem jurand. Erf. 1724. 4°. —.30
6137 Neck, N., De contractibus innominatis, et praescript. verb. et in factum actionibus. Gron. 1680. 4°. —.30
6138 —— A. v., De tortura. L. B. 1754. 4°. —.60
6139 —— C. v., De conditione: si sine liberis moriatur. Traj. 1763. 4°. —.50
6140 —— G. v., Ad l. 5 Cod. de rei vindic. L. B. 1735. 4°. —.60
6141 —— H. D. v., Positiones juris. L. B. 1808. 8°. —.30
6142 —— J. v., Quamd. antiquitus apud Rom. obtinuerit jus necandi et exponendi infantes. L. B. 1770. 4°. —.60
6143 —— — — De nuptiis. L. B. 1678. 4°. —.40
6144 —— L. v., De reconventione. L. B. 1719. 4°. —.60
6145 Neerenburgh, H. A., De probib. nupt. inter eum, qui offic. in provinc. administr. et mulier. provinc. L. B. 1809. 4°. —.80
6146 —— — Idem liber. forma 8°. —.60
6147 —— — Fideicom. esse favorabilia, eaque extendi posse. Traj. 1748. 4°. —.50
6148 —— J. J., De contr. reditus annui cum vita cessantis. L. B. 1825. 4°. —.90
6149 —— S. C., De violenta jurium defensione. L. B. 1782. 4°. 1.10
6150 Nederhayter, B. G., De actione rer. amot. L. B. 1721. 4°. —.40
6151 —— v. Rosenthal, J. C. L. A., De deportationis poena eaque cum carcere solitario conjungenda. L. B. 1846. 8°. —.70
6152 —— — —— J. T. H., De servorum Afrorum commercio, eoq. recte sublato, nec non de Afrorum servitute penitus tollenda. L. B. 1816. 228 pp. 8°. 1.60
6153 Neelen, J., De judiciis. L. B. 1701. 4°. —.40
6154 Nessius, J. G., De nov. remedii contra aedificant. ad aemulationem. Viteb. 1768. 4°. —.60
6155 Nettelhorst, J. H., An tacite detur ἀντίχρησις. L. B. 1790. 4°. —.30
6156 Neyen, A. C., De inventario. Argent. 1661. 4°. —.50
6157 Nesslin, G., De jurispr. Rom. praecognitis. Lips. 1682. 4°. —.30
6158 Neikter, J. F., De jure, quo sec. 18 sapientiss. et cultissimi nomen sibi vindicare potuit. Ups. 1797. 4°. —.40
6159 —— — — De jure gentium apud Rom. Ups. 1789. 4°. —.40
6160 —— — — De bonis ita dictis regalibus. Ups. 1794. 4°. —.30
6161 —— — — De variis jur. solemnitatib. et formulis. Ups. 1791. 4°. —.50
6162 —— — — De poenis Gothicis in legg. occurrentib. Ups. 1789. 4°. —.40
6163 Nellesteyn, C. J. v., De laesione enormi, et benef. legis eo nomine competente. Traj. 1778. 4°. —.40
6164 —— G. H. v., Ad leg. 2 Cod. de rescind. vendit. Traj. 1720. 4°. —.30
6165 —— W. H. v., De quaestionibus. Traj. 1735. 4°. —.30
6166 Nemmelius, N., De lege naturae perfectiva. Lund. 1757. 4°. —.50
6167 Nepveu, A., De codicillis. Harder. 1764. 4°. —.30
6168 —— L. J., De justitia denegata ejusq. vindicatione, in foro civili. Traj. 1832. 128 pp. 8°. —.90
6169 —— — — De orig. et mensura poenar. Traj. 1778. 4°. —.70
6170 Nerée, J. B. de, De tutelis. Harder. 1760. 4°. —.30
6171 Nes, E. R. v., De judiciis judicum juratorum. Traj. 1804. 8°. —.90
6172 —— F. S. C. v., De natura atque vi testamenti holographi. Traj. 1834. 8°. —.30

6173 Nes, G. G. v., De actionibus praejudicialibus. Traj. 1740. 4°. —.80
6174 —— J. F. W. v., De conditione et juribus liberorum illegitimorum sec. cod. civ. Traj. 1819. 8°. —.40
6175 —— W. A. F. v., De edicto monetali. L. B. 1708. 4°. —.30
6176 —— v. Merrebeke, V. H. v., De vectoribus. Traj. 1855. 8°. —.50
6177 Nestter, C., De modo constituendae civitatis maxime naturali et omnibus formis rerumpubl. communi. L. B. 1716. 4°. —.40
6178 Nessler, C. A. L., De fideicom. familiae. Lips. 1806. 4°. —.40
6179 Netscher, J. F., De M. T. Ciceronis orat. pro A. L. Archia poeta. L. B. 1708. 4°. —.90
6180 —— — — Idem liber, forma 8°. —.60
6181 Nettelbladt, C., De infausta doctrinae: exclusio non sitit sanguineum, in jure publ. imp. Rom. German. Gryphisw. 1741. 4°. —.80
6182 —— D., Paulianae actionis verum fundamentum. Rost. 1789. 4°. —.90
6183 Netten, J. C. v. d., De adoptionibus. L. B. 1751. 4°. —.50
6184 Neufville, J. de, De iis, q. ad tollendum servorum Afrorum commercium, inde a congressu Viennensi gesta sunt. Amstel. 1840. 182 pp. 8°. 1.—
6185 Neuhuys, W. F., De vocabulo reipublicae. Harderv. 1741. 4°. —.60
6186 Neuhaus, F. A., De donatione inter vivos larvata seu ea, q. sub clausula de' non revocando absolute illo casu mortis causa facta. Harder. 1754. 4°. —.40
6187 —— G., De versura. Franef. 1686. 4°. 1.—
6188 —— J. W., Ad leg. Petilliam de obaeratis debitoribus. Lips. 1789. 4°. —.80
6189 Neuhauer, H. G., De juramento testium praepostero. Jen. 1787. 4°. —.50
6190 Neukam, A. C., De circulo creditorum. Jen. 1697. 4°. —.50
6191 Neukirch, B., Justitia belli et pacis in statui regni Portugalliae fundata. Franef. 1693. 4°. 1.—
6192 Neumann, De retentione ususfr. ejusque effectu. Lips. 1780. 4°. —.40
6193 —— J. G., De probatione per testes caute instituenda. Vitemb. 1704. 4°. —.60
6194 Neumark, S., De probationibus in judicio criminali. Gron. 1817. 8°. —.90
6195 Neurath, O., Minor in feudis. Giess. 1736. 4°. —.70
6196 Neurenburg, J. v., De emptione venditione. L. B. 1718. 4°. —.30
6197 Neustaetter, M., Jctorum Belgicor. doctrina de jure internationali. Amst. 1848. 8°. —.80
6198 Neve, H. V. de, De restitut. in integrum. L. B. 1723. 4°. —.40
6199 Nibelius, J. J., De foederata rerump. institutione. Ups. 1809. 4°. —.30
6200 —— — — De instit. Sueciae civili a morte Car. XII ad mutatam a Gustavo III regim. formam. Ups. 1811. 4°. —.30
6201 Nibling, J. F., De vectigali a vectore defraudato. Heidelb. 1660. 4°. —.60
6202 Nichtius, G. H., De inhibitione in vim arresti. Lips. 1715. 4°. —.50
6203 Nicolai, A. F., De natur. obligat. impuberum. Lips. 1721. 4°. —.40
6204 —— C. E., De jure aequitate et interpretatione juris. Jen. 1676. 112 pp. 4°. 1.40
6205 —— D., De obligatione filii familiae. Jen. 1708. 4°. —.70
6206 —— G., De clausulis in contractibus feudalib. concurrere solitis. Franef. 1691. 4°. —.40
6207 Nieberg, F., De servitutibus. Harder. 1761. 4°. —.50
6208 Niedhard, J., De requisitis advocato observandis. Helmst. 1672. 4°. —.50
6209 Niehoff, S. J., De judicio famil. erciscundae. Gron. 1758. 4°. —.70
6210 Niekerck, G., Otiosas saepe et inertes rationes, quasq. his idem inculcent, suorum responsorum Jcti reddunt. Gron. 1685. 4°. —.30
6211 Niel, C. v., De extraordin. criminibus. L. B. 1760. 4°. —.40
6212 —— P. v., De emphyteusi. L. B. 1755. 4°. —.60
6213 Niemhuis, H., De divortio. Gron. 1812. 182 pp. 8°. 1.10
6214 —— — De ratione, qm. theoriam appellant, processus civilis, nimis neglecta. Gron. 1823. 4°. —.40
6215 —— — Idem liber. 1824. 8°. —.50
6216 Nien, G. v., De querela. Traj. 1695. 4°. —.80
6217 Niekop, A. S. v., De bonor. communionis inter conjuges origine. Amstel. 1839. 8°. —.40
6218 Nierstrasz, C. J., De usucap. et l. t. praescript. L. B. 1817. 4°. —.80
6219 —— — — Idem liber, forma 8°. —.50
6220 Niesen, J., De patria potestate. L. B. —.40
6221 —— P., De successionibus ab intest. L. B. 1708. 4°. —.60
6222 Nieuhoff, B., De legum naturalium evidentia. Davent. 1776. 4°. 1.—

6223 NIEUHOFF, V. M., De Rom. foen.-naut. ejusque et contr. Belg. cui *Bodemerij* nomen est differentiis. Harder. 1805. 4°. —.50
6224 NIEUWENHUIS, C. J. N., De arbitrio ex compromisso. L. B. 1840. 8°. —.70
6225 —— J., De principiorum pugna in reb. gravior. caute dijudic. 1834. 4°. —.50
6226 NIEUWENHUYS, P. G., De causis ob quas excusantur, nec non de iis ob quas prohibentur aut removentur tutores. L. B. 1838. 8°. —.70
6227 NIEUWENHUYSEN, I. J. v. B. v., Ad l. Juliam majestatis. L. B. 1787. 4°. —.40
6228 NIEUWLAND, De eo, qd. justum est circa occupat. rerum nullius. Traj. 1774. 4°. —.60
6229 NIEUWSTADT, S. J. v., De usufructu. L. B. 1763. 4°. —.50
6230 —— W. v., De simplici heredit. pet. L. B. 1690. 4°. —.50
6231 NIEVELT, A. v., De jure singulari, ad leg. 16 DD. de legibus. L. B. 1767. 4°. —.50
6232 —— G. G. v. Z. v., De executorib. testament. Traj. 1852. 8°. —.60
6233 —— T. G. — — — De jure succedendi liberor. natur. imprim. utrum jus habeant ad portionem reservatam. Traj. 1836. 8°. —.50
6234 NILANT, G., De pactis. Traj. 1682. 4°. —.50
6235 —— H. L., De jure tutelari ex lege XII. Gron. 1829. 8°. —.90
6236 —— L., De libertinis. L. B. 1748. 4°. —.50
6237 —— L. H. C., De aequit. judicis cerebrina in causis civil. L. B. 1781. 4°. —.40
6238 NIEMER, J., De regalibus. Bas. 1608. 4°. —.50
6239 NISPEN, C. E. J. F. v., Quaest. jurid. Traj. 1828. 8°. —.50
6240 —— J. v., De jure dotium. L. B. 1751. 4°. —.60
6241 —— — — Ad fragm., quae in DD. ex H. Modestini novem libris differentiae supersunt. L. B. 1752. 4°. 1.10
6242 —— — — De sepulcro violato. L. B. 1723. 186 pp. 4°. 1.50
6243 —— J. J. v., Mod. acq. dom. ex jure gentium. L. B. 1781. 104 pp. 4°. 1.25
6244 —— TOT P., C. J. v., Het recht van vereeniging en de burgerl. regtsbevoegdheid van vereenigingen als regtspersonen beschouwd. L. B. 1852. 168 pp. 8°. 1.40
6245 NISSE, G. C. v. D., De pignoratitia actione. L. B. 1718. 4°. —.40
6246 NITZ, J., De duobus circa idem factum concurrentibus. Hal. 1786. 4°. —.60
6247 NITZSCHE, J., Different. jur. Rom. et German. in stupro, sub matrimonii spe. Hal. Sal. 1785. 4°. —.50
6248 NOBEL, B., De jure natur. permissivo. Traj. 1777. 4°. 1.—
6249 —— C. J. B., De cessione. Gron. 1843. 8°. —.40
6250 —— G., De in jus vocando. Traj. 1687. 4°. —.50
6251 —— J., Ad l. un. DD. de remissionibus. L. B. 1750. 4°. —.50
6252 —— T., De deposito. L. B. 1711. 4°. —.40
6253 NOBLE, J. T., De testamentis q. jure communi funt sec. jur. hod. principia. L. B. 1824. 8°. —.80
6254 NOEBEL, G., De ditione Hassiaca ad vierra. Marb. 1770. 4°. —.50
6255 NOEST, G., Ad leg. 7 pr. DD. de dolo malo. L. B. 1767. 4°. —.80
6256 NOEVER, T. H. v., Animadv. ad diff. qd. jur. capita. L. B. 1769. —.65
6257 NOIRET, D. VERWOUT, Ad Ulp. fragm. in l. 11 § 2 DD. de pign. act. L. B. 1766. 4°. —.50
6258 —— D. G. —— Theses jur. L. B. 1764. 4°. —.40
6259 —— H. —— Theses controv. L. B. 1771. 4°. —.50
6260 —— J. —— Jur. qd. positiones. L. B. 1724. 4°. —.40
6261 —— — —— Ad Pomponium in l. 45 DD. de usuris. L. B. 1701. 4°. —.50
6262 —— M. —— De commodato. L. B. 1725. 4°. —.40
6263 NOLET, P. J., De usufructu. L. B. 1749. 4°. —.50
6264 NOLTHENIUS, G. H., De educatione pauperum in civitate. Amstel. 1825. 182 pp. 8°. 1.10
6265 —— H., De jure circa accisas. Traj. 1759. 4°. —.60
6266 —— P. B., De manumissione per vindictam. L. B. 1768. 4°. —.50
6267 —— v. E., J., Ad loc. jur. Neerl. de peregrinis. Hag. 1843. 8°. —.60
6268 NOODT, G., De acq. retin. et amitt. possessione. Noviom. 1668. 4°. —.40
6269 NOORDKERK, H., De commerciis ex jur. gent., ad leg. 5 DD. de J. et J. L. B. 1728. 4°. —.60
6270 NOORT, A. O. v., Thes. qd. controv. L. B. 1788. 4°. —.50
6271 —— F. S. O. v., De probatione per testes in caus. civil. L. B. 1828. 4°. 1.25
6272 —— G. R. O. v., Quaest. qd. ex jure civili. L. B. 1791. 4°. —.50

6273 Nolthey, H. J. o. v., Thes. qd. controv. 1780, 4°. —.60
6274 —— J. F. o. v., De laesione enormi. Schoonh. 1839. 8°. —.70
6275 —— W. E. o. v., Over de burg. vordering tot vergoeding van schade door misdrijf veroorzaakt, en hare beregting volgens de Ned. wetg. L. B. 1851. 8°. —.70
6276 Noordbeek, J., Quaesn. rear. confessio probet in caus. crimin. L. B. 1758. 4°. —.70
6277 —— T., De tutelis. L. B. 1717. 4°. —.40
6278 Noorde, A. O., De crimine falsi. Traj. 1745. 4°. —.80
6279 —— R. J. o. v., De veritate convicii. Traj. 1737. 4°. —.50
6280 Noordkerk, D., Ad leg. Pomp. de parricidiis. L. B. 1692. 4°. —.30
6281 —— — De testamentis. L. B. 1691. 4°. —.80
6282 Noortwijck, E., Ad § 2 Instit. de curatorib. Traj. 1682. 4°. —.80
6283 Nooten, D. H. v., De litter. cambial. cessione sive indossatione. L. B. 1768. 4°. —.90
6284 —— — — — De appellationib. sec. jus. Rom. Amst. 1852. 8°. —.40
6285 —— N. F. v., Ad leg. 18 DD. de reb. creditis et leg. 36 de acq. rer. dom. Schoonh. 1841. 8°. —.80
6286 —— S. v., Ad Ulp. fragm. in lege 8, § 1 DD. de injusto, rupto, irrito facto test. L. B. 1756. 4°. —.60
6287 —— S. H. v., De jure circa venandum. Traj. 1794. 4°. —.50
6288 Norbourgh, T. C. d., Ad l. 6 Cod. de sec. nupt. L. B. 1719. 4°. —.40
6289 Nordblom, L., De honesto in turpi. L. G. 1758. 4°. —.40
6290 Norden, J. v., De deposito. L. B. 1719. 4°. —.40
6291 Nordheim, S. A., De foro ejus, qui praed. conduxit competente, impr. in Saxonia. Vitemb. 1791. 4°. —.40
6292 Nordling, O. W., De falsa, q. d., legatione. Holm. 1854. 8°. —.50
6293 Nordstrand, O., Cura principis circa securitatem reip. internam. Ups. 1748. 4°. —.40
6294 Nordström, J. J., Om lansforfattlingen i den svenska norden intill Gustaf den Förstes tid. Abo. 1826. 4°. —.50
6295 —— — — Theses. Helsingf. 1849. 8°. —.80
6296 —— — — Om handelsböckers bevisk raft. Hels. 1844. 8°. —.60
6297 —— — — De municipiorum in Fennia constitutione. Helsing. 1832. 8°. —.80
6298 Normand, B., De moderamine inculp. tutelae. Hauniae. 1716. 4°. —.80
6299 Normandie, C. de, De nuptiis. L. B. 1742. 4°. —.60
6300 —— G. de, De sponsalibus. L. B. 1720. 4°. —.40
6301 —— J. A. de, Ad leg. Juliam majestatis. L. B. 1747. 4°. —.50
6302 Normann, P. C. de, De acq. vel amitt. possessione. Vitemb. 1691. 4°. —.60
6303 Norn, J. J., De pecunia. Ups. 1708. 144 pp. 8°. 1.50
6304 Norrman, U. W., De jure ceremoniale politico. Aboa. 1795. 4°. —.40
6305 Nothomb, J. B., Jus emphyteutici. Leod. 1826. 4°. —.80
6306 Nott, J. D., Leviathan refutatus et expositus ex jur. nat. et gent. Hann. 1704. 4°. —.30
6307 Notten, A. P. v., De tutoris culpa ab haeredib. praestanda, sec. l. 1 Cod. de her. tut. v. cur. L. B. 1793. 4°. —.50
6308 —— F. H. v., Principia, quibus tutela nititur. Amstel. 1828. 8°. —.60
6309 Novisadi, J. C., De jure rei monetariae apud Batavos. Traj. 1784. 4°. —.70
6310 Noyon, F. S., De Colberto. Traj. 1848. 8°. —.70
6311 Numan, C. Star, De patrio jurisconsulto. Hagae. 1848. 4°. —.80
6312 —— — —— In N. Machiavelli opusculum *del principe*. Traj. 1833. 284 pp. 8°. 2.75
6313 —— — —— De jure publico. Gron. 1834. 8°. —.50
6314 Nuys, J. v., De judice Rom. ejusq. imperit. Franeq. 1767. 4°. —.90
6315 Nuytens, H. F. J., De contractu societ. Gand. 1821. 4°. —.40
6316 Nuyts, L., De off. praetorum. L. B. 1701. 4°. —.40
6317 Nyblaeus, A., Om straffrätten. Lund. 1858. 8°. —.80
6318 Nyenburg, J. A. v. E. v. d., De jure legationum. L. B. 1716. 4°. —.40
6319 Nyevelt, A. v. Zuylen v., De scopelismo. Traneq. 1754. 4°. —.80
6320 —— H. — —— — De munere legatorum. Traj. 1808. 4°. 1.—
6321 —— J. P. P. — —— — De confessione in caus. civilib. Traj. 1810. 8°. —.50
6322 Nijhoff, L., Observatt. jurid. Harder. 1810. 8°. —.30
6323 —— S., Specimen juridico-criticum. Traj. 1790. 4°. —.50
6324 Nijkerk, D. E., De avariis. L. B. 1816. 4°. —.80

6325 Nieuber, S. E., De praecipuis modis prospiciendi minoribus apud Rom. Amstel. 1823. 8°. —.50
6326 — — — De periculo assecuratoris, oriundo ex cautelis avertendae contagionis causa adhibitis (*quarantaine*). L. B. 1823. 4°. 1.—
6327 — — — Idem liber. forma 8°. —.70
6328 Nylant, A., Ad l. 2 cod. de resc. vend. Traj. 1686. 4°. —.30
6329 Nypels, L. A. D., De liberorum natural. juribus in bonis parentum. L. B. 1845. 8°. —.40
6330 Nys, A. de, De vetitis nuptiis inter praesid. provinc. et mulier. provinc. Traj. 1782. 4°. —.60
6331 Nysingh, A. S., Collatio codic. Napol. inter et exemplum codicis Belg. Gron. 1821. 8°. —.30
6332 — J. T., De art. 759 Cod. Civ. Gron. 1829. 8°. —.40
6333 Nysmer, W., De dominio eminenti. L. B. 1758. 4°. —.60
6334 Obrabius, C. L., De indole legis permittentis. Lips. 1729. 4°. —.30
6335 Obligatione successorum principum in donationibus immodicis et debitis relictis. Lond. 1681. 4°. —.30
6336 Obreen, H., De insinuatione in actis publicis. L. B. 1832. 8°. —.70
6337 Ocker, J. C., De contractu assecurationis. L. B. 1699. 4°. —.60
6338 Ocheen, J. v., De naufragio. Traj. 1718. 4°. —.30
6339 Ockel, A., De jure rescindendi transactionem. Erf. 1704. 4°. —.40
6340 Ockers, C., De fidejussoribus. Gron. 1631. 4°. —.30
6341 Ockerse, A., De jure personarum. Traj. 1723. 4°. —.30
6342 Ockerse, C. J., De civitate ex mutuo obligata; ad l. 27 DD. de reb. cred. Traj. 1738. 4°. —.50
6343 — — — De emphyteusi. L. B. 1762. 4°. —.40
6344 — J., De jurejurando litis decisorio. L. B. 1716. 4°. —.40
6345 — J. C., De tutelis, l. 6 § 2 DD. L. B. 1742. 4°. —.40
6346 Ode, J. F., De jure eorum, qui post agnatos ad bona ab intestato decedentium admittuntur. Traj. 1762. 4°. —.50
6347 Oehmchen, J. N., De specificatione, ad § 25 Inst. de r. d. Hal. 1725. 4°. —.40
6348 Oehme, C., De censu capitis. Lips. 1765. 4°. —.40
6349 Oelhafen, C. E., De praestat. evictionis in cessione nominis. Hal. 1696. 4°. —.50
6350 Oelrichs, G., De vita, studiis, honor. et script. Ael. Marciani. Traj. 1754. 4°. 1.25
6351 Oelsner, C. C., De jure feretri sive cruentationis. Wittenb. 1769. 4°. —.50
6352 Oester, G. A. P., De legitimatione ex j. Belg. nov. 1838. 8°. —.60
6353 Oever, G. J. v., De sanctitate majestatis. L. B. 1708. 4°. —.40
6354 — H. J. J. v. C. v., De falso testimonio. Sylv. duc. 1829. 8°. —.50
6355 — J. Bols v., Ad Papiniani fragmt. ex libro X respons. q. e. in lege 57 DD. mandati. L. B. 1789. 4°. —.50
6356 Offerhaus, E. J., De successionibus. Gron. 1817. 8°. 1.—
6357 — — — De matrimonii natura et jure. Gron. 1817. 8°. —.40
6358 — H. J., De confessione in caus. civil. Gron. 1823. 8°. —.30
6359 — J., De jure repraesentationis. Gron. 1793. 4°. —.60
6360 Ogtrop, L. J. G. v., De verantwoordelijkheid van Notarissen voor nietigheid van testamenten voor hen verleden. L. B. 1864. 8°. —.60
6361 Ohrim, J. S., De salario advocati in propria causa vincentis. Hierana. 1711. 4°. —.60
6362 Ohrime, J. L., De jure suffragii Regis Bohemiae. Hal. Vened. 1709. 4°. 1.50
6363 Ohlius, J. H., Prussiae in libertatem adsertae specimen. Hal. 1740. 4°. —.70
6364 Ohm, L., De jure episcopali. Bas. 1613. 4°. —.60
6365 Ohrström, J., De duellis legitimis. L. G. 1760. 4°. —.60
6366 Ohrwall, B., De promissione ob causam turpem. L. G. 1752. 4°. —.50
6367 Ojerom, J., De utilitate commerciorum ex suffragio. L. G. 1751. 4°. —.40
6368 Okkerman, J., De sponsalibus. Traj. 1716. 4°. —.50
6369 Oldekop, J., De jurejurando in alterius animam. Brem. 1662. 4°. 1.25
6370 Olden, E. v., De usurpatione titulor. et munerum sec. artt. 258, 259 Cod. Poen. L. B. 1836. 8°. —.60
6371 — E. v., De parent. consensu in sponsalib. ac nuptiis liberorum. L. B. 1775. 4°. —.50

6372 Oldenbarneveld, A. W. v., De Elburgo ejusque statutis municipalib. Hard. 1763. 4°. —.80
6373 —— J. R. v., Ad l. 2 DD. de reg. jur. L. B. 1757. 4°. —.60
6374 —— gen. Witte Tullingh, A. A. v., De praescriptione impr. acquisitiva, sec. cod. leg. civ. Traj. 1829. 8°. —.80
6375 —— — —— —— J. G. v., De paucitate legum in rebuspubl. L. B. 1787. 4°. —.30
6376 Oldenneel, A. C. G. v., De causis, quae foederum auctoritatem tollant. Traj. 1851. 124 pp. 8°. 1.—
6377 Oldenneel, G. N., De furtis. L. B. 1751. 4°. —.60
6378 —— C. H. G. v. O. v., De parentum potestate. Traj. 1826. 8°. —.60
6379 —— J. J. G. L. v. O. v., De forma donationum tam inter vivos qm. ex testamento. Traj. 1826. 8°. —.60
6380 Olivecrona, K., Om de kännetecken, hvilka karakterisera Tjufnadsbrott. Ups. 1846. 184 pp. 8°. 1.25
6381 —— S. D. K., Om lagbestämd Giftorätt i Bo. Ups. 1851. 144 pp. 8°. 1.50
6382 Olivier, N., De Theodor. magni constitutionibus. L. B. 1835. 120 pp. 8°.
6383 Olphen, W. v., Ad Sctm. Vellejanum. L. B. 1704. 4°. —.30
6384 Omarnius, E. A., De meo et tuo civili. Ups. 1675. 4°. —.30
6385 Omelingh, F. J., Ad l. 136 de reg. jur. L. B. 1766. 4°. —.30
6386 Ommeren, J. R. v., De origine et caus. successionis ex pactis antenuptial. Traj. 1804. 4°. —.60
6387 —— — — — Idem liber, forma 8°. —.80
6388 Omphal, C. v., De homicidio sui ipsius. L. B. 1737. 4°. —.30
6389 —— J. F. v., De orig. atque indole reconciliationis propinq. occisi. Gron. 1768. 4°. —.60
6390 Onderdewyngaert, C., De necess. hered. instit. L. B. 1757. 4°. —.60
6391 —— J. H., De jurispr. cum philosophia connubio. L. B. 1790. 4°. —.60
6392 —— P. V., De praec. patriae potest. apud Rom. effectibus. Fran. 1779. 4°. 1.—
6393 Onderwater, A., De delegatione. Traj. 1761. 4°. —.40
6394 —— A. E., Ad tit. 4, 5 et 6 DD. lib. 3. L. B. 1754. 4°. —.60
6395 —— B., De moneta, post oblig. contr. ante solut. temp. mutata. L. B. 1768. 4°. —.60
6396 —— H., De off. hominis erga se ipsum. Traj. 1770. 4°. —.70
6397 —— P. M., Quaestiones jurid. inaugur. L. B. 1786. 4°. —.30
6398 —— S., De tutore suspecto. Traj. 1787. 4°. —.40
6399 —— — De oblig. nat. ad observantiam leg. civ. Traj. 1789. 4°. —.60
6400 Onnes, J. O., De testamento ab irato condito. Gron. 1836. 8°. —.90
6401 Oole, C. J., De instrumentis. L. B. 1747. 4°. —.40
6402 Oom, J., De fidejussoribus. L. B. 1693. 4°. —.30
6403 Oorde, H. J. v. A. v., De morte civ. ejusq. effect. sec. princ. jur. Rom. et Gall. L. B. 1817. 4°. —.70
6404 Oorschodt, J. v., De off. procur. Caesaris. Traj. 1763. 4°. —.40
6405 Oorschot, J. T. v., De benef. fidejuss. in jure civili commentatio. L. B. 1752. 4°. —.70
6406 Oostendorp, T. H., De sententia et re judicata. Hard. 1751. 4°. —.30
6407 Oosten, A., De usucapionibus. L. B. 1724. 4°. —.40
6408 Oosterbaan, F., De deposito. Harder. 1737. 4°. —.30
6409 Oosterdijk, H., Ad fragm., quae ex Venul. Saturn. Juli libris de off. proconsulis supersunt. Traj. 1755. 4°. 1.—
6410 Oosterhout, R. v., De donationibus. Traj. 1690. 4°. —.40
6411 Oosterland, A. J., Ad l. 8, § 7 DD. de fidejuss. et mandatorib. Traj. 1790. 4°. —.60
6412 —— J., De judiciis. Traj. 1688. 4°. —.30
6413 Oosterwijk, G. J. v., De homicidio ex volunt. non ex exitu dijudicando. L. B. 1763. 4°. —.30
6414 —— P. A. J. B. v., De revocandis donationib. inter vivos. Traj. 1832. 8°. —.60
6415 Oosting, C. E., De jure retractus, de quo statuit art. 641 C.C. Gron. 1838. 8°. —.30
6416 —— G., De orig. et progr. jur. Drenthini. Harder. 1805. 4°. —.30
6417 —— J., De jure praeclusionis sec. artt. 647, 648 Cod. Civ. Gal. Gron. 1832. 8°. —.40

6418 Oosting, J. B., De modis acquirendi et amittendi ususfructum. Traj. 1840. 8°. —.70
6419 —— P., De provinciae Drenthiae ab ordinib. general. provinc. Belg. sec. 17 exclusa. Gron. 1835. 8°. (Pars prior.) —.40
6420 Opgelder, E., De quaestion. s. tortura reorum. L. B. 1762. 4°. —.50
6421 —— G. E., De testibus. L. B. 1756. 4°. —.40
6422 Oppel, S. E. v., De herede in re certa instituto, ad leg. 13 Cod. de hered. instit. Vitemb. 1718. 4°. —.50
6423 Oppelt, T. F., Thes. jur. controv. Vitemb. 1751. 4°. —.30
6424 Oppen, J. M. E. v., De controversiis Jctorum in DD. libr. XXX—XXXII. L. B. 1846. 8°. —.50
6425 Oppenbooms, A., De nuptiis. Harder. 1698. 4°. —.30
6426 Oppermann, M. H., Differ. jur. Rom. et Germ. circa pignus in manus traditum. Kiliae, 1788. 4°. —.50
6427 Optenoort, G. D., De jure codicillorum. L. B. 1754. 4°. —.40
6428 —— J. G. R., De heredibus instituendis. L. B. 1755. 4°. —.50
6429 Opzoomer, C. G., De naturali obligatione. L. B. 1845. 8°. —.70
6430 Orema, J. S., Ad leg. 23 DD. de reg. jur. Traj. 1716. 4°. —.50
6431 Ornberg, M., Oeconomisk beskrifning öfver Stapel Staden Gefle. Stokh. 1755. 4°. —.60
6432 Orraeus, A., An jusjuranda novam producant obligationem? Aboae. 1766. 4°. —.30
6433 Ortliebius, D., De genuina jur. volunt. speciatim divini indole ejusque a jure nat. discr. Jen. 1750. 4°. —.50
6434 Ortt, J., De usucapionibus. L. B. 1708. 4°. —.40
6435 Orville, C. d', De jure circa haereticos. Franeq. 1699. 4°. —.50
6436 —— J. P. d', Ad leg. 65 DD. de adq. rer. dom. L. B. 1721. 4°. —.50
6437 —— P. d', Ad leg. 56 DD. de adq. rer. dom. junctam leg. 18 DD. de reb. cred. L. B. 1731. 4°. —.60
6438 Ortwinius, C., De praetoribus. Harder. 1698. 4°. —.40
6439 Os, A. v., Ad leg. 3 DD. de auro, argento, mundo, ornamentis, unguentis, veste, vel vestimentis, et statuis legatis. L. B. 1757. 4°. —.70
6440 —— W. v. d., Over de leer der bijzondere averijen. L. B. 1860. 8°. —.50
6441 Osander, P. G., De controversiis juris genuinis ex logomachia. L. G. 1753. 4°. —.40
6442 —— P. O., De jurib. dominationis dubiis. L. G. 1751. 4°. —.90
6443 Osbeck, C. G., I Svenska handels-lagfarenheten om Nederlags Rätt. Ups. 1829. 4°. —.30
6444 Ossenbruggen, J. B. v., De regten en verpligtingen van den regter-commissaris in het Ned. faillissem. vergeleken met die in de Belg. wetg. van 18 April 1851 en de Pruisische van 8 en 9 Mei 1855. 's Grav. 1857. 8°. 2.50
6445 Ossenbeeck, A. A. v., De sponsalibus. Traj. 1735. 4°. —.40
6446 —— N. v., De venia aetatis. Traj. 1759. 4°. —.60
6447 Ossenberg, F. L. v. Weyort v., De jure venationis. L. B. 1710. 4°. —.40
6448 Ossendrecht, J. v. A. v., De instit. et substit. heredum. L. B. 1708. 4°. —.40
6449 Ossewaarde, A., De jure circa cadavera eorum, qui mortui inventi sunt. Traj. 1777. 4°. —.60
6450 Ostz, J. B., De rescriptis Salariorum vulgo *Bestallungs-Briefen*. M. C. 1729. 4°. —.50
6451 Osten, C. a, Jus hominis in semet ipsum. Franci. 1688. 4°. 1.—
6452 Osterhausen, E. A. v., Jura vectigalium. Altd. 1677. 4°. —.70
6453 Osting, L., De officio judicis. Gron. 1658. 4°. —.30
6454 Ostman, J. N., De collisione foederum. Lund. 1768. 4°. —.70
6455 Otgens, C. J. M., De testamentis. L. B. 1761. 4°. —.40
6456 Otho, J. G. F., De dote receptitia, cum leg. 31, § 2 DD. de m. c. donat. Altd. 1716. 4°. —.40
6457 Otten, G. F., De munere tabellionis. L. B. 1847. 8°. —.70
6458 Ottens, R. v. R., De confessione. Gron. 1801. 8°. —.40
6459 Otteras, H. H., De causis et auctoribus actionum in jure civili. Traj. 1725. 4°. —.40
6460 —— R., Ad leg. 24 DD. de statu hominum. Traj. 1768. 4°. —.40
6461 Otto, C. C., De finibus. Erf. 1723. 4°. —.50
6462 —— C. E., De Athenien. actionum forens. Lips. 1820. 4°. —.70
6463 —— E., De ordine antecessoris munere. Hal. Sal. 1731. 4°. —.70

6464 OTTO, J., De notorio. Hal. 1708. 4°. —,70
6465 —— J. A., De mulier. restitut. in integrum propt. absent. reip. causa. Erf. 1739. 4°. —,40
6466 —— J. C., De absolutione. Francf. 1686. 4°. —,60
6467 —— — — De occultis. Francf. 1686. 4°. —,60
6468 —— J. E., De pace. Francf. 1686. 4°. —,70
6469 —— M. H., De marito, tutore et curatore uxoris legitimo. Hal. 1734. 4°. —,80
6470 —— S. M., De instrumentis mutui praecipuis clausulis instructis. Heidelb. 1684. 4°. —,50
6471 OUDEMAN, A., De poenae mensura. Gron. 1834. 136 pp. 8°. 1,10
6472 OUDEMANS, A. M., Quaest. jurid. ad artt. 885 et 959 C. C. Neerl. L. B. 1837. 8°. —,80
6473 OUDENALLEN, J. G. v., De emphyteusi. Traj. 1740. 4°. —,60
6474 OUDENDORP, A. T. v., De transactionibus. L. B. 1755. 4°. —,60
6475 OUDENHOORN, H. M., De tutelis. L. B. 1720. 4°. —,80
6476 OUDENSTEYN, J. A., De justis nuptiis. Harder. 1723. 4°. —,40
6477 OUDERDOGEN, C. F., De usu. Traj. 1714. 4°. —,80
6478 OUDEWATER, C. G., De inoff. testam. L. B. 1699. 4°. —,80
6479 OUDTSHOORN, G. F. v. REEDE v., Quaest. varii argum. L. B. 1825. 8°. —,80
6480 —— J. F. — —— — De salutatione maritima. Traj. 1830. 8°. 1,—
6481 —— N. M. — —— — De qbsd. oblig. special. locatoris erga conduct. praed. rustici. Traj. 1824. 8°. —,60
6482 OUWEN, C. B. D. A., De usufructu. L. B. 1716. 4°. —,80
6483 —— D. D. v., De in jus vocando. Traj. 1748. 4°. —,50
6484 —— H. v., De diversa hered. qualit. et heredit. aditione. L. B. 1716. 4°. —,50
6485 OUTEREN, O. P. v., De ludis aleatoriis in civitate observandis. L. B. 1619. 8°. 60,—
6486 —— J. v., De actione civili ex delicto (*partie civile*). L. B. 1835. 8°. —,80
6487 —— P. v., Quaest. qd. L. B. 1845. 8°. —,40
6488 OUTHOORN, C. G. v., De societate naturali. L. B. 1708. 4°. —,80
6489 —— F. L. v., De jurejurando. Traj. 1841. 8°. —,70
6490 OUTHUYSEN, A. P. v. D. v., De sponsalibus de praesenti et de futuro. Traj. 1729. 4°. —,60
6491 OUWENALLER, P. A. B. v., De exilio, aliique apud Rom. interdicendi modis. L. B. 1763. 4°. —,80
6492 OUWENS, J., De confessionibus in jure, earumque effectu. Traj. 1764. 4°. —,60
6493 —— P., De actionibus contra magistratum vel judicem instituendis. Traj. 1741. —,50
6494 OVEN, C. C. v., De quasi procuratore. Traj. 1750. 4°. —,70
6495 —— J. T. W. H. v., De judice jus ignorante. Traj. 1774. 4°. —,60
6496 OVERMEER, A. v., De pactis. Traj. 1689. 4°. —,80
6497 —— A. J. v., De usucapionibus. Traj. 1747. 4°. —,60
6498 —— J., De fideicommissis. Traj. 1734. 4°. —,50
6499 —— — De beneficio competentiae. L. B. 1688. 4°. —,40
6500 OVERSCHIE, F. J. v., Illustres qdm. jur. civ. quaest. L. B. 1702. 4°. —,40
6501 —— J., De protopraxia creditorum. L. B. 1756. 4°. —,60
6502 OVERTWAARE, A., De quaestionibus s. tortura reorum. Traj. 1700. 4°. —,80
6503 OVERVELDT, S. J. v., De pactis. Gron. 1810. 8°. —,80
6504 OVITROU, A. F. DE, De jurisdictione circumscripta. Francf. 1691. 4°. —,70
6505 OXELOREN, E. M., De sanctitate summi imperii. L. G. 1757. 4°. —,50
6506 OYEN, W. G. v., De jurejurando advocat. ad leg. 14, § 1 Cod. de judiciis. —,50
6507 OYENS, G. H. DE M., De poenis extraordinariis. Amstel. 1833. 8°. —,80
6508 OYMANS, J. J., De pauperie et pastu pecorum. Traj. 1698. 4°. —,80
6509 PAATS, G. G., De peracua judicis. L. B. 1725. 4°. —,40
6510 PABST, A. A. v., De origine dominii, et modis illud adquirendi. Hard. 1763. 4°. —,50
6511 —— B. G. A., De hydrarchia Bylaveld. Traj. 1836. 139 pp. 8°. 1,25
6512 —— J. M. v., De jure naturalisationis. Traj. 1768. 4°. —,40
6513 —— — — — De substitutione fideicom. in gratiam nepotum, fratris sororisve liberor. lege permissa. Traj. 1836. 8°. —,60
6514 —— H. J. O. v. L. v., De procuratoribus judicialibus. Amst. 1838. 8°. —,70
6515 PACHBUSCH, C. O., De vero fundam. contr. chirographarii. Lips. 1744. 4°. —,30
6516 —— J. F., De usufructu praedii voluptarii, ad leg. 13, § 4 DD. de usufr. Vitemb. 1739. 4°. —,60

6517 PADERBORN, A. J. DE, An filius fam. de peculio adventitio irregulari testamentum condere possit. Duisb. 1742. 4°. —.30
6518 PAEDTS, W., De curatoribus. L. B. 1711. 4°. —.50
6519 PAEHLIG, A., De natura indiciorum. Gron. 1838. 8°. —.30
6520 —— C. C., De studio jurisprudentiae ad civitatis rationem et praesent. temporis usum accommod. Gron. 1806. 108 pp. 4°. 1.25
6521 —— — — De poena conatus. Gron. 1774. 4°. —.30
6522 PAETS, A., De donationibus. L. B. 1719. 4°. —.40
6523 —— P. J., Over art. 1554 Burg. Wetb. Rott. 1860. 8°. —.40
6524 PAGENHARDT, J. F., De collatione circa libros studiorum gratia comparatos. Vitemb. 1729. 4°. —.40
6525 PAGENSTECHER, A. A., Scaevola. Gron. 1759. 4°. —.30
6526 —— A. C., De eo, quod interest. Gron. 1682. 4°. —.30
6527 —— A. G., De jure emphyteutico. Gron. 1684. 4°. —.30
6528 —— A. G. H. T. F., De fundamento praescriptionis in juris gentium positivo, non jure naturali quaerende. Hammon. 1743. 4°. —.30
6529 —— — — — — — Praxis juris Rom. Justinianei. Marb. 1748. 4°. —.30
6530 —— — — — — — De jure horreorum. Duisburgi. 1745. 4°. —.30
6531 —— E., De litter. oblig. Heidelb. 1851. —.90
6532 —— E. C., De legatis ex testamento destituto, cui clausula codicillaris adjecta est, praestandis. Herb. 1736. 4°. —.60
6533 —— G., De impensis et fructibus. Gron. 1680. 4°. —.30
6534 —— H. T. A. A. F., Sexti Pomponii Jcti quae in pandectis Just. reliqua sunt ex libro I ad Sabinum. Hammon. 1723. 4°. —.70
6535 —— — — — — — Commentariorum ad Pandectas juris civ. pars altera. Lemgoviae. 1735. 4°. —.90
6536 —— J. A. G., Ad L. 11 § 2 DD. de jurisdictione. Duisb. 1741. 4°. —.30
6537 —— — — — De jurispr. Tertulliana. Harder. 1758. 4°. 1.—
6538 —— J. A. W., De felicies. facill. et jur. principiis convenient. difficiliorum quad. legg. Rom. emendationib. et explicationib. Harder. 1778. 4°. —.90
6539 —— J. F. W., De barba. Burgo-Steinf. 1710. 4°. 1.25
6540 —— — — — De barba, pas secunda. Burgo-Steinf. 1714. 4°. —.60
6541 —— — — — Jurisprudentia polemica. Harder. 1780. 260 pp. 4°. 3.—
6542 —— R. H. G., Ad § 5 Inst. de Atiliano tutore et l. 30 Cod. de episcop. audientia. Harderv. 1773. 4°. —.60
6543 —— T. J. A., De violentis emendationibus in jure civili non admittendis. Harderv. 1776. 136 pp. 4°. 1.50
6544 —— W. J., De diversitate rescindentis et rescissorii judicii ejusque effectibus. Francf. 1692. 4°. —.50
6545 —— — — De successionib. ab intest. Duisb. 1688. 8°. —.30
6546 PALAIRET, E. A., De emphyteusi. L. B. 1775. 4°. —.50
6547 PALLANDT, J. J. A. A. v., De oneribus ususfructuarii. L. B. 1829. 4°. —.60
6548 —— — — — — — Idem liber. L. B. 1829. 8°. —.30
6549 —— P. J. v., De consociatione maleficorum. L. B. 1833. 8°. —.60
6550 —— v. KEPPEL, F. G. P. T. v., Positiones jurid. L. B. 1798. 4°. —.90
6551 —— v. W., F. J. W. F. v., Een rechtsvraag uit het Tiendrecht. L. B. 1837. 8°. —.60
6552 PALM, S. J., De felicitate reip. ex pietate. L. G. 1758. 4°. —.90
6553 PALMEN, J. P., Till tolkningen af 1734 års Lag. Helsingf. 1849. 130 pp. 8°. 2.—
6554 —— — — De errore contrahentium circa rem, q. in oblig. versatur. Helsingf. 1840. 8°. —.50
6555 PALMS, J. H., De rata et quota. L. B. 1711. 4°. —.50
6556 PALTHE, B., Quaest. varii. Traj. 1820. 8°. —.30
6557 —— G. J., De meliore feminarum prae masculis in jure conditione. Hard. 1769. 8°. —.30
6558 —— W., J. C., De inscriptione hypothecaria. Traj. 1833. 8°. —.60
6559 —— A. A. G. v. WULFFTEN, De causa in conventionibus. Traj. 1840. 8°. —.90
6560 PALUDANUS, R., Ad § 2 part. 4, lib. 1 H. Grotii jurispr. Holl. L. B. 1759. 4°. —.70
6561 PAN, D. R., De abrogatione. L. B. 1762. 4°. —.40
6562 —— J., De justis nuptiis. L. B. 1757. 4°. —.70
6563 —— — De grati animi officiis atq. ingrator. poena, jure Attico et Rom. L. B. 1809. 176 pp. 8°. 1.40

6564 Panhuys, A. A. v., De donationibus inter conjuges. L. B. 1686. 4°. —,80
6565 —— F. H. v., De rerum permutatione. L. B. 1700. 4°. —,60
6566 —— J. E. v., De tributis. L. B. 1833. 8°. —,60
6567 —— J. L. v., De famosis libellis. L. B. 1793. 8°. —,40
6568 —— M. G. F. v., De jure repraesentationis ejusq. prima origine. Gron. 1829. 8°. —,30
6569 Pannebokker, G. W., De jure venandi. Traj. 1779. 4°. —,70
6570 Pannekoek, A., De testamento solenni scripto ordinando. L. B. 1778. 4°. —,60
6571 —— C., Ad Sctm Libonianum et Claudianum, de his, qui sibi adscrib. in testam. Traj. 1771. 4°. —,50
6572 —— — Ad leg. 9 de Cod. de testibus. Traj. 1765. 4°. —,30
6573 Pansa, C., De consiliariis. Basil. 4°. —,80
6574 Pape, A. F., De reconventione. Duisb. 1743. 4°. —,60
6575 —— J., De salute publica. Francf. 1690. 4°. —,90
6576 —— J. D. G., De donationib, quas conjuges sibi invicem sec. art. 1094 Cod. Civ. facere possunt. L. B. 1835. 8°. —,60
6577 —— C. de, De rationibus decidendi communicandis vel non. Harder. 1754. 4°. —,80
6578 —— N. de, De dilationibus. L. B. 1783. 4°. —,80
6579 Papea, C., De indole legum civil. L. G. 1741. 4°. —,40
6580 Parduyn, A. C., De mandato. L. B. 1740. 4°. —,40
6581 —— C. A., De usucapione. L. B. 1703. 4°. —,40
6582 Parisius, C., De beneficio excussionis. Francf. 1668. 4°. —,70
6583 Parker, G., De codicillis. L. B. 1710. 4°. —,50
6584 —— J., De legitima portione. L. B. 1717. 4°. —,80
6585 —— — De Pauliana actione. L. B. 1718. 4°. —,40
6586 —— J. W., De munere et privilegiis advocatorum. L. B. 1741. 4°. —,80
6587 —— P., De mandato. L. B. 1721. 4°. —,40
6588 Parreidt, De gerada. Lips. 1706. 4°. —,40
6589 Partu ancillae furtivae, de. Lips. 1667. 4°. —,30
6590 Parvé, H. A., Theses jurid. L. B. 1783. 4°. —,30
6591 —— J. F., Ad leg. 2 prioc. DD. de evictionibus. L. B. 1742. 4°. —,50
6592 —— D. J. Steyn, De ecclesia in civitate. L. B. 1777. 4°. —,70
6593 Pasfoort, C. G., De usucapionibus. L. B. 1743. 4°. —,30
6594 —— M. C., De fidejussoribus. L. B. 1818. 4°. —,40
6595 —— P. R., De donationibus. L. B. 1717. 4°. —,40
6596 —— Z., De testibus. L. B. 1780. 4°. —,60
6597 Passamier, P., De obligationibus. Gron. 1819. 8°. —,40
6598 Patyn, C., Ad leg. Falcidiam. L. B. 1697. 4°. —,30
6599 —— J., De cessione bonorum. L. B. 1743. 4°. —,30
6600 Paula, F. J. de, De jure conjugii. Traj. 1744. 4°. —,30
6601 Pauli, J. W. A., De liberis, positis in conditione, comprehensis etiam in dispositione. Hal. Sal. 1756. 4°. —,40
6602 Paulus, J., De just. exhered. causis. L. B. 1788. 4°. —,90
6603 —— — De collegiis pupillaribus (*weeskamers*). L. B. 1832. 8°. 1,—
6604 —— — De orig. progressu et solutione nexus feudalis Flandriam inter et Zeelandiam. L. B. 1775. 8°. —,60
6605 Pauly, H. L. H. de, Het Pruissische faillietenrecht vergeleken met het Nederlandsche. H. C. 1859. 8°. —,30
6606 Pauw, A., De condictione ob turpem vel injustam causam. Traj. 1787. 4°. —,40
6607 —— E., De emtione venditione. L. B. 1674. 4°. —,50
6608 —— F., De autocheiria. L. B. 1735. 4°. —,60
6609 —— G., Varia jur. civ. capita. Traj. 1734. 4°. —,30
6610 —— J. D., De remedio leg. 2 Cod. de rescindenda venditione. L. B. 1761. 4°. —,60
6611 —— R., De principum placitis. L. B. 1698. 4°. —,30
6612 —— G. v. d., De disciplina ergastulorum. Traj. 1778. 4°. —,70
6613 —— J. C. de, Quaest. conject. jur. civ. Traj. 1704. 4°. —,30
6614 Pavenstedt, B. N., De viribus ac indole testamenti, qd. [illegible], ejusq. ad. nullum dicitur uno non utrinsq. differentia. Harder. 1769. 4°. —,60
6615 Payen, H. C., De commodato. Traj. 1829. 8°. —,50
6616 Peck, J. H., De crimine laesae majest. L. B. 1710. 4°. —,80
6617 Pedel, N., De adquirenda vel amittenda hereditate. L. B. 1687. 4°. —,50

6618 Pek, M. v., De patr. potest. adq. modo per adoptionem, in specie s. d. L. B. 1751. 4°. —,60
6619 Peer, H. L. A. v., De violenta in jus vocatione. Gron. 1752. 4°. —,70
6620 Peerebоom, M. C., De emphyteusi. L. B. 1773. 4°. —,50
6621 Peitsch, F. C. A., Ad artt. 209—221 Cod. Poen. de rebellione. L. B. 1839. 8°. —,50
6622 Pelerin, A. L., De fundamento juris natur. L. B. 1757. 4°. —,80
6623 Pelgrom, J. W., De injustitia torturae. L. B. 1778. 4°. —,60
6624 Pelicht, A. de, De fine juris. Traj. 1738. 4°. —,30
6625 —— J. F. de, De venatione. Traj. 1735. 4°. —,30
6626 —— T. F. M. A. G. de, Doctrina Halleri de fundam. summi imperii. L. B. 1828. 4°. 1.—
6627 —— — — — — — — Idem liber. forma 8°. —,70
6628 Pelinck, E., De remedio juris, qd. cassationis nomine vocatur in caus. poenal. Gron. 1842. 8°. —,50
6629 Pelkwyk, G. J. van, De negotiorum gestione. L. B. 1749. 4°. —,40
6630 Pellach, C. G., De consignat. et taxa rerum sub hasta venalium. Lips. 1726. 4°. —,30
6631 Pelman, J. A. A., De fidejussione. Duisb. 1744. 4°. —,50
6632 Pels, G., De societate. L. B. 1727. 4°. —,40
6633 —— G. H., De ritu nuptiarum. L. B. 1760. 4°. —,50
6634 —— Rijken, J. C. A., Quaestiones. Traj. 1823. 8°. —,30
6635 Pelt, F. v., De ignorantia et errore in delictis. Gand. 1826. 8°. —,80
6636 Peltens, P. W., De tutela impuberum. Traj. 1779. 4°. —,50
6637 Penicke, G., De eo, quod justum est circa emphyteusin. Jen. 1676. 4°. —,50
6638 Penning, A., De divortiis. L. B. 1739. 4°. —,50
6639 —— A. E., De luxu et legg. sumtuar. ex oec. pol. dijudicandis. L. B. 1828. 112 pp. 4°. 1.25
6640 —— — — Idem liber. forma 8°. 1.—
6641 —— E. J., De cessione actionum. L. B. 1760. 4°. —,40
6642 Penninck, H. A. J., Quaest. jur. Gron. 1850. 8°. —,80
6643 Pennis, C. Overgaauw, De antiquiss. privilegio urbis Delfensis. Traj. 1786. 4°. —,40
6644 —— C. E. O., De institutis administr. civit. Delfensis. L. B. 1840. 8°. —,80
6645 Penterman, A., De evictionibus. Francq. 1708. 4°. —,60
6646 Perbandt, C., De pignoribus et hypothecis. Bas. 1615. 4°. —,30
6647 Perduyn, J., De jure eorum, qui in utero sunt. Traj. 1754. 4°. —,30
6648 —— J. J., De effectib. remediisq. metus et doli in contractibus. L. B. 1781. 4°. —,70
6649 Peregrinus, P., De plagio. Traj. 1730. 4°. —,30
6650 Perizonius, A., De mercede ob sterilit. conductori remittenda. L. B. 1745. 4°. —,50
6651 —— J., De pace. L. B. 1697. 4°. —,80
6652 Perk, C. H., De arbitrio judicis in foro crimin. L. B. 1833. 8°. —,60
6653 Perponcher, J. A. de, De justitia represaliarum. Traj. 1718. 4°. —,40
6654 Perre, A. v. d., De fidejussor., ad tit. 41, lib. 8 cod. Traj. 1662. 4°. —,30
6655 —— J. v. d., De usuris. L. B. 1734. 4°. —,50
6656 —— J. A. v. d., De homicidio sui ipsius. L. B. 1757. 4°. —,80
6657 —— P. E. v. d., De differ. tutorum et curatorum. L. B. 1764. 4°. —,80
6658 —— M. J. V. v. d., De jure littoris. L. B. 1766. 4°. —,50
6659 Perrenot, A., De prohibenda in urbe et templis sepultura. Traj. 1748. 4°. —,60
6660 Persoon, A., De personis. Harder. 1745. 4°. —,30
6661 Persoons, P. N., De fide q. mercator. codicibus haberi solet. Lov. 1827. 8°. —,80
6662 Perslijn, G. J. v., De culparum praestationibus. Traj. 1745. 4°. —,70
6663 —— J. v., De politica Ciceronis doctrina in libr. ejus de republica. Amst. 1827. 8°. 1.—
6664 Pertsch, J. C., Differentiae jur. Rom. et Germ. in Sctо. Vellejano exalc. Hal. 1739. 4°. —,50
6665 Perts, H., Ueber das Xantener Recht. 1846. 4°. —,30
6666 Pesler, J. C., Jus fisci mero adhaerens imperio. Vitebarg. 1735. 4°. —,80
6667 Pestalozzi, H. N. D., De exuperantia obsequii. Francf. 1679. 4°. —,60
6668 Pestel, C. F. F., De praesidiis libertatis public. L. B. 1788. 4°. —,80

6669 Pestel, F. W. L., Select. cap. jur. gentium maritimi. L. B. 1786. 4°. 1.—
6670 —— F. G., De fructibus, qui ex jurispr. perfectiori ad populos sec. XVIII perven. L. B. 1760. 4°. —.80
6671 —— F. U., Num pacta dotalia, qbs. cautum, ut masculi patris, feminae matris, religione imbuantur, sint servanda? Rint. 1758. 4°. —.30
6672 —— F. W., De studio boni communis lege civitatum prima. L. B. 1770. 4°. —.40
6673 —— — — De damnis ex neglectu juris publici in civit. redundantib. L. B. 1762. 4°. —.60
6674 —— — — De differentiis praecipuis in veteri et recentiori gentium Europaearum politica. L. B. 1773. 4°. —.60
6675 Pesters, D. G., De negotiis gestis. Traj. 1858. 8°. —.60
6676 —— J., Quaest. jurid. Traj. 1790. 4°. —.80
6677 —— — De aetate judicum. Traj. 1786. 4°. —.40
6678 —— J. E., De fructibus, finito usufructu, domino proprietatis et fructuario tribuendis, ex jure hod. et Rom. Traj. 1824. 8°. —.40
6679 —— — — De modo quo obligatio tollitur rei interitu. Traj. 1838. 8°. —.50
6680 —— N., De jure maritimo foederati Belgii. Traj. 1770. 164 pp. 4°. 3.—
6681 Petermann, D., De infantibus expositis. Lips. 1677. 4°. —.40
6682 Petersson, J., De usucapione et praescriptione quo dominium per possessionem adquir. L. G. 1816. 4°. —.50
6683 Petersson, J., De variis reip. Sviogothicae regendae formulis. L. G. 1823. 4°. —.40
6684 Petit, J. L., De reb. q. pignori dari possunt. L. B. 1716. 4°. —.40
6685 Petschmann, C. A., Clericus venator. Altd. 1687. 4°. —.50
6686 Peyster, J. D., De eviction. et duplae stipulat. L. B. 1729. 4°. —.60
6687 Pfaffreuter, G. M., De negotiatione clericorum prohibita. Lips. 1742. 4°. —.80
6688 —— J. G., De testatoris inepta voluntate invalida, occ. l. 113 § 5 DD. de leg. 1. Lips. 1710. 4°. —.40
6689 Pfannenschmid, J. A., De vera indole exceptionis legitimationis ad causam. Hal. 1784. 4°. —.50
6690 Pfannenstiel, G. N., De actione injuriar. ob arrestum contra debit. solvendo existentem dolose impetrat. competente. Jen. 1738. 4°. —.70
6691 Pfeiffer, J., De confessis. Bas. 1609. 4°. —.30
6692 Pfeiffer, C., De beneficio competentiae. Jen. 1679. 4°. —.50
6693 —— C. F., De vitiis rerum venalium. Hal. 1709. 4°. —.70
6694 —— J. E., De success. descendentium legitima civili. Ul. L. 1742. 4°. —.30
6695 —— M. S. G., De tutore minore, qui veniam aet. impetravit. Jen. 1694. 4°. —.50
6696 Pfizer, J. G., De restricta per jus Saxonicum mulier. in res suas potestate. Erf. 1721. 4°. —.40
6697 Pflaume, G., De polygamia, incestu et divortio jure nat. prohibitis. Lips. 1720. 4°. —.70
6698 Pfretzschner, B., De literis amatoriis. Jen. 1687. 4°. —.50
6699 Pfreund, J., Trias decadum ex illustrarib. civ. canonici, et feudal. capitib. deprompta. Bas. 1605. 4°. —.40
6700 Philippus, F., De poena temere litigantium. Lips. 1685. 4°. —.30
6701 Philips, A., De dominio rei mobilis ad art. 2014 Cod. Civ. L. B. 1847. 8°. —.80
6702 Phillipps, A. G., De fideic. fam. relict. L. B. 1790. 4°. Pars prior. —.70
6703 —— — — Idem liber. Pars posterior. —.70
6704 —— J. A., De conatu delinquendi. L. B. 1822. 139 pp. 4°. 1.50
6705 —— — — Idem liber. 128 pp. forma 8°. 1.—
6706 —— J. H., De Corn. Bynkershoek. Gron. 1823. 4°. —.70
6707 —— — — De absentibus. L. B. 1830. 4°. 1.50
6708 —— — — De prohibitione fideicommissorum. L. B. 1820. 188 pp. 4°. 2.—
6709 —— — — Idem liber. forma 8°. 1.50
6710 —— — — De histor. juris studio, ad jur. philosoph. hoc temp. perperam adhibito. Gron. 1828 4°. —.40
6711 —— — — De juvenili jurispr. Rom. aetate, futuri vigoris ac praestantiae augurio felicis. Gron. 1836. 4°. —.30
6712 —— — — Over de loffelijke ingenomenheid van ons volk met zijne wetenschappelijke inrigtingen. 8°. —.30

6713 Philipson, A., Om Skuldebref. Ups. 1847. 8°. —.50
6714 —— M. C., Over schuldvernieuwing. Amst. 1856. 8°. —.90
6715 Piccardt, H., Brevis servitutis, q. olim in provincia Groning. exstitit, conspectus. Gron. 1843. 8°. —.70
6716 —— J. H. L., De libello. Gron. 1777. 4°. —.70
6717 —— S., De fide testium. Gron. 1810. 8°. —.40
6718 Pichot, A. F. J., De vigilantia creditoris debitore obaerato. L. B. 1789. 4°. —.40
6719 —— D. F., De auctorit. tutorum. L. B. 1765. 4°. —.40
6720 —— J., De locatione conductione. L. B. 1746. 4°. —.50
6721 —— P., Quaed. nobil. circa cambialem materiam. L. B. 1761. 4°. —.80
6722 —— S. P., De pupill. substitut. L. B. 1737. 4°. —.60
6723 Pieck, C. v. d. V., De statut. Gandaltensib. Traj. 1783. 4°. 1.—
6724 —— W., De majestate. Traj. 1744. 4°. —.40
6725 Pielat, D. C., De tutorib. et curat. L. B. 1741. 4°. —.70
6726 Pielsticker, C. J., Theses jur. Hard. 1784. 4°. —.30
6727 Piepers, P. E., De Paririo Justo Jcto. L. B. 1824. 182 pp. 8°. 1.50
6728 Pierre, A. J. la, De quaest. s. tortura reor. L. B. 1769. 4°. —.60
6729 Pierson, L., De jurejurando. Franeq. 1769. 4°. —.60
6730 Pieterkaat, P., De usucapionibus. L. B. 1719. 4°. —.40
6731 Pihl, G., De fundamento potestatis patriae. Ups. 1742. 4°. —.40
6732 Pille, A. M., De actionibus. Gron. 1730. 4°. —.40
6733 Pilleer, A. G., De carcere. Harder. 1760. 4°. —.50
6734 —— H. G. D., De sorte divisoria. Traj. 1781. 4°. —.50
6735 Pilletier, C., De injuriis. L. B. 1701. 4°. —.50
6736 Pincier, W. C., De contr. donat. propt. nupt. L. B. 1701. 4°. —.30
6737 Pincker, C., De aestimationibus. Jen. 1618. 4°. —.40
6738 —— — De omen fundo cohaerente. Francf. 1686. 4°. 1.—
6739 Pinodrle, H., De homicidio, ad l. Corn. de sicariis et venef. Traj. 1763. 4°. —.30
6740 Pinto, A. de, De Callistrati Jcti. scriptis q. supers. L. B. 1835. 312 pp. 8°. 2.25
6741 —— — — De causa obligationis. Traj. 1835. 8°. —.60
6742 —— A. A. de, De oblig. nullitate earumque rescissione. Hag. 1852. 8°. —.90
6743 Pipping, F. W., De principio immunitatis legatorum. Abos. 1810. 4°. —.80
6744 —— G. H., De modo legalis adscriptio. Vitemb. 1729. 4°. —.50
6745 Pirovano, J. D. G., De vera et genuina indole inoffic. testamenti. Duisb. 1741. 4°. —.40
6746 Pistor, P. F., De numerata pecunia solvenda. Erf. 1701. 4°. —.70
6747 Pistorius, F., Inventarii hereditarii schema logicum. Bas. 1618. 4°. —.50
6748 —— W. A. P. V., De bep. der wet van 23 Dec. 1837 (Stbl. 78) omtrent het huwelijk getoetst aan de algemeene beginselen van overgangsregt. 's Grav. 1858. 8°. —.70
6749 Pit, A. D., De justitia distributiva. Traj. 1768. 4°. —.50
6750 —— C., De jure fisci. L. B. 1674. 4°. —.50
6751 —— L., De testamentis privilegiatis. Traj. 1699. 4°. —.30
6752 —— R., De collatione bonorum. L. B. 1829. 8°. —.80
6753 Pitschel, J. F. A., Observat. singul. Lips. 1773. 4°. —.30
6754 Pitter, F. P., Ad leg. Juliam repetundarum. L. B. 1676. 4°. —.40
6755 Pitzschel, L., Leg. 30 Cod. de pactis. Lips. 1675. 4°. —.30
6756 Pla, J., De adoptionibus. L. B. 1714. 4°. —.50
6757 —— A. L., De usucapionibus. L. B. 1691. 4°. —.40
6758 —— A. F. L., De jure parentis in liberos recens natos. L. B. 1703. 4°. —.40
6759 —— P. L., De contr. emtionis venditionis. L. B. 1692. 4°. —.30
6760 —— R. L., De transactionibus. L. B. 1671. 4°. —.80
6761 Placcius, V., Idea Jcti. Romano-Germanici. Holmiae. 4°. —.50
6762 Plaz, G. C., De differ. impoenitentis delinquentis supplicio. Lips. 1723. 4°. —.70
6763 Plentz, A., Hugonis Grotii de jure belli ac pacis, lib. 2, cap. 10. Hal. 1676. 4°. 1.—
6764 Pleomer, B. Guteraleth, Ad leg. Aquiliam. L. B. 1757. 4°. —.40
6765 —— T. —— Ad leg. 3 DD. de just. et jure. L. B. 1729. 4°. —.60

6766 Plkonne, T. Gutkeletti, De pristina libertate Belgarum sub principibus qm. maxime Hollandis et Zeelandis commercandi et piscandi per mare septentr. et ad oras magnae Britanniae, partis etiam recepta. L. B. 1791. 4°. —.70

6767 Plemper, N., De suspectis tutoribus. L. B. 1710. 4°. —.40

6768 Plemmen, C. v., Hug. Grot. de jure belli ac pac. lib. 3, cap. 23 de fide minorum potestatum in bello. Jca. 1675. 4°. —.40

6769 Plettz, J. O., De exceptionibus litis ingressum impedientibus justitiae impedimentis. Hal. 1738. 4°. —.60

6770 Pleuren, D. S. v., De aede per turam communi. L. B. 1792. 4°. —.40

6771 —— H. G. v., *Van Uitingeland, Staatkundige geschriften*, t. 1, p. 12, de potestate legislatoria comiti olim Hollandiae, qua summo imperanti, salve propria. L. B. 1794. 4°. 1.25

6772 Pleving, T. J., Ad leg. Rhod. de jactu. L. B. 1784. 4°. —.40

6773 Plonnn, J. F., De emtione venditione. Duisb. 1746. 4°. —.40

6774 Ploos v. Amstel, De variis causis et rationibus amoris in patriam. L. B. 1763. 4°. —.60

6775 —— —— —— A., De origine et usu jurisjurandi praesert. purgatorii. L. B. 1775. 4°. 1.—

6776 —— —— —— —— De fructuum perceptione. Amstel. 1857. 180 pp. 8°. 1.40

6777 —— —— —— —— De jure commercii, qd. gentib. in bello mediis competit. L. B. 1769. 186 pp. 4°. 1.50

6778 —— —— —— B. J., De jurisdictione q. dicitur administrativa in patria nostra. Amst. 1847. 8°. —.90

6779 —— —— —— G. E., De in integrum restitutionibus. Traj. 1660. 4°. —.40

6780 —— —— —— J., De poenis. L. B. 1723. 4°. —.50

6781 —— —— —— J. C., De tutelis. Traj. 1687. 4°. —.30

6782 —— —— —— J. P., De aestimatione rerum qrm. nomine in avariam communem contribuitur. Amst. 1838. 8°. —.60

6783 Pöckell, G. Q., De jure percussionis. Francf. 1690. 4°. 1.25

6784 Poat, E., De codicillis. L. B. 1700. 4°. —.30

6785 —— H., De delictis impuberum, ad leg. 91 de regul. jur. Traj. 1697. 4°. —.30

6786 Pohl, C. v. d., De quer. inoff. testam. L. B. 1714. 4°. —.30

6787 —— P. v. d., De collatione bonorum. L. B. 1739. 4°. —.50

6788 —— P. G. v. d., De auctor. tutorum et curator. L. B. 1708. 4°. —.40

6789 Pohlz, E. J. A., Thes. qd. jur. civ. ex tit. 1, libri 2 Inst. Traj. 1765. 4°. —.30

6790 Pohlman, G. A. A., De jure monopoliorum. L. B. 1782. 4°. —.90

6791 —— P., Ad l. 12 DD. de jurisdictione. L. B. 1737. 4°. —.50

6792 Pohlpelmann, C. G., Non dari servitutem altius tollendi. Vitemb. 1724. 4°. —.60

6793 Pohlner, J. D., De pacto antichretico. Erf. 1726. 4°. —.30

6794 Pohland, C. G., De juribus ad bona conjugum qui mutrim. nullam contraxerunt. Lips. 1823. 4°. —.30

6795 Pohlmann, P., De mandatis sine clausula. Helmst. 1678. 4°. —.80

6796 Polak D., D., Ad Pauli libr. III decretorum. L. B. 1846. 152 pp. 8°. 1.10

6797 Polis, C., De operis novi nuntiatione. Traj. 1858. 8°. —.90

6798 Poll, A. J. M. v. d., De feudis constituendis et finiendis. L. B. 1780. 4°. —.40

6799 —— F. v. d., De vindicta privata, ejusque origine modo atque fine. Traj. 1802. 4°. —.90

6800 —— G. G. v. d., De eo, qd. veniat in hereditatis petitionem. L. B. 1783. 4°. —.40

6801 —— G. G. v. d., Historia legum de regimine communium latar. sub legib. de imperio annorum 1798, 1801, 1805 et 1806. L. B. 1848. 8°. 1.—

6802 —— H. v. d., De privatione libertatis privatae. L. B. 1770. 4°. —.70

6803 —— H. M. v. d., De princip. foederis, q. d. neutralitas armata. L. B. 1821. 182 pp. 4°. 1.80

6804 —— —— —— —— —— Idem liber. forma 8°. 1.10

6805 —— H. J. v. d., De munere causarum patroni et impr. de libertate ei concedenda, ut munere bene fungi possit. Amst. 1834. 8°. —.80

6806 —— J. v. d., De territorio. L. B. 1804. 4°. —.60

6807 —— —— —— —— De bono publico. Traj. 1732. 4°. —.90

6808 POLL, J. v. D., Ad leg. 14 DD. de officio praesidis. L. B. 1741. 4°. —.60
6809 —— — — — De Scto. Vellejano. L. B. 1747. 4°. —.40
6810 —— — — — De vi legis novae in criminum antea commissorum poenas, condemnationes et persecutiones. Amst. 1834. 8°. —.70
6811 —— — — — De causa obligationis. Amst. 1834. 190 pp. 8°. —.90
6812 —— W. C. S. v. D., De locatione et conductione operis faciendi. Traj. 1823. 8°. —.60
6813 POLLIO, J., De suis ac legitim. heredibus. L. B. 1784. 4°. —.40
6814 POLS, J., De juris coloribus. L. B. 1780. 4°. —.50
6815 —— — De corporibus moralibus. Hag. 1849. 8°. —.80
6816 POMPE, M., De consensu person. in supt. liber. aliorumq. minorennium. L. B. 1787. 4°. 1.—
6817 —— P., Liberor. exheredatio et praeteritio. L. B. 1698. 4°. —.30
6818 —— v. MEERDERVOORT, Over de regten van den vruchtgebruiker. L. B. 1862. 8°. —.80
6819 —— —— A., De antichresi praecipue tacita. L. B. 1775. 4°. —.60
6820 —— — —— J., De locatione conductione. L. B. 1780. 4°. —.40
6821 —— — —— — De querela inoff. testamenti. L. B. 1701. 4°. —.60
6822 —— — SLINGELAND, M., De peculio. L. B. 1787. 4°. —.80
6823 PON, R. H. DU, De leg. Rhodia de jactu. L. B. 1768. 4°. —.50
6824 —— W. W. DU, De jurisdictione prorogatione. Traj. 1786. 4°. —.60
6825 PONATIUS, D., Quaest. aliquit. controv. Witteb. 1675. 4°. —.60
6826 PONICKAU, J. A. DE, De statu familiae et in specie de patria potestate. Lips. 1697. 4°. —.40
6827 PONT, FR., De locatione conduct. rerum. L. B. 1836. 128 pp. 8°. —.90
6828 —— J., De condictione indebiti. L. B. 1785. 4°. —.40
6829 PONTANUS, C., Obligation. patris dotandi filiam bonis propriis instructam. Duisb. 1781. 4°. —.50
6830 POOCK, H., De actione Pauliana. L. B. 1680. 4°. —.80
6831 —— J., De emtione venditione. L. B. 1706. 4°. —.80
6832 —— — De testamentis ordinandis. L. B. 1704. 4°. —.80
6833 —— N., De appellationibus. L. B. 1704. 4°. —.40
6834 —— P., De benef. competentiae. L. B. 1677. 4°. —.30
6835 —— H. J. KRAANE, De praestat. in heredit. divid. personal. L. B. 1760. 4°. —.50
6836 POOLSUM, H. P. v., De jure retractus. Traj. 1783. 4°. —.40
6837 —— — — — De principe, quaten. legibus solutus sit. Delph. 1728. 4°. —.30
6838 —— J. G. v., De societate. L. B. 1756. 4°. —.50
6839 POORT, E. v. D., De injuriis. L. B. 1745. 4°. —.40
6840 —— J. G. v. D., De jure servorum. L. B. 1707. 4°. —.80
6841 —— — — — — De probationibus. L. B. 1784. 4°. —.40
6842 POORTMAN, C. A., De M. T. Ciceronis orat. pro Flacco. L. B. 1855. 160 pp. 8°. 1.25
6843 POOT, P. v., De loco religioso. L. B. 1751. 4°. —.80
6844 POPPE, J. A. M., De pignore. Lips. 1831. 4°. —.40
6845 POPPELMAN, B. G., Ad l. unic. DD. de off. quaestoris. Harder. 1752. 4°. —.30
6846 —— J. P., Ad leg. 6, § 9 DD. de poenis. Harder. 1752. 4°. —.30
6847 PORSIUS, D., Substitutionis direct. et obliq. contem positiones. Giess. 1611. 190 pp. 4°. 1.50
6848 PORTIELJE, D. A., De societate innominata cum collegiis et universitatibus jur. ant. non confundenda. Amst. 1834. 8°. —.70
6849 —— — — An fieri possit, ut tot res novae conficiantur et vendi amplius non possunt. Amst. 1834. 196 pp. 8°. 1.50
6850 PORTMANS, B. G. J., De donationibus. Duisb. 1741. 4°. —.80
6851 PORTZEN, G. G. v. D., Ad l. Juliam de adulteriis. Traj. 1740. 4°. —.60
6852 POS, J., De evictione praestanda. Traj. 1772. 4°. —.60
6853 POSNERUS, C., Observatt. forens. Vitemb. 1724. 4°. —.40
6854 POSSEN, J., De virtute morali polit. necess. Aboa. 1775. 4°. —.80
6855 POST, B., De analogia ab interpretatione extensive rite distinguenda, et diversis analogiae generib. ratione juris criminalis. Tiel. 1840. 8°. —.60
6856 —— G. W., De leg. interpret. Traj. Traj. 1766. 4°. —.40
6857 —— J. W., De fide testium. Gron. 1819. 8°. —.40
6858 —— L. D., De usuta applicatione leg. 1 cod. ubi pupilli educari debeant, nov. 22, cap. 38 et cap. 67, 10 de appellationibus. Duisb. 1781. 4°. —.60

6859 Post Uiterweer, P., De jurejurando decisorio. Schied. 1847. 8°. —,70
6860 Pot, T. T., Ad L decisiones Justinianeas. Gron. 1644. 240 pp. 4°. 8.—
6861 —— C. v. d., De Rom. praemiis polypaidias. L. B. 1730. 4°. —,60
6862 —— M. v. d., De tributo praediali, quod in Hollandia exigitur, sub nomine *ordinaris verponding*. L. B. 1782. 140 pp. 4°. 1.75
6863 Pothoff, J. C., De emtione et vendit. L. B. 1754. 4°. —,50
6864 Potley, H., De off. judicis in ferenda sententia. L. B. 1718. 4°. —,30
6865 —— J., De nullitate sententiarum. L. B. 1713. 4°. —,40
6866 Poot, H., Ad leg. 8 Cod. de rev. don. L. B. 1754. 4°. —,40
6867 —— B. M., De jurejurando. L. B. 1787. 4°. —,60
6868 —— — — De lege Anastasiana. L. B. 1761. 4°. —,60
6869 —— H. J. S., Ad leg. 7 DD. de capt. et postl. revers. Traj. 1770. 4°. —,60
6870 —— M. M., De ultim. volunt. executor. L. B. 1791. 4°. —,60
6871 Potmitz, S., De usufructu. L. B. 1689. 4°. —,30
6872 Praamzer, J. C., De contractu emphyteuticario. Hal. 1711. 4°. —,60
6873 Praetorius, A. H., De largo subsidiario, *von der Bezahlung mit der Haut*. Lips. 1685. 4°. —,50
6874 Prangan, W., De novi operis nunciatione. L. B. 1761. 4°. —,50
6875 Prangen, F. C., De aequitate juridica. Kilon. 1730. 4°. —,50
6876 Prasch, J. L., De jure majoris partis. Aug. vindel. 1666. 4°. —,40
6877 Prasse, M. de, Histor. et suffragii elector. Saxonici et Archimareschallatus S. R. J. a. a. 1355 u. s. interitum Ascaniadarum in fam. elect. Witteb. Lips. 1791. 4°. —,70
6878 Pravitz, J. F., De decreto comitiali. L. G. 1758. 4°. —,40
6879 Preinistus, J. C., Jus belli circa fana et sepulchra. Witteb. 1671. 4°. —,40
6880 Preller, L. F., De jure legatorum in diem vel sub conditione relictorum. Lips. 1728. 4°. —,40
6881 Prentzel, F. A., De dilat. edict. in heredit. absent. ob mortem praesumt. petitione jure Saxonio elect. praescripta. Lips. 1791. 4°. 1.—
6882 Presburg, D. J., De jure succedendi. Harder. 1811. 4°. 1.—
6883 —— J. M., Ad art. 134 Cod. Civ. L. B. 1850. 8°. —,70
6884 Preuelius, J., Necessitat. utilitat. atque virtutes qudm. imperantium. Brem. 1663. 4°. —,60
6885 Preus, H., De usucapionib. et l. t. praescrip. Gron. 1680. 4°. —,30
6886 Preuschen, G. E. L., Dass ein Catholischer Landesherr in Ehe- und andern Kirchensachen seiner Evangelischen Unterthanen zu erkennen nicht befugt sey. Giess. 1753. 128 pp. 4°. 1.50
6887 Prince, P. C., De mandato. Traj. 1836. 8°. —,60
6888 —— — — De horis et diebus in Cod. Civ. Neer. L. B. 1840. 8°. —,70
6889 Prins, A., De sponsalibus. L. B. 1838. 8°. —,60
6890 —— A. T., De tutela materna. L. B. 1836. 4°. —,60
6891 —— G., De emtore vel venditore pretii inaequalitate laeso. L. B. 1770. 4°. —,50
6892 —— H., De furtis. L. B. 1718. 4°. —,60
6893 —— T. L., De iis quae sunt singularia in mutuo. L. B. 1785. 4°. 1.25
6894 —— W. D., De triplicis partitionis in rebus infinitis utilitate; impr. ad vim et modum, uti culpae ita doli quoque aestimandum sec. doctrinam Gaetano Filangieri, de scientia legislationis tom. IV, cap. 14. Amst. 1804. 8°. —,80
6895 —— J. H. v. d., Ad leg. 61 DD. depositi. L. B. 1855. 8°. —,40
6896 Printz, A. F., De venatione turbata. Lips. 1746. 4°. —,60
6897 Printzen, M. L. de, De tutelis illustrium. Francf. 1698. 4°. —,60
6898 Pripp, J. E., De jure recuperationis in statu naturali. L. G. 1742. 4°. —,50
6899 Pronck, G., De usucap. et praescript. Harder. 1753. 4°. —,40
6900 —— J., De remedio leg. 2 Cod. de resc. vendit. Hard. 1783. 4°. —,40
6901 —— J. R., Ad abdicationem liberorum, ad leg. 6 Cod. de patria potestate. Traj. 1725. 4°. —,50
6902 Pronckhart, J. C., Ad leg. 78 pr. DD. de contr. emtione. Traj. 1777. 4°. —,60
6903 Pruimers, C., De nundinis earumque jure, ex institutis Roman. et patriis. Gron. 1774. 4°. —,60
6904 —— J. C., De cura, qm. leges habent liberis prioris tori. Traj. 1851. 8°. —,80
6905 —— — — De rerum mobilium vindicatione. Traj. 8°. —,90
6906 Put, P. A. de, De jure provinciarum imper. Rom. L. B. 1697. 8°. —,50

6907 PÜRCKEL, J. C., De commissario imperiali in causis justitiae. Jen. 1698. 4°. 1.—

6908 PURMANNUS, M., De purgatione morae. Francf. 1667. 4°. —.30

6909 PURGOLD, J. G., De stupri judicio civili. Vitemb. 1736. 4°. —.30

6910 PUTMAN, E. H., De nautarum, cauponum, et stabulariorum recepto. Traj. 1760. 4°. —.30

6911 —— P., De dominio eminenti. Traj. 1748. 4°. —.30

6912 PUTTE, C. v. D., Ad edict. praet. de vi bonorum raptorum. L. B. 1716. 4°. —.40

6913 —— S. v. D., De condict. indebiti. L. B. 1714. 4°. —.40

6914 PUTTKAMMER, J. N. v., De iis, quae hereditat. actionisque emtioni vendit. sunt propria. L. B. 1827. 4° 1.25

6915 —— — — — Idem liber. forma 8°. —.60

6916 —— M. v., Quaest. juridic. L. B. 1819. 4°. —.60

6917 —— — — Quaest. jurid. L. B. 1819. 8°. —.40

6918 PÜTTMANN, J. L. E., De arbitrio judicis e foro judiciisque eliminando. Lips. 1771. 4°. —.30

6919 PÜTTMANNUS, J. L. E., De jurejurando vicario. Lips. 1794. 4°. —.30

6920 PYL, C. A., De probationibus. Traj. 1778. 4°. —.40

6921 PYLL, F., De injuriis. L. B. 1705. 4°. —.40

6922 PYLSWEERT, F. D. B. A., De jure venationis. L. B. 1724. 4°. —.60

6923 —— J. D. B. A., De pactis. Traj. 1750. 4°. —.40

6924 PYNAKER, C., De acq. vel omit. heredit. L. B. 1713. 4°. —.50

6925 PYNAPPEL, M. J., De facultate conjugum pactis nuptialib. jus constituendi qd. inter se et extraneos valeat. Amstel. 1855. 144 pp. 8°. 1.10

6926 PYPERS, P. J. J. H., De separatione bonorum. Bred. 1839. 8°. —.60

6927 QUADE, W. D., De emt. vendit. L. B. 1678. 4°. —.30

6928 QUAESTIUS, A., Compar. Cod. Civ. Neerl. 1837 cum Cod. Civ. Neerl. 1830. L. B. 1839. 8°. —.90

6929 —— W., De natura et indole poenarum. Gron. 1793. 4°. —.50

6930 QUAET, D. M., De facto notorio. L. B. 1759. 4°. —.60

6931 QUALENBRINK, G. C., De jure accrescendi. Traj. 1720. 4°. —.30

6932 QUARLES, P., De occupatione ferarum. L. B. 1701. 4°. —.30

6933 —— W., De condictione indebiti. L. B. 1709. 4°. —.30

6934 QUARLES, G. J. F. QUARLES DE, De forma regiminis reip. septem foederatarum provinciar. q. extitit. Leod. 1827. 4°. —.30

6935 —— v. UFFORD, P. N., De patria potestate sec. jus hod. Gallic. L. B. 1820. 4°. —.70

6936 QUARTEL, H. G. DE, De adoptione. Syl. duc. 1830. 8°. —.60

6937 QUERATENBORDT, C. DE, De patria potest. L. B. 1826. 4°. —.60

6938 —— J. C. M. DE, De legatis. L. B. 1827. 4°. —.60

6939 QUESNE, J. P. DU, De peritis in arte (*experts*) sec. jus Francicum. L. B. 1825. 4°. 1.10

6940 —— — — — Idem liber. forma 8°. —.70

6941 QUENTEL, C., De pulvinari morientib. non subtrahendo. Jen. 1683. 4°. 1.—

6942 QUENTZ, W. C., De foro austregarum. Francf. 1668. 4°. —.40

6943 QUERSEN, A. H. H., De legatis. Traj. 1703. 4°. —.40

6944 —— G. E., Ad leg. 13 Cod. de nuptiis. Harder. 1771. 4°. —.50

6945 —— J. A., De necessitate conditionis, in certo loco habitandi, testamento adscriptae per legatar. implendae. Traj. 1807. 8°. —.30

6946 —— W., De pactis inter emptorem et venditorem compositis. Traj. 1747. 4°. —.50

6947 —— W., De mandato delicto. L. B. 1773. 4°. —.60

6948 QUIET, C., De pignoribus et hypothecis. L. B. 1690. 4°. —.30

6949 —— G., De fidejussoribus. Traj. 1683. 4°. —.30

6950 —— J. D., De solutionibus. Traj. 1714. 4°. —.30

6951 —— T. F., De mandato. Traj. 1724. 4°. —.50

6952 QUINTINUS, A., Quod novum non sit, ut jus civile Rom. alicubi reprehendatur. Gron. 1634. 4°. —.30

6953 —— — De lege 31 DD. de legibus. Gron. 1633. 4°. —.30

6954 QUINTUS, J. D., De oblig. quasi ex delicto judicis per imperitiam male judicantis. Gron. 1754. 4°. —.60

6955 —— — — De ambitu juris poenalis communis in Belgio. Gron. 1836. 8°. —.60

6956 —— J. D. L., De potestate magistratus in tutorum datione, maxime sec. legum in patria nov. latam. Gron. 1836. 8°. —.40

6957 Quintus, J. W., De duello ejusq. puniendi ratione. Gron. 1850. 160 pp. 8°. 1.25

6958 —— R. A., De separatione thori ac mensae. Gron. 1840. 8°. —.60

6959 —— W. J., De jure testamento dandi tutores. Gron. 1799. 8°. —.60

6960 Quist, C. E., De philosophia juris Hegeliana. Helsing. 1858. 8°. —.50

6961 Raab, A. E., De obedientia civ. Ups. 1757. 4°. —.40

6962 Raad, J. de, De his, qui testam. facere possunt. L. B. 1751. 4°. —.50

6963 —— J. B. S. de, De minoribus. L. B. 1783. 4°. —.60

6964 Raadt, J. H. de, De statu, condit. et jur. debitorum observat. ap. Rom. Gron. 1768. 4°. —.70

6965 —— — — — Over erfstellingen en schenkingen over de hand ten behoeve van kleinkinderen en afstammelingen van broeders en zusters volgens het Burg. Wetb. L. B. 1862. 8°. —.80

6966 Raalte, D. J. v., De discrim. inter delicta dolosa et culposa cum ex rei natura tum ex princ. codic. poen. L. B. 1833. 8°. —.80

6967 —— E. E. v., De handelsreisiger. L. B. 1864. 176 pp. 8°. 2.—

6968 —— E. S. v., Over de magt, die den regter ambtshalve in strafzaken toekomt. Amsterd. 1858. 8°. —.80

6969 Rabenius, L. G., Om Landsköp. Ups. 1818. 8°. —.60

6970 —— — — Om Agodelningar. Ups. 1810. 4°. —.40

6971 —— O. M. T., Om batemanshallet. Ups. 1851. 8°. 1.—

6972 —— T., Om tiönden. Lund. 1858. 8°. —.90

6973 Rabus, G., De privato jure leg. XII tab. L. B. 1703. 4°. —.30

6974 Rachlin, A. G., De indole act. Public. Vitemb. 1749. 4°. —.60

6975 Radaeus, D., De societate. L. B. 1714. 4°. —.40

6976 Radder, J. L., De usuris. Traj. 1731. 4°. —.40

6977 Rademaker, D., De jure circa sepulturam, et hom. mort. cadavera. L. B. 1754. 4°. —.60

6978 Rademin, H., Unus testis nullus testis. Regiomonti. 1720. 4°. —.50

6979 Raden, P. G. P. v., De differentiis falsi et stellionatus. Amisfort. 1846. 8°. —.40

6980 Radenhausen, P. A., De mero magistratuum Roman. imperio. Duisb. 1712. 4°. —.30

6981 Radex, J. J., Jus conducendi. Altd. 1677. 4°. 1.—

6982 —— — — De repraesentativa legatorum qualitate. Heidelb. 1680. 4°. —.30

6983 Radermacher, F. R., Ad Pompon. in l. 43 DD. de usuris. Traj. 1784. 4°. —.40

6984 —— J. C., De compensatione. Traj. 1828. 8°. —.40

6985 Raecx, P., De popularibus actionibus. L. B. 1674. 4°. —.40

6986 Raedler, J. C., De commendatore teutonico, patrono ecclesiae, quae commendatorae incorporata est, non vulgari. Hal. 1776. 4°. —.50

6987 Raemaeckers, C., De administratione tutelae. Duisb. 4°. —.30

6988 Raet, G. de, De tutelis. L. B. 1705. 4°. —.30

6989 —— J. B. F. W. de, De inoff. testam. Traj. 1767. 4°. —.30

6990 —— T. de, De mandato. L. B. 1711. 4°. —.30

6991 Rahusen, E. N., De jure retentionis. Amstel. 1854. 8°. —.90

6992 —— G., An creditores societatis nominalae q. foro comit. prae privatis sociorum creditoribus jus habeant in bona societatis. Amstel. 1850. —.60

6993 —— J. J., De ecclesiae nexu cum civitate in patria nostra inde ab anno 1815. Amst. 1854. 138 pp. 8°. 1.—

6994 —— — — Ad art. 170—172 leg. publ. L. B. 1844. 8°. —.40

6995 Raidt, J., De matrimonialmate. Marb. 1728. 4°. —.80

6996 Rakenius, A. C. F., De divite. Francf. 1685. 4°. —.80

6997 Raket, C. H. v. Bekkenstein, De jure circa res naufragas. L. B. 1775. 4°. 1.25

6998 Ralin, L., De lege legislatorem non obligante. L. G. 1754. 4°. —.30

6999 Ram, A., De casu pro amico. Traj. 1736. 4°. —.90

7000 —— F. E., Felicitas subditorum Brandenburgicorum ob emendatam per edicta electoralia statum ecclesiasticum et politicum. Hal. Sal. 1690. 4°. —.60

7001 —— J. L., De ministerii publici origine in criminum causis impr. in patria nostra. Traj. 1840. 312 pp. 8°. 2.50

7002 —— J. W., De donat. int. viv. earumq. revocandarum jure. Traj. 1778. 4°. —.40

7003 —— L. E., Ad leg. action. orig. et progressu. Traj. 1804. 4°. —.30

7004 RAM, P., De incestu. Traj. 1774. 4°. 1.25
7005 RAMAN, C. J. B., De probatione per testes sec. jus a. hod. Gand. 1823. 4°. —.40
7006 RAMBONNET, F. L., Ad l. 8 DD. de his qui sui vel alieni juris. Hard. 1778. 4°. —.30
7007 —— — — De iis, q. recentiori aetate circa decimarum abrogationem acta sunt. Traj. 1847. 8°. —.40
7008 —— L. H., Hist. jur. dotium apud Rom. Traj. 1819. 8°. —.30
7009 RAMDOHR, A. E. DE, De toto jure per partialem usum servato quo exemplo libertatis et individuae servitutum causae illustrantur. Gott. 4°. —.90
7010 RAMHORST, J. V. D., Ad leg. 62 DD. de contr. emtione. L. B. 4°. —.60
7011 RAMMELMAN, H., De voce testamenti. L. B. 1700. 4°. —.30
7012 —— — Idem liber. 1710. —.30
7013 RAMSTEDT, J., Fundamentum legislatoris in morali hominis cognitione positum. Ups. 1783. 4°. —.60
7014 RAMSTRÖM, F. A., De judiciis publicis apud Rom. Ups. 1816. 4°. —.30
7015 RANCHSTEDT, De aetate magistratuum Rom. legitima. Ups. 1736. 4°. —.50
7016 RANCKEN, J. G., De praestat. damni et interitus rer. in contractib. Abo. 1810. 4°. —.40
7017 RANDWIJCK, L. N. v., De reticentia illorum ad quorum notitiam lees. majest. aut perduellionis crimina committenda pervenerunt. Traj. 1829. 8°. —.70
7018 —— W. C. H. C. A, De testamento militari. L. B. 1747. 4°. —.40
7019 —— J. N. C. A, De jure repraesaliarum. L. B. 1747. 4°. —.40
7020 RANGO, J. J., De fide bellica. L. B. 1694. 4°. —.50
7021 RANITZ, C. DE, De distinctione hominum cives inter et peregrinos, hujusque distinct. effectu ex lege civ. Gron. 1823. 136 pp. 8°. 1.—
7022 —— H. DE, De exteris eorumque in civitate jure. L. B. 1820. 4°. —.60
7023 —— — — De lege sacra Romuli de nuptiis. Gron. 1816. 8°. —.30
7024 —— — — De jure nat. et ethica. Gron. 1816. 4°. —.60
7025 —— — — De imperio civili in partes recte distribuendo. Gron. 1819. 118 pp. 8°. 1.50
7026 —— J. H., De poenis polygamiae successivae. Harder. 1723. 4°. —.40
7027 —— S. M. S. DE, De causis divortii et separationis thori et mensae. Gron. 1830. 8°. —.70
7028 RANTRE, L. DE, De sermone ultra dimidium. L. B. 1732. 4°. —.40
7029 RAPPARD, C., De vulg. substit. Traj. 1741. 4°. —.30
7030 —— H. A., De assignatione bonor. liberis a conjuge superstite facienda. L. B. 1768. 4°. —.70
7031 —— H. A. v., De excusatione testimonium dicendi in judiciis eorum, qd. propter munus profess. v. legitim. necessitudinem arcanorum sunt depositarii. Traj. 1847. 8°. —.60
7032 —— H. W., De legg. fundamentalibus. L. B. 1770. 4°. —.60
7033 —— J. A. A. G. v., De instrumentis satellitiis. L. B. 1816. 4°. —.60
7034 —— J. W., De favore reorum. Traj. 1739. 4°. —.30
7035 —— W., De successione naturali. Traj. 1741. 4°. —.40
7036 —— W. L. F. C. v., De auctoritate et usu disceptationum et orationum, q. occasione confic. commendq. cod. civ. Franc. sunt habitae (vulgo *discussions et motifs*) in interpret. leg. L. B. 1820. 156 pp. 8°. 1.10
7037 RAPPOLD, M. S. F., Anecclogismum, occ. l. 5 § 7 DD. de administr. et peric. tutor. Altd. 1685. 4°. —.50
7038 RAS, D., De legg. fundament. Traj. 1756. 4°. —.60
7039 —— E., De injuriis. L. B. 1717. 4°. —.30
7040 —— G. H. G., De vinculi cognationis et affinitatis vi et efficacia in jure criminali. Traj. 1848. 200 pp. 8°. 1.50
7041 —— P., De ususfructu. Harder. 1754. 4°. —.30
7042 RASCH, B. J., Thes. jurid. Harder. 1737. 4°. —.30
7043 —— F. H. A., De poena infanticidii. Lips. 1725. 4°. —.50
7044 RÄTZEL, J. C., Curatorum lit. ex tradition. rei mob. temp. ordinat. proc. elector. Sax. veteris pignori datae et tradit., absq. illius solutione, ad massam concurs. temporib. recognitae prim. arti in terris elector. Sax. insinuationem. Erford. 1730. 4°. —.50
7045 RAU, C., De princip. causa odii secund. nuptiar. ap. veteres. Lips. 1801. 4°. —.30
7046 —— — De feudis plegii. Lips. 1816. 4°. —.30

7047 Rau, C., Dignum etiam compositione esse ex scriptis Jctorum Hadriano imperatore anteriorum. Lips. 1809. 4°. —.30
7048 —— E. A., De probatione religionis. Erl. 1751. 4°. 1.10
7049 —— J., De monarchia optima imperii forma. L. B. 1830. 158 pp. 4°. 1.75
7050 —— — Idem liber. 1831. 160 pp. 4°. 1.—
7051 —— — Idem liber. forma 8°. 1.25
7052 —— S. J. E., Ad M. T. Ciceronis orationem pro P. Quinto. L. B. 1825. 4°. 1.25
7053 —— — — — Idem liber. forma 8°. —.60
7054 Raue, J. H., De exclusione pactitia communionis bonorum inter conjuges per statutum introducta. Harder. 1756. 4°. —.50
7055 Rautenberg, G., De advocatis pauperum. Herborn. 1735. 4°. —.50
7056 Rauwenhoff, J. H., De lege Voconia. Harder. 1754. 4°. —.70
7057 Rauwertz, B. H., De juramento purgatorio. Harderv. 1730. 4°. —.50
7058 —— D. P., De lege anastasiana. Gron. 1778. 4°. —.50
7059 Raye, J., De codicillis. L. B. 1721. 4°. —.30
7060 Raven, F., De testamentis privilegiatis. L. B. 1699. 4°. —.50
7061 —— J., De obligationibus. L. B. 1668. 4°. —.50
7062 Ravens, C. J., Juris quaest. L. B. 1751. 4°. —.40
7063 Ravensteyn, J. v., De herede ex re certa instit. Traj. 1739. 4°. —.50
7064 Ravesteyn Medenblik, A. H. J., Ad tit. DD. quar. rer. actio non datur. L. B. 1830. 4°. 1.—
7065 —— H., De moderamine inculpatae tutelae. L. B. 1734. 4°. —.60
7066 —— H. W., Ad leg. 10 Cod. de juris et facti ignorantia. L. B. 1752. 4°. —.60
7067 —— A. J. v., De avariis. L. B. 1768. 4°. 1.10
7068 —— P. v., De mandato. L. B. 1695. 4°. —.50
7069 Raydt, T. F. C., De aequitate, ejus in jure usu, limitibus, q. inter illam strictamq. jus intercedant, et quaest. quatenus ea stricto juri sit praeferenda. Lingae. 1768. 8°. —.60
7070 Raye de Breukelerwaert, J., De asylis. L. B. 1760. 4°. —.50
7071 Rechtenbach, P. M., De vi et efficacia juramenti promissorii et confirmatorii. Altd. 1688. 4°. 1.
7072 Rechteren en Limpurg, A. F. L. v., De forma regiminis provinciae Transisalaniae. L. B. 1817. 8°. —.50
7073 Recketoot, D. P., De injuriis. Traj. 1756. 4°. —.50
7074 Redders, J. A., An legitima sit pars hereditatis vel bonorum, et exheredatus aut renuncians hereditati augeat aut minuat legitimam, ac filia hereditati renuncians accepta dote quoque contenta esse debeat, atque adhuc petere possit legit. aut non item liberis suis praejudicet. Harder. 1762. 4°. —.30
7075 Redeker, C. L., De transactione judiciali ob laesion. ultra dimidium non rescindenda et rescindenda. Harder. 1759. 4°. —.50
7076 —— W., De collatione sumtuum studiorum, ad leg. 50 DD. fam. ercisc. Hal. 1750. 4°. —.60
7077 Reddingius, R. A. B., De vi atq. effectu mortis et dementiae, cum in reorum damnationem, tum in damnatorum poenam. Gron. 1823. 186 pp. 8°. 1.10
7078 Redelosius, J., De testamento rusticorum. Francf. 1658. 4°. —.60
7079 Reede, J. F. v., De juribus toparchicis (*Heerlijke rechten*). Traj. 1850. 340 pp. 8°. 2.25
7080 —— J. L. v., De juris venationis principiis. Traj. 1846. 8°. —.50
7081 Reen, S., Ad leg. 9 DD. de statu hom. Franeq. 1722. 4°. —.30
7082 Reenen, G. J. A. v., Ad leg. 1 Cod. de hered. tutor. vel curatorum. Traj. 1767. 4°. —.60
7083 —— G. C. J. v., Utrum exheredatio ob alias, quam a Just. in Nov. 115 enumeratas, caus. facta cum j. R. tum morib. nostris valeat. L. B. 1772. 4°. —.40
7084 —— — — — — De bello, quod de successione Austriac gestum est, pace aquis Granensi composito. Amst. 1840. 160 pp. 8°. 1.25
7085 —— J. H. v., De factorum contractibus promissorum praestatione. L. B. 1808. 4°. —.50
7086 —— — — — De juris Rom. studio etiam nostr. temp. non intermittendo. Amst. 1810. 4°. —.60
7087 —— J. J. H. v., De mensis ad servand. pecuniam pauperum institutis. Amstel. 1845. 8°. —.40

7088 Reenen, L. L. v., Quodnam tempus monetae valore mutato in solvendo inspiciendum sit? L. B. 1742. 4°. —.80
7089 Reepmaker, A., De osculo. Traj. 1739. 4°. —.60
7090 —— J., De foro competenti. Traj. 1697. 4°. —.40
7091 —— J. C., De Gulielmo I Arausiaco. L. B. 1843. 8°. —.80
7092 Rees, J. v., De primo retractus gentilitii inter germanos fundamento. Gron. 1771. 4°. —.40
7093 Reesema, A. S. v., De praesumtione doli in delictis. L. B. 1807. 144 pp. 4°. 1.75
7094 —— — — — Idem liber. 184 pp. forma 8°. 1.25
7095 —— — — — De vi cognoscementi qd. merciam possessionem. L. B. 1845 8°. —.50
7096 —— G. S. v., De bodemariae in avarias contributione. L. B. 1840. 8°. —.80
7097 —— J. S. v., De asseeuratione salv. navigat. L. B. 1840. 8°. —.80
7098 Reflexionen über ein Helmstädtisches responsum juris von F. L. E. G. v. B. 1723. 4°. —.80
7099 Reghenorts, J. D. de, De judiciis. Argentor. 1716. 4°. —.60
7100 Reguleth, D., De interpretatione legum sine calumnia, sec. aequit. facienda. Traj. 1787. 4°. —.80
7101 Rehder, F., De jurejurando. L. B. 1678. 4°. —.80
7102 Rehfeldt, M., De jure reverentiali. Francf. 1671. 2 pts. 4°. 1.50
7103 Reibnitz, G. G. de, De perib. sententiis judicum et arbitrorum. Vitemb. 1717. 4°. —.60
7104 Reiche, J., De crimine magiae. Hal. 1701. 4°. —.60
7105 —— J. J., De jure princip. libertat. commerciorum restringendi in utilitat. subditorum. Getting. 1758. 4°. —.80
7106 Reichel, G. E., De processu per mandatum. Hal. 1731. 4°. —.70
7107 —— J. G., De subhastatione nomium. Lips. Lips. 1734. 4°. —.60
7108 Reichelt, J. C., De distinctione sponsaliorum in publica et clandestina. Erf. 1729. 4°. —.40
7109 Reichen, C. H., De benef. Scto Macedoniano. Harder. 1763. 4°. —.30
7110 Reichmann, J. E., De condictione indebiti ob ignorantiam juris non excludenda. Marb. 1723. 4°. —.80
7111 —— J. H., De legatis ex testamento destituto, cui clausula codicillaris adjecta est, praestandis. Herb. 1758. 4°. —.60
7112 Reiding, A. Sveres, De fictionibus jur. apud Rom. 4°. —.60
7113 —— F. J., De jure summi imperantis in societates occultas. Gron. 1828. 8°. —.30
7114 Reiger, A., Ad Nov. 140 de accom. morum apud populos observantia in legib. condendis. Gron. 1802. 8°. —.30
7115 —— F. W. H., De jure ad poenam sublato per mortem delinquentis, ad art. 446—451 Cod. pair. qua regitur methodus proc. in caus. poen. Gron. 1842. 8°. —.40
7116 —— H., De vi et efficacit. feminarum in res politic., earumq. jurib. civicis. Gron. 1829. 184 pp. 8°. 1.25
7117 —— J. C., De literis dimissoriis appellationum vulgo von *Apostoln*. Ratisb. 1786. 4°. —.50
7118 Reigersman, A., De portione legitima. L. B. 1789. 4°. —.60
7119 —— J., Ad leg. Jul. de adulteriis coercendis. L. B. 1719. 4°. —.30
7120 —— — De baronia Bredana foederatorum Belgarum feudo et ejus jurib. L. B. 1774. 4°. 1.—
7121 —— J. C., De praescriptione juris gentium sive immemoriali. L. B. 1749. 4°. —.60
7122 —— P. C. A. C., De legib. et institut. Belg. cum antiquiorib. tum recentiorib. q. spectant curam in mercibus, ex auro vel argento fabricatis, publ. cautionis ergo, adhibendam. Traj. 1829. 192 pp. 8°. 1.60
7123 Reimers, A. F., De venditione illicita fructuum in herbis. Hal. 1788. 4°. —.40
7124 —— T., De jure superflui et cautela abundanti. Francf. 1690. 4°. 1.—
7125 —— — De cautela abundanti in contractibus. Francf. 1690. 112 pp. 8°. 1.40
7126 —— — De nomine proprio. Francf. 1680. 4°. —.70
7127 —— — De cautela abundanti in processu. Francf. 1690. 4°. —.80
7128 Rein, G., Circa theoriam statisticae sententiae. Helsingf. 1848. 4°. —.40
7129 Reinders, M., Quaest. jur. civ. hod. Gron. 1840. 8°. —.40
7130 Reinh, F. A., De remediis fidejussorum adv. creditores. Dord. 1753. 4°. —.30

7131 Reinecking, L., De statutis. Jen. 1652. 4°. —.40
7132 Reinhardt, C. G., De jure Romanorum circa flumina, alveos et ripas. Lips. 1738. 4°. —.50
7133 —— — — De testamentis parturientium privilegio et jure singulari nullo munitis. Jen. 1746. 4°. —.40
7134 —— C. T., De proxenetis Romanor. Vitemb. 4°. —.30
7135 —— J. A., De cautionibus in judicando observandis. Hist. 1710. 4°. —.60
7136 —— J. F., Paradoxa c. act. negatoriam. Vitemb. 1740. 4°. —.40
7137 —— S. F., De effectu quasi interpellationis seu legal. seu extrajudicialis. Vitemb. 1766. 4°. —.40
7138 Reinhart, A. W., De eruditorum cunctatione in componendis libris ad Fabii lib. X, c. IV. Wittenb. 1717. 4°. —.30
7139 Reinharth, T. J., De processus summarii incommodis ejusque ab ordinario differentiis maxime spuriis. Gott. 1739. 4°. —.40
7140 —— — — De fidejussionibus clericorum. Gott. 1741. 4°. —.30
7141 Reinick, J. H., De privilegiis militum. Traj. 1731. 4°. —.30
7142 —— Q., De compensationibus. L. B. 1745. 4°. —.40
7143 Reiniers, J., De act. fam. ercisc. L. B. 1677. 4°. —.30
7144 Reinmann, J. Z., De jure praeferentiae in locatione. Jen. 1708. 4°. —.60
7145 Reinold, B. H., De inscriptionibus legum DD. et Cod. Duisb. 1712. 4°. —.50
7146 —— T. A., Observationes interpretationi codicis praemiss. Francf. 1716. 4°. —.50
7147 Reisig, J. B., De contractu suffragii, occ. l. un Cod. de suffr. Gott. 1767. 4°. —.40
7148 Reistorer, G., De jurisdictione Pilati. Hard. 1759. 4°. —.30
7149 Reitz, G., De ratihabitione et retractatione. Traj. 1755. 4°. 1.—
7150 —— G. O., De mathesi juridica. Traj. 1736. 4°. —.90
7151 —— G. J. A. Bosch, An non-usu tollatur legum vis. Amst. 1850. 8°. —.50
7152 Reitsius, C. C., Nonnul. Zeelandiae jura singularia. Traj. 1764. 4°. 1.—
7153 Reland, J. H., De testam. imperfecto. Traj. 1738. 4°. —.50
7154 Renaud, W. J., De alimentis legatis. Traj. 1773. 4°. —.30
7155 Rendorp, A., De assecuratione super vita. Amst. 1851. 8°. —.60
7156 —— J., De hereditate semel data, eodem testamento non iterum adimenda. L. B. 1750. 4°. —.60
7157 —— G. T., De origine et progressu juris in Kennemerlandia. L. B. 1851. 8°. —.80
7158 —— P., De orig. et potest. ordinum sub comit. Hollandiae. L. B. 1769. 4°. 1.25
7159 —— — De lege commissoria. L. B. 1724. 4°. —.40
7160 —— S., Ad leg. 144 de verb. signif. L. B. 1789. 4° —.50
7161 —— W., De jure necessitatis. L. B. 1793. 4°. —.40
7162 Reneman, A. D., De jure gent. a jure nat. non diverso. Traj. 1817. 4°. —.40
7163 —— F. Z., De arrha sponsal. a heredib. restituendis. Gron. 1801. 8°. —.50
7164 —— P. R., De divortiis. L. B. 1889. 4°. —.60
7165 Rengers, J. P. C. H. B. v., De testamentaria et legitima conjug. successione. Traj. 1772. 4°. —.50
7166 —— L. v., De jurejurando. L. B. 1715. 4°. —.40
7167 —— L. W. C. v., De sponsalibus. Traj. 1743. 4°. —.60
7168 Renger, E. H., De inciis, impr. viduarum Rom. Traj. 1825. 8°. —.30
7169 —— P. U., De innovationibus a Saxoniae ducibus in Frisia factis. L. B. 1776. 4°. 1.—
7170 —— W. A., De errore in virginitate. Gron. 1776. 4°. —.40
7171 —— W. F. S., De jurisd. crim. Gron. 1776. 4°. —.50
7172 —— K. S. v. Burmania, De poena adulterii ex lege Julia. Franeq. 1761. 4°. —.50
7173 —— E. v. Welderen, De indole et origine obligationis q. in jure Rom. quasi ex delicto nasci dicitur. L. B. 1833. 8°. —.50
7174 —— E. R. — —— De adulterio s. j. Gal. L. B. 1824. 4°. 1.50
7175 —— — — — —— Idem liber. forma 8°. —.90
7176 —— S. — —— Quaestiones juris. Traj. 1828. 8°. —.50
7177 —— W. J. — —— Het verband tusschen het burg. regt en de staathuishoudkunde. Traj. 1861. 8°. 1.—
7178 Rennemann, J. G. A., De Jcto disputatore. Viteb. 1749. 4°. —.30
7179 Rens, F. H., De fortis. L. B. 1707. 4°. —.30
7180 Rensselaer, K., De successione descendentium. Traj. 1698. 4°. —.30

7181 Repelaer, A., De jure nat. gent. et civ. L. B. 1788. 4°. —.40
7182 —— H., Ad art. 421, 423 Cod. Poen. Gallici. Brux. 1828. 104 pp. 4°. 1.25
7183 —— — Idem liber. forma 8°. —.30
7184 —— — De civitat. evectione per inductionem aratri, ad leg. 21 DD. q. m. usufr. amitt. L. B. 1748. 4°. —.70
7185 —— — De testamentis ordinandis. L. B. 1707. 4°. —.40
7186 —— O., De juribus usufructuarii. L. B. 1829. 4°. —.60
7187 —— — Idem liber. forma 8°. —.40
7188 —— — De pace Neomagensi int. Ludov. XIV Gal. reg. et ordin. gener. Belgii foeder. L. B. 1816. 4°. —.60
7189 —— P. P., De inoff. testamento. L. B. 1825. 8°. —.30
7190 Retemeyer, C., De sententiis. L. B. 1787. 4°. —.50
7191 Rethaan, J. P., De praestat. doli et culpa, ad leg. 23 DD. de divers. reg. jur. veter. L. B. 1673. 4°. —.30
7192 Reulx, E. D., De supplicio parricid. Gand. 1821. 4°. —.40
7193 Reus, G. de, De fidejussoribus. L. B. 1667. 4°. —.30
7194 Reuter, D., De jure ac judicio fortunae. Francf. 1673. 4°. —.40
7195 —— J. H., De doli incidentis et causam dantis in contractib. effectu. Hal. 1744. 4°. —.60
7196 —— — — De effectu querelae inoff. testam. Hal. 1749. 4°. —.60
7197 —— — — De dominio quiritario et bonitario. Hal. 1755. 4°. —.40
7198 —— — — De arrha, pacto imperfecto, data. Hal. 1747. 4°. —.60
7199 —— — — De Jcto theologum imitante. Hal. 1747. 4°. —.50
7200 Reutter, J. G., De libellis. Bas. 1620. 4°. —.60
7201 Reuvens, J. E., De cautione muciana. L. B. 1784. 106 pp. 4°. 1.25
7202 Reuver, G. H., De discrimine inter communionem conjug. lucri damnique et comm. fruct. atq. redit. Amst. 1831. 8°. —.40
7203 Reventlau, F. D., De equitibus et equestribus ordinibus. L. B. 1707. 4°. 1.60
7204 Reverhorst, T. v., De legg. muneralibus. L. B. 1729. 4°. —.50
7205 Reyer, P. J. L., De servis. L. B. 1799. 4°. —.40
7206 Reymann, J. G., De executione subsidiaria. Gott. 1737. 4°. —.50
7207 Reynders, N. L., Quaest. jur. Gron. 1847. 8°. —.30
7208 —— S., De consensu in pactis, ejusque variis formis. Gron. 1819. 112 pp. 8°. 1.60
7209 Reynsdorp, H., De ostracismo politico, vulgo *de politike uitsetting*. Traj. 1758. 4°. —.60
7210 Reynst, C., Ad adquir., retinenda et amitt. poss. L. B. 1808. 4°. —.40
7211 Reynvaan, B. E., De beneficio inventarii. L. B. 1758. 4°. —.80
7212 —— J., De tributo hereditario. L. B. 1854. 8°. —.60
7213 —— J. V., De privileg. studiosorum nec non scientiar. doctorum; authent. cod. lib. 4, tit. 13. Harder. 1765. 4°. —.30
7214 Rhaesa, J. F., De reb. altior. indaginis. Jen. 1788. 4°. —.60
7215 Rham, J. C. W., De finib. jur. civ. regundis. Traj. 1772. 4°. —.30
7216 Rheden, C. v., De eo, quod justum est in dubio, ubi de genuina praxi juris. Francf. 1705. 4°. —.60
7217 —— D. v., Ad leg. 3 Cod. de in integ. restitut. minorum. Traj. 1739. 4°. —.40
7218 —— — — De jure postliminii. Heidelb. 1673. 4°. —.50
7219 —— J. v., De praetore minima non curante. Traj. 1786. 4°. —.70
7220 Rhee, D. v., De jure legit. portionis. Harder. 1754. 4°. —.80
7221 —— S. v., Thes. jur. Traj. 1777. 4°. —.30
7222 —— W. H. v., De possessione. Traj. 1718. 4°. —.50
7223 Rheinwaldt, F. F. de, De emphyteusi. Duisb. 1741. 4°. —.30
7224 Rhenen, C. H. v., De argumentis, qbs. pacta mercatoria impugnantur. L. B. 1833. 8°. 1.—
7225 —— F. A., De crimine infanticidii. L. B. 1833. 8°. —.40
7226 Rhetius, J. F., De fato declinando. Francf. 1637. 4°. —.50
7227 —— — — De rebus sic stantibus diversa juris. Francf. 1706. 4°. —.60
7228 Rhewend, R. T., De jure ἀναλϕαβήτων. Francf. 1690. 4°. —.80
7229 Rhode, M., De poena sine culpa. Francf. 1697. 4°. 1.25
7230 Rhoden, J. H., De saccularis et directariis, ad leg. 7 DD. de extraord. criminib. *von Beutelschneidern und Spitzbuben*. Francf. 1690. 4°. —.60
7231 Rhoer, C. W. de, De poena ad filios et propinq. rei non extendenda. Gron. 1773. 4°. —.80

7232 Rhijn, A. v., De quer. inoff. test. L. B. 1757. 4°. —.40
7233 —— J. v., De sententiis. L. B. 1676. 4°. —.40
7234 —— J. G. v., De eo, qd. in quaest. de violentia sui rerumq. suar. defensione licet. L. B. 1790. 4°. —.90
7235 —— N. v., De jure accrescendi. L. B. 1773. 4°. —.70
7236 Ribaut, G., De matre et avia tutricibus. Traj. 1759. 4°. —.40
7237 Ribbius, G. D., De vindicta privata in causis civilibus. Dev. 1837. 152 pp. 8°. 1.25
7238 —— H., De judice innocentiae patrono. L. B. 1792. 4°. —.70
7239 —— W., De jurejurando. Traj. 1744. 4°. —.60
7240 Riccius, C. G., De indole atque natura judicii separati a reconventionis judicio exactius distincti. Lips. 1732. 4°. —.70
7241 —— — — Juris Justin. in aulis Germanor. princip. usus practicus. Francf. 1738. 4°. —.60
7242 —— — — De praescriptione ac exceptione imperatorum aut princip. imperii privilegiis vel pacisceutium provisione, aut plane exclusa, aut ad longius tempus producta. Goett. 1744. 4°. —.60
7243 Richardt, P. A., De collatione bonorum. Duisb. 1724. 4°. —.80
7244 —— T. J., De arbitrio judicis. Hard. 1752. 4°. —.40
7245 Richey, J., Vindiciae praetoris Romani et juris honorarii. Lips. 1730. 4°. —.90
7246 Richter, C. A., De differ. int. process. ordinar. Saxonicum, et illum sic dictum summarium in judicio mercator. Lips. usitatum. Erf. 1783. 4°. —.40
7247 —— G. J., De eo, quod justum circa res mortuo famulatus, Jen. 1787. 4°. —.90
7248 —— J., De judiciis. Bas. 1618. 4°. —.40
7249 —— — Ad L. 14 Cod. de sent. et interloc. omn. jud. Francf. 1673. 4°. —.60
7250 —— J. C., De repudiorum jure impr. ex implacabilis odii causa. Vitemb. 1737. 4°. —.70
7251 —— J. G., De lege Visellia occ. tit. Cod. ad leg. Visell. Lips. 1786. 4°. —.80
7252 —— P., De praerogativo Adami conjugio. Gott. 1745. 4°. —.80
7253 Richtsteig, M., De via media. Francof. 1694. 4°. —.40
7254 Rickers, J., De anatocismo. Francf. 1698. 4°. —.60
7255 Ridder, J. H. de, Ad edict. praet. q. e. in lege 1 DD. de his, qui notantur infamia. Traj. 1768. 4°. 1.—
7256 Riebeeck, G. C. v., Fictiones juris ex jure personarum. L. B. 1743. 4°. —.60
7257 —— W. v., De sponsalibus. L. B. 1755. 4°. —.50
7258 Riech, D., De jure reluendi feudum sub hasta venditum. Lips. 1712. 4°. —.60
7259 Riedel, J. C., De fideicommissis in genere. Lips. 1686. 4°. 1.—
7260 Riedner, C., Casus nonnul. controvers. Heidelb. 1668. 4°. —.60
7261 Riegger, J., Juris libere sentiendi limites. Tubing. 1745. 4°. —.60
7262 Riel, D. O. v., De modis, qbs. ipso jure tollitur obligatio. L. B. 1764. 4°. —.60
7263 Rielle, J. v., An et quaten. jure Holl. consfr. ipso jure constituatur. L. B. 1780. 4°. —.60
7264 Riemer, J. de, De inoff. testamento. L. B. 1700. 4°. —.40
7265 Riemersma, P. C., De partib. imper. civil. summi generatim spectatis. L. B. 1788. 4°. —.60
7266 Riemsdijk, J. v., De controversiis ex testamento oriundis per transactionem non decidendis nisi inspectis tab. test. Gron. 1799. 8°. —.40
7267 —— — — De privilegio, qd. habet locator rei immobilis. Davent. 1835. 8°. —.60
7268 —— J. C. F. v., De crimine laesae majestatis. Traj. 1807. 4°. —.90
7269 —— — — — — Idem liber, forma 8°. —.50
7270 —— J. J. F. v., De jurisprud. ad rempubl. gubernandam necessitate. Amst. 1761. 4°. —.50
7271 —— — — — — De auctorit. tutorum. Traj. 1765. 4°. —.80
7272 Riese, H., Vindiciae jur. majestatici circa Sacra. Halae. 1699. 4°. —.60
7273 Rietman, W. W. de, De juribus omnium S. R. J. Electorum. Traj. 1710. 4°. —.60
7274 Riet, J. v., De Hugonis Grotii in jure crim. meritis. L. B. 1828. 8°. —.70
7275 Rietberg, L., De vi et efficacia librorum mercat. Gron. 1806. 176 pp. 8°. 1.25
7276 Rietstap, A. J. T., De venditore ad evictionis nomine cogatur emptorem defendere. Hag. 1854. 8°. —.60

7277 RIETVELD, M. G. v., Ad L. 18 pr. de lib. et posth. her. instit. Traj. 1783. 4°. —.80
7278 —— M. G. M., De tutelis. L. B. 1780. 4°. —.60
7279 RIETVELT, J. R. E. UITTERWAAL, De emtione venditione. L. B. 1831. 8°. —.80
7280 RIEU, P. DE, De moneta. L. B. 1841. 8°. —.40
7281 RINCK, E. G., De imperatoribus primis perpetuis ac solis academiarum in Germania auctoribus. Lips. 1786. 4°. —.60
7282 RINK, S., Controv. quaed. q. c. jusjurandum ventilari solent. Traj. 1784. 4°. —.80
7283 —— — De avere mercatrice. Tiel. 1863. 8°. —.70
7284 RINGELMANN, J. C., De jure ejus quod facti est, mediisq. illius amittendi. Francf. 1695. 4°. —.60
7285 RITTER, C., Ad L. un cod. de sent. quae pro eo qd. interest profer. Witteb. 1659. 4°. —.90
7286 —— J. F. DE, Ex jur. civili positiones. Jen. 1687. 4°. —.50
7287 —— J. G., De incendiariis. Vitemb. 1785. 4°. —.40
7288 —— J. V., De restitut. in integrum. L. B. 1744. 4°. —.60
7289 —— M., De cura minorum a philosophis non negligenda. Halae, 1717. 4°. —.50
7290 RITZ, G., Dispensatio matrimonialis. Jen. 1674. 4°. —.80
7291 RIVET, A., De deposito. L. B. 1675. 4°. —.30
7292 RIVINUS, A. F., De hypotheca tacita locatori praed. urb. in illatis, et rust. in fruct. jure civili competente. Lips. 1781. 4°. —.80
7293 —— — — De pactis dotalibus in qutm. statutis derogent, vel minus? Lips. 1783. 4°. —.40
7294 —— — — An dotalitium e fideicommisso familiae jus petendi sit viduae possessoris defuncti. Lips. 1755. 4°. —.30
7295 RÖBER, J. C., De emphyteusi. Francf. 1686. 4°. —.60
7296 ROBBER, N., De testibus. L. B. 1704. 4°. —.30
7297 ROBERT, L. A., De sponsalibus. L. B. 1712. 4°. —.30
7298 ROBERTS, D., De obligationibus sec. j. Rom. L. B. 1831. 8°. —.40
7299 ROBERTS, H. F. J., De testamentis. Duisb. 1723. 4°. —.80
7300 ROCHEFORT, A. DE, De testamentis, et de legatis. L. B. 1679. 4°. —.30
7301 ROCHUSSEN, H., De occupatione bellica bonor. privat. in bello maritimo. L. B. 1857. 152 pp. 8°. 1.10
7302 RODT, W., Juris miscellanea. Gron. 1634. 4°. —.30
7303 —— — De acquirenda et amittenda possessione. Gron. 1635. 4°. —.80
7304 ROEDER, J., De confirmat. senatus ad impetrand. qualitatem feminae mercatricis jure Lubicensi neutiquam necessaria. Traj. 1743. 4°. —.30
7305 ROEDERER, M. C. G., De re tinctoria tinctorum (Färbereyen). Hal. Ven. 1725. 4°. —.80
7306 ROELANS, A., De ordine judiciorum. Traj. 1760. 4°. —.90
7307 —— F. C., De solutionibus. Traj. 1782. 4°. —.40
7308 —— F. J. C., Ad loca quaed. veterum statutorum Trajectin. Traj. 1787. 4°. —.80
7309 ROELANTS, B., De quaestionibus. Traj. 1647. 4°. —.30
7310 ROELINGS, H., De serviana et quasi serv. seu hypothecaria actione. L. B. 1709. 4°. —.30
7311 ROELL, C., De jure sepulturae et sepulcrorum. L. B. 1721. 4°. —.60
7312 —— C. C., Theses jur. controver. Traj. 1769. 4°. —.80
7313 —— C. H., Ad loc. cod. de transactione. Traj. 1827. 8°. —.40
7314 —— G., De jure bellum fac., pacemq. et foedera pangendi, summo imperanti tribuendi. L. B. 1814. 4°. —.70
7315 —— H. H., De domaniis. Amstel. 1851. 128 pp. 8°. —.90
7316 —— J. A., Conjecturae ad quasd. leges DD. Traj. 1712. 4°. —.60
7317 —— — — Diplom. quaed. Trajectina inedita. Traj. 1775. 4°. —.80
7318 —— J. F., Theses jurid. Traj. 1760. 4°. —.40
7319 —— — — De abdicationibus et renunciationibus principum. L. B. 1821. 188 pp. 4°. 1.50
7320 —— — — Idem liber. forma 8°. 1.—
7321 —— N. W., De officio judicis. L. B. 1759. 4°. —.40
7322 —— W. F., Proposit. quaed. L. B. 1791. 4°. —.30
7323 ROELVINK, B. A., De clausula poen. adjecta conventionibus. Schoonh. 1856. 8°. —.50

7325 Roelvink, B. A., De jurib. ususfructuarii. Schoonh. 1840. 8°. —.30
7326 —— B. E., Quaest. ex jure hereditario. Traj. 1847. 8°. —.30
7327 Roemer, A., De nativis contractuum et obligationum, quae quasi ex contractu nascuntur notis. Duisb. 1699. 4°. —.30
7328 Roessingh, D., De absentibus sec. Cod. Civ. Bat. futurum. Gron. 1836. 8°. —.60
7329 Roest v. A., T. J., De arbitris compromissariis. L. B. 1778. 4°. —.60
7330 —— v. L., T. M., De jure reip. cum dissicientib. ab alia republica provinciis, velut cum civitate sui juris, agendi. L. B. 1831. 8°. —.60
7331 Roeters, B., De sponsalibus. Harderv. 1675. 4°. —.30
7332 Roethinguius, J., De testamento judiciali extra locum judicii condito. Vitemb. 1716. 4°. —.50
7333 Roggeveen, J., De probationibus. Harder. 1768. 4°. —.30
7334 Rogge, H., De venia aetatis. L. B. 1792. 4°. —.60
7335 Rohr, J. H. de, De retractu filiorum gentil. in feudis. Lips. 1710. 4°. —.60
7336 Rohr, G. G., De rescript. moratoriis et induciis. L. B. 1710. 4°. —.40
7337 —— H. B., Praemia et poenas regnorum esse certissima firmamenta. Jen. 1685. 4°. —.30
7338 Rojensteyn, H. R. v., De protopraxia s. praeferentia et concurrentia creditorum. Traj. 1715. 4°. —.30
7339 Roldanus, A. v. d. Ramhorst, De orig. jur. puniendi. L. B. 1775. 4°. —.60
7340 —— C., De collationibus. L. B. 1749. 4°. —.60
7341 Rolin, H., De delictorum probatione. Gand. 1825. 160 pp. 4°. 2.—
7342 Roman, C. F., De rescissione contractus locati conducti ob metum specierum occ. leg. 27, § 1 DD. loc. cond. Hal. 1787. 4°. —.70
7343 —— — — De rerum permutatione. Lips. 1699. 4°. —.30
7344 —— F. G., De artificio omnes in praxi, ut ajunt, evenientes casus rite enodandi, imo et proprio illos marte formandi, totamq. adeo juris illade unci velut includendi idque sola ope formularum 4. Lips. 1737. 4°. —.70
7345 —— P. F., De juramento testium. Hal. 1670. 4°. —.40
7346 Romein, A. J., De prohibitione, exclusione et remotione a tutela. Gron. 1832. 8°. —.80
7347 Römer, C. C., Quaest. varii argum. Gron. 1825. 8°. —.80
7348 —— H. G., De derelictione, q. asphalismate contracto fieri solet. Traj. 1844. 136 pp. 8°. 1.—
7349 —— — — De consul. Rom. auctoritate libera rep. Traj. 1841. 124 pp. 8°. —.90
7350 —— J. O., De defensoribus plebis seu civitatium. Traj. 1840. 128 pp. 8°. —.90
7351 —— J. J., De termino vitae. Jen. 1702. 4°. —.40
7352 Romeyn, P., Loca nonnul. ex Plauti comoediis, jure civ. illust. Dav. 1836. 120 pp. 8°. —.90
7353 Rommelshausen, J. J., De oblatione ad litem. Marburg. 1746. 4°. —.30
7354 Romondt, S. C. v., Quaestiones inaug. Traj. 1778. 4°. —.30
7355 Romswinckel, F., De cognitionibus. Traj. 1676. 4°. —.50
7356 —— J., Var. jur. quaest. L. B. 1770. 4°. —.60
7357 —— N., Ad leg. 6 Cod. de transact. L. B. 1733. 4°. —.60
7358 —— M. v., De jurejurando. L. B. 1761. 4°. —.70
7359 —— N. A. v., De donationibus. L. B. 1765. 4°. —.30
7360 Romunde, C. v., De rerum divisione. Traj. 1695. 4°. —.30
7361 —— F. L. v., De modo acq. hereditatis ex pactis antenupt. jure patrio statutario. Davent. 1841. 8°. —.60
7362 —— J. O. v., De recepti maritimi cautione q. v. cognoscimentum appellatur. Traj. 1834. 8°. —.70
7363 Roo, H. de, De obligatione mere civili. Traj. 1761. 4°. —.30
7364 —— C. de, De transactionibus. L. B. 1752. 4°. —.60
7365 —— E. A. de, Historia pactorum mercatus commercii et navigationis patriae nostrae cum Gallia a. 1579—1806. L. B. 1842. 8°. —.30
7366 —— G. de, De venatione. L. B. 1752. 4°. —.30
7367 —— H. de, Ad l. Juliam de ambitu. L. B. 1764. 4°. —.30
7368 —— J. de, De jure victoriae. Traj. 1760. 4°. —.60
7369 —— J. C. de, Ad tit. DD. soluto matrim. quemadmod. dos petatur. L. B. 1782. 4°. —.30
7370 —— J. H. de, De testamenti factione activa. L. B. 1786. 4°. —.30
7371 —— S. de, De jure dotium. Traj. 1738. 4°. —.30

7372 ROOCK, A. H. DE, De peremtorio edicto. Traj. 1761. 4°. —.50
7373 —— J. DE, Ad leg. 3 DD. de jurisdictione. Harder. 1760. 4°. —.40
7374 —— P. A., De success. ab intest. tam ex jure Rom. quam sec. jus municip. Bommeliense. Traj. 1767. 4°. —.50
7375 ROORDA, J., De domicilio civili. L. B. 1825. 4°. —.60
7376 ROOS, C., De poenis delictor. intentatorum non perfectorum. Aboa. 1770. 4°. —.30
7377 —— J., De donatione m. c. L. B. 1723. 4°. —.50
7378 —— J. A., De actione tutelae directa. Traj. 1778. 4°. —.80
7379 —— P., De vario judic. apud majores veri exquirendi genere. Lund. 1803. 4°. —.40
7380 —— J. H. R. D. DE, De emtione et venditione. L. B. 1792. 4°. —.80
7381 ROOSEN, H. J., De antiquitat. Rom. inqm. fundamentis, qbs tota jurisprudentia Romana nititur. Goes. 1775. 4°. —.50
7382 —— — — De aedilibus curulibus et edicto aedilitio. Franeq. 1768. 4°. —.70
7383 ROOSENDAEL, A. L. A. T. v., De remediis securitatis, locatori rerum immobilium concessis. Traj. 1834. 8°. —.60
7384 —— S., De injuriis et famosis libellis. L. B. 1748. 4°. —.40
7385 ROOSMALE, E. T., De divortio bona gratia facto. Traj. 1734. 4°. —.30
7386 ROSA, J. S., De oculari inspectione. Regiom. 1685. 4°. —.60
7387 ROSCAM, H., De inoffic. testamento. L. B. 1703. 4°. —.40
7388 —— P., De causis deperentis in dies magis magisque studii jur. civ. Harder. 1774. 4°. —.60
7389 —— — De praecipuis quae verum Jctum commendant dotibus. Traj. 1787. 4°. —.60
7390 —— — De pactis nudis. L. B. 1754. 4°. —.70
7391 ROSCHET, W. H., De erroris effectu in paco et transact. L. B. 1765. 4°. —.40
7392 ROSE, J., De officio tutoris. Erf. 1704. 4°. —.60
7393 ROSEBOOM, C., De persona judicis. L. B. 1793. 4°. —.60
7394 —— J. H., De venia aetatis. L. B. 1769. 4°. —.50
7395 ROSELIUS, A., De studio parsimoniae. L. G. 1748. 4°. —.40
7396 ROSENBOOM, R., De rescindenda venditione. L. B. 1708. 4°. —.30
7397 ROSENCAMP, D., De obligatione pollicitationis. Duisb. 1729. 4°. 1.—
7398 ROSENECKER, J. S., Controv. jur. select. Jen. 1625. 4°. —.50
7399 ROSENOSEN, L., De fallacia e praesumtione eventus. L. G. 1748. 4°. —.60
7400 ROSENSCHOLD, D. M. A, De jure talionis. Lund. 1802. 4°. —.50
7401 ROSENTHAL, J. T. H. NEDERMEYER v., De servorum Afrorum commercio eoque recte sublato. L. B. 1816. 282 pp. 4°. 8.—
7402 ROSENZWEIG, C. F., Ad tt. DD. de patria potest., nuptiis, legitimat., adopt., et qbs. mds. jus p. p. solvitur. Lips. 1755. 4°. —.30
7403 ROSEVELT, C. A. v., De jure societatis, et de conjugali bon. communione hodierna. Traj. 1794. 4°. —.80
7404 —— J. v., De Scto Macedoniano. L. B. 1758. 4°. —.40
7405 —— J. W. v., De sumtibus studiorum. Traj. 1733. 4°. —.40
7406 RÖSINOH, G., De jure accrescendi. L. B. 4°. —.60
7407 RÖSNER, J. G., De remediis subsidiariis. Lips. 1683. 4°. —.50
7408 ROSS, J. W., De jurib. liberorum. Aboa. 1798. 4°. —.40
7409 ROSSANDER, J. F., De jure herili. Ups. 1807. 4°. —.30
7410 ROSSE, J. C. v., De successione ab intestato sec. jur. hod. principia. L. B. 1831. 4°. —.60
7411 ROSSMANN, A. E., G. C. Gebauer; pro clericis contra observantiam-imperialem ab exilio reductis. Hal. Sal. 1736. 4°. —.50
7412 —— — — De rebus mancipi et nec mancipi. Hal. 1740. 4°. —.50
7413 ROSSUM, J. W. H. v., De consuetudine contradicto judicio firmata. Gron. 1776. 4°. —.40
7414 ROST, N., De vendit. rer. incorpor. L. B. 1691. 4°. —.50
7415 —— — De arbitris. L. B. 1692. 4°. —.30
7416 RÖSSLER, J. H., De praesumtione solutionis ex trium annorum apochis. Altd. 1722. 4°. —.40
7417 ROTERINO, C. A., De appellationibus. Harder. 1759. 4°. —.50
7418 —— J. F., De tutelis. Hard. 1756. 4°. —.30
7419 ROTGERS, A., Jus gentium non dari. L. B. 1710. 4°. —.60
7420 —— — De ▷ et) et ∗ ∗ PP. Flor. Harder. 1725. 4°. —.40
7421 ROTH, G. F., De actione ignavi otii. Lips. 1807. 4°. —.40

7422 ROTH, H. A., De prohibita a testatore trebellianica. Jen. 1665. 4°. —.60
7423 — — — De novalibus. Jen. 1667. 4°. —.30
7424 — J. C., De restauratione domus ruinosae communis. Jen. 1715. 4°. —.30
7425 ROTHE, J. J., De jure Weichbildorum. Lips. 1742. 4°. —.90
7426 — J. DE, De societate. L. B. 1719. 4°. —.30
7427 ROTHIUS, H. A., De novalibus. Jen. 1749. 4°. —.60
7428 ROTHLIEB, H. G., De imperio in personam. L. B. 1669. 4°. —.30
7429 RÖTLIN, C. G., Decas casuum illustr. med. temp. Francof. 1686. 4°. —.30
7430 ROTTE, C. G., De foro continentia causarum ex connexitate, ad L. 10 Cod. de judiciis. Hal. Sal. 1751. 4°. —.70
7431 ROTTMANN, F. J., De injustitia, quae sub praetextu favoris piarum causarum committitur. Rint. 1721. 4°. —.70
7432 ROUKENS, A. A., De optima reip. forma. Gron. 1769. 4°. —.30
7433 — — — De potestate judicis, in causis civil. judicandis. Hag. 1865. 8°. —.60
7434 ROULOFS, T., Quaest. illustr. ex tit. DD. de acq. rer. dom. L. B. 1674. 4°. —.30
7435 ROUSE, L. G., De legitimatione. L. B. 1747. 4°. —.30
7436 ROUSSEL, A. L. A., Num inter homines nullo societatis civilis vinculo conjunctos dominia rerum uetur, ratione adquiri possint. Lov. 1829. 4°. —.90
7437 ROUVILLE, A. M. DE, De jure albinatus. L. B. 1835. 160 pp. 8°. 1.25
7438 RÖVER, M., De rebus quae usucapi non possunt. L. B. 1711. 4°. —.50
7439 — — Ad locum qd. jur. civ. depravata. L. B. 1789. 4°. 1.—
7440 ROVERS, J. A. C., De censorum apud Rom. auctorit. et existimatione. Traj. 1824. 182 pp. 8°. 1.10
7441 — — — — De M. T. Cicer. oratione pro Q. Roscio Comoedo. Traj. 1826. 8°. —.70
7442 ROY, M. R., De fidejussoribus. Traj. 1653. 4°. —.30
7443 — J. J. DE, De testium jurejurando fide et numero. Traj. 1732. 4°. —.50
7444 — — — — De poenis eorum, qui sibi ipsis jus dicunt, ad leg. 13 DD. quod metus causa et leg. 7 Cod. undi vi. Traj. 1781. 4°. —.40
7445 — M. DE, De publicis judiciis. Traj. 1662. 4°. —.30
7446 ROYAARDS, A. G. G., De poenarum mitigatione. Traj. 1803. 4°. —.90
7447 — F. M., De servitutibus. Traj. 1840. 8°. —.40
7448 — H., De placito: *libera sevi libera mera.* Traj. 1852. 196 pp. 8°. 1.25
7449 ROYEN, J., Ad leg. Corn. de falsis. Traj. 1690. 4°. —.30
7450 — A. J. v., De usucapione atq. l. t. praescript. L. B. 1783. 4°. —.40
7451 — C. v., De legatis. Traj. 1663. 4°. —.50
7452 — D. v., De finibus regundis. L. B. 1720. 4°. —.50
7453 — E. J. v., De testam. militis ejusque privilegiis. L. B. 1793. 4°. —.30
7454 — H. J. v., De vectigalibus. L. B. 1764. 4°. —.70
7455 — J. v., Ad leg. 19 DD. de ritu nuptiarum. L. B. 1749. 4°. —.60
7456 — — — De conjugio in statu naturali. L. B. 1757. 4°. —.60
7457 — — — De injuriis. L. B. 1726. 4°. —.30
7458 — J. A. v., De pactis. Gron. 1823. 8°. —.30
7459 — R. v., Ad leg. 18 Cod. de transactionibus. L. B. 1701. 4°. —.60
7460 — S. J. v., De crimine perjurii. Gron. 1818. 8°. —.40
7461 ROYER, A. H., De natura et indole servitutis tam ex jure nat. tum ex leg. civ. Hebraeor. Roman. et etiam Belgarum. L. B. 1762. 4°. —.60
7462 — G., De succum. ab intest. in civit. ordinandis. L. B. 1768. 4°. —.60
7463 — — Quaestiones jurid. L. B. 1848. 8°. —.50
7464 — H., Ad leg. 8 § 9 DD. de poenis. L. B. 1785. 4°. —.40
7465 — J. T., De defensione vitae. L. B. 1757. 4°. —.40
7466 — W., Controversiae aliqt. circa pacta et transactiones. L. B. 1768. 4°. —.30
7467 — W. H., De patria potestate. Gron. 1808. 200 pp. 8°. 1.25
7468 ROZENBURG, D. RUTGERS v., De conditione et juribus agrorum, e quib. foduntur caespites bituminosi in patria nostra. Amst. 1840. 8°. —.90
7469 — — — — Quaest. qdm. juris criminalis. L. B. 1814. 4°. —.40
7470 — J. G. H. — — De paroemio: ecclesia non sitit sanguinem. Amst. 1854. 132 pp. 8°. 1.—
7471 ROZEVELD, C. v., De privilegiis paupertatis. Gron. 1729. 4°. —.50
7472 RUBBENS, A. AR., De nundinis. Traj. 1741. 4°. —.30
7473 RUBE, J. C., An haeresis sit crimen? Hal. 1697. 4°. —.60

7474 RUBE, J. C., De jure principis circa hereticos. Hal. Magd. 1789. 4°. —.60
7475 RUBINI, D. D., Del matrimonio. Bergamo. 1751. 136 pp. 4°. 1.75
7476 RÜCKER, J. C., De vero Jcto, viro bono. L. B. 1758. 4°. —.80
7477 —— — — De libert. praesidio, jur. civ. L. B. 1742. 4°. —.40
7478 —— — — De superanda studii juris civ. difficultate. L. B. 1734. 4°. —.60
7479 —— — — De amoenitate studii jur. civ. L. B. 1733. 4°. —.70
7480 —— J. G. C., De subsidiis futuro Jcto necessariis. Gron. 1758. 4°. —.70
7481 —— — — — De leg. 6 § 1 DD. quemadmdm. servit. amitt., leg. 49 de re judic. et de effect. sentent., l. 21 § 1 de pactis. L. B. 1751. 4°. —.80
7482 RÜDIGER, P., De rejectione ab actis. Halae. 1700. 4°. 1.—
7483 RUE, P. DE LA, De modis, qbs. testamenta infirmantur. L. B. 1716. 4°. —.40
7484 RUEVER, A. DE, De jurisdictione. Traj. 1690. 4°. —.80
7485 —— A. J. DE, De jure accrescendi non transeunte in emtorem. Traj. 1760. 4°. —.40
7486 —— J. W. DE, De substitutione quasi pupillari. Traj. 1739. 4°. —.40
7487 —— P. J. DE, De praescriptione quinque pedum, ad leg. u. Cod. de fin. regun. Traj. 1728. 4°. —.50
7488 RUOSS, C. C., Utrum vidua quae existentibus liberis portionem heredit. petit, propria bona conferre teneatur. Lips. 1769. 4°. —.30
7489 RULANT, G. et J., De judicio syndicatus. Tubing. 1683. 4°. —.40
7490 RUMPEL, F. G., De pecunia dotaria. Jen. 1686. 4°. —.40
7491 —— J. G. F., De pecunia ad emendam credita privilegiata et non privilegiata. Giessae. 1772. 4°. —.50
7492 RUNEBERG, E. G., Om husesyner. Ups. 1818. 4°. —.40
7493 RUNG, J., De consensu parentum in matrimonia liberorum. Abo. 1777. 4°. —.30
7494 —— J. C., De politicis gentilium et maxime Roman. sacris. Franeq. 1738. 4°. 1.—
7495 —— — — De prudentia et artibus Roman. in constituenda domi forisque republica. Harder. 1714. 4°. —.80
7496 RUSORTH, J. A., De juramentis. L. B. 1707. 4°. —.30
7497 RUSIUS, A., De emphyteusi. L. B. 1713. 4°. —.40
7498 RÜSSEL, E. W., De actione spolii. Helmst. 1676. 4°. 1.10
7499 RUSTER, A. v., De poenis. Traj. 1724. 4°. —.80
7500 RUUS, O. D. DE, De crimine stellionatus jure Rom. Arnh. 1840. 8°. —.80
7501 RUUSCHER, M. DE, De usufructu. L. B. 1716. 4°. —.60
7502 RUYSVELD, G. N., De officio praesidis. Traj. 1734. 4°. —.40
7503 RUYS, TH. A., Over de scheepsverklaring naar de Ned. Wetg. 1863. 164 pp. 8°. 1.25
7504 RUYSCH, J., De novationibus. L. B. 1675. 4°. —.30
7505 RUYT, J. DE, De legatis. L. B. 1673. 4°. —.30
7506 RUYTENBURGH, G. C. v., De adoptionibus. L. B. 1714. 4°. —.40
7507 RUYTER, C., De querela inoff. test. L. B. 1710. 4°. —.40
7508 RUYTERS R. D. L. R., G. P., De jur. honorarii auctoritate in jure Roman. privato. L. B. 1827. 4°. 1.10
7509 RUYVEN, D. A., De emancip. tacita, Rom. incognita. Gron. 1781. 4°. —.70
7510 RIJCKE, A. DE, Ad tit. 9 lib. 3 Cod. de litis contest. L. B. 1711. 4°. —.40
7511 RIJCKERE, P. DE, De elegantiori jur. Rom. studio. Gand. 1817. 4°. —.80
7512 —— P. J. DE, De leg. interpret. Gand. 1824. 4°. —.50
7513 RIJCKEVORSEL, C. v., De homicidio. L. B. 1798. 4°. —.60
7514 —— C. J. A. v., De excusatione in delictis, q. a. legum poenalium nescitia petitur. L. B. 1832. 8°. —.60
7515 —— F. G. J. v., De vario genere administratorum eorumq. officiis variis. Sylv. duc. 1839. 8°. —.40
7516 —— L. v., Over de olographische testamenten. L. B. 1857. 8°. —.70
7517 —— P. A. M. v. O. v., De jurisdictione voluntaria judicis cantonalis. Hag. Com. 1840. 8°. —.80
7518 RYDBERG, S., De usucapione seu praescript. qua domin. per poss. adquiritur. L. G. 1818. 4°. —.40
7519 RYDIN, H. L., Till Svenska Skogslagstiftnings historia. Lund. 1863. 8°. —.70
7520 RYGENBOS, A., De compensationibus. L. B. 1710. 4°. —.80
7521 —— A. J., Respons. jur. ad facti alicujus speciem. L. B. 1767. 4°. —.50
7522 RIJKEVORSEL, A. v., De realibus servitutibus. L. B. 1698. 4°. —.50
7523 RIJKVORSEL, H. v., De arbitris compromiss. L. B. 1732. 4°. —.70

7524 Rijmelant, P., De fidejussoribus. L. B. 1698. 4°. —.40
7525 Rijnbende, A. J. E., De commissionariis, sec. cod. de mercat. franc. libri I, tit. VI. L. B. 1835. 216 pp. 8°. 1.75
7526 Rijkevelt, H. v., De venditore per praestationem illius, quod interest, liberando. L. B. 1723. 4°. —.50
7527 Ryperda, R., De sponsalibus. Fr. 1759. 4°. —.40
7528 —— S., De portione legitima. Fran. 1760. 4°. —.50
7529 Ryser, H., De prudent. legislatoris, quae inest, leg. ult. Cod. de aleatoribus. L. B. 1766. 4°. —.70
7530 Rysinger, H. v., De heredis institutione. Harder. 1756. 4°. —.30
7531 Rysoort, P. v., De injuriis. L. B. 1718. 4°. —.30
7532 Rijssel, J. G. v., De excessu poenarum ordinariarum. Lips. 1701. 4°. —.50
7533 —— J. J. v., De sponsione Romae. Numantina. Lips. 1741. 4°. —.60
7534 Rysser, B. a, De doli clausula. L. B. 1679. 4°. —.60
7535 Sachs, G. W., De scientia delicti punita. Francf. 1697. 4°. —.50
7536 Sackius, J. B., De lege Cornelia testamentaria et Scto Liboniano. Jen. 1727. 4°. —.60
7537 Sadelaar, P. S., Ad leg. 10 Cod. qd. cum eo, qui in aliena potestate est, negot. gest. esse dicitur. L. B. 1758. 4°. —.60
7538 Sadelijn, J. J., De sancti Martini Vasallis, vulgo *St. Maartens-mannen*. Traj. 1756. 4°. —.50
7539 —— v. Oostenwijck, J. J. D., De foro competenti. L. B. 1748. 4°. —.40
7540 Sage, J. W. le, De nuptiis. L. B. 1718. 4°. —.30
7541 Sahlstedt, A. J., De diversitate legum naturalium. Aboa. 1765. 4°. —.60
7542 Saher, R. F., De sepulturae denegatione. Jen. 1736. 4°. 1.—
7543 Sain, F. P. J. de, De legib. Neerl. ab exteris prae sermonis proprietatem ignoratione parum intellectis. Leov. 1858. 144 pp. 8°. 1.—
7544 —— J. G. de, De rebus naufragis. Leov. 1854. 136 pp. 8°. 1.—
7545 Saint-George, A. H. A. J. de, De juris feudalis origine Asiatica. L. B. 1832. 8°. —.60
7546 Sallengre, A. H. de, Quaestiones s. torturam reorum esse injurias. L. B. 1711. 4°. —.80
7547 Salleen, H. H. v., De mitigatione poenarum favore matrim. contracti. Gustr. 1705. 4°. —.60
7548 Salm, G. v. d., Ad Sctm Vellejanum. L. B. 1709. 4°. —.30
7549 —— N., De querela inoff. testam. L. B. 1679. 4°. —.30
7550 Salomo, M., De liberis natur. ad qd. capita jur. civ. franc. Amstel. 1830. 4°. —.50
7551 —— — Idem liber. forma 8°. —.40
7552 Salontha, A. S. de, De rege Rom. juxta auream Bullam vivo imperat. indistincte non eligendo. Harder. 1762. 4°. —.40
7553 Salverda, L. R., Utrum nuptias, vetante legislatore in artt. 228, 295—298 Cod. Civ., contractae ascensationis justam praebeant causam, nec ne. Gron. 1829. 8°. —.50
7554 —— M., De jure postliminii antiq. et hod. Gron. 1790. 4°. —.50
7555 Sambeek, G. v., De fam. ercisc. judicio. L. B. 1748. 4°. —.40
7556 Sandberg, G. G., De asylis eorumq. jure. Hard. 1751. 4°. —.30
7557 —— J. A., De causa in conventionib. Traj. 1821. 8°. —.40
7558 —— R., De pacto principis captivi. Hard. 1756. 4°. —.60
7559 —— — De jurejurando suppletorio. L. B. 1820. 4°. —.70
7560 Sandenhoek, H. v., De probationibus, quae per instrumenta fiunt. L. B. 1750. 4°. —.40
7561 Sandbrink, E. A., De advocatorum q. in Belgio Septentrionali floruerunt jurib. ac doctrina. Traj. 1849. 200 pp. 8°. 1.25
7562 Sande, A. H. v. d., Ad nov. leg. transit. Dordr. 1830. 4°. 1.—
7563 —— — — — — Idem liber forma 8°. —.70
7564 —— D. F. G. v. d., De nominis pignore. Giess. 1824. 4°. —.40
7565 —— H. M. v. d., De jure cambiali sec. specimen Borussicum nuper editum, comparato cum codice nostro. L. B. 1849. 148 pp. 8°. 1.10
7566 Sandenbergh M., C., Ad art. 340 Cod. Nap. *la recherche de la paternité est interdite*. L. B. 1824. 8°. —.40
7567 Sanders, C. S., Ad leg. 17, § 2 DD. de ritu nupt. Traj. 1771. 4°. —.30
7568 —— P. A., De actione negatoria contra procuratorem fines mandati egressum. L. B. 1844. 8°. —.60

7569 SANDERSON, C., Quaestt. miscell. Traj. 1804. 4°. —.30

7570 —— E., De colono partiario. Traj. 1770. 4°. —.40

7571 SANDICK, C. G. v., De transactionibus. L. B. 1833. 8°. —.30

7572 —— O. Z. v., Ad loc. jur. hod. de condictione indebiti. Gron. 1827. 8°. —.50

7573 SANDIFORT, J. S. E., Quaest. varii arg. L. B. 1828. 8°. —.30

7574 —— P., De jure retractus. L. B. 1760. 4°. —.50

7575 —— P. E., De judiciis Dei. L. B. 1810. 4°. —.70

7576 SANDOZ, E., De corpore delicti. L. B. 1783. 4°. —.50

7577 SANDRA, A., De pacto debitor. obaerati cum majore parte creditor., ex jure Rom. et Zel. L. B. 1777. 4°. —.90

7578 —— J., Juris hypothecae natura atque progressus. Traj. 1821. 132 pp. 8°. 1.—

7579 —— — De negotiis bon. fidei et stricti jur. Traj. 1810. 8°. —.50

7580 —— J. P., De accessione industriali. L. B. 1761. 4°. —.40

7581 —— P., De in jus vocando. L. B. 1702. 4°. —.40

7582 SANEN, G. v., De jurejurando. L. B. 1708. 4°. —.40

7583 SANET, C. J. H., De legatis. Gand. 1823. 4°. —.40

7584 SANTEN, C. P. v., Jura sing. respectu mulierum apud Rom. introducta. L. B. 1764. 4°. —.50

7585 —— G. v., De collatione bonorum. L. B. 1720. 4°. —.30

7586 —— J. v., De benef. ordinis, divisionis, et cedend. actionum. L. B. 1761. 4°. —.70

7587 SANTHAGENS, B. v. EYBERGEN, Vergelijking van het Nederl. Ind. reglement op de strafvord. met het Nederl. Wetb. van Strafv. Amst. 1859. 8°. —.50

7588 SANTHEUVEL, A. v. D., De injuriis. L. B. 1712. 4°. —.30

7589 —— — — — De mediis, qbs. extinguuntur crimina. L. B. 1723. 4°. —.60

7590 —— A. D. v. D., De sui ipsius defensione. L. B. 1772. 4°. —.50

7591 —— H. L. v. D., De mutuo. L. B. 1784. 4°. —.40

7592 SANTVOORT, A., Ad leg. 2 pr. DD. de reg. jur. L. B. 1725. 4°. —.60

7593 —— P. L. v., De fure nocturno. Traj. 1731. 4°. —.40

7594 —— T. F., De jure adcrescendi inter successores universales. L. B. 1748. 4°. —.30

7595 SARTORIUS, J. C., De venationibus precariis (*Bewre* oder *Gnaden-Jagten*). Tub. 1688. 4°. —.30

7596 SAS, D., De ususfructu. Traj. 1774. 4°. —.50

7597 —— J. J., De interdictis uti possidetis et utrubi. L. B. 1767. 4°. —.50

7598 SASSEN, G. C. C., De requisitis justar. nuptiar. jure Neerl. L. B. 1839. 8°. —.60

7599 —— J. G. L., De damni reparatione praesertim coram pecu. judice petita. Sylv. duc. 1845. 8°. —.50

7600 —— J. H., Quaest. jurid. L. B. 1806. 8°. —.70

7601 SASSE v. YSSELT, H. J. L., Over de verpligting des verkoopers tot vrijwaring wegens verborgene gebreken (art. 1540—1548). —.70

7602 SATINCK, H. J., De officio judicis. L. B. 1710. 4°. —.40

7603 SATOR, F. H., De pignorum praerogativa. Erf. 1772. 4°. —.50

7604 SATTLER, W., De jure et privilegiis medicorum. Bas. 1609. 4°. —.60

7605 SAUL, C. L., De citatione principis commissarii immediata. Viteb. 1726. 4°. —.40

7606 SAUTIJN, D., An et quatenus, in pretii emption. natural. liceat se circumvenire. Traj. 1733. 4°. —.40

7607 —— G., De excusatione tut. et curat. ob liberos. Traj. 1721. 4°. —.60

7608 —— — De venia aetatis. L. B. 1728. 4°. —.40

7609 —— J., De inoff. testam. L. B. 1701. 4°. —.30

7610 —— W., Ad leg. 17 Cod. de fide instrument. Franeq. 1701. 4°. —.60

7611 SAVORNIN L., W. H. DE, De notione civitatis. Gron. 1827. 192 pp. 8°. 1.40

7612 SAXE, C., Ad leg. Mamiliam, fin. regund. Traj. 1779. 4°. —.50

7613 —— — In legem regiae patronos. Traj. 1798. 4°. 1.—

7614 —— F., De ordine judiciorum public. apud Rom. Traj. 1784. 4°. —.50

7615 —— — De Antonio Schultingio. Davent. 1769. 4°. —.70

7616 SCEVENHUYSEN, J., De empt. et venditione. L. B. 1710. 4°. —.50

7617 SCHAAFF, J. H. v. D., De judice. L. B. 1788. 4°. —.70

7618 SCHAAGEN, S., De successione legitima. L. B. 1711. 4°. —.50

7619 SCHAAP, G. A., De empt. et vendit. L. B. 1671. 4°. —.60

7620 —— J. L., De rescriptis moratoriis jur. hod. (*Surséance van betaling.*) Gron. 1828. 8°. —.70

7621 Schachter, Q. G., M. Aurelii Antonini philos. jurispr. capita. Lips. 1782. 4°. —,40
7622 —— — — Utilis curationis causa actio, occ. leg. 3 Cod. arbitr. tut. Lips. 1735. 4°. —,60
7623 Schacht, H. O., Oratio funebris in obitum P. Burmanni. L. B. 1741. 4°. —,90
7624 Schade, J. D., De dote mariti. Hal. Ven. 1721. 4°. —,60
7625 —— N., De restit. in integrum. Traj. 1677. 4°. —,30
7626 —— B. F. de, De reata non omnem dignitatem excludendo, ad leg. 1, Cod. ubi senator. vel clarissimi seq. Hal. 1792. 4°. —,60
7627 —— v. Westrum, T. G., De cura qm. Rom. habuere carceris et scr. q. carcere continerentur. L. B. 1825. 108 pp. 4°. 1,25
7628 —— — —— — — Idem liber, forma 8°. —,90
7629 Schaden, A., Ad leg. 62 DD. de pactis. L. B. 1794. 4°. —,40
7630 —— D., Ad leg. 4 DD. de vulgari et pupillari substitutione. Franeq. 1764. 4°. —,60
7631 Schaeffer, E., De collatione sumtuum studiorum. Hal. 1703. 4°. —,40
7632 Schaep, C., De testamentis. Traj. 1689. 4°. —,30
7633 —— R. B., De renuntiatione successionis. Duisb. 1706. 4°. —,30
7634 —— S., De vulgari substitutione. L. B. 1698. 4°. —,30
7635 Schaevius, J. F., De protopraxia mutui gratuitis praec. sec. jus Lubecense. Traj. 1738. 4°. —,40
7636 Schagen, A. N. B. v., Illust. quaest. L. B. 1683. 4°. —,80
7637 —— G., Quaest. XII illust. Harder. 1726. 4°. —,50
7638 —— J. A., De testam. militari. L. B. 1785. 4°. —,30
7639 —— P., Ad varia capita jurisprudentiae polemicae. L. B. 1750. 4°. —,30
7640 —— S., De probation. et praesumtion. Traj. 1750. 4°. —,40
7641 —— S. v., Ad Sctum Vellejanum. L. B. 1720. 4°. —,40
7642 —— N. Brouwer, De legitimatione. L. B. 1745. 4°. —,40
7643 Schagen, J., De nuptiis. L. B. 1701. 4°. —,40
7644 Schale, C. C. v. d., De benef. inventarii in pers. heredis spectato. L. B. 1826. 160 pp. 4°. 1.75
7645 —— — — — — Idem liber, forma 8°. 1.25
7646 —— J. C. J. v. d., Art. 414 en 415 C. P. beschouwd in verband met de theorie van het loon. Leyd. 1853. 136 pp. 8°. 1.25
7647 Schalkwijk, B. d. L. v., De jure votorum, ad leg. 11 DD. de pollicit. Traj. 1738. 4°. —,40
7648 Schaper, J. F., De novatione nomms. Jen. 1694. 4°. —,30
7649 Scharden, N. L. de, De jurib. et judice competente legatorum. Hal. 1724. 4°. 1.25
7650 Scharff, J. F., De jure testandi naturali. L. G. 1756. 4°. —,40
7651 Scharnhorst, G. C., Decision. Mevian. Jen. 1694. 4°. —,70
7652 Scharp, J. C., De vi et effectu conditionum ultim. volunt. adjectar. q. libertatem matrimonii vel impediunt vel restringunt. Gron. 1804. 8°. —,60
7653 Scharpenbrant, J. v., De arbitris compromissariis. L. B. 1679. 4°. —,30
7654 Schas, F. W., De oblig. pupillorum et minorum absque tutore et curatore invalidis. L. B. 1764. 4°. —,40
7655 Schatter, P. C., De jure universitatis. L. B. 1719. 4°. —,40
7656 Schaudigius, E. G. F., De antipelargia. Altd. 1717. 4°. —,40
7657 Schaumburg, J. G., De laesione librorum juris antiquorum Justiniano et Triboniano afficta. Rint. 1784. 4°. —,30
7658 —— — — Philos. jurisconsultorum stoica. Jen. 1740. 4°. Specimen primum. —,50
7659 —— — — Philos. jurisconsult. stoica l. 76 DD. de judiciis. Jen. 1736. 4°. —,30
7660 Schedel, A., De jurisdictione. Gron. 1633. 4°. —,30
7661 Scheel, E., De collatione nepotum. Witteb. 1721. 4°. —,50
7662 Scheffer, J. C., De cautione correali. Francf. 1699. 4°. —,50
7663 Scheibe, J. F., De renunciationibus. Lips. 1681. 4°. —,30
7664 Scheibler, J. H., De Pauliana. Jen. 1675. 4°. —,30
7665 Scheid, J. G. S., De onere probandi subditis in religionis a domino territorii dissentientibus, regulariter incumbente, si jus reformandi ob annum normalem cessare et limitatum obtineat; ad § 31, art. 5 instrum. pac. Westh. Bamb. 1748. 4°. 1.25
7666 Scheidius, C. L., De ratione belli (*raison de guerre*). Francf. 1749. 4°. —.60
7667 —— J. P., Miscell. jurid. Harder. 1769. 4°. —,50

7668 Scheinemann, D., De transactione super fideicommisso, inter personas ad illud vocatas. Tub. 1688. 4°. —.80
7669 Schele, J. J., De juris naturae genuino principio et extensione. Traj. 1762. 4°. —.70
7670 —— W., De auctoritate judicis in variis actibus privatis adhibenda. Traj. 1737. 4°. 1.10
7671 Schelguigius, G., De dubiis juramentorum formulis. Gedani. 1702. 4°. —.80
7672 Schelhasius, J. E., De clandestinis sponsalibus juratis. Jen. 1740. 4°. —.60
7673 Schelhass, J. W., Utrum conditio qua certa religio in subjecto requiritur pro turpi vel honesta sit habenda. Erf. 1752. 4°. —.60
7674 Schell, W. G. L. B. d., De feudis ecclesiasticis (*von Krummstäbischen Lehn*). Hal. 1717. 104 pp. 4°. 1.25
7675 Schelle, J. C., De principe legibus soluto. Erf. 1709. 4°. —.60
7676 Schellenberg, D. H., De mandato procuratorio secreto. Vitemb. 1752. 4°. —.40
7677 Schellerus, A., Quaestiones controversae. Jen. 1681. 4°. —.70
7678 Schelling, P. v. d., De lege Rhodia de jactu. L. B. 1721. 4°. —.90
7679 Schellinger, A., De inoffic. testam. Traj. 1752. 4°. —.40
7680 —— C., Ad leg. 20 Cod. de pactis. Traj. 1696. 4°. —.30
7681 —— E., Ad l. Cornel. de sicariis. L. B. 1789. 4°. —.40
7682 —— G., De verberatis parentibus. Traj. 1695. 4°. —.30
7683 —— — Ad leg. 2 Cod. de infantibus expositis. Traj. 1696. 4°. —.60
7684 Schellhammer, J. S., De jure mathematico, tum antiq. tum hod. L. B. 1695. 4°. —.40
7685 Schellwitz, G. C., Selecta quaed. e DD. recept. sententiae. Vitemb. 1717. 4°. —.50
7686 Scheltema, C., Ad leges foeder. Belgii fundamentales. Franeq. 1745. 4°. —.60
7687 —— G. v. N., De jurejurando. Arnh. 1860. 124 pp. 8°. 1.—
7688 Schelten, N., De quaestione an filia fam. minor 25 annis invito patre nuptias contrahens propterea exheredari possit, ad lib. 2, c. 131 et 158 jur. prov. Frisiae orient. L. B. 1731. 4°. —.40
7689 Scheltinga, E., Ad leg. 6 Cod. de sec. nuptiis. Harder. 1764. 4°. —.80
7690 —— E. H. W. v., Ad leg. 34 DD. de neg. gest. Franeq. 1794. 4°. —.40
7691 —— G., De proprio magistratus munere, ad loc. Cicer. de off. lib. 1, c. 34. L. B. 1746. 4°. —.50
7692 —— — Pro jurisprudentia et Jctis. L. B. 1738. 4°. —.60
7693 —— M., De legato, legationumq. jure. Traj. 1764. 4°. —.50
7694 —— M. C. v., De diverso praetorum numero in variis reip. Rom. temporibus. L. B. 1826. 4°. 1.10
7695 —— J. G. de B. v., De parte bonorum, qm. conjux, cui sunt liberi prioris thori, dare potest secundo conjugi, ex jure hod. Traj. 1825. 8°. —.40
7696 Schelvius, J., De actionibus hereditariis. Hard. 1750. 4°. —.80
7697 —— P., De mandato. L. B. 1687. 4°. —.80
7698 Schelver, P. J., De universo jure. Hard. 1755. 4°. —.80
7699 Schenck v. Nydeggen, M. T. A., De acquisitione thesauri in loco alieno inventi. Duisb. 1788. 4°. —.80
7700 Schepers, S., De consuetudine. L. B. 1678. 4°. —.80
7701 Schepman, C., De diverso jure, quod oritur e divers. jur. Rom. et hod. principiis circa parta unda. L. B. 1807. 8°. —.80
7702 Schepper, A. de, De commodato. L. B. 1787. 4°. —.60
7703 —— B. de, De testam. inoff. ejusq. querela. L. B. 1785. 4°. —.40
7704 —— S. de, De fide testium suspecta. Traj. 1744. 4°. —.60
7705 Schepper, B. J. Vreel de, De oblig. q. per nuptias contrahitur. Traj. 1778. 4°. —.80
7706 —— G. A. —— — De causa in conventionibus. Dav. 1834. 168 pp. 8°. 1.25
7707 —— G. J. —— — De cessione bonorum sec. jur. Rom. et hodier. principia. L. B. 1824. 4°. —.90
7708 —— — — —— — Idem liber. forma 8°. —.60
7709 —— P. H. J. —— — De jure exterritorialitatis principum supremorum. Davent. 1829. 4°. —.60
7710 —— — — — —— — Idem liber. forma 8°. —.40
7711 Scherbaum, C., Ad lib. 48 DD. Hal. 1694. 4°. —.80
7712 —— J., De pariete communi. Argent. 1671. 4°. —.60
7713 —— J. C., De loco solutionis. Hal. 1706. 4°. —.80

7714 Schebel, T. W., De vera nobilitatis inferioris origine. Lips. 1761. 4°. —.50
7715 Scheele, D. J., Histor. satisfactionis Rheno-Traj. Amstel. 1836. 8°. —.50
7716 Schermbecker, P., De anno gratiae. Francf. 1669. 4°. —.90
7717 Schenk, J. G., De dotalitio, *vom Leibgeding*. Jen. 1789. 4°. —.60
7718 Scheurl, C. G., De judicio seu censura morum. Lips. 1702. 4°. —.80
7719 Schauerwater, J., De parricidio. Traj. 1730. 4°. —.30
7720 Schultdehuydt, P., De acquir. retin. et amitt. possess. L. B. 1715. 4°. —.40
7721 Schick, M. J., De illicita instantiarum multiplicatione et in specie *von der Kabinetsinstanz*. Giess. 1788. 4°. 1.—
7722 Schickard, C. F., De transactione in causis minorum. Tub. 1703. 4°. —.80
7723 Schiekeller, J. A., De votis duplo majoribus. Giess. 1776. 4°. —.80
7724 Schiecke, J., De actione injuriarum. Hal. 1728. 4°. —.60
7725 Schiefel, F. W., De polygamia simultanea. Traj. 1748. 4°. —.80
7726 Schiaffel, H. J. F., De sponsalibus. Traj. 1841. 8°. —.30
7727 Schiff, J. W., De dividenda hereditate ex jure hod. Traj. 1824. 8°. —.40
7728 Schiffner, B. F., De inventarii confectione, et ration. redditione, matri tutr. et heredi in dispositione patris inter liberos institutae, remissa invalida. Lips. 1784. 4°. —.30
7729 Schik, B. M., De reis conviciis non confessis. Gron. 1775. 4°. —.60
7730 —— J., An valeat lex testamento scripta, qua bonor. q. liberis relinquuntur, administratio patri adimitur. Gron. 1823. 8°. —.50
7731 —— N., Utrum praestet compositi de homicidio et vulneribus an propria lege vindicare certamen singulare? Gron. 1840. 8°. —.40
7732 —— P. A., De donationibus ob supervenientiam liberor. a quovis non revocandis. Franeq. 1767. 4°. —.70
7733 Schild, J., De coalitione populorum ac rerump. libri tres. Hagae. 1661. 172 pp. 4°. 2.—
7734 —— T. N., Juris positiones. Altdorf. 1656. 4°. —.30
7735 Schildbach, E. S., De rerum communione. Jen. 1740. 4°. —.60
7736 Schildeck, H. W. W. de, De archicancellariatu et primatu S. R. J. principis. Lips. 1724. 4°. —.60
7737 Schildern, N., De auctoritate curatorum aetatis. Ling. 1706. 4°. —.40
7738 Schill, J. J. A., Over de drukpers in Nederl. Indië. L. B 1863. 136 pp. 8°. 1.25
7739 —— P. A., De dolo. L. B. 1832. 8°. —.50
7740 Schillemans, P. J., De peremtione sec. art. 279—284 Cod. de rat. proc. in caus. civ. L. B. 1844. 8°. —.60
7741 Schilling, B., Examen doctrinae juris feudalis circa feudi gratiale propositae. Lips. 1829. 8°. —.40
7742 —— C. H., De impotentia sanctitatis titulo factis. Helmst. 1717. 4°. —.30
7743 —— C. J., De jure legitimandi comitum palatinorum in terris principum imperii. Vitemb. 1709. 4°. —.60
7744 —— J. G., De jure furnorum. Francf. 1690. 4°. —.90
7745 —— W. A., De collegiis opificum. Lips. 1680. 4°. —.50
7746 Schilter, G., De prioritate ac posterioritate temporis dubia atque incerta. Lips. 1653. 4°. —.60
7747 —— J., De bonis laudemialibus. Jen. 1741. 4°. —.60
7748 Schimmel, J., Utrum donarium ante, an post legit. portion. ab intest. debitam, deduci debeat? L. B. 1804. 4°. —.60
7749 Schimmelpenninck, G., Quatenus feminarum conditio cum jure Rom. tum jure hod. melior sit, quam illa marium. Amst. 1829. 192 pp. 8°. 1.40
7750 —— J., De negotiis, q. gesserit magistratus, qm. dicunt injuste creatum sive q. apud eum fuerint actitata. L. B. 1793. 8°. —.80
7751 —— R. J., De jure venationis. L. B. 1848. 136 pp. 8°. 1.10
7752 —— — — De imperio populari caute temperato. L. B. 1784. 4°. 1.—
7753 —— v. d. Oye, G. A. J., De portu in quem navis se periculi causa recipiat. (*noodhaven*). Amst. 1855. 8°. —.50
7754 Schimmelpenninck, E. F., Ad leg. 18 Cod. de transact. L. B. 1714. 4°. —.60
7755 —— W. J., De l. Pompeja de parricidiis. L. B. 1706. 4°. —.50
7756 Schinne, C. A. v., Ad l. Juliam majestatis. Traj. 1828. 4°. —.30
7757 —— J. v., De usucapionibus. Traj. 1718. 4°. —.30
7758 —— — — De conjunctionibus sanguini vel affinitati contumeliis. L. B. 1746. 4°. —.30
7759 Schiffers, C. P. J., De moderamine inculp. tutelae. Traj. 1741. 4°. —.30

7760 Schipper, D., De contractu mandati. L. B. 1714. 4°. —.40
7761 —— P. L., De evictionibus et duplae stipulationibus. L. B. 1748. 4°. —.50
7762 Schiemer, M., De copiis auxiliaribus statuum imperii. Jen. 1706. 4°. —.40
7763 Schier, G. C., Solam citationem edictalem legitime factam ad creditorum ignotorum praeclusionem sufficere. Vitemb. 1724. 4°. —.50
7764 Schlabrendorff, J. F. v., De praerogativa inter familias illustres et praetensionibus. Francf. 1686. 4°. —.80
7765 Schlanger, J. C., De helotib. Lacedaem. servis. Helmst. 1780. 4°. —.70
7766 Schlapp, De data vel dato instrumentorum. Altd. 1682. 4°. —.70
7767 Schlecht, J. J. v., De literarum obligatione. L. B. 1685. 4°. —.30
7768 Schlegel, C. B., De culpa ex πολυπραγμοσύνῃ, comm. leg. 36 DD. de reg. jur. Lips. 1725. 4°. —.30
7769 —— — — De juramento universitatis. Lips. 1731. 4°. —.50
7770 —— J. E., De pubertati proximis eorumque juribus. Vitemb. 1687. 4°. —.70
7771 —— J. F., Utrum fratres inditata querela inoff. test. probare teneantur se non fuisse ingratos. Vitemb. 1710. 4°. —.40
7772 —— — — De oblig. reciproca parentum et liber. ad alimenta praestanda. Lips. 1709. 4°. —.40
7773 —— — — De mandato speciali, et actibus qui sine eo a procurat. in judicio peragi nequeunt. Vitemb. 1721. 4°. —.30
7774 —— J. G., De reconventione ante finit. conventionem in foro Saxonico instituenda. Vitemb. 1716. 4°. —.50
7775 Schlemm, H. J. L., De auctoritate arbitrii ex compromisso vim rei judicatae habentis. Gott. 1744. 4°. —.30
7776 —— J. G., De eo, quod justum circa exheredationem bona mente ejusque usum hodiernum. Gott. 1743. 4°. —.70
7777 Schlenck, C., Ad lib. 21 et 22 DD. Hal. 1694. 4°. —.30
7778 —— — Ad lib. 49 et 50 DD. Hal. 1694. 4°. —.30
7779 Schleusner, G. F., De commestibilibus. Lips. 1727. 4°. —.40
7780 Schlichting, H., De poena inficiantis possessionem, ad leg. 50 DD. de rei vind. Vitemb. 1701. 4°. —.70
7781 Schlimer, J. G., De curatore fodinarum. Vitemb. 1750. 4°. —.50
7782 Schlingemann, F. L., De judiciis Trans-Isalaniae temp. Reip. Provinc. unit. L. B. 1839. 8°. —.40
7783 Schlinsigius, C., De advocatis eorumque privilegiis. Vitemb. 1731. 4°. —.40
7784 Schlitte, J. G., De probabilitate ejusque effectu. Hal. 1714. 4°. —.50
7785 Schlossberger, G. A., De crimine abigeatus. Tub. 1699. 4°. —.60
7786 —— P. H., De lege caducaria seu jure deshaerentiae justo remotioribus agnatis, ad § ult. Inst. de succes. cognat. et ad statuta Esslingensia tit. 13. Hal. Sal. 1733. 4°. —.60
7787 Schlosser, J. B., De carceribus et incarceratione. Franeq. 1750. 4°. —.30
7788 Schlott, J. C., De syndicis ad litem sequend. constitutis. Vitemb. 1776. 8°. —.30
7789 Schlutter, G., De accessione naturali beneficio fluminis facta. Harder. 1750. 4°. —.50
7790 —— G. J., De hypotheca legali minoris, qualis jure Franc. constituta est, a legislatore Belg. merito emendata. Traj. 1829. 132 pp. 8°. 1.—
7791 —— J., Ad leg. 23 DD. de diversis regulis juris antiqui. L. B. 1747. 4°. —.60
7792 —— J. J., De natura actionis rei judicatae, ad leg. 75 DD. de judic. L. B. 1789. 4°. —.50
7793 Schlyter, C. J., de principiis legislat. poenalis. Lund. 1815. 4°. —.30
7794 Schmalhausen, R. H. J., De cautione damni infecti. Traj. 1831. 148 pp. 8°. 1.—
7795 Schmallen, J. H., De querela test. inoff. Duisb. 1725. 4°. —.50
7796 Schmalkalden, J. G., De condictione ex leg. 32 DD. de reb. cred. Lips. 1729. 4°. —.50
7797 Schmerbauch, G. F., De jure repraesentationis in successione descendentium exule. Lips. 1776. 4°. —.30
7798 Schmettau, E., De transitu militum. Francf. 1690. 4°. 1.25
7799 —— G. W. de, De regimine usurpatoris rege ejecto. Francf. 1702. 4°. —.70
7800 Schmidius, A., De judiciis Silesiae inappellabilibus. Lips. 1735. 4°. —.60
7801 —— C., De valore pactorum qbs. praeparantur contractus. Lips. 1730. 4°. —.60
7802 —— C. H., Ulpius Marcellus. Lips. 1768. 4°. —.50
7803 —— F. T., De historia et jurisdictione Augusti Cameralis Judicii. Gies. 1745. 4°. —.40

7804 Schmidt, C., De documentorum recognitione. Jen. 1699. 4°. —.60
7805 —— F., De jure separationis. Lips. 1818. 4°. —.60
7806 —— G. R., De exceptione veritatis. Lips. 1772. 4°. —.30
7807 —— J. E., Ad legem Voconiam et Falcidiam. Jen. 1742. 4°. —.60
7808 —— J. P., De interrogatoriis ineptis. Hal. 1708. 4°. —.70
7809 —— P., De exercitio jur. patronatus realis ad praediorum fructus referendo. Lips. 1746. 4°. —.30
7810 —— Z., De existimatione fama et infamia, extra roмp. Hal. 1719. 4°. —.60
7811 Schmidtmann, J. J., De damno inj. dato resarciendo. Traj. 1776. 8°. —.80
7812 Schmieden, J. W., De fraudulosa libertate. Gedani. 1714. 4°. —.70
7813 Schmieder, H. G., De fide hosti data, non semper praestanda. L. B. 1779. 4°. —.80
7814 Schminke, L., De judiciis imperii Rom.-Germ. Traj. 1710. 4°. —.40
7815 Schmitz, J. W., De locatione conductione. Francf. 1749. 4°. —.30
7816 Schmol, W. E., De communione incidente. Giss. 1719. 4°. —.40
7817 Schmolck, S., De tabellionis (notarii) officiis, quaten. in novo codice civ. Belg. capenuntur. L. B. 1828. 254 pp. 4°. 8.—
7818 —— — Idem liber. forma 8°. 2.—
7819 Schnabel, C. F., De solut. deb. pecuniarii mut. summor. bonitate intrinseca ex temp. nat. oblig. aestimanda. Francf. 1769. 4°. —.80
7820 Schnadenbach, F., De respectu parochiae. Hal. 1723. 4°. —.60
7821 Schnarrmacher, C. A., De jure braxandi. Lips. 1678. 4°. —.50
7822 Schneidermann, J., De successione pactitia conjugum. Francq. 1787. 4°. —.50
7823 Schneider, E. G., De successione matris ex statuto Budissinensi (vom Schoosz-Fall). Lips. 1735. 4°. —.50
7824 —— E. F., Antinomiae qdm. in jure statutario Francofurtensi. Erf. 1721. 4°. —.50
7825 —— F. A., Jura subordinationis. Lips. 1726. 4°. —.50
7826 —— J. F., De cautione legatorum servandorum causa praestanda. Lips. 1732. 4°. —.60
7827 —— J. G., De jure pignoris moto concursu. Lips. 1728. 4°. —.40
7828 —— — — Praecipua laudemii capita. Vitenb. 1732. 4°. —.60
7829 Schnobr, J. G., De commercio. Hard. 1757. 4°. —.30
7830 Schnobr, F. A. C., De jure retentionis. Lips. 1808. 4°. —.70
7831 Schober, J. H., De procuratorib. mercatorum q. commissionarii appellantur. Schoonh. 1839. 8°. —.70
7832 Schoepe, J., De partu. Traj. 1698. 4°. —.40
7833 Schoenebeck, J. G., De fratrum germanorum liberis, sive cum fratre defuncti unilaterali, sive cum fratris unilateralis filiis, sive cum thiis defuncti concurrant. Hal. Sal. 1775. 4°. —.80
7834 Schoepffer, C. J., De mercatorum, qui foro cesserunt, rationibus et codicibus. Hal. 1740. 4°. —.70
7835 Schoepff, C. F., De feudis Germaniae gentilitiis. Schweinf. 1740. 4°. —.30
7836 Schoepffer, J. J., De advocato injuriante. Lips. 1741. 4°. —.60
7837 Schokker, C. J., Over de verzekering tegen de gevaren der zee. Amst. 1863. 8°. —.90
7838 Schol, L. J., De deposito. L. B. 1785. 4°. —.60
7839 Schöler, A. F., De interpretatione legum. Duisb. 1738. 4°. —.30
7840 Schollaert, F. J., Quid sit possessio. Lovan. 1850. 120 pp. 4°. 1.50
7841 Scholten, C. A. F., De privil. fori, qd. habent miserabiles, uti vocantur, personae. L. B. 1789. 4°. 1.—
7842 —— G., Princip. natur. circa doctrin. de probat. per testes. L. B. 1772. 4°. 1.—
7843 —— — De jure hostem imminentem praeveniendi. — Princip. natural. circa doctrinam de probatione per testes. L. B. 1772. 212 pp. 8°. 1.50
7844 —— J. J., De institutis ad debita publica extinquenda (*amortisatie*). Amst. 1846. 8°. —.40
7845 —— B. P. v. Wessel, De foedere Madritano, qd. Franc. I rex cum Carolo V imp. captivus fecit. Amstel. 1784. 4°. —.60
7846 —— — — — —— Ad fragm. Scaevolae q. e. in leg. 103 pr. DD. de solut. et liberat. L. B. 1765. 4°. —.80
7847 —— H. V. — —— De damnatorum restitutione in integrum. L. B. 1827. 138 pp. 8°. 1.—
7848 —— tot Gansoyen, G. F., De imperii formis, q. in patria nostra a. tentatae s. institutae fuerunt a conversa rep. a 1795 ad ejus cum Francia conjunctionem. Traj. 1836. 200 pp. 8°. 1.50

7849 Scholtz, G. de, De misericordia intempestiva. Francf. 1686. 160 pp. 4°. 2.—
7850 Schomaker, G. S., Ad leg. 4 pr. DD. de re militari. Hard. 1758. 4°. —.40
7851 —— H., De sponso refractario. Harder. 1745. 4°. —.40
7852 —— H. J., De jure cloacarum. L. B. 1752. 4°. —.30
7853 —— J., Ad leg. 11 § 1, 2 DD. de muner. et honor. Traj. 1765. 4°. —.50
7854 Schomburgk, J. F., De privatione jurisdictionis ob ejus abusum. Lips. 1755. 4°. —.40
7855 Schomer, M. C., De vero jure et effectu immissionis ex secundo decreto addictionis in solutum et adjudic. Mecklenburgicae. L. B. 1728. 4°. —.40
7856 Schönbeck, H., De poena capitis. L. G. 1831. 8°. —.60
7857 Schönberg, A. F. v., De oneribus feudi. Lips. 1679. 4°. —.50
7858 —— J. A. F. v., De judiciis paganis. Lips. 1674. 4°. —.40
7859 —— J. C., De vinculo matrimonii ob legem affinitatis turpi vel honesto. Hal. 1706. 4°. —.70
7860 Schonck, E. J. B., De privilegiis militum. Franeq. 1768. 4°. —.80
7861 —— J., De dementium et furiosor. in jure conditione. L. B. 1792. 4°. —.70
7862 Schöne, O. C., De voto decisivo in comitiis imperii, civitatib. imperialib. non minus, quam superiorib. collegiis competente. Traj. 1740. 4°. —.60
7863 Schöneiche, G., De jure aemulationis. Francf. 1690. 4°. —.70
7864 Schook, W. F., Over het abandonnement. Hag. 1848. 8°. 1.—
7865 Schooneveld, M., De actionibus possessoriis. Amstel. 1840. 126 pp. 8°. 1.—
7866 Schoonbeten, D. B. v., De jurejurando qd. judex ex officio deferi probanti. Traj. 1856. 8°. —.40
7867 Schoonhoven, T. v., De missilibus. Traj. 1729. 4°. —.40
7868 Schooren, C. E., Theses juridicae. L. B. 1764. 4°. —.30
7869 —— W. E., Juris quaest. L. B. 1766. 4°. —.40
7870 Schooten, J. F. de W. v., Ad leg. 2 Cod. de resciud. venditione. L. B. —.40
7871 Schöpff, W. A., De assignatione nominis. Tubing. 1703. 4°. —.70
7872 Schöpffer, G. C., De clausulis testamentorum. Francf. 1707. 4°. —.60
7873 —— J. J., De literarum acceptatione. Hal. 1735. 4°. —.30
7874 Schopman, J., Ad leg. Corn. de sicariis et veneficiis. L. B. 1727. 4°. —.50
7875 —— J. D., De servitutibus praediorum rusticorum. L. B. 1738. 4°. —.50
7876 Schorch, C. W., De collatione bonorum generali. Lips. 1721. 4°. —.60
7877 —— H. F., De jure puniendi principem in proprio vel alterius territorio delinquentem. Francf. 1756. 4°. —.60
7878 Schorer, J., De finium regundorum actione. Traj. 1741. 4°. —.50
7879 —— J. A., De interdictis. Traj. 1769. 4°. —.60
7880 —— — — De pecunia constituta. L. B. 1711. 4°. —.50
7881 —— J. C., De causa juris et obligationis q. ex pacto proficiscentur. Traj. 1825. 8°. —.40
7882 —— J. G., De forma regiminis provinciae Zeelandiae, tam antiq. tum hodierna. L. B. 1819. 8°. —.60
7883 —— — — De injuriis. L. B. 1753. 4°. —.40
7884 —— J. H., De eo, qd. circ. exheredatt. liberorum tam jure ant. qm. jure hod. obtinet. Traj. 1760. 4°. —.40
7885 —— J. P., De obligationibus, quae ex delicto nascuntur. Traj. 1767. 4°. —.70
7886 —— J. W., De possessione. Traj. 1778. 4°. —.40
7887 —— P. G., De sententiis, earumque effectibus. Traj. 1770. 4°. —.60
7888 —— P. N., De judiciis. L. B. 1816. 4°. —.40
7889 —— W., De receptis qui arbit. receper. ut sententiam dicant. L. B. 1738. 4°. —.60
7890 —— — Ad leg. un. Cod. de sententiis, quae pro eo quod interest proferuntur. L. B. 1745. 4°. —.40
7891 —— A. v. d. P., De compensationibus. L. B. 1754. 4°. —.60
7892 Schot, G., De probatione per scripturam, impr. de instrumentorum exemplis. Gron. 1832. 136 pp. 8°. 1.—
7893 Schott, J. H. P., De dolo malo. L. B. 1824. 8°. —.80
7894 —— J. M., De hypotheca tacita fisci propter debita ex delicto. Hal. 1720. 4°. —.40
7895 Schouten, A., De probatione delictorum. L. B. 1826. 128 pp. 4°. 1.50
7896 —— G. v. Aalst, De jure patronatus. L. B. 1778. 4°. 1.—
7897 —— H. — —— De transactionibus. L. B. 1772. 4°. —.70
7898 Schraidt, J. C., De tribunal. in genere praes. autem de trib. civ. in pagis Zeeland. constituto. L. B. 1778. 4°. —.70

7899 Schrant, J. M., De patrii sermonis studio Jctis maxime commendando. Gand. 1821. 4°. —.40
7900 —— — — Idem liber, forma 8°. —.30
7901 Schrassert, N. H., Ad leg. 17 § 2 DD. de pactis. Harder. 1764. 4°. —.30
7902 —— S. R., De testam. ordinandis. Harderv. 1779. 4°. 1.—
7903 Schraeckenfuchs, J. J., De donatione propter nuptias. Erf. 1731. 4°. —.30
7904 Schreiber, T., Lex ult. Cod. de fideicommiss. Tub. 1675. 224 pp. 4°. 2.50
7905 Schreiter, G. D., De oblig. universitatis expensas criminum inquisitionis indistincte susceptas etiam pro forensi praestandi. Lips. 1750. 4°. —.60
7906 Schrevelius, C., De societate. L. B. 1698. 4°. —.30
7907 —— — Ad leg. ult. Cod. de dotis promissione. L. B. 1744. 4°. —.30
7908 —— F., De testamentorum infirmatione. Lund. 1849. 4°. —.70
7909 —— — De principiis legislat. poenalis majorum. L. G. 1832. 4°. 1.—
7910 —— — De vi jur. Rom. in jus Suecanum. Lund. 1824. 4°. —.70
7911 —— J., De dominio mariti in rebus dotalibus stante matrimonio. L. B. 1748. 4°. —.80
7912 —— — De manumissionibus. L. B. 1703. 4°. —.30
7913 —— T., Themata controversa. L. B. 1741. 4°. —.40
7914 Schrick, J. J., De jure imperiorum. L. B. 1748. 4°. —.60
7915 —— M., De pignoribus et hypothecis. L. B. 1714. 4°. —.40
7916 Schroder, G., De jurisprudentiae et politior. litteraturae connubio. Harder. 1745. 4°. —.50
7917 —— J., De legib. et institutis in commodum mente alienatorum. Traj. 1838. 244 pp. 8°. 2.—
7918 —— J. M., De revocatione. Erf. 1672. 4°. —.60
7919 Schroeder, C. D., De usu forensi libri 18 DD. Hal. 1707. 4°. —.60
7920 —— L. C., De Jctis Rom. suum in legg. interpretandis officium non transgressis. Gron. 1761. 4°. —.80
7921 —— — — De praetoribus, optimis in legibus interpretandis juris civilis custodibus. Gron. 1763. 4°. —.60
7922 Schroeff, J. v. d., De tempore in re furtiva aestimanda inspiciendo. Hard. 1762. 4°. —.30
7923 Schroeter, E. F., De charta bianca. Vitemb. 1787. 4°. —.60
7924 Schroeter, J. C., De reliquis. Jen. 1680. 4°. —.50
7925 —— — — De testamento per aes et libram. Jen. 1720. 4°. —.80
7926 —— J. P., De sponsalibus. Jen. 1627. 4°. —.30
7927 Schröttering, G., De anticategoria. Altd. 1682. 4°. —.70
7928 Schrijver, H., De jure portuum. Traj. 1760. 4°. —.70
7929 Schuart, H., De jurejurando. Bas. 1615. 4°. —.30
7930 Schubach, J., De origine statutorum Hamburgensium non Susatensi. Gott. 1749. 4°. —.40
7931 Schubart, C. G., De juramento subjectionis. Vitemb. 1727. 4°. —.40
7932 Schuchmann, J. G., De feudo foeminae proprio. Lips. 1745. 4°. —.60
7933 Schuer, A. v. d., De jurisdictione omnium judic. et foro competenti. Traj. 1682. 4°. —.60
7934 —— G. v. d., An princeps sit legibus solutus. Ultr. 1681. 4°. —.60
7935 —— — — — De occupatione et jure postliminii. Traj. 1682. 4°. —.60
7936 Schuette, D., De jure sylvarum et arborum. Jen. 1747. 4°. —.70
7937 Schuilenburgh, F. P. W. v., De jure coloniarum. L. B. 1787. 4°. —.60
7938 Schuilerus, F. H., De usu et habitatione. Argentor. 1705. 4°. —.30
7939 Schurking, L. M., De symbol. rer. tradit. q. in Drenthiae rep. *stokleggings* nuncupatur. Gron. 1764. 4°. —.60
7940 Schulenburg, J. v., De quibusdam speciebus pactorum tacitorum. Gron. 1756. 4°. —.50
7941 Schull, D. H., Ad privil. Reinaldi IV Tielensibus anno 1410 concessum. Traj. 1787. 4°. —.50
7942 —— P. A., De edendo. L. B. 1761. 4°. —.60
7943 Schüller, C. L., De necessitudine tum morali tum civili inter patronum et libertum. Traj. 1838. 128 pp. 8°. 1.—
7944 Schulte, J., De transactione jurata. Duisb. 1721. 4°. —.70
7945 Schulten, O. R. a, In jus naturae recentiorum stricturae. Ups. 1818. 4°. —.40
7946 —— — — — Om jord-naturen i Sverige. Ups. 1816. 4°. —.40
7947 Schultens, B., De convenientia juris Rom. cum lege naturali. Gron. 1747. 4°. —.50

7948 SCHULTEN, A. W. A., De facto tertii in stipulationem deducto. Duisb. 1738. 4°. —.40
7949 —— F. C., De jure emphyteutico et censitico. Harder. 1761. 4°. —.40
7950 —— G. U., De impossibili in contractibus. Jen. 1733. 4°. —.60
7951 —— J. C., De societate. Duisb. 1716. 4°. —.30
7952 SCHULTING, A., De angusta innocentia hominis ad leg. boni. L. B. 1730. 4°. —.50
7953 —— — De nat. oblig. L. B. 1688. 4°. —.60
7954 —— — De optimo genere interpretum jur. civ. Harder. 1691. 4°. —.40
7955 —— — Dissertt. de recusatione judicis; pro rescript. impp. Rom.; de transact. sup. controv. q. ex ultim. volunt. sqq. Francq. 1708. 236 pp. 4°. 3.—
7956 —— — De utilitate ex jurispr. ad alias artes ac scientias redundante. L. B. 1718. 4°. —.60
7957 —— J., De revocandis his, quae in fraud. creditor. facta sunt. L. B. 1718. 4°. —.40
7958 SCHULTZ, C., De jure circa prodigos. Francq. 1778. 4°. —.80
7959 —— C. G., Leg. 1, 2, 3 DD. de verb. signif. Lips. 1706. 4°. —.40
7960 —— H., De jure feminarum Rom. defuncto succedendi ab intestato et ex testamento sqq. Lovan. 140 pp. 8°. 1.10
7961 —— J. J., De formis imperii mixtis earumq. in remp. effectu. Ups. 1782. 4°. —.40
7962 —— P., De jure congrui (Gespielde). Francf. 1686. 4°. —.70
7963 —— S. F., De matrimonio momentario. Francf. 1701. 4°. —.60
7964 SCHULTZE, F. C., De jure vitae et necis in furem privato competente. Lips. 1740. 4°. —.60
7965 —— G., De lucro dotis marito in pactis dotalibus concesso portionem statutariam non excludente. Hal. 1740. 4°. —.60
7966 —— J. B., De conflictu theoriae et praxeos juris. Hal. 1736. 4°. —.50
7967 SCHUMACHER, G., De jure pontium. Francf. 1683. 4°. 1.25
7968 —— H. G., De ficta mala fide. Duisb. 1721. 4°. —.60
7969 —— P., De eo, qd. interest. Heidelb. 1679. 4°. —.80
7970 SCHUMAN, C. W., Ad leg. Rhodiam de jactu. Traj. 1791. 4°. —.50
7971 SCHUMANN, C. A., De rei vindicatione. Hal. 1730. 4°. —.70
7972 —— G. A., De rei vindicatione ex jure Rom. et patrio. Hal. 1735. 4°. —.70
7973 —— J., De demonstratione. Lips. 1713. 4°. —.40
7974 SCHÜRMAN, A. F. F., De curatoribus majorum. Traj. 1782. 4°. —.50
7975 —— J. C., De litis contestatione. Harder. 1756. 4°. —.50
7976 SCHÜSSLER, C. C., Controv. jur. Vitemb. 1730. 4°. —.40
7977 SCHUTT, H. E., De mitigatione poenae ob diuturnit. carceris, ad leg. 25 DD. de poenis. Traj. 1756. 4°. —.40
7978 —— R. A., De stipulat. Traj. 1771. 4°. —.60
7979 SCHUTTRUP, E., De viribus consuetudinis. Amstel. 1735. 4°. —.30
7980 SCHÜTZ, H., De probatione pro exoneranda conscientia. Wittenb. 1695. 4°. —.50
7981 SCHUURMAN, J. G., De natura pignoris qd. creditor habet ex contractu bodemariae. Traj. 1838. 8°. —.80
7982 —— P. M., Ad art. 1763 Cod. Civ. Gron. 1829. 8°. —.70
7983 —— TH., De munere graphiarii. Traj. 1848. 8°. —.70
7984 SCHUYL, F. A. VAILLANT, De legitimo tempore humani partus. L. B. 1749. 4°. —.40
7985 SCHUYLENBURCH, A. v., De officio judicis. L. B. 1759. 4°. —.60
7986 —— C. v., De venia aetatis. L. B. 1738. 4°. —.50
7987 —— G. H. v., De societate. L. B. 1701. 4°. —.50
7988 —— L. v., Ad art. 881 Cod. poen. L. B. 1829. 8°. —.40
7989 —— W., De inutil. stipul. L. B. 1722. 4°. —.60
7990 SCHUYLL v. D. D., M. P. J., De pluribus ab eodem commissis criminibus, impr. vero de crimine qd. repetitum dicitur. Traj. 1836. 152 pp. 8°. 1.25
7991 SCHUYT, N., De sponsalibus. Traj. 1659. 4°. —.30
7992 SCHÜZ, J. C., De suco decretorio 1624. Tubing. 1752. 4°. —.50
7993 SCHWAHN, S., De jure deducendi duas quartas, occ. cap. 16 et 18 X de testam. Tub. 1667. 154 pp. 8°. 2.—
7994 SCHWALBER, J., De juribus ac privilegiis personarum miserabilium. 1666. 4°. —.80

7995 Schwartz, J., De orig. jur. person. et insign. mutatione quam eidem intulit pugna cannensis. L. B. 1742. 4°. —.70
7996 —— J. J., Ad varia Jctorum veterum fragmenta in qbs. archetypi florentini scriptura passim defenditur. L. B. 1750. 4°. —.50
7997 —— J. S., De tribus sententiis conformibus, sec. leg. ult. Cod. ne liceat in una eademque causa, etc. Jco. Jen. 1705. 4°. —.50
7998 Schwartzenberg en H., G. W. C. D. B. v., De tribunorum plebis apud Rom. jurisd. in causis privatis. Gron. 1838. 8°. —.70
7999 —— — — H. v., Quatenus juris civilis et criminalis praecipua capita ex juris naturalis princ. sint derivanda. Gron. 1836. 8°. —.50
8000 Schwartzenfels, F. de, De episcopo vice-cancellario imperii. Hal. 1740. 4°. 1.—
8001 Schwartzmeyer, J. C., De oppignoratione feudi. Helmst. 1656. 4°. —.60
8002 Schwarz, C. G., Scholia philolog. ad procem. Institutt.; — an ex unico codice ms. florent. omnia cetera pp. exemplaria toqm. per traducem dimanarint? L. B. 1739. 104 pp. 4°. 1.25
8003 Schweder, H., De salariis. Tubing. 1662. 4°. —.70
8004 Schwedrich, C. H., De praecipuis rusticorum privilegiis. Lips. 1678. 4°. —.30
8005 Schweinitz, G. W. de, Ad l. Jul. majestatis. L. B. 1722. 4°. —.60
8006 Schwencke, A., De majestate legibus armata. Harder. 1772. 4°. —.80
8007 Schwerin, J. B. de, Vasallus desertor. Francf. 1690. 4°. —.70
8008 Schwick, C. D., De lege Papia Poppaea. Harder. 1759. 4°. —.40
8009 Schwitzke, E. B., De competentiae beneficio advocatis competente. Lips. 1736. 4°. —.30
8010 Scipien, J. F., de damnis voluntariis. Francf. 1673. 4°. —.50
8011 Scipio, J. F., De effectu sponsaliorum de praesenti. Traj. 1713. 4°. —.50
8012 Scott, B., De modis adquirendi patriam potestatem. L. B. 1694. 4°. —.60
8013 Scriverius, A., De suspectis tutoribus et curatoribus. L. B. 1706. 4°. —.40
8014 —— E., De tutelis. L. B. 1734. 4°. —.60
8015 Seelen, J. M., De potestate principis circa legum natur. objecta. L. G. 1747. 4°. —.80
8016 Sedlnitzky, C. a Perponcher, De cursu publico s. de jure postarum. L. B. 1766. 4°. —.60
8017 —— W. — —— De origine dynast. Hollandiae. Traj. 1765. 4°. —.80
8018 Seebach, G., De inhibitionibus curiarum prov. Saxonicis, earumq. processu in momentaneo possessorio. Lips. 1810. 4°. 1.—
8019 —— P. W., De schedula testam. adjecta. Lips. 1741. 4°. —.40
8020 Seefeld, J. J., De praescriptione nonagenaria. Hal. 1718. 4°. —.50
8021 Seelen, J. H. de, De sabbathationibus. Lips. 1627. 4°. —.30
8022 Seelmatter, J. C., Jusjurandum Christianis non illicitum esse. Bas. 1670. 4°. —.40
8023 Segelcrantz, C. V. L., De juris hereditarii sec. antiq. Danor. et Suec. leges habitu. Hels. 1829. 4°. —.50
8024 Segermarck, L. S., De pacto commissorio ll. feudament. adjecto. L. G. 1752. 4°. —.60
8025 Segerstedt, J. U., De formis imperii trifariam distinctis. Ups. 1838. 4°. —.40
8026 Segnitz, J. E., De licentia emphyteusin, itemque feudum alienandi. Tub. 1718. 4°. 1.25
8027 Segvelot, J. v., De mandato. Traj. 1698. 4°. —.30
8028 Seidel, De alapa. Francf. 1683. 4°. —.60
8029 —— — De et caetera. Francf. 1683. 4°. —.90
8030 —— — Jus statutarii Uratislaviensis. Francf. 1674. 4°. —.80
8031 Seidenbusch, A. F., In pactis de superstite herede, ad leg. ult. Cod. de pactis. Hal. 1741. 4°. —.80
8032 Seidlitz, E. A. de, De re milit. veterum Germanorum. Heidelb. 1674. 4°. —.60
8033 Seiffenheld, C. F., De foro heredis. Giss. 1771. 4°. —.70
8034 Seilnitz, J. G. F. v., De annona. Jen. 1720. 4°. —.40
8035 Seiler, C. G., Privilegia quaedam partus qui in utero est et casus in qbs. pro jam nato habetur. Hal. 1723. 4°. —.40
8036 Seila, J., De bonis paraphernalibus. Altd. 1685. 4°. —.70
8037 Selent, H., De M. T. Cicerone, ut Politico, non plane imitando. Aboa. 1797. 4°. —.40
8038 Sell, C., De Rom. nexo et mancipio. Brunsv. 1840. 8°. —.80
8039 Selle, G., De possessione instrumentali. Francf. 1675. 4°. —.60

8040 Selle, W. F. M., De wet van 11 Germinal an XI over de voornamen en naamsveranderingen. Traj. 1861. 8°. —,60
8041 Sellice, G., De imaginario, quod scientiis adhaeret, in jurisprudentia detegendo. L. B. 1730. 4°. —,90
8042 Selmer, B., De homicidio in rixa commisso. Heidelb. 1846. 8°. —,30
8043 Selperth, G. M., De dote non promissa praestanda. Lips. 1711. 4°. —,50
8044 Sels, J. C. J. v. Loben, De patria potestate. Traj. 1796. 4°. —,30
8045 —— M. D. — —— De divortiis. L. B. 1758. 4°. —,60
8046 —— M. J. — —— De probationibus ex prim. jur. Rom. et hod. L. B. 1818. 8°. —,60
8047 Semeyns, M., De injuriis verbali. Harder. 1748. 4°. —,40
8048 Senck-Eiben, C. F., De mandato an morte mandantis cesset? Erf. 1781. 4°. —,40
8049 Senckenberg, H. C., Fendorum 28 § his consequenter von *Theilung derer Lebens-Früchten in dem Sterbjahr*. Gott. 1737. 4°. —,80
8050 —— — — 1. Jus consuetud. Gissense. 2. Jus consuetud. Wetzlariae, legislatione probatum. 3. Butisbacensis viciniae. 4. Praefecturae Breidenbocensis. Giess. 1740. 4°. —,60
8051 —— — — De jure Hassorum. Giss. 1742. 4°. —,60
8052 —— — — Judici superiori propriam sententiam corrigere licere exponit. Gott. 1735. 4°. —,50
8053 —— — — De legibus gentis Bavaricae. Giss. Giss. 1742. 4°. —,80
8054 Senden, E. G. v., De judice a praetore in caus. priv. dato. L. B. 1841. 8°. —,80
8055 —— G. B. v., Ad leg. 3 Cod. de edicto D. Hadriani tollendo. Traj. 1753. 4°. —,50
8056 —— J. F. v., De furtis. Traj. 1750. 4°. —,40
8057 —— W. R. v., De off. dotandi suam progeniem. Ling. 1751. 4°. —,40
8058 Sepelius, E., De aequalit. principum ac jurib. connexis. Stockh. 1752. 4°. —,50
8059 Serdam, N., N., De jure naturali. Harder. 1697. 4°. —,60
8060 Serooskercke, J., Ad leg. Juliam majestatis. L. B. 1683. 4°. —,80
8061 Serrurier, A., De fidejussoribus. L. B. 1831. 4°. —,90
8062 —— G., Ad loc. Gaji, de potestate manu et mancipio. Traj. 1822. 140 pp. 8°. 1.10
8063 —— P., De obligationibus dividuis et individuis. Gand. 1824. 132 pp. 4°. 1.50
8064 —— — De divisione officior. juriumq. in perfecta et imperfecta. L. B. 1824. 164 pp. 4°. 3.—
8065 —— — Idem liber. 168 pp. forma 8°. 1.25
8066 Servaes, J., De probationibus. Traj. 1859. 4°. —,30
8067 Servatius, R. W. N., Over 't verbaal van geldboeten en geregtskosten in strafzaken. L. B. 1859. 252 pp. 8°. 1.75
8068 Seuter, C. G., De eo quod justum circa testamenta. L. B. 1743. 4°. —,70
8069 Seutter, J. M., De testam. analphabeti. Altd. 1710. 4°. —,40
8070 Sevenhuysen, G., De justis nuptiis. L. B. 1709. 4°. —,30
8071 Sevenstern, P. G., De notione furti. Gron. 1810. 8°. —,60
8072 Seydlitz, H. C. F. Æ., De flagranti delicto. L. B. 1849. 172 pp. 8°. 1.25
8073 Seyfart, J. F., De dote et donatione propter nuptias. Hal. Ven. 1736. 4°. —,50
8074 Seyfersheld, J. M., De literis reversalibus (*von Reversen*). Jen. 1720. 4°. —,90
8075 Seyfert, C. A., De jure investiendi status imperii Germ. Rom. (*von Reichs-Belehnungen*). Jen. 1685. 4°. —,50
8076 Seyffart, H. P., De embellis templorum. Hal. 1683. 4°. —,70
8077 —— C., De jure arresti. Jen. 1675. 4°. —,60
*8078 Seyffarth, W., De finibus circa jus decidendi quo vota majora in comitiis aluntur recte regundis. Lips. 1818. 7°. 1.—
8079 Seyffert, J. G., De culpa ab uno collegarum commissa a toto collegio praestanda. Lips. 1742. 4°. —,40
8080 Seyfferth, A. G. L. B. a, Ad Modestini casus enucleatos. Lips. 1787. 4°. —,80
8081 Seyfried, S. F., De contumace non appellante. Witteb. 1722. 4°. —,50
8082 Seyler, G. T., Quinque juris in re species, quas vulgo tradunt, nec semper tales esse nec solas. Lips. 1736. 4°. —,60
8083 Siebenhaar, C., De officio circa signa inter homines recepta praeter sermonem. Altd. 1685. 4°. —,90
8084 Sibenius, A., De dignitatibus. Traj. 1708. 4°. —,60

8085 Sibrrama, J., De collationibus. L. B. 1703. 4°. —.30
8086 Sibinga, F., De dardanariis. Gron. 1741. 4°. —.30
8087 Sibelius, H. R., De sec. nuptiis. Traj. 1742. 116 pp. 4°. 1.50
8088 Sibrand, J. H., De jure feminarum jure Lubecensi. Rost. 1740. 4°. —.50
8089 Siccama, A., De patria potestate. Traj. 1759. 4°. —.40
8090 —— W., De jure feminarum, ad leg. 2 DD. de reg. jur. Gron. 1786. 4°. —.60
8091 —— D. G. R. Hora, De accessione impr. ratione rerum immobilium. Traj. 1834. 8°. —.30
8092 —— G. J. —— De tutore vicario, ex jure civ. Gallico. Gron. 1838. 8°. —.40
8093 —— J. —— Juris civ. Rom. principia insignem usum praestare sec. meditationis ad art. 69, lib. 2 jur. agrarii Oldambtini. Gron. 1806. 8°. —.60
8094 —— — — De ministerio publico. Traj. 1826. 140 pp. 8°. 1.—
8095 —— J. H. M. —— De quadm. partib. officii judicis in judicio familiae erciscundae. Gron. 1812. 8°. —.40
8096 —— J. R. —— De jure summi imperii bona civium dominio civitatis subjiciendi. Gron. 1827. 144 pp. 8°. 1.10
8097 —— L. O. H., Ad art. 1325 Cod. Civ. Traj. 1826. 8°. —.40
8098 Siccama, H. F., De communione omnium bonorum inter conjuges. Gron. 1768. 4°. —.50
8099 —— J., De conductione et missione militum. Traj. 1778. 4°. 1.—
8100 —— J. A. G., De expositione infantum apud veteres Rom. Gron. 1767. 4°. —.50
8101 —— M., De dilatione solutionis illa, q. *surchéance* significatur. L. B. 1827. 4° 1.—
8102 —— — Idem liber. forma 8°. —.60
8103 —— P., Ad leg. diei 12 Junii 1816 (Stbl. n°. 26). L. B. 1852. 4° —.60
8104 Sickel, C., De condit. jurid. uxoris cujus maritus curae status subest rite aestumanda. Lips. 1825. 4°. —.40
8105 Sickinga, L. D. R. v., De successione. L. B. 1832. 8°. —.90
8106 Sickinghe, O. J., Quid in testamenti factione Rom. impr. sit a natura, quid veniat ex civilitate. Gron. 1805. 8°. —.70
8107 Siowa, L. B., De pignorib. et hypothecis. Gron. 1630. 4°. —.30
8108 Sieverus, A., De emptione venditione. L. B. 1708. 4°. —.30
8109 Sieben, B., De libertorum patronorumq. jure. L. B. 1750. 4°. —.30
8110 —— C., De studii historiae utilitate in jurisprudentia. Harder. 1723. 4°. —.60
8111 Siebuan, G. J., De executorum testament. officiis. L. B. 1817. 4°. 1.—
8112 Sieden, R., De eo quod justum est circa domum ejusque propriam et suam. Jen. 1676. 108 pp. 4°. 1.25
8113 Siedler, J. A., Restitutio in integrum. Herbipoli. 1653. 4°. —.40
8114 Siegel, G., De jure retentionis usuri vel viduae competente. —.50
8115 Siegenbeek, D. T., Ad tit. DD. de fideicom. libertatibus. L. B. 1828. 168 pp. 4°. 1.75
8116 —— — — Idem liber. forma 8°. 1.10
8117 —— — — Quod praecipitur de puniendis factis lege civitatis poenali vetitis, sed extra territor. ejus commissis. L. B. 1828. 4°. —.70
8118 —— M., Memoria J. M. Kemperi. L. B 1824. 8°. —.30
8119 Siegner, J., De ordinibus exercitus Germanici. Gies. 1742. 4°. —.30
8120 Siegler, F., Quod justum est c. delationem jurам. litis decisorii im. sec. jus commune qm. sec. stat. Francofurtens. Giess. 1778. 4°. —.60
8121 Sigonius, J. H., De emphyteusi. Rinth. 1707. 4°. —.40
8122 Sijmersma, J., De usufructu ob abusum non amittendo. Gron. 1812. 8°. —.30
8123 —— L. H., De effectu cessionis ususfr. factae extraneo. Gron. 1807. 8°. —.40
8124 Silesen, G. W., De foederib. cum infidelibus et barbaris. Lond. 1744. 4°. —.90
8125 Silverstolpe, G. A., De duellis. Ups. 1792. 4°. —.70
8126 Silverstolpe, F. O., De variis in Suecia imperandi formis commutationibus. Ups. 1818. 4°. —.50
8127 Simon, E. F. G., De partibus metallicis circa lignа. Lips. 1778. 4°. —.40
8128 Simono, J. J., De locat. conductione. L. B. 1754. 4°. —.60
8129 Simonis, J. H., Actorem ad agendum invitum. Francf. 1709. 4°. —.30
8130 Simons, M., De culpa. Lugd. 1683. 4°. —.60
8131 —— P., De Anglorum lege navali ejusq. vi in patriam nostram. Traj. 1820. 8°. —.70
8132 Simmerman, N., De differentiis quid. q. intercedunt jus Rom. inter et Belg. quoad tutelam testamentum. Traj. 1788. 4°. —.50

8133 Singendonck, H., De emtione et venditione. L. B. 1697. 4°. —,40
8134 —— J. A., De privil. militum jure Rom. L. B. 1832. 8°. —,50
8135 Sinner, J. A., De actione rescissoria. Traj. 1697. 4°. —,50
8136 Sjösteen, J., De confess. rei legitima in causa crim. Ups. 1730. 8°. —,30
8137 Sjöström, V., De Machiavello. Helsingf. 1861. 8°. 1.—
8138 Sipman, A. C. D., De testamento in statu naturali valido. Wetsl. 1754. 4°. —,60
8139 Sitter, J. H. de, De domiciliis sustentationis (*domicilie van onderstand*). Gron. 1834. 8°. —,40
8140 —— R. de, De statutorum ejusdem in patria regionis interpretatione multa caute adhibenda, ad art. 15, lib. 2 jur. Uldambtinl. Gron. 1809. 8°. —,30
8141 —— W. de, De fictionibus juris. Gron. 1772. 4°. —,70
8142 —— W. R. de, Observat. aliq. Gron. 1810. 8°. —,30
8143 —— — — — Origo et progressus jur. repraesentationis, sec. jus Rom. et Gron. Omland. Gron. 1800. 8°. —,40
8144 Sittig, V. S., Utrum liberi actione quasi calvisiana venditiones parentum inofficiosas revocare possint. Vitemb. 1739. 4°. —,40
8145 Six, A., De errore facti in delictis dolosis. L. B. 1840. 8°. —,60
8146 —— C. C., De edicto Nannetensi. Amstel. 1792. 4°. 1.25
8147 —— G., De magno Mariae privilegio. Amstel. 1779. 4°. 1.—
8148 —— J., De emphyteusi. Traj. 1688. 4°. —,30
8149 —— — De testamento solenni. L. B. 1751. 4°. —,30
8150 —— N., De occupatione. L. B. 1717. 4°. —,50
8151 —— P., De sanctitate legatorum. L. B. 1828. 4°. 1.—
8152 —— — Idem liber. forma 8°. —,80
8153 —— — Ad Sctm. Vellejanum. L. B. 1708. 4°. —,40
8154 —— W., Theses jurid. L. B. 1780. 4°. —,30
8155 —— W. F., De condictione furtiva. L. B. 1747. 4°. —,40
8156 Slaghek, E., De disconto litter. camb. Amst. 1856. 8°. —,40
8157 Slaat, J. N. St., De carcere civili. Traj. 1840. 8°. —,50
8158 Slaterus, J. J., De bonis dominicis — *heeren-goederen*. Hard. 1760. 4°. —,30
8159 Slegt, J. G., De restitutione adversus rem judicatam. L. B. 1750. 4°. —,40
8160 Sleyden, C. G. v. d., De jurejurando necessario. L. B. 1764. 4°. —,50
8161 —— J. P. H. v. d., De fidejussoribus. L. B. 1829. 4°. —,50
8162 —— S. v. d., De usufructu. L. B. 1720. 4°. —,30
8163 Slicher, A., De actione Pauliana. L. B. 1675. 4°. —,30
8164 —— — De acquir. vel omittenda hereditate. L. B. 1742. 4°. —,50
8165 —— H., De officio judicis. L. B. 1709. 4°. —,40
8166 —— J., Ad authent. Cod. ad Sctm. Vellejanum. L. B. 1765. 4°. —,60
8167 —— — De jurejurando in litem. L. B. 1680. 4°. —,30
8168 —— — De avariis. L. B. 1716. 4°. —,30
8169 —— J. A. W., De debita ac legitima vindicatione existimationis. L. B. 1716. 4°. —,30
8170 —— J. B. D. W., De jur. et facti ignorantia. L. B. 1711. 4°. —,40
8171 —— J. J., De jure surdorum et mutorum. L. B. 1764. 4°. —,40
8172 —— L. C., Quaest. aliq. L. B. 1825. 8°. —,50
8173 —— T., De fidejussoribus. L. B. 1687. 4°. —,30
8174 —— W., De fideicommissis universalibus. L. B. 1733. 4°. —,40
8175 —— — De pecunia constituta. L. B. 1680. 4°. —,30
8176 —— W. A. W., De similitud. et differ. inter mutuum et commodatum. Traj. 1715. 4°. —,30
8177 Slichtenbree, C., De maris, fossis et scrobibus intermediis. Daventr. 1828. 8°. —,70
8178 —— J. L., De cura. Dav. 1841. 8°. —,70
8179 Slingeland, G. v., De jure deliberandi et beneficio inventarii. L. B. 1716. 4°. —,40
8180 —— — — De testamento posteriori. Traj. 1721. 4°. —,30
8181 —— P. P. v., De societate. L. B. 1763. 4°. —,60
8182 Slingelandt, A. v., Ad leg. ult. Cod. de probationibus. L. B. 1764. 4°. —,50
8183 —— B. v., De in diem addictione. L. B. 1677. 4°. —,30
8184 —— D. v., De usucapionibus. L. B. 1711. 4°. —,40
8185 —— H. v., De emtione venditione. L. B. 1810. 8°. —,70
8186 —— J. D. v., Ad L. 9 § 10 DD. de heredit. petitione. L. B. 1724. 4°. —,30
8187 —— N. v., De innovationibus, pendente appellatione non faciendis. Harder. 1768. 4°. —,60

8188 Slingelandt, P. A. v., De novatione. L. B. 1825. 4°. —.60

8189 Slingerhout, G., De evictionibus et duplae stipulat. L. B. 1759. 4°. —.50

8190 Sloet, B. W. A. E., De natura civitatis. Traj. 1830. 8°. —.60

8191 —— J. A., De lege 2 Cod. de rescindenda venditione, re alienata vel extincta. Ling. 1712. 4°. —.40

8192 —— L. A. J. W., De differentiis jur. Franc. et novi Belg. ratione testamentorum. Zutph. 1830. 8°. —.50

8193 —— v. Lindenhorst, C. W., De jure legatorum. Franeq. 1763. 4°. —.50

8194 —— — —— H. J., De jure circa res derelictas. L. B. 1770. 4°. —.60

8195 —— v. Tw., J., Quaest. jurid. Traj. 1818. 8°. —.30

8196 Slooteeben, A. J. d. S. v. a., De jure legatorum. Gron. 1800. 8°. —.50

8197 Slooten, J. C. v., De discrimine sententias interlocutorias inter et praeparatorias. Gron. 1834. 8°. —.50

8198 —— M. P. D. v. H. v., De contractu dominum inter et famulum, ex jure ant. Frisic. Gron. 1830. 8°. —.50

8199 Slotendyck, F., De rei vindicatione. L. B. 1703. 4°. —.40

8200 Slotemaker, M. A., De reconventione. Gron. 1731. 4°. —.50

8201 Slottman, E., An testamenta sint juris naturalis? Aboe. 1785. 4°. —.40

8202 Sluis, H. H. A., De codificatione apud populos nominatim apud Romanos. Gron. 1882. 144 pp. 8°. 1.10

8203 —— G. v. d., Ad part. 2, tit. 8 statutor. Transisalanicor. Hard. 1704. 4°. —.50

8204 Sluiter, J. H., Over de uittreksels uit de registers van den burg. stand en hunne bewijskracht. L. B. 1864. 8°. —.50

8205 Sluyskens, G. H., De exheredat. origine. L. B. 1766. 4°. —.30

8206 Slijpe, J. H. v., De heredibus instituendis. Traj. 1752. 4°. —.50

8207 —— P. v., Quaest. jur. contr. Traj. 1778. 4°. —.30

8208 Slijpers, J., Quaest. juris. Harder. 1810. 4°. —.30

8209 Smalcalder, W. U., De testimonio testamentario fideicommissarii. Tub. 1698. 4°. —.40

8210 Smallenburg, N., Ad fragm. Juliani ex lib. 16 DD. q. e. in leg. 7 pr. DD. de condict. caus. dat. caus. non. sec. L. B. 1785. 4°. —.90

8211 —— — De praecip. elegant. Jurisprud. Rom. subsidiis. L. B. 1791. 4°. —.50

8212 —— — De viro justo, civium optimo ac felicissimo. L. B. 1796. 4°. —.50

8213 —— N. J. G., De dissolutione matrimonii absentiae alterutrius causa. L. B. 1844. 8°. —.50

8214 Smedbeng, N., De bello repraesentatitio. L. G. 1756. 4°. —.40

8215 Smeding, P. F., De S. A. Valente, ejusque q. in DD. exstant fragmentis. L. B. 1834. 140 pp. 4°. 1.75

8216 —— — — Idem liber. forma 8°. 1.10

8217 Smeth, D. de, De action. praescriptione. Traj. 1773. 4°. 1.25

8218 —— P. de, De remediis litis occupandi et obortas componendi. Traj. 1773. 4°. —.80

8219 Smidt, D., De jure primariarum precum sec. pac. Westphal. ad art. V § 18 et 26 instr. Westph. Traj. 1736. 4°. —.50

8220 —— H., De errore communi jus faciente. L. B. 1727. 4°. —.60

8221 Sminia, H. Baert. v., De pactis. Gron. 1821. 8°. —.50

8222 Smissaert, J. C., De oblig. inter parentes et liberos. Traj. 1763. 4°. —.50

8223 Smit, H. J., De tutoris officiis. L. B. 1835. 8°. —.70

8224 —— J., De injuriis. Traj. 1736. 4°. —.40

8225 —— J. W., De jurejurando. Traj. 1724. 4°. —.40

8226 —— P., De naufragio. L. B. 1753. 4°. —.50

8227 Smith, A. G., De privilegiis societatis Indiae Orientalis. Traj. 1788. 4°. —.60

8228 —— G., De procuratoribus ex jure Rom. L. B. 1825. 4°. —.70

8229 Smits, C. G. H., De obligationib. dividuis et individuis. Traj. 1841. 4°. —.50

8230 —— J. M., De definitionibus in libro III Cod. Civ. Neerl. obviis. L. B. 1848. 8°. —.50

8231 —— L. J., De compensatione. Traj. 1767. 4°. —.50

8232 —— P. J., De jurib. feminarum sec. Cod. Civ. Neerl. Traj. 1840. 8°. —.50

8233 Smitten, A. G. v., De jure, qd. necessitas constituit. Traj. 1763. 4°. —.50

8234 Smitz, P. J. A., De collatione bonorum. L. B. 1851. 8°. —.40

8235 Smulders, A. M. G., Ad libr. V responsor. Scaevolae, quim. in DD. exparsa. L. B. 1840. 8°. —.50

8236 —— L., De testamentis. Harder. 1752. 4°. —.50

8237 Smuts, M. A., Quaest. jd. L. B. 1607. 8°. —.60
8238 Smitsgelt, M., De patria potestate. Harder. 1767. 4°. —.20
8239 Snakenburg, H. P. v., De dupl. testam. factione. L. B. 1737. 4°. —.30
8240 —— H. A. v., Ad Sctm Vellejanum. L. B. 1768. 4°. —.40
8241 —— T. v., De differ. action. bon. fid. et stricti jur. L. B. 1714. 4°. —.40
8242 —— T. F. v., Ad l. Jul. majestatis. L. B. 1763. 4°. —.50
8243 Sneider gen. Smidt, G., De excessuum poenis. Hal. 1730. 4°. —.70
8244 Snell, J., Ad tit. 10, 11, 12, 13, 14, libri 2 Instit. Imperial. Brem. 1673. 4°. —.40
8245 Snellen, P., De judicio fam. ercisc. L. B. 1713. 4°. —.40
8246 —— W., De societate. L. B. 1750. 4°. —.40
8247 Snethlage, H. H., Ad juris contr. qd. capita. Harder. 1758. 4°. —.30
8248 —— P. J., De fidejussoribus. L. B. 1782. 4°. —.40
8249 Snevers, J. R., De tutelis. L. B. 1693. 4°. —.30
8250 Sniet, J. J., De cultura animi, et cura corporis. L. B. 1770. 4°. —.60
8251 Snoeck, M., De mixto imperio duumviris municipalibus non concesso. L. B. 1756. 4°. —.40
8252 —— — De bona fide ejusque in jure effectu. Traj. 1764. 4°. —.50
8253 Snoek, P., De jure retractus. Franeq. 1766. 4°. —.50
8254 Snouckaert v. Sch., A. C., De legatis, rebusq. ab his agendis. Traj. 1827. 204 pp. 8°. 1.60
8255 Söderström, N. P., De testamentis. Ups. 1734. 4°. —.60
8256 Soek, C. W., De donat. inter vir. et uxor. confirm. ex oratione Anton. Caracallae. L. B. 1838. 8°. —.60
8257 Soemmerring, F. G., De constituto possessorio in legibus Romanis non fundato. Erf. 1732. 4°. —.40
8258 Sohr, J. A., De sollemnibus venditionum. Lips. 1737. 4°. —.50
8259 Solander, S., De utilitate ex notitia rerump. percipienda. Ups. 1734. 4°. —.40
8260 Solmer, J. L., De mendaciorum poenis. Hard. 1760. 4°. —.40
8261 Soltek, B. C., De jure circa frumentum. Franef. 1678. 4°. —.60
8262 Somberg, C., Ad privil. Enchusana. Traj. 1773. 4°. —.30
8263 Someren, J. v., De transactionibus. Traj. 1698. 4°. —.30
8264 —— S. H. v., De legibus Divinis positivis universalibus. Traj. 1774. 4°. 1.—
8265 Sommer, C., De metu ejusque operationibus in jure. Franef. 1673. 4°. —.70
8266 Sommerfeld et Falckenhain, C. E. de, De turbatis S. R. imperii circulis. Giess. 1717. 4°. —.60
8267 Son, N., De benef. competentiae. Amst. 1775. 4°. —.70
8268 —— C. v., An et quatenus liceat tut. vel curatori res pupilli minorisve alienare. L. B. 1763. 4°. —.80
8269 —— G. v., De nuptiis. L. B. 1711. 4°. —.30
8270 —— H. S. v., Ad l. 1 DD. de constitutionibus principum. L. B. 1776. 4°. —.70
8271 —— — — — De natura et indole curiae Hollandicae sub comitibus. L. B. 1783. 4°. 1.25
8272 —— J. C. v., De qbsd. jur. capitibus. L. B. 1792. 4°. —.60
8273 —— R. J. v., De felonia. L. B. 1703. 4°. —.60
8274 —— T. A. v., De dotis repetione. L. B. 1772. 4°. —.40
8275 Sonneman, A. D., Jus Lubecense. Franef. 1674. 154 pp. 4°. 1.75
8276 Sonnenberg, J. F., De forma exheredationis. Lips. 1731. 4°. —.50
8277 Sonnhoff, C. F., De mercede conductitiorum opificum, occ. l. 18 § 1 DD. de verb. signif. Jen. 1691. 4°. —.40
8278 Sonntag, F., Observat. IV selectae. Jen. 1793. 4°. —.70
8279 Sonsbeeck, A. v., Ad l. 20 et 21 DD. de legibus. Gron. 1816. 8°. —.30
8280 —— B. J. H. v., De munere judicis. L. B. 1845. 136 pp. 8°. 1.—
8281 —— H. v., De communione inter conjuges. Gron. 1817. 160 pp. 8°. 1.25
8282 —— — — Quid est lex civilis. Gron. 1816. 4°. —.70
8283 —— L. C. v., De adulteriis. L. B. 1759. 4°. —.60
8284 —— F. W. v., De woeker in betr. tot staathuishoudk. en wetg. 's Grav. 1849. 140 pp. 8°. 1.10
8285 Sontag, J. C., De variis reorum custodiis et terminis ad incarcerandum. L. B. 1776. 4°. —.70
8286 Sorber, J. J., De odio in matrimonia inaequalia et restricto jure nobilitatis Germanicae quod ad connubia. Jen. 1740. 4°. —.80

8287 Soury, H. J., De usucap. et usurpat. Harder. 1752. 4°. —.30
8288 Soutendam, J., De P. Juventio Celso Jcto. L. B. 1834. 8°. —.50
8289 Souter, L. de, De usuris. Gand. 1820. 4°. —.40
8290 Soyer, J. P., De societate. Traj. 1744. 4°. —.60
8291 Spaan, P. v., De Scto de imperio Vespasiani apud Gruterum, tom. II, pag. 242 spurio. L. B. 1769. 4°. —.30
8292 Spaan, R. H., De adoptionibus. Traj. 1741. 4°. —.40
8293 Sparler, J. C., De communione lucri et damni inter conjuges. Amst. 1842. 8°. —.60
8294 Spandau, G. J., De statu personae, majorennibus jur. Gal. tributo, post promulgat. nov. Cod. Belg. non tollendo, sed lege transitor. ipsis confirmando. Gron. 1826. 168 pp. 8°. 1.25
8295 Spanjaart, C., De exceptionibus. Traj. 1765. 4°. —.50
8296 Spanoghe, E., De patria potestate et usufructu parentibus in liber. bonis concesso. Gand. 1823. 4°. —.40
8297 Speelman, C., De ritu nuptiarum. L. B. 1744. 4°. —.50
8298 —— C. J., Ad Frisiae statutorum tit. 17, libri I de successione ab intestato. L. B. 1842. 8°. —.50
8299 —— J., De auctoritate et consensu tutorum ac curatorum. L. B. 1681. 4°. —.40
8300 Speichert, J., De facultate alienandi et acquirendi bona immobilia jure Francofurtano. Jen. 1752. 4°. —.50
8301 Speltma, J. R., De venditione fiduciaria. Jen. 1696. 4°. —.50
8302 Spencer, C., De jure et offic. dominor. in servos, in coloniis Ind. Occident. Gron. 1779. 4°. —.60
8303 Spenoler, C. G., De possessionis turbatione verbis vel scriptis facta. Vitemb. 1780. 4°. —.50
8304 —— F. R., De eloganis s. Zigeunis. L. B. 1859. 8°. —.60
8305 Spens, J. M., De vita civis privata. Ups. 1819. 4°. —.30
8306 Speulda, J. W., Qui prior est tempore potior est jure. L. B. 1711. 4°. —.30
8307 Spiegel, L. P. v. d., De formis actionum in jurispr. Rom. quae ex omnib. et exemplis fortuitis orig. traxerunt. L. B. 1758. 4°. —.40
8308 —— L. P. J. v. d., De jure q. M. Britannia reip. provinciar. unit. die 20 Dec. anni 1780 bellum indixerit. L. B. 1836. 8°. —.60
8309 Spiegelmaker, T., De pactis. L. B. 1710. 4°. —.40
8310 Spiering, G., De testament. origine et forma. L. B. 1701. 4°. —.30
8311 —— G. A. A. de B., De actione Pauliana. L. B. 1835. 8°. —.90
8312 —— J. H., De deposito. Schoonh. 1840. 8°. —.60
8313 Spierinosnoek, F. v. d. Burch de, De servitutibus praediorum rusticorum. L. B. 1746. 4°. —.30
8314 Spies, J. A., De jure hom. nescitorum. Altorf. 1725. 4°. —.30
8315 Splinter, J., De testamentis milit. et pagan. ordinandis. Traj. 1659. 4°. —.30
8316 Splitgerber, J. J., De successione ab intestato ex antiq. gent. Germ. moribus explicata. Amst. 1838. 8°. —.30
8317 Splithusius, H. G., De sententia declaratoria. Jen. 1718. 4°. —.30
8318 Spoeckelsen, L. v., De juris naturalis et civilis differentiis. L. B. 1718. 4°. —.60
8319 Spreekelsen, H. v., Dodecas miscell. jur. contr. Altdorf. 1669. 4°. —.50
8320 Sprengel, K., Ad art. 147 const. crim. Carolinae. Hal. 1787. 4°. —.30
8321 Sprenger, J. G., De registris. L. B. 1839. 8°. —.60
8322 —— v. Eyk, P. G. Q., Pro judicio juratorum. L. B. 1821. 8°. —.60
8323 Spijk, J. A. v. d., Ad l. 2 Cod. de heredit. petitione. Hard. 1781. 4°. —.70
8324 Staal, A. W. v. d., De pacti heredit. in specie paternae, renunciativi, instrumento licet dotali adjecti, invaliditate. L. B. 1793. 4°. —.40
8325 —— C. v. d., De jure stapulae. L. B. 1758. 4°. —.60
8326 —— J. G. v. d., De mandato. L. B. 1789. 4°. —.60
8327 —— J. P. v. d., Quaest. contrul. illustr. L. B. 1791. 4°. —.50
8328 Stadler, J. G., De jure, qd. vicini ac confines inter se commune habent. L. B. 1830. 8°. —.60
8329 Stadnitski, P. C., De arbitrio, sec. princ. jur. Rom. et Franc. L. B. 1834. 8°. —.90
8330 Stadt, J. v. d., De testamento militis. Traj. 1793. 4°. —.40
8331 Stael, C., De precario. L. B. 1745. 4°. —.60
8332 —— J., De dolo. L. B. 1706. 4°. —.60

8333 Stael, J. A., De dolo et culpa in contr. praestanda, ad L 23 DD. de reg. jur. L. B. 1739. 4°. 1.25
8334 Stahl, D., De fundamento dignitatis civilis. L. G. 1743. 4°. —.30
8335 Stahlberg, J., An volenti fieri possit injuria? Abos. 1767. 4°. —.40
8336 Stakebrant, J. H. v. L., De feudis impropriis. Harder. 1760. 4°. —.30
8337 Stall, D. R. v., De collatione bonorum. L. B. 1719. 4°. —.40
8338 Stam, W., De transact. ob laesionem enormem haud rescindenda. L. B. 1760. 4°. —.40
8339 Stamber, H. P., De portorio et poena commissi. Franeq. 1770. 4°. —.60
8340 Stamm'ler, L. A., Quaest. jurid. L. B. 1847. 8°. —.30
8341 Stampeel, N., De eo, qd. interest imperii R. G. circa civitates imperiales. L. B. 1707. 4°. —.60
8342 Stanford, J. S. L., De portione legitima titulo institutionis relinquenda. Lugd. 1707. 4°. —.40
8343 Stångoren, G. W., Om Barskap till III cap. handels-balken. Ups. 1827. 4°. —.40
8344 Stapelmohr, C. W. v., De sanctitate juris dominii. Ups. 1771. 4°. —.40
8345 Stapenius, C. F., De querela inoff. test. Jen. 1715. 4°. —.60
8346 Stapert, G., Differ. actionum b. f. str. j. et arbitrariarum. L. B. 1765. 4°. —.50
8347 Star, P. v. d., De majestate legg. armata ac privil. decorata. L. B. 1769. 4°. —.90
8348 Starck, J. C., De jure inventi thesauri. Jen. 1686. 4°. —.50
8349 —— N., De jure blanditiarum. Francf. 1672. 4°. 1.—
8350 Staring, R. J., De alea. L. B. 1750. 4°. —.50
8351 Starkenborgh, E. J. Tjarda v., De consonantia jur. Gron. civ. cum jure nat. in contr. empt. vend. Gron. 1768. 4°. —.60
8352 Stas, G. J. H., De contr. fiduciae. Leod. 1824. 4°. —.60
8353 Stassen, M., De vera seu propria donatione. L. B. 1699. 4°. —.40
8354 Stauber, C., De interdictis. Bas. 1602. 4°. —.30
8355 Staveren, A. v., De libris mercatorum eorumq. fide. L. B. 1790. 4°. —.40
8356 —— G. v., De jure dotium. L. B. 1750. 4°. —.60
8357 —— — — De jure aggratiandi. L. B. 1761. 4°. 1.25
8358 —— R. F. v., De nobilitate civili, Rom. et Batav. antiqua. L. B. 1762. 4°. —.90
8359 Steelant, J. F. v., De causis ex qbs. in integrum restitutio cum effectu implorari potest. Traj. 1752. 4°. 1.—
8360 —— S. J. v., Theses inaug. 1779. 4°. —.30
8361 Steen, A. F. v. d., Collat. jur. Rom. et statutor. Zalt-Bommeliens. in mat. success. ab i. Traj. 1786. 4°. —.60
8362 —— F. v. d., De beneficio inventarii, ad l. ult. Cod. de jure delib. Traj. 1734. 4°. —.40
8363 —— H. J. C. v. d., De eo, qd. justum est circa inventionem thesauri. Hard. 1771. 4°. —.50
8364 —— J. B. v. d., De deposito. L. B. 1748. 4°. —.50
8365 —— J. F. v. d., De usufructu. L. B. 1793. 4°. —.70
8366 —— P. M. v. d., De action. in genere. L. B. 1767. 4°. —.50
8367 Steenbergh, W. v., De causis excusandi tutores. Traj. 1677. 4°. —.30
8368 Steenbracht, A., De officio praefecti urbi. L. B. 1739. 4°. —.40
8369 —— — De potestate vitae et necis in liberos. L. B. 1751. 4°. —.40
8370 —— C., De transactionibus. Traj. 1745. 4°. —.40
8371 —— F. A., De quer. inoff. testam. L. B. 1716. 4°. —.30
8372 —— F. J., De puniendi jure. Traj. 1835. 8°. —.30
8373 —— G. D., Ad leg. 30 DD. de usuris. L. B. 1783. 4°. —.30
8374 —— J., De qbsd. contract. maritim. L. B. 1743. 4°. —.30
8375 —— — De advocatis. L. B. 4°. —.30
8376 —— N., De vulg. et pupill. substitutione. L. B. 1720. 4°. —.30
8377 Steenhuysen, F. v., De injuriis. L. B. 1677. 4°. —.30
8378 Steenis, A., Ad l. un. Cod. etiam ob chirogr. pecuniam pignus teneri posse. L. B. 1732. 4°. —.60
8379 —— H. A., De debitoribus non solvendo factis. L. B. 1770. 4°. —.30
8380 —— J., Ad leg. 68 DD. de rei vindicatione. L. B. 1728. 4°. —.60
8381 —— J. P., De nuptiis propt. cognation. affin. et honest. prohibitis. L. B. 1773. 4°. —.70
8382 —— Z., Ad authent. s. Cod. ad Sctm. Trebell. L. B. 1789. 4°. —.70

8383 Steenlach, C. J., De jure decimarum. L. B. 1781. 4°. —.60
8384 Steenmeyer, A., De divortiorum causis. L. B. 1766. 4°. —.60
8385 Steenwinkel, J., De C. C. Longino. L. B. 1778. 4°. —.80
8386 Steenwyk, C. v., Ad 1m caput legis Aquiliae. L. B. 1719. 4°. —.80
8387 —— E. F. de Vos v., De facultate contrahendi sec. Cod. Nap. princ. L. B. 1834. 8°. —.80
8388 —— J. A. — —— — Varii arg. quaestiones. Traj. 1765. 4°. —.40
8389 —— J. A. G. — —— — De thori et mensae separatione. Gron. 1828. 8°. —.80
8390 —— R. H. — —— — De praescriptione acquisitiva. Traj. 1826. 8°. —.40
8391 Steger, A., De principibus incertarum nuptiarum apud gentiles auctoribus. Lips. 1734. 4°. —.60
8392 —— — De lege tribunicia et inde nato incerto jure, ad leg. 2, § 3 DD. de orig. jur. Lips. 1726. 4°. —.60
8393 —— — De palmario advocatis promisso. Lips. 1725. 4°. —.40
8394 —— — De nomine advoc. honorificent. Lips. 1735. 4°. —.50
8395 —— A. D., Vindicias manibus consertis sumendas ex lege XII. Lips. 1787. 4°. —.50
8396 —— — — Ad legem municipalem Rom. Lips. 1788. 4°. —.60
8397 Stegeman, D. J. v., De conditione civili feminarum Atheniensium. Zwol. 1839. 165. 8°. 1.25
8398 Stein, C. H. v., De testimonio peritorum in arte. Jen. 1687. 4°. —.60
8399 —— G. J., De privileg. extensione. Erf. 1725. 4°. —.60
8400 —— J. C. v., De cancellario principis. Jen. 1675. 4°. —.50
8401 Steinacker, G. F., De notione jur. gent. a jure nat. accurate distinguendi. Lips. 1811. 4°. —.60
8402 Steinbeck, G. A., De agnationis idea. Hal. 1802. 4°. —.60
8403 Steinberg, F. V. de, De hypotheca tacita in Feudis Germaniae. Hal. 1707. 4°. —.80
8404 Steinbrenn, J., De antichresi. Heidelb. 1678. 4°. —.30
8405 —— — De remediis protestationum. L. B. 1734. 4°. —.60
8406 Steinert, C. G., De evictione in cessione nominis praestanda. Vitemb. 1738. 4°. —.40
8407 Steinfeld, H., De matrimonii jure et institutione. Hal. 1707. 4°. —.80
8408 Steinhorn, J. O., De foeneratione in bene constitutis rebus publicis non ferenda. Gron. 1637. 4°. —.30
8409 —— W., De illustri ac frequenti materia servitutum personarum. Gron. 1634. 4°. —.30
8410 Steinhauser, J., De anno decretorio exercitii utriusque religionis in Germania. Francf. 1719. 4°. —.40
8411 Steinhaeuser, A., De arbitrio ex jurib. Rom. et Germ. Lips. 1789. 4°. —.40
8412 Steinmetz, C. T. J., De perduellionis crimine. Gron. 1821. 8°. —.50
8413 —— L. A. Schröder, De officiorum et jurium, q. dicitur, collisione. Gron. 1830. 120 pp. 8°. —.20
8414 —— N. G. —— Theses jurid. Gron. 1815. 8°. —.60
8415 Stel, F. T. v. d., De traditionibus. L. B. 1767. 4°. —.50
8416 Stellingwerff, P., De jure naviam. Fran. 1750. 4°. —.70
8417 Stempel, C. G., De aequitate tormentorum. Vitemb. 1740. 4°. —.40
8418 —— G. T., De jurisdictionis et magistratuum differentia sec. mores Germanorum. Hal. 1703. 4°. —.90
8419 —— M., De jure superficiario. Wittenb. 1675. 4°. —.40
8420 Stenger, J. H., De assignationibus mercatorum. Lips. 1712. 4°. —.50
8421 Stengh, P. J. v. d., De servitut. natura, et in specie de serv. on. fer., alt. toll. et non tollendi. Harder. 1778. 4°. —.30
8422 Stenhammar, M., De institutione populari. Ups. 1766. 4°. —.60
8423 Stenhuysen, A., De cond. indebiti. L. B. 1795. 4°. —.60
8424 —— G. J., De tutela quasi testamentaria. Gron. 1760. 4°. —.40
8425 —— P., De patrono clientem pro derelicto habente. L. B. 17... 4°. —.50
8426 Stephani, D. de, De guarantia pacis. Francf. 1702. 4°. —.50
8427 —— F. de, De officio et jure mediatorum pacis. Francf. 1702. 4°. —.50
8428 Sterke, A. de, De probationibus. L. B. 1710. 4°. —.60
8429 —— T. v. d. Aarde, De jure testium. L. B. 1745. 4°. —.50
8430 Sterling, H. A. N., De vectoribus in itinerib. transmarinis. L. B. 1851. 4°. —.80

8431 Stern, C., De actib. ablativis. Jen. 1711. 4°. —,40
8432 Stetter, J. J., De probat. in hered. petit. Gies. 1692. 4°. —,30
8433 Steur, H. A. de, Aliqt. quaest. jurid. L. B. 1822. 4°. —,30
8434 Steyn, M., De societate. L. B. 1703. 4°. —,30
8435 Sthemann, A. E., De alea. Gron. 1831. 8°. —,60
8436 —— R. A., De vestigiis jur. antiq. in Cod. poen. a. 1810 obviis. Gron. 1812. 8°. —,80
8437 Stichner, E., De depectis. Vit. 1738. 4°. —,30
8438 Stieglitz, C. L., De potestate arbitri in litibus feudalibus. Lips. 1733. 4°. —,70
8439 Stieler, J. C. v., De clerico, per abusum officii pastoralis, leges imperii atque tranquillitatem publ. violante. Erf. 1724. 4°. 1,25
8440 Stiffer, J. C., De sumtibus pietatis. Helmst. 1676. 4°. 1,50
8441 —— — — De basilis fasis (*con Kerb-Stoedcken*). Francf. 1690. 4°. —,60
8442 Stigler, J. C., De jure viriolis. Gies. 1685. 4°. —,30
8443 Stiglitz, C. L., De finibus bonae fidei in praescriptionibus de jure canonico. Francf. 1609. 4°. —,60
8444 Stilte, M., De venditore rei alienae. Traj. 1689. 4°. —,30
8445 Stinstra, P., De franc. jur. legalium hypothecar. systemate comparato cum Neerl. juris remediis earum loco concessis. Leovard. 1842. 8°. —,40
8446 Stippe, J. J., De Templariorum equitum ordine sublato. Hal. 1705. 4°. —,80
8447 Stipper, J. D., Omnem actionem confessoriam ex servitute, negatoriam vero ex libertate esse. Lips. 1721. 4°. —,40
8448 Stirum, A. O. E. v. Limpurg, De consilio parent. rat. nuptiar. a liberis implorando per justitum, quod a reverentia parentibus debita nomen habet *acte respectueux*. L. B. 1829. 4°. —,60
8449 Stisser, J. C., Placita principum. Jen. 1735. 4°. —,30
8450 Stobaeus, K. N., De jure naturali permissivo. L. G. 1754. 4°. —,40
8451 Stock, J. M., De transactione ob enormem laesionem non rescindenda. Jen. 1704. 4°. —,40
8452 Stocke, A., De beneficio competentiae. L. B. 1745. 4°. —,30
8453 Stockhausen, F. A. de, De justitia proportionata. Rinth. 1699. 4°. —,30
8454 Stockhardt, H. E., De recta Jcti eruditione proximo justitiae fonte. Lips. 1840. 8°. —,30
8455 Stockmann, J. G., De his, quae familiae relicta sunt. Vitemb. 1740. 4°. —,30
8456 Stoke, J. J., De actione doli mali. Altd. 1717. 4°. —,50
8457 Stoopwegen, H. A. Wttewaal v., De veteri ordine judiciorum apud Hollandos. L. B. 1834. 182 pp. 8°. 1,10
8458 Stoppe, J. v. d., De legitima. L. B. 1668. 4°. —,30
8459 Stolberg, J. G., Controv. jurid. Jen. 1655. 4°. —,30
8460 Stolk, J. v., Ad art. 669. IX. Cod. merc. de avariis. L. B. 1842. 8°. —,40
8461 Stolk, T. v., De stelsels der staathuishoudkundigen omtrent grondrente ontvouwd en beoordeeld. Rotterd. 1838. 148 pp. 8°. 1,25
8462 Stolz, C. P., De universitate delinquente ejusque poenis. Hal. 1780. 4°. —,70
8463 Stollet, T., De aerariorum praerogativa in concursu creditorum. Altd. 1684. 4°. —,30
8464 Stoltz, J., De consule. Traj. 1744. 4°. —,30
8465 Stoop, C., De heredit. q. ab intest. defer. jur. vet. ac novo s. s. Nov. 118. L. B. 1780. 4°. —,50
8466 —— N., De modo, q. Rom. publ. judicia sunt permensi. L. B. 1719. 4°. —,30
8467 —— T. H., De fidejussoribus. L. B. 1651. 4°. —,30
8468 —— — — De traditione. L. B. 1651. 4°. —,20
8469 Stoppfel, J. H., De sponsalibus. Erf. 1728. 4°. —,40
8470 Stoppelaar, O. N. de, De civitate Medioburg. ejusq. procurandae ratione, var. temp. L. B. 1848. 8°. —,60
8471 Storck, H., De commerciis institoriis. Jen. 1682. 4°. —,60
8472 Stork, F. C. W., De Rom. jure naturae gent. et civili. Gron. 1834. 8°. —,30
8473 Storm, A. M., De camera pupillari — *weeskamer*. Franeq. 1764. 4°. 1,—
8474 —— H., De sponsalibus. Traj. 1732. 4°. —,50
8475 Stormer, J. J., De jur. rusticorum. L. B. 1707. 4°. —,40
8476 Stoutenburgh, H., De fidejussoribus. L. B. 1679. 4°. —,30
8477 Stover, J., Definitiones juris partim, easque vitiosas. Gron. 1667. 4°. —,30
8478 Straalen, H. v., De naturali et legitima sui ipsius defensione. L. B. 1744. 4°. —,60

8479 STRAALMAN, A. G., Thes. jur. L. B. 1760. 4°. —.50
8480 —— F., Ad leg. 11, § 3 DD. de pignor. act. Traj. 1770. 4°. —.50
8481 —— M., De raptoribus. Traj. 1744. 4°. —.70
8482 STRABLEN, G., Ad tit. 23 n. a. 52 Cod. lib. IV. Traj. 1689. 4°. —.80
8483 STRALEN, A. v., Ad tit. ult. Inst. de public. judiciis. L. B. 1767. 4°. —.60
8484 —— G. v., De oblig. et action. L. B. 1710. 4°. —.80
8485 —— H. v., Legg. fundam. ann. 1805, 1806, 1814, 1815 comparatio. L. B. 1822. 224 pp. 4°. 3.—
8486 —— — — Idem liber, forma 8°. 2.—
8487 —— J. H. v., De arbitris compromiss. L. B. 1769. 4°. —.60
8488 STRANTZ, J. F., De concursu creditoris in ulter. oppignor. feudi, remission. pignoris non involvente. Lips. 1772. 4°. —.80
8489 STRAPHINUS, C. F., Utrum filia cum matre in hered. patris concurrens, dotem a patre acceptam, conferre teneatur. Lips. 1770. 4°. —.80
8490 —— J. A., De redintegrando matrimonio. Vitemb. 1713. 4°. —.60
8491 STRASBERG, C. M., De fontibus juris Rom. eorumque usu hodierno. Jen. 1728. 4°. —.70
8492 STRATEN, A. B. v. D., de mutuo. Hard. 1687. 4°. —.80
8493 —— C. C. v. D., De mandati actione directa. L. B. 1784. 4°. —.40
8494 —— C. C. A. J. v. D., De deposito. L. B. 1838. 8°. —.40
8495 STRATENUS, A. J. L., De leg. Fabia, de plagiariis. L. B. 1830. 8°. —.70
8496 STRAUS, G., De consulibus Romanorum. Vitemb. 1729. 4°. —.60
8497 STRECKER, J. M. B., De praescriptionibus. Erf. 1788. 4°. —.40
8498 STREEFKERK, J. G. DE MEY v., De eo, quod justum circa probationem per instrumenta. L. B. 1775. 4°. —.80
8499 STREMPF, F. P., De successione anomala. Erf. 1791. 4°. —.50
8500 STRENG, J. v. D., De revocatione testam. sacrd. lapsu decennii, ad leg. 27 cod. de test. et quemadm. test. ordinentur. L. B. 1750. 4°. —.50
8501 STRENS, M. P. H., De in jure cessione. Leod. 1827. 4°. —.60
8502 STRIK, H., De condictione indebiti. Traj. 1728. 4°. —.30
8503 STRIMPER, J. G., De jurisdictione ecclesiastica et saeculari in causis mixti fori. Erf. 1781. 4°. —.70
8504 STROCKEL, A., De emphyteusi. L. B. 1770. 4°. —.70
8505 STROMT, H. W., De indebito per errorem juris soluto. Hard. 1754. 4°. —.30
8506 STROMBECK, H. v., De jure colleg. opificum. Jen. 1669. 4°. —.60
8507 STRUCHTMEYER, J. J., Ad varia jur. capita. Hard. 1757. 4°. —.30
8508 —— P. L., Oratio. Gron. 1772. 4°. —.60
8509 —— — — De acquisit. latinitatis usu in jurispr. Zutph. 1762. 4°. —.40
8510 —— — — Ad quaed. jur. capita. Harder. 1760. 4°. —.40
8511 STRUCKMEYER, H. G. A., Quomd. loco rei succedat in hereditate et qm. habeat in fideicommisso univers. vim. Brunsw. 1818. 8°. —.30
8512 STRUNCKEDE, C. L. B. DE, De abuso legum Romanor. in jure publ. Duisb. 1716. 4°. —.70
8513 STRUVE, B. G., De concursu credit. in foro civili formando. Francf. 1601. 4°. —.50
8514 —— C. A., De principali beneficio in concedendis privilegiis. Vitemb. 1754. 4°. —.50
8515 —— J. G., De discrimine jurisjurandi affectionis in infinitum ac in immensum. Vitemb. 1757. 4°. —.40
8516 STRUYK, G. P. A., De nova leg. Civ. Neerl., ut salva sit res familiaris minorum. Dordr. 1840. 164 pp. 8°. 1.25
8517 STRYEN, A. v., De confructu. L. B. 1698. 4°. —.30
8518 —— J. H. v., Ad tit. DD. quar. rer. actio non datur. Traj. 1746. 4°. —.70
8519 —— W. v., De literarum obligat. L. B. 1736. 4°. —.50
8520 —— — — Ad leg. 2 Cod. de rescind. vend. L. B. 1709. 4°. —.80
8521 —— Q. v. BAMBEEK v., De cessione bonorum. L. B. 1760. 4°. —.60
8522 STRYKER, E. A., De joco. Francf. 1682. 4°. 1.—
8523 —— F., De decreto interimistico. Jen. 1787. 116 pp. 4°. 1.40
8524 —— S., De dardanariis. Francf. 1691. 4°. —.90
8525 —— — Ad leg. 35 DD. de minoribus; de praescriptione conventionali. Francf. 1665. 4°. —.80
8526 —— — De necessitate edendi titulum possessionis. Francf. 1741. 180 pp. 4°. 1.75
8527 —— — Quod medicus morbis, hos jura praestant negotiis. Vitemb. 1691. 4°. —.80

8528 Stuurman, L., De eo quod justum est circa opus reficiendi objecti servitutis. Hard. 1770. 4°. —.50
8529 —— T. E., De injuriis. L. B. 1713. 4°. —.50
8530 Stuhlmann, J. H., De restitutione in integrum liberis contra parentes denegata. Erf. 1733. 4°. —.40
8531 Sturmius, C., De jure sequestrationis. Witteb. 1684. 4°. —.50
8532 Stuurman, G. v. M., De usucapione. L. B. 1745. 4°. —.50
8533 Styrum, F. v., Ad leg. Rhodiam de jactu. L. B. 1778. 4°. —.50
8534 —— F. G. v., De separatione thori et mensae. L. B. 1823. 4°. —.70
8535 —— — — — Idem liber, forma 8°. —.70
8536 —— J. v., De jure asylorum. Traj. 1741. 4°. —.40
8537 —— — — De var. mod. qbs. liberi natur. legitimentur. Traj. 1778. 4°. —.50
8538 —— L. v., De pauperum cura in patria nostra. L. B. 1831. 4°. 1.—
8539 —— — — — Idem liber, forma 8°. —.60
8540 Sualmius, H., De officio judicis. L. B. 1704. 4°. —.50
8541 —— F. v. d. V., De potestate dictatorum pop. Rom. L. B. 1763. 4°. —.90
8542 Suchtelen, A. v., De mandato. L. B. 1762. 4°. —.60
8543 —— — — De legato jure gent. sancto. L. B. 1759. 4°. —.50
8544 —— A. H. v., De judiciis apud Trans-Isalanos. L. B. 1759. 4°. —.60
8545 —— A. J. v., De injuria. L. B. 1767. 4°. —.50
8546 —— C. H. v., De favorabili reorum causa. Harder. 1756. 4°. —.50
8547 —— G. G. J. v., De feriis. Traj. 1744. 4°. 1.—
8548 —— J. v., De repudiis et divortiis. Traj. 1698. 4°. —.70
8549 —— N. v., De communione bon. inter conjuges. L. B. 1660. 4°. —.40
8550 Sudecq, J. C. A., De judiciis. Hard. 1767. 4°. —.60
8551 Suerbom, P. E., Systemata in monarchiis Europ. constitutionalib. repraesentativi primae lineae. Ups. 1837. 4°. —.40
8552 Suedelius, J., Innoxius simulator. Ups. 1716. 8°. —.50
8553 Suerendt, G., De causis, qbs. Gulielmus III Arausionis et Nassaviae princeps, tam diu a majorum dignitatibus exclusus fuerit. Roterod. 1834. 8°. —.50
8554 Sueur, J. J. E., De jure indemnitatis. Traj. 1757. 4°. —.40
8555 Sulpicius, J. G., De studio juris publici recte instituendo. Hal. 1769. 4°. 1.—
8556 Sultener, A. N., De impunitate sociatae in delictis. Lips. 1688. 4°. —.50
8557 Sundius, M., De latione legum earumq. usu. Lund. 1765. 4°. —.50
8558 —— S. P., De jure reip. circa educationem liberorum. L. G. 1752. 4°. —.60
8559 Sundwall, J. M., Om jords taxering. Abo. 1812. 4°. —.40
8560 Superville, D. M. de, De parte bonorum de qua parens, pro numero liberor. legitim. disponere potest. Traj. 1825. 8°. —.50
8561 Surenhuysen, S. v., De justitia et jure. Gron. 1761. 4°. —.40
8562 Suringar, E. J. v., De patria potestate. L. B. 1710. 4°. —.40
8563 —— F. W. N., De Nederl. en Belg. wetgevingen betrekkelijk de rehabilitatie in handelszaken. L. B. 1857. 160 pp. 8°. 1.50
8564 —— G. G. F., De quasi delictis. L. B. 1838. 8°. —.50
8565 —— G. H., Quatenus liceat delinquenti gratiam recusare. Traj. 1845. 8°. —.60
8566 —— G. H. D., Quaen. fuerit patronatus et clientelae in civit. Rom. ratio? Gron. 1828. 4°. —.60
8567 —— G. T., Ad select. quaed. Solonis leges. Franeq. 1787. 4°. —.60
8568 —— P. J., De Arrio Menandro Jcto. L. B. 1840. 8°. —.90
8569 Surtho, J. C., De judiciis publicis. Erf. 1705. 4°. —.60
8570 Sutorius, J. E., De substitutione reciproca ejusque a jure accrescendi discrimine. Hal. 1750. 4°. —.60
8571 —— T., De legalis primi ordinis. Jen. 1692. 4°. —.40
8572 Suys, G., De patria potestate. L. B. 1717. 4°. —.60
8573 —— J. J., De intima religionis ac ethices cum jure nexu. L. B. 1821. 8°. —.40
8574 Svalmius, F. v. d., De potestate dictatorum p. Rom. L. B. 1782. 4°. 1.—
8575 Swaen, F. W., De ritu nuptiarum. L. B. 1758. 4°. 1.—
8576 —— J. L., De societate. Harder. 1760. 4°. —.80
8577 Swalue, S. v. d., De Q. C. Scaevolae respons. libr. V et VI. L. B. 1834. 140 pp. 8°. 1.10
8578 Swalmius, A., Ad leg. Corneliam de sicariis et veneficiis. L. B. 1711. 4°. —.50
8579 —— P. A., De pretio taxitis. L. B. 1780. 4°. —.40
8580 Swanenburgh, F. A. v., De pignoribus et hypothecis. Traj. 1780. 4°. —.40

8581 Swanenburg, B., De beneficio competentiae. L. B. 1765. 4°. —.50
8582 Swanevelt, J. v., Variae quaestiones. L. B. 1663. 4°. —.50
8583 —— T. v., De litis contestatione. Gron. 1758. 4°. —.60
8584 Swaner, G., De pactis. Traj. 1697. 4°. —.40
8585 —— J., De adulterio. Traj. 1688. 4°. —.30
8586 Swarm, H. v., De alienationibus. L. B. 1759. 4°. —.50
8587 Swart, A. J., De Napoleonte legislatore et Jcto. Amstel. 1838. 8°. —.70
8588 —— B., De custodia debitorum ex caus. civil. L. B. 1831. 4°. 1.10
8589 —— — Idem liber. forma 8°. —.80
8590 —— A. M. de, De satisdatione tutorum et curatorum, impr. de agendi ratione advers. eorum fidejussores ex j. nov. princ. Gron. 1835. 148 pp. 8°. 1.10
8591 —— T. de, De testamentis ordinandis. L. B. 1689. 4°. —.30
8592 Swart-Steenis, H. de, De fide de pretio habita. L. B. 1744. 4°. —.50
8593 Swartendijk, G., De fideicommisso universali. Traj. 1745. 4°. —.70
8594 —— L., De societate. Traj. 1743. 4°. —.70
8595 Swaving, D., Selectae quaest. Harder. 1758. 4°. —.80
8596 —— G. J., De judiciis animi sententia, in criminal. optima judicior. moderatrice. L. B. 1826. 8°. —.80
8597 Swerdenbyck, G., De tutela. L. B. 1704. 4°. —.80
8598 Swaren, G., De legibus. L. B. 1713. 4°. —.40
8599 —— J., De usufructu civitati legato. L. B. 1781. 4°. —.60
8600 —— — De successione ab intestato. Harder. 1676. 4°. —.30
8601 Swellengrebel, E. B., De pactis dotalibus. Traj. 1762. 4°. —.50
8602 —— H. C., De societate. Traj. 1785. 4°. —.40
8603 —— J. H., De actione Pauliana. Traj. 1790. 4°. —.70
8604 —— J. H. G., De fontibus jur. Franc. cum universe tum in heredum ordine succedendi. Traj. 1828. 8°. —.80
8605 —— J. W., De mortis causa donationibus. Traj. 1751. 4°. —.60
8606 —— W. M., De dilationibus. Traj. 1782. 4°. —.60
8607 Swete, H. B. v. d., De jure in re. L. B. 1740. 4°. —.80
8608 Swieten, G. H. v., De testam. ordin. L. B. 1782. 4°. —.40
8609 —— P. v., De inoff. testamento. L. B. 1708. 4°. —.30
8610 —— W. v., De evictionibus. L. B. 1687. 4°. —.50
8611 Swinden, G. J. v., De legisactionibus s. ad leg. 2, § 6 et 7 DD. de origine juris. L. B. 1784. 4°. —.70
8612 —— P. H. v., An et quaq. liceat in contr. hom. ex aliena ignorantia lucrum captare, l. 16 § 4 DD. de minoribus. Franeq. 1790. 4°. —.60
8613 —— S. P. v., De imperio ab ordinib. Belgii Philippo II regi Hisp. abrogato, ad edict. ordinum Generalium Belgii 26 Julii 1581. L. B. 1773. 4°. —.70
8614 Swinderen, A. H. v., De arrha. Gron. 1754. 4°. —.30
8615 —— A. Q. v., De jur. et fact. ignorantia. Gron. 1759. 4°. —.50
8616 —— E. J. v., Ad leg. ult. cod. de edicto d. Hadriani toll. Gron. 1766. 4°. —.50
8617 —— O. v., De polygamia. Gron. 1795. 128 pp. 8°. 1.—
8618 —— O. Q. J. J. v., De relicentiae delicto. Gron. 1834. 8°. —.60
8619 —— T. v., De famulis domesticis. Gron. 1805. 8°. —.60
8620 —— — — De legibus. Gron. 1806. 176 pp. 8°. 1.25
8621 —— W. v., De legatis. Gron. 1824. 128 pp. 8°. 1.—
8622 —— — — Collatio inst. Justin. cum instit. Gaji Veron. inventis, lod. ab init. u. s. loc. de tutelis. Gron. 1821. 4°. —.70
8623 —— — — De praestat. evictionis in reb. titulo lucrat. acquisitis. Gron. 1766. 4°. —.70
8624 —— O. B. d. R. v., De iis, q. j. pos. hod. circa minores, i. eos, q. nondum aetatis annum XVI impleverint, sunt constituta. Gron. 1834. 8°. —.60
8625 —— R. d. M. v., De ratione, qua Codex Civilis mulieres nuptas contra abusum potestatis maritalis tuetur. Gron. 1830. 158 pp. 8°. 1.25
8626 —— W. M. d. M. v., De studio, qd. legislat., inde a saec. XVIII parte posteriori in legib. criminalib. emendandis ac reformandis posuerunt. Gron. 1827. 8°. 1.—
8627 Swol, M. v., De conditione impossibili. Hard. 1764. 4°. —.80
8628 Swijndekot, J. v., De deposito. Traj. 1781. 4°. —.60
8629 Sybenius, J. H., De officio judicis. Duisb. 1724. 4°. —.30
8630 Syborg, A. F. v., De assassinio seu homicidio imperato. Helmst. 1678. 4°. —.60

8631 SYBOUTS, H., De delictis et quasi delictis sqq. Gron. 1821. 8°. —.50
8632 SYEN, H., De furtis. L. B. 1688. 4°. —.30
8633 SIJLMAN, L., Ad tit. DD. finium regundorum. L. B. 1718. 4°. —.70
8634 SIJPESTEYN, C. A. v., De communione bonorum inter conjuges statutaria. L. B. 1716. 8°. —.50
8635 —— —— De foro competenti. Traj. 1744. 4°. —.60
8636 —— —— De gentilium successione ab intestato. L. B. 1776. 4°. —.60
8637 —— W. v., Divers. jurisdictionis partes. Traj. 1778. 4°. —.60
8638 SIJPKENS, H., De jure imperantis lege statuendi de rebus per se non illicitis, sed e qbs. facile aliqd. periculum in civitatem redundare potest. Gron. 1833. 8°. —.70
8639 —— H. L., Ad cod. patriam de methodo proced. in foro criminali. Gron. 1839. 8°. —.40
8640 —— T., De primo moralitatis principio. Gron. 1801. 164 pp. 8°. 1.25
8641 —— U. H., De imputatione facti alieni. Gron. 1798. 8°. —.40
8642 —— W. J. G., De condictione indebiti. Gron. 1825. 8°. —.70
8643 SIJSEN, J. B. v., De effect. jurisjur. in foro interno sive conscientiae. Gron. 1787. 4°. —.70
8644 TAAL, C., De off. judicis. L. B. 1718. 4°. —.40
8645 TAAY, G. H., De natura atq. vi obligationis naturalis ex princ. jur. hod. Traj. 1821. 8°. —.50
8646 TACK, A., Quatenus res nostras etiam violenta defensione tueri possimus. L. B. 1792. 4°. —.40
8647 —— H., De vi leg. Belg. in territorio alieno. Gand. 1820. 4°. —.40
8648 TADAMA, R. G., Judicium de person. differentia in qbsd. legg. crim. Rom. recepta. L. B. 1793. 4°. 1.—
8649 —— —— De origine systematis repraesentativi. L. B. 1833. 4°. —.90
8650 —— T., De secundis nuptiis. Fran. 1770. 4°. —.60
8651 TAETS v. AMERONGEN, A., Ad loc. Cod. Civ. qui pactionem facere possunt. Traj. 1827. 8°. —.40
8652 —— —— G., De actione Pauliana. Traj. 1835. 8°. —.40
8653 —— —— L. R., De civili, impr. privata, personarum conditione, sive statu, ex codice leg. civ. Traj. 1823. 8°. —.50
8654 TAK, J., Historia legum ab ordinib. generalib. foederati Belgii de Coloniis latarum. L. B. 1841. 8°. —.70
8655 —— J. P. R., Het recht van amendement in de constitutionele monarchie. L. B. 1862. 288 pp. 8°. 2.—
8656 —— S., Ad lib. II, tit. 8 et lib. III, tit. 3 Cod. Civ. Neerl. L. B. 1841. 8°. —.60
8657 TALBOT, J. H., De actione ad exhibendum. L. B. 1759. 4°. —.40
8658 TALMA, A. S., De errore, q. videtur admissus in ipso principio architecturae novorum codicum apud populos. Gron. 1822. 8°. —.70
8659 TANGEREN, A. v., De publiciana in rem actione. L. B. 1733. 4°. —.90
8660 TARKE, G. A., De jure poculorum. L. B. 1760. 4°. —.40
8661 —— G. J., De arbitris compromissariis. L. B. 1750. 4°. —.50
8662 TATUM, J. H., De adoptionibus. Traj. 1756. 4°. —.70
8663 TAUBE, J. C., De non abutendo nomine principum. Francf. 1680. 4°. —.80
8664 TAUBER, J. C., De jure prohibendi quo civit. Saxonicae utuntur. Erf. 1789. 4°. —.60
8665 —— J. C., De eo qd. just. circa detractionem quartae falcidiae. Lips. 1727. 4°. —.50
8666 TAUNAY, A., De judice male judicante et sic litem suam faciente. L. B. 1810. 4°. 1.25
8667 —— C. J., De injuria reali. Amst. 1854. 8°. —.30
8668 —— J. D., De tributis in reditum directis et indirectis, simul ab imperante adhibendis. Amst. 1840. 8°. —.60
8669 —— J. P., An et quaq. exercitores navium ex magistr. factis obligentur. L. B. 1802. 4°. —.70
8670 TAUSON, G., Om Ocker-lagar. Lund. 1849. 8°. —.50
8671 TAYLOR, J., Ad l. decemv. de inope debitore in partis dissecando. Cantab. 1742. 4°. —.90
8672 TECKMAN, J. F., De crimine laes. majest. Traj. 1682. 4°. —.40
8673 TEENGS, N., De testamentis eorumq. requisit. L. B. 1728. 4°. —.40
8674 TEGAL, J. P. M., De tutela officiosa. L. B. 1823. 8°. —.30

8675 Teichner, O., De silva. Lips. 1687. 4°. —.40
8676 Teifel, C. F., De rerum hereditariarum usucapione. Lips. 1786. 4°. —.40
8677 Telders, J. H., De transactione sec. jus hod. L. B. 1825. 136 pp. 4°. 1.50
8678 Teleman, C., De vera substantia possessionis. Bas. 1612. 4°. —.80
8679 Tellegen, B. D. H., De jure in mare, impr. proximum. Gron. 1847. 8°. —.60
8680 Teller, S. F. R., Varii effectus remiss. tutel. rationum. Lips. 1771. 4°. —.80
8681 Tellier, P., De testamentis sec. praecepta antiq. et recent. Laud. 1808. 8°. —.40
8682 Tels, H. H., De jure publico u. a. Ulr. Huberum. L. B. 1838. 224 pp. 8°. 1.75
8683 —— —— De meritis Ulrici Huberi in jus publicum. L. B. 1835. 8°. —.80
8684 Telting, A., De injuria reali. Franeq. 1767. 4°. —.80
8685 —— —— De juribus nondum natorum. Gron. 1826. 224 pp. 8°. 1.75
8686 Temme, J. C. H., De jurisdictione in feudum concessa. Hard. 1759. 4°. —.80
8687 Temminck, C. J., De variis rerum speciebus. Traj. 1765. 4°. —.30
8688 —— E., De munerum captatoribus, ambitus crimine, et de poena repetundarum. L. B. 1723. 4°. —.80
8689 —— M., Ad fragm. qd. leg. Juliae de judiciis. Traj. 1757. 4°. —.70
8690 Templien, M. T., De rigore juris Rom. circa indus adprobando. Rost. 1728. 4°. —.70
8691 Tendemingen, H. T., De Appio Claudio Centemmano, ad leg. 2, § 36 DD. de orig. jur. Duisb. 1738. 4°. —.80
8692 Tengbergen, C. C., Quaest. varii argum. L. B. 1821. 4°. —.60
8693 —— —— —— Idem liber. forma 8°. —.80
8694 —— P. A., Super instit. navium per vada ductorum s. pilotarum, eorumq. juribus et officiis. L. B. 1826. 132 pp. 4°. 1.75
8695 Tengnagel, W. G. v., De testam. militari. Traj. 1703. 4°. —.40
8696 Tengwall, L., Legum Scanensium commentatio. L. G. 1801. 4°. —.50
8697 Tenzell, K., De juris gentium vera indole. Erf. 1719. 4° —.60
8698 —— —— De nexu inter dominum et subditos. Erf. 1720. 4°. —.60
8699 —— —— De peculiorum nostrorum a Rom. aberrantia. Erford. 1727. 4°. —.30
8700 Tepell, W. C., Ad leg. 66 DD. de donat. inter vir. et uxor. Traj. 1786. 4°. —.50
8701 Terpstra, J., De consuetudine. Franeq. 1761. 4°. —.40
8702 —— —— De philosophia veterum. Franeq. 1767. 8°. —.80
8703 Tersmitten, H., De probatione instrument. L. B. 1729. 4°. —.80
8704 —— T., De eo, qd. jur. est circa minimum. Traj. 1771. 4°. —.60
8705 Testa, A. F. E., De conjugiis jure Moslimico. L. B. 1843. 8°. —.90
8706 —— F. M. W., De causis, ob quas pax cum hoste communi, a gentibus in bello sociis, jure, seorsum conditur. Traj. 1828. 8°. —.90
8707 Testas, P., De natura et significatione domicilii (*propriété*) in lib. II et III Cod. Civ. Amstel. 1834. 8°. —.60
8708 Tets, A. A., De renunciatione judicis. L. B. 1755. 4°. —.70
8709 —— A. W. N. v., De leg. poen. requisitis et proportione poenarum. L. B. 1791. 4°. —.80
8710 —— J. G. H. v., *Historia muneris consiliarii pensionarii Hollandiae*. L. B. 1836. 158 pp. 8°. 1.75
8711 —— L. J. v., De procuratoribus. L. B. 1765. 4°. —.70
8712 —— L. P. v., De eo, qd. in Rom. patria potestate nimium erat. L. B. 1781. 4°. —.40
8713 Tettau, J. E. v., De jure occupandi res hostiles. Regiom. 1707. 4°. —.40
8714 Tetterode, C. v., De praecip. patriae potest. effectibus. L. B. 1746. 4°. —.40
8715 Tetzlaff, J. C., De inutilitate positionum cum juramento dandorum et respondendorum. Hal. 1724. 4°. —.70
8716 Teutem, F. v., De tutela legitima jure Rom. et hod. Traj. 1820. 8°. —.80
8717 Tewis, B. A., De jure ebriorum. Duisb. 1725. 4°. 1.—
8718 Tex, C. A. den, De insigni honore, quo habiti fuer. cum philosophi apud Graec. tum Jcti Romae. Amst. 1820. 4°. —.60
8719 —— —— —— —— An ipsa natura obligationis civilis liberam e patria migrationem civi permittat. Traj. 8°. —.50
8720 —— —— —— —— De antiq. jur. principiis in excolenda jurispr. Rom. constanter servatis. Traj. 1817. 164 pp. 8°. 1.25
8721 —— —— —— —— De iis, q. proximis hisce XXV annis in jurispr. tractanda tradendaque, praecip. in patria nostra nova acciderunt. Amst. 1834. 8°. —.80

8722 Ter, C. J. A. den, De causis criminum. Amst. 1847. 140 pp. 8°. 1.—

8723 Texier, J. B., Ad leg. 69 DD. pro socio. L. B. 1793. 4°. —.70

8724 Textor, W. H., De revocatione juramenti delati. Tub. 1706. 4°. —.80

8725 Teijens, S. v., De jure ventris. Gron. 1698. 4°. —.40

8726 — — — De causis excusationum a tutelis sqq. Gron. 1825. 8°. —.60

8727 Teylingen, D. G. v., Thes. jur. Traj. 1775. 4°. —.30

8728 — J. v., De poenis. L. B. 1756. 4°. —.70

8729 — — — De legitima tutela. L. B. 1708. 4°. —.30

8730 — — — De societate. L. B. 1672. 4°. —.30

8731 — — — De jure navigationis et vectigalibus. L. B. 1711. 4°. —.60

8732 Teymann, G., De patriae potestatis effectibus apud Rom. L. B. 1756. 4°. —.60

8733 Teysset, J., Ad quemnam pertineat periculum et commod. rei vend. licet nondum traditae. L. B. 1775. 4°. —.60

8734 Thanner, J. A., De captivis in bello. Argent. 1714. 4°. —.60

8735 Theisinge, J. G., De emphyteusi. Traj. 1720. 4°. —.50

8736 Thekken, B. v., De judiciis pagensis. Traj. 1756. 4°. —.30

8737 Thelning, A., De judicio belli. L. G. 1746. 4°. —.20

8738 Theloesen, A. H., De famosis libellis. Duisb. 1726. 4°. —.60

8739 Themans, P., De testam. militari. L. B. 1750. 4°. —.50

8740 Themmen, C., De conditione resolutoria, quae tacite contractibus bilateralibus inest. L. B. 1826. 4°. —.70

8741 Themptander, S., De fide testium. Ups. 1823. 4°. —.70

8742 — — Om intekning for obetald kopeskilling. Ups. 1815. 4°. —.60

8743 — — Om skattskyldig Jords minskning. Ups. 1811. 4°. —.60

8744 Theunen, A. J., De testamento judici per procuratorem oblato. Harder. 1763. 4°. —.30

8745 Thesinga, D., De jure detractionis. Helm. 1677. 4°. —.70

8746 Theunink, H., De summo imperio ordinum Hollandiae. Traj. 1787. 4°. —.70

8747 Thessel, J. F., De reis absentibus requirendis. Vitemb. 1740. 4°. —.40

8748 Thibaut, G., De cessione bonorum. Franeq. 1688. 4°. —.50

8749 — J. W., De compensationibus. L. B. 1723. 4°. —.60

8750 — P. J., De tutela dativa. L. B. 1760. 4°. —.40

8751 Thiel, J. A., De appellationibus praeprimis Saxonicis. Jen. 1711. 4°. —.60

8752 — J. v., De poena talionis. L. B. 1757. 4°. —.60

8753 Thiele, J. P., De his quae praepostere fiunt. Francf. 1693. 4°. 1.25

8754 — — — De jure seminis. Francf. 1693. 4°. —.90

8755 — — — Idem liber. Jen. 1740. 4°. Editio quarta. 1.—

8756 Thielen, H. A., De rebus pro derelicto habitis. L. B. 1695. 4°. —.60

8757 — J. C. v., De accessione. Traj. 1828. 8°. —.60

8758 Thiems, H. C. A., De imperantis circa aggeres in Gelria jure. Arnh. 1848. 144 pp. 8°. 1.—

8759 — — — — Vindiciae contra tyrannos: s. de principis in populum, populique in principem legitima potestate. Gron. 1825. 144 pp. 8°. 1.—

8760 Thierens, G. B. v., Quaest. var. arg. L. B. 1706. 4°. —.30

8761 — J. A. B. v., Quaest. qd. nobil. Traj. 1680. 4°. —.30

8762 — — — — — De vulgari et pupil. substit. L. B. 1660. 4°. —.40

8763 Thiens, G., De testam. tutela. Traj. 1723. 4°. —.30

8764 — J., De sententiis. Traj. 1678. 4°. —.30

8765 — S., De donationibus inter vivos. Traj. 1746. 4°. —.40

8766 Thiese, C., De inquis. contra surdum et mutum natura. Hal. 1729. 4°. —.50

8767 Thiessens, A., De furtis. L. B. 1701. 4°. —.40

8768 — G., De distractione pignoris conventionalis. Traj. 1697. 4°. —.40

8769 — H., De jure possessionis. L. B. 1779. 4°. —.60

8770 — J. De juribus ac privilegiis mulierum, ad l. 9 DD. de statu hominum. L. B. 1740. 4°. —.30

8771 — J. A., De adoptionibus. L. B. 1763. 4°. —.50

8772 — — — De publiciana in rem actione. Harder. 1764. 4°. —.40

8773 — J. G., De defensione sui, quantumvis licita, certo tamen cum moderamine instituenda. Traj. 1770. 4°. —.30

8774 — J. J., De rei vindicatione. Harder. 1764. 4°. 1.—

8775 — J. P., De compensatione. L. B. 1760. 4°. —.40

8776 — P. J., De negotiis gestis. L. B. 1713. 4°. —.60

8777 Thierry, J. G., De eo, qd. juris nomine venit. Traj. 1767. 4°. —.50

8778 Thielemann, J. H., De fluidis per virgulam mercurialem non investigandis. Vitemb. 1734. 4°. —.40
8779 Thielenius, J. A., De accumulationibus. L. B. 1719. 4°. —.30
8780 Thilo, C., De pecunia pupillari. Jen. 1678. 4°. —.60
8781 —— H. L., De crimine adulterii ejusque poena jure Saxon. Lips. 1810. 4°. —.70
8782 —— J. G., De contractu pigneratitio. Erf. 1708. 4°. —.50
8783 Thoelden, C., De jure conveniendi subditos in proprio judicio. Vitemb. 1717. 4°. —.60
8784 Tholen, O. N., Observ. quod jur. L. B. 1790. 4°. —.60
8785 Thom, F., De regula sub lege commissoria delatis. Giess. 1715. 4°. —.50
8786 Thomae, H., De captatoriis institutionibus. Hal. 1710. 4°. —.80
8787 —— J. T. H., Rationis status et statistarum moderatarum cum. rerump. naturam et qualitates. Altd. 1691. 4°. 1.25
8788 Thoman, J., De rebus pro derelictis habitis. Argent. 1708. 4°. —.50
8789 Thomasius, C., De jure circa frumentum. Franek. 1678. 4°. —.50
8790 —— — De concubinatu. Hal. 1713. 4°. —.50
8791 —— — De injusto Pontii Pilati judicio. Lips. 1757. 4°. —.60
8792 —— — De vera origine, natura, progressu et interitu judiciorum Westphalicorum. Hal. 1754. 4°. 1.25
8793 —— — De originibus feudalibus. Hal. 1749. 4°. 1.25
8794 —— M., De exceptionibus judici opponendis. Witteb. 1701. 4°. —.60
8795 —— T., De jure retinendi pignus in concursu creditorum. Lips. 1774. 4°. —.30
8796 Thomassen, J. H., Thes. jur. Traj. 1776. 4°. —.50
8797 Thomése, A. C. de, De potest. creditorum sec. leg. decemviral. in debitores competente. —.40
8798 Thomsen, C. A., De periodis rerump. Brem. 1707. 4°. —.50
8799 Thooft, J., De magno concilio ordinum Belg. foeder. anni 1651. L. B. 1840. 8°. 1.—
8800 Thorbecke, J. R., De disciplinar. histor.-politicarum argumento. Gand. 1825. 4°. —.40
8801 —— — — Idem liber. forma 8°. —.50
8802 Thoren, P. R., Quaest. select. Traj. 1707. 4°. —.50
8803 Thornton, A., De re, aliena pecunia comparata, emtori addicenda. L. B. 1757. 4°. —.60
8804 Thuckeinx, D. Thomassen à, De fraude legi facta; ad fragm. ulp. ex lib. IV ad edictum q. e. in leg. 30 DD. de actis et longa consuetudine. Gron. 1758. 4°. —.50
8805 Thuring, L., De personalis in imperiis libertate. Ups. 1709. 8°. —.60
8806 Thye, A. v., Ad leg. Corneliam de sicariis. L. B. 1686. 4°. —.30
8807 —— Hannes, H. A. de, De potestatis judiciariae limitib. derivatis ex distinctione jus publ. inter ac privatum. L. B. 1687. 4°. —.50
8808 —— —— — — — Idem liber. forma 8°. —.60
8809 —— —— J. G. v., De jure q. Gelriae ducatus ac Zutphaniae comitatus domui Austriacae compet. L. B. 1830. 144 pp. 8°. 1.10
8810 Thym, R. J. W., De genuina sponsalium de praesenti et de futuro notione. Hal. 1745. 4°. —.50
8811 Thyssen, L., De action. non in solidum. Traj. 1781. 4°. —.50
8812 Thysius, A., De usura et foenore. Traj. 1658. 4°. —.90
8813 Tiaden, C. H., De favore litis contestatae ad leg. 86 DD. de reg. jur. L. B. 4°. —.30
8814 Tiarck, P. A., De emphyteusi. L. B. 1729. 4°. —.50
8815 Tichler, J., Ad leg. 2 DD. de his, q. in test. del. Hard. 1791. 4°. —.40
8816 —— J. W., Ad leg. 6 DD. de bonis damnatorum. Traj. 1765. 4°. —.60
8817 Tieboel, J., Quaestiones quaed. jur. civ. Rom. L. B. 1789. 4°. —.60
8818 Tieffenbach, B. R., De jure fidejussorum. Franeq. 1686. 4°. —.40
8819 Tielemann, A., De restitutione minorum in integrum. Traj. 1690. —.50
8820 Tielman, J., De edicto divi Marci. Vitemb. 1701. 4°. —.50
8821 Tierens, P., De moderamine inculpatae tutelae. L. B. 1740. 4°. —.40
8822 Tiewarnus, B., Ad legem Aquiliam. L. B. 1705. 4°. —.60
8823 Til, J. R. v., De success. ab intestato. L. B. 1720. 4°. —.50
8824 —— S. v., Quaed. circa milites praeter jus commune constituta. L. B. 1754. 4°. —.50
8825 Tilborgh, N., De dominationis jure. Traj. 1698. 4°. 1.—

8826 Till, J. R., Ad leg. 8 DD. de jurisdictione. L. B. 1755. 4°. —.40
8827 Tilemann, P. H., De eo, quod justum est circa auditatem. Francf. 1755. 4°. 1,—
8828 Tilling, M. A., De ambitu. L. B. 1689. 4°. —.30
8829 Tilsner, J. G., De Augusta contumeliis adfecta. Lips. 1814. 4°. —.40
8830 Timaeus, J. H. de, De actionib. personal. in rem scriptis. Jen. 1689. 4°. —.60
8831 Timmerman, J., De patria potest. L. B. 1717. 4°. —.50
8832 —— J. de, De unione Hollandiam inter et Zelandiam. Traj. 1748. 4°. —.80
8833 —— P. de, Ad varia jur. capita. L. B. 1753. 4°. —.50
8834 Timmers, J. J. v. Z. v. N., De jure civili observat. Franeq. 1756. 4°. —.80
8835 Tinga, E., De testam. mystico s. clauso sec. Cod. Civ. Gallic. Gron. 1837. 8°. —.70
8836 Tiquet, R. J., De permutatione. L. B. 1777. 4°. —.70
8837 Tischer, D. G., Pro legato consequendo executive contra hered. ex testam. agi non posse. Lips. 1772. 4°. —.30
8838 —— F. G., De animo novandi factis impresso, ad leg. 8 Cod. de novat. Vitemb. 1737. 4°. —.40
8839 Titius, C. J., An et quatenus mortis reus tormentis denuo subjiciendus sit? Lips. 1737. 4°. —.40
8840 —— G. G., De obligatione ex testamento imperfecto. Lips. 1688. 4°. —.90
8841 —— J. G., De infulto. Jen. 1725. 4°. —.60
8842 Titsingh, G., De appellationibus. L. B. 1756. 4°. —.40
8843 —— J., De jurejurando in litem. L. B. 1765. 4°. —.60
8844 Tjassens, H., Ad Sctum Macedonianum. Gron. 1759. 4°. —.60
8845 —— S. W., Ad leg. 14 Cod. de advocatis divers. judiciorum. Gron. 1762. 4°. —.40
8846 Tjeder, M., Tankar om fribotthandel. Abo. 1826. 8°. —.50
8847 Tobiae, G., De jure dotium. Gron. 1834. 4°. —.50
8848 Tobias, H. A., De sepultura ac bon. cor. q. sibi mortem consciverunt. L. B. 1772. 4°. —.60
8849 —— J. H., De beneficiis et remediis hered. concessis, ne hereditas ipsis sit damnosa. L. B. 1776. 4°. —.60
8850 —— — — De pacto antichreseos. L. B. 1718. 4°. —.50
8851 Tol, C. v., De societate. L. B. 1752. 4°. —.50
8852 —— N. v., De jure dotium. L. B. 1709. 4°. —.30
8853 —— P. v., Ad leg. 5 Cod. ad l. Jul. majest. L. B. 1747. 4°. —.60
8854 Toll, J. v., De emptione vendit. L. B. 4°. —.80
8855 —— M. v., De compensationibus. L. B. 1730. 4°. —.40
8856 —— N. v., De privilegiis mulierum. L. B. 1696. 4°. —.30
8857 Tollens, P. J. P., De principum tutelis sec jus gent. Europ. hod. L. B. 1840. 8°. —.70
8858 —— H. P. J., De emphyteusi. L. B. 1834. 8°. —.50
8859 —— L. J. A., De successione ab intestato qua liberi natur. legitime agniti admit. sqq. L. B. 1843. 8°. —.60
8860 Tolling, A. L., De repetitione dotis. L. B. 1748. 4°. —.40
8861 —— A. W., De evict. et dupl. stipulation. L. B. 1721. 4°. —.40
8862 Tollius, H., De fine statistices, q. v. hodiern. L. B. 1809. 4°. —.50
8863 —— J., De moderamine inculpatae tutelae. L. B. 1698. 4°. —.80
8864 —— P. T., De procuratoribus. Traj. 1665. 4°. —.60
8865 Tolozan, P., De maleficis et mathemat. et ceteris similibus. L. B. 1736. 4°. —.90
8866 Tomer, J. des, De fide hosti data servanda. L. B. 1748. 4°. —.60
8867 Tonckens, H., De testamentis ex ratione cod. civ. Gron. 1818. 8°. —.80
8868 —— J., De Essis Drenthicis et servitutibus earum. Gron. 1837. 8°. —.80
8869 —— — De exceptione non numeratae pecuniae. Gron. 1806. 8°. —.50
8870 —— — De jure civium contra tyrannos et injusta J. Caesaris caede. Gron. 1778. 184 pp. 8°. 1.60
8871 —— J. H. W., De curatore ventris. Gron. 1841. 8°. —.80
8872 —— W., De poenis in jure Rom. Gron. 1805. 8°. —.80
8873 —— W. J., De modis, qbs. consensus in contractib. vitiatur sec. jur. hod. principia. Traj. 1827. 8°. —.60
8874 —— W. L., Collatio jur. Rom. et Franco-Gall. in loco de oblatione et depositione judiciali. Gron. 1812. 8°. —.30
8875 Tongeren, N. v., De furtis. L. B. 1699. 4°. —.80

8876 Toren, H. N., De potestate domini in servos, eorumq. prolem. Traj. 1778. 4°. —.80
8877 Tönne, O., De franchitiis quarteriorum seu jure asyli apud legatos. Ups. 1706. 132 pp. 8°. 1.—
8878 Tonneman, J., De aestimatione rerum. Traj. 1777. 4°. —.70
8879 Tooren, B. v., De evictionibus. Franeq. 1672. 4°. —.40
8880 Toornvliet, A., De tormentis. L. B. 1695. 4°. —.80
8881 Topelius, Z., De modo matrim. jungendi apud Fennos quondam usitato. Helsingf. 1847. 8°. —.50
8882 Toppius, J., De conditionibus derisoriis ultimis voluntatibus adjectis, lex. 14 DD. de condit. instit. Jen. 1687. 4°. —.50
8883 —— J. C., De rigore poenarum militari per aequitatem temperando. Lips. 1789. 4°. —.80
8884 Topp, G. A., De patrefamil. usufruct. pericul. vel casum peculii advent. sustinente vel non sustin. et de probatione levis culpae in administr. sortis. Helmst. 1756. 4°. —.60
8885 Torse, L. H., De limitibus justitiam inter et aequitatem aphorismi. Ups. 1791. 4°. —.30
8886 Toullieu, P. de, De jure nuptiarum. Franeq. Traj. 1692, 1695. 4°. —.70
8887 —— — — Institutionum Justin. Pars prima. Ling. 1700. 4°. —.80
8888 —— — — Idem liber. Pars quarta. 1706. —.30
8889 Toulon, L. v., De emtione venditione. Traj. 1786. 4°. —.50
8890 —— M. v., De quaestionib. s. tortura reorum. L. B. 1767. 4°. —.60
8891 Tour, D. C. du, De toga et sago, ad prooem. Just. Instit. L. B. 1678. 4°. —.80
8892 —— D. P. du, De homicidio ipsius. L. B. 1758. 4°. —.50
8893 —— J. du, Modi acq. dom. jur. gent. L. B. 1767. 4°. —.60
8894 Tranaeus, L., De differentia officiorum erga alios. L. G. 1747. 4°. —.40
8895 Trambot, H., Subsidium charitativum. Altd. 1677. 4°. —.70
8896 Trautmann, F. A., De strategematibus advocatorum (von *Advocaten-Streichen*). Jen. 1720. 4°. —.70
8897 —— G. F. A., De imputatione culpae circa contractus emphyteuseos, societatis et mandati. Jen. 1741. 4°. —.50
8898 Treischke, G. C., De his qui tacite judicantur in causis civ. ordinar. Lips. 1820. 4°. —.60
8899 —— — — De werigeldo. Lips. 1813. 4°. 1.—
8900 Trelloney, T. H., De excusationibus tutorum vel curatorum. L. B. 1738. 4°. —.40
8901 Trentschius, C., De contractibus, qui in scriptis fiunt, ad leg. 17 Cod. de fide instrum. Vitemb. 1686. 4°. —.70
8902 Trescho, S. H., De jure protocolli. Francf. 1683. 4°. —.90
8903 Tresenreuter, J. F., De villis regum Francorum ad capitulare de villis imper. quod Karolo M. tribuitur. Altorf. 1738. 4°. 1.10
8904 Tresling, A. H., Adversariorum criticorum specimen. Gron. 1792. 8°. —.70
8905 —— J. D., De sepulturae ratione et jure. Gron. 1822. 8°. —.70
8906 —— J. R., De reconventione, et speciatim de exceptione causae praejudicialis reconventionem excludente. Gron. 1817. 8°. —.60
8907 —— T. P., De Rom. prudentia, in populis sub imperium suum subjungendis conspicua. Gron. 1834. 308 pp. 8°. 2.25
8908 Treuer, G. L., De conditione jurisjurandi. Francf. 1686. 4°. —.80
8909 —— G. S., Von der wahren Gelegenheit und dem rechten Uhrsprung derer Reichs-Kreyse aus richtigen Zeugnissen. Gött. 1729. 4°. —.80
8910 —— — — De commercio obligationis perfectae gentium quasi ex contractu. Gott. 1740. 4°. —.50
8911 —— — — De jure criminali publico S. R. J. cautissime dijudicando. Gott. 1740. 4°. —.80
8912 —— — — De cautione in tractando jure publico Rom. Germ. adhibenda. Gott. 1735. 4°. —.50
8913 —— — — Ursprung und Bedeutung des Martens-Mannes. Helmst. 1733. 4°. 1.75
8914 Treutler, P. J., De statu et formis rerumpublicarum. Bas. 1609. 4°. —.40
8915 Treyte, J. H., De fide instrumentorum. L. B. 1757. 4°. —.50
8916 Tribbels, G. J., De communione legali in secund. nuptiis. L. B. 1845. 8°. —.40
8917 Trier, C. F., De confusione. Vitemb. 1750. 4°. —.50

8918 Trigland, J., De success. ab intestato. L. B. 1705. 4°. —.20
8919 Trip, B., De jure accrescendi post heredit. vendit. Gron. 1808. 8°. —.30
8920 —— C., De nuptiis. 4°. —.50
8921 —— D., De furtis. L. B. 1711. 4°. —.30
8922 —— H. J., De similitudine inter delicta eorumque poenas, cum in altiore hominum privata, tam in legib. populorum conspicua. 136 pp. 1.10
8923 —— J., De occupatione. L. B. 1680. 4°. —.20
8924 —— — Ad art. 142 Cod. Civ. Gron. 1838. 8°. —.50
8925 —— J. E., Ad Sctm Vellejanum. L. B. 1714. 4°. —.30
8926 —— J. L., De privilegio, quod venditori navis, iisq. qui ad navem construendam materias et operas praestiterant, competit. Gron. 1861. 8°. —.50
8927 —— J. S., De jure linguae. Gron. 1770. 4°. 1.25
8928 —— L., De partu ventris hereditaria, ad leg. 8 DD. si pars hered. pet. Traj. 1785. 4°. —.30
8929 —— — De fructibus domino proprietatis, atque usufructuario, ejusque heredibus, attribuendis, finito jam usufr. Gron. 1801. 8°. —.50
8930 —— L. A., De adoptionibus. Gron. 1744. 4°. —.30
8931 —— S., De matre, tutelam liberorum aetate minorum gerente v. deferente. Gron. 1830. 8°. —.30
8932 —— S. W., De actione Pauliana. Gron 1829. 132 pp. 8°. 1.—
8933 —— W. L., De hereditatis divisione sec. jus hod. Gron. 1833. 8°. —.50
8934 —— A. H. de, De consensu nuptiali. Gron. 1758. 4°. —.40
8935 Troeltsch, J. F., Ad singularia statutorum Nordlingensium. Gott. 1749. 4°. —.70
8936 Troijen, A. P. C. v., De jure puniendi. Gron. 1827. 8°. —.60
8937 Tromp, J., De jure succedendi. Traj. 1779. 4°. —.70
8938 —— J. W., Ad nonnulla Jctorum fragmenta. Leov. 1837. 8°. —.60
8939 —— S. W., De probationibus familiae. L. B. 1837. 200 pp. 8°. 1.40
8940 —— T. v. H., Over de verwerping eener erfenis ten nadeele der schuldeischers. L. B. 1861. 8°. —.60
8941 Tronchin, H. C., De senatoribus et Sctis. L. B. 1739. 4°. —.50
8942 Troppanneger, J. F., De interrogatoriis. Lips. —.70
8943 —— — — De potestate electorum et principum imperii circa jus nobilitatis subditis suis conferendi. Lips. 1707. 4°. —.40
8944 —— — — De retentione actorum advocato ob salarium non solutam competente. Lips. 1740. 8°. —.50
8945 Trostorff, H., Over reclame of terugvordering in zaken van koophandel. Rott. 1861. 128 pp. 8°. 1.—
8946 Trotz, C. H., De termino moto. Traj. 1730. 4°. —.30
8947 —— — — Pro feudis patriis, praecipue ad exemplum Zutphaniensium fundatis. Traj. 1758. 4°. —.70
8948 —— — — De jure foederati Belgii publico. Traj. 1755. 4°. —.70
8949 —— G. H., De erpbeda — *erfrede*. Traj. 1764. 4°. —.90
8950 —— T. F., De jure piscandi. Traj. 1771. 4°. —.90
8951 Trouillart, S. P., De incendiis. Traj. 1736. 4°. —.40
8952 Troszelius, C. B., De sanctitate sepulcrorum. L. G. 1745. 4°. —.30
8953 Trutenius, H. D., De vero debitore sententia absoluto. Francf. 1708. 4°. —.60
8954 Tulting, J. A., Heredi a semet ipso non legatur. L. B. 1787. 4°. —.50
8955 —— — — De vulneribus et plagis voluntariis a mordro diversis. Hag. 1835. 8°. —.40
8956 —— — — De jure retentionis. L. B. 1824. 4°. —.60
8957 Tschoerntius, A. G., De poena concubitus a personis per divortium solutis commissi. Lips. 1736. 4°. —.40
8958 Turnhout, G. A. H. v., De contractu societatis. L. B. 1832. 8°. —.50
8959 Tulleken, A., De pupillari substitutione. L. B. 1749. 4°. —.40
8960 —— D., De jurejurando litis decisorio. L. B. 1711. 4°. —.70
8961 —— — Utrum monopolia reip. utilia sunt. L. B. 1741. 4°. —.60
8962 —— — De codicillis. Franeq. 1758. 4°. —.50
8963 —— G., De gradibus cognationum. Harder. 1789. 4°. —.60
8964 —— — Ad l. fin. Cod. de suspect. tut. Traj. 1740. 4°. —.30
8965 —— H., Leg. 8 DD. de jur. et facti ignorantia. L. B. 1744. 4°. —.60
8966 —— J. B. D. C. D., De pignoribus, s. hypothecis tacitis v. legalibus. L. B. 1821. 200 pp. 4°. 2.25

8967 Tullekem, O., Commentatio ad diploma Reinaldi I, Nassavii, cognomento Bellicosi, inclyti Gelriae comitis VIII, de insula et monte Dei. Zwoll. 1774. 4°. 1.25

8968 —— R., De jure dotium. L. B. 1757. 4°. —.40

8969 —— — De unione prolium. Gron. 1765. 4°. —.50

8970 —— W. C., Theses jurid. Traj. 1775. 4°. —.30

8971 Tullingh, M. J. Wiets, Ad leg. Jul. majest. L. B. 1765. 4°. —.50

8972 Tuning, H. J. J., Positiones jurid. L. B. 1802. 4°. —.70

8973 —— J., De commodato. L. B. 1673. 4°. —.30

8974 Turcq, B. J., De specie boni civis, q. in praescriptore conspicitur. L. B. 1776. 4°. —.50

8975 —— G. H., De jure substitutionum. L. B. 1744. 4°. —.60

8976 —— J., Ad leg. Juliam, de adulteriis coërcendis. L. B. 1709. 4°. —.40

8977 Turk, G., De patria potestate sec. nov. cod. Neerl. Traj. 1839. 8°. —.50

8978 Tuttel, J. H., Explicantur leges nonnullae selectae. Gron. 1802. 8°. —.50

8979 Tuun, A. J. v. d., De actione ingrati. Gron. 1777. 4°. —.60

8980 —— H. v. d., De transactionibus sec. jus Rom. Gron. 1830. 136 pp. 8°. 1.—

8981 —— M. v. d., De proprietatis exordio, de communione primaeva, deque jure qd. homines naturaliter habent ad dominium. Gron. 1808. 8°. —.30

8982 —— — — — — De actionibus, qbs. antiquo jure Rom. dolus malus tutorum vindicatus sit. Gron. 1841. 128 pp. 8°. 1.—

8983 —— S. v. d., Quaest. jur. Gron. 1801. 8°. —.40

8984 Tuyll v. Serooskerke, D. H. P. v., De poena exilii. Traj. 1828. 8°. —.70

8985 —— — —— G. R. v., De cessione bonorum. Traj. 1835. 8°. —.40

8986 —— — —— R. C. v., De poena ergastuli apud Belgas origine et modo. Traj. 1823. 8°. —.30

8987 —— — —— v. Z., G. R. v., Histor. foederum Angliae cum Francia sec. 17 et 18. Hag. 1839. 124 pp. 8°. 1.—

8988 Tweenvenhuizen, J. S. v., Quaest. jurid. Traj. 1818. 8°. —.30

8989 Twent, A. P., De mora rei fidejussoris obligationem non augente. L. B. 1764. 4°. —.50

8990 —— H., De querela testam. inoff. L. B. 1768. 4°. —.60

8991 —— N. F., De inofficiosis donationibus. L. B. 1758. 4°. —.60

8992 Twiss, R., De dilationibus ad solvendum per summi imperantis aut judicis auctoritatem concessis. Bred. 1835. 8°. —.80

8993 Twist, A. v., De tributis. L. B. 1766. 4°. —.50

8994 —— — — De negotiis gestis. L. B. 1721. 4°. —.60

8995 —— A. J. Duymaer v., De sapiente legislatore civili, ad communem utilitatem civium mores componente. Gron. 1802. 4°. —.60

8996 —— — — —— — De mulieris in repetenda dote caeteros mariti creditores privilegio, ejusq. usu in foro Holland. L. B. 1796. 8°. —.60

8997 —— — — —— — Conditio peregrinorum in imperio Rom. var. temporib. 1831. 4°. 1.10

8998 —— — — —— — De jur. Rom. addiscendi utilitate. Daventr. 1797. 4°. —.60

8999 —— — — —— — De pactis, quorum objectum et physice, juridice vel moraliter impossibile. Dav. 1832. 4°. 1.10

9000 —— — — —— — De iis, ad quae codicis Nap. Holl. doctor, ad saluberrimam regis, hanc perferentis, consilium sua docendi ratione adjuvandam imprimis attendat. Gron. 1809. 4°. —.50

9001 —— C. —— — Over de bevoegdheid der gemeentebesturen. Dav. 1860. 238 pp. 8°. 2.—

9002 —— G. —— — De substitutione militari. Gron. 1808. 8°. —.50

9003 —— J. —— — De praecipuis eximie in patria excultі jur. Rom. causis. Dav. 1826. 4°. —.30

9004 —— J. —— — Idem liber, forma 8°. —.30

9005 —— — —— — De jure hereditario. Daventriae. 1825. 140 pp. 8°. 1.—

9006 Twuyver, De executoribus testamentariis. Traj. 1710. 4°. —.40

9007 —— J. v., De mutatione sententiae. Traj. 1710. 4°. —.50

9008 Tydeman, P. C. C., De Pedio Jcto. L. B. 1822. 124 pp. 4°. 1.50

9009 —— — — — Idem liber. 112 pp. 8°. —.90

9010 —— — — — De judiciis juratorum. L. B. 1821. 4°. —.60

9011 —— H. G., Doctr. politicas in academiis max. Belgicis esse docendas. L. B. 1825. 4°. —.50

9012 TYDEMAN, H. G., De jure Rom. Justin. per benignam Dei providentiam, ad salutem generis hum. opportune instaurato. Leov. 1803. 4°. —.70

9013 —— — — Oratio. L. B. 1826. 4°. —.40

9014 —— — — De eo, qd. nimium est in studio jur. Rom. Dav. 1802. 4°. —.60

9015 —— J. G., Disquisitio historica de jur. civ. apud Rom. docendi discendiq. via ac ration. a. a. Just. imp. Gron. 1835. 4°. 1.25

9016 —— — — De oeconom. pol. notionibus in corpore juris civ. Justin. L. B. 1838. 160 pp. 8°. 1.25

9017 —— M., De luxu, civibus et civit. noxio. Traj. 1771. 4°. 1.—

9018 —— — De causis quibd. corruptae jurispr. Hard. 1787. 4°. —.80

9019 —— — De jurisprud. natural. finib. regundis. Traj. 1766. 4°. —.90

9020 —— — De L. U. Marcelli, Jcti vita et scriptis. Traj. 1762. 4°. 1.75

9021 TIJKEN, C., De jure summor. imper, circa res academicas, L. B. 1786. 4°. —.70

9022 TIJL, M. L., De jure superficiei praes. sec. leges novissimas. Gron. 1827. 8°. —.90

9023 TIJLL, T. A., De juramento purgationis. Duisb. 1692. 4°. —.70

9024 TSCHOECKEL, C., De oblig. ad carcerem ex causa debiti in masc. et femina obtinente. Lips. 1723. 4°. —.60

9025 UBELIN, S., De duellis s. monomachia. Bas. 1609. 4°. —.30

9026 UCHTMAN, E. W., De legibus. Gron. 1761. 4°. —.80

9027 UCHTRITZ, J. A. A, De obligatione vasalli erga convasallum. Francf. 1684. 4°. —.50

9028 UFFELMAN, J. F., De pensionis ob sterilitatem remissione. Helmst. 1677. 4°. —.70

9029 UFFELMANNUS, B. J., De exceptionibus contra instrumenta Guarentigiata, occ. P. 1 statut. Hamb. tit. 20, art. 2. Traj. 1710. 4°. —.80

9030 —— — — De expensis criminalib. Hal. 1716. 4°. —.70

9031 UFFENBACH, J. J., Juramentum diffessionis. Altd. 1677. 4°. —.40

9032 UFFORD, G. QUARLES v., Historia institutionis curiae supremae in Holland. et Zeelandia. L. B. 1836. 8°. —.50

9033 —— P. N. —— — De patria potestate sec. jus hod. Gall. L. B. 1820. 8°. —.40

9034 UHLICH, A. W., De officio executoris ultimar. voluntatum. Francf. 1704. 4°. —.60

9035 UILKENS, J. K., De motibus civilib. in plurimis Europae regionibus. Gron. 1833. 8°. —.60

9036 UITENWAAL, P. P., De jurejurando decisorio. Schied. 1847. 8°. —.70

9037 ULBRICHT, C. G., De cessione bonor. sec. jus Rom. et Saxon. speciatim Lips. 1826. 4°. —.50

9038 ULEKEN, A., De obligatione adv. patriam. Heidelb. 1663. 4°. —.70

9039 ULGER, D., De emphyteusi. Harder. 1696. 4°. —.30

9040 ULLOBERN, O. M., De civilib. turbis foederati Belgii sub domu Auriaca Juniori. Ups. 1812. 4°. —.70

9041 ULLRICH, G. C., De constitutione et adulteratione nummorum, ad l. 2 Cod. de fals. mon. Altd. 1679. 4°. —.60

9042 ULPHARD, N., De foro competente. Gron. 1633. 4°. —.30

9043 —— — De non movendis, sed distinguendis terminis juris. Gron. 1634. 4°. —.30

9044 —— — De transactionibus. Gron. 1634. 4°. —.30

9045 UMBGROVE, G., De vi juris non scripti in Cod. Civ. tum Franc. tum Neerl. L. B. 1837. 8°. —.60

9046 —— — De thesauris. L. B. 1709. 4°. —.30

9047 —— — De naturali ac, sec. leg. Rom. positive parent. in liber. potestate. L. B. 1777. 4°. —.60

9048 —— — De emtione venditione. Harder. 1768. 4°. —.50

9049 —— J., De testamentis. Traj. 1745. 4°. —.40

9050 —— L., Ad Sctm. Macedonianum. L. B. 1706. 4°. —.40

9051 —— W., De adoptionibus. L. B. 1780. 4°. —.40

9052 UNGEFAUER, E., De delictis carnis. Hal. 1640. 4°. —.30

9053 UNRATH, J. C., De conceptione et jure ventris. Hal. 1723. 4°. —.40

9054 UNTERSUCHUNG nach dem Recht der Natur, wie weit ein Furst Macht habe seinen Erstgebohrnen Printzen von der Nachfolge in der Regierung auszuschliessen. 1718. 4°. —.40

9055 Unverfaerth, J. M., Ad mobile et decaaistam in foro eap. per tans 22.10
de appellat. recusat. et relationib. Helmst. 1674. 4°. —.90
9056 Upwich, J. B. v. d., Thes. jurid. Traj. 1782. 4°. —.30
9057 Ursinus, D., De delationibus, ad tit. Cod. de delator. Jen. 1675. 4°. —.50
9058 —— S. C., De processu collaterali. Francf. 1690. 4°. —.40
9059 —— T. T., De refusione debitor. feud. solutorum. Hal. 1770. 4°. —.70
9060 Utermarck, W. L., De quota filiali hominum propriorum in dioecesi Osnabrugensi. Harder. 1758. 4°. —.30
9061 Uttermann, J. C., De eo qd. justum est, circa donationem a principe in filios fam. maxime collatas. Erf. 1727. 4°. —.30
9062 Utwald, C. G., De origine et virtute juris non scripti. Vitemb. 1789. 4°. —.60
9063 Uutenbogaert, J., De fruct. et impensis. L. B. 1678. 4°. —.30
9064 Uyttenhooven, A., De impensis a possessore factis. L. B. 1845. 8°. —.60
9065 Vader, P. H. S., De Q. A. Tuberone Jcto ejusque q. in DD. exst. fragm. L. B. 1824. 128 pp. 4°. 1.50
9066 —— P. J. v. V., Ad tit. DD. de lege Pompeja de parricidiis. L. B. 1809. 4°. —.90
9067 —— — — — — Idem liber. forma 8°. —.40
9068 Vaillant, C. E., De necessitudine jur. gent. q. Europaeis gentibus intercedit cum Septentrionalis Africae oras civitatibus. Amstel. 1831. 124 pp. 8°. —.90
9069 —— C. G. B., Interpr. locor. qrdm. juris in Hugonis Grotii epistolis. Amstel. 1834. 8°. —.80
9070 —— — — — De libera voluntate ad delictum contrahendum necessaria. Amstel. 1837. 180 pp. 8°. 1.35
9071 —— C. J., De verbalium injuriarum retorsione. L. B. 1740. 4°. —.40
9072 —— — — De usufructu navium. L. B. 1803. 4°. —.30
9073 —— C. H., De poen. gravitate et ratione qmdmd. minui mitigarique possint. L. B. 1805. 4°. 1.—
9074 —— — — Idem liber. forma 8°. —.70
9075 —— F. A., De legitimatione. L. B. 1777. 4°. —.30
9076 —— J. A., De munere tabellionis. L. B. 1840. 4°. —.50
9077 —— J. P., De cassatione, qla. senatui supremo competit. Traj. 1847. 8°. —.70
9078 —— H. F. L. A., De partib. a republica Batava in mari baltico ab. sec. 1655 u. a. ann. 1660 actis. 1.—
9079 Valcke, P. de, De jure accresc. inter legat. Gron. 1757. 4°. —.50
9080 Valckenaer, J., De jure exequiarum. L. B. 1761. 4°. 1.—
9081 —— — De duplici leg. grad. in DD. interpretatione. L. B. 1781. 120 pp. 4°. 1.50
9082 —— — De peculio q. castr. veteribus Jctis incognito ejusque vera origine. L. B. 1760. 4°. —.90
9083 —— — Ad tit. DD. nautae caupones stabularii, ut recepta restituant. L. B. 1737. 4°. —.60
9084 Valckenaerius, J., De officii civis Batavi in rep. turbata. L. B. 1795. 4°. —.50
9085 Valckenburgh, J., Ad l. 66 DD. de jure dotium. Traj. 1710. 4°. —.30
9086 Valckeniers, A. D., De privilegiis. L. B. 1784. 4°. —.40
9087 —— A. J., De condictione furtiva. L. B. 1752. 4°. —.60
9088 —— G., De acquisitione thesauri. L. B. 1726. 4°. —.40
9089 —— J., De precario. L. B. 1676. 4°. —.40
9090 Valentyn, A. C., De probationibus. L. B. 1756. 4°. —.40
9091 Valeton, J. E., De definitionibus in Cod. Civ. nostro obviis. L. B. 1840. 8°. —.60
9092 Valkenburg, C. v., De lege Falcidia. L. B. 1701. 4°. —.30
9093 —— J. F. T. v., De successione liberor. natural. ab intestato j. N. L. B. 1839. 8°. —.30
9094 —— M. W. v., Ad edictum praetoris de dolo malo q. e. in lege 1, § 1 DD. de dolo malo. L. B. 1788. 4°. —.50
9095 Vallensis, T., De tutelis. L. B. 1608. 4°. —.20
9096 Vallerius, J. J., Lex Oppia Rom. Ups. 1700. 8°. —.70
9097 Vandaele, J., De jurib. et obligat. usufructuarii. Gand. 1818. 4°. —.50
9098 Vapour, H. v. d. Graaf de, De probationibus. L. B. 1784. 4°. —.50

9099 Varick, E. H. M. v. D. v., De jure qd. conjuges in bona communia habent. Traj. 1848. 8°. —.50
9100 —— J. Vernede v., De militari testam. L. B. 1708. 4°. —.40
9101 Varlet, D., De lege, ejusq. interpretatione. L. B. 1744. 4°. —.70
9102 Varet, J. B. L. de, De jure virginum. Traj. 1728. 4°. —.50
9103 Vastrick, A., De pignoratitia actione. L. B. 1720. 4°. —.40
9104 —— W., De aequitate et stricto jure. L. B. 1678. 4°. —.50
9105 Vastrick, L., De ususfructu. L. B. 1659. 4°. —.50
9106 —— — De emtione et venditione. L. B. 1659. 4°. —.50
9107 Vatebender, J. C., De secretario ejusq. officio. Harder. 1758. 4°. —.50
9108 —— A. O. F. Bowbly, De renunciationibus eorum, qui summum habent imperium. L. B. 1759. 4°. —.60
9109 Vechelen, C. v., De oblig. fidejussoria. Traj. 1757. 4°. —.40
9110 Vechten, P. v., De actione communi dividundo. Traj. 1698. 4°. —.30
9111 Vedder, A., Historia philosophiae juris. L. B. 1882. 232 pp. 8°. 2.50
9112 —— — De antiq. juris notione. L. B. 1832. 8°. —.50
9113 Veechens, J. A. Ekkers, De causis q. usucapionem interrumpunt. L. B. 1844. 8°. —.40
9114 —— L. —— De domicilio in jure Belg. Amstel. 1841. 8°. —.30
9115 —— N. E. —— De emancipatione ex princ. potiss. jur. Neerl., ex antiq. patriae moribus explicati. Amstel. 1839. 8°. —.60
9116 Veen, C. J. v. d., De tutela ex princ. jur. hod. L. B. 1818. 148 pp. 8°. 1.10
9117 —— — — — — De conatu delinquendi, e quo ips. delictum prorsus exsact nequit, ejusq. poena. Gron. 1832. 8°. —.70
9118 —— J. E. N. v. d., De auctoritate tutorum. L. B. 1834. 4°. —.50
9119 —— — — — — — Idem liber. forma 8°. —.50
9120 —— P. v. d., De jure, q. d., supremae necessitatis. Gron. 1854. 8°. —.50
9121 Veenhoven, H., De testamentis privilegiatis sec. Cod. Civ. Neerl. Gron. 1842. 8°. —.30
9122 Veeren, J. C. v., De possessione. Traj. 1744. 4°. —.60
9123 Veerlis a Claarbeek, F. P., De religione et annis judicum cura circa existimat. et vitam reorum. Franeq. 1757. 4°. —.90
9124 Velde, A. v. d., De sponsalibus. L. B. 1765. 4°. —.40
9125 —— B. O. v. d., De jure sponsi et sponsae. Traj. 1764. 4°. —.50
9126 —— J. v. d., Ad Sctm. Vellejanum. L. B. 1765. 4°. —.60
9127 —— N. v. d., De modis acquir. dom. jur. gent. L. B. 1781. 4°. —.40
9128 —— — — — De substitutionibus. L. B. 1720. 4°. —.40
9129 —— — — — De codicillis. L. B. 1693. 4°. —.30
9130 Velden, B. v. d., De crimine falsi ex jure constit. et rei veritate. Traj. 1823. 8°. —.50
9131 —— P. v. d., De comitiis curiatis apud Rom. Medemelaci. 1835. 8°. —.40
9132 —— P. A. v. d., Over het geheim der brieven. Hag. 1859. 196 pp. 8°. 1.50
9133 —— P. C. v. d., Quaest. ex Cod. Civ. Franc. Traj. 1828. 8°. —.60
9134 Veldhuys, P., De inoffic. testamento. L. B. 1686. 4°. —.40
9135 Veldman, H., De delicto et poena ebriorum. Gron. 1775. 4°. —.40
9136 —— H. F., De exceptionibus. Gron. 1768. 4°. —.70
9137 —— O. G., De domicilio. Gron. 1761. 4°. —.40
9138 Velingius, G. A., Ad princ. Instit. de donationibus. L. B. 1788. —.60
9139 —— J. P., De foro competenti. Gron. 1745. 176 pp. 4°. 2.—
9140 Veltius, T., De deposito in specie tali. L. B. 1721. 4°. —.30
9141 Velthuis, C. F., Actio confessoria et negatoria. Kill. 1822. 4°. —.60
9142 Velthem, C. G., De translatione mortuorum per territorium alienum, ad leg. 3, § 4 DD. de sepulchro violato. Vitemb. 1734. 4°. —.60
9143 Velthuysen, T. v., De foro competenti. L. B. 1674. 4°. —.40
9144 Veltman, J. E., Endossement van wisselbrieven. Amst. 1861. 160 pp. 8°. 1.25
9145 Ven, G. M. v. d., De contractu societatis. L. B. 1816. 4°. —.60
9146 —— J. B. v. d., De praescriptionibus sec. j. c. n. N. L. B. 1838. 8°. —.90
9147 Venhuizen, L., De mutuis parentum liberor. oblig. atq. juribus ex statu filiorum nat. et civ. oriundis. Gron. 1762. 4°. —.60
9148 Vening, C. S., De fine poenarum. Gron. 1826. 160 pp. 8°. 1.25
9149 Venlo, B., De usucapionibus. L. B. 1733. 4°. —.40
9150 Verbeeck, B., De mandato. L. B. 1700. 4°. —.40
9151 —— J. E., De emtione et venditione. L. B. 1704. 4°. —.40
9152 Verbeek, A. J., De principiis imputationis in jure. L. B. 1817. 8°. —.50

9153 Veraneh, P. H., De cessione bonorum. Amst. 1851. 8°. —.50
9154 —— P. J. G., De fide in causa criminali testibus q. dicunt. famosis habenda. Dordr. 1847. 8°. —.60
9155 Verbolt, H. P., De fidejussoribus. L. B. 1674. 4°. —.30
9156 Verboom, J., De tutelis. L. B. 1716. 4°. —.40
9157 —— L., De usucapionibus. L. B. 1719. 4°. —.50
9158 —— W. H., De testam. ordinand. L. B. 1714. 4°. —.30
9159 Verbrugge, F., De judiciis. L. B. 1717. 4°. —.30
9160 —— G. H., De peculiis. L. B. 1717. 4°. —.30
9161 —— M., De donatione inter vivos. L. B. 1825. 4°. 1.—
9162 —— P., De relegatione. L. B. 1776. 4°. —.30
9163 Verbrugghe, P., De societate. L. B. 1754. 4°. —.50
9164 Verburg, J. S., De lege ad praeteritum non revocanda. L. B. 1823. 182 pp. 4°. 1.50
9165 —— — — Idem liber. 120 pp. forma 8°. 1.—
9166 —— S. A., De confessione rei, et revocatione confessionis. Amst. 1794. 8°. —.50
9167 Verduyn, C. de, De necessitate legem non habente. L. B. 1740. 4°. —.30
9168 Verelst, J. L., De donationibus. L. B. 1716. 4°. —.40
9169 Vereul, A., Ad Callistrati fragm. ex leg. 1 de cognitionibus. L. B. 1792. 4°. 1.—
9170 —— J. J., De deposito. L. B. 1792. 4°. —.50
9171 —— W. H., De tutelis. L. B. 1792. 4°. —.70
9172 Verfyck, A., De cogitatione a poenis libera, ad leg. 18 DD. de poenis. L. B. 1780. 4°. —.60
9173 Vergenet, G. M., De burggraviatu Leidensi. L. B. 1809. 132 pp. 4°. 1.50
9174 —— — — Idem liber. forma 8°. 1.10
9175 Vergoossen, A. J. D. N., De testamento publico sec. j. h. princ. L. B. 1837. 8°. —.60
9176 Verhaer, F. C. v., De phaenomenis Justiniani praesumptionibus tit. IV de inspic. vent. et seqq., s. de ventre illiusque jure (vom *Hängen im Keller*). Helmst. 1784. 4°. —.60
9177 Verhagen, J. J., De legitimatione. L. B. 1702. 4°. —.30
9178 Verheye, B., De commodato. Traj. 1697. 4°. —.30
9179 —— v. C., J., De toparchis et ambactis (*heeren en ambachtsheerlijkheden*) eorumq. in Zeelandia jurib. ac possessorib. Traj. 1774. 4°. 1.25
9180 Verheyen, F. K., De rehabilitatione in reb. merc. Sylv. duc. 1854. 8°. —.40
9181 —— H. A. R., De patria potestate. L. B. 1837. 8°. —.50
9182 —— J. B., De cautione danda j. c. hod. L. B. 1840. 8°. —.60
9183 —— L., De conditionibus sec. Cod. Nap. princ. L. B. 1834. 8°. —.60
9184 —— R. O. B., De causis in qbs. probatio per testes admittitur sec. j. c. hod. L. B. 1839. 8°. —.60
9185 Verhoeff, G. J., De furto. L. B. 1729. 4°. —.70
9186 —— J. C., Over beurzen van koophandel. Traj. 1863. 8°. —.50
9187 Verhoeven, A., De tutela et curatione. L. B. 1687. 4°. —.30
9188 —— G., De libertate. Gorinch. 1718. 4°. —.30
9189 —— H. Timmers, Quaest. de jure hodierno. L. B. 1856. 8°. —.40
9190 —— P. F. —— De errore, ejusque in conventionibus effectu. L. B. 1836. 4°. —.30
9191 Verhooft, J., De emtione venditione. L. B. 1696. 4°. —.30
9192 —— L., De datione tutelae. L. B. 1693. 4°. —.30
9193 —— — De fidejussoribus. L. B. 1726. 4°. —.40
9194 Verhorst, G., De jure [illegible] a. causae. L. B. 1771. 4°. —.50
9195 Verhuell, C. J., De jurib. feminarum sec. princ. jur. hod. L. B. 1821. 8°. —.30
9196 —— G. J., De restitutione in integrum minorum. Hard. 1760. 4°. —.30
9197 Vering, F. H. T. H., Ad leg. 4 § 1 DD. de cond. inst. Heid. 1856. 8°. —.30
9198 Verkade, J. C., De differentiis jur. Rom. et hod. in collatione bonorum. Traj. 1820. 8°. —.30
9199 Verlocx, J., De majestatis crimine. L. B. 1787. 4°. —.60
9200 Verloren, H., De rebus mancipi et nec mancipi. Traj. 1839. 156 pp. 8°. 1.25
9201 —— J. P., De jure emphyteutico. Traj. 1826. 8°. —.30
9202 —— P., De foro illustrium. Traj. 1741. 4°. —.30
9203 —— — De effectu luxus, sive modici s. immod. in florem v. ruin. populor. Traj. 1801. 4°. 1.10

9204 Verloren, R., De religiosis et sumtibus funerum. Harder. 1768. 4°. —.30
9205 Vermaat, A. P., De poenis, impr. de poena capitali. L. B. 1829. 8°. —.40
9206 Vernasen, J., Ad octo priores crim. ordinationis Noviomagensis articulos. Traj. 1788. 4°. —.70
9207 Vernaten, L., De benef. ordinis. L. B. 1723. 4°. —.30
9208 Verneer, J. W., Select. theses. Harder. 1780. 4°. —.30
9209 —— L. H. G., De jure superficiei. Noviom. 1687. 8°. —.30
9210 Vernere, P., De natural. domini ac servi jurib. et off. mutuis. L. B. 1759. 4°. —.60
9211 Verneuben, M. G., De jurisdictione omnimoda. Helmst. 1730. 4°. 1.—
9212 Vermaren, J. P., De privilegiis testamenti militaris. L. B. 1751. 4°. —.70
9213 Vermeule, J., De fidejussoribus. L. B. 1679. 4°. —.30
9214 Vermeulen, A. G., De homicidio ob adulterium filiae et uxoris, patri et marito per leges civiles permisso. L. B. 1791. 4°. —.70
9215 —— G., De aggeribus. Traj. 1755. 4°. —.40
9216 —— G. A., De conditione servorum, praesertim in coloniis Surinamensi. L. B. 1793. 4°. —.70
9217 —— H., De metus exceptione. Traj. 1766. 4°. —.30
9218 —— P., De testamentaria tutela. L. B. 1758. 4°. —.50
9219 —— P., De reb. mobil. et immobil. Traj. 1778. 4°. —.70
9220 Vernat, P., Theorem. ex delictorum materia. L. B. 1812. 4°. —.60
9221 Verninde, A., De aedilitio edicto et redhibitione et quanti minoris. Traj. 1834. 8°. —.30
9222 —— J. S., De consilio familiae. Traj. 1821. 8°. —.30
9223 Verrés, L. G., De crimine falsi. L. B. 1838. 128 pp. 8°. 1.—
9224 Verryn, F., De fidejussoribus. L. B. 1711. 4°. —.30
9225 —— H., De aqua et igne. Traj. 1690. 4°. —.60
9226 —— — De duobus juris civilis nexis. Traj. 1690. 4°. —.30
9227 —— — De obligatione heredis in actionibus poenalibus ex delicto privato defuncti. Traj. 1699. 4°. —.50
9228 Verschuer, A. S., De fidejussoribus. Traj. 1746. 4°. —.50
9229 —— G. D., De usufructu. L. B. 1779. 4°. —.90
9230 —— P. H., De transactionibus. L. B. 1719. 4°. —.40
9231 Verschuere, P., Illust. aliq. positiones. L. B. 1682. 4°. —.30
9232 Verschuur, G. C. F., Ad art. 886 Cod. Nap. comp. cum sanct. de eadem materia in nov. Cod. Belg. Schoonh. 1838. 8°. —.30
9233 —— G. F., De jurejur. et perjurii poena. Franq. 1785. 4°. —.60
9234 Verschuur, J. D. v. K., De judiciis contraventionum simpl. politiae. L. B. 1843. 8°. —.30
9235 Versluys v. d. B., B., De matre tutrice. Traj. 1836. 8°. —.40
9236 Verspelt, A., De hered. differ. eorumq. jure et beneficiis. L. B. 1728. 4°. —.40
9237 —— J., De hypothecis sec. nov. jus Belgicum. Sylvae ducis. 1828. 140 pp. 4°. 1.75
9238 Versluys, C., Differ. quaed. Juris Rom. et consuetudinum Vlissingarum. Hard. 1771. 4°. —.40
9239 —— C. J., Quaest. varii argumenti. L. B. 1823. 4°. —.50
9240 —— M. C. S., Quaestiones varii arg. L. B. 1821. 4°. —.60
9241 —— J. v. Reteeenberg, De commodato. L. B. 1825. 4°. 1.—
9242 Verspeyck, A., De revocand. his, q. in fraud. credit. facta sunt. L. B. 1719. 4°. —.30
9243 —— A. C., De quer. inoff. adhuc post nov. 115 necessaria. Hard. 1752. 4°. —.30
9244 Versteeg, W., De jure proxenetico. Traj. 1758. 4°. —.60
9245 Verstegen, G., De cautionib. judic. L. B. 1772. 4°. —.50
9246 Verstege, G., De nuptiis. L. B. 1775. 4°. —.70
9247 —— J. L., De foro compet. L. B. 1768. 4°. —.50
9248 Versteenck, A., Ad leg. 22 DD. de judiciis. L. B. 1787. 4°. —.60
9249 Verstydan, J., De curatoribus. L. B. 1708. 4°. —.40
9250 Verwey, M., De poenis. Traj. 1659. 4°. —.30
9251 —— S. A., De patria potestate. L. B. 1835. 8°. —.60
9252 Verweyde, E. J. J., De eo, quae actiones, virtutis legi contrariae, delictis in civitate sint accensendae. Amstel. 1828. 8°. —.60
9253 Vervoort, J. J., De requisitis succedendi sec. jus Franc. et nov. jus Belg. Hag. 1831. 8°. —.60

9254 VERMEUL., J. G., De restitutione in integrum ex causa metus. L. B. 1763. 4°. —.50
9255 —— M. H., De orig. et usu pretii eminentis, seu pecuniae. Traj. 1786. 4°. —.50
9256 VERSTEEGT, J., Prudent. civ. in juris et justitiae administr. spectantes. Traj. 1778. 4°. —.40
9257 VETH, A., De obligationibus ex consensu. L. B. 1693. 4°. —.50
9258 VETTE, C., De probatione plena per unum testem. Vitemb. 1692. 4°. —.70
9259 VEYDT, L., De art. 11 Cod. Civ. dispositione. Gand. 1823. 4°. —.70
9260 VEZELAER, J. B. v., De dotis repetitione. L. B. 1764. —.60
9261 VIANEN, J. P. v., Theses ex j. c. H. Traj. 1769. 4°. —.50
9262 VICQ, F. DE, Ad tit. DD. qui potiores in pignore. Franeq. 1688. 4°. —.60
9263 —— — — De probationibus. Franeq. 1688. 4°. —.50
9264 —— — — De commodato. L. B. 1763. 4°. —.50
9265 —— — — De societate. Traj. 1725. 4°. —.50
9266 —— G. DE, De quaestionibus. L. B. 1756. 4°. —.50
9267 —— N. DE, De jure venationis. Franeq. 1695. 4°. —.70
9268 —— — — De praecipuis mutationib. in success. legitim. Cod. Neerl. introductis. L. B. 1838. 8°. —.50
9269 VIERSTEN, W. L. v., De Scto Macedon. Gron. 1801. 8°. —.50
9270 VICTOR, F. A. S., De liberorum in domibus a servis facta distinctione ejusq. distinct. effectibus in jure antiq. Gron. 1829. 132 pp. 8°. 1.—
9271 —— J. FRIKKEMAN, De finib. causar. justitiae ac politiae in civitate recte regundis. Gron. 1805. 8°. —.70
9272 VILATTES, H. v., Ad § 29 Inst. de actionibus. L. B. 1743. 4°. —.60
9273 VILLATTE, A. A. A., De privileg. act. funerariae. L. B. 1746. 4°. —.30
9274 VILAN, C. DE, De rebus sanctis. L. B. 1744. 4°. —.40
9275 —— — — De libertate et servitute. L. B. 1718. 4°. —.50
9276 VILTHUYDT, L. C., De lege morganatica. Francf. 1695. 4°. —.60
9277 VINCKLER, G. C. M. v., De locatione et conductione. Traj. 1697. 4°. —.30
9278 VINCENTIUS, D., De fructuum perceptione. L. B. 1690. 4°. —.30
9279 VINCK, G., De usucapione. L. B. 1708. 4°. —.40
9280 VINCKENHOEF, J. H., De nuptiis. L. B. 1762. 4°. —.50
9281 VINCKENHOEF, H., De off. tutor. curatorumq. L. B. 1717. 4°. —.40
9282 VINK, P. Y., An et quatenus valeat in pactis, ubeque in contractibus censeatur clausula: rebus sic stantibus. L. B. 1803. 4°. —.40
9283 VINKERS, H. A., De jure cum Rom. tum hod. ratione virginum habito. Gron. 1828. 8°. —.40
9284 VINNE, L., De testamento non praelecto. Halae. 1699. 4°. —.60
9285 VINSEN, F. H. A. K. DE, De subrogatione, tm. legali qm. conventionali, ex jure hod. Traj. 1830. 8°. —.60
9286 VIRIN, A. F. DE, De pactis nudis. Traj. 1707. 4°. —.50
9287 VIRULY, D. C., Ad art. 222—234 Cod. Poen. de contumelia et vi erga depositarios auctoritatis viriumq. publicar. L. B. 1839. 8°. —.40
9288 —— J., De propugnaculis (*barrière-tractaat*) in prov. Belg.-Austr. constituendo die 15 mens. Novembr. a. 1715. L. B. 1836. 8°. —.70
9289 VIS, H., De collationibus. L. B. 1677. 4°. —.50
9290 —— P., De emtione vendit. L. B. 1708. 4°. —.30
9291 —— W., De curatoribus. L. B. 1717. 4°. —.50
9292 VISCH, W. A. B., De jure divortior. et noxiis effect. ex nimia eor. licentia oriund. Traj. 1806. 128 pp. 4°. 1.50
9293 VISCHER, F. C., Evolutio clausulae: *mit denen Herrlichkeiten*. Tubing. 1691. 4°. —.60
9294 VISSCHER, B. J. C., De jure creditor. in bonis et persona debitoris ex legib. Rom. et patr. antiq. Traj. 1824. 220 pp. 8°. 1.75
9295 —— B. W., De privilegiis. Traj. 1765. 4°. —.60
9296 —— C., De legib. civil. ex ipsar. causis dijudicandis. Traj. 1820. 8°. —.40
9297 —— C. G., De discrim. conventionum et obligat. ex iis oriund. Traj. 1782. 4°. —.60
9298 —— C. W., De legitima Belg. ejuratione Philippi II Hisp. regis. Traj. 1757. 4°. —.50
9299 —— G. B., Nonnulla, q. spectant usum imputationis in jure criminali. Traj. 1829. 8°. —.50
9300 —— J., De codicillis. L. B. 1710. 4°. —.50

9301 Visscher, W. P., De depositionibus fraudulentis. Traj. 1768. 4°. —,40

9302 —— G. de, De commodato. L. B. 1687. 4°. —,30

9303 Visser, A., De legato jure gentium sancto. L. B. 1751. 4°. —,40

9304 —— A. R., De jure venandi. Hag. 1840. 8°. —,40

9305 —— J., De variis furtorum generib. eorumque poenis. L. B. 1745. 4°. —,70

9306 —— R. D., De revocanda donatione inpr. propt. ingr. anim. sec. j. h. princ. L. B. 1836. 8°. —,70

9307 Vitringa, E. L. J., Quaest. jurid. L. B. 1840. 8°. —,50

9308 Visvliet, D. v., De jure comitatis. L. B. 1762. 4°. —,50

9309 —— E. P. v., Casus qd. in qbs. scientia medica Jctis est necess. L. B. 1760. 4°. —,60

9310 —— M. v., De arrestis. L. B. 1766. 4°. —,60

9311 —— M. J. v., De orig. privil. mercator. Scoticis in urbe Vera concessorum. L. B. 1786. 4°. —,80

9312 —— O. v., De praefecto vigilum. L. B. 1731. 4°. —,70

9313 —— P. v., De acquisitione originaria juris in personas. L. B. 1740. 4°. —,70

9314 Vitriarius, C. M., De dominio eminente. L. B. 1718. 4°. —,40

9315 —— J. J., De acquisitione rerum originaria. L. B. 1701. 4°. —,40

9316 —— P. R., De crimine repetundarum. L. B. 1746. 4°. —,50

9317 Vitringa, H. H., De confessione reorum. Gron. 1776. 4°. —,50

9318 —— L. J., De reformationibus civitatum. Franeq. 1773. 4°. 1.—

9319 —— M. J., De collatione bonorum. L. B. 1817. 4°. 1.—

9320 —— —— De mutatione imperii Rom. sub Augusto. Harder. 1802. 4°. 1.—

9321 —— —— Idem liber, forma 8°. —,70

9322 Vivenest, J., De contractu claudicante. Francf. 1681. 4°. —,60

9323 Vivien, A., De legatis. Traj. 1652. 4°. —,80

9324 Vizévens, J., Ad tit. DD. de actionib. emti venditi. Hag. 1649. 8°. —,50

9325 Vlaardingerwoud, C., De tutorib. et curat. L. B. 1715. 4°. —,30

9326 —— W., De testam. ordin. Franeq. 1700. 4°. —,40

9327 Vlacq, P. A., De mandato. L. B. 1770. 4°. —,60

9328 Vladeracken, H. de, De pignoribus et hypothecis. Franeq. 1688. 4°. —,60

9329 Vlaming, G., De foro competenti. L. B. 1702. 4°. —,50

9330 —— T., De commodato. Hard. 1730. 4°. —,30

9331 —— M. de, De usucapionibus et longi temp. praescriptionibus. L. B. 1697. 4°. —,40

9332 Vleuten, C. J. v., De pacto, civitatis et imperii civilis fundamento. Amst. 1832. 8°. —,60

9333 Vliedthoorn, P., De tutelis. Harder. 1693. 4°. —,30

9334 Vlieger, J. H. de, De parent. exheredandor. sec. jus noviss. causis. Traj. 1756. 4°. —,40

9335 Vlies, C. P., De juribus, q. absentibus deferantur. Amstel. 1850. 8°. —,50

9336 Vlies, C. v. d., De successione fisci. L. B. 1838. 8°. —,50

9337 Vliet, G. v. d., Quaest. e jure registrationis. Amst. 1844. 8°. —,40

9338 —— H. C. v. d., De testamento scripto solenni. L. B. 1711. 4°. —,60

9339 —— J. v., De servitutibus praediorum. L. B. 1706. 4°. —,50

9340 —— —— De jure indigenatus. Traj. 1767. 4°. —,60

9341 Vlokes, A. J. H., De sponsalibus. L. B. 1761. 4°. —,40

9342 Vloten, A. A. v., De agnitione liberor. natur. Traj. ad Mos. 1826. 8°. —,40

9343 Vockestaert, H., De acquisitionibus, quae vulgo dicuntur juris gentium. L. B. 1750. 4°. —,50

9344 —— —— De leg. Pompeja de parricid. L. B. 1710. 4°. —,30

9345 —— H. M., De L. C. Sulla legislatore. L. B. 1816. 193 pp. 4°. 2,50

9346 —— —— Idem liber. 196 pp. 8°. 1,50

9347 Voelker, G. C. G., De success. collateral. tertii gradus jus Rom. et Saxon. Jen. 1783. 4°. —,70

9348 Voet, G., De militari testamento. L. B. 1699. 8°. —,30

9349 —— J., De docentium et discentium offic. L. B. 1687. 4°. 1.25

9350 —— —— De advocatis. Traj. 1674. 4°. —,70

9351 —— —— De judicibus. L. B. 1680. 4°. —,50

9352 —— —— De jungeila Rom. et hod. jur. scientia. L. B. 1688. 4°. —,70

9353 —— J. P., Quaest. juris publ. Belgici. L. B. 1771. 4°. —,60

9354 —— N., De legitima. L. B. 1700. 4°. 8°. —,50

9355 —— P. G., De postulat. advocator. Traj. 1680. 4°. —,50

9356 Voezel, A. P., Positiones juris controversi. Duisb. 1721. 4°. —,50

9357 Vogel, C. A. G., An subhastatio legaliter facta rescindi possit. Lips. 1783. 4°. —.80
9358 —— G. G., Statutorum Cygneensium et juris Rom. ac Saxonici differentia. Lips. 1784. 4°. —.60
9359 —— J. C., De jure ac privil. collectar. in concursib. creditor. in foro imprim. elector. Saxon. Helmst. 1709. 4°. —.70
9360 —— J. G., Thes. jur. contr. ex tit. 8—11. lib. 2 DD. Vitemb. 1749. 4°. —.80
9361 —— J. L., De off. judicum. L. B. 1785. 4°. —.70
9362 —— J. N., De successione descendentium ab intestato inaequali. Rost. 1740. 4°. —.60
9363 —— T., De licito usu et gravissimo abusu juramentorum. Hal. 1714. 4°. —.30
9364 Vogelaar, J. G. T., Ad tit. DD. de lege Rhodia de jactu. L. B. 1839. 8°. —.40
9365 Vogelvanger, G. W. T., De jure superficiei. L. B. 1837. 8°. —.40
9366 —— P. J. G., Quemadmodum servitus vindicatur vel ad alium pertinere negatur vel amittatur. L. B. 1790. 4°. —.60
9367 Vogler, C. H., De act. q. creditori adv. debitoris debitorem competit. Lips. 1704. 4°. —.20
9368 —— G., De homicidio linguae, vom Zungen-Mord. Hal. 1736. 4°. —.60
9369 —— J., De suffragiis eorumq. conclusio. Erf. 1717. 4°. —.50
9370 Vogt, J. C., De nobilissima praescriptionis cum variis ejusdem temporibus materia. Giess. 1675. 4°. 1.—
9371 Voigt, J. J., De rebus sanctis. Helmst. 1685. 4°. —.70
9372 Volbeda, B. E. J., De eo, quod justum circa legitimam et hac non relicta, circa querel. inoff. testam. Harder. 1751. 4°. —.80
9373 Volck, C. J., Histor. belli de successione Austriaca, et pacis Aquisgranensis. L. B. 1840. 8°. —.80
9374 Völckel, G., De ulteriori indagine. Francf. 1690. 4°. —.40
9375 Völcker, G., De jure libellorum. Francf. 1668. 4°. —.60
9376 Volders, P., Ad Setum Velejanum. L. B. 1750. 4°. —.40
9377 Volkmar, J., De rebus nullius. L. B. 1779. 4°. —.40
9378 Vollenhove, A., De usucapionibus. L. B. 1678. 4°. —.30
9379 —— J., De suspect. tutor. et curator. L. B. 1783. 4°. —.80
9380 Vollenhoven, C., De vi ac natura pactionis, q. dicitur capitulatio. Amst. 1788. 8°. —.40
9381 —— — De jurib. atq. off. gentium in bello mediarum, c. navigationem et mercaturam sqq. L. B. 1799. 8°. —.50
9382 —— H., Quaest. jurid. Hag. 1839. 8°. —.30
9383 —— C. v., De Sponsaliis et constitut. principum. Rott. 1832. 132 pp. 8°. 1.—
9384 —— J. v., De judiciis. L. B. 1774. 4°. —.70
9385 —— J. Messchaert v., De quanta vi qm. philosophia Graec. habuit in efformanda jurisprudentia Rom. Amst. 1834. 164 pp. 8°. 1.—
9386 —— S. C. S. v., De matrimonio. L. B. 1839. 8°. —.60
9387 Vollhard, G. C., De clausula cambiali. Lips. 1725. 4°. —.60
9388 Vollmar, C. G., De jure arcendi ob metum pestis. Vitemb. 1683. 4°. —.40
9389 Vonck, J., De furtis. Traj. 1725. 4°. —.30
9390 Vonk, J., De societate. L. B. 1718. 4°. —.30
9391 Voogd, L., De arris sponsalitiis. L. B. 1725. 4°. —.30
9392 Vooght, N. de, De raptu virginum. L. B. 1758. 4°. —.60
9393 Voorda, B., De vadimonio. Traj. 1751. 4°. 1.—
9394 —— — Papinianus. L. B. 1770. 4°. —.60
9395 —— J., De Jcto viro bono. Traj. 1786. 4°. —.40
9396 —— J. H., De transmittenda heredit. paterna ex jure DD. Traj. 1756. 4°. —.60
9397 —— — — De Longobardor. legg. in regno Neapolit. juri Just. non praelatis sed post positis. Leovard. 1797. 4°. —.60
9398 Voorduin, G. L., De vi novae legis fund. inde ab ips. promulgatione computanda. Traj. 1850. 8°. —.80
9399 —— J. C., De constituendo tutore. Traj. 1824. 204 pp. 8°. 2.—
9400 —— — — De divisione officiorum in perfecta et imperfecta sqq. Traj. 1824. 280 pp. 8°. 1.50
9401 Voorst, G. H. v., Quaest. varii argum. L. B. 1811. 8°. —.30
9402 —— L. v., De hered. petitione. Traj. 1698. 4°. —.30
9403 —— M. v., De commodis et incommodis habitationis. Traj. 1714. 4°. —.40
9404 —— N. T. v., De possibili et impossibili in jure. Traj. 1779. 4°. —.40

9405 Voort, D. v. d., De officior. perf. et imperf. criterio. L. B. 1787. 4°. —.60
9406 —— J. v. d., De jure accresc. venditori, non emtori hereditatis competente. L. B. 1781. 4°. —.60
9407 —— J. W. v. d., De existimatione civili eamque laedendi remediis. Traj. 1758. 4°. —.40
9408 —— — — — — De fide, q. mercatorum codicib. tribui solet. Traj. 1839. 8°. —.60
9409 —— W. H. v. d., De legali uxoris in mariti hypotheca. Traj. 1834. 8°. —.70
9410 Voorthuysen, E. v., De Platonis doctrina, de communione bonorum, mulierum et liberorum, in libr. de republ. proposita. Traj. 1850. 116 pp. 8°. —.60
9411 Vorm, P. v. d., De modis adquirendi dominii jure civili. L. B. 1782. 4°. —.40
9412 Vorevke, N., De eo, quod justum est circa consensum in nuptiis. Harder. 1769. 4°. —.40
9413 Vorstman, J. A., Gemeenschap van winst en verlies. L. B. 1858. 8°. —.70
9414 Vos, A., De successione ab intestato cognator. naturalium. Gron. 1841. 8°. —.60
9415 —— — De praescriptionibus. Traj. 1742. 4°. —.70
9416 —— H., De judiciis Drenthinorum antiq. Gron. 1825. 8°. —.80
9417 —— J., Observatt. ad qdm. loca codicis legum civilium. Traj. 1839. 8°. —.40
9418 —— J. B., De praevia reorum incarceratione. L. B. 1847. 8°. —.60
9419 —— L. J., Utrum universitas delicta admittere atq. puniri possit nec ne. Gron. 1837. 8°. —.30
9420 —— P. A., De jure alluvionis. L. B. 1758. 4°. —.50
9421 —— C. L. de, De firmanda donatione inter vivos apud acta. Traj. 1827. 8°. —.40
9422 —— F. J. de, De emphyteusi. L. B. 1756. 4°. —.30
9423 —— J. L. de, De jure delib. et benef. invent. Traj. 1778. 4°. —.50
9424 —— Br., D. J. de, De mutuo sec. pr. Cod. Nap. L. B. 1830. 8°. —.40
9425 Vosmaer, H. A. R., De societate nominata s. de mercatoribus com. nom. societatis. Lovan. 1829. 116 pp. 8°. —.30
9426 —— J., De decimis et jure decimandi. L. B. 1821. 216 pp. 4°. 2.30
9427 —— — Idem liber. 212 pp. forma 8°. 1.50
9428 —— W. C., De imputatione, ad delicta universitatis applicata. L. B. 1775. 4°. —.30
9429 Voss, F. W., De expensis criminalibus in processu inquisitionis. Hal. 1777. 4°. —.60
9430 —— J., De distinctione bonorum. Francf. 1708. 4°. —.50
9431 —— L. D. G., De legitima matris et aviae tutela. Duisb. 1742. 4°. 1.10
9432 Vossen, A. v., De testamentis ordinandis. L. B. 1715. 4°. —.30
9433 —— A. D. v., De servo sine domino. L. B. 1760. 4°. —.60
9434 —— M. v., De testibus. L. B. 1720. 4°. —.30
9435 Voûte, J., De admiralitatibus tm. privatis qm. publicis. Amst. 1835. 8°. —.60
9436 Vredenburch, A. v., Ad leg. 13, § 1 de pign. actione v. contra. L. B. 1760. 4°. —.50
9437 —— K. v., De albo corrupto. L. B. 1762. 4°. —.60
9438 —— J. v., Quaest. ex jure Rom. H. C. 1846. 8°. —.30
9439 —— — — De requisitis usucapionis. L. B. 1762. 4°. —.40
9440 —— J. G. v., De prohibitis nuptiis inter tutorem et pupillam ex j. Rom. et hodiern. L. B. 1805. 128 pp. 8°. 1.—
9441 Vreede, G. G., De origine atq. incrementis libertatis Anglorum. L. B. 1821. 132 pp. 4°. 1.50
9442 —— — — Idem liber. forma 8°. 1.—
9443 —— — — De juris publ. et gentium praeceptis, a liberae Europ. civitatib. advers. vim ac dolum potentiorum fortiter tuendis. Traj. 1861. 8°. —.40
9444 Vrière, A. P. de, De nimia in poenis crudelitate tollenda. L. B. 1836. 8°. —.50
9445 Vries, J., De non oneranda legitima. Harder. 1755. 4°. —.30
9446 —— A. de, De naturali sui defensione. L. B. 1723. 4°. —.40
9447 —— — — De commercio epistolarum ex jur. princ. aestimando. Amst. 1841. 152 pp. pp. 8°. 1.50
9448 —— E. de, De jure civili seu tertio jur. fonte. L. B. 1748. 160 pp. 4°. 1.75
9449 —— F. de, Ad adjectitiis actionibus. Harder. 1760. 4°. —.40
9450 —— — — De crimine et delicto incendii ex j. poen. Gall. impr. de quaest. an is, q. proprias suas aedes incenderit, ex art. 434 poena capit. teneatur. Gron. 1830. 8°. —.70

9451 Vries, G. de, Hist. introducti in provincias, qu. deinceps respubl. Belgii unii comprehendit jur. Rom. L. B. 1839. 120 pp. 8°. —.90
9452 —— — — De foenoris nautici contractu j. Attico. Harl. 1842. 116 pp. 8°. —.80
9453 —— H. de, De adulterio et malitiosa desertione, unicis jure divino novi codicis probatis, iisdemque moribus hodiernis huic convenienter receptis, divortiorum inter vivos causis. L. B. 1749. 4°. —.60
9454 —— — — De deposito. L. B. 1638. 4°. —.80
9455 —— — — De delictis omissionis. Amstel. 1831. 168 pp. 8°. 1.75
9456 —— H. J. A. de, De jure servorum. Harder. 1764. 4°. 1.—
9457 —— J. de, De lege Anastasiana. Gron. 1774. 4°. —.80
9458 —— J. C. F. de, De contributione juxta leg. Rhodiam de jactu faciendo. Harder. 1770. 4°. 1.10
9459 Vriese, G. J., De poena exsilii. Amst. 1840. 8°. —.80
9460 —— J. de, De imperio mero. Traj. 1749. 4°. —.50
9461 Vriesendorp, A. N., De locatione conductione oper. faciendi. Dordr. 1830. 8°. —.60
9462 —— C. A., De rei vindicatione. Dordr. 1831. 4°. 1.—
9463 —— J. S., De apocha oneratoria cognoscement. Dordr. 1838. 8°. —.80
9464 Vrint, J. H. de, De casibus, in qbs. defunctus et heres non sunt una persona. Harder. 1768. 4°. —.80
9465 Vrolikhert, P., Quaestiones juris. L. B. 1768. 4°. —.60
9466 Vromans, A., De collationibus. L. B. 1681. 8°. —.80
9467 —— — De solutionibus. L. B. 1686. 4°. —.80
9468 —— G. F., De jure dotium. L. B. 1761. 4°. —.40
9469 Vry, A. J. de, De legitim. matrimonii obstaculis. Traj. 1762. 4°. —.40
9470 —— J. de, De eo quod justum est circa chartas. Traj. 1720. 4°. —.70
9471 Vryberghe, J. v., De naufractu. L. B. 1706. 4°. —.60
9472 Vryburg a Capelle, J. J., Ad leg. 9 DD. de legg. L. B. 1714. 4°. —.90
9473 Vryburgh, N., De virtute legis, ad l. 7 DD. de legibus. L. B. 1746. 4. —.50
9474 Vryhoeven, C. v. d. B. v., De vulgari substitutione. L. B. 1719. 4°. —30
9475 Vryhoff, H. G. v., Ad leg. 6, § 5 de divisione rer. et qualit. — leg. 16, § 8 de poenis et leg. 236 DD. de sign. verb. L. B. 1785. 4°. —.40
9476 —— — — — Interior juris Rom. notitia in foro versanturis omnino necessaria. Amst. 1744. 4°. —.80
9477 Vultejus, J. H., De censu emigrationis. Heidelb. 1681. 4°. —.40
9478 Vyrech, A., Ad l. un. Cod. de monopoliis et conv. etc. L. B. 1722. 4°. —.50
9479 —— — Theses quaed. contr. L. B. 1776. 4°. —.40
9480 —— H., De testamento militari. L. B. 1778. 4°. —.70
9481 Vyvere, L. S., De jure Belgarum publico. Gand. 1820. 4°. —.80
9482 Waal, C. de, Quaest. quod jur. L. B. 1791. 4°. —.70
9483 —— G. de, De forma judicii, quod per juratos exercetur. Gron. 1831. 8°. —.90
9484 Waanders, G., De pactor. antenuptial. indole et interpretatione. Gron. 1808. 8°. —.80
9485 Waardenburg, H. G., De vicinorum dominorum circa aquam jurib. et off. Traj. 1856. 8°. —.40
9486 Waay, A. E. v., Ad leg. 26 DD. de operis libertorum. Traj. 1729. 4°. —.50
9487 Wabst, C. G., De jure aetatis imbecillioris circa omissa. Erf. 1716. 4°. —.70
9488 Wachendorff, C. A. v., Ad leges qsd. jur. civ. Traj. 1756. 4°. —.50
9489 —— E. v., De colono prolium. Traj. 1784. 4°. —.50
9490 —— J. A. v., Ad leg. 64 pr. DD. de evictionibus. Traj. 1762. 4°. —.40
9491 —— J. C. v., Over het 6e articul des statuts der stad Arnhem van den jaare 1694, concernerende de testamentmackinge, enz. Traj. 1733. 144 pp. 4°. 1.75
9492 —— — — — De principe legibus soluto, ad leg. 31 de legibus. Traj. 1787. 4°. —.50
9493 Wachs, A. C., De testamentis correspectivis. Tubing. 1708. 4°. —.80
9494 Wachenhusen, E., De anargyria. Jen. 1692. 4°. —.60
9495 —— G. G., De letalitate vulnerum rite dijudicanda. Gott. 1790. 4°. —.60
9496 Wachter, C. B., De non ente civili infamia facti. Erf. 1756. 4°. —.40
9497 —— J. C., De arresto reali. Marb. 1727. 4°. —.40
9498 Waechter, C. G., De crimine incendii. Lips. 1833. 8°. —.70
9499 Waechtler, C., De gradibus culpae in contractibus. Lips. 1680. 4°. 1.—
9500 —— — De immortalitate boni legislatoris. Vitemb. 1680. 4°. —.20
9501 —— — Ad Ulp. leg. 5 par. 2 et leg. 23 de reg. jur. Vitemb. 1680. 4°. —.40

9502 Wassenaer, A. J., De judiciis. L. B. 1721. 4°. —.50
9503 —— M. D., De commentariensi. Harder. 1761. —.50
9504 Wael, C. H. de, De tutelis. L. B. 1704. 4°. —.50
9505 —— J. B. de, De pignoribus et hypothecis. L. B. 1712. 4°. —.30
9506 Waal, A. F. v. d., Over conservatoir arrest onder derden. L. B. 1856. 8°. —.30
9507 —— A. O. v. d., De errore in conventionibus. Traj. 1821. 120 pp. 8°. —.90
9508 —— G. A. v. d., De hypotheca minorum in bonis tutor. jure Fr. et N. L. B. 1843. 8°. —.50
9509 —— G. E. Vos de, De jure parentum circa nuptias liberorum. L. B. 1770. 4°. —.60
9510 Waelwyk, A. G., De pignoribus et hypothecis. L. B. 1729. 4°. —.30
9511 Waerden, H., De patria potest. Hard. 1676. 4°. —.30
9512 —— T., De compensationibus. L. B. 1675. 4°. —.30
9513 Waert, H. v., De dominio eminenti. L. B. 1788. 4°. —.60
9514 Waeyen, G. D. v. d., De poena criminis blasphemiae, ad novell. 77, § 1 et 2. L. B. 1701. 4°. —.30
9515 —— J. v. d., De aedilitio edicto. L. B. 1720. 4°. —.50
9516 —— W. v. d., De testam. ordinandis. L. B. 1705. 4°. —.40
9517 Wagenfeldt, D., De ludis et sponsionibus. Gron. 4°. —.30
9518 Wageningen, J. v., De hereditatis acquisitione. Traj. 1761. 4°. —.30
9519 —— J. G. v., De prohibit. nuptiarum propter cognationem et affinitatem. Gron. 1819. 8°. —.40
9520 Wagner, A., De fecialibus et jure feciali populi Romani. —.90
9521 —— A. D., De cautione de non amplius turbando in judiciis possessor. usu fori recepta. Helmst. 1767. 4°. —.80
9522 —— C. L., De jure sabbathi. Hal. 1702. 172 pp. 4°. 2.—
9523 —— J. G., In tit. DD. de edendo. Hal. 1724. 4°. —.60
9524 —— T., De supplicio parricidarum. Lips. 1735. 4°. —.70
9525 Wahl, J. F., De conventione, quae silentio fit, occ. leg. 61 pr. DD. locat. conduct. Gott. 1740. 4°. —.70
9526 Wahlin, O. C., De interpretatione favorabil. et odiosorum. L. G. 1766. 4°. —.50
9527 Wahlius, J. W., De jure et facto. Heid. 1676. 4°. —.30
9528 Wahlstedt, J. P., De jurib. civium subditorum. L. G. 1752. 4°. —.30
9529 Waiers, A. G., De collatione. Harder. 1751. 4°. —.30
9530 —— J. P., De exactore litterar. cambial. L. B. 1817. 8°. —.30
9531 —— T., De ignorantia ejusq. tam in jure div. tam humano effectu. Hard. 1761. 4°. —.70
9532 Wal, G. de, De conjunctione populorum ad pacem perpetuam. Gron. 1808. 160 pp. 8°. 2.—
9533 —— — — De historia jur. crim. errorum humani ingenii teste, prudentiae civ. magistra. Gron. 1825. 4°. —.70
9534 —— — — De claris Frisiae Jctis. 1818. 4°. —.60
9535 —— — — De philosophica juris doctrina hac nostra aetate multis injuste contempta. Gron. 1827. 4°. —.50
9536 —— — — De detrimento, quod neglectum histor. juris nostri studium patriae disciplinaeque attulit. L. B. 1851. 4°. —.50
9537 Walbeeck, T., De quaestionibus. L. B. 1690. 4°. —.30
9538 Walch, N. C., De partu legitimo. Jen. 1752. 4°. —.40
9539 Walchren, S. J. A. v., Quaest. jur. civ. et crim. Traj. 1847. 8°. —.40
9540 —— J. v. d. Meer de, De novi operis nunciatione. L. B. 1754. 4°. —.40
9541 Waldeck, E., De eo quod justum est circa mensuras et pondera. Jen. 1676. 4°. —.60
9542 Walkart, J. C., De deposito sec. juris Rom. et hod. principia. L. B. 1818. 4°. —.60
9543 —— — — Idem liber. forma 8°. —.40
9544 Wall, C. G. v. d., Diplom. qd. inedita, ad res Dordracens. spectantia. Traj. 1792. 4°. —.70
9545 —— J. J. v. d., De judicibus pedaneis. Traj. 1746. 4°. —.50
9546 —— P. H. v. d., Observatt. ad nonnullas ex jure civili legum. Traj. 1768. 4°. —.50
9547 —— — — — — Quaest. jurid. L. B. 1816. 8°. —.40
9548 —— S. P. v. d., De deposito in specie. L. B. 1744. 4°. —.40
9549 Walland, P. C., De iis, q. ob cert. rationem emere prohibentur. —.70

9550 Wallbaum, J. G. C., De fictione quasi contractuum in jure germanico otiosa. Lips. 1741. 4°. —,40
9551 Waller, E., De ratione, q. mercatura divitiis gignendis et augendis inservist. Amst. 1839. 148 pp. 8°. 1,10
9552 —— R. P., De variis DD. legibus, q. doctrinam de legatis respiciunt. Gron. 1801. 8°. —,20
9553 Wallestan, H. H., De jure principis circa conscientiam civium erroneam. Abos. 1770. 4°. —,40
9554 Wallveldt, cogn. Warnveldt, J., De injuriis famosis et actionib. inde descendentib. Bas. 1608. 4°. —,30
9555 Wallman, H., De criminibus. L. G. 1752. 4°. —,40
9556 Walman, J., De directa probatione negativae. Franef. 1698. 4°. —,60
9557 Walraven, A. J., De tacito pignore. L. B. 1701. 4°. —,30
9558 —— D. A., De natura et indole actionum quae litterarum cambialium emtori competunt, solutione litterarum denegata. L. B. 1817. 4°. —,90
9559 —— — — Idem liber, forma 8°. —,60
9560 —— J., De probationibus. Harder. 1783. 4°. —,60
9561 —— — De quaestione rerum capitalium in cives Rom. variis temporibus varie exercita. Harder. 1777. 4°. —,60
9562 —— — De orig. et jure sepulturae et de Rom. actione funeraria. Gron. 1802. 8°. —,30
9563 —— P. J., De judice cantonali. Amstel. 1844. 8°. —,30
9564 Walree, J. P. v., De antiqua juris puniendi conditione apud Rom. L. B. 1820. 132 pp. 4°. 1,50
9565 —— — — — Idem liber. forma 8°. 1,25
9566 Walwijk, W. v., Ad Cicer. oration. pro Archia. L. B. 1776. 4°. 1.—
9567 Walz, J. G., De genuino fonte jur. vitae et necis. Tubing. 1756. 4°. —,40
9568 Wambeek, B. F. J. v., De legislatione una, pro genio et moribus populi ordinanda. Gand. 1820. 4°. —,80
9569 Wannaar, C. F. A., De divortiis et repudiis. L. B. 1820. 148 pp. 4°. 1,75
9570 Wanray, J. J. v., De contr. an filiae locupleti a patre dos necessario danda sit. L. B. 1744. 4°. —,40
9571 Wantenaer, T. J., De concursu actionum. Traj. 1719. 4°. —,40
9572 Warin, A. v. d. Waeyen, De forma imperii, q. Philippo II ejurato prima in Belgio viguit. L. B. 1803. 4°. —,90
9573 Warmolts, J. H., De dolo, culpa, casu praestandis. Gron. 1761. 4°. —,30
9574 Warnaars, H., De rescissione venditionis propter laesion. enormem. sec. pr. jur. hod. L. B. 1853. 8°. —,50
9575 Warneker, J. L., De jure testandi nascentibus post initam nuncupem proliem competente. Hal. 1750. 4°. —,40
9576 Warnsinck, H., De officio tutorum et curatorum. L. B. 1830. 4°. —,40
9577 Washington, J., De actione Pauliana. L. B. 1711. 4°. —,30
9578 Wasmuht, A. P., Ad L. 14 DD. de jure dotium. Ling. 1749. 4°. —,40
9579 —— — — De qualitate feudali ab allegante probando. Harder. 1752. 4°. —,50
9580 —— P., Ad leg. 27 Cod. de inoff. testamento. Franef. 1716. 4°. —,40
9581 —— — Ad leg. 1 Cod. si adversus venditionem. Franef. 1717. 4°. —,40
9582 Wassenaer, A. A. v., De vitiis pronuntiationis, et petitionis in judicio. Traj. 1721. 4°. —,50
9583 —— C. A. v., Hist. jur. feud. Holl. L. B. 1820. 8°. —,90
9584 —— W. F. H. v., De coloniis. Traj. 1773. 4°. —,80
9585 —— Catwyck, A. v., Historia juris feudalis hollandici. L. B. 1820. 4°. 1,25
9586 Wassenbergh, E., De urbe Daventria eruditionis in Belgio matre, et conservatrice celeberrima. Dav. 1768. 4°. —,60
9587 Wasteau, J., De jure et jurisdictione municipiorum. L. B. 1727. 4°. 1,25
9588 Water, J. G. te, De praestantia et dignitate historiae Batavae. Mediob. 1780. 4°. —,90
9589 —— F. B. ton, De privilegio *de non evocando* Zutphaniae concesso. Harder. 1767. 4°. —,50
9590 —— J. H. te, Over de rechterlijke inrichting in N. O. Indië. L. B. 1869. 8°. —,90
9591 Watermeijer, R. B., De jure patronatus. L. B. 1843. 8°. —,40
9592 Waterpas, A. N., De hered. institution. 4°. —,30
9593 Wautelée, A., De donat. contr. nupt. conj. factis. L. B. 1824. 4°. —,60

9594 Waveren, G. Bos v., De emtione et venditione. L. B. 1718. 4°. —.30
9595 Weber, C. G., De variis caussarum figuris, ad leg. pr. DD. de oblig. et act. Vitemb. 1784. 4°. —.40
9596 —— J., De osculis, quibus naturae et civitatum jure mutuos inter amplexus se excipiunt. Francf. 1718. 4°. —.50
9597 —— — De eruditis Hamiae principibus. Giess. 1707. —.60
9598 —— J. C., Liber juris sui usus, occ. leg. 66 DD. de reg. juris. Rost. 1786. 4°. —.50
9599 Wedekind, C. F., De hypothecis privilegiatis et simplicibus. Helmst. 1729. 4°. —.40
9600 Wedel, F. W. v., De obligatione circa observandas ceremonias. Hal. 1729. 4°. —.60
9601 —— M. H. v., De antiquissima Germanicarum civitatum pensione. Francf. 1681. 4°. —.70
9602 Weede, H. M. v., De emphyteusi. Traj. 1840. 8°. —.60
9603 —— J. v., De facultate retroemendi (*faculté de rachat*). Traj. 1837. 8°. .80
9604 Weel, A. v., De jurib. uxoris cujus maritus moratur non est solvendo jure Fr. et Belg. L. B. 1849. 8°. —.50
9605 —— P. C. A. M. v., Over schriftelijk bewijs naar aanleid. van art. 1909 Burg. Wetb. L. B. 1863. 208 pp. 8°. 1.50
9606 —— P. J. H. v., De emancipatione pleniore s. venia aetatis. L. B. 1849. 8°. —.40
9607 Weerneem, L. v., De evictionibus et duplae stipulatione. L. B. 1787. 4°. —.60
9608 Weerden, H. v., De statu hominis naturalis. Gron. 1794. 8°. —.40
9609 —— — — De bonis eorum, qui ante sententiam [vel] mortem sibi consciverunt [vel accusatorum corruperunt]. L. B. 1830. 4°. —.50
9610 Weert, E. de, De testamentis caecorum, ad leg. 8 Cod, qui test. facere poss. Traj. 1764. 4°. —.40
9611 —— E. A. B. de, De petitione remissionis causae ad aliud tribunal, sec. tit. 21, part. 1, lib. 2 Cod. de meth. proc. in civ. L. B. 1837. 8°. —.40
9612 Weerts, D., De transactione. Arnh. 1839. 8°. —.50
9613 —— D. J., De objecto contractus impr. sec. Cod. Nap. princip. L. B. 1834. 8°. —.60
9614 —— J., Ad leg. 61 DD. de condictione indebiti. L. B. 1791. 4°. —.40
9615 —— — De condictione furtiva. L. B. 1723. 4°. —.40
9616 Wegener, D., De prudentia juris Romani ejusdemq. principiis. Francf. 1686. 4°. —.50
9617 —— G. F., De quaestione an et quatenus ex genuinis juris princip. cogi actor a reo possit ad actionem instituendam. Amst. 1835. 8°. —.40
9618 —— J. J., De testamenti accedente defuncti lapsu facta revocatione ad leg. 28 Cod. de test. Gott. —.50
9619 Weger, A., Controversiae juris. Jen. 1665. 4°. —.50
9620 —— — De jure partium. Francf. 1671. 4°. —.60
9621 Wegling, J., De jure victoriae diverso a jure belli. Francf. 1698. 4°. —.50
9622 Wehe, J. G., De apertura testamentorum. Jen. 1711. 4°. —.50
9623 Weichenberger, P. J., De jure sponsi et sponsae. Francf. 1691. 4°. —.60
9624 Weidler, J. G., An et quatenus testamenta mystica ac praesertim heredum institutiones implicitae valeant? Vitemb. 1732. 4°. —.50
9625 Weidlich, A., De privilegiis. Jen. 1687. 4°. —.60
9626 Weidman, T., De legibus universalibus temporariis. L. G. 1766. 4°. —.50
9627 Weigand, J., De defensione extrajudiciali privata. M. C. 1668. 4°. —.50
9628 Weigel, C. D., De fide instrumentorum impr. publicorum. Vitemb. 1738. 4°. —.40
9629 Weinhagen, D. F. L., De effectu baptismi juridico. Hal. 1745. 4°. —.70
9630 Weinlig, C. G., De emtionibus venditionibus et donationibus sub modo. Jen. 1731. 4°. —.40
9631 —— — — De judice jurisdictionem voluntariam extra territorium, perperam exercente. Erf. 1784. 4°. —.50
9632 Weinman, G. G., De fictionibus juris in cerebro jurisconsultorum natis atque e sana jurisprudentia eliminandis. Hal. 1727. 4°. —.60
9633 Weis, J. G., De rei vindicatione. Argent. 1705. 4°. —.30
9634 Weisbach, G., Legum Falcid. ad legata piae causae pertinere. Altd. 1737. 4°. —.60
9635 Weise, A. G., De bello. Rinthel. 1658. 4°. —.60

9636 Weise, G. C., De jure et jurisprudentia domestica. Hal. 1711. 4°. —.90
9637 —— J. A., Resolutiones quorund. casuum jur. practicorum. Hard. 1756. 4°. —.40
9638 —— M., De consilio in alter. injuriam non mutando, leg. 76 DD. de reg. jur. Lips. 1713. 4°. —.80
9639 Weiss, C. E., De interitu jurium per non usum. Lips. 1810. 4°. 1.10
9640 —— — — Privileg. Friderici bellicosi vasallis ducatus Saxon. a 1428 collatum. Lips. 1826. 4°. —.60
9641 Weissel, G. A., de mora. Heidelb. 1655. 4°. —.30
9642 Weissenbach, J. H., Differ. juris Rom. et German. in venatu ejusque regali. Hal. 1786. 4°. —.90
9643 Weithauser, J. C., De poena rei litem vel plane non, vel non rite contestantis. Jen. 1724. 4°. —.40
9644 Welberg, J. ter, De lege Aquilia. L. B. B. 1706. 4°. —.40
9645 Welmers, H. A., De emphyteusi. L. B. 1758. 4°. —.60
9646 Welmers, W., Ad leg. 5 Cod. de ingenuis manumissis. L. B. 1760. 4°. —.40
9647 Welsch, J. G., De praejudicio tertii ex hypotheca rei immobilis extrajudiciali. Lips. 1703. 4°. —.40
9648 Welt, E. J. A. v., Quaest. jurid. L. B. 1839. 8°. —.30
9649 Wenck, C. F. C., De traditione int. possessionis et proprietatis transferand. modum fluctuante. Lips. 1809. 4°. —.80
9650 —— — — — Excepl. a regula, contumacia non accusata haud nocet — et — de nimio dicasteriorum rigore in puniendo furto. Lips. 1809. 4°. —.40
9651 Wend, G. E., Poenas militum famosas. Chemnitii. 1741. 4°. —.80
9652 Wendler, A. A., De quinquennalib. et decennalib. imp. Rom. Lips. 1789. 4°. —.60
9653 Wendt, E. de, De probationibus et praesumt. in caus. crim. Franeq. 1763. 4°. —.60
9654 Wenger, L. W., De jure provinciali Marchico Bado-badensi. Tubing. 1745. 4°. —.60
9655 Wenmaekers, L., De litter. camb. acceptatione. L. B. 1816. 8°. —.50
9656 Wenner, A. F., De regali faeminarum jure. Harder. 1752. 4°. —.80
9657 Wennlund, J., De vi pacti ante promissum praestitum. Lund. 1796. 4°. —.40
9658 Wens, J. W. W., De delictis a civibus extra civitatem suam commissis eorumq. puniendorum ratione. Gron. 1824. 128 p7. 8°. 1.—
9659 Wensen, C. H. L. v., De negotiorum gestione sine mandato. L. B. 1846. 8°. —.40
9660 —— L. A. A. v., De recusatione judicis. L. B. 1848. 8°. —.60
9661 Wensenburg, C. v., De testamentis privilegiatis. Harder. 1752. 4°. —.80
9662 Wensselnburgh, C. E. v., De tutelis. L. B. 1726. 4°. —.40
9663 Wentholt, De jure retorsionis. Harder. 1753. 4°. —.40
9664 —— J. R. ten Behm, Ad leg. 4 DD. de jurisdictione. Hard. 1767. 4°. —.50
9665 —— J. S., Ad loc. jur. mercat. tm. Fr. qm. N. de debitoribus obaeratis. Rotter. 1837. 196 pp. 8°. 1.50
9666 —— — — Ad tit. 11, art. 18, 19, 20, 21, 22 et 28 statut. comit. Zutphaniensis. Traj. 1775. 4°. —.80
9667 Wenshardt, J. H., De pacto antichretico. L. B. 1723. 4°. —.50
9668 Werdenier, E. D., De testament. origine tam jure vet. q. hod. Traj. 1783. 4°. —.60
9669 Werenberg, J. G., Pactum remissorium majoris partis chirographariorum, in concursu creditorum non esse juris Rom. Hal. 1729. 4°. —.70
9670 Werff, A. v. d., Jur. miscel. quaest. Traj. 1795. 4°. —.40
9671 —— — — — De fidejussoribus. L. B. 1683. 4°. —.80
9672 —— J. v. d., De lege Aquilia. Traj. 1762. 4°. —.40
9673 —— — — — De codicillis. L. B. 1707. 4°. —.30
9674 Werkhoven, H. W. v., De remediis possessoriis ex princ. jur. Rom. et hod. Traj. 1824. 8°. —.90
9675 Werlinus, D. A., De non putativo contractu litterali. Kil. 1730. 4°. —.60
9676 Werndly, J. A., De origine status civilis. Traj. 1765. 4°. —.50
9677 —— L., De oblig. q. jur. natur. nascitur e pactis. L. B. 1827. 4°. —.50
9678 Werner, G. E., De probatione pertinentiarum feudalium. Vitemb. 1728. 4°. —.60
9679 —— J. F., De tortura testium. Lips. 1724. 102 pp. 4°. 1.25
9680 Wernher, J. G., De reo actori ad edendum obligato. Gott. 1789. 4°. —.60
9681 —— M. G., De acceptatione in donationibus necessaria. Vitemb. 1724. 4°. —.60
9682 Wernicke, A. C., De deposito juris. Jen. 1685. 4°. —.60

9683 WERUMEUS, H. A., De homicidio. Gron. 1760. 4°. —.80

9684 WESEL, G. v., De sanctitate judiciorum ab imperatorib. Rom. partim restituta partim labefactata. Traj. 1739. 4°. 4°. —.90

9685 WESENFELD, C. L., De sparsione missilium, ad interpr. nov. 105 de consulib. Traj. 1744. 4°. 1.—

9686 WESSENHAGEN, J. C. PALTHE, De inscriptione hypothecaria. Traj. 1853. 8°. —.80

9687 WESSELING, H., De donationibus. Gron. 1650. 4°. —.30

9688 —— H. H., De antiq. nominum oblig. Traj. 1750. 4°. —.50

9689 WESSELIUS, J., De luctu viduarum. L. B. 1740. 4°. —.40

9690 WESSELS, F. T., Ad leg. 11, § 2 de jurisdictione. Harder. 1764. 4°. —.80

9691 WESSEM, F. v., De evict. praestatione, et competentib. eo nomine actionibus. Traj. 1668. 4°. —.90

9692 —— H. v., De effectu traditionis ex princ. jur. Rom. et hod. Traj. 1820. 8°. —.70

9693 WEST, F. H. v., De poena deportationis. Amst. 1832. 144 pp. 8°. 1.10

9694 WESTBAARENDRECHT, F. v. LEYDEN v., Juris crimin. et publici quaestiones. L. B. 1789. 4°. 1.—

9695 WESTENBERG, B. O. T., De ope, qm. vis militaris afferre possit in sedandis seditionib. civil. Amst. 1851. 8°. —.70

9696 WESTENBERG, C. H., De homicidio linguae. Harder. 1750. 4°. —.80

9697 —— E., De majestate populi. Traj. 1786. 4°. —.60

9698 WESTENBERGH, J. O., De calculo Minervae, seu lege isopsephiae. Hard. 1715. 4°. —.80

9699 —— — — De jure Rhadamanthi. L. B. 1726. 4°. —.80

9700 WESTENDORPP, H., De non movendis, sed distinguendis terminis juris. Gron. 1684. 4°. —.30

9701 —— J. H., De jurib. singularibus secund. nuptiar. Harder. 1737. 4°. —.80

9702 WESTENDORP, J., Ad leg. 3 Cod. de petitione hereditatis. Gron. 1631. 4°. —.80

9703 WESTENENK, N., N., De usufructu. Traj. 1724. 4°. —.40

9704 —— O. N., De jure monetae. L. B. 1760. 4°. —.80

9705 WESTERLO, A. H., De matrimonio. Harder. 1761. 4°. —.40

9706 —— G. W., De juramento suppletorio. Harder. 1707. 4°. —.80

9707 WESTERMANN, P., De jure singulorum. Helmst. 1675. 4°. 1.25

9708 WESTERVEEN, A., De postremo reatu Pauli. L. B. 1699. 4°. —.50

9709 —— — De jure, quod competit societati privilegiatae foederati Belgii ad navigationem et commercia Indiarum Orientalium adversus incolas Belgii Hispanici. Amst. 1724. 4°. —.40

9710 WESTERWOUDT, F. T., De matre, patri superstite, liberor. tutelam recusante. Amst. 1854. 8°. —.40

9711 WESTHOFF, C. E., Ad leg. 3 DD. de bonis eorum, qui ante sententiam mortem sibi consciverunt. Vitemb. 1731. 4°. —.80

9712 WESTMAN, C. H., De justis belli causis. L. G. 1741. 4°. —.80

9713 WESTPHAL, C. H., De indole practica juris Lubecensis in civitatibus Meklenburgicis. Rost. 1728. 4°. —.90

9714 WESTPHALUS, J., Juris feudalis succincta et method. Regiomont. 1624. 4°. —.80

9715 WESTRA, D. H., De pactis dotalibus conjuges inter de future successione. Gron. 1835. 8°. —.50

9716 WESTREENEN, J. A. v., De jure et favore necessit. Traj. 1764. 4°. —.60

9717 —— T. J. v., De imperio mero et mixto. Traj. 1756. 4°. —.40

9718 WESTREENEN, J. A. v., De consuetudine. Traj. 1751. 4°. —.30

9719 —— J. A. G. v., De oblig. princip. ad promovend. civium culturam. Traj. 1805. 4°. —.90

9720 —— J. J. v., De jure primogeniturae sec. stat. Ultraj. Traj. 1741. 4°. —.70

9721 —— N. v., De actione publiciana. Traj. 1783. 4°. —.50

9722 —— P. L. v., De jure seculi. Traj. 1736. 4°. —.50

9723 —— v. ST., J. J. v., De jur. pr. gener. ratione obligationis ex conventione jure hod. const. Traj. 1824. 8°. —.60

9724 WESTRIK, J. V., Ad loc. Gaji Inst. de sponsoribus, fidepromissoribus et fidejussoribus. L. B. 1826. 160 pp. 4°. 2.—

9725 —— — — Idem liber. forma 8°. 1.25

9726 WESTWOUD, S., De locatione conductione. L. B. 1697. 4°. —.30

9727 WETZER, A., De salvo conductu judiciali. Francf. 1723. 4°. —.40

9728 WEY, J. DE, De usucapione et praescriptione sec. princ. jur. Rom. L. B. 1831. 4°. —.60

9729 Wetteling, N. J., De fundamento jur. puniendi in civitate. L. G. 1742. 4°. —.50
9730 Weve, F. A. T., De origine et progressu testam. factionis jur. Rom. U. C. 1844. 8°. —.80
9731 Wevelinchoven, H. v., De prima rerum divisione. L. B. 1720. 4°. —.40
9732 —— J. A. v., De justis nuptiis. L. B. 1709. 4°. —.50
9733 Weveringh, A., De testamentis. L. B. 1698. 4°. —.40
9734 —— — De judiciis. L. B. 1721. 4°. —.50
9735 —— — De fideicommissariis hereditatibus et ad Sctm Trebellianum. L. B. 1760. 4°. —.50
9736 —— C., De legibus Romanis. L. B. 1703. 4°. —.50
9737 —— M., De commodato. Traj. 1759. 4°. —.40
9738 —— — De obligat. ad servanda foedera. Traj. 1760. 4°. —.40
9739 Weyert, J. M. a, De praetore et judice in judiciis Rom. usitatis. L. B. 1703. 4°. —.40
9740 Weygand, J. G., Prudentia in donis a pupillis accipiendis adhibenda, occ. lib. 1, tit. 21 pr. Inst. Just. Vitemb. 1726. 4°. —.50
9741 Weyll, B. J., De variis societatum mercatoriar. speciebus. Traj. 1832. 8°. —.60
9742 Wiardi, W., Ad leg. fin. Cod. de aleatoribus. L. B. 1731. 4°. —.50
9743 Wichelhausen, J. E., De arrestis sec. statuta Bremens. Traj. 1776. 4°. —.50
9744 Wicherlink, C. P., De termino moto. L. B. 1828. 4°. —.70
9745 —— D. H., De causis q. tollunt delicti imputationem. L. B. 1828. 8°. —.60
9746 —— G. T. J., De cura prodigorum sec. princ. jur. Rom. et jur. hod. L. B. 1821. 140 pp. 8°. 1.10
9747 —— W. H., De usufructu, sec. cod. Hol. Gron. 1810. 8°. —.80
9748 Wichers, A., De Rom. pollicitationum jure. Gron. 1805. 8°. —.80
9749 —— A. G., De facinoribus contra bonos mores. Gron. 1839. 160 pp. 8°. 1.25
9750 —— B., An in contractu aestim. transferatur dominium. Gron. 1810. 8°. —.50
9751 —— H. J., De republica bene constituenda et constituta prudenter regenda. Gron. 1762. 4°. 1.25
9752 —— H. L., De principio juris cogendi. Gron. 1770. 4°. —.50
9753 —— — — De mendicantibus et vagabundis ex jure patrio. Gron. 1827. 8°. —.80
9754 —— — — De separando matrimonio. Gron. 1823. 192 pp. 8°. 1.40
9755 —— J., De aequalitate hominum naturali non violanda. Gron. 1770. 4°. —.90
9756 —— J. G., De causis naturalis jurispr. progressum impedientibus. Gron. 1768. 4°. 1.10
9757 —— — —, De tribus politicorum fundamentalibus, in omni rep. caute vitandis, erroribus, Machiavellismo nimirum, Monarchomachismo, ac Hierarchismo. Gron. 1768. 4°. 1.—
9758 —— L. J., De usu remedii leg. 2 Cod. de rescind. vendit. Gron. 1805. 8°. —.30
9759 —— R. H. E., De patronatu et clientela Rom. Gron. 1825. 8°. —.80
9760 —— W., De forma et disciplina civitatis Rom. sub primis regibus, ad indolem populi accommodatis. Traj. 1801. 4°. —.80
9761 —— G. G. v. B., De vi leg. 27 Dec. anni 1817 de vectigali pro successione aerario solvendo sqq. Gron. 1839. 8°. —.50
9762 —— N. J. — — Aliq. dubia in legibus Groning. de successione ab intest. obvia. Gron. 1808. 8°. —.80
9763 Wicherts, J., De pactis Rom. legitimis. Harder. 1762. 4°. —.80
9764 —— W., De interdicto Salviano. Traj. 1781. 4°. —.80
9765 Wickeloren, J. E., De aequalitate hominum civili. L. G. 1768. 4°. —.60
9766 Wideburg, F., De fideicommissorum et codicillorum origine. Hal. 1781. 4°. —.90
9767 Wideman, D., De parte tutori eligenda. L. G. 1755. 4°. —.60
9768 —— — De relaxatione juramenti. L. G. 1757. 4°. —.50
9769 —— P. D., De causis bellorum. Ups. 1807. 4°. —.80
9770 Wiest, F. J., De missione in bonorum possessionem ex primo et secundo decreto. Tub. 1712. 4°. —.40
9771 Wiegand, G. H., De utilitate vel noxiis effectibus, qui ex locis, ad suscipiendos et alendos infantes expositos destinatis in civitatem redundant. Traj. 1810. 4°. 1.25
9772 —— — — Idem liber, forma 8°. —.90

9773 Wieland, E. C., De necessit. et usu jur. gent. in notitia rerump. vita adornanda. Lips. 1799. 4°. —,80
9774 —— — — Observ. ex historia et juribus medii aevi. Lips. 1799. 4°. —,60
9775 Wielandt, J. T., An contra quoscunq. bonae fid. possessores jus vindicandi adjudicare vere justum sit? Worcom. 1804. 8°. —,90
9776 Wieling, A., De finibus jurispr. repuodis. Franeq. 1737. 4°. —,80
9777 —— — De glossatoribus. Traj. 1739. 4°. —,40
9778 —— — De jure sanctionis pragmaticae divi Caroli VI imp. aug. 2 partes. Traj. 1741. 4°. 48 et 100 pp. 1.75
9779 —— — De logomachiis Jctorum. Traj. 1744. 4°. —,50
9780 —— C., De assecuratione, ejusque instrum q. v. *Polis* dicitur. Traj. 1752. 4°. —,60
9781 Wielinga, E., De protopraxia creditorum. Franeq. 1725. 4°. —,80
9782 Wiellen, J. B. v. d., De fidejussoribus. L. B. 1708. 4°. —,40
9783 Wientzer, J. S., De creditore antichretico rationes non reddente. Jen. 1733. 4°. —,60
9784 Wieringa, J. R., De off. advocati. Gron. 1739. 4°. —,60
9785 Wierichoven, G. v., De origine et fatis carae minorum. Traj. 1755. 4°. —,40
9786 Wierman, E., De officio praetoris. L. B. 1702. 4°. —,30
9787 —— J., De secundis nuptiis. L. B. 1720. 4°. —,60
9788 Wierema, C., Quaestiones e jure Rom. et hod. L. B. 1828. 8°. —,70
9789 Wiesand, G. S., De inundatione speciem fundi non mutanti. Vitemb. 1764. 4°. —,30
9790 Wiesselquist, N. J., De mutilatione membrorum zopyriana. L. G. 1789. 4°. —,60
9791 Wiesenhavern, J. C., De civitatibus mixtis. Gott. 1742. 4°. —,60
9792 Wiesenhüter, C. A. de, De archimareschallo Augustae Imperatricis. Lips. 1768. 4°. 1.25
9793 Wigand, A. O., De fide vicaria. Jen. 1682. 4°. —,50
9794 Wigandt, J. C., De prima DD. parte. Giss. 1700. 4°. —,40
9795 Wigers, E., De studio juris practico, non sine insigni fructu in academiis colendo. Franequer. 1772. 4°. —,60
9796 Wigman, A. de, De jure peculiorum. L. B. 1744. 4°. —,40
9797 —— D. C. de, De testamento posteriore. Zutph. 1743. 4°. —,30
9798 Wilbrenninck, J., De fidejussoribus. Traj. 1764. 4°. —,60
9799 Wilcke, C. G., De parricidio. Vitemb. 1789. 4°. —,50
9800 Wilde, P. A. de, De regis in Francia auctoritate. Amstel. 1841. 8°. —,60
9801 Wildervanck, A., De lege Falcidia. Gron. 1758. 4°. —,50
9802 —— A. G., De artt. 765 et 766 Cod. Civ. Gron. 1824. 8°. —,40
9803 —— L. W., Quaest. jur. Gron. 1803. 8°. —,80
9804 Wildrickx, G., De testibus. Traj. 1699. 4°. —,80
9805 Wildrik, H., De privilegiis. Harder. 1775. 4°. —,40
9806 Wildschut, S., De consulatu maris. Amst. 1844. 148 pp. 8°. 1.30
9807 Wildt, D. de, De jurejur. promissorio. L. B. 1753. 4°. —,40
9808 —— F. de, De administratione bonorum impuberis stante matrimonio in patrem collata. Amst. 1830. 8°. —,60
9809 —— H. de, Ad leg. 1 Cod. de receptis arbitris. L. B. 1762. 4°. —,80
9810 Wildvogel, C., De re desinente quae nondum coepit, ad leg. 5, § 1 ususfr. quem. cav. Jen. 1716. 4°. —,80
9811 —— — De legibus inexorabilibus ad l. fin. Cod. de tabellar. Jen. 1723. 4°. —,80
9812 —— — De more majorum. Jen. 1722. 4°. —,30
9813 —— — De effatis Agonizantium. Francf. 1691. 4°. —,70
9814 —— — De jure principis eminenti circa postas. Jen. 1755. 4°. —,50
9815 —— — De secreto patrimonii, ad leg. 2 Cod. de alim. pupil. praest. Jen. 1709. 4°. —,80
9816 —— — De charactere indelebili. Jen. 1699. 4°. —,30
9817 —— — De scena ridiculorum, ad nov. 105, cap. 1. Jen. 1721. 4°. —,30
9818 Wilhem, B. de, De rapto mulierum. Traj. 1757. 4°. —,50
9819 —— H. D. de, De tutela. L. B. 1703. 4°. —,80
9820 —— C. le Leu de, Observatt. jur. L. B. 1752. 4°. —,60
9821 —— — — —— — De officio praetoris. L. B. 1749. 4°. —,80
9822 —— — — —— — De constituta pecunia. L. B. 1749. 4°. —,40
9823 —— D. — —— — De traditione. L. B. 1710. 4°. —,40

9824 Wilhem, D. A. le Leu de, De fide servanda. L. B. 1755. 4°. —.60
9825 —— M. G. — —— — De usufructu vestium. L. B. 1751. 4°. —.60
9826 —— P. — —— — De legum interpretatione. L. B. 1751. 4°. —.40
9827 —— — — —— — De possessione. L. B. 1710. 4°. —.40
9828 Wilisch, C. F., De jure collectandi in territoriis Germaniae. Viteb. 1765. 4°. —.70
9829 —— F. G., De arrha a sponsae heredibus restituenda. Vitemb. 1753. 4°. —.60
9830 Willebois, J., De capacitate donandi et acquir. titulo gratuito. L. B. 1838. 8°. —.60
9831 Willekens, B., Positiones jur. Hard. 1757. 4°. —.30
9832 Willemsz, J. W., De divortio sec. princ. jur. hod. Gand. 1826. 4°. —.30
9833 Willenberg, S. F., De matrimonio imperium. Hal. 1727. 4°. —.60
9834 Willes, H. M., De jurib. et obligat. conjugum. Amst. 1832. 8°. —.50
9835 —— J. F., De successione conjugum mutua ex testam. L. B. 1780. 4°. —.50
9836 Willett, S., De teste contumace. Hal. 1735. 4°. 1.—
9837 Willhardt, H. J. C., De contr. commodati. Gand. 1828. 4°. —.60
9838 Willion, C. v. d., De quatuor quartis. L. B. 1784. 4°. —.60
9839 Williger, H. v., De servitutibus. L. B. 1676. 4°. —.30
9840 Willinge, D., Ad leg. Aquiliam. Gron. 1742. 4°. —.70
9841 —— L., De crimine stellionatus. Franeq. 1734. 4°. —.40
9842 Willink, G., De benef. cessionis bonorum. Traj. 1827. 8°. —.80
9843 —— — De re argentaria in urbe Amstel. L. B. 1838. 8°. —.90
9844 Willmans, C. H., De jure ad rem. Francf. 1684. 4°. —.80
9845 Wils, J., De jure codicillorum. L. B. 1736. 4°. —.60
9846 —— H. Bousme, De quasi delictis. L. B. 1770. 4°. —.70
9847 Wilsdorff C. W. de, De judice jus ignorante, ad leg. fin. DD. de extraord. cognit. Francf. 1703. 4°. —.40
9848 Wimmerstadt, J., De diversa succedendi ratione in imperiis hereditariis. Ups. 1762. 4°. —.80
9849 Winckel, N., De jure belli. Traj. 1688. 4°. —.80
9850 —— E. ten, De emphyteusi. Traj. 1636. 4°. —.30
9851 Winckelman, J., De usufructu. L. B. 1710. 4°. —.40
9852 Winckelmann, A. G., Ad lib. 13, 14 et 15 DD. Hal. 1694. 4°. —.40
9853 —— — — Ad lib. 37, 38, 39 et 40 DD. Hal. 1694. 4°. —.30
9854 Winckler, A. G., De commissario imperatoris in electione praesulum Germaniae immediatorum. Chemnicii. 1744. 4°. —.60
9855 —— B. P., De inhibitione judiciali in causis appellationum. Gustr. 1705. 4°. —.60
9856 —— C. F., De aetate speculi Saxonici speculo Suevico antiquioris. Gott. 1742. 4°. —.60
9857 —— C. G., De crimine omissionis. Lips. 1775. 4°. —.40
9858 —— H., De servitute stillicidii. Lips. 1689. 4°. —.90
9859 —— J. B., Ad leg. Corn. de sicariis. Hal. 1729. 4°. —.90
9860 —— Livo, C. F., De favore causarum matrimonialium nimio e foris proscribendo. Gott. 1745. 4°. —.90
9861 Wind, J., De motu terminorum. Hauniae. 1715. 4°. —.30
9862 —— S. de, De jure absentium sec. Cod. Nap. L. B. 1811. 8°. —.30
9863 Winde, J. S., Centuria selectar. observation. fori ecclesiastici. Vitemb. 1712. 4°. —.30
9864 Winder, J. J., De vero intellectu nobilis et vexatiss. legis 5 DD. de fenore nautico. Bas. 1610. 4°. —.30
9865 —— W., De poena temere litigantium. L. B. 1738. 4°. —.50
9866 Windheim, F. H. F. de, Investituram per sceptrum feudis ecclesiast. et saecularibus communem fuisse. Gott. 1741. 4°. —.70
9867 Wingquist, De societatibus in Suecia mercatoriis. Ups. 1831. 4°. —.80
9868 Winkel, N., De jure naturali. Traj. 1687. 4°. —.30
9869 Winkler, C. W., Praescriptio immunitatis a tributis praesert. quoad aerarium publicum Saxoniae impugnata. Lips. 1779. 4°. 1.—
9870 Winsemius, C. E. Voet v., De deposito. Traj. 1714. 4°. —.30
9871 —— P. E. —— — De querela fratrum, ad leg. 27 Cod. de inoff. test. Traj. 1789. 4°. —.40
9872 —— — — —— — Quaed. juris positiones. Traj. 1777. 4°. —.30
9873 Winssinger, R., Differ. inter delicta dolosa et culposa. Lov. 1823. 266 pp. 4°. 3.—

9874 Winssinger, E., Quid est jus talionis. Gron. 1821. 4°. —.80
9875 —— — De ratione studii juris canon. in Belgio nuper instaurati. Lov. 1825. 4°. —.40
9876 Winter, G., De principe legg. soluto. Traj. 1743. 4°. 1.—
9877 —— H. C., De differentiis inter procuratorem et syndicum veris et spuriis. Erf. 1770. 4°. —.50
9878 —— J., De concubinis. Hard. 1761. 4°. —.60
9879 —— J. C., De pactis. Rostoch. 1712. 4°. 1.25
9880 —— A. v., Ad varia juris capita. L. B. 1817. 4°. —.40
9881 —— P. de, Ad leg. 8 DD. de juris et facti ignorantia. L. B. 1722. 4°. —.40
9882 Wintgens, C. M., Ad loc. Cod. Civ. hod. de ususfructu. Hag. 1830. 4°. 1.—
9883 —— — — Idem liber. forma 8°. —.60
9884 —— G., De princ. differentiis juris Franc. et Neerl. Hag. 1838. 8°. —.80
9885 —— J. L., De animalibus ferocibus, qua vulgo iter fit, non habendis, ad leg. 40, 41 et 42 DD. de aed. edict. Traj. 1780. 4°. —.50
9886 Winzer, J. H., De bonis parochialibus. Jen. 1687. 4°. —.50
9887 Wirth, J. P., De condict. certi ex mutuo de in rem verso ex contractu administrat. contra civitatem competente. Lips. 1676. 4°. —.50
9888 Wischer, S., De testamentis juri naturae ignotis. Traj. 1723. 4°. —.50
9889 Wiselius, G. J. G., De jure deliberandi et benef. inventarii. Amstel. 1840. 8°. —.70
9890 —— S. I. P., De successionibus Hollandorum. L. B. 1790. 132 pp. 4°. 1.50
9891 —— — — — Idem liber. 136 pp. 8°. 1.10
9892 Wistrand, P. J., De jure externo. L. G. 1758. 4°. —.60
9893 Wissmann, J., De jure vicinitatis. Helmst. 1687. 4°. 1.25
9894 Wit, A. de, De ususfructu. L. B. 1835. 188 pp. 8°. 1.25
9895 —— A. M. de, De lege Falcidia. L. B. 1774. 4°. —.60
9896 —— J. de, De cadaveribus punitorum. Traj. 1769. 4°. 1.—
9897 —— J. H. de, De judicio juratorum Anglico. L. B. 1820. 4°. —.60
9898 —— — — — Idem liber. forma 8°. —.30
9899 Witel, F. de, De jure accessionis. Traj. 1776. 4°. —.50
9900 —— D. de Blocq v. Haersma de, Ad loc. Cod. Civ. de rescind. venditione propter laesionem. Gron. 1820. 8°. —.30
9901 Withof, J. H., In memoriam viri Casp. Theod. Summerhenni Jcti. Duisb. 1752. 4°. —.80.
9902 —— — — Viro Du. Henr. Pagenstechero. Duisb. 1759. 4°. 1.—
9903 Witsen, J., De divortiis. L. B. 1727. 4°. —.60
9904 —— N., De donationibus. L. B. 1728. 4°. —.50
9905 Witt, C. de, De inoff. testamento. L. B. 1717. 4°. —.50
9906 —— F. de, De Scto Macedoniano. L. B. 1728. 4°. —.40
9907 —— H. C. de, Quid in diversis judicium sententiis sit statuendum. L. B. 1750. 4°. —.50
9908 —— J. de, Quinam vere habeant majestatem in societate civili. L. B. 1742. 4°. —.50
9909 —— — — De beneficiis fidejussorum. L. B. 1691. 4°. —.30
9910 —— — — De pretio. L. B. 1714. 4°. —.40
9911 —— — — De luxu et legib. sumptuariis. Traj. 1776. 4°. —.60
9912 —— L. de, De necessitate et auctoritate judiciorum, eorumque apud veteres quosdam populos forma. L. B. 1774. 4°. —.80
9913 —— P. de, De hereditate vendita. L. B. 1725. 4°. —.40
9914 Witte, H., De testium vitiis ex jur. Rom. Traj. 1764. 4°. —.40
9915 —— J., Apostasia studiorum. Altd. 1679. 4°. —.60
9916 —— J. C., De tutelis. Rint. 1715. 4°. —.40
9917 —— D. de, De legitima. L. B. 1679. 4°. —.80
9918 —— L. de, De crimine majestatis. L. B. 1754. 4°. —.70
9919 —— W. P. de, De collatione bonorum. L. B. 1703. 4°. —.50
9920 —— v. Sch., J. F. de, Ad leg. 2 Cod. de rescindenda venditione. L. B. 1714. 4°. —.40
9921 Wittepol, C., De sponsalibus. L. B. 1701. 4°. —.30
9922 Witteboll, P. E., De poenis. L. B. 1741. 4°. —.50
9923 Wittens, A., De lege Falcidia. L. B. 1700. 4°. —.30
9924 —— C. G. v. d. Kent, De peculiis filiorum familias. L. B. 1785. 4°. —.40
9925 Wittert, A., De injuriis. L. B. 1714. 4°. —.30

9926 WITTEVEEN, F., Ad loc. Cod. Poen. de furtis art. 379—401. Gron. 1811. 8°. —.90
9927 —— — Ad loc. Cod. Poen. de homicidio. Gron. 1811. 8°. —.70
9928 WITTICHIUS, J., De iniquitate et inutilitate tormentorum in quaestionib. reorum. L. B. 1786. 4°. —.40
9929 WITTLEBEN, F. S., Uxor Rom. per propter nuptias donationem de alimentis secura tantum. Hal. 1740. 4°. —.80
9930 WOBMA, J. M., De quasi ususfr. L. B. 1763. 4°. —.80
9931 WOHNEKING, E. G., De jure princ. circa collegia. Harder. 1754. 4°. —.30
9932 WOELCKER, S. T., Epidipnides paroemiarum juris Germanicarum. Gies. 1710. 4°. 1.—
9933 WOELKER, G. F., De jure Italico. Altd. 1741. 4°. —.60
9934 WOESTMAN, J., De variis temporibus. Traj. 1699. 4°. —.60
9935 —— T., Ad l. unic. DD. si quis jus dicenti non obtemperaverit. Traj. 1738. 4°. —.40
9936 WOLDE, J. H. DE, De jure hypothecae conventionalis et clancularise sedinensium inscriptionis. Franef. 1673. 4°. —.60
9937 WOLDENDORP, J. R., De advocatis eorumque officio utilitate ac necessitate. Gron. 1763. 4°. —.80
9938 WOLDRINGH, G. O., De genio jur. patrii intuitu infamiae. Gron. 1776. 4°. —.60
9939 —— J., De divortiis. Gron. 1761. 4°. —.80
9940 —— — Ad loc. Cod. Civ. de absentibus. Gron. 1819. 8°. —.60
9941 —— J. O., De exheredatione bona mente facta sec. pr. jur. nat. Rom. et patrii. Gron. 1806. 8°. —.70
9942 —— W., Duae quaest. jur. publ. Belg. Gron. 1836. 8°. —.60
9943 WOLF, G., De somtibus convivii nuptialis. Jen. 1653. 4°. —.60
9944 —— J. B., De Icto philosopho. Jen. 1728. 4°. —.50
9945 WOLFART, J. H., De infanticidio doloso ejusque speciebus. Franef. 1760. 4°. —.60
9946 WOLFF, D., De sportulis. Lips. 1663. 4°. —.40
9947 —— F., Ad leg. Rhodiam de jacto. L. B. 1785. 4°. —.60
9948 —— J., De arris sponsalitiis. Jen. 1738. 4°. —.50
9949 —— J. D., De summis orbis imperiis. Argent. 1693. 4°. —.80
9950 —— J. F., De forensibus ad jus statutarium relatis. Bas. 1685. 4°. —.40
9951 —— T., De pretio juris Justinianei sacri. Kil. 1702. 4°. —.80
9952 —— J. v. D., De novationibus et delegationibus. L. B. 1780. 4°. —.40
9953 —— — — — De calculo Minervae. L. B. 1754. 4°. —.40
9954 WOLFFHARDT, P. P., De quaestione domitiana. Rint. 1750. 4°. —.30
9955 —— — — De legibus veterum Romanorum cibariis post Fanniam, specialim de legibus Didia et Licinia. Rint. 1747. 4°. —.80
9956 —— — — De Saturninis Jctis. Rint. 1747. 4°. —.30
9957 WOLFFRADT, H. B., De fundam. usurarum pecuniae mutuatitiae. Hal. 1728. 4°. —.80
9958 WOLFFRUM, A. P., De principibus eorundemque, cumprimis politicorum, juribus in inclyto imperio Romano-Germanico. Bas. 1619. 4°. —.50
9959 WOLFFTER, J. B., De probatione quae fit per testes. Gies. 1713. 4°. —.50
9960 WOLFGANG D. C., T., De captivis. L. B. 1706. 4°. —.40
9961 WOLFHART, D., De jure principum. L. B. 1684. 4°. —.60
9962 WOLFSEN, A., De sec. nuptiis. L. B. 1708. 4°. —.80
9963 WOLLERS, E. P., De dolo virgini, a marito vitiatae, non praestanda. Vitemb. 1706. 4°. —.60
9964 WOLLSON, C. F., Jus civile. Lips. 1771. 4°. —.60
9965 WOLLNER, C. T., Varia jur. dub. capita. Lips. 1799. 4°. —.80
9966 WOLTERBEEK, D. J., Over de wet op de brievenposterijen. Amst. 1860. 8°. 1.25
9967 —— J. L., De scheepvaartwetgeving op den Rijn. Amst. 1854. 120 pp. 4°. —.90
9968 —— G. F., De sortis divisione. Amst. 18 . 160 pp. 8°. 1.25
9969 WOLTERMAN, A. W., De aequitate advocatorum. Marb. 1712. 4°. —.60
9970 WOLTERMANN, C. R., De praecipuis, in divisione hered. parentum, liberis utr. sexus, de consuetude Osnabrugensi, competentibus. Hard. 1789. 4°. —.40
9971 WOLTHERS, W., De emphyteusi. L. B. 1724. 4°. —.30
9972 —— — De auctoribus, sociis et fautorib. delictorum eorumq. poenis. Gron. 1828. 193 pp. 8°. 1.50

9973 Woltjeer, W., De summa appellabili. Gron. 1775. 4°. —.50
9974 —— — Ad leg. 2 Cod. quae sit longa consuetudo. Gron. 1840. 8°. —.50
9975 Wolzogen et Neuhauss, C. G. L. B. de, De principum S. R. J. potestate in sacris ante pacem religionis. Hal. Vened. 1729. 116 pp. 4°. 1.60
9976 Woordhouder, T., De scabinis Belgicis. Franeq. 1769. 4°. —.50
9977 Worm, G., An et quo jure Saxon. facto uxoris tum successioni tum constr. marito competenti praejudicium inferri queat. Lips. 1732. 4°. —.60
9978 Wormer, D., De nat. parent. in liberos potestate. L. B. 1778. 4°. —.50
9979 Wortmann, F., Success. ab intest. ex duplici vinculo duplicat. Hal. 1693. 4°. —.60
9980 —— G. F., De ejurande ejeratione bonae spei. Hal. 1781. 4°. —.70
9981 Woude, S. v. d., De voluntate in criminalibus. Franeq. 1775. 4°. —.60
9982 Wouw, P. v., De jure codicillorum. L. B. 1716. 4°. —.50
9983 —— — — De restitut. in integrum. L. B. 1621. 4°. —.30
9984 Wott, T. P., De heredipetis. L. B. 1735. 4°. —.40
9985 Wttwaal, J., De arborum sylvest. plantatione. L. B. 1839. 8°. —.80
9986 Wttwael, A., De adquir. hereditate. Traj. 1683. 4°. —.30
9987 Wulferus, G. A., De metu potentiae. 1712. 4°. —.50
9988 Wulfften, A. A. G. v., De liberatione legata. Gron. 1808. 8°. —.60
9989 Wunderlich, J., De L. Volusio Maeciano Jcto. Hamb. 1749. 4°. —.70
9990 —— — De pugillaribus. Jen. 1758. 4°. —.40
9991 —— — De veterum popinis. Jen. 1756. 4°. —.50
9992 —— — De jure retentionis quatenus tutori competat sec. stat. Hamburg. Part. III, tit. IV, art. 22. Jen. 1758. 4°. —.50
9993 Würtenberger, J. C., Conclus. jur. contr. Hal. 1707. 4°. —.40
9994 Wijbenga, C., De dotis evictione sec. jur. Rom. Gron. 1835. 8°. —.80
9995 —— S., De puniendo delinquendi conatu sec. Cod. Poen. Gron. 1828. 8°. —.50
9996 Wijberg, P., De matrimonio conscientiae. L. G. 1752. 4°. —.50
9997 Wibo, A. P., Jur. quaest. L. B. 1760. 4°. —.50
9998 —— J., De liter. oblig. 1728. 4°. —.60
9999 —— — Tribonianus ab emblemat. Wissenb. liberatus. Traj. 1729. 116 pp. 4°. 1.25
10000 —— J. C., De balaenarum piscatu. L. B. 1774. 4°. —.40
10001 Wychgel, H., De servis. L. B. 1707. 4°. —.30
10002 —— L., De actionibus mixtis in genere. L. B. 1679. 4°. —.40
10003 —— L. H., Quo unus et alter locus juris illustratus. Gron. 1807. 8°. —.40
10004 Wijck, B. H. v. d., De mutuo. L. B. 1713. 4°. —.30
10005 —— H. v. d., Ad loc. Cod. Nap. q. tractatur de notorietatis documenti ratihabitione. Gron. 1823. 8°. —.50
10006 —— H. J. v. d., De duellis extrajudic. L. B. 1764. 4°. —.40
10007 —— — — — — De missione in possessionem bonorum absentis. Traj. 1827. 8°. —.60
10008 —— J. D. v. d., De jure asylorum. L. B. 1761. 4°. —.50
10009 —— H. W. v., De translat. dominii ex causa onerosa et lucrativa. Traj. 1717. 4°. —.40
10010 —— H. A. A. J. v. Asch v., De orig. atque progressu domicil. Traj. 1798. 4°. —.60
10011 Wijckel, H. v., Miscellanea juridicae. Gron. 1636. 4°. —.30
10012 Wijckerslooт, A. v., Ad τὰ πρῶτα, s. quatuor priores libros DD. Traj. 1659. 4°. —.50
10013 —— A. H. v., De excus. tut. et curat. Traj. 1716. 4°. —.30
10014 Wijdenbruch, E. W. v., De jure admiralitatum. Franeq. 1752. 4°. 1.50
10015 Wyoinck, D., De bene merentibus. Traj. 1771. 4°. —.40
10016 Wijhe, G. J. v., De conditione feminarum in jure Rom. Hard. 1802. 4°. —.50
10017 Wijk, H. v. Asch v., Ad leg. 18 DD. de poenis. Traj. 1730. 4°. —.30
10018 Wijckersloot, H. de, Thes. jurid. Traj. 1773. 4°. —.40
10019 Wijkman, S. J., Ad cap. XII, tit. de judiciis. Ups. 1818. 4°. —.30
10020 Wijn, H. v., De jure aggerum. L. B. 1764. 4°. —.80
10021 Wijnaendts, W., De delictis et q. delictis. L. B. 1836. 8°. —.70
10022 Wijnand, E. J. H., De fideicom. residui. L. B. 1846. 8°. —.30
10023 Wijnen, H. P., De beneficiis debitoris oberati. Traj. 1733. 4°. —.60
10024 Wijnen, J., De fidejussoribus. L. B. 1782. 4°. —.40

10025 WIJNEN, O., De jurejurando. L. B. 1763. 4°. —.60
10026 —— W., De praerogativis masculorum prae feminis et contra. Traj. 1764. 4°. —.50
10027 WIJNGAARD, C., Quaest. ex universo jure deprompt. L. B. 1710. 4°. —.40
10028 —— M., De legib. et edictis in ducatu Limburgensi vigentibus. Traj. 1844. 8°. —.40
10029 WIJNGAERDEN, A., Ad const. d. Marci de curatore minorum XXV annis. L. B. 1672. 4°. —.30
10030 WIJNMALEN, C. S., De probatione per scripturam. L. B. 1834. 8°. —.60
10031 —— J. O., De autocheiria. L. B. 1830. 4°. —.30
10032 WIJNPERSSE, D. v. DE, De fideicommissis. L. B. 1822. 192 pp. 4°. 2.—
10033 —— — — — Idem liber. 188 pp. 8°. 1.40
10034 —— J. v. DE, De inoff. donationibus. L. B. 1734. 4°. —.40
10035 WIJNSBERGEN, J. v., De militia. L. B. 1600. —.60
10036 WIJNSTROOM, A. J., De privaatregtelijke verantwoordelijkheid van den notaris voor den vorm en den inhoud zijner akten. L. B. 1860. 8°. —.60
10037 WIJS, C. DE, De vicaria pro illustribus jurisdictione. Traj. 1759. 4°. —.40
10038 —— J. G. DE, De inventione thesauri, ad leg. 31, § 1 DD. de a. r. d. Traj. 1728. 4°. —.60
10039 —— J. G. v. D. MEER DE, De cura legislator. ut hypothecae publice innotescant. Amst. 1838. 8°. —.50
10040 —— J. H. — — —— — An bello oberto pereat inter bellum gerentes foederum auctoritas. Amst. 1830. 8°. —.50
10041 WITHOFF, C., De vigore clausulae codicillaris impr. testamento rupto adjectae. L. B. 171. 4°. —.60
10042 XANTHOPIUS, O., De fictitio tutelae partitiae fundamento. Grembae. 1740. 4°. —.30
10043 YBBING, E. G., De universo jure. Duisb. 1745. 4°. —.60
10044 YERNBERG, P., De litis natura. Ups. 1757. 4°. —.30
10045 YLLANDER, G. W., Lineamenta variar. civitatis Suio-Gothicae constitutionum, exposita atq. dijudicata. Lund. 1836. 8°. —.70
10046 YPERMELE, M. F. P. v., De calumnia et injuriis. Gand. 1822. 4°. —.40
10047 YPEUR, N., De ordinarior. tributorum natura, optimoque ea exigendi modo. Franeq. 1765. 4°. —.30
10048 YPEY, A., De praescriptione criminum ac poenarum. Gron. 1826. 159 pp. 8°. 1.25
10049 YSBRANDAAR, H. J., De feriis divinis atque humanis. L. B. 1749. 4°. —.60
10050 YSSEL, H., Ad leg. 1 Cod. unde vi. Traj. 1720. 4°. —.40
10051 YSSELDYK, A. v., De privilegiariis creditoribus. L. B. 1759. 4°. —.30
10052 YSSELSTEYN, L. v., De portione legitima. L. B. 1758. 4°. —.30
10053 YZENDOORN, A. A. v. E., De damni reparandi obligatione ex art. Cod. Civ. 1403, 1404 et 1405. L. B. 1847. 8°. —.60
10054 ZAAL, A., De tutelis. L. B. 1697. 4°. —.30
10055 —— C., De ritu nuptiarum. Traj. 1699. 4°. —.30
10056 —— — De pactis. Traj. 1743. 4°. —.40
10057 —— J. A., De rebus extra commercium hominum positis. Traj. 1775. 4°. —.30
10058 —— T. A., De servitutibus, quae mere sunt naturales. Traj. 1770. 4°. —.30
10059 ZACHARIA, T. M., De possessione. Lips. 1805. 4°. —.30
10060 ZANDER, J. F., De cessione eorum quae ad heredes non transeunt, et contra. Francf. 1709. 4°. —.30
10061 ZANDERS, J. G., De tutore ob latam culpam remoto, infamia non notando. L. B. 1762. 4°. —.40
10062 ZANEN, J. v., De actionibus ex dominio oriundis. L. B. 1683. 4°. —.30
10063 —— N. v., De pignoribus et hypothecis. L. B. 1693. 4°. —.30
10064 —— R. v., De probationibus et praesumtionibus. L. B. 1686. 4°. —.30
10065 —— W. v., De collatione. L. B. 1694. 4°. —.40
10066 ZAPPIUS, N., De dedicationibus templorum et altarium, occ. leg. 9 DD. de rer. divis. Jen. 1677. 4°. —.30
10067 ZAS, T., De exercitoria actione. L. B. 1686. 4°. —.30
10068 ZAUNSCHLIFFER, O. P., De privilegiis professorum. Hal. 1734. 4°. —.40
10069 —— — — De officio judicis suppletorio, ad leg. un. Cod. ut quae desunt advoc. partium judex suppleat. Marb. 128 pp. 4°. 1.50
10070 ZECH, L. A., De sequestro publico. Traj. 1705. 4°. —.40

10071 ZEE, J. DE, De successione ab intestato. L. B. 1685. 4°. —.80
10072 ZEEBERGEN, A. v., De exhibitione et custodia reorum. L. B. 1706. 4°. —.70
10073 —— P. v., De usuris. L. B. 1763. 4°. —.40
10074 —— T. v., De exheredatione liberorum. L. B. 1714. 4°. —.40
10075 ZEEMAN, A. J., Over den burgerlijken en staatkundigen toestand van den gefailleerde in Nederland. Amst. 1859. 8°. —.50
10076 ZEGERS, C., De cessione bonorum. Traj. 1717. 4°. —.50
10077 ZEGWAARD, G. v., Over de bedingen bij hypotheek in de artt. 1223, 1230 1264 B. W. en 297 W. v. K. vervat. L. B. 1862. 8°. —.80
10078 ZEH, P., Differ. jur. Rom. et Germ. in mutuo. 1716. 4°. 1.—
10079 ZEIDLER, F., De certioratione jurium renunciandorum. Hal. 1703. 4°. —.80
10080 ZENNER, G. A., De usucapionibus et praescriptionibus. Erf. 1711. 4°. —.60
10081 ZEPER, J., Observat. nonnull. Gron. 1825. 8°. —.40
10082 ZEPPER, B., De vi et efficacia jurisjur. suppletorii, occ. leg. 31 DD. de jurejur. Brem. 1724. 4°. —.40
10083 —— J. G., De tutore mixto. Traj. 1699. 4°. —.30
10084 ZETTERMAN, G. L., De religiosis quibusd. pacta confirmandi modis. Aboa. 1798. 4°. —.80
10085 ZEUNER, T. E., Var. jur. controv. Traj. 1718. 4°. —.30
10086 ZEUNIG, J. G., De arte notariatus et officio notarii. Helmst. 1731. 4°. —.80
10087 ZIEBETH, E. L., De jure gentium voluntario. L. G. 1775. 4°. —.60
10088 ZIRCKENBURT, J. A., De promissis. Traj. 1715. 4°. —.80
10089 ZIEGLER, B. H. W., De natura et indole censuum, praecari. statis temporibus solvendorum. Erf. 1764. 4°. —.60
10090 ZIELINSKI, J. H., De conjugibus incantatis eorumq. separatione. Kil. 1727. 4°. —.80
10091 ZINCK, G. H., De receptione in cauponam. Erf. 1720. 4°. —.40
10092 ZINZERLING, J., De appellationibus. Bas. 1609. 4°. —.90
10093 ZOELEN, R. F. G. v., De princip. general. quib. usi videntur Jcti in constituenda doctrina de doli et culpae praestat. in b. f. contr. L. B. 1824. 272 pp. 8°. 2.—
10094 —— C. GROENINX v., De Tito imperatore ejusque jurisprud. Traj. 1761. 4°. —.60
10095 —— O. P. —— — De privilegiis. L. B. 1787. 4°. 1.—
10096 ZOELTSCHEN, J. H. v. KNOBERT, De jure statuum imperii circa legatos exteros in comitiis. Helmst. 1728. 104 pp. 4°. 2.—
10097 ZOLL, H., *Kauf hebt Miethe nicht auf*, ad leg. 9 Cod. de loc. cond. Jen. 1735. 4°. —.60
10098 ZOLLER, J. L., De simulatione pacti antichretici dominium in emtorem translatum rescindente. Lips. 1715. 4°. —.60
10099 ZOLLIKOFFER, G., De jure humano et divino. Tigur. 1666. 4°. —.40
10100 ZOLLMANN, J. L., De vi consuetudinario in principatu. Heid. 1675. 4°. —.80
10101 ZOUTMAN, J. A. A., De conditionibus. L. B. 1794. 4°. —.40
10102 ZSCHOCH, C. F., De concubinatu individuo pro obtinendis summis jurium honoribus. Vitemb. 1736. 4°. —.40
10103 ZUBLI, A. J., De forma liter. camb. Amst. 1850. 8°. —.50
10104 —— D. J., De lege Aelia Sentia. L. B. 1861. 128 pp. 8°. —.90
10105 ZURCUS, G. C., De jure testandi inter liberos. Francf. 1658. 4°. —.70
10106 ZURMUHLEN, A. N., De statutis. Harder. 1754. 4°. —.80
10107 —— H. N. J., De jure accrescendi. Harder. 1751. 4°. —.80
10108 ZUYDLAND, G. P., De stipulationibus inutilibus. L. B. 1715. 4°. —.30
10109 ZUYLEN, A. M. v., Ad aedil. edictum. Traj. 1704. 4°. —.40
10110 —— v. NYEVELT A. v., De scopelismo. Fran. 1754. 4°. —.60
10111 ZWART, A. B., De praescriptione fori. L. B. 1782. 4°. —.50
10112 ZWIETEN, A. v., De plagio. L. B. 1789. 4°. —.80
10113 —— G. BICKER v., Ad Sctum Macedonianum. L. B. 1708. 4°. —.40
10114 ZYLKER, H. D. B., Het regt van beklemming. L. B. 1861. 8°. 1.40
10115 ZYLL, J. v., De restitutionibus in integrum. Traj. 1678. 4°. —.80
10116 ZIJLSTRA, J., De commissiehandel. L. B. 1861. 8°. —.60
10117 —— P. A., De iis q. tenentur de aere alieno hereditario sec. Jur. civ. hod. Gron. 1885. 8°. —.90
10118 ZIJNEN, J. P. L. ST., De deposito. Traj. 1823. 8°. —.60

SUPPLEMENTUM.

10119 Bidloo, J., De societate. L. B. 1697. 4°. —,80
10120 Birckenbach, J. H., De officio magistratuum et illorum, qbs. mandatur jurisdictio. Duisb. 1712. 4°. —,70
10121 Boutrenot, J., Scrutinium octodecim hypothecarum vel indubie spuriarum, vel summe dubiarum. Tub. 1705. 4°. —,50
10122 Busch, J. v. d., De praescriptione extraordinaria vel anomala, ad leg. 10 DD. si serv. vind. Francf. 1700. 4°. —,60
10123 Fortuyn, C. J., De gildarum historia, forma et auctorit. politica, medio inprimis aevo. Amst. 1834. 8°. 1.25
10124 Fritze, A., De jure indemnitatis. Francf. 1676. 4°. —,60
10125 Goes, A. v. d., De transactione ob solam laesionem non rescindenda. L. B. 1748. 4°. —,80
10126 Gwandschneider, J. J., De liberis s. Rom. imperii civitatibus. Jen. 1676. 4°. —,60
10127 Hennefer, G. F., Ad libr. XLIX DD. Hal. 1694. 4°. —,80
10128 Huborosie, J., De officio principis erga cives. L. B. 1745. 4°. —,40
10129 Kemper, B. de Bosch, De strafvordering in hare hoofdtrekken beschouwd. Amst. 1865. 8°. 2,50
10130 —— G. — —— De concessien volgens het Nederl. regt. Amst. 1866. 8°. 2.—
10131 Köppen, J. F., De lege Ensiat XIII §. *Quod metus causa*. Franc. 1683. 4°. —,30
10132 Lanore, J. D., De jure connugii (*vom Recht der Jungferschaft*). Jen. 1734. 4°. —,30
10133 Lange, C. G., De actionibus advocato et clienti adversus se invicem competentibus. Jen. 1687. 4°. —,50
10134 Lautitz, H. C., De furibus ferarum. Helmst. 1675. 4°. —,50
10135 Nehring, J. C., De privilegiis pastorum. Altd. 1674. 4°. —,50
10136 Schmalian, J. H., De ambitu connubiali. Jen. 1684. 4°. —,60
10137 Voet, N., De legitima. L. B. 1700. 4°. —,30
10138 Vrieze, J. de, De contractu et jure emphyteutico. L. B. 1676. 4°. —,40
10139 Vrolikheert, C., De rebus sacris religiosis et sanctis. L. B. 1769. 4°. —,60
10140 Vromans, G. F., De jure dotium. L. B. 1761. 4°. —,60
10141 —— P., Ad leg. 30 Cod. de test. inoff. L. B. 1767. 4°. —,50
10142 Vry, A. J. de, De legitimis matrimonii obstaculis. Traj. 1769. 4°. —,40
10143 —— J. de, De eo, quod justum est circa chartas. Traj. 1729. 4°. —,70
10144 Velshoff, H. G. v., Interiorem juris Rom. notitiam in foro versantibus omnino esse necessarium. Amst. 1744. 4°. —,80
10145 —— — — — De aequalitate juris antiqui permutatione. Harder. 1737. 4°. —,60
10146 Vulte, J. C., De renovatione vocationis resignatae. Hal. 1702. 4°. —,50
10147 Vuyst, P., De servitutibus praediorum urbanorum. L. B. 1718. 4°. —,40
10148 Vijvere, L. S., De jure Belgarum publico. Gand. 1820. 4°. —,80

INDEX LOCORUM.

B.

Bado-Badensi, De jure provinc. March. 9644.
Bancoruptis, De. 929, 4376.
Baptismo, De. 9629.
Barba, De. 6539, 6540.
Batava, De historia. 9588.
—— in mari Baltico ab ann. 1655—1660 actis, De partibus a rep. 9078.
Batavi in rep. turbata, De officio civis. 9084.
Bavaricae, De legibus gentis. 4883, 8053.
Beatitudine juridica, De. 2880.
Beklemming, Recht van. 10114.
Belgarum, De jure publico. 9481, 10148.
——, De legislatore. 4572.
—— in excolend. hist. juris Rom., De meritis. 3457.
Belgiae, De trans. copiarum militum per territ. 8892.
Belgicae, De divisione hominum ratione civitatis. 866.
Belgicarum in territorio alieno, De vi legum. 8647.
Belgico, De novo codice. 1256.
Belgii anni 1651, De magno concilio ord. gener. 8799.
——, De ordin. gener. 2023, 2024, 4770.
—— sub Carolo V, De ordin. gener. 445.
—— concilio, De superiore procerum in regno. 4002.
—— fundament., Ad leges foed. 7686.
—— resp., De solutione vinculi, inter S. R. Imp. et. 5714.
—— sub domo Aur. Jus., De civilibus turbis foed. 9040.
Belgio, De auctoritate juris Rom. in. 880, 9431.
——, De juribus peregrinorum in. 4536, 4537.
——, De nobilitate in. 286.
—— vigali, De forma imperii, q. Philippo II ejurato prima in. 9572.
Belli, De judicio. 6737.
——, De justitia. 4338.
——, De causis. 9718, 9769.
——, De ratione. 7066.
—— circa fana et sepulcra, Jus. 6879.
—— faciendi, De jure. 7314.
—— in amicos, De jure. 1997.
Bellica, De acquisitione. 4397.
——, De fide. 7020.
——, De occupatione. 2490.
Belligerantis in pacatos, De jure. 1543.
Bello, De. 349, 4359, 5318, 9635, 9849.
——, De jure et officio quiesc. in. 8913.
—— auxiliari, De. 6808.
—— mediis, De gentibus in. 9381.
—— oborto pereat foederum auctoritas, An. 10040.
—— partes tenent, De iis q. neutro in 368.
—— pro aris, De. 4958.
—— repraesentaltio, De. 8114.
Bellorum calamit. avertendi, De remediis. 2132.
Beneplacitis, De. 5478.
Benthami, De utili doctrina. 1393, 1394.
Bestias, De condemnatione ad. 4201.
Bigamiae, De crimine. 652, 3763.
Bis in idem, Non. 2363.
Blanditiarum, De jure. 8849.
Blasphemia, De. 5150, 9514.
Blondeel, Ad V. J. 3436.
Bodemarie, De. 5522, 6223, 7096, 7981. *Vid.* Foenus nauticum.
Bohemiae, De jure suffragii regis. 6362.
Bona a praemortuo parente ad superst. devoluta, De jure liber. circa. 5718.
—— ab illustr. filiabus renunc., De regressu ad. 622.
—— civium dominio civitatis subjic., De jure summi imp. 8009.
—— liberis relicta administr. patris adimi, An liceat. 7730.
Boni, De augusta innocentia hominis ad legem. 7952.
—— communis, De studio. 6672.
Bonis dominicis, De. 8158.
—— eorum, q. ante sentent. mortem sibi consciv., De. 72.
—— parrochialibus, De. 9686.
—— publicis, De. 2043, 6807.
—— regalibus, De. 6160.
—— vacantibus, De. 2418, 2841, 3099.
Bonorum, De cessione. 336, 960, 1173, 1219, 1771, 2863, 3288, 4914, 6399, 7707, 7708, 8521, 8748, 8985, 9037, 9153, 9849, 10076.
——, De collatione. 401, 450, 1440, 2481, 3378, 4276, 5383, 5848, 6752, 6787, 7243, 7585, 7876, 8234, 8337, 9196, 9319, 9919.
——, De distinctione. 9430.
——, De interdicto quorum. 1504.
—— cessione liberis a parentibus adhuc vivis facta, De. 5990.
—— communione, De. *Vid.* Communio.
—— de qua parens disponere potest, De parte. 8560.
—— liberis a conjuge superstite facienda, De assignatione. 7030.
—— possessionem, De missione in. 9770, 10007.
—— separatione, De. *Vid.* Separatio.
—— universitate, De. 8940.
Bonum commune commodis privatis in civitate sit antefer., Quousque. 1110.
Brabant, 't Devolutierecht in. 5088.
Brandeburgici ducatus, Formula. 153.
Braxandi, De jure. 7821.
Breda, De bezetting van. 4383.
Bredana, De baronia. 7120.
Briela, De urbe. 4061.
Brievenposterijen, De wet op de. 9966.
Britannia Reip. Prov. Unit. die 20 Dec. anni 1780 bellum indixerit, De jure, q. Magna. 8308.
Brunsvicensis in comitat. Poincnsium, De jure domus. 5010.

Bulla Caroli IV, De aurea. 190, 838, 1427, 2228, 5370, 5751.
Bullam aur. vivo imperatore indict. non eligenda, De rege Rom. justa. 7559.
Burgerlijken stand, Oorsprong v. d. 9575.
—— ——, Acten v. d. 3584, 4520, 4962.
—— ——, Verbetering en aanvulling d. registers v. d. 794.
—— ——, Uittreksels d. registers v. d. 8204.
Burgimagistris, De. 388, 796, 3664, 8650.
Burmannum, Oratio funebris in. 7628.
Byleveld, De hydrarchia. 6511.
Bynkershoek, De Corn. 6706.

C.

Cadavera eorum, q. mortui inventi sunt, De jure circa. 6449.
Cadaveribus punitorum, De. 9696.
Caede per iram commissa, De. 6770.
Caesaris, De caede. 1663, 4030, 4044, 5870.
Calculi, De errore. 4032.
Calculo Minervae, De. 1054, 3427, 5851, 5971, 9698, 9954.
Calendario, De. 803.
Calistrato, De. 6740.
Calumnia, De. 5948.
Calumniae, De juramento. 3085, 4744, 5269.
—— in jud. publ., De poena. 1976, 1460.
Calumniatoribus, De. 4925, 4926, 5425, 5679.
Cambiali, De clausula. 9387.
—— sec. spec. Boruss., De jure. 7565.
—— subjectis, De personis rigore. 4408.
Cambialibus, De falso in literis. 922.
——, De literis. 3556, 5528, 6046, 6111, 6721, 10103.
Cambialium, De disconto literarum. 8156.
——, De exactore liter. 9530.
——, De trasse liter. 874.
—— acceptatione, De liter. 1231, 9655.
—— emtoribus, De liter. 9558, 9559.
—— honoris causa, De jure adimplem. liter. 2760.
—— indossamento, De liter. 3894, 5093, 5985, 6223, 9144.
—— indossamento in blanco scripto, De liter. 2399.
—— praescriptione, De liter. 4946.
Cambio defuncti debitoris, De oblig. heredis ex, 890.
—— proprio, De. 2211.
Cambiorum, De termino peremtorio actionis et protestat. 9173.
Camerae imper. jurisdictione, De. 4539.
Camerali judicio, De Augusto. 7603.
Cancellariis, De. 5938.
Cancellario principis, De. 8400.
Canonici in Belgio, De studio juris. 2860, 2861.
Cannas, De jure. 4756.
Capionibus, De mortis causa. 1951.
Capitis deminutione media, De. 1817.
—— deminutione minima, De. 1826.
—— deminutionibus, De. 1965.
Capitulatione, De. 3196, 9580.
Captivis, De. 9960.
—— in bello, De. 8734.
Captivorum, De statu et postliminio, 685.
Captivos, De jure in. 1808.
——, De temperamento circa, 1190.
Carboniano, De edicto, 3434.
Carceratorum, De relaxatione. 2535.
Carcere, De. 6733, 7787.
—— ad custodiam, De. 2677.
—— in caus. civil., De. 4704, 8157.
Carcerem ex causa debiti, De oblig. ad. 9024.
Carceris, De cura, qm. Rom. habuere. 7627, 7628.
Carcerum effractoribus, De. 3589, 8411.
Carolo Magno acquisito, De titulo imper. a. 6061.
—— V ordinati, De primordiis consilii status a. 2661.
Carnifice, De. 3580.
Carnificis in bona propriet. De jure. 8502.
Cascellio, De A. 4984.
Cassatione in caus. poen., De. 6628.
—— qualis senatui supremo competit., De. 9077.
Casu fortuito, De. 4736.
Catastro, De. 6057.
Catoniana, De regula. 492.
Catonis jurisprudentia, De M. 1168.
—— vita, De M. 3649, 3650.
Cauponam, De receptione in. 10091.
Cauponis, De. 3721.
Causa, De nova. 45.
—— siderali, De. 2389.
Causarum connexitate, De. 3605.
—— continentia, De. 881, 8460.
—— figuris, De variis. 2840, 9596.
—— in judicio tractand., De ordine. 2797.
—— patronis, De. 5296, 6805.
Causis summariis, De. 1507.
Cautione, De. 9168.
—— correali, De. 7662.
—— de non turbando, De. 4787.
—— Muciana, De. 3729, 7201.
Cautionibus, De. 3241.
—— in judic. observ., De. 7185.
—— judicialibus, De. 9245.
—— praetoriis, De. 4828.
Celso, De P. Juventio. 8701, 8288.
Censibus more crescentibus, De. 5041.
—— statis tempor. solvendis, De. 10069.
Censoribus, De. 809, 7440.
Census capitis, De. 6348.
—— constitutivo, De. 2700.
—— fundo cohaerente, De. 6788.
Ceremoniis, De oblig. circa observ. 9600.
Certitudine politica, De. 8034.

D.

Dotalibus, De bonis. 870.[1]
——, De pactis. 1520, 2764, 7293, 8801.
—— de futura successione. De pactis, 9718.
Dotalitio, De. 7717.
Dotandi suam progeniem. De officio. 8057.
Dote, De. 262, 658, 1010, 1436, 1475, 1654, 2232, 2498, 3281, 4189, 4600, 4726, 5807, 6479, 6240, 6829, 7008, 7871, 7789, 8043, 8078, 8322, 8356, 8347, 8852, 8968, 9462, 10140.
—— in concursu creditorum, De. 2497.
—— mariti, De. 7624.
—— receptitia, De. 6456.
—— virginae a marito vitiatae non praestanda, De. 9963.
Dotem dare tenentur, De his, q. 9133.
Dotis, De collatione. 8489.
——, De confessione mariti acceptae. 2956.
——, De dominio. 5534.
——, De emtione. 3339.
——, De probatione illaticeis. 968.
——, De repetitione. 2925, 3014, 3274, 5860, 8998, 9260.
—— evictione, De. 9994.
—— marito in partis dot. concesso, De lucro. 7965.
Drenthia, De regiminis forma in. 8968.
—— ab ordin. gener. prov. Belg. soc. 17 arcisse, De. 6419.
Drenthiae, De justa interpret. leg. civ. 2524.
Drentbici, Ad lib. 3 art. 55 et 56 jur. agrarii. 2530.
Drentbicis, De Eccis. 8868.
Drentbico, De jure. 6416.
Drenthicorum, De judiciis. 9416.
Dubiis, De eo qd. justum in. 1108, 7216.
——, De rebus. 2005.
Duellis, De. 1505, 4746, 5895, 6106, 6957, 8126, 9025.
—— extra judicialibus, De. 10006.
—— legitimis, De. 6363.
Duyvenvoordeuse praetorium receptis lapidibus. De duobus in. 5274.

E.

Ebrietate, De. 8498, 8717.
Ebrietatem, De actis per. 945, 8097.
Ecclesia in civitate, De. 6592.
—— non sitit sanguinem. 6181, 7470.
Ecclesiae nexu cum civitate, De. 6993.
Ecclesiastica, De jure promotorum adspirandi ad benef. 834.
——, De jurisdictione. 8503.
Ecclesiasticarum, De cognitione rerum. 6044.
Ecclesiasticis, De jurisdictione imperiali in causis. 853.
Edendo, De. 7942.
Edicto, De peremtoria. 7678.
Edictum 28 Julii 1681, ord. gen. Belgii, Ad. 8613.
Ehrenstrale, David. 1184, 1749.
Elbergo, De. 6379.
Electoralibus, De comitiis. 5278.
——, De successione in. 2468.
Emancipatione, De. 562, 1083, 2777, 3731, 4016, 4606, 5764, 9116.
—— tacita, De. 7509
Embargo, Over. 4841.
Emendationibus, De violentis. 6548.
Emere prohibentur, De iis, qui. 9549.
Emeritis, De. 8938.
Emigratione propter religionem, De. 8956.
Emigrationis, De cens. 9171.
——, De gabella. 1445.
——, De jure. 888, 1858, 8419, 4892.
Emphyteusi, De. 853, 998, 1071, 1282, 1307, 1421, 1477, 2235, 2259, 2863, 2854, 3186, 3307, 3458, 3723, 4082, 4294, 4311, 4436, 4468, 4511, 5428, 5605, 5617, 5628, 6128, 4812, 6305, 6348, 6478, 6527, 6546, 4620, 6657, 6672, 7223, 7293, 7497, 7949, 8028, 8131, 8148, 8504, 8736, 8814, 8858, 9039, 9201, 9422, 9602, 9645, 9860, 9971, 10138.
Emti venditi, De actione. 867, 3107, 3721, 5049, 6914, 6915.
Emtione rei alienae, De. 1843.
—— rei alienae jure Franc., De. 4408.
—— simulata, De. 2798.
—— spei, De. 8141, 4606
—— venditione, De. 339, 871, 754, 985, 1434, 1609, 1617, 1622, 1896, 1870, 1889, 2218, 2439, 2568, 2714, 3106, 3376, 3514, 3662, 3716, 3836, 3879, 3918, 4069, 4242, 4243, 4419, 4464, 4466, 4626, 4860, 4865, 4885, 4854, 5815, 5885, 6064, 6130, 6196, 6607, 6769, 6773, 6831, 6868, 6927, 7279, 7380, 7616, 7619, 8108, 8138, 8188, 8854, 8889, 9048, 9108, 9161, 9191, 9290, 9594, 9680.
—— vendit. jure Gron., De. 8351.
Emtioni vend. adjectis, De pactis. 6232.
Emtionis, De circumventione in pretio. 7606.
Emtore vel venditore pretii inaequalitate laeso, De. 6891.
Emtorem et venditorem, De pactis inter. 6946.
Emtori addicenda, De re, aliena pecunia comparata. 8803.
Ensbusiana, Ad privilegia. 5262.
Episcopali, De jure. 1800, 4864.
Episcopalis, De origine bonorum mensae. 3708.
Episcopo vicecancellario imperii, De. 8000.
Epistolarum, De commercio. 9447.
Epistolas, Jura circa. 4887, 9132.
Equitibus et equestris ordinibus, De. 7203.

Eremodicio, De. 1068.
Ergastulis, De. 343, 6612, 6986.
Errantis, De pacto. 8998.
Errore, De. 9190, 9307.
—— circa rem, De. 6354.
—— communi, De. 8220.
—— communi circa venditiones, De. 681.
—— facti in delictis dolosis, De. 8145.
—— in legatis, De. 5713.
—— in pace et transactione, De. 7391.
—— juris, De. 1804.
Eruditione, De promovenda. 4619.
Eruditionis veterum et recentiorum, De comparat. 5794.
Esculentis et potulentis, De. 4350.
Esse dicuntur, De iis, q. quasi. 819.
Etesiciera, De. 8089.
Ethica gentium, De. 5930.
Europa imperiorum jure temperatorum altrice, De. 2382, 2383.
Europae, De aequilibrio statuum. 2837.
——, De nobilitate. 8275.
—— regionibus, De motibus civilibus in plurim. 9035.
Europaeis gentib. intercedit cum septentrion. Africae orae civitatibus, De necessitudine jur. gent. q. 9068.
Europaeo, De jure. 1705.
——, De jure gentium. 1712.
Evictione imminente, De. 194.
—— praestanda in cessione nominis, De. 6349, 8400.
—— praestanda in rab. tit. lucrat. acquisitis, De. 6028.
Evictionibus et duplae stipulationibus, De. 40, 533, 598, 599, 951, 1012, 1299, 1614, 2019, 2143, 2289, 2656, 3148, 3256, 3638, 4099, 4252, 4429, 6645, 6696, 6952, 7276, 7601, 7761, 8189, 8610, 8861, 8879, 9507, 9691.
Evocationibus jure civ. et Gelr. moribus prohibitis, De. 1034.
Exceptionibus, De. 2155, 3038, 3484, 6709, 8295, 8794, 9136.
—— dilatoriis, De. 8606.
—— jur. civ. Gal. non extendendis ad jus poen., De. 6053.
—— paratam executionem impedient., De. 6080.
—— qualificatis, De. 729.
Exceptionum, De ordine opponendarum a reis. 2958.
Excipiens confiteri censeatur, Quando. 6417.
Excipiente, De reo. 5560.
Exclusivae, De jure. 2380.
Excussionis, De beneficio. 722, 4924, 6582.
Executione in cadavere delinquentis, De. 4590.
—— in effigie, De. 2964.
—— in status et cives immediatos imperii, De. 4794.
—— rei judicatae, De. 5045.
Executione sententiae, pendente appellatione, licita, De. 6049.
—— sententiae peregrinae in causa civili latae, De. 5485, 5488.
—— sententiarum, De directorib. circularum in, De. 5428.
—— subsidiaria, De. 7206.
Executoribus testam., De. *Vid.* Testamentum.
Exemplis in politica, De. 4385.
Exercitione navium, De. *Vid.* Navis.
Exercitoria, De actione. 310, 585, 3398, 3399, 3830, 3980, 4425, 10067.
——, De societate. 247.
Exercitoriae actore, De societatis. 2664.
Exheredandi causis, De justis. 3987, 6602, 9334.
Exheredatione, De. 408, 585, 1304, 1330, 1463, 1742, 1868, 2810, 4335, 5275, 5968, 6817, 7063, 7775, 7884, 8206, 8275, 9941, 10074.
—— conjugum, De. 3293.
Exhibendum, De actione ad, 5869, 8657.
Existimatione, De. 7810.
—— civili, De. 9407.
Existimationis, De vindicatione. 8169.
Expeditoribus mercium, De. 8321.
Expensis crimin. in processu inquisitionis, De. 7906, 9429.
Expropriatione utilit. publ. causa, De. 2865.
Exsequiis, De. 1663, 1950.
Exsilio, De. 2230, 5888, 6491, 8984, 9459.
Exspectantiis, De. 4360.
Exteris, De. 7022.
Externo, De jure. 5252, 9892.

Exterritorialitatis princip. suprem., De jure. 7709, 7710.

F.

Fabris ferrariis, De. 2506.
Facinerosos sequela praefect. persequendi, De jure. 6040.
Factionibus, De. 2910.
Facto quam in jure, Quid magis sit in. 4323.
Factoribus, De. 3046.
Failliet in Nederland, De. 10075.
Faillissement, Het. 3374.
——, De rechter commissaris in het Nederl. 6444.
—— vergeleken met het Nederl., Het Pruisische. 6605.
Falcidia, De. *Vid.* Lex falcidia.
Fallaciis a praesumtione eventus, De. 7899.
Falsi, De crimine. 836, 1415, 1499, 3910, 5955, 6278, 6979, 9130, 9223.
——, De querela. 1733.
Falso in scriptura publica, De. 2995.
Famae, De defensione. 2407.
Familia, De. 5376.

J.

N.

O.

Obaerato debitore. De, 2236.
Obaeratorum. De carcere, 2002.
Obedientia civili. De, 6961.
Obedientiae. De jure imperii et, 4399.
Oblatione et consignatione. De rei debiti, 718, 8874.
Obligatione. De literarum, 6073, 6135, 6531, 7707, 8519.
——, De verborum, 1259, 3257, 3777.
—— accessoria. De, 2761 5864.
—— ad poenam civilem. De, 3664.
—— ex consensu. De, 238, 9257.
—— ex consilio. De, 1402, 5163.
—— ex judicio erroneo. De, 3400.
—— ex pacto. De, 9077.
—— ex silentio. De, 5762.
—— ex testam. imperf. De, 8840.
—— filii familias. De, 6205.
—— liberali. De, 5437.
—— mere civili. De, 7363.
—— minoris curatore non habentis. De, 1446, 1659, 2253, 7654.
—— morali. De, 1889, 6012.
—— naturali. De, 470, 1268, 2658, 5143, 5534, 6429, 7953, 8645.
—— naturali impuberum. De, 6203.
Obligationibus. De, 347, 574, 661, 712, 1767, 2448, 3087, 3916, 3920, 5557, 6597, 7001, 7298, 8484.
—— conditionalibus. De, 1125, 4838.
—— dividuis et individuis. De, 828, 1164, 8063, 8229.
—— ex variis causar. figuris. De, 4158.
—— hereditariis. De, 5824.
—— in solidum et individuis. De, 1801, 3519, 8956
—— nominum. De, 8506, 9683.
—— pupillorum et minorum absque tutore vel curatore. De, 7054.
——, quae ex conventione oriuntur. De, 6117.
—— quae ex delictis oriuntur. De, 7885.
—— quae quasi ex contr. nascuntur. De, 2343, 3572, 3679, 4076, 4077, 7827, 8910.
——, quae quasi ex delictis nascuntur. De, 2645, 7173.
—— quae sec. Cod. Civ. Neerl. oriuntur ex factis illicitis. De, 5511.
Obligationis dubiae. De legibus, 5527.
—— quae ex pactis proficiscuntur. De causa, 7881.
Obligationum. De causis, 126, 6741, 6811.
—— De fundamento, 578.
—— collisione. De, 3127, 8962.
—— nullitate. De, 6748.
—— tollend. De modis, 243, 3939, 6679, 7262.
Obsequi. De temperantia, 6667.
Obsequiis parentum et patronorum. De, 3563.
Observantia imperiali. De, 4793.
Obstagii. De pacto, 4398, 5483.
Occiderunt. De his qui parentes vel liberos, 1784.
Occisi. De inspectione cadaveris, 2470.
——, De reconciliatione propinquorum, 6389.
Occultis. De, 6467.
Occupandi. De jure, 1240.
Occupatione. De, 3718, 3722, 3751, 3811, 4594, 5060, 7935, 8130, 8923.
—— bellica. De, 5029, 5243, 7301, 8713.
—— ferarum. De, 6932.
—— jure Anglico et Rom. De, 2663.
—— loci in pac. territ. siti quem hostis certo occupaturus est. De jure, 2608.
—— rerum nullius. De, 2626, 6228.
Oeconomia politica. De, 1237, 5377, 7177, 9016.
Oeconomia privata. De, 5240.
Oeconomiae. De legibus, 5980.
Offendendo. De cautione de non, 5305.
Offerendi. De jure, 87.
Officii et juris solicitudine. De, 2273.
Officiis erga alios. De, 8894.
—— erga se ipsum hypotheticis. De, 3997.
—— perfectis et imperfectis. De, 8064, 8065, 9400, 9405.
—— quae collidi dicuntur. De, 1753.
Officiorum. De ambitu, 981.
—— et jurium collisione. De, 8413.
Oldambtini. Ad art. 15 lib. 2 juris, 8140.
——. Ad art. 89 lib. 3 juris agrarii, 8093.
Oligarchia. De, 5185.
Omissa. De jure aetatis imbecillioris circa, 9487.
Operis novi nunciatione. De, 709, 2969, 3300, 4378, 5696, 6797, 6874, 9540.
Opificum. De collegiis, 4155, 7745, 8506.
——. De officinis et tabernis, 436.
Opilionum. De statutis, 4549.
Oppositione tertii. De, 5397.
Opzegging en stilzwijgende wederinhuring. De leer der, 6151.
Ordine universi. De, 5572.
Ordinis. De beneficio, 171, 7586, 9207.
Orville. I. P. d', 1401.
Osculis, quo. naturae et civitatum jura mutuos inter amplexus se excipiant. De, 9596.
Osculo. De, 7039.
—— sponsalitio. De, 3331.
Osnabrugense. De creditorum juribus sec. jus, 3333.
—— de successione hominum propriorum. Ad jus, 8036.
Osnabrugensi. De quota filiali hominum propriorum in dioecesi, 0060.
Ostracismo politico. De, 7209.
Otii. De actione ignavi, 7421.
Ovidii juris peritia. De, 4318.

P.

Poenam cessante. De imputatione ad, 2495.
Poenarum. De mitigatione, 1008, 1107, 1903, 2032, 3051, 3715, 4355, 4892, 5482, 5681, 6041, 7446, 7977, 9073, 9074, 9444.
——. De remissione, 5482.
—— communicatione. De, 2588.
—— exasperatione. De, 4123.
—— ordinar. De excessu, 7532.
Poenas. De natura et vis coeli in definiendas criminum, 2230.
Poenis. De, 829, 1133, 1370, 1718, 2010, 2294, 2719, 2986, 3558, 4013, 4030, 4049, 4573, 4848, 5109, 5143, 5658, 5814, 6169, 6780, 6929, 7409, 8728, 8672, 9146, 9250, 9922.
——. De crudelitate hominum in, 5218.
——. De exercendum. 8248.
——. De potestate judicis in irrogandis, 6057.
—— ad filios et propinquos rei non extendendis. De, 7231.
—— capitalibus. De, 84, 174, 192, 287, 1216, 1736, 1740, 2721, 3008, 3745, 3975, 4329, 6291, 7656, 9205.
—— extraordinariis. De, 6307.
—— Gothicis. De, 6162.
—— infamantibus. De, 1254.
—— infligendis moderamine. De promo-. polepsiae, 5717.
—— irrogandis servando. De modo in, 8472.
Poetica. De licentia, 3900.
Politia. De, 1409.
Politica Europ. De, 6674.
Politicae. De studio, 5285, 9011.
Politici. De idea boni, 3717.
Politierecht. Het internationaal, 2593.
Pollicitatione. De, 2274, 7897, 9748.
—— reip. facta. De, 479.
Polygamia. De, 3780, 6607, 7026, 8617.
—— simultanea. De, 7725.
—— successiva. De, 6607.
Polypaediae. De Rom. praem., 6861.
Polypragmosyne. De, 3747.
Pomoeria. De, 5378.
Pompejo Magno. De Cn., 1867.
Ponderibus et mensuris. De, 4903, 4969.
Pontium. De jure, 7967.
Popinis veterum. De, 9991.
Populari. De imperio, 7764.
——. De institutione, 8422.
Populi frequentia. De, 1119.
—— majestate. De, 9097.
—— varia distinctione. De, 2299.
Portione legitima. De, 870, 1117, 1136, 5504, 5710, 6884, 7074, 7118, 7220, 7529, 8342, 8436, 9354, 9378, 9917, 10032, 10137.
—— legitima. De non oneranda, 9445.
—— reservata. De, 180.
Portionem ab intestato debitam deduci debeat. Utrum donarium ante an post, 7748.
Portorio et poena commissi. De, 8389.
Porto in quem navis se perie, causa recipiat. De, 7753.
Portugali laudata. Iustitia belli et pacis in stat. regni, 6191.
Portuum. De jure, 7928, 9620.
Possessione. De, 46, 1924, 1985, 2027, 2765, 2984, 4642, 4825, 5206, 5307, 5844, 6268, 7222, 7640, 7886, 8769, 9122, 9827, 10059.
——. De acq. vel omitt., 695, 1291, 1452, 1631, 3816, 4374, 6268, 6302, 7210, 7303, 7720.
——. De augenda vel minuenda, 1920.
——. De interversa, 5436.
——. De vacua, 4926.
—— ab onere probationis non relevante. De, 3618.
—— instrumentali. De, 8089.
—— recuperanda. De, 4410.
—— territoriorum. De, 2856.
—— nude vir et uxor. De bonorum, 5125.
Possessionem amittente. De possessore invito, 5308.
Possessionis. De titulo, 8526.
——. De vera substantia, 8678.
—— mutare potest. Nemo sibi causam, 3552.
—— turbatione. De, 8303.
Possessore. De bona fide, 4670.
—— facta. De impensis a, 2450, 8064.
Possessorem. De jure vindicandi contra bona fide, 9775.
Possessorem. Beati, 5031.
Possessorii summariissimi. De valore, 3788.
Possessoriis. De actionibus, 7863.
——. De judiciis, 1929.
——. De remediis, 9674.
Possessorio. De constituto, 8237.
——. De judicio petitorio et, 696, 5183.
Possibili et impossibili in jure. De, 9404.
Possidetis et utrubi. De interd. uti, 7697.
Postarum jure. De regali, 5416, 9814. *Vid.* Cursor publicus.
Posthumi praeteriti. De jure filii, 2543.
Posthumos. De cura erga, 2037, 2035.
Postliminio. De, 949, 1633, 1711, 3476, 4133, 5433, 5939, 7218, 7534, 7985.
Postulando. De, 112, 4495, 5297, 5878, 8404.
Potentiorum. De auxilio, 2521.
Potestate. De patria, 3, 229, 234, 324, 325, 563, 997, 1021, 1083, 1434, 1503, 1567, 1598, 1909, 2184, 2529, 2757, 2832, 2578, 3095, 3098, 3429, 3555, 3701, 3900, 4047, 4424, 4811, 5199, 5670, 5743, 5799, 6220, 6392, 6731, 6824, 6955, 6937, 7467, 8012, 8044, 8089, 8238, 8296, 8308, 8572, 8718, 8714, 8732, 8831, 8977, 9083, 9181, 9251, 9511.

Q.

R.

S.

T.

Testamenta infirmantur, De modis qbs., 364, 414, 2916, 3225, 3260, 3382, 5386, 7483, 7908.
Testamentariis. De causis, 1768.
Testamenti. De executore, 410, 1234, 2267, 4238, 4851, 5034, 5747, 5847, 6023, 6282, 6870, 8111, 9006, 9034.
——. De querela inoffic., 140, 155, 434, 812, 1230, 1374, 1837, 1902, 1976, 1984, 2096, 2152, 2801, 2565, 2675, 2687, 2805, 2912, 3297, 3546, 4627, 4917, 5663, 5690, 5693, 5700, 6786, 6821, 7196, 7232, 7507, 7549, 7771, 7795, 8371, 8990, 9243.
——. De voce, 7011, 7012.
—— factione. De, 504, 1198, 1386, 1490, 1561, 2341, 4004, 4058, 4351, 5541, 5581, 5697, 6962, 7370, 8106, 8184, 8232, 9730.
—— revocatione. De, 1215, 5722.
—— ——. De reciproci inter conjuges, 5069.
—— tabulis non inspectis. De transactione, 3342. 7886.
Testamentis. De ambigua oratione in, 859.
——. De inofficiosis, 232, 320, 464, 498, 530, 990, 1263, 1498, 2696, 3090. 3503, 4270, 4702, 4958, 5529, 5694, 5798, 6478, 6614, 6745, 6969, 7159, 7264, 7387, 7609, 7679, 7703, 8343, 8809, 9134, 9905.
——. De privilegiariis, 1836, 5194, 5332, 5433, 5620, 5566, 5751, 7060, 9121, 9661.
—— adjectis. De schedulis, 3019.
—— correspectivis. De, 9498.
—— diversis tempor. De duobus, 5293.
—— et test. ordinandis. De, 232, 304, 312, 310, 434, 808, 973, 1077, 1088, 1839, 1644, 2098, 2136, 2199, 2305, 2319, 2538, 2582, 2616, 2778, 2849, 2975, 3088, 3094, 3641, 3666, 3769, 4046, 4231, 4317, 4628, 4638, 5013, 5116, 5455, 5769, 5781, 6010, 6953, 6281, 6456, 6882, 7185, 7299, 7300, 7633, 7902, 8068, 8138, 8192, 8201, 8236, 8256, 8310, 8591, 8608, 8673, 8681, 8867, 9040, 9168, 9321, 9489, 9491, 9516, 9568, 9733, 9888.
—— jure sing. conditis. De, 5107.
—— parturientium privilegio munitis. De, 7183.
Testamento. De inoff. fratrum, 5034.
——. De testibus in. 8015, 4371.
—— ab irato condito. De, 6400.
—— analphabeti. De, 6069.
—— clauso. De, 3019, 3020, 8835, 9624.
—— coeci. De, 1955, 9610.
—— contra pietatem. De, 5822.
—— duorum una tabula condito. De, 2429.
—— extra locum judicii condito. De, 378, 7332.
Testamento feminarum. De, 4905.
—— holographo. De, 564, 3219, 6172, 7318.
—— imperfecto. De, 6406, 7158.
—— injusto. De, 4484.
—— militari. De, 1279, 1660, 2309, 2722, 2740, 3402, 3403, 3386, 3787, 3897, 4025, 4339, 5003, 7018, 7453, 7668, 8316, 8380, 8696, 8739, 9100, 9212, 9848, 9480.
—— non praelecto. De, 9284.
—— nuncupativo. De, 86.
—— parentum inter liberos. De, 1432, 3308, 4382, 4920, 5061, 10105.
—— per aes et libram. De, 4705, 7985.
—— per matrim. vel nullo vel rupto. De, 170, 1643, 4437.
—— per procur. judic. oblato. De, 3954, 8744.
—— peregre facto. De, 3958.
—— posteriori. De, 1609, 2808, 6180, 9797.
—— principis. De, 1316, 1704.
—— publico. De, 1039, 2187, 2336, 9175.
—— rusticorum. De, 7076.
—— solemni. De, 1391, 4060, 6870, 8149, 9338.
—— surdi et muti. De, 4929.
—— tempore pestis condito. De, 2400.
Testamentorum. De apertura, 9022.
——. De causis, 5372.
——. De clausulis, 6005, 7572.
—— abusu. De, 4852.
—— formis externis. De, 892.
Testandi. De libertate, 797, 4808, 7650.
—— non habentibus. De person. jus, 6417.
Testator expressis verbis recedat. De ratione qua ab ultima voluntate, 8038.
Teste contumace. De, 9836.
Testem. De probatione plena per unum, 9255.
Testibus. De, 762, 1561, 2157, 3145, 3554, 3831, 5266, 5381, 5501, 6421, 6596, 6717, 6857, 7296, 7443, 8429, 8741, 9434, 9804, 9914.
—— famosis. De, 9154.
—— injuratis. De, 4944.
—— suspectis. De, 3440.
—— mortuis. De, 5355.
Testis nullus testis, Unus. 6978.
Testimoniis historicis. De, 822.
—— mulierum. De, 4087.
Testimonio. De falso, 6864.
—— in propria causa. De, 2486.
—— testamentario. De, 1941.
—— testament. fidcis. De, 6209.
Testium. De examine, 2284.
——. De excusatione, 4049, 7081.
——. De probatione, 1481, 1949, 2165, 3284, 6198, 6971, 7006, 7842, 7843, 9184, 9959.
——. De repudiatione, 1790.

INDEX LOCORUM.

Ad Digesta.

www.ingramcontent.com/pod-product-compliance
Lightning Source LLC
Chambersburg PA
CBHW032139230426
43672CB00011B/2396

* 9 7 8 3 7 4 2 8 0 1 0 5 0 *